张乃燕，国立第四中山大学、江苏大学、国立中央大学校长

朱家骅，国立中央大学校长

罗家伦,国立中央大学校长

孙本文,国立中央大学教务长、社会学系系主任

1937年春,罗家伦全家合影

1931年3月,国立中央大学地理系成立周年纪念摄影
(中排左起第六人为胡焕庸)

1929年12月，国立中央大学工学院师生联欢会合影

1930年10月，国立中央大学大礼堂奠基典礼合影

中央大学不同时期的校徽

1928年6月，教育学系第一届毕业生纪念合照

中央大学校门

中央大学大礼堂

梅庵一景

中央大学图书馆

图书馆西文书库

1936年,中央大学征选新校舍建筑作品第一名——基泰工程司作品

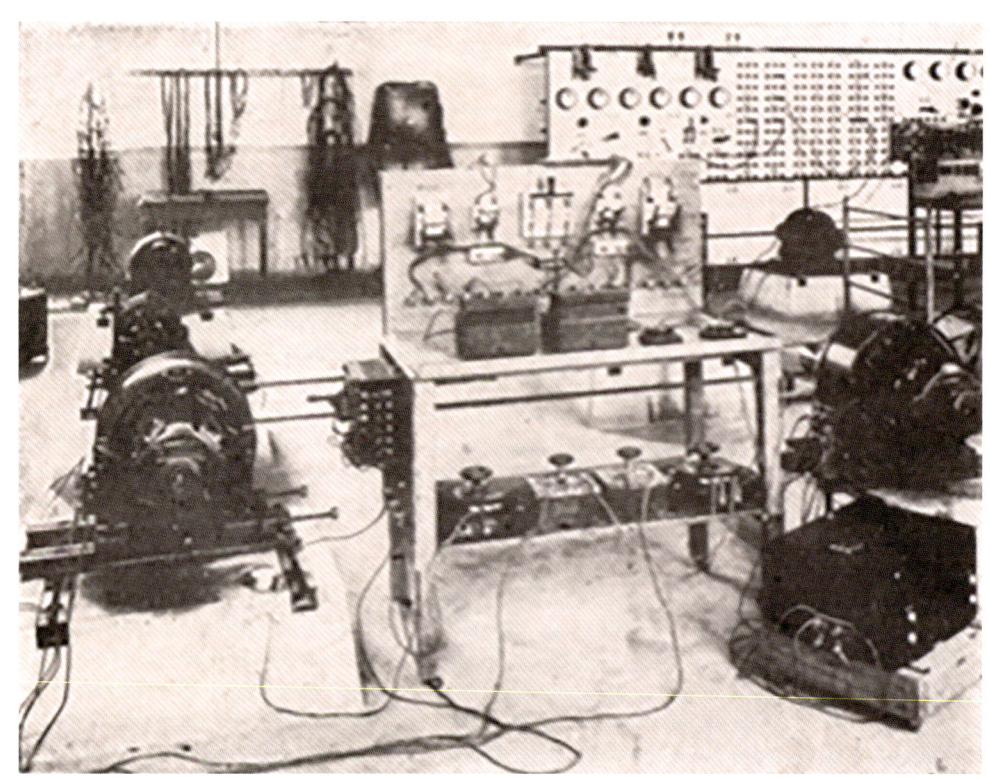

电机实验室一角

土木工程科水力实验室

建筑工程科西洋画教室

中央大学女子篮球队

1934年,第七届江大运动会中央大学锦标队

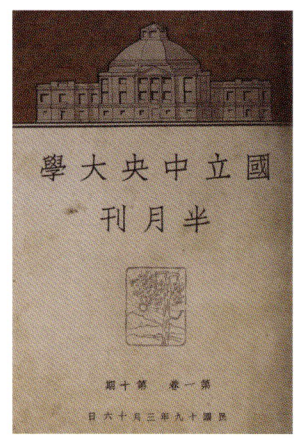
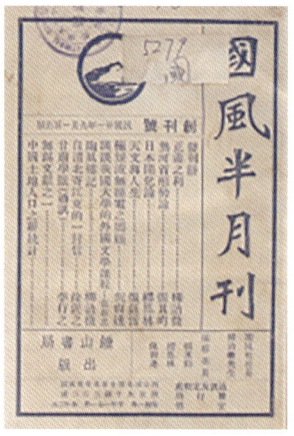
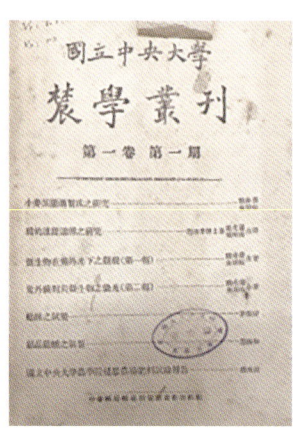
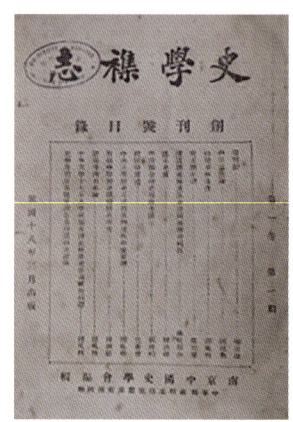

中央大学时期部分刊物

1931年8月，潘菽担任中央大学心理学系副教授兼系主任的应聘书

南京大学人文基金资助项目

南·京·大·学·校·史·研·究·丛·书

编委会主任 胡金波 吕 建 | 编委会副主任 薛海林 吴 俊

南京大学
校史资料选编

南京大学校史研究室 编

全面抗战爆发前的国立中央大学

南京大学出版社

图书在版编目(CIP)数据

南京大学校史资料选编. 第三卷,全面抗战爆发前的国立中央大学 / 南京大学校史研究室编. —— 南京:南京大学出版社,2021.10
(南京大学校史研究丛书)
ISBN 978-7-305-24963-1

Ⅰ. ①南… Ⅱ. ①南… Ⅲ. ①南京大学－校史－史料－汇编 Ⅳ. ①G649.285.31

中国版本图书馆CIP数据核字(2021)第179336号

出版发行	南京大学出版社
社　　址	南京市汉口路22号　　邮　编　210093
出版人	金鑫荣

丛 书 名	南京大学校史研究丛书
书　　名	**南京大学校史资料选编·第三卷,全面抗战爆发前的国立中央大学**
编　者	南京大学校史研究室
责任编辑	田　甜
照　排	南京南琳图文制作有限公司
印　刷	徐州绪权印刷有限公司
开　本	787×1092　1/16　印张 45.75　字数 890 千
版　次	2021年10月第1版　2021年10月第1次印刷
ISBN	978-7-305-24963-1
定　价	268.00元

网址:http://www.njupco.com
官方微博:http://weibo.com/njupco
官方微信号:njupress
销售咨询热线:(025) 83594756

* 版权所有,侵权必究
* 凡购买南大版图书,如有印装质量问题,请与所购
　图书销售部门联系调换

南京大学校史研究工程顾问组

王德滋　曲钦岳　朱庆葆　张异宾　张宪文　陆渝蓉
陈　骏　陈　懿　茅家琦　洪银兴　蒋树声　韩星臣

南京大学校史研究工程编纂委员会

主　任　胡金波　吕　建

副主任　薛海林　吴　俊

成　员（以姓氏笔画为序）

王月清　王运来　王明生　孙　江　吴　玫
沈卫威　张　生　金鑫荣　冒　荣　徐兴无
唐正东　龚　放　程章灿

本卷编辑成员

牛　力　李鸿敏

说 明

一、本选编以档案资料为主,并结合当时的报刊资料。本选编中的中央大学档案,原件藏于中国第二历史档案馆。

二、本选编所选资料,为保存原貌,一般原文照录。遇有内容重复或与主题无关部分,则略加删节。所选资料一般沿用原有标题,并由编者加以标点。原有标题不明或过于烦琐者,由编者另拟标题。

三、本选编所选资料,按不同时期分卷。各卷内容按类以形成时间先后顺序排列。文件日期沿用原有形式,或以公历纪年,或以年号纪年。公开发表文献以发表日期为准。

四、本选编所选资料,在排印时一般采用简体字,遇有不便采用简体字者,保留原有文字。遇有缺漏损坏或字迹不清者,以□代之;编者增补字,以[ ]表示;遇有错字、别字,在其后以( )注明正字;段内删节者以省略号"……"标明。编者所加注释列在正文页下。

五、限于编者水平,本选编在选材和编排等方面,会存在不少缺点和错误,有些重要资料可能会遗漏,恳请读者指正。

六、本选编为"南京大学校史研究丛书"之一种。

目 录

第一部分 沿革与综述

国民政府教育行政委员会对东南大学接收委员胡刚复等报告的批复(1927年7月19日) ········ 1
张乃燕就职典礼详纪(1927年7月23日) ········ 1
胡刚复函请第三路军总指挥李德邻加派宪兵保护校园(1927年8月22日) ········ 4
张乃燕呈报第四中山大学开学日期(1927年9月1日) ········ 4
张乃燕呈请国民政府军事委员会将军队迁移校外(1927年11月30日) ········ 5
国立第四中山大学概况计划 ········ 5
奉大学院令更改本大学校名为江苏大学(1928年2月23日) ········ 11
大学本部议决制定校徽、校色、校旗、佩章式样(1928年4月4日) ········ 11
为通知奉大学院令本校改名为国立中央大学(1928年5月16日) ········ 12
张乃燕呈国民政府辞大学院参事并移交中央大学校务(1928年6月) ········ 12
张乃燕呈大学院请速派正式校长到校(1928年6月12日) ········ 14
中央大学秘书处征求"校色"意见启事(1928年10月26日) ········ 15
国民政府挽留张乃燕的指令(1929年7月2日) ········ 15
国立中央大学沿革史(节录)(1930年9月) ········ 16
中央大学关于不设副校长的呈文(1930年9月23日) ········ 26
中央大学关于组织机构调整的布告(1930年10月20日) ········ 27
中央大学院长会议致张乃燕函(1930年11月29日) ········ 27
教育部关于任命朱家骅为中央大学校长的训令(1930年12月13日) ········ 27
教育部转饬朱家骅切实整顿中央大学的训令(1930年12月25日) ········ 28
朱家骅呈教育部请辞中央大学校长(1931年12月5日) ········ 29

桂崇基辞中大校长(1932年1月22日) ……………………………………… 29
中央大学呈报商医两学院损失及组织救护队情形(1932年3月1日) …… 30
教部电促任叔永主持中大(1932年5月22日) …………………………… 30
刘光华呈教育部请辞代理校务(1932年6月14日) ……………………… 31
教育部关于段锡朋暂行代理中央大学校长的训令(1932年6月28日) … 31
代理校长段锡朋呈报遵命到校视事致遭暴行情形(1932年6月29日) … 32
教育部转饬行政院解散中央大学的训令(1932年6月30日) …………… 32
教育部训令遵办中央大学整理委员会决议事项(1932年7月19日) …… 33
教育部训令李四光在整理期内代理中央大学校长职务(1932年7月22日)
…………………………………………………………………………………… 33
蔡元培呈报行政院中央大学整理委员会决议案(1932年7月) ………… 34
教育部任命罗家伦为中央大学校长的训令(1932年8月24日) ………… 35
教育部请罗家伦即日视事的训令(1932年9月5日) …………………… 36
罗家伦呈报整理本大学院系情形请鉴核备案准予试办由(1932年9月24日)
…………………………………………………………………………………… 36
中央大学学生甄别考试委员会关于参与殴段学生的处分(1932年10月14
日) ……………………………………………………………………………… 37
罗家伦谈整顿中央大学的举措(1932年10月) …………………………… 38
罗家伦：中央大学之使命(1932年10月20日) …………………………… 40
中央大学呈报变通整理院系原案试办经过请将社会学组、化学工程组恢复系
称并恢复园艺、蚕桑两系(1933年7月6日) ……………………………… 45
教育部派员视察中央大学的训令(1935年5月10日) …………………… 47
教育部关于中央大学校务改进要点的训令(1936年) …………………… 48
罗家伦：中央大学之最近四年(1936年7月1日) ………………………… 50

第二部分　组织与行政

第四中山大学本部校务会章程草案(1927年) …………………………… 60
教授会章程(1927年10月20日) …………………………………………… 62
江苏大学呈请大学院核示该校行政院职员地位(1928年3月) ………… 63
大学本部组织大纲(1928年6月) …………………………………………… 64
张乃燕呈请大学院修改大学本部各学院名称(1928年7月2日) ……… 69
中央大学总理纪念周办法(1928年9月) …………………………………… 69

国立中央大学组织系统表(1929年) ………………………………………… 70
国立中央大学规程(1930年4月) ………………………………………… 71
国立中央大学训育委员会章程草案(1935年2月13日) ………………… 75

第三部分 会议记录

第四中山大学临时教务会议记录(1927年9月20日) …………………… 77
第四中山大学第三十八次筹备会议记录(1927年10月24日) …………… 79
第四中山大学第四十次筹备会议记录(1927年10月31日) ……………… 80
第四中山大学第一次校务会议记录(1927年11月16日) ………………… 81
第四中山大学第六次总理纪念周记录(1927年11月21日) ……………… 82
第四十三次筹备会议记录(1927年12月1日) …………………………… 84
第四中山大学第四次校务会议记录(1927年12月7日) ………………… 85
第四中山大学第九次总理纪念周记录(1927年12月12日) ……………… 87
第四中山大学第十次总理纪念周记录(1927年12月19日) ……………… 89
第四中山大学第二次临时校务会议记录(1927年12月24日) …………… 90
第四中山大学第五次校务会议记录(1928年1月4日) …………………… 91
第四中山大学第四十七次筹备会议记录(1928年1月5日) ……………… 94
第四中山大学第三次临时校务会议记录(1928年1月6日) ……………… 95
第四中山大学第十二次总理纪念周记录(1928年1月9日) ……………… 96
第四中山大学第四次临时校务会议记录(1928年2月12日) …………… 97
江苏大学第七次校务会议记录(1928年3月31日) ……………………… 98
国立中央大学第三次本部行政会议记录(1929年1月5日) ……………… 99
国立中央大学第四次本部行政会议记录(1929年1月16日) …………… 100
国立中央大学第五次本部行政会议记录(1929年1月26日) …………… 101
国立中央大学第九次本部行政会议记录(1929年5月10日) …………… 102
国立中央大学第十一次本部行政会议记录(1929年6月8日) ………… 103
国立中央大学第十二次本部行政会议记录(1929年6月29日) ………… 104
国立中央大学第二十五次校务会议记录(1931年4月15日) …………… 105
国立中央大学校务会议记录(1932年10月28日) ……………………… 106
国立中央大学校务会议记录(1932年12月5日) ………………………… 106
国立中央大学校务会议记录(1932年12月22日) ……………………… 107
国立中央大学校务会议记录(1932年12月26日) ……………………… 108

国立中央大学校务会议记录(1932年12月28日) …… 108
国立中央大学校务会议记录(1932年12月30日) …… 109
国立中央大学校务会议记录(1933年1月11日) …… 109
国立中央大学校务会议记录(1933年1月18日) …… 110
国立中央大学校务会议记录(1933年2月22日) …… 111
国立中央大学校务会议记录(1933年3月15日) …… 111
国立中央大学校务会议记录(1933年4月12日) …… 112
国立中央大学校务会议记录(1933年4月21日) …… 113
国立中央大学校务会议记录(1933年5月22日) …… 113
国立中央大学校务会议记录(1933年5月26日) …… 114
国立中央大学校务会议记录(1933年6月2日) …… 115
国立中央大学校务会议记录(1933年6月26日) …… 115
国立中央大学校务会议记录(1933年10月6日) …… 117
国立中央大学校务会议记录(1933年10月17日) …… 118
国立中央大学校务会议记录(1933年12月19日) …… 119
国立中央大学校务会议记录(1934年1月9日) …… 120
国立中央大学第七次校务会议记录(1934年3月13日) …… 121
国立中央大学第十一次校务会议记录(1934年4月20日) …… 122
国立中央大学第十七次校务会议记录(1934年6月5日) …… 123
国立中央大学校务会议记录(1934年9月7日) …… 123
国立中央大学校务会议记录(1934年10月5日) …… 124
国立中央大学校务会议记录(1934年10月16日) …… 125
国立中央大学校务会议记录(1934年10月31日) …… 126
国立中央大学校务会议记录(1934年11月27日) …… 127
国立中央大学校务会议记录(1935年1月18日) …… 127
国立中央大学校务会议记录(1935年2月16日) …… 129
国立中央大学校务会议记录(1935年3月5日) …… 130
国立中央大学校务会议记录(1935年3月19日) …… 131
国立中央大学校务会议记录(1935年3月26日) …… 132
国立中央大学校务会议记录(1935年5月3日) …… 133
国立中央大学校务会议记录(1935年5月21日) …… 134
国立中央大学校务会议记录(1935年6月14日) …… 135
国立中央大学校务会议记录(1935年7月6日) …… 136

国立中央大学校务会议记录(1935年7月30日) …………………………… 136
国立中央大学校务会议记录(1935年8月31日) …………………………… 139
国立中央大学校务会议记录(1935年9月24日) …………………………… 140
国立中央大学校务会议记录(1935年11月26日) ………………………… 141
国立中央大学校务会议记录(1935年12月30日) ………………………… 142
国立中央大学校务会议记录(1936年3月3日) …………………………… 142
国立中央大学校务会议记录(1936年3月13日) …………………………… 143
国立中央大学校务会议记录(1936年3月27日) …………………………… 144
国立中央大学校务会议记录(1936年6月12日) …………………………… 145
国立中央大学校务会议记录(1936年7月3日) …………………………… 146
国立中央大学校务会议记录(1936年12月8日) …………………………… 147
国立中央大学校务会议记录(1936年12月22日) ………………………… 148
国立中央大学校务会议记录(1937年1月12日) …………………………… 149
中央大学校务会议记录(1937年3月30日) ………………………………… 149
国立中央大学校务会议记录(1937年4月20日) …………………………… 151
国立中央大学校务会议记录(1937年5月11日) …………………………… 153
国立中央大学校务会议记录(1937年6月15日) …………………………… 154
国立中央大学校务会议记录(1937年6月23日) …………………………… 156

第四部分　院系与学科

一、文学院 …………………………………………………………………… 158
国立中央大学文学院史学系课程规例说明书(1928年10月) ………… 158
文学院沿革及组织(1930年1月) ………………………………………… 159
文学院中国文学系概况及计划(1930年1月) …………………………… 160
文学院社会学系概况(1930年1月) ……………………………………… 162
国立中央大学史学系俱乐会章程(1930年4月) ………………………… 162
孙本文致张乃燕函(1930年6月29日) …………………………………… 163
雷海宗致张乃燕函(1930年9月23日) …………………………………… 164
史学系同学自治会致朱家骅函(1930年12月22日) …………………… 164
孙本文致中央大学整理委员会请免予取消社会学系书(1932年8月10日)
　…………………………………………………………………………… 166

学生姜文森请求添设国语研究班(1932年9月25日) …………… 168
汪东致张歆海函(1932年10月12日) …………… 168
呈请恢复社会学系与化学工程科名义(1932年12月28日) …………… 169
社会学组学生吴文蔚致罗家伦函(1933年1月23日) …………… 170
文学院请求招收二年级转学生(1933年4月27日) …………… 171
文学院两年来设置概况(1934年6月) …………… 172
外国文学系关于共同必修之外国语文课目致文学院院长函(1934年11月9日) …………… 178
文学院为社会学系订阅报纸致总务处函(1935年9月5日) …………… 178
教育部关于中央大学添设俄文系的密令(1935年10月26日) …………… 179
中国文学系请改英文阅读及作文为选修课目(1936年10月27日) …………… 179

二、理学院 …………… 180

第四中山大学算学系请求设立改良算学教学讲座(1927年) …………… 180
吴有训为物理系系务致张贻惠函(1928年9月25日) …………… 181
算学系同学会致张乃燕函(1928年11月16日) …………… 182
化学系丁绪贤致理学院院长函(1928年12月8日) …………… 183
化学系教员挽留王季梁致张乃燕函(1929年1月19日) …………… 184
曾昭抡请购特种研究实验仪器致高等教育处长函(1929年4月23日) …………… 184
孙洪芬致戴超函请聘查谦为科学教席(1929年7月11日) …………… 185
本校地学系地理门应独立成系建议书(1929年9月) …………… 186
理学院系主任会议记录(1929年10月22日) …………… 187
蔡堡等为建设研究室致张贻惠函(1929年12月12日) …………… 188
理学院地理门学生请求独立成系致张乃燕函(1930年1月4日) …………… 189
张乃燕请聘孙洪芬为理学院院长(1930年4月29日) …………… 190
中央大学呈复教育部地理系设在文学院之理由(1930年5月7日) …………… 190
地理系张其昀、胡焕庸、黄国璋等教授致叶元龙函(1930年) …………… 191
算学系诸教授挽留系主任何鲁致张乃燕函(1930年7月14日) …………… 191
刘树杞致孙洪芬函(1930年7月15日) …………… 193
中央研究院函请中央大学尽先设立天文学系(1930年7月25日) …………… 194
算学系暑期留校同学致校长函(1930年7月26日) …………… 194
孙洪芬致叶元龙函(1930年7月27日) …………… 195
地理系同学会挽留胡焕庸(1931年1月24日) …………… 196

心理系同学会条陈心理系不能与教育心理系合并之理由(1931年4月25日)
……………………………………………………………………………………… 197
　　地理系赴东北考察团请准补助(1931年5月23日) ……………………… 198
　　理学院学生自治会为院长人选致朱家骅函(1931年5月30日) ………… 200
　　地理系同学会致罗家伦函(1932年10月24日) ………………………… 200
　　建筑化学工程科试验室计划书 …………………………………………… 201
　　李学清致罗家伦函(1935年9月16日) …………………………………… 203
　　国立中央大学理学院沿革(1936年5月) ………………………………… 204

三、法学院 ……………………………………………………………………… 204
　　第四中山大学致王甸伯函请解释前法大旧生成绩疑问(1927年9月20日)
……………………………………………………………………………………… 204
　　大学院为政大校友会请准归并第四中山大学以维学业的训令(1928年1月16日) ……………………………………………………………………………… 205
　　法学院学生会为预算不公致张乃燕函(1929年) ………………………… 207
　　国立中央大学法学院概况(1930年1月) ………………………………… 208
　　杭立武致拉斯基函(1931年4月27日) …………………………………… 210
　　法学院学生赵元杰请朱家骅敦聘优良教授(1931年7月3日) ………… 211
　　刘光华致朱家骅函(1931年7月5日) …………………………………… 211
　　法学院请添设统计室助理(1932年1月28日) …………………………… 212
　　韩国学生李光济致罗家伦函(1932年10月5日) ……………………… 212
　　中央大学政治学会成立大会志盛(1933年10月9日) ………………… 213
　　推定中央大学《社会科学丛刊》编辑委员(1933年12月7日) ………… 214
　　经济学系设立经济资料室缘起(1934年2月15日) …………………… 214
　　经济资料室成立会(1934年4月23日) ………………………………… 215
　　国立中央大学法学院概况(1934年秋) ………………………………… 216
　　中央大学法学院、实业部统计处中国经济年史编纂室组织纲要(1935年10月) ……………………………………………………………………………… 218
　　马洗繁为学生参加司法官临时考试致罗家伦函(1935年11月11日) … 220
　　法学院行政研究室研究工作请款书(1936年) ………………………… 220
　　马洗繁为学生选课事致罗家伦函(1937年4月27日) ………………… 221

四、教育学院 …………………………………………………………………… 222
　　函复国民政府教育行政委员会暂行缓办艺术学院(1927年8月3日) … 222

郑宗海提请改体育专修科为体育学系、艺术专修科为艺术学系案(1929年3月20日) ………………………………………………………………………… 222
徐悲鸿请建设美术院(1929年) ………………………………………… 223
郑宗海请准艺术教育科废科改院(1929年6月5日) ………………… 224
艺术专修科学生为废科改院致张乃燕函(1929年6月5日) ………… 225
艾伟致张乃燕函(1930年10月1日) …………………………………… 226
艾伟请辞教育学院院长(1931年2月5日) …………………………… 226
教育学院学生会请聘定继任院长人选并解决教室问题(1931年2月20日)
………………………………………………………………………… 227
教育学院学生自治会挽留孟宪承(1931年6月19日) ………………… 228
孟宪承请辞院长职务(1931年6月20日) ……………………………… 229
吴溉亭等为工艺组停办致朱家骅函(1931年7月15日) ……………… 229
艺术科图画组学生呈请继续聘请汪采白担任教授(1931年7月20日) ……
………………………………………………………………………… 230
唐学咏恳请辞去艺术科主任职(1932年5月24日) …………………… 231
教育行政系二三级级会致教育学院院长函(1932年5月30日) ……… 232
姜文森请转呈教部介绍赴美参加世界运动会(1932年6月1日) …… 233
卫生教育专修科筹划改进特别会议记录(1932年6月20日) ………… 233
教育心理系全体学生条陈不能取消心理系及教育心理系之理由(1932年9月6日) ……………………………………………………………………… 234
中央大学呈为奉令开办师资训练科拟具计划大纲及预算书(1933年5月24日) ……………………………………………………………………… 235
艺术科图画组学生请增聘西洋画教授(1933年6月14日) …………… 236
国立中央大学教育学院二十二年度进行计划(1933年6月) ………… 237
卫生教育科概况(1933年12月) ………………………………………… 240
艾伟请成立教育实验所(1934年2月20日) …………………………… 242
教育实验所研究生所任工作表(1934年10月) ………………………… 243
体育科函请增加开放浴室时间(1934年10月6日) …………………… 244
艾伟致罗家伦函(1934年12月3日) …………………………………… 245
常道直致艾伟函(1935年1月15日) …………………………………… 246
体育科为举行本校第八届运动会致校长函(1935年4月19日) ……… 246
艾伟致罗家伦函(1935年7月22日) …………………………………… 247
吴蕴瑞致罗家伦函(1937年1月12日) ………………………………… 247

五、农学院 249

农学院教员挽留蔡无忌致张乃燕函(1928年) 249
农学院学生致张乃燕函提议院长人选标准(1928年8月22日) 249
中央大学关于农学院专修班学生要求取消"附设"字样的布告(1928年12月17日) 250
国立中央大学农学院专修班请求取消"推广部附设"五字理由书(1928年) 251
中央大学呈复教育部农学院专修科附设事宜(1929年5月15日) 252
农学院教授魏喦寿等致张乃燕函(1929年6月) 252
农矿部、国立中央大学农学院合办中央模范农业推广区办法大纲(1929年11月) 254
国立中央大学农学院组织(1930年1月) 254
农学院请求补助农业推广经费(1930年3月10日) 255
国立中央大学工程稽核委员会致张乃燕函(1930年3月22日) 256
王善佺致张乃燕函(1930年3月25日) 257
中央大学呈复农学院办理兽医学程情形(1930年6月13日) 258
邹秉文为农学院事宜致张乃燕函(1930年8月27日) 259
蔡元培致朱家骅函(1931年6月22日) 260
中央大学农学院教授致中大整理委员会书(一)(1932年8月10日) 261
邹树文致罗家伦函(1932年10月22日) 263
园艺科学生请求恢复园艺系(1932年11月10日) 264
金陵大学农学院函催拨付代为冷藏蚕种及取用桑叶欠款(1932年12月13日) 265
邹树文致罗家伦函(1933年4月12日) 266
邹树文致罗家伦函(1933年4月13日) 266
棉业统制委员会函请开办植棉专修科(1934年4月23日) 267
邹树文致罗家伦函(1934年10月31日) 268
邹树文致罗家伦函(1936年1月17日) 268
农学院函请允准本院新生入学考试生物学分较重于算学分数并以招收足额为原则(1936年5月10日) 269
农学院关于畜牧兽医专修科招生事项办理迟缓之原因经过(1936年6月3日) 270
邹树文致罗家伦函(1936年6月4日) 270

中央大学呈报筹办畜牧兽医专修科经过情形(1936年12月7日)……271
农学院与中央棉产改进所合办棉业专修科(1937年4月24日)……272
邹树文致罗家伦函(1937年6月11日)……273
邹树文致罗家伦函(1937年7月2日)……274

六、工学院……276

工学院第四次院务会议记录(1927年12月30日)……276
工学院第十次院务会议记录(1928年9月19日)……277
曾昭抡致周仁函(1929年3月5日)……279
国立中央大学工学院沿革(1930年1月)……279
顾毓琇致朱家骅函(1931年4月11日)……280
顾毓琇致朱家骅函(1931年4月21日)……280
工学院化学工程科课程(1931年8月)……281
工学院机械工程科课程(1931年8月)……283
顾毓琇关于开设军事工程课程致朱家骅函(1931年9月29日)……285
化学工程科同学会请求化学工程科免予并入化学系(1932年9月18日)……287
卢恩绪呈请恢复化学工程科(1932年9月27日)……288
卢恩绪致罗家伦函(1932年10月25日)……289
建筑工程系关于西班牙公使函询中国建筑学科诸点的答复(1933年3月21日)……290
教育部训令中央大学筹设水利工程系(1934年1月)……290
卢恩绪关于筹设水利工程系致罗家伦函(1934年5月28日)……291
教育部训密令中央大学从速设立航空工程学系(1934年11月29日)……292
罗家伦呈请行政院核拨历次通过之建筑费(1935年)……292
参谋本部国防设计委员会致中央大学函(1935年3月9日)……294
中央大学呈送开办航空工程系计划及预算书(1935年3月30日)……294
航空委员会关于第一期计划及预算书审查意见复中央大学函(1935年4月13日)……295
中央大学致航空委员会函(1935年5月7日)……296
卢恩绪报告自动工程系进展(1935年6月29日)……297
资源委员会关于增设航空工程系补助事宜致中央大学函(1935年8月9日)……298
中央大学复航空委员会函(1935年11月19日)……298

中央大学航空机械制造研究社请求补助制造飞机(1936年5月27日) ······ 299

自动工程系学生赴杭实习请发旅费津贴(1936年6月16日) ······ 300

中央大学函复航空委员会(1936年8月25日) ······ 301

自动工程系拟改称航空工程系报告(1937年6月22日) ······ 302

全国经济委员会委托中央大学训练水利人才办法大纲(1937年6月) ··· 303

中央大学呈请设立水利工程系(1937年7月3日) ······ 304

七、医学院 ······ 304

苏州医科大学预一学生转学医学院办法(1927年8月) ······ 304

乐文照致胡刚复函(1927年12月31日) ······ 305

国立中央大学医学院经济委员会第一次常会记录(1928年8月10日) ······ 306

颜福庆致张乃燕函(1928年9月23日) ······ 307

颜福庆致中央大学医学院经济委员会函(1928年10月10日) ······ 308

医学院请求追加经费(1929年11月29日) ······ 309

颜福庆为医学院迁宁事致张乃燕函(1930年5月) ······ 310

颜福庆致叶元龙函(1930年7月11日) ······ 311

医学院教职员为预算支配事致张乃燕函(1930年10月10日) ······ 312

蔡堡致学校秘书处函(1930年10月17日) ······ 313

中央大学医学院沿革与组织(1931年4月) ······ 314

医学院经济委员会第四次常会会议记录(1931年7月25日) ······ 315

徐佩琨、颜福庆致朱家骅函(1931年12月14日) ······ 318

颜福庆催汇经费并报告校舍被炮轰情形(1932年2月10日) ······ 318

医学院致代理校长刘光华函(1932年2月16日) ······ 319

医学院函陈筹备开学情形(1932年3月11日) ······ 320

颜福庆请将理学院医学专修科并入医学院(1932年6月22日) ······ 321

商医两院学生复院运动委员会呈校务会议函(1932年11月29日) ······ 322

教育部训令中大医学院内附设牙医专修科(1935年6月7日) ······ 323

教育部训令中央大学办理牙医专科学校(1935年7月29日) ······ 324

中央大学牙医专科学校筹备经过(1935年8月) ······ 325

中央大学呈报筹设国立牙医专科学校经过情形(1935年8月31日) ······ 326

国立中央大学医学院实验设备请款书(1936年) ······ 327

戚寿南函请中英庚款董事委员会补助医学院建设(1936年) ······ 327

黄子濂报告牙医专科学校建设进展(1937年1月20日) ⋯⋯⋯⋯⋯ 328
　　国立中央大学医学院、卫生署中央医院临诊教学实习合作办法(1937年) ⋯
　　⋯⋯⋯⋯⋯⋯⋯⋯⋯⋯⋯⋯⋯⋯⋯⋯⋯⋯⋯⋯⋯⋯⋯⋯⋯⋯⋯⋯⋯⋯⋯⋯⋯⋯⋯ 329

八、商学院 ⋯⋯⋯⋯⋯⋯⋯⋯⋯⋯⋯⋯⋯⋯⋯⋯⋯⋯⋯⋯⋯⋯⋯⋯⋯⋯⋯⋯ 330

　　国立第四中山大学商学院各级学程一览(1927年9月) ⋯⋯⋯⋯⋯⋯⋯ 330
　　国立第四中山大学商学院概况(1927年11月) ⋯⋯⋯⋯⋯⋯⋯⋯⋯⋯⋯ 334
　　大学本部请商学院迁回南京(1928年1月3日) ⋯⋯⋯⋯⋯⋯⋯⋯⋯⋯⋯ 338
　　程振基致胡刚复函(1928年1月10日) ⋯⋯⋯⋯⋯⋯⋯⋯⋯⋯⋯⋯⋯⋯⋯ 339
　　商学院学生为迁校事致张乃燕、胡刚复函(1928年1月10日) ⋯⋯⋯⋯ 340
　　大学本部致商学院函(1928年1月12日) ⋯⋯⋯⋯⋯⋯⋯⋯⋯⋯⋯⋯⋯⋯ 340
　　大学本部通知商学院本学年暂不迁宁(1928年6月29日) ⋯⋯⋯⋯⋯⋯ 340
　　程振基致张乃燕函(1928年7月11日) ⋯⋯⋯⋯⋯⋯⋯⋯⋯⋯⋯⋯⋯⋯⋯ 341
　　程振基致张绍涵函(1928年9月10日) ⋯⋯⋯⋯⋯⋯⋯⋯⋯⋯⋯⋯⋯⋯⋯ 341
　　商学院学生会请求拨款建筑院舍(1928年10月18日) ⋯⋯⋯⋯⋯⋯⋯⋯ 342
　　程振基致张绍涵函(1928年12月19日) ⋯⋯⋯⋯⋯⋯⋯⋯⋯⋯⋯⋯⋯⋯ 343
　　商学院第十七次院务会议记录(1928年12月21日) ⋯⋯⋯⋯⋯⋯⋯⋯⋯ 344
　　商学院建筑院舍经费办法(1929年1月9日) ⋯⋯⋯⋯⋯⋯⋯⋯⋯⋯⋯⋯ 345
　　商学院第二十八次院务会议记录(1929年2月26日) ⋯⋯⋯⋯⋯⋯⋯⋯ 346
　　程振基致中央大学本部函(1929年3月7日) ⋯⋯⋯⋯⋯⋯⋯⋯⋯⋯⋯⋯ 347
　　程振基致洪芰舲函(1929年3月22日) ⋯⋯⋯⋯⋯⋯⋯⋯⋯⋯⋯⋯⋯⋯⋯ 347
　　程振基致张乃燕函请辞院长职务(1929年4月5日) ⋯⋯⋯⋯⋯⋯⋯⋯⋯ 348
　　程振基致洪芰舲函(1929年4月11日) ⋯⋯⋯⋯⋯⋯⋯⋯⋯⋯⋯⋯⋯⋯⋯ 349
　　商学院学生会致戴超函(1929年4月26日) ⋯⋯⋯⋯⋯⋯⋯⋯⋯⋯⋯⋯⋯ 350
　　张乃燕为建筑院舍事致程振基函(1929年4月30日) ⋯⋯⋯⋯⋯⋯⋯⋯ 351
　　商学院第三十四次院务会议记录(1929年5月17日) ⋯⋯⋯⋯⋯⋯⋯⋯ 351
　　商学院第三十六次院务会议记录(1929年6月5日) ⋯⋯⋯⋯⋯⋯⋯⋯⋯ 352
　　程振基致中央大学本部函(1929年8月17日) ⋯⋯⋯⋯⋯⋯⋯⋯⋯⋯⋯⋯ 353
　　商学院第四十次院务会议记录(1929年10月11日) ⋯⋯⋯⋯⋯⋯⋯⋯⋯ 353
　　程振基致张乃燕函(1929年10月29日) ⋯⋯⋯⋯⋯⋯⋯⋯⋯⋯⋯⋯⋯⋯ 354
　　程振基函陈寒假招生事(1929年12月28日) ⋯⋯⋯⋯⋯⋯⋯⋯⋯⋯⋯⋯ 355
　　程振基致刘海萍函(1929年12月31日) ⋯⋯⋯⋯⋯⋯⋯⋯⋯⋯⋯⋯⋯⋯ 355
　　程振基致叶元龙函(1930年1月10日) ⋯⋯⋯⋯⋯⋯⋯⋯⋯⋯⋯⋯⋯⋯⋯ 356
　　程振基致张乃燕函(1930年2月5日) ⋯⋯⋯⋯⋯⋯⋯⋯⋯⋯⋯⋯⋯⋯⋯ 356

中央大学为商学院建设院舍贷款事宜致江苏教育经费管理处函(1930 年 3 月 15 日) ………………………………………………………………………… 357
商学院第五十三次院务会议记录(1930 年 9 月 29 日) ……………………… 358
张乃燕致程振基函(1930 年 10 月 18 日) …………………………………… 358
商学院致大学本部函请变更年假(1930 年 11 月 20 日) …………………… 359
商学院第五十八次院务会议记录(1930 年 12 月 1 日) …………………… 359
商学院第五十九次院务会议记录(1930 年 12 月 12 日) ………………… 360
商学院学生缕陈商学院设沪之不便原因请予迁京办理(1931 年 2 月 1 日) … ………………………………………………………………………… 361
徐佩琨致朱家骅函(1931 年 2 月 17 日) ……………………………………… 363
商学院二一级全体同学致朱家骅函(1931 年 5 月 6 日) …………………… 365
商学院二二级学生致朱家骅函(1931 年 5 月 11 日) ……………………… 366
程振基致朱家骅电请辞院长(1931 年 5 月 12 日) ………………………… 367
程振基致俞颂华函(1931 年 5 月 19 日) …………………………………… 367
商学院二〇级学生东北考察团请求补助(1931 年 6 月 5 日) …………… 368
俞颂华致朱家骅函(1931 年 6 月 18 日) …………………………………… 368
商学院学生复院运动委员会缕陈商学院历史请予恢复仍归本部管辖(1932 年 10 月) ………………………………………………………………… 369

第五部分　教学管理

一、学生概况与管理 ……………………………………………………………… 371

第四中山大学 1927 年秋季学期学生人数统计表(1927 年) ……………… 371
中央大学学生每学期缴费数目(1929 学年) ………………………………… 372
中央大学 1929 年度秋季学期学生人数统计表(1929 年) ………………… 373
学生林时懋等呈请对被开除学籍同学予以自新(1931 年 4 月 23 日) …… 373
中央大学布告整理委员会议决学生甄别办法(1932 年 7 月 16 日) ……… 375
体育科主任张信孚请捐赠奖牌奖励四育俱优之学生(1931 年 7 月 21 日)… ………………………………………………………………………… 375
毕业生代表请准免予再受甄别试验(1932 年 7 月) ……………………… 376
农学院教授李寅恭等请恢复陈午生学籍(1932 年 9 月 27 日) ………… 377
国立中央大学收录蒙藏学生暂定办法(1932 年 11 月 7 日) …………… 378

中央大学 1932 年秋季学期学生数目统计表(1932 年 11 月 24 日) ……… 378
国立中央大学奖学金暂行规则(1932 年 12 月 5 日) ……………………… 379
本校毕业生继续在校肄业暂行办法(1933 年 9 月) ……………………… 379
吴襄致罗家伦函(1935 年 1 月 7 日) ………………………………………… 380
柳定生致陈剑修函(1935 年 9 月 2 日) ……………………………………… 381
机械特别研究班学生顾逢时致罗荣安函(1935 年 11 月) ……………… 381
国立中央大学训导委员会训导工作方案草案(1935 年 11 月 7 日) …… 382

二、学生招考与毕业 ……………………………………………………………… 383

吴光致胡刚复函(1927 年 7 月 16 日) ……………………………………… 383
江泽涵致胡刚复函(1927 年 8 月 10 日) …………………………………… 384
第四中山大学关于旧生入学资格审查方法的通告(1927 年 8 月 19 日) ……
…………………………………………………………………………………… 385
呈请大学院审查革命功勋后裔免费入学资格条例(1927 年 10 月 12 日) ……
…………………………………………………………………………………… 385
复韩人来校肄业准举行特别试验(1927 年 10 月 14 日) ………………… 386
蔡元培致张乃燕函(1927 年 10 月 15 日) ………………………………… 387
大学院关于北大学生转学的训令(1927 年 10 月 27 日) ………………… 388
呈复大学院北大学生请求免试转学诸多困难请改作特别生(1927 年 11 月 1
日) ……………………………………………………………………………… 389
蔡元培致张乃燕函(1927 年 12 月 30 日) ………………………………… 390
张乃燕:国立中央大学第一届毕业纪念册序言(1928 年 7 月 9 日) …… 390
金陵大学学生呈请准予转学并予免考(1928 年 12 月 20 日) …………… 391
中央大学十七年度毕业生状况(1928 年) ………………………………… 392
东南大学学生孙绍祖请准恢复学籍(1929 年 2 月 13 日) ……………… 392
杨希震等为留日入学事致张乃燕函(1929 年 11 月) …………………… 393
刘芬资致张乃燕函(1930 年 3 月 13 日) …………………………………… 394
化工科学生沈贯甲致曾昭抡函(1930 年 7 月 14 日) …………………… 394
外国文学系毕业生漆裕元请转入法学院(1931 年 9 月 27 日) ………… 396
留日返国学生汪树人呈请转学(1931 年 10 月 6 日) …………………… 397
中央大学呈报收容东北各大学及留日归国学生情形(1931 年 11 月 26 日) …
…………………………………………………………………………………… 397
心理系毕业生雷肇唐请转入中央研究院继续研究(1932 年 3 月) …… 398
张宜等请继续举行招收新生及转学生考试(1932 年 7 月 15 日) ……… 398

教育部关于中央大学暂停招收新生的训令(1932年7月25日) ………… 400
朱汝华致罗家伦函请证明毕业(1933年7月11日) ………………… 400
国立中央大学招生简章(1934年) …………………………………… 401
中央大学呈报教育部学生毕业情形(1934年5月25日) …………… 404
盛彤笙赴德留学呈请发给介绍信(1934年8月16日) ……………… 405
吴道坤致潘菽函(1935年4月6日) ………………………………… 406
国立中央大学自动工程系特别研究班招生简章(1935年6月) …… 406
中央大学呈请办理机械特别研究班毕业事宜(1936年10月29日) … 407
工学院请选送自动工程系优秀毕业生出国深造(1936年12月31日) … 408
函送本校自动工程系第一期机械特别研究班毕业情形(1937年1月23日)
……………………………………………………………………… 409
韩德培函请学校发给辅修证书(1937年3月2日) ………………… 410
航空委员会致中央大学函(1937年2月17日) ……………………… 410

三、课程与教学 …………………………………………………………… 411

国立第四中山大学关于学生免费运动的布告(1928年2月12日) … 411
大学院关于学生要求免费的训令(1928年2月17日) ……………… 412
江苏大学教授会为学生免费运动致大学院院长蔡元培函(1928年2月)
……………………………………………………………………… 413
大学院关于举行三民主义考试的训令(1928年5月7日) ………… 414
军事教育科蔡文之呈报该科办理经过(1929年5月24日) ………… 415
呈报教育部实施军事教育情形(1929年10月1日) ………………… 416
王淦昌等致张乃燕函(1929年10月15日) ………………………… 417
学生沈绥龄等关于学分问题致张乃燕函(1930年2月26日) ……… 417
代理军事教官主任李亚雄呈张乃燕文(1930年9月30日) ………… 419
西画组毕业生呈请旅日参观恳予拨给团体津贴(1931年3月) …… 419
国立中央大学呈复教育部蒙藏班未能如期成立缘由(1931年7月27日) …
……………………………………………………………………… 420
教育科学生函请校长赞助西北旅行经费(1932年6月17日) ……… 421
罗家伦:整理学课大纲(1932年9月20日) ………………………… 421
罗家伦函请参谋本部酌加调查经费补助贺兰山地质调查(1933年3月13日)
……………………………………………………………………… 422
化学工程系学生请求补助实习调查费用(1933年3月22日) ……… 422
校务会议通过各院系修订课程时应注意事项(1933年4月7日) … 423

教育学系学生请赴无锡、定县等地教育考察(1934年3月17日) ……… 425
理学院关于地质系学生开展地质调查致罗家伦函(1934年3月21日) … 426
国立中央大学暑期中学算学教员讲习班简章(1934年) ……………… 427
学生选课须知(1934年) …………………………………………………… 428
土木系四年级学生呈请补助调查华北水利之旅费(1934年3月23日) … 429
校务会议议决关于新生改院系一案(1934年10月8日) ……………… 430
新疆回民学生补习班总报告(1935年7月22日) ……………………… 430
中央大学特种教育实施计划(1936年7月) …………………………… 435
国立中央大学呈报开办暑期中学教员讲习班情形(1936年8月1日) … 442
中央大学呈请准将本学期二、三年级增进训练暂予缓办(1936年9月3日)
……………………………………………………………………………… 442
1937年暑期中学及师范学校教员讲习班谈话会记录(1937年5月20日) …
……………………………………………………………………………… 443
黄玉珊致罗家伦函(1937年5月24日) ………………………………… 444
理学院地质系师生拟赴江西庐山考察地质(1937年6月2日) ………… 445
教育部电令增收师范学校体育教员训练班自费学员(1937年6月19日) …
……………………………………………………………………………… 445

第六部分　教职员

一、教职员聘任 …………………………………………………………… 446

张乃燕致钱基博函(1927年9月17日) ………………………………… 446
张乃燕致姚仲实函(1927年9月17日) ………………………………… 446
张乃燕致钱基博函(1927年9月19日) ………………………………… 447
柳诒徵致张乃燕函(1927年10月5日) ………………………………… 447
张乃燕请孟森为文学院教授(1928年3月19日) ……………………… 448
何鲁致张乃燕函(1928年9月19日) …………………………………… 448
张乃燕聘请翁文灏担任地质学教授兼研究院院长(1928年11月16日)
……………………………………………………………………………… 449
李书华致张乃燕电(1928年11月19日) ………………………………… 450
李书华致张乃燕电(1928年12月22日) ………………………………… 450
张乃燕函请戴季陶担任党义课程(1928年12月24日) ………………… 451

戴超致张乃燕函(1929年5月11日) ……………………………………… 451
张乃燕致吴稚晖、李石曾函(1928年9月6日) ………………………… 452
张乃燕致任鸿隽电(1929年2月25日) …………………………………… 452
方光圻致戴超函(1929年3月16日) ……………………………………… 453
孙洪芬致戴超函(1929年4月4日) ……………………………………… 453
孙洪芬致戴超函(1929年4月11日) ……………………………………… 454
张乃燕致孟宪承函(1929年7月6日) …………………………………… 455
孙洪芬致张乃燕函(1929年7月7日) …………………………………… 455
茅以升致张乃燕函(5月31日) ………………………………………… 455
张乃燕挽留地理学门三教授(1930年1月7日) ……………………… 456
张乃燕致程佐时函(1930年5月3日) …………………………………… 456
张乃燕致孟宪承函(1930年5月15日) …………………………………… 457
孙本文复张乃燕函(1930年9月5日) …………………………………… 458
张乃燕致蒋梦麟函(1930年9月5日) …………………………………… 458
国立中央大学借聘秉农山为兼任教授(1934年1月17日) ………… 459
汪东请聘唐君毅为助教(1934年7月2日) ……………………………… 459

二、教职员概况 …………………………………………………………… 460
中央大学十八年度秋季教职员统计表(1929年) ……………………… 460
国立中央大学二十四年度教职员概况表(1936年6月) ……………… 461
国立中央大学各学院院长、系科主任、教授、讲师、助教一览(1936年) … 463

三、教职员待遇 …………………………………………………………… 505
全校教员茶话会纪盛(1927年10月19日) ……………………………… 505
酌量增减钟点办法三条(1927年11月24日) …………………………… 506
张乃燕为楼光来兼课事致黄膺白函(1928年2月27日) ……………… 506
胡竹铭致张乃燕函请补发欠薪(1928年8月12日) …………………… 507
艾伟致高等教育处处长函(1928年8月25日) ………………………… 507
张乃燕致孟宪承函(1929年6月22日) …………………………………… 508
方光圻为加薪事致学校函(1929年7月22日) ………………………… 508
农学院助教会请求改善助教待遇(1929年11月1日) ………………… 509
吴澄致戴超函(1929年11月6日) ………………………………………… 510
郑大源为提高待遇事致艾伟函(1930年1月22日) …………………… 510
郑大源致程其保函(1931年12月12日) ………………………………… 511
中大教授六月六日总请假宣言(1932年6月9日) ……………………… 513

卢恩绪函陈对已故教授沈祖伟优予抚恤(1932年11月4日) …………… 514
呈请教育部核发凌梦痕恤金(1933年11月10日) ……………………… 515
国立中央大学教员待遇章程(1934年12月) …………………………… 515
陈谋先生追悼会记(1935年6月3日) …………………………………… 517
国立中央大学为黄侃因病身故呈请抚恤(1935年11月13日) ………… 518
教育部关于行政院褒奖黄侃的训令(1935年11月20日) ……………… 519
经济学系助教雷震洵请求补助留学经费(1937年6月21日) ………… 520

四、教职员请辞 ……………………………………………………………… 521

中大高教处长胡刚复辞职函(1928年6月10日) ……………………… 521
孟宪承致张乃燕函(1928年9月1日) …………………………………… 521
吴有训致张少涵函(1928年11月7日) ………………………………… 522
吴有训致张少涵函(1928年11月30日) ………………………………… 523
陈汉章致张乃燕函(1928年12月24日) ………………………………… 523
陈汉章致张乃燕函(1929年3月5日) …………………………………… 524
孙洪芬致戴超函(1929年3月17日) …………………………………… 524
张其昀致张乃燕函(1929年7月2日) …………………………………… 525
周鲠生致戴超函(1929年7月7日) ……………………………………… 525
孟宪承致张乃燕函(1929年7月10日) ………………………………… 526
周鲠生致戴超函(1929年7月19日) …………………………………… 526
周鲠生致戴超函(1929年7月29日) …………………………………… 527
翁文灏致张乃燕函(1929年7月31日) ………………………………… 527
学生胡镕成请挽留周鲠生(1929年8月14日) ………………………… 528
张乃燕致钱端升函(1930年1月15日) ………………………………… 528
郑厚怀致张乃燕函(1930年2月24日) ………………………………… 529
张乃燕致钱端升函(1930年3月3日) …………………………………… 530
蔡堡致张乃燕、戴超函(1930年3月15日) …………………………… 530
孙本文致叶元龙函(1930年9月5日) …………………………………… 531
孙洪芬致张乃燕函(1930年9月21日) ………………………………… 532
艾伟致张乃燕函(1930年9月25日) …………………………………… 532
许元龙致张乃燕函(1930年10月8日) ………………………………… 533
童冠贤致朱家骅函(1931年9月3日) …………………………………… 533
陈训慈致朱家骅函(1931年9月8日) …………………………………… 534
胡焕庸致朱家骅函(1931年10月9日) ………………………………… 534

沈思玙致罗家伦函(1936年8月13日) ·········· 535

第七部分 经 费

呈为东大欠款清查完竣亟应设法筹还事(1928年5月2日) ·········· 536
程振基致张乃燕函(1928年6月11日) ·········· 539
胡刚复致蔡孑民、吴稚晖书(1928年6月11日) ·········· 540
呈国民政府、中央政治会议、大学院请拨款补助中央大学经费由(1928年8月11日) ·········· 541
中央大学全体教授上国府书(1928年12月) ·········· 542
中央大学造送1929年度预算呈教育部文(1929年) ·········· 544
中央大学全体学生代表呈请教育部维护学校经费(1929年6月) ·········· 545
致学校建议书(1929年8月) ·········· 546
张乃燕复各学院学生会代表会函(1929年9月2日) ·········· 549
维护学校经费运动之经过述略(1929年9月10日) ·········· 550
国立中央大学十八年度经费分配表(1929年) ·········· 552
国立中央大学二十年度预算会议记录(1931年3月17日) ·········· 555
农学院函请增加二十年度预算经费(1931年3月27日) ·········· 557
孟宪承报告江苏省教育经费委员会稽核员开会情形(1931年5月26日) ·········· 558
国立中央大学呈送二十三年度概算并说明增加经费理由(1933年12月25日) ·········· 559
国立中央大学呈请教育部准予追加经费(1934年4月18日) ·········· 560
国立中央大学历年积欠外商各款清单(1934年) ·········· 561
国立中央大学二十三年度岁入概算书(1935年) ·········· 563
国立中央大学二十三年度岁出概算书(1935年) ·········· 564
国立中央大学呈请教育部另拨专款十万元(1935年3月6日) ·········· 567
国立中央大学呈送二十四年度经常费概算(1935年3月6日) ·········· 568
国立中央大学呈请核发航空班兽医系临时费(1935年8月8日) ·········· 569
农学院呈送廿四年度预算总表(1935年10月25日) ·········· 570
国立中央大学二十五年度经费分配表(1936年) ·········· 571
中央大学呈报教育部与洛氏基金会合作改进我国畜牧兽医事业(1936年3月17日) ·········· 571

国立中央大学呈请教育部补助医学院建设(1936年3月17日)……… 572
国立中央大学呈送二十五年度预算并说明必须增加开支实情(1936年3月17日)……… 573
国立中央大学二十四年度岁出经常门决算报告书(1936年)……… 574
二十五年度理学院各系经费分配比例(1936年9月15日)……… 577
新校址建筑经费收支概况(1936年11月2日)……… 578
呈报教育部二十六年度经常费概算(1936年12月28日)……… 578
呈请教育部增加医农学院经费(1936年12月28日)……… 579
管理中英庚款董事会函复补助中央大学情形(1937年7月14日)……… 580

第八部分　图书、建筑与校产

请确定校内各栋建筑名称案(1927年11月)……… 583
国立第四中山大学图书馆报告书(1927年11月)……… 583
大学院关于孟芳图书馆更名的训令(1928年7月10日)……… 586
中央大学学生为校务兴革致戴超函(1929年3月6日)……… 587
学生谭正义为校园建设致戴超函(1929年4月12日)……… 588
关于重订门禁办法的通告(1929年4月13日)……… 589
国立中央大学十八年度图书统计(1929年)……… 589
张乃燕：中央大学之大礼堂(1930年)……… 590
大礼堂奠基典礼志盛(1930年10月10日)……… 592
农学院梁希为购地筑路建筑大门致朱家骅函(1931年1月24日)……… 593
国立中央大学呈请中央特别补助提前完成大礼堂建设费用(1931年1月24日)……… 593
农学院为幕府山及乌龙山划归事商请江苏省政府(1931年4月29日)……… 594
学生盛彤笙致朱家骅函(1931年5月4日)……… 596
朱家骅为催还图书馆图书致教育学院函(1931年6月20日)……… 597
中央大学1933年春季图书统计(1933年2月17日)……… 597
赵连芳请从速建筑温室及种子储藏室(1933年3月20日)……… 598
江苏省政府公函请派员接收幕府、乌龙两山林场(1933年5月20日)……… 599
奉令接收幕府、乌龙二山经过情形(1933年5月30日)……… 599
关于幕府、乌龙二山事宜节略(1933年)……… 600
中央大学校景委员会章程(1933年12月9日)……… 602

中央大学呈送教育部迁移新校址建筑计划(1933年12月25日) ……… 602
中央大学呈报本校迁移校址实施方案步骤及经费概算(1934年10月13日)
………………………………………………………………………………… 603
中央大学呈报本校新校址地形图及新校舍计划草图(1935年2月1日)……
………………………………………………………………………………… 604
教育部关于中央大学核发新校址征地公告的训令(1935年7月2日) … 605
中央大学呈报在中华门外石子岗附近建设新校址(1935年9月11日) ……
………………………………………………………………………………… 606
教育部关于中央大学派员征收新校址土地的密令(1935年11月6日) ……
………………………………………………………………………………… 607
教育部关于中央大学迁移郊外建筑新校舍的训令(1935年8月19日) ……
………………………………………………………………………………… 608
罗家伦致张仲鲁函(1936年7月24日) ……………………………… 609
中央大学关于整理大学门禁的决议(1936年12月18日) …………… 609
罗家伦致陈布雷函………………………………………………………… 610
国立中央大学二十五年度图书统计(1937年) ……………………… 611
农学院为迁让丁家桥园艺场致罗家伦函(1937年4月15日)………… 612
教育部准许中央大学先行进入新校址地区施工建设的训令(1937年5月13日) ……………………………………………………………………………… 614
南京市政府致中央大学函(1937年7月) ………………………………… 615

第九部分　学术研究

一、研究资助 …………………………………………………………… 616

任鸿隽致张乃燕函(1927年7月18日) ………………………………… 616
胡刚复致任鸿隽函(1927年9月29日) ………………………………… 617
任鸿隽致胡刚复函(1927年10月19日) ……………………………… 617
第四中山大学复中华教育文化基金董事会函(1927年11月8日) … 618
胡刚复致任鸿隽函(1927年11月8日) ………………………………… 619
中华教育文化基金董事会致中央大学函(1928年1月10日) ……… 620
任鸿隽致胡刚复函(1928年5月1日) ………………………………… 620
中华教育文化基金董事会致中央大学函(1928年11月9日)………… 621

理学院为洛氏基金补助科学设备费致高等教育处函(1928年11月23日)……………………………………………………………………………… 622
何鲁请补助算学系添购仪器模型(1929年4月) ………………… 622
中央大学报告所领中基会补助费收支情形(1929年5月24日) … 623
中华教育文化基金董事会致中央大学函(1930年7月30日) …… 623
孙洪芬致程其保函(1932年4月4日) …………………………… 624
中华教育文化基金董事会在中央大学设置化学研究教席(1933年9月12日)……………………………………………………………………… 624
孙洪芬致罗家伦函(1933年9月13日) …………………………… 625
中基会关于聘请庄长恭担任化学研究教席复中央大学函(1933年10月2日) ……………………………………………………………… 626
艾伟致任鸿隽函(1934年) ………………………………………… 627
中华教育文化基金董事会复中央大学函(1934年7月12日) …… 628
管理中英庚款董事会函告1936年度补助中央大学经费情况(1936年7月14日) ……………………………………………………………………… 628
国立中央大学医学院申请补助经费(1937年1月28日) ………… 629
中华教育文化基金董事会补助中央大学医学院经费(1937年5月7日) …………………………………………………………………… 630
资源委员会为合作研究致中央大学密函(1937年6月7日) …… 631
中央大学函请全国经济委员会补助黄土区速率研究(1937年6月15日) …………………………………………………………………… 631
资源委员会为该年度研究计划致中央大学密函(1937年7月12日) … 632
资源委员会、中央大学研究专题培植专才合作办法(1937年7月) … 632
资源委员会与中央大学电机系合作研究计划(1937年) ………… 633

二、研究所建设 ………………………………………………………… 638
文学院学生郑德璧呈请筹设国学研究院(1928年12月10日) … 638
蔡堡、曾昭抡、吴有训等科学教席函请建筑研究室(1929年9月19日) …………………………………………………………………… 639
国立中央大学筹办算学研究所、农艺研究所、水工试验所申请书(1934年6月) …………………………………………………………………… 640
教育部令饬中央大学筹备研究所(1934年7月27日) …………… 641
中央大学呈报奉令筹设研究所情形(1934年11月9日) ………… 642
教育部关于中央大学设立研究所的指令(1934年11月15日) … 642

中央大学函请管理中英庚款董事会补助研究所建设经费(1935 年 1 月 31 日)
...... 643
国立中央大学研究所章程(1935 年 2 月) 644
函复中山大学本校研究院英文名称(1935 年 12 月 5 日) 645
国立中央大学研究所招生简章(1936 年度) 645
国立中央大学 1936 年度研究生名册(1936 年 9 月) 647
国立中央大学理科研究所算学部概况(1936 年度) 648
中央大学呈请补助添办特种化学研究室(1937 年 3 月 24 日) 648

三、研究概况 649

发起第四中大社会科学研究会的旨趣(1927 年 12 月) 649
南京市第八区党部请整理《国立中央大学日刊》致张乃燕函(1928 年 10 月 8 日) 650
张乃燕:《国立中央大学半月刊》序(1929 年 10 月 15 日) 651
中央大学组织丛书委员会(1929 年 10 月 22 日) 651
中央大学致函各省政府请通令各机关搜采地质标本(1930 年 5 月 20 日) 652
中央大学社会科学研究会请求学校援助(1930 年 12 月 24 日) 652
国立中央大学出版委员会简章(1932 年 12 月) 653
中央大学出版委员会通告(1933 年 11 月 18 日) 653
中央大学丛刊编辑委员会简章(1933 年 11 月 18 日) 654
国立中央大学专篇简章(1933 年 11 月 18 日) 654
中央大学心理系最近之研究工作(1934 年 5 月 2 日) 655
国立中央大学地理考察团报告(1934 年 12 月 8 日) 655
农学院函请允准代为化验新运河线区土样(1935 年 11 月 21 日) 656
工学院函请允准为棉籽油研究委员会代购机器(1936 年 2 月 8 日) 657
农学院陈报允代为兵工署分析研究土壤(1937 年 3 月 8 日) 658

第十部分　学术交流

郭秉文致张乃燕函(1927 年 7 月 14 日) 659
中央大学欢迎全国教育会议代表详情(1928 年 5 月) 659
张景钺致戴超函请西里门博士来校演讲(1929 年 4 月 25 日) 660

中央大学请补助东方文化研究团赴日本参观(1930年5月14日)……… 661
张乃燕致戴季陶函请合聘麦克乐(1930年5月30日)………………… 662
中央大学函请中国驻德公使馆聘德国体育教员(1930年8月29日)…… 663
邹秉文致叶元龙函请合聘洛夫教授(1930年9月13日)……………… 663
中央大学授予樊迪文、林百克名誉博士学位的布告(1930年10月7日)……
……………………………………………………………………… 664
朱家骅呈请教育部转咨国际联盟派教授来校担任讲座(1931年2月18日)
……………………………………………………………………… 664
中央大学聘德国航空专家魏科波斯基氏来校讲演的布告(1931年3月3日)
……………………………………………………………………… 665
体育科教员葛乐汉聘约(1931年6月)………………………………… 666
国联秘书长为选聘赴中央大学交换教授致教育部函(1931年8月10日)…
……………………………………………………………………… 666
艺术科主任唐学咏请聘奥国音乐教授(1932年10月17日)………… 668
中央大学关于聘请洛夫教授的说明(1932年12月31日)…………… 669
中央大学与奥地利斯特那些博士聘约(1933年)……………………… 670
中央大学请转致国联商请继续合聘达卫等三教授(1933年4月8日)… 671
国联办事处关于中央大学续聘国联三教授事呈复与国联接洽情形(1933年7月24日)……………………………………………………………… 672
外交部关于中央大学向国联商请续聘达卫等三教授的复函(1933年9月2日)……………………………………………………………………… 672
中央大学函请资助金树章于科学教席期满后休假一年出国研究(1934年1月12日)……………………………………………………………… 673
中央大学请拨聘请霍康教授来华讲学经费上行政院呈(1934年)……… 674
宗白华为选送哲学书籍参展致罗家伦函(1934年5月8日)………… 674
美国经济考察团来校参观(1935年4月22日)……………………… 675
日本庆应义塾大学请允来校参观演讲拳术及表演(1935年9月25日)… 676
艾温思教授在本校演讲日期及讲题(1936年9月29日)…………… 676
印度加尔各答大学历史及考古学教授将来校参观(1936年12月30日)…
……………………………………………………………………… 677
国立中央大学布告举行美术讲演(1937年3月30日)……………… 677
中央大学函请续聘司徒德生博士担任本校物理讲座(1937年4月3日)……
……………………………………………………………………… 678

中央大学关于本校与德国大学交换学生的通知(1937年4月3日) …… 678
教育部关于喜饶嘉错来中央大学讲学的训令(1937年4月6日) …… 679
中央大学与中央研究院合聘费思孟教授(1937年7月3日) ………… 679

第十一部分　学生组织与爱国运动

江苏大学生罢课请愿情形(1928年2月29日) ………………………… 680
中大学生反日出兵大会(1928年5月8日) ………………………… 681
中央大学教职员为济南事件电告日本国民(1928年5月9日) ………… 682
国民党中央执行委员会训练部函令停止中大学生会活动(1929年6月9日)
……………………………………………………………………………… 682
教育部令中央大学密查国家主义派宣言传单(1929年11月27日) …… 683
中央大学呈复教育部游艺会中发现反动传单情形(1929年12月7日) … 684
国民党南京第八区党部致张乃燕函(1930年5月8日) ………………… 685
潘廷干函请准许无名剧社公演戏剧(1930年5月30日) ……………… 685
中央大学布告不得任意张贴印刷品(1930年10月16日) ……………… 686
中央大学查复农学院院长邹秉文等被控一案呈教育部文(1930年12月27日) ……………………………………………………………………… 686
学生自治会呈请免收或减收费用(1931年2月14日) ………………… 688
学生自治会干事会面陈朱家骅改进校务事宜(1931年6月27日) ……… 689
学生自治会转呈第四届代表大会议决案(1931年7月10日) …………… 689
中央大学组反日救国会(1931年9月23日) …………………………… 690
中央大学举行征集义勇军大会并发行特刊(1931年9月27日) ………… 691
中央大学商学院报告抗日救国运动情形(1931年9月27日) …………… 691
中央大学抗日救国会召集教职员学生联席委员会(1931年9月28日) ……
……………………………………………………………………………… 692
中央大学反日救国义勇军组织纲要(1931年9月28日) ……………… 692
中央大学教职员学生抗日示威游行(1931年9月29日) ……………… 693
中央大学义勇军什人团已成立四十余团(1931年10月1日) ………… 694
中央大学布告请学生照常上课(1931年10月8日) …………………… 694
中央大学抗日救国会呈请于军事训练期间停止普通体育(1931年10月29日) ……………………………………………………………………… 695

暨南大学学生抗日救国会致中央大学学生抗日救国会函(1931年11月26日) ……………………………………………………………………………… 695
中央大学学生游行示威(1931年12月6日) ……………………… 696
中央大学学生改组抗日救国会(1931年12月7日) …………………… 697
朱家骅通告中央大学学生家长电(1931年12月9日) ………………… 698
中央大学特捐航空救国捐二千元(1933年4月15日) ………………… 698
中央大学为所购日货种子发芽炉事呈教育部文(1933年5月1日) …… 699
中大学生招待新闻界并发电慰问平市学生(1935年12月23日) ……… 700
中央大学全体教授发表告同学书(1935年12月24日) ………………… 700
中央大学布告劝导学生正常上课(1935年12月26日) ………………… 701

第一部分　沿革与综述

国民政府教育行政委员会对东南大学接收委员胡刚复等报告的批复(1927年7月19日)

国民政府教育行政委员会批　第32号

原呈人东南大学接收委员胡刚复等，呈为报告接收保管情形，请示结束移交由。

折呈阅悉。据陈保管期内进行事项，擘画精详，处理得当，具见热心，任事良堪嘉尚。所有前东南大学校舍、校具、图书、仪器、印信、文件及其他关联事项，应准移交第四中山大学校长及筹备委员会接管，并将保管期内经办及已办各事宜，摘要录送该校校长，俾便继续进行。清查账目一节，已准照所请，由会函聘会计师办理，并经另函饬知矣。至该校积欠经费，应候账目清查后再行核办。仰即遵照办理，并将遵办情形具复察核。此批。

教育行政委员会
中华民国十六年七月十九日
中央大学档案

张乃燕就职典礼详纪(1927年7月23日)

本大学校长张乃燕于七月二十三日上午八时，在国民政府大礼堂举行就职典礼。参加者有：中央党部吴稚晖、吴旦平，国民政府钮永建、王宠惠、罗文庄、萧芹、黄归宝、王文藻、熊遂，中央教育行政委员会金曾澄，中央政治会议上海分会杨杏佛，中央法制委员会戴修骏，总政治部陈铭枢、彭一湖、樊宗泽，江苏省党部李钰，江苏省妇女协会孙毓桂，江苏省政府高鲁、孙恩麐、钮珉华，南京市政府胡善恒，金陵大学过探先，金陵女子大学郝映青、张汇兰等，江苏教育经费管理处廉南湖，中国科学社路季讷,江苏全省学联会张文翰,新闻记者胡迪周、张若谷、张作之及本大学行政部大学本部全体职员与普通来宾等约五百余人。

秩序为:

(一)振铃开会。

(二)中央党部代表吴稚晖就席。

(三)国民政府代表钮永建就席。

(四)国民政府教育行政委员会代表金曾澄就席。

(五)省政府代表高鲁就席。

(六)奏乐。

(七)向国旗、党旗及总理遗像行三鞠躬礼。

(八)主席钮永建恭读遗嘱。

(九)主席授印,校长受印。

(十)张校长宣誓。其誓词如下:"余敬宣誓! 余愿恪遵总理遗嘱,服从党义,奉行国家法令,忠心及努力于本职,并节省经费。余决不滥用无用人员,不营私舞弊及徇情贿赂。如背誓言,愿受本党最严厉之处分!"

(一一)主席致词。

(一二)中央党部代表吴稚晖致词。略谓:"自国民政府定都南京以来,行政人员宣誓就职者已有多起,可谓俱属于'行'之机关。而属于'知'之机关之就职典礼,此为第一次。国人每鉴于事多知而不能行,故'知易行难'四字,深中于人心,尤以学者为甚。孙总理独倡'行易知难'学说以正之。盖知而不能行,非果行之难于知也,实缘知非真知,于事理之曲折精微处,犹未能透达耳。使学者格物穷理于事物之原委,能豁然贯通,俾总理之学说,于实际之效用,益显宏伟,斯惟大学,负责为最巨。……介绍孙总理学说于几千百年以后而发扬光大之,此为教育界最大之责任,而大学实为之中心,愿张校长勉旃!"

(一三)国民政府教育行政委员金曾澄致词。略谓:"今日蔡孑民先生赴沪,特由兄弟代表教育行政委员会出席。溯自革命军兴以来,凡属国民,皆知吾国将来,无一不有革命之必要。然自吾人之眼光观之,则教育之革命,尤为重要。无革命之精神者,不足与言教育。吾国自兴学以来,教育制度亦经数遍,其始则效法日本,继而模仿美国,最近颁布大学区制乃参用法制。论者或以法制过于划一,其中央集权,有类于专制。不知中央只规定大纲及原则,在原则范围以内,各省可以自由伸缩;因是,中央集权之中仍留各省活动余地,此其一也。论者又或疑大学区制,各省只知注重大学教育,经济人才都集中于大学,而中小教育便无人注意。不知大学区制乃以大学为一省文化之中心,负教育全部进展之责,并非重大学而轻中小学。况共和国家,在注重养成一般良好国民,与帝国主义者志在养成少数之领袖人才有别,此又无容过虑者也。抑尤有进者,教育为社会事业之一,其制度思想当随时势而变迁,固矣;然模仿因袭,只求形式之近似,则不得谓为改革。窃愿今后之教育不再模仿某国某国,希望采取各国所长,为适如吾国之教育,此当注意者也。又教育、学术,为世界人类之公有物,原无种族国家之分,自当兼容并包,以期发达;况二十世纪乃为科学世界,无论何种学术,必须受科学的陶冶,乃能促世界之进步,此当注意者又一也。苏省的人文渊薮,现值革命进展一日千里之时,其地其时,均与教育改革以重大之助力。今更得英年绩学,且富于革命思想之张校长主持其间,本其热心,持以毅力,预料将来教育之进展,必至无可限量,其影响于全国教育者,当非浅鲜也。"

(一四)张校长答词。(词另录,见本刊"言论"栏)

(一五)来宾陈铭枢演说。略谓:"铭枢学术谫陋,未尝受大学熏陶,于教育更从未研究,本不够资格在东南最高学府之大学说话。惟躬与张校长就职荣典,略述感想,聊当庆祝。间尝思之,大学何故必以我总理之名[名]之,其意无非希望造成大学生,以总理之言行为言行,希望大学贯澈(彻)党化教育。此外,更有希望者二事。(1)增进法治精神。国人守法观念过薄弱,往往以守法为耻,玩法为荣。其故,一由于法律之本身未尽完备,一由于国人笃守法律之德性未完成。(2)发扬民族精神。精神藉形式以表现,形式赖精神以生存,二者相需为用,不可偏废。譬诸个人,只具形体,缺乏精神,不成为人。国家亦何独不然,若只有形式而无精神,国将不国,此民族精神之所以必要也。以上二事,于教育机关,至为密切。故敢提出,以供张校长之参考焉。"

(一六)奏乐。

(一七)就国民政府表门前摄影。

(一八)共入客厅茶点。

(一九)散会。

《第四中山大学教育行政周刊》1927年第2期

胡刚复函请第三路军总指挥李德邻加派宪兵保护校园(1927年8月22日)

德邻总指挥钧鉴：

敬启者：前因贵属部队（第三路第三纵队）入驻第四中山大学，曾趋谒麾下，请求饬令另觅相当地点。已蒙明令该军迁让，又承俯允用军事委员会名义，示禁任何军队部属入校借驻，并酌派宪兵一批来校常川驻扎，以资保护。具见钧座维护教育至意，毋任感佩。惟第三纵队虽经退出，而在军事委员会明令及宪兵未到之前，军队乘间而入者，尚有总指挥部第七军政治训练处及第十五军第二师政治训练处两部官佐人役共二百余人。叠经本校接洽，尚未迁出。第七军一部分军医与第七军军械处数十人前随政治部入校，随处杂居。近日复将大批军械马匹运入校内。职员办事既感不便，学生尤觉惊惶。马粪骡矢狼藉满地，而于校舍图书或臻危险。三月前，敝校中三院为火所毁，当时虽有消防队，因子弹横飞，不敢施救，可为前车之鉴。此外各种部队，因见驻军未去，来校索驻者仍络绎不绝，学校职员穷于应付。本日来校宪兵数仅七人，枪支一杆，因人数太少，虽见军队闯入，亦并未拦，似无力阻止。应请钧座迅饬宪兵随带枪支，派足一排，即刻到校，以资保护，全省教育幸甚。不胜迫切待命之至。敬请

勋安

第四中山大学校长代表胡刚复谨肃
八月廿二日
中央大学档案

张乃燕呈报第四中山大学开学日期(1927年9月1日)

呈为呈报开学日期请予鉴核备案事。

窃乃燕奉令为第四中山大学校长，曾于七月九日正式就职，业经呈报在案。属校自成立以来，所有整理校舍，聘任教授，审查、考试新旧各生及种种筹备，均积极进行，业已将次就绪，即于九月一日开学。除分呈国民政府教育行政委员会并分别行知外，理合备文呈报，仰祈鉴核备案。谨呈

国民政府

国立第四中山大学校长张乃燕
中华民国十六年九月一日
中央大学档案

张乃燕呈请国民政府军事委员会将军队迁移校外（1927年11月30日）

敬陈者：窃职校于本年六月间，奉国民政府明令组织大学各学院，当时曾将前河海工科大学、南京工专学校、前苏州工专学校等三校及已停办之东大工科合并改组为工学院，即经派员分头前往，将各该校房屋器具等接收保管在案。旋因查知，前南京工专学校房屋，曾有第四十军军队驻扎在内，遂迭次向其商请迁让，并函请前总司令部转饬搬移，一面即由工学院派员住入负责保管。乃该第四十军以一时另乏相当处所，未能立时迁让，且已在校内开办军官训练所，期于明春二月毕业。姑念借期尚短，不得已允予通融办理。良以届时既可收回，奚必过事敦迫，使该军队转感困难。然在职校方面，各院学级甚多，大学本部原有校舍本属不敷支配，开学后勉强应用，竭促异常。且因工厂方面设备不周，上课实习均形不便，又于无可如何之中，遂将前南京工专工场机件及实验室设备之一部分，暂时移装大学本部，以供学生试验之用。凡此种种让步，无非体念该军及军官训练所一时既乏房屋可迁，借住时期转瞬届满，不欲多所交涉。乃不料一波未平，一波又起。现据该校保管员报告，十一月二十八、九等日，突有军事委员会副官一人，迳赴该校，声称该项房屋即须开办交通技术学校，并须将各部工场封闭，不准大学方面移动，所有其中物件悉须供作开办时之用等语。似此横生枝节，于职校进行前途甚形棘手，影响教育关系至巨。用敢历叙实情，陈请钧会鉴核俯准，将所拟办之交通技术学校另择适宜地点开办，一面并予令饬第四十军赶速别谋驻扎处所，连同军官训练所克日他徙，俾职校得收回应用。不胜盼祷之至。谨呈
国民政府军事委员会

国立第四中山大学校长张乃燕
中华民国十六年十一月三十日
中央大学档案

国立第四中山大学概况计划

国民政府暨江苏省政府建设于首都，乃燕承乏教育厅，组织伊始，粗有计划。续被命为第四中山大学校长，试行大学区制，任重材轻，时虞陨越。幸各方赞助，时局渐宁。本区大中小各校及社会教育机关均如预计办理进行。学子莘莘，安心求

学,首都学府之基础视从前之东南大学乃截然不同。兹谨就筹办大学本部情形及规划全区学校及扩充教育机关现在状况与将来计划分别胪陈,以供荃览。

一、筹备经过

自中央教育行政委员会须行学区制,同时函聘胡刚复、蔡无忌、何尚平、刘藻彬四人接收东南大学,乃燕被命为第四中山大学校长,即以该校为大学本部,聘请一时名硕27人为筹备员,自六月十日在前江苏教育厅开会筹备。先行议定大学本部组织大纲,评议会及高等教育部、普通教育部、扩充教育部各项条例。至七月三日迁入大学内继续开会,并聘委各部分人员在校办公。七月九日,乃燕在国民政府正式就职,以从前教育厅各部分改组大学区之各职务,设行政院于前东南大学之附属小学内。八月五日,招考大学预科,并开始审查裁并各学校及格学生。九月一日,大学本部如期开学,因军事关系未及开课,九月二十六日开始授课,十月七日补行开学典礼,于是第四中山大学正式成立。总计开会筹备四十余次,所有讨论筹备详情具详会议记录。

此数阅月最困难者:(一)与军队接洽,迁让校舍宿舍,几于猪口晓音。(二)因党务学校借用校舍宿舍,以致全部不敷支配。(三)经济困难,往复筹商,讫未确有把握。(四)裁并各校性质不同,接收管理时形扞格。(五)试办学区制范围太广,前无成例,责难时来。(六)网罗人才,共谋建设,供求未能适合。以此六者,进行不无迟滞。而群策群办,不避艰险,以有今日,实赖中央当局之力予维护焉。

二、学生数目

原有东大学生	912人
裁并各校学生	700人
转学生	70人
预科生	198人
现已到校者共计	1 500人
教授	105人
讲师	63人
助教及助理	75人
职员	112人

三、校舍情形

从前东南大学仅容一校学生,教授学生尚多不能寄宿,附设校外宿舍若干处。

此次开办第四中山大学,举国立河海工程学校,上海商科大学,省立法政大学,第一工业、第二工业专门学校,第一农业学校,商业专门学校悉并合于此一大学内。教室、宿舍、实验室、仪器室等,即举从前东南大学校舍全部尽量支配亦尚不足以容。而此校筹备之始,中央党务学校遽行借用一字房、田字房、体育馆、教习房等处,以致第四中山大学本部仅余科学馆、东一院、东二院及校内学生宿舍,全部辟一校而二之。校中原有之中三院于接收之前为兵所毁,刻尚未能恢复。而河海所赁之屋及法大、工专各校又多为军队借驻,仅余一农校舍,可为农科办公之用,以致商学院、医学院本应在宁开办,以收教科联络之效者,竟不能如预计,而分设于沪滨。而现有之七院逼仄局促,不足回旋,此非亟行商请中央党务学校按照原约择地迁让,并请军事当局饬令驻在工校等处军队学校分期移驻,以便本大学师生讲学宁居不可者也。

四、经济状况

江苏教育经费自民国十四年独立,分为国库、省库两项。国库支付国立大学经费,其来源为屠宰税、牙税。省库支付省立中小学及社会教育机关,经费来源为纸、烟、捐及漕附税,实际收入不过二百数十万。国立、省立学校各自为政,初不相顾。国民政府成立之后,对于江苏教育经费管理处仍照向章独立。本大学职应兼筹并顾,故于筹备期间,对于全区之经费经画不遗余力。而军队所至,收入锐减,财政部又于本年六月间,改定卷烟特税为中央政府收入,一时江苏教育界遂大起恐慌。嗣经大学院长与诸元老及财政当局商定,以江苏田赋 180 万元抵补财部所提卷烟特税。惟事关国省财政划分问题,重以军费急迫,卷烟特税已为中央提取,而田赋抵补牵涉本省收入过巨,迁延至八月底,始省政府议决将田赋 120 万、忙屯芦附税 60 万拨归教育经费管理处,并经管理处会同财政厅订定各县按月分摊数目,限期报解。教育经费独立之法律保障,至此方始确定。现在经费支配预算,中小学校 172 万元,除一部分因学校设备需增临时费外,较去年经费增加 21 万元。扩充教育 20 万元为本大学区之新事业。大学本部经费 177 万元,因裁并各学校至九校之多,规模骤然扩张。且前在东大时期,徒尚标榜,书籍、仪器、工厂实习以及全校普遍设备异常简陋。现在大学除施教外,兼负筹办研究院责任,渐次布置,需款甚巨。此外又有其他大学,如同济、暨南、劳动三校之补助经费、留学经费及补助各教育学生团体经费 55 万元,江苏教育经费管理处经费 3 万,总计支出预算数 423 万元;而税项收入总计不过 350 万元,虽已溢出,于从前江苏教育经费之数,实感不足。现奉大学院令,全部预算暂以 8.75 折支付,以为削足适履之计。然就此 350 万元税项而论,秋季冬初忙漕尚未开征,求之各县,都患青黄不接。而屠牙各税每因军事关系,未能如额征解。大学本部、全省中小学校及大学区内种种事业仅恃此屠牙两税,不独不能按照新预算开支,即其薪额之最低限度亦且穷于应付。各方罗掘,纯恃举债。计自六月迄今,烟卷特税划归中央以来,教育经费损失60万元。现在非借有大种巨款,接至开收忙漕之时,不能应付裕如。此则目前最要之难关也。

五、科系组织

从前东南大学规模虽称粗备,内容殊未完善,徒尚铺张,不务实际。行政操自私党,经济绝不公开,分画科系不合学理,积习相以(因),成为封建制度。自前年发生风潮后,益形腐化。此次筹备会议制定评议会条例,以期各部分、各地区之人才均有闻政发言之机会。又经制定大学本部、普通各校及社会教育各机关经济公开条例,皆所以力矫前非,期符党国忠实廉洁之精神也。至各院之组织,则首在打破从前门户观念,造成一个学术独立、教科综合之学府。现有各系各科构成各院之情形,即本组织大纲所云,同性质之课目在学术上能构成系统者为系,合适当之课目在应用上能构成课程者为科。综合性质相近,应行联合设立之各系各科各学院之旨,分配如左:

(甲)学系

算学系 ┐
物理学系(天文附) │
化学系 │
地学系(矿物、气象附) ├ 自然科学院
生物学系 │
人类学系 │
心理学系 ┘

医学基本学系……………属医学院

史地学系 ┐
社会学系 │
经济学系 ├ 社会科学院
政治学系 │
法律学系(得特设法律科) ┘

中国文学系 ┐
外国文学系 ├ 文学院
语言学系 ┘

哲学系 ┐
心理学系 ├ 哲学院

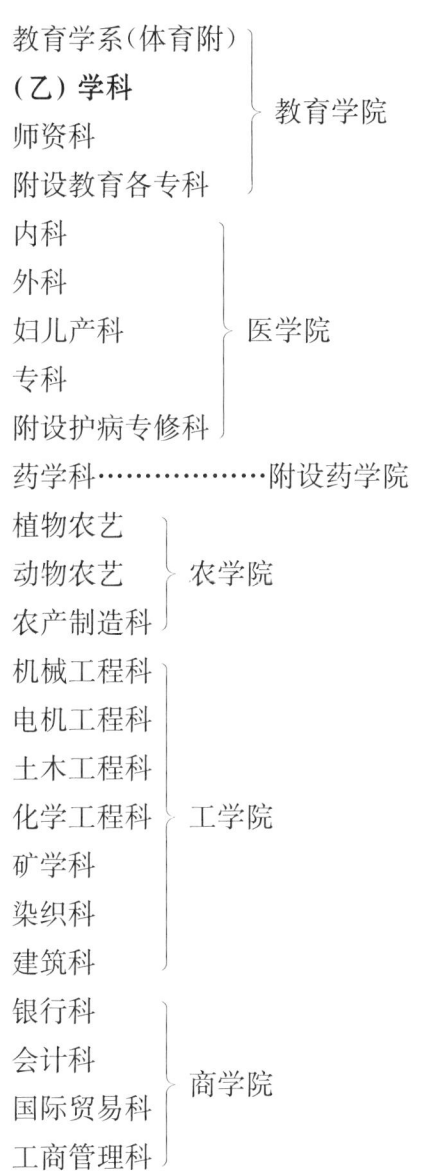

（注）各系课目得再分组，各科课程得分门，各应用科学院亦得重分系组，但属各院内部编制问题，此表不详列。

近年国内各大学虽多规模宏伟，然其组织之法，非各立门户，成为各个专门学校，即削足适履，强合各种性质不同之科目而等量齐观。故言科目则重复芜杂，言经济则耗费虚糜。此次分别科系，基本学理由各系教授，应用技术归各科主持，条例分明，整齐划一，是亦学校制度之进步也。表中所列各院，谨就性质相同之学科类分综合，根本仍在各学系，并非画界分疆，各为壁垒。观于选课实施之法，如自然科学、社会科学、文学、哲学等可为其他各院实科之基本者，皆沟通一气，不为重复。任学者之由博返约，或趋专诣，或归应用，自成条贯。加以艺术为之陶冶，军事为之纪律，而大学之函孕万有,冶以一炉。旁推交通,各惬所愿,群萃洲处,有相为观感之益。极深研几,无不赅不偏之弊。斯则组织之微旨,曾几经有历练之学者研讨擘画所成之者也。

六、教育方针

改革以前,各学校积弊不可胜举,要其大原,虚伪而已。由腐败而虚伪,由虚伪而浮嚣,由浮嚣而麻木。师以是教,弟以是学,自欺欺人,毫无实济。诋之者,乃谓学校只以造成一般洋八股之人才,与科举无以异焉。乃燕受任之始,首行主张审查教员资格,举行严格考试。缘此二点,实为矫正虚伪之要义。有学力宏富、资深望重之教师,方能切实指导学子,督促其专心求学,而不惮罢课、罢考之风潮。有专心一志、不惮考试之学生,方能以其所得之实学服务社会、效忠党国。事虽两途,义实一贯。近在大学审查教授、讲师、助教文凭、证书、著作已将竣事,每晤各教授及各普通学校校长教员必以严格考试相约,并拟于大学组织考试委员会,本总理之遗训而实施于学校。凡各学校学生毕业必须经过考试委员会之考试方能给予文凭,以免本校教师徇情市恩及学生藉故要挟之弊。此乃燕所抱定之方针也。近年各学校风气嚣凌,率为少数人所操纵。大多数之学生循分嗜学,而力不足以制少数人之暴横,以致全体失学,倒行逆施,有识嗟叹,无可挽救。乃燕窃以为,此乃系教育不得其法之过。教育青年,不第期其束身自好,尤须期其以法律自治,并能抵抗他人之非法者为法治国国民最重之要素。吾民积习,非驯懦即暴横,而知此义者鲜。处社会,既足以纵乱而长奸;处世界,亦易于受侮而失当。乃燕有鉴于此,爰自大学本部施行军事教育于固定课程外,延聘军事专家,召募志愿学生军,施以军事训练。一以锻炼其体魄,二以振厉其志气,三以养成规律之生活,四以养成自助之法,而□抵抗他人非法行为之习惯。如大学本部施行有效,尚拟逐渐推及普通中校。当兹革命尚未成功之时,以此良家子弟担起民族精神,不必实临行阵,亦足树之风声矣。

七、厉行视察

试行大学区制,最重在视察得人,而行政之学术化亦将于此觇之。现拟视察各学校之法,分为两部分:一部分定期视察,由行政院及大学本部重要职员担任;一部分专家视察,由各教授担任。举凡校务之规况、教课之内容,严密考核,务求适当。又凡普通学校课程前虽匆遽颁定,将来施行当否,仍须由大学教授详加考订,以期衔接。近年各中校积为虚伪之习,课目不厌烦多,方法号称新颖。按之实际,往往不能符合程度。已毕学年升学考试,率不及格。大学本部各教授历称,逐年试验中学生升学考试成绩,有递降而无锐进,其弊即前所举虚伪二字之故。此乃燕所为不得不郑重声明者也。

以上概况计划,大部分系就第四中山大学本部而言,至于普通教育及扩充教育两部之现状及计划,另有详细报告,兹不赘述。

中央大学档案

奉大学院令更改本大学校名为江苏大学(1928年2月23日)

迳启者:案奉中华民国大学院训令第165号内开:为令遵事。现大学委员会议决,第四中山大学应改称江苏大学,又各大学区大学不必加"国立"二字,各等由。嗣后该校名称,应即照改为江苏大学。合行令仰该校长即便遵照。此令。等因。奉此,自应遵照。除分别呈函通令布告外,相应函达,即希查照。再,本大学印信,现已呈请更换。在未奉颁到新印以前,暂仍沿用旧印。又公文用纸及公文信封等上面,因新改者尚未印好,亦暂沿用旧式。合并知照。此致

自然科学院
文学院
哲学院
社会科学院
教育学院
农学院
工学院
商学院
医学院
图书馆

大学本部启
中华民国十七年二月二十三日
中央大学档案

大学本部议决制定校徽、校色、校旗、佩章式样(1928年4月4日)

迳启者:本校第七次校务会议提议校徽、校色、校旗、佩章案,议决校徽采用刘、季、周三先生所定之紫金山图。图内加校铭,校铭暂定为"止于至善"四字。校色定紫与金。校旗仿照党旗,中用校徽,外加"江苏大学"四字。如图(略)。佩章照吕先

生所定方式,但改用紫、金两色。本大学区其他中学亦用此项方式,惟颜色不同,以示个别,等语。用特函达台端查照,并请制定正式样子,以便核办应用。其佩章一项,并请多绘数份,俾得转发本大学区各中学,至为盼荷。此致
周子竞先生

大学本部
四月四日
中央大学档案

为通知奉大学院令本校改名为国立中央大学(1928年5月16日)

迳启者:案奉中华民国大学院训令第337号内开:为令遵事。本月二十四日,大学委员会临时会议议决,江苏大学改称中央大学,得加"国立"二字。嗣后该校名称应即根据决议办法照改。合行录案,令仰该校长即便遵照。此令。等因。奉此,应即遵令改名国立中央大学,并已呈请大学院另颁新印。在未奉颁到以前,暂仍沿用旧印,以资信守。除分别呈函通令布告外,相应函达,即希查照。此致
各学院
图书馆
军事教育科
女生指导员
事务组
会计组
文书
日刊编辑部

国立中央大学本部启
五月十六日
中央大学档案

张乃燕呈国民政府辞大学院参事并移交中央大学校务(1928年6月)

呈为辞谢大学院参事并沥陈准备移交中央大学校务情形仰祈鉴核事。

窃乃燕才识疏庸,谬任国立中央大学校长,荏苒经年,惧忝职守,常用兢兢。奉

令调任,正宜闭门自修,束身待罪。大学院参事一职,益非所宜。仰乞收回成命,免增咎戾,不胜衔感。至中央大学校务,即日准备移交。现属校普通教育、扩充教育二处,随时即可结束。其高等教育处处长胡刚复忽于事前自请辞职,所有该处款项账目,未据交接清楚,正由会计专司,严密审核。一俟正式校长到任,即当妥慎移交。自念一介书生,进退之际,凡行政职责所在,不敢不严。个人人格攸关,尤不敢不慎。

抑又有当沥陈者,窃查大学与大学委员会组织条例,大学校长人选为委员会会议职权之一。又查该院前次提呈钧府会议通过之案,即大学与院长出缺时,亦应由大学委员会推选一人继任。是该院重视大学最高议事机关,可谓至详且密。乃燕备位大学委员,乃关于此次属校校长之更调,事前绝未接奉召集委员会之通知。或者事涉乃燕,理当回避出席。然遍询其他委员,未闻经委员会会议之手续。突然调任,紧急处分,抑若属校忽发生何种事故,有何重大情节者。在乃燕固惶惑莫解,而在社会尤疑窦滋生,此不敢不陈明钧府,请求训令大学院宣示解释者一也。

行政人员新旧替任,在新任未到以前,旧任理应郑重结束,以备移交。自非旧任因故出缺或褫职严办时,无不如此。此次乃燕奉令调任大学院参事,无论乃燕未敢拜受新命,假令到院就职,而院校相距咫尺,在正式校长未到以前,应可准其从容结束,听候移交。乃钧府调任之命未颁,而大学院另委代行校长职权之令已下,所委代行校长职权者又即系属校之普通教育处长,朝夕相助从公,非有特别案情,何取辗转更代?最可疑者,大学院在发表前项命令之日,同时即有正式函件至属校普通教育处长,谓某也继任高等教育处长,某也代理高等教育处长,一一指定姓名,命其查照办理。此等内部职司,依法应由校长遴聘,今新校长绝无表示,而大学院已先事预谋,越权指派。夫更代即若此张皇,而分配又如是详密,学阀把持操纵,民众早已痛心。在大学院似为敏赴事机,而在社会或妄多揣测。此不敢不陈明钧府,请求训令大学院宣示解释者二也。

所有辞谢大学院参事,并沥陈准备移交,请求解释各缘由,理合具呈声明。附缴简任状一件,仰祈鉴核,分别备案施行,实为公便。谨呈
国民政府

国立中央大学校长张乃燕

附:大学院调张乃燕为大学院参事的训令(1928年6月9日)
中华民国大学院训令　第418号
令国立中央大学

为令遵事。查该校校长张乃燕现已调任本院参事,并经由院呈请国民政府任命吴敬恒为该校校长。吴校长未到任以前,应暂由该校普通教育处长程时煃代行校长职权。仰该处长暨各职教员学生等一体遵照。此令。

十七年六月九日
院长蔡元培
中央大学档案

张乃燕呈大学院请速派正式校长到校(1928年6月12日)

呈为校务重要,急需有人负责主持,恳请速派正式校长到校以专职守事。

窃乃燕奉令调任大学院参事,另简吴敬恒继任校长,其未到以前,暂由职校普通教育处长代行校长职权。闻命之下,仰见钧长重视校务之盛心,曷胜感荷。现正清理一切,准备移交。惟吴校长坚不肯就,而程处长又以力难胜任为辞,不愿代行校长职权。现值十七年度行将开始之时,关于下年度预算经费、聘请人员暨全大学区一应进行事宜,在在均关紧要。校长一职,断不能一日中断,除暂仍照常负责外,理合呈请钧长迅赐遴选正式校长莅校,以便负责主持,藉专职守,不胜公感。再,参事一职,非燕所宜,业将简任状缴还。谨呈
中华民国大学院院长蔡

国立中央大学校长张○○
中华民国十七年六月十二日

附:大学院关于张乃燕暂维校务的指令(1928年6月13日)
中华民国大学院指令　第520号
令国立中央大学校长张乃燕
呈一件:呈请速派正式校长到校以专职守由
呈悉。在新校长未到校接事以前,应暂由该校长继续负责维持,以专责成,而重校务。仰即遵照。此令!

中华民国十七年六月十三日
院长蔡元培
中央大学档案

中央大学秘书处征求"校色"意见启事(1928年10月26日)

"校色"一项,于一校之形式、精神,极有关系。本大学"校色",前经拟议,尚未决定。兹特登载日刊,征求意见。凡我同事诸先生及同学诸君,如有关于"校色"之意见,请将该色名称及其取义详晰开示。其取合色者,并将所制之色绘于纸上,以便识别。征求自即日起,至十一月十五日止。凡应征稿件,请于十一月十五日以前,送至敝处或投入出版组所设之投稿箱,以便汇交校务会议决定。是所至盼,此致

本大学 教职员诸先生
　　　 学生诸君

秘书处启
十月二十六日
中央大学档案

国民政府挽留张乃燕的指令(1929年7月2日)

国民政府指令　第1288号
令国立中央大学校长张乃燕
呈请辞去中央大学校长职务及江苏省政府委员兼职由。

呈悉。训政初基,教育实为立国之本。该校长学识宏通,著有成绩,正宜继续努力,勉任其难,所请辞去本兼各职之处,应毋庸议。此令。

中华民国十八年七月二日
主席蒋中正
中央大学档案

国立中央大学沿革史(节录)(1930年9月)

一、筹备大学区及本大学之经过

民国十六年四月,国民革命军底定江浙,奠都金陵,任命国民政府教育行政委员会委员张乃燕为江苏省政府委员兼江苏教育厅厅长。六月九日,中央以教育为立国根基,于戎马倥偬之际,颁布大学区制,先自江浙两省试行;筹建首都大学,任命张乃燕为大学校长,即以是日为本校成立纪念日。张校长以大学区事属草创,延聘教育学术专家二十七人为筹备员,在前江苏省教育厅迭次开筹备会,筹备大学区工作。议决大学本部组织大纲及评议会、高等教育处、普通教育处、扩充教育处各项条例,积极进行,全国大学区制之规模实昉于此。旋就教育厅改组为大学区教育行政部,嗣改名教育行政院,设于本大学之实验小学内,继而移设于南高院。以前东南大学、上海商科大学、河海工程大学、江苏法政大学、江苏医科大学、南京工业专门、苏州工业专门、上海商业专门、南京农业等校合并改组为大学本部,校址就东南大学原址改设,定名为国立第四中山大学,江苏全省为第四中山大学区。七月九日,张校长交卸教育厅长职,就校长任。八月八日招考大学预科生,并审查裁并各校转学生成绩。九月一日开学,因龙潭之役,军事甫定,交通未复,未及开课。九月二十六日开始授课。十月七日补行开学典礼,承学者都千五百余人,中央各机关到校观礼者不下数百人。至是,国立第四中山大学乃正式成立。

自筹备以迄成立,会议凡四十余次,历时计四阅月。此四阅月中所最感困难者:(一)校舍前为军队所驻,接洽迁让,颇费周章;(二)党务学校借用校舍,以致本校教室宿舍,不敷分配;(三)军事时期,国库奇绌,教育经费,未能确定,一再筹商,均无把握;(四)大学区制,前无师承,摘(擿)埴索途(涂),时虑陨越;(五)网罗人才,殊非易易,供求相衡,未能尽适。处此困苦艰难之境,其观成之速,尚能如是者,实赖中央耆宿之力予维助焉。

二、接收江苏国省九校情形及本校校名之确定

民国十六年夏,江苏省国立各大学及专门学校,经国民政府教育行政委员会决议,合并改组于国立第四中山大学。兹将先后接收各校情形,分述于左,亦足以见当时工作之紧张也。

(一)河海工程大学。十六年五月三日,江苏教育厅函聘刘梦锡、沈百先为河

海工程大学保管员。未几,刘、沈二员辞职,改派周宣德为临时校务维持员。嗣于十七年六月七日,据刘、沈两君函送该校各项清册,交由工学院接收;图书、仪器、物品等件,亦由工学院派员搬运点存。接收该校之事,始行完竣。

(二)东南大学。十六年五月,国民政府教育行政委员会函聘胡刚复、蔡无忌、何尚平、刘藻彬接收东南大学,该员等于五月二十三日到校正式接收。

(三)上海商业专门学校。该校赵校长于十六年三月二十三日离职,由校务维持会委员马宪成、庄乘黄、陶庸生维持。嗣于六月十七日江苏教育厅派督学王克仁前往接收,又于七月六日添派欧元怀、朱定钧会同办理。该员等于七月十一日赴商专视事,二十日起办理接收事宜。

(四)南京工业专门学校。十六年六月二十三日,江苏教育厅函聘杨孝述会同督学周宣德接收该校。七月二日又加聘卢恩绪会同办理。嗣于九月二十八日据杨、卢两君函报接收情形,更函致工学院另行派员办理保管事宜。

(五)上海商科大学。十六年六月二十七日,江苏教育厅函聘杨端六办理该大学接收事宜,并函前东南大学,将该大学校具逐一点交。

(六)江苏法政大学。十六年六月三十日,江苏教育厅函聘刘季洪、周宣德接收该大学。并派林昌传、章益修负责保管。旋于八月十一日,由刘、周两君将该校校具等件,交由社会科学院接收。

(七)江苏医科大学。该校吴校长于十六年四月间离职,经校友会推定教职员四人、毕业生一人,组织维持委员会。嗣由江苏教育厅派督学汪懋祖前往调查,据复已有不能维持之势。复于七月十八日,据该校校务维持委员会呈报结束,乃函请颜福庆、牛惠霖、乐文照、高镜朗前往接收。同时国民政府教育行政委员会议决,以吴淞政治大学校址拨归本大学之用,遂由本大学指定以政治大学校址为本校医学院院址,即以医科大学改组为医学院。所有政治大学图书馆书籍,移交社会科学院。

(八)南京农业学校。十六年七月二十九日,派常宗会、张天才二君会同接收该校,合并于农学院。

(九)苏州工业专门学校。十六年十月二十五日,令该校邓校长将全部校产等项正式移交工学院接收保管。嗣于十月十六日,经工学院周院长偕同钮教员等到苏,接收南北两校全部暨一切文件、图书、仪器等件。

至是,江苏国省立九校已合并改组而成一大综合之国立第四中山大学(即大学本部)。盖单科大学,各立门户,究不若综合组织得以相互调剂之较为经济也。

本校于十七年三月,依照大学委员会议决,改名江苏大学。同年五月,又依大学委员会议决,定名为国立中央大学。首都学府之名,于以确定。

三、大学本部之组织

大学本部有高等教育处长,辅助校长处理一切事务。分行政组织及教育组织二部。行政组织有注册、文书、会计、事务四组及图书馆;教育组织有自然科学、社会科学、文、哲、教育、医、农、工、商九学院。十七年八月,改自然科学院为理学院,社会科学院为法学院,哲学院改为一系,归入文学院。计共有文、理、法、教、农、工、商、医八学院,为国内比较完备之大学。十八年五月,聘请戴超为副校长,襄理校务。

四、大学区两年工作

中央大学区制,以本大学而兼管江苏全省教育行政。始于十六年七月,实行工作。至十八年九月,停止试行。兹述两年中工作之大要如下:本大学区初设教育行政部,旋改名教育行政院,就事务之性质,分为秘书处、高等教育处、普通教育处、扩充教育处四处。秘书处辅助校长,赞襄机要,综核各处文稿,掌理文书、会计、统计各事务。高等教育处除管理大学本部外,兼理区内其他大学及专门学校并留学事项。普通教育处管理区内公立中小学校及监督私立中小学校教育事业。扩充教育处管理区内劳农劳工学院及关于社会教育之一切事项。重要事务,如县长办学考成、县长征解教育经费考成及各教育机关之预算等等,均与省政府合作。至十八年春,江苏省政府移设镇江,更于镇江设中央大学区教育行政办事处,而以秘书一人常川驻镇办事,并代表校长出席江苏省政府委员会焉。又有评议会为审议机关,行政会议为内部会议及咨询机关。视学九人,视察本区教育(后改名督学)。会计师一人,稽核全区各教育机关支付之账册。规制颇为详密,兹分述高等教育、普通教育及扩充教育之概况如左。

(一)高等教育。高等教育包含大学本部与留学欧美、日本及其他高等教育事业。大学本部另详专篇,兹不赘述。关于留学事项,则参酌留学已往之历史,调查各国现时之情形,分别定为研究、考察、留学、津贴四种办法,以为选派之标准。又以值此训政时期,百业待举,而物质建设,尤为当务之急,乃令遣派出洋员生,以研究纯粹科学及应用科学为原则。十七年度考试欧美留学生,计英、美、德、奥、瑞各一名,法五名,比三名。研究科目分物理、化学、天文、地质、植物、动物、心理、土木、机械、电机、采矿、冶金及化学工程十三种。

苏省私立专门以上学校,为数颇多。本大学区成立伊始,即编制表格,从事调查,俾按实际情形,为立案与指导之依据。自教育部划分市区教育行政范围后,京沪两处之私立专门以上学校,均由京沪市政府直接管辖。此外,扩充水产学校,整理国学图书馆,皆所以谋区内高等教育事业之发展。此高等教育事业进行之大概情形也。

....

大学区经费,即江苏省教育经费,向系独立,有管理处专管其事。十六年夏间,本大学张校长函聘处长,负责专管。又有江苏教育经费委员会以议决经费之支配,稽核员会以司稽核,此两年来关于经费之大概情形也。

以上均为本大学区两年中之工作,于江苏全省教育史上极有关系,别有报告专册,兹特举其最要以明史实。洎十八年九月一日,大学区事务移交江苏省政府接管,而其时适值本大学新教室落成,遂颜之曰中区院。因其地在中山院、东南院、生物馆、生物研究所之中间,且以示中大区之纪念焉。又本大学初名第四中山大学,故在校舍定名时,以原有之中二院名曰中山院,既以追念总理,且示校名之经过云。

五、本校行政组织及学制之变更

自中央政治会议议决,大学区制停止试行,十八年九月以后,大学校长完全专管本大学事务,且教育行政院既经取消,则本部之名亦不适用。故是年暑假后开学,本校办公方面,本事实上之需要,从事改组,分教务、事务、秘书三处。教务处分注册、出版二组及图书馆;聘叶元龙为教务长,张琬为注册组主任,吕冕南为出版组主任,崔苹村代理图书馆长职务。事务处分庶务、会计二组及医药室、水电煤气管理委员会;聘刘藻彬为事务长,邵聪为庶务组主任,戴学儒为会计组主任,周威为校医。秘书处分文书、编纂二组;聘张衡为秘书长,程宗裕、周长曜为秘书,胡豫为文书组主任,蔡孟谋为编纂组主任。校务会议为本校最高意思机关,校中重要事务,均商决焉。其他各种委员会,分常设、临时二种。常设委员会有法规委员会、经济稽核委员会、工程稽核委员会、招生委员会、出版委员会、体育委员会、校景委员会、购置委员会;临时委员会有学生免费审查委员会、毕业生服务指导委员会、厘定学分标准委员会、大礼堂建筑工程委员会等,以辅助校务之进行。

十八年十一月,校务会议议决除医学院外废止预科,停止招收预科生。学年制与选课制并重,定医学院为七年毕业,其余各院为四年毕业,以矫正选课制度之流弊。兹再分述八学院与图书馆及军事教育之内容如下。

六、各学院及图书馆之沿革组织

(一)文学院。十六年夏,由前东南大学文科之国文系、英文系、西洋文学系合并改组而成。初拟设中国文学系、外国文学系,及语言学系三系;后以限于经费,语言学系暂未设立。十七年秋,哲学院及社会科学院之社会学系、史地学系之史学一部分并入该院。十九年一月,理学院地学系之地理门,由校务会议议决独立成系,亦归本院办理。现分中国文学系、外国文学系、哲学系、史学系、地理学系、社会学系等六系,开设一百零二学程。院长谢寿康。谢未到职时,由楼光来、洪迹相继代理。十九年五月,谢院长出任比国代办,院务由汪东暂代。

（二）理学院。十六年夏,由前东南大学之理科及农科之动植二系、教育科之心理系合并改组而成,初名自然科学院。十七年秋,改称理学院。分设算学系、物理学系、化学系、地学系、生物学系、心理学系等六系。医学院之医预科,亦归本院办理。十八年秋,生物学系之动植二门均独立成系。十九年一月,由校务会议议决,地学系改称地质学系。计分算学系、物理学系、化学系、地质学系、动物学系、植物学系、心理学系等七系,开设八十四学程。院长胡刚复,十七年夏辞职,以孙洪芬继任。孙未到职时,代理院长蔡堡。

（三）法学院。十六年夏,由前东南大学之史地学系、政法学系、经济学系及前江苏法政大学合并改组而成,初名社会科学院。分设史地学、社会学、经济学、政治学、法律学五系。十七年秋,改称法学院。将史地学系及社会学系并入文理二院,分设法律学系、政治学系、经济学系三系,开设七十二学程。院长戴修骏。

（四）教育学院。十六年夏,由前东南大学教育科及前江苏省立第四师范附设之艺术专修科合并改组而成。除原有之教育系与体育专修科外,增设师资科及艺术专修科。十八年度起,改艺术专修科为艺术教育科,体育专修科为体育科,改定新生毕业年限,均为四年,与大学本科程度相等。至于该院之基本系——教育学系——则分化为教育心理、教育行政及社会教育三系;师资科因限于经济,暂行停止。现设教育心理系、教育行政系、教育社会系三系,及体育科、艺术教育科二科,开设五十九学程。院长郑宗海,十八年夏辞职,现任院长韦悫。

（五）农学院。十六年夏,由前东南大学之农科及前江苏省立第一农校合并改组而成,以本京之三牌楼第一农校旧址为院址。原设农作物、园艺、畜牧、蚕桑、农产制造五门;森林、昆虫、农艺化学、植物病理、农业工程五组。自十八年度起,将农作物门、农艺工程组改并为农艺垦殖科;畜牧门、蚕桑门、园艺门、森林组分别改为畜牧兽医科、蚕桑科、园艺科、森林科;昆虫组与植物病理组合并为病虫害科;农产制造门与农艺化学组合并为农业化学科等七科;并添设农政科,共计八科。开设六十一学程。院长蔡无忌,十七年夏辞职,校长自兼,派秘书朱锡龄常川驻院负责,旋改聘王善佺继任。

（六）工学院。十六年夏,由前河海工程大学、南京工业专门、苏州工业专门及已停办之东大工科等四校合并改组而成。当时因前河海工大及前南京工专所有校舍多驻军队,仪器机械等亦皆散失,惟就东大工科原有之工场为基础,从事修筑。

审查各校合并学生成绩，编分十二级，进行三月，始克开课。至十七年度下学期，虽规模粗具，然因限于校舍，实习工厂及机械安置均无法布置，殊感困难。现在计设土木工程、机械工程、电机工程、化学工程、建筑工程等五科，开设九十七学程。院长周仁，十七年夏辞职，现任院长陈懋解。

（七）商学院。十六年夏，由前东南大学之商科大学改组成立，设于上海前商大旧址，院舍系租赁民房，现已在上海江湾路购得基地，进行建筑。该院平时处理院务，采取合议制度，以院务会议为最高会议机关，惟仍须报告于本校。现设银行、会计、工商管理、国际贸易等四科，开设四十二学程。院长程振基，十九年春辞职，由杨荫溥代理。

（八）医学院。十六年秋，由前江苏医科大学改组而成，先设本科一、二年级于吴淞；对于解剖、病理、生理、生理化学诸基本科学特别注意。仪器标本，力求完备，研究、试验各室，次第辟立。十七年秋，招收一年级新生，除补充基本科学外，对于临床、临诊，已商得苏沪各医院为研究实习之所。计设基本系、临床系两系。基本系分设解剖学科、病理学科、生物化学科、生理学科、药理学科、细菌学科、寄生虫学科、卫生学科等八科；临床系分设内科、外科、儿科、妇科、产科、眼科、耳鼻喉科、皮肤花柳病科、生殖器及尿道科、X 光科等十科。除预科（设在本京，由理学院办理）外，本科计设三十八学程。院长颜福庆。

八学院共有副教授、讲师、助教暨军事教官 442 人，全校职员 228 人，学生 1 838 人，旁听生 83 人。

十七年七月举行第一届毕业式，计哲学院 5 人、文学院 21 人、社会科学院 31 人、自然科学院 32 人、教育学院 24 人、农学院 7 人、商学院 52 人，共 172 人。

十八年七月举行第二届毕业式，计文学院 57 人、理学院 63 人、法学院 47 人、教育学院 65 人、农学院 12 人、工学院 20 人、商学院 37 人，共 301 人。

十九年七月举行第三届毕业式，计文学院 63 人、理学院 68 人、法学院 118 人、教育学院 56 人、农学院 20 人、工学院 89 人、商学院 30 人，共 444 人。

（九）图书馆。十六年夏，接收前东南大学孟芳图书馆，更名为第四中山大学图书馆，旋随校名变更，今定名为中央大学图书馆。初藏中文图书约三万六千册，西文图书约一万二千册，逐年扩充。现已增至中文图书六万册，西文图书二万册。馆中组织，馆长之下分总务、编纂、阅览三课：总务课分文牍、庶务、采访三股；编纂课分中文编目、西文编目、索引三股；阅览课分参考、研究、庋藏、期刊四股。馆长先为皮宗石，后为戴超，现由崔苹村代理馆长职务。

今年春遵教育部令，在本校开设蒙藏班，直隶于教务处。业经筹备一切，至十九年度开始，即行开班教授。

七、军事教育之设施

军事教育之设立，经校务会议议决，于十七年夏，正式成立，聘孔伟虎为主任。十一月一日，由训练总监部委派唐光霁到校接办。不久，唐主任辞职，乃改聘蔡文之为本科大队长，改组施行。时全国教育会议议决学校施行军事教育。十八年二月，训练总监部委派周磐、杨克歧、李亚雄、刘镜如、盛家兴、李殿璋等六员到校服务。时因教育课程大体已定，未便变更。至十八年度开始，由校长聘定周磐为普通军事教育军事教官主任，杨克歧等五员为教官，与军事教育科相辅而行。军事教育科至十九年暑假，已告结束。自十九年度起，一切军事教育事宜，均归普通军事教育办理。

八、中华教育文化基金董事会设立科学讲座之经过

中华教育文化基金董事会为谋科学教育之改进，于民国十五年二月二十六日至二十八日在北京开会，关于促进科学教学一案，议决在北京师范大学、东南大学、武昌大学、广东大学、东北大学、北京女子大学、北京女子师范大学、成都大学、成都高等师范等校，共设物理、化学、动物学、植物学、教育心理学各科学讲座三十五座，分配每校至多可得五讲座。补助此项事业之款，自民国十五年七月至十六年六月止，总计为十四万九千元，酌定每校为一万至三万元。同年七月，文化基金董事会因限于预算，暂定为二十三座，每校分配为四座、三座两种，植物学一座，暂缓设置。东南大学与北京高等师范大学俱得四座，其余各得三座。八月，东南大学推荐艾伟为教育心理学讲座，十月更推荐查谦为物理学讲座，张准为化学讲座，陈桢为动物讲座，均由文化基金董事会先后函聘。每座年得补助费二千元。泊本校改组成立，各科学讲座，仍赓续设立。十六年十一月，改推讲座五位：物理吴有训、化学曾昭抡、植物陈焕镛、动物蔡堡、教育心理艾伟，均经文化基金董事会正式函聘。嗣以陈焕镛教授赴粤，植物学一座，至十七年八月推定许骧为讲座，始行设立。十八年度，化学、动物、植物、教育心理四讲座均一律仍旧，惟物理讲座吴有训辞职，另推查谦继任。此本校获得文化基金董事会设立科学讲座之大略情形也。

九、经济之状况

十六年秋，试行大学区制，大学本部拟定预算最低限度为全年一百七十五万元。嗣因全区教育经费不敷，不得已七五折支领，实得一百三十二万元；虽较东大预算，稍有增加，但本校乃由前国省九校合并而成，原有各校向支省款九十余万元，改组以后，所增者不过二三十万元。而本校之法学院、医学院、工学院均系从新创

设,则薪金及设备之增加,自无待言。十七年度又以种种关系,预算未能成立,仍照十六年度七五折支领。十八年秋,大学区制奉令停止试行,本校经费,经行政院议决,由江苏教育经费管理处永远拨付每年一百三十二万元,饬由财政部按月拨付,十八年度月拨五万元,两共年支一百九十二万元。惟财政部于十八年八月份之五万元,迄未拨到,故本校十八年度经费之收入,实计较行政院议决之数须短五万元。又江苏教育经费,因收入支绌未能以时给付,而财政部复常有延欠,故本校经费拮据异常,只能就现有财力,尽量撙节,勉维现状,时感困难。若云完美之设备,首都学府之终极理想,则以此财力,相去犹不知几许耳!

十、营建之扩充

本校经费,既感困难,而各种营建,又急不容缓。计惟一面撙节行政费用,以资挹注,一面向国内外募捐,以谋兴筑。三年以来,建筑已完成者,计有:

工艺实习场(十六年十二月　建筑费 4 620 元);

煤气室及物理仪器工厂(十七年四月　建筑费 9 830 余元);

化工科实验工厂(十七年四月　建筑费 4 600 余元);

中区院(新教室)(十七年九月　建筑费 69 000 元);

发电室及电气实验室(十七年十一月　建筑费 10 500 元);

学生第六宿舍(十八年一月　建筑费 64 820 余元);

生物研究所(十八年一月　建筑费系文化基金,计 13 330 余元);

牛房、牛乳消毒室(十八年四月　建筑费 4 340 余元);

生物馆(十八年六月　建筑费洛氏基金与本校各半,计 50 520 余元)等。

商学院院舍,于十八年秋,在沪北江湾路新体育会路购得基地约十一亩,请建筑工程师绘成图样,现已着手建筑,数月后即可完工。而数年来筹建之大礼堂,一方面由校内极力撙节费用,一方面由校长个人仆仆京沪、沪杭间向公私募捐,已于本年三月二十八日由新金记康号得标开工,计标价银 189 500 元。此外尚有钢骨、钢窗、钢坐椅、地板、电灯等工料及设计制图监工费 165 100 余元,合计需银 354 600 余元。礼堂之外观前廊有伊沃尼式列柱及三角顶,堂有欧洲文艺复兴时代式之圆顶,全部面积计 25 700 方呎。自地面至顶尖高 104 呎,楼上下共设 2 700 座。预定工程,至明年暑假,可以落成。尚在计划中者,则有工业馆、艺术馆、游泳池、新膳厅、教职员宿舍等。总之,本校之各种设备,当就财力所及,于可能范围内,力图进展,以冀渐副首都学府之名,而壮全国之观瞻也。

十一、体育之进展

本校体育,向分二途进行,一为专门人才之训练,体育科是也;一为全校体育之设施,普通体育及院际比赛是也。关于体育科者,增设女子学额,以培植女子体育师资;延长修学年限,以提高毕业程度;余如扩充学分、充实教材、增加设备等,皆所以谋体育之进展也。关于全校体育者:

(一) 普通体育。每一学生每星期上课二小时,俾于弦诵之余,得有相当之身心锻炼。又择各科系学生之活动能力充裕者,另设运动班,授以田径赛、球类运动等之基本训练,以期普及。

(二) 武术。武术为吾国固有之技术,本校向甚重视,近来学生之选习者亦甚多。

(三) 校内比赛。校内比赛分院际比赛及自由组织之比赛二种。院际比赛之已举行者,如春季运动会及足球、篮球三种是。自由组织之比赛,如正廷杯篮球比赛等是。

(四) 对外比赛。十八年春,获得首都足球联合会锦标;同年秋,又获得京市第一届公开运动锦标。十九年春,江南大学体育协会在沪举行第四届田径赛运动会,全会共十五项运动,本校占十个第一,获得团体锦标。

近来鉴于远东运动会,我国屡遭失败,对于体育,更当积极提倡。自十九年暑假后,本校已聘定德国体育专家来校教授。当有新学识、新技术以饷我国人。此后田径赛各项运动,以全世界之各种记录为标准,积极训练,以冀在世界运动史上开一新记录也。

十二、学生课外之活动

学生会于民国十八年十一月正式成立,定名为国立中央大学学生会。十一月十二日举行第一次代表大会,选出第一届执行委员吴岩霖等十七人,监察委员骆继纲等九人。十九年三月举行第二次代表大会,选出第二届执行委员黄元等十七人,监察委员高国梁等九人。其组织分总务、学术、社会三部。总务部设文书、交际、会计、庶务四股;学术部设研究、编辑、体育、游艺四股;社会部设宣传、平教、斋务、卫生、组织、贩卖六股。各院则组织各院学生会,以补助全校学生会之进行。十九年春,教育部令改学生会为学生自治会,该会拟待下届代表大会修改章程后,即行改名,以符中央法令。至各科系则有社会学系同学会、哲学系同学会、史学系同学会、中国文学系同学会、外国文学系同学会、化学系同学会、教育心理系学生会、教育系学生会、艺术科学生会、体育科辛未级会、土木科同学会、河海同学会、电机科同学会、化工科同学会、农业化学科同学会、会计学会、银行学会等,其他如音乐会、歌唱团、樱花剧社、各种球队、院际各种球类之比赛及课外各项运动之练习,均以研究科学、发挥艺术、增进技能为职志。近来因鉴于合作事业之需要,而有消费合作社之组织,以为合作运动之先驱焉。

十三、毕业生之状况

自南高以迄今日,毕业计十二次,毕业生二千余人。在国内则有南高、东大、中大毕业同学总会,在国外则有留学欧美同学会之组织,以谋联络而敦友谊。历届毕业生除留学外,大都服务党国,而从事教育事业者实居大半,成绩优良,夙为社会所赞许。近年以来,中央举行党员留学考试、外交官考试,各省举行县长考试,本校毕业生之应试者,辄名列前茅。统计考取党员留学者九人,考取外交官者五人,考取县长者三十一人(浙江十一、安徽三、江苏十六、湖南一)。其他各项考试,本校成绩,亦颇优越云。又如工学院等之毕业生,每至暑假将届,各省均纷纷先期函聘,已有供不敷求之感,足见我国建设事业之进展及国家需要人才之急切也。

十四、各种出版物之进展

本校出版刊物,一二年来,颇有如雨后春笋之势。除日刊仍照旧例按日出版,以纪载全校之消息外,如校况简表、行政概况、各学院概况、图书馆概况等,则年出一编。关于全校行政组织,暨各学院及图书馆状况,记载特详。此外,如半月刊编辑委员会出版《中大半月刊》,丛书委员会正在陆续出版各种丛书,文学院出版《艺林》及《地理杂志》,理学院出版《中国植物图谱》及《中国植物名录》,法学院出版《法学院季刊》及《法律系季刊》,教育学院出版《教育季刊》《体育杂志》及《教育心理系研究报告》,农学院出版《农学杂志》《研究报告》《农业丛刊》《农业浅说丛书》《农学浅说》及《农学院旬刊》,工学院出版《河海友声》及《工学杂志》,商学院出版《商学院丛刊》《商学院学报》及《中央银行》等,均为探讨学术之刊物。至于本校教授,于讲学之余,著有专书,以饷国人者甚多。兹不赘述。

十五、物业统计

本校校址,在本京四牌楼,集文、理、法、教、工五学院于一处,统计面积共二百七十二亩。农学院则在本京三牌楼第一农校旧址,面积三百亩。商学院则在上海,院舍系属租赁,占地约十亩余,近已新购上海江湾地基一坵,面积十一亩。医学院则在吴淞政治大学旧址,面积二十七亩余。实验学校面积三十三亩。农场有院内、劝业、成贤、洪武、江浦、杨思、郑州、下蜀、丹徒、昆山及大胜关等农林、园艺、畜牧、蚕桑试验场共十三所,面积五千四百另四亩。关于投资者,则有成贤街学生第二宿舍,系本大学投资三万元于崇德公司所建造。学生第四宿舍亦系本大学投资四千元于宿舍主人,即以该宿舍为借款之抵押品。其他并入各校校舍,如苏州医专旧址,现充医学院附设产科医院及学校之用;苏州工专旧址,现充工学院附设中等职业学校之用,其南舍一部分,暂借与苏州中学;南京法政大学校址,本定为法学院院舍,现暂借与中央政治学校;苏州工专旧址,本定为工学院院舍,现为军队占住,尚未迁让。余如仪器标本约值五十万元,图书约值十五万余元,机器约值二十万元。此本校产业之大概也。

十六、实验学校及其他附属机关

实验学校自民国十六年八月,由前东大附小改组为国立第四中山大学实验小学,十七年三月改称为江苏大学实验小学,同年五月改称中央大学实验小学。同年秋季,添办中学,改称中央大学区立实验学校。十八年夏大学区制停止试行,改称国立中央大学实验学校。其他如工学院之苏州职业学校、医学院之苏州产科学校及医院、农学院与农矿部合办之中央模范农业推广区及本院推广部附设江宁谷灵村探先乡村小学第一、第二两校等,均为本大学之附属机关也。

《国立中央大学沿革史》,1930 年 9 月

中央大学关于不设副校长的呈文(1930 年 9 月 23 日)

案查职校于十八年五月间援浙江大学例,由校长聘请副校长,以前高等教育处长戴超充任,呈报教育部暨行政院,并奉指令呈悉,令准备案在案。当呈报设立之时,大学区制尚在试行时代,其时校长除大学本部以外,兼管大学区内各项教育,公务纷繁,势难兼顾。是以根据大学委员会议决案,援照中山、北平、浙江各大学先例,设置副校长,以资辅助。今者大学区制已停止试行,校长以一身综理大学八院事宜,体察情形,似无不便,此后副校长自可不设。爰于十九年度开学日起,将此缺裁去,不复设置,以专责成。除呈报教育部、行政院外,理合备文呈报,仰祈鉴核备案,实为公便。谨呈

行政院
教育部

国立中央大学校长张乃燕
中央大学档案

中央大学关于组织机构调整的布告（1930年10月20日）

自本年十月二十二日起，本校教务、事务、秘书三处，悉行裁撤，改设总务处。设总务长一人，分设注册、文书、出版、会计、庶务五组及图书馆、医药室。原有工务、编纂两组裁撤，工务仍为一股，归入庶务组，编纂事务归入出版组。

乃燕
十九年十月廿日
中央大学档案

中央大学院长会议致张乃燕函（1930年11月29日）

君谋先生大鉴：

敬启者：前接尊电，谓校务嘱各院长共同主持等语。当于十月三十日公同会议决定，在执事未回校以前，暂时组织院长会议，以资维持。嗣后每星期开会一次，遇有特要事项，则开临时会议。共计开会七次，凡所议决，具载日刊，定蒙察入。兹以执事辞意坚决，而新校长业经发表，本会自毋庸继续存在。爰经公决，即以本日为本会议结束时期。理合备函报告，敬祈见谅。至各院各组事务，仍由各院长、各组主任分别负责办理。合并奉闻，借纾厪注。专此，顺请
大安

中央大学院长会议敬启
十九年十一月二十九日
中央大学档案

教育部关于任命朱家骅为中央大学校长的训令（1930年12月13日）

教育部训令　字第1315号
令国立中央大学校长朱家骅
案奉行政院第4322号训令开：准国民政府文官处第7763号函开：案奉国民政府令开：国立中山大学校长朱家骅另有调用，朱家骅应免本职。此令。又奉令开：

任命朱家骅为国立中央大学校长。此令。又奉令开:任命金曾澄为国立中山大学校长。此令。各等因。奉此,除分别填发任状并公布外,相应并案录令函达查照转饬遵照。等由。准此,合行令仰该部知照。等因。奉此,除分行外,合行令仰该校长知照。此令。

中华民国十九年十二月十三日
兼理教育部部长职务蒋中正
政务次长刘大白代行
中央大学档案

教育部转饬朱家骅切实整顿中央大学的训令(1930年12月25日)

教育部训令　字第1385号
令国立中央大学校长朱家骅

案准中央执行委员会训练部第12012号公函开:前准中央秘书处转来南京特别市执行委员会密呈中央,以该会全市训练会议通过"请中央函国府切实整顿国立中央大学,注意党义教育,树立三民主义之学术中心,以杜反动思想之源泉"请鉴核一案。查该大学为首都唯一之最高学府,实负本党高等教育之重寄。该校前校长张乃燕久经辞职,原呈所称该校(一)设秘书长、教务长,现合并设总务处长之组织,与国民政府所颁之大学组织法不合,(二)该校办理党义教育毫无成绩,其他关于党义之研究及组织更无所闻,以及反动分子未能肃清,(三)用人冗滥,办公费超过教育法令规定之限度等情节,经查属实。兹查该校校长业经更换,上述各点自应由该校新任校长切实整顿,分别予以改进,相应函请贵部转饬遵照。等因。准此,除函复外,合行令仰该校长即便按照原函所开各点,切实整顿,分别进行为要。此令。

中华民国十九年十二月廿五日
兼理教育部部长职务蒋中正
政务次长李书华代行
中央大学档案

朱家骅呈教育部请辞中央大学校长（1931年12月5日）

呈为呈请事。

窃自暴日出兵侵占东三省后，本校学生以爱国心切，时有旷课、请愿之举。校长以学生用心良苦，固属可嘉。惟是救国之最大责任与根本办法，在于学术之深造。当此困难方殷，尤应卧薪尝胆，刻苦砥厉。迭将此旨，剀切布告，并就总理纪念周反复劝导。同时全体教授亦发告学生书，勉其致力于救国之知识之准备。因此本校学生已能安心照常上课。讵料本日上午十二时，有外来学生在学校附近示威游行，与军警发生冲突。适值本校学生下课出校午膳，致有数人被牵连入内，因此遂有该日午后本校学生自动集会游行之事。当结队行至南高院前，突有三数学生，直冲至二楼校长办公室及秘书长室，手持板片、断砖、石子，遇见教授兼秘书长郭心崧，即行痛殴，头部成伤，当时即送往鼓楼医院。窃思此次本校学生之行动，显然为少数学生所操纵，既违反屡次之劝导，且发生出轨之举动，竟至殴伤师长。是校长对于学生，已失信仰，即无指导教训之能力。而此次殴伤郭秘书长之三数暴行学生，竟发现于最高学府之中央大学，尤骇人听闻。校纪破坏至此，实已无可维持，皆由校长平日管理乖方所致。除该三数暴行学生另行查照依法办理外，理应将溺职情形，恳请钧部转呈国民政府先行准予辞职，听候惩办，不胜惶悚待命之至。谨呈教育部

中央大学档案

桂崇基辞中大校长（1932年1月22日）

中央委员桂崇基氏，前奉行政院令任为中央大学校长，桂氏以种种关系，表示不就。现当局虽有慰留之意，特以该校经费困难，决计引退。昨电孙院长请予辞职，原文如下。

行政院院长孙钧鉴：崇基生平立愿，以教育为终身事业，归国而后，未尝一日轻离讲席，近更决心摆脱一切政治羁縻，无复沾滞。适拜新命，委长中大，何敢固辞？顾念近年学风浇败，狡黠之士，视教育为筌蹄，启青年外骛之心，诱学子进身之路。互为堑垒，以事争持，便个人一己之私，败国家百年之计。是以新命甫颁，纠纷立见。崇基硁硁之愚，雅不愿以兴学之志，转误学生报国之心，反伤国本。用是决心

引退,另让贤能。谨掬悃诚,伏祈亮察。桂崇基叩。

《申报》1932年1月22日

中央大学呈报商医两学院损失及组织救护队情形(1932年3月1日)

案奉钧部1178号训令,饬将本校因沪战遭受损失情形开单具报,等因。奉此,查本校在沪部分,计有商、医两学院。前据商学院来函称:"本院教职员、学生,均于战事发生后翌日出险,重要文件亦均携出,院内仅留警察及校役驻守。院舍迄二月十日尚未受损。并于租界内另觅地点,择期开学"等情。又据医学院二月十日函称:"院址在吴淞战区,开战时限于时间,只能将教职员之眷属儿童护送上海,并陆续将重要文卷书籍运存海格路实习医院。仪器除固定及笨重不能移动者外,亦择要移运,并派职工数人,匿居杨行一带,探听消息。据报,八日以前,本院房屋,被大炮轰去大礼堂一角,机器房亦被击毁。所有教员、职工及留校学生,编为救护第四队,分配服务,工作紧张,救护兵民计有三百余人",等情。又据该院十六日函报:"本学院救护队出入枪林弹雨之中,成绩颇为良好。自进行救护工作以来,仅美女医士兰耕斯在真茹炸伤右臂。二年级学生陈化东在闸北为流弹所中,亦伤右臂。余均经过良好,仍极勇往前进,不稍畏缩。各员生亦无失踪情事。据留杨行职工报称,本学院解剖室亦被击毁,其余墙壁弹痕累累,难以数计",等情。查本校商学院在二月十日以前,尚未遭受何项损失。医学院方面,损失较为巨大。奉令前因,除转饬详细开单陈报外,理合先行呈复,仰祈鉴核。谨呈
教育部

校长朱家骅
刘光华代拆代行
中央大学档案

教部电促任叔永主持中大(1932年5月22日)

中央大学校长自经国府任命任叔永氏继任后,任氏因该校经费问题不易解决,迄未就职。政府乃又以现任该校法学院院长刘光华暂行代理校务。此次任氏因事南下,该校师生闻讯后,曾推代表向汪院长请愿,请其电促任校长早日到校视事,以策校务之进行。昨日(二十日)教部电武汉大学转交任氏云:暑假将届,中大下学期

一切计划,亟应于假前筹划决定,务恳早日来京主持为荷。

《申报》1932 年 5 月 22 日

刘光华呈教育部请辞代理校务(1932 年 6 月 14 日)

呈为呈请准予辞职事。

窃职于国难期间,先后代行代理校务,业经半载。只以德薄能鲜,财困事变,仅克勉维现状,毫无进展,负疚滋深。今暑假日迫,来学年度一切事宜,急须进行。而任校长仍在谦抑,难于最近期间到校,由职处理又多未便。与其贻误将来,莫若及早引退。且职叠接家书,谓乡邑被"共□"盘踞,洗劫一空,家人四散,十龄幼子被绑勒□,八旬老父逃避长沙,尤不能不回湘省视,藉谋善后。为此,理合呈恳钧部转请行政院准予辞去本职,迅促任校长视事,以维校务,而遂焉思,不胜迫切待命之至。又,职须克日归省,校务暂由教务长查谦代拆代行。合并陈明。谨呈
教育部

代理国立中央大学校务刘
中央大学档案

教育部关于段锡朋暂行代理中央大学校长的训令(1932 年 6 月 28 日)

教育部训令　字第 4743 号
令国立中央大学

为令知事。案奉行政院训令开:为令饬事。现经行政院第四十五次会议决议,国立中央大学校长任鸿隽辞职照准。又经决议,代理国立中央大学校务刘光华恳辞代理职务,应予照准,并派教育部政务次长段锡朋暂行代理国立中央大学校长。除函请国民政府文官处转陈明令发表,并令饬段代校长即日先行到校视事外,合行令仰该部即便分别转行知照。此令。等因。奉此,除分令外,合行令仰知照。此令。

中华民国二十一年六月二十八日
朱家骅
中央大学档案

代理校长段锡朋呈报遵命到校视事致遭暴行情形(1932年6月29日)

呈为呈报事。

案奉钧院训令派暂代国立中央大学校长职务,并即日先行到校视事等因。奉此,职遵即于今晨八时半前往该校。先至校长室,与查教务长商谈片刻后,即有该校学生,由体育馆集会鼓噪而来,闯入校长室,强职至体育馆出见。职以该校学生对此次政府令派暂代校长之苦心,或尚未明了,特嘱先推代表数人来见。讵料语犹未毕,即有一部分学生,将职强拽下楼,沿途扭扯殴击,直至南高院门外,将职踢倒在地,拳足交加。身着长衫,撕成碎片;所乘汽车,一并捣毁。窃当钧院第四十五次会议决议派职暂代中大校长时,职曾以中央大学为国家最高学府,必须慎择德望素孚及富有教育经验之人以为校长。职自审资望万不敢当此重任,经已再四坚辞。嗣钧院以物色校长人选,非俄顷可办,现届暑期,各项校务,如聘请教授、办理招生等事,亟待有人负责,庶可免致停顿。职迫不得已,只得仰体钧院维护中大之至意,勉尽职责,并经声请准予暂维短期,免滋咎戾。不料今晨遵命前往,一部分学生竟致出此暴行。职奉命无状,曷胜惭悚。请将本日在中大被殴情形,呈请钧座俯赐核夺。谨呈

行政院院长汪
教育部部长朱

中华民国二十一年六月二十九日
中央大学档案

教育部转饬行政院解散中央大学的训令(1932年6月30日)

教育部训令　字第4879号
令国立中央大学代理校长
兹奉行政院第12号令开:本年一月二十六日,行政院会议议决任命任鸿隽为国立中央大学校长,嗣因任校长未能即行来京就职,于四月二十一日一面派法学院院长刘光华于任校长未到任以前代理校务,仍一面催促任校长早日就职。最近迭接任校长辞职函电,而刘院长亦因事坚辞代理校务。本月二十八日,院议决议均准其辞职,另行物色人选,征求同意。在未正式决定以前,因暑假期近,凡聘任教员、

学年考试及招考新生等事,不可一日无人维持。爰以教育部政务次长段锡朋暂行代理校长。顷据报告,本晨八时半,段代校长到校视事,学生一面开会反对,一面纠率数十人闯入校长室,围殴段代校长,遍体鳞伤,随身衣服,及所乘车辆,均被毁坏。段代校长现昇入中央医院,伤势未明。此等犯法乱纪之事,竟出于大学学生,曷胜痛骇。除严令各主管官厅依法惩办外,国立中央大学除在沪设立之商、医两院外,着即暂行解散,听候彻底整理。所有教职员应重行聘任,学生应重行甄别,以维学纪,而息嚣风。等因。奉此,合行令仰遵照办理。此令。

中华民国二十一年六月三十日
朱家骅
中央大学档案

教育部训令遵办中央大学整理委员会决议事项(1932年7月19日)

　　教育部训令　字第5401号
　　令国立中央大学
　　案奉行政院第2567号训令开:案据国立中央大学整理委员会委员长蔡元培呈为中央大学整理委员会委员举行第一、第二两次会议会商结果,业将该校应行整理之事项分别决定。兹谨将议决各项缮呈,祈核夺施行等情到院。当经提出,本院第49次会议决议通过。合行抄发原件,令仰该部转饬该校校长切实执行,等因,并抄发原呈。奉此,除原呈第一项(乙)类应另令饬遵外,合将原附件抄发,令仰遵照办理。此令。
　　计发抄件一件

中华民国二十一年七月十九日
朱家骅
中央大学档案

教育部训令李四光在整理期内代理中央大学校长职务(1932年7月22日)

　　教育部训令　字第5565号
　　令国立中央大学

案奉行政院 2668 号训令开:"现经本院第 50 次会议决议,加聘李四光为国立中央大学整理委员会副委员长。在该大学整理期内,商承该委员会执行整理计划,代行校长职务。除填发聘书外,合行令仰该部知照"等因。合行令仰该大学知照。此令。

中华民国二十一年七月二十二日
朱家骅
中央大学档案

蔡元培呈报行政院中央大学整理委员会决议案(1932 年 7 月)

呈为呈报事。

案奉钧院指聘元培等为中央大学整理委员会委员,遵于本月九日假教育部会议厅举行第一次会议,复于本日续开第二次会议,经两日会商结果,业将该校应行整理之事项分别决定,兹将议决各项缮呈如左。

一、院系之整理

(甲)关于教育学院者。将该院原有之教育原理、教育心理、教育行政、教育社会四系,改并为教育学系。自二十二年度起,另设师资专科。各院毕业学生有志为中等学校教员者,得在教育学系肄业一年,修习特定科目后,由本校给予证书。原有艺术教育科、艺术专修科,改并为艺术科。体育专修科并入体育科。卫生教育科,俟本期学生毕业后结束。

(乙)关于商、医两学院者。上海商、医两学院,划出独立,其经费亦连同划出,由教育部处理之。

(丙)关于文学院者。社会学系取消,该项科目并入哲学系。

(丁)关于理学院者。(一)动物学系、植物学系改并为生物学系。(二)心理学系取消,实验心理学编入生物学系。

(戊)关于农学院者。农学院六科改编为动物生产系、植物生产系、农业化学系;增设农业经济课程,俟必要时得设农业经济系。

(己)关于工学院者。化学工程科并入理学院化学系,其他各科均改称系。

二、学校行政组织

校长以下设教务长一人,管理注册、出版、图书馆、军事训练及各院系有关事项。并得设总务长一人,管理文书、会计、庶务及其他事项。校长室设秘书一人。

三、经费分配标准

（一）教职员薪俸不得超过百分之五十；

（二）办公费（连同各院系在内）不得超过百分之十；

（三）其余百分之四十概作设备费。

四、学生甄别办法

（一）学生甄别以学业成绩及平时品行为标准。凡参与暴行及查有特别不良行为者，不得参加甄别，并不给予证书。

（二）学业成绩之甄别，由教育部组织考试委员会，按年级考试。其必修科目受甄别试验及格者，即作为毕业考试及学年考试。其不及格者，分别降级，或给予肄业证书。

五、提高教员待遇问题

（一）副教授改称教授，以专任为原则，其待遇最低限额为300元，以每20元为一级。

（二）专任讲师其待遇最高为280元。

六、本年度停止招收新生。

七、实验学校、高中、初中部本年度停止招收新生。

八、由本会建议政府，以后中央大学经费按实数发给，不得减成。

九、本会议决各项交由校长执行。

以上各项，仰祈核夺施行。谨呈

行政院长汪

国立中央大学整理委员会委员长蔡元培
中央大学档案

教育部任命罗家伦为中央大学校长的训令（1932年8月24日）

教育部训令　字第6613号

令国立中央大学

案奉行政院第3250号训令开："本日行政院第57次会议决议任命罗家伦为国立中央大学校长，除电请国民政府明令任命外，合行令仰该部即便转饬该校长即日到校视事，以重校务"等因。除分行外，合行令仰该校知照。此令。

中华民国二十一年八月廿四日
朱家骅
中央大学档案

教育部请罗家伦即日视事的训令（1932年9月5日）

教育部训令　字第7003号
令国立中央大学校长罗家伦

案奉行政院第3388号训令开："案据中央大学校长罗家伦呈请指示方针，并申明任职限期等情到院。除指令呈悉，所陈三端，均极扼要，该校长愿为一种教育理想而牺牲，尤见勇于任事，至深嘉佩。中大开校在即，务望勉遵前令，即日视事，以副属望。凡有困难，政府当力为主持也。此令印发外，合行令仰该部即便知照。"等因。合行令仰知照。此令。

中华民国二十一年九月五日
朱家骅
中央大学档案

罗家伦呈报整理本大学院系情形请鉴核备案准予试办由（1932年9月24日）

案奉钧部训令第5401号略开："奉行政院令，据国立中央大学整理委员会蔡委员长呈报该会议决事项，经院议通过，令仰遵办。"等因。奉此，窃家伦视事伊始，即以整理院系为首务，惟旬日以来，体察校内情形，有不能不请稍予变通者，敬为钧部详陈之。

（一）教育学院前经整理委员会议决，将原有之教育原理、教育心理、教育行政、教育社会四系改并为教育学系，又理学院中之心理学系亦经议决取消。按心理学为自然科学，本系理学院所需要。惟查中央大学教育学院对于心理学之需要较理学院为尤切，拟变通办法，在教育学院中设心理学系，以应学科上之要求。

（二）农学院原设农艺垦殖、畜牧兽医、蚕桑、森林、园艺、农业化学六科，经整理委员会议决，改编为动物生产系、植物生产系、农业化学系，增设农业经济课程，俟必要时得设农业经济系。兹经考核全部实际情形，似应就原有设备情形，合六科为农业森林、畜牧、兽医、农业化学四系，以应实际需要。

（三）工学院中之化学工程科经整理委员会议决，并入理学院化学系。查化学工程为我国目前急切需要之科目，论其功课性质属于工程者较多。现在该科尚有相当设备,至将来如何办理,尚有待于全盘之计划。在本学年则拟暂在工学院中设化学工程组,暂由工学院院长兼管,俾免停顿。

(四)文学院中之社会学系经整理委员会议决取消,其科目并入哲学系。查该系学生有六十七人,而哲学系仅有学生二十人,以多就少,殊属困难。况社会学与哲学性质不同,合为一炉,似不适宜。社会学为社会科学中之重要科学,当我国目前对于解释社会现象,群言庞杂,方法错□之时,似应加以提倡。拟暂在文学院中设社会学组,直隶于文学院,以资补救。

(五)理学院中动物、植物两系,整理委员会议决改并为生物学系。查动物、植物学理本属可分,若令该两系学生中途混合所学,事实亦多困难。拟在生物学系暂设动物、植物两组,以资救济。

凡以上所述,经家伦体察校内之实情,详慎考虑,觉如此办理,正适属校目前之需要。谨将整理院系情形据实缕陈,敬祈钧部鉴核备案,准予试办,实深感祷。谨呈教育部部长朱

国立中央大学校长罗○○
中央大学档案

中央大学学生甄别考试委员会关于参与殴段学生的处分(1932年10月14日)

国立中央大学学生甄别考试委员会公函第二号

案查本会前奉教育部第7246号训令内开:案查国立中央大学整理委员会决议学生甄别办法:(1)学生甄别以学业成绩及平时品性为标准。凡参与暴行及查有特别不良行为者,不得参加甄别,并不给予证书。(2)学业成绩之甄别,由教育部组织考试委员会,按年级考试,业经呈奉行政院核准公布。现届举行甄别考试之期,所有该校学生平时品行,业经派员严密审查,复经本部详加考核,决定:(一)陈克诚等19名,参加暴行,并历次鼓动风潮,行为特别不良,实为无可造就,应不准参加甄别考试,并不给予证书。(二)王枫等23名,或附和暴行,或屡次鼓动风潮,平日在校每多越轨行动,本应不准参与甄别考试,但本部为爱惜青年起见,曲予原宥,暂准参加甄别考试。俟考试及格后,仍须缮具悔过书,方得复学,并留校察看。如再有不良行为,应由校随时开除其学籍,其不及格者,不给予证书。(三)耿冰如等14名,在校行动亦多失检之处,应准予参加甄别考试,俟及格后,留校察看。以上各项,合行令仰该委员会即便遵照公布。等因。并附学生名单三种,经将学生名单

由会公布在案。相应抄送原单函达查照，分别执行为荷。此致
国立中央大学

　　附名单一份。

借用部印

民国二十一年十月十四日

中央大学档案

罗家伦谈整顿中央大学的举措（1932年10月）

　　本人到中大来，为时未及两月，各方的情形，经过一番的考察以后，知道了一个大概。整个的整理，固然不是一时所能办到，但我们应该在可能的范围以内，从事于积极的整顿。现在根据观察所得，同各位报告一下。

　　会计制度　有人以为会计制度只是一种条文，亦有人以为会计制度的条文，实在太麻烦。要晓得会计制度的订定，和中大前途有密切的关系。有人称中国为敝国，我们应该称中大为敝校。中大关系财政方面的弊尤多。过去的中大，可以自由买卖东西，并不需要记账，亦不需要给人知道。有某一院，一次支了九千元钱的购书费，但是查起账来，书是一本都没有买。又有某一院，拿了二千元美金到外国某公司去买仪器，后来写信去问某公司，说是没有这回事，仔细查考起来——事隔三年——方才说出仪器是托一个朋友去买的，这个朋友快要到了外国了。还有某院，自己买了一部汽车，事前并没有通知学校当局。中大之应从速厉行会计制度，实是毫无疑义的。会计制度实行了以后，第一是责任问题，第二是手续问题，当然要引起各方面的不方便。但是我们要整理中大，我们就非从整顿会计制度入手不可。商务印书馆规模总算是很大的，曾经请杨端六先生替他拟过一个会计制度。我从前办理清华大学，亦请杨先生拟过一个会计制度。这次的会计制度，是根据杨先生所拟的清华大学会计制度，再由雍家源先生斟酌修改的。会计制度既经拟定了，我不怕得罪人，我必须始终维持到底，中大的经济，方才可以有办法，中大的设备，方才可以增加。

　　财政状况　中大实际上的债务是多少，从来没有人知道。但是我们可以断定，中大的债务，至少必在十几万元以上。有的债务，是从郭秉文先生时代欠下来的。我们正在组织一个清理委员会，由会计、注册、出版、文书、事务各组主任，以及教授代表共同组织。我们现在有钱买不到东西，如扩充图书，我们如把款子汇到外国书铺去，他们说你此前欠他们的钱，现在款子寄来了，正可以抵旧账。这是多可痛心

的事！我们有了这个清理委员会，一方面清理旧债，一方面图书仪器当然可以逐渐充实。

休学　半学年的休学制，实在是要不得的。要晓得学问是一贯的、有系统的，不能把他分为两个段落的。现在这种学分制，无异是凑分数，不是学问真面目。我们是要把他废除的。

点名　点名有两种，由教授点的和由学校点的。教授点的，可以使教授和学生接触的机会增多，彼此间可以加多了不少的认识。学校点的，就是秩序整齐。现在两制并行。中大尚有一种不好的现象，就是人在广州做事，而名在中大读书的。这种事体，我希望他没有。不但和学校的声誉有关系，和同学自己的前途亦发生很大的影响的。

学科　学科务求集中。现在大学的通病，就是专门不足，普通亦不足。现今的大学生，任何机关都可以进去，其实任何机关都不能进去。以后同学研究学问，应该集中精力，从事专门的探讨。

学生组织　各种学会的组织，如研究物理的物理学会、研究数学的数学学会和研究工程的工程学会，我是非常赞成的。至于其他的组织，顶好不要参加。外面人到学校里来找同志，决不是有利于诸同学，而是为他自己造群众的。现在的政治组织，不但数目多，内容亦很复杂，此起彼伏，此伏彼起，于学校无利益，于学生更不相宜。我个人还可以再为国家服务三十年，同学们还可以为国家服务四五十年，我希望大家放开眼光，从大处着眼，在根本上用些功夫。我们应该为社会为国家服务。我从前在外国时，看到欧美留学生中，很少从事政治活动的，因为在外国时间很短，最多亦不过三年五年，最宜于用功读书。并且从历史来看，世界领袖之产生，并不在于自以为领袖，而在于学问的准备、修养的充分、人格的伟大，并能得到一般人的公认。没有学问的人，总归给人看不起。所谓"君子与君子，同道为本；小人与小人，同利为本"，就是这个意思。

精神修养　就人格的砥砺方面说，现世界多为一种"讨价还价"的歹形象笼罩着。其实我们做人，应该不怕得罪人。行就行，不行就不行，无所谓讨价，亦无所谓还钱。在青年时代，每个人尤其应该有一种志愿（Ambitions），抱定将来对于学问如何造就，对于事业如何发展，以为社会国家用。同学中如有什么意见，尽可书面报告，不过事实决定以后，那就不能轻易更改，这是维持法治精神。对教授的礼貌，亦应该顾到。从前我办清华时，有位北大教务长何先生告诉我，说它到了北平大学法学院教了一个钟头的法院组织法，第二天他就懒去了。因为在他上课的时候，男学生是不脱帽亦不去大衣，三个女学生统在桌子下面做手工。所以我很诚恳的希望大家能够顾到礼貌。

图书 图书馆开放时间,待调查后再行整理。不过同学向图书馆借书应该按期归还。总计中大图书馆所藏西文书籍不到三万册,但经登记后,确知其已丧失者,达一万五千册以上。图书馆借书,已成为无期归还的事实,我希望同学能够注意这点。美国哥伦比亚大学教授赛利格曼先生(Prof. Seligman)藏书甚富,他把他生平所搜集的关于经济学的书籍,全部公开。如果像中大一样,人手一编,岂不完了吗?最近事务组又开除了三名校工,在他们的卧室里搜出西文书籍十四本。前几天球场中抓到一个贼,他的身边又发现了上课证一张、校徽二枚。希望同学、同事,能够随时随地的注意与改良。

军事训练 国家危亡如彼,而学生军的组织散漫如此,岂不令人叹惜?我们看了苏俄与意大利,他们学生军的组织,何等的严密。德国自《凡尔赛条约》以后,全国皆兵的事实,更是有口皆碑。

秩序 会场上不能叫嚣,并且不能中途退席,这是文明国家最低限度的礼貌。又如帽子,亦是应该去了的。近来学生时常有请求学校对某某事马马虎虎些,其实学生有精神,根本不应该请求学校马虎。现在学校当局,看同学如一家人,希望大家都守秩序。

纪念周 现在正在预备把纪念周用作一种有系统的学术演讲,详细计划容校务会议议决后再公布。从前范源濂先生办师范大学,唐文治先生办南洋大学,每周都有一次的朝会。现代的修养是文化的修养,而文化的修养都是不限于一隅的。如学科学的人,对于文学的知识,亦应该知道一点。学法学的人,对于科学的知识,亦应该晓得一点。总而言之,文化是整个的。

《罗家伦先生文存》第五册

罗家伦:中央大学之使命(1932年10月20日)

当此国难严重期间,本大学经停顿以后,能够以最短的时间,由积极筹备至于全部开学上课,并且有今天第一次全体的集会,实在使我们感觉得这是很有重大意义的一回事。

这次承各位教职员先生的好意,旧的愿意继续惠教,新的就聘来教,集中在我们这个首都的学府,积极努力于文化建设的事业,这是我代表中央大学要向各位表示诚恳谢意的。

本人此次之来中大,起初原感责任之重大,不敢冒昧担任。现在既已担负这个重大的责任,个人很愿意和诸位对于中大的使命,共同树立一个新的认识。因为我认为办理大学校不仅是来办理大学校普通的行政事务而已,一定要把一个大学的使命认清,从而创造一种新的精神,养成一种新的风气,以达到一个大学对于民族的使命。现在,中国的国难严重到如此,中国民族已临到生死关头,我们设在首都的国立大学,当然对于民族和国家,应尽到特殊的责任,就是负担起特殊的使命,然后办这个大学才有意义。这种使命,我觉得就是为中国建立有机体的民族文化。我认为个人的去留的期间虽有长短,但是这种使命应当是中央大学永久的负担。

本来,一个民族要能自立图存,必须具备自己的民族文化。这种文化,乃是民族精神的结晶和民族团结图存的基础。如果缺乏这种文化,其国家必定缺少生命的质素,其民族必然要被淘汰。一个国家形式上的灭亡,不过是最后的结局,其先乃由于民族文化和民族精神上的衰亡。所以今日中国的危机,不仅是政治社会的窳败,而最要者却在于没有一种整个的民族文化,足以振起整个的民族精神。

我们知道:民族文化乃民族精神的表现,而民族文化之寄托,当然以国立大学为最重要。英国近代的哲学家荷尔丹(Lord Haldane)曾说:"在大学里,一个民族的灵魂,才反照出自己的真相。"可见创立民族文化的使命,大学若不能负起来,便根本失掉大学存在的意义,更无法可以领导一个民族在文化上的活动。一个民族要是不能在文化上努力创造,一定要趋于灭亡,被人取而代之的。正所谓"子有钟鼓,勿鼓勿考。子有廷内,勿洒勿扫。宛其死矣,他人是保"。① 其影响所及,不仅使民族的现身因此而自取灭亡,并就是这民族的后代,要继续创造其民族文化,也一定不为其他民族所允许的。从另一方面看,若是一个民族能努力建设其本身之文化,则虽经重大的危险,非常的残破,也终久可以复兴。积极的成例,就是拿破仑战争以后、普法战争以前的德意志民族。我常想今日中国的国情,正和当日德意志的情形相似。德国当时分为许多小邦,其内部的不统一,比我们恐怕还有加无已。同时法军压境,莱茵河一带俱分离而受外国的统治,这点也和我们今日的情形不相上下。当时德意志民族历此浩劫还能复兴,据研究历史的人考察,乃由于三种伟大的力量:第一种便是政治的改革,当时有斯坦(Stein)、哈登堡(Hardenberg)一般(班)人出来把德国的政治改良,公务员制度确立,行政效能增进,使过去政治上种种分歧割裂、散漫无能的缺点,都能改革过来。第二种是军事的改革,有夏因何斯弟(Scharnhorst)和格来斯劳(Gneisnau)一般(班)人出来将德国的军政整理,特别是将征兵制度确立,并使军事方面各种准备充实,以为后来抵御外侮得到成功的张本。第三种便是民族文化的创立。这种力量最伟大,其影响最普通而深宏,其具体

---

① 编者按:一般版本作"子有廷内,弗洒弗扫。子有钟鼓,弗鼓弗考。宛其死矣,他人是保"。

化的表现便靠冯波德(Wilhelm Von Humboldt)创立的柏林大学和柏林大学的弗斯德(Fichte)一般(班)人。所以现代英国著名的历史家古趣(G. P. Gooch)认定创立柏林大学的工作,不仅是德国历史上重要的事,并且是全欧洲历史上重要的事。尤能使我们佩服的便是当年柏林大学的精神。在当时法军压境、内部散乱的情况之下,德国学者居然能够在危城之中讲学,以创立德意志民族文化自任。弗斯德于一八〇七年至一八〇八年间在对德意志民众讲演里说:"我今天乃以一个德意志人的资格向全德意志民族讲话,将这个单一的民族中数百年来因种种不幸的事实所造成的万般差异,一扫而空。我对于你们在座的人说的话是为全体德意志民族而说的。"现在我们也需要如此,我们也要把历史上种种不幸事实所造成的所有差异,在这个民族存亡危迫的关头,一扫而空,从此开始新的努力。德意志民族的统一,就是由于这种整个的民族精神先打下一个基础,最后俾士麦不过是收获他时代的成功。柏林大学却代表当时德意志民族的灵魂,使全德意志民族在柏林大学所创造的一个民族文化之下潜移默化而形成为一个有机体的整个的组织。一个民族如果没有这种有机体的民族文化,决不能确立一个中心而凝结起来。所以我特别提出创造有机体的民族文化为本大学的使命,而热烈诚恳的希望大家为民族生存前途而努力!

讲到有机体的民族文化,我们不可不特别提到其最要的二种含义。第一,必须大家具有复兴中国民族的共同意识。我们今日已临着生死的歧路口头,若是甘于从此灭亡,自然无话可说。不然,则惟有努力奋斗,死里求生,复兴我们的民族。我们每个人都应当在这个共同意识之下来努力。第二,必须使各部分文化的努力在这个共同意识之下,成为互相协调的。若是各部分不能协调,则必至散漫无系统,弄到各部分互相冲突,将所有力量抵消。所以,无论学文的、学理的、学工的、学农的、学法的、学教育的,都应当配合得当,精神一贯,步骤整齐,以趋于民族文化之建立的共同目标。中国办学校已若干年,结果因配置失宜,以致散漫杂乱,尤其是因为没有一个共同民族意识从中主宰,以致种种努力各不相谋,结果不仅不能收合作协进之功效,反至彼此相消,一无所成。现在全国的大学教授及学生,本已为数有限,若是不能同在一个民族文化建设的目标之下努力,这是民族多大的一件损失。长此以往,必至减少甚至消灭民族的生机。人家骂我们为无组织的国家,我们应当痛心。但是我们所感觉的不仅是政治的无组织,乃是整个的社会无组织,尤其是文化也无组织。今后我们要使中国成为有组织的国家,便要赶快创立起有组织的民族文化,就是有机体的民族文化来。

我上面就德意志的史实来说明我们使命的重要,并不是要大家学所谓普鲁士主义,而是要大家效法他们那种从文化上创造独立民族精神的努力!

我们若要负得起前述的使命，必定要养成新的学风。无论校长、教职员、学生都要努力于移转风气。由一校的风气，转移到全国的风气。事务行政固不可废，但是我们办学校，不是专为事务行政而来的，不是无目的去办事的。若是专讲事务，最好请洋行买办来办大学。我们必须有高尚的理想以为努力的目标，认定理想的成功比任何个人的成功还大。个人任何牺牲，若是为了理想，总还值得。我认为，必须新的学风能够养成，我们的使命乃能达到。

我们要养成新的学风，尤须从矫正时弊着手。兄弟诚恳的提出"诚朴雄伟"四字，来和大家互相勉励。所谓诚，即谓对学问要有诚意，不以为升官发财的途径，不以为文饰资格的工具。对于我们的使命更要有诚意，不作无目的的散漫动作，坚定的守着认定的目标去走。要知道从来成大功业、成大学问的人莫不由于备尝艰苦、而锲（锲而）不舍的做出来的。我们对学问如无诚意，结果必至学问自学问、个人自个人。现在一般研究学术的，都很少诚于学问，看书也好，写文章也好，都缺少对于学问负责的态度。试问学术界气习如此，文化焉得而不堕落？做事有此习气，事业焉得而不败坏？所以我们以后对于学问事业应当一本诚心去做。至于人与人间之应当以诚相见，那更用不着说了。

其次讲到朴。朴就是质朴和朴实的意思。现在一般人皆以学问做门面。尚纤巧，重浮华，很难看到埋头用功、不计功利而在实际学问上为远大艰苦的努力者。在出版界，我们只看到一些时髦的小册子、短文章，使青年的光阴虚耗在这里，青年的志气也销磨在这里，多可痛心。从前讲朴学的人，每着（著）一书，往往费数十年；每举一理，往往参证数十次。今日做学问的和著书的，便不同了。偶有所得，便惟恐他人不知；即无所得，亦欲强饰为知。很少肯从笃实笨重上用功的，这正是庄子所谓"道隐于小成，言隐于荣华"的弊病。我们以后要体念"几何中无王者之路"这句话，须知一切学问之中皆无"王者之路"。崇实而用笨功，才能树立起朴厚的学术气象。

第三讲到雄。今日中国民族的柔弱萎靡，非以"雄"字不能挽救。雄就是"大雄无畏"的确（雄）。但是雄厚的气魄，非经相当时间的培养蕴蓄不能形成。我们看到好斗者必无大勇，便可觉悟到若是我们要雄，便非从"善养吾浩然之气"着手不可。现在中国一般青年，每每流于单薄脆弱，这种趋势在体质上更是明白的表现出来。中国古代对于民族体质的赞美很可以表现当时一般的趋向。譬如《诗经》恭维男子的美，便说他能"袒裼暴虎，献于公所"，或是"赳赳武夫，公侯干城"；恭维女子的美，便说他是"硕人颀颀"。到汉朝还找得出这种审美的标准。唐朝龙门的造像，也还可以表现这种风尚。不知如何，从宋朝南渡以后，受了一个重大的军事打击，便萎靡不振起来。陆放翁的"老子犹堪绝大漠，诸君何事（至）泣新亭"，虽强作豪气，已成强弩之末。此后讲到男子的标准,便是"有情芍药含春泪,无力蔷薇卧晚(晓)枝"一流的人。讲到女子的标准,便是"帘卷西风,人比黄花瘦"一流的人。试问时尚风习至此,民族焉得而不堕落衰微?今后吾人总要以"大雄无畏"相尚,挽转一切纤细文弱的颓风。男子要有丈夫气,女子要无病态。不作雄健的民族,便是衰亡的民族。

第四讲到伟。说到伟,便有伟大崇高的意思。今日中国人作事,往往缺乏一种伟大的意境,喜欢习于小巧。即论文学的作风,也从没有看见谁敢尝试大的作品,如但丁的《神曲》、奇(歌)德的《浮士德》,而以短诗、小品文字相尚。我们今后总要集中精力,放开眼光,努力做出几件大的事业,或是完全(成)几件大的工作。至于一般所谓门户之见,尤不应当。到现在民族危亡的时候,大家岂可不放开眼光,看到整个民族文化的命运,而还是故步自封、怡然自满?我们只要看到整个民族生存之前途,一切狭小之见都可消灭。我们切不可褊狭纤巧,凡事总从伟大的方向做去,民族方有成功。

我们理想的学风,大致如此。虽然一时不能做到,也当存"高山仰止,景行行止"的心理。若要大学办好,学校行政也不能偏废,因为大学本身也是有机体的。讲到学校行政,不外教务行政和事务行政两方面。关于前者,有四项可以提出。

第一,是要准备学术环境,多延学者讲学。原在本校有学问的教授,自当请其继续指教,外面好的学者也当设法增聘。学校方面,应当准备一个很好的精神和物质环境,使一般良好的教授都愿意聚集本校讲学,倡导一种新的学风,共同努力民族文化的建设。在同学方面,总希望大家对于教授有很好的礼貌。尊师重道,学者方能来归。

第二,是注重基本课程,让学生集中精力去研究。我们看到国内大学的通病,都是好高骛远,所开课程比外国各大学更要繁复、更要专门,但是结果适得其反。我们以后总要集中精力,贯注在几门基本的课程上,务求研究能够透彻,参考书能看得多。研究的工具自然也要先准备充足。果能如此,则比较课目繁多而所得者何只东鳞西爪的更要实在。

第三,是要提高程度。这是当然必要的,但我们如果能做到上面两项,则程度也自然能提高。我们准备先充实主要的课程,循序渐进,以达到从事高深研究的目标。

第四是增加设备。中大此前行政费漫无限度,不免许多浪费的地方,所以设备方面,自难扩充。我们以后必须从这点竭力改良,节省行政费来增加设备费。这是本人从办清华大学以来一贯的政策。

关于学校事务行政,亦属重要。现在可以提出三点来说:

第一,是厉行节约,特别是注重在行政费之缩减。要拿公家的浪用,来做自己的人情,是很容易的事。一旦节约起来,一定会引起多少不快之感。这点我是不暇多顾的,要向大家预先说明。

第二,是要力持廉洁。我现正预备确立全校的会计制度,使任何人无从作弊,并且要使任何主管者也无从作弊。本校的经费,行政院允许极力维持,将来无论如何,我个人总始终愿与全校教职员同甘苦。大家养成廉俭的风气,以为全国倡。

第三,是要增加效能。过去人员过多,办事效能并不见高。我们以后预备少用人,多做事,总希望从合理化的事务管理中,获得最大的行政效能。使每一个人员能尽最大的努力,每一文经费获得最经济的使用。

本人自九月五日方才视事,不及一月,而十月三日即已开学,十一日已全校上课。在此仓卒时间,自有种种事实上的困难,许多事未能尽如外人和本人的愿望。这种受时间限制的苦痛,希望大家能够有同情的谅解。不过居然能全部整齐开学上课,也是件不容易而可以欣幸的事。希望全校的努力把中大这重要的学术机关,一天一天的引上发展的轨道,以从事于有机体的中国民族文化的创造。我们正当着民族生死的关头,开始我们的工作,所以更要认清我们的使命,时刻把民族的存亡一个念头存在胸中,成为一种内心的推动力,由不断的努力中创造有机体的民族文化,以完成复兴中国民族的伟大事业。这是本人一种热烈而诚恳的希望。

《国立中央大学日刊》1932 年 10 月 20 日

中央大学呈报变通整理院系原案试办经过请将社会学组、化学工程组恢复系称并恢复园艺、蚕桑两系(1933 年 7 月 6 日)

呈为呈报变通整理院系原案试办经过,请将文学院之社会学组、工学院之化学工程组恢复系称,并恢复农学院原有园艺、蚕桑两系,仰祈鉴核示遵事。

窃家伦去年奉命到校视事之后,即经体察校内实情与社会需要,审慎考虑,呈请钧部将中央大学整理委员会之整理院系原案酌予变通办理,经奉钧部第 8390 号训令,转奉行政院第 2818 号指令准予试办在案。现在已将一载,试办结果,尚属圆满。对于整委会之整理原则、本校之历史实情,与夫社会之实际需要,尚能兼顾进行,亦颇顺利。惟文学院之社会学组及工学院之化学工程组,未能正式成系,于发展上颇多窒碍。又农学院现有四系,学科分配方面,亦觉偏颇。似应将原有园艺、蚕桑两系,予以恢复,以应事实及学科上之需求。谨将所有事实及缘由为钧部详陈之。

一、本校文学院原设有社会学系,已历五载。去年经整理委员会议决,取销其科目,并入哲学系。当以该系学生人数较哲学系多至三倍有余,未便以多就少。且两种学科性质不同,亦不能并而为一。当经呈准钧部,暂设社会学组,直隶于文学院。惟查该社会学组师资课程,均尚充实,在文学院中与其他各系并无轩轾。且现在国立大学中,除广州中山大学外,仅有属校设社会学专门课程。当此社会思想庞杂纷乱之时,属校位在首都,对于纯正之社会学研究,似应予以适当之提倡。况我民族文化与社会组织之特性,向无专门科系从事探讨,该社会学组课程,颇注重此项研究,提倡民族文化,以启示民族发展之途径,亦正党国之所急需。为此拟请自下学年起将文学院社会学组正式恢复为社会学系,以应需要。

二、工学院原设之化学工程科,经整理委员会议决,并入理学院化学系。当以其功课性质属于工程者较多,亦经呈准暂在工学院设化学工程组,由工学院院长兼管。查本校工学院关于化工设备,本有相当规模。一年以来,又应教学上之需要,添置不少。当此全国厉行建设时期,化学工程,需要最急。而国防上需助于化学工程者尤为迫切。国内学校在此方面谋发展者,尚属仅见,本校自应特设专系,肩此重任。拟请自下学年起,将工学院之化学工程组正式改为化学工程系,以应国家社会之需要。

三、农学院原设农艺垦殖、畜牧兽医、蚕桑、森林、园艺、农业化学六科。去年呈准钧部,变通整理委员会原案,改设农艺、森林、畜牧兽医、农业化学四系。惟原有之园艺、蚕桑两科,亦属办理有年,设备、师资均有相当基础。而学生人数,亦复不少。其学科性质,又与其他四系不能合并。故本学年内名义虽经取消,实际仍继续维持。且查我国年来,因农村衰微,生产落后,农产品不能应国内之需求,故每年向国外购进之花木果品,为数极多。而本国出产,不仅在数量上不足,在质量上又确属不逮。为复兴农村、挽回利权计,园艺一科,实未容忽视。至于蚕丝,乃我国主要出产部门,向为出口大宗。现受国际竞争,遂至一落千丈,尤应急起直追,以图挽救。本校农学院,既有此项设备与师资,而事实上已往一年,园艺、蚕桑两系功课,亦均照开。则添办该两系,在理论上固属需要,事实上亦无困难。拟请自下学年起,将农学院原有之园艺、蚕桑两科恢复,改称园艺系及蚕桑系。

上述各点,均悉根据试办结果,考察各方情形,经提交校务会议讨论,认为确属需要者。理合备文呈请鉴核备案,实为公便。谨呈
教育部部长王

中央大学档案

教育部派员视察中央大学的训令（1935年5月10日）

教育部训令　第5997号
令国立中央大学

该校曾经本部派员视察，据送报告，经详加审核。近年以来，该校校务殊多整顿，如设备建筑之增添，入学考试之严格，多数院系课程之整理，校务行政之改善，均系成绩之表现。惟下列各端，尚须厉行改进。

一、教职员人数太多，应极力裁减。

（1）该校教员共达360人，就中文、法两院教授、讲师尤形过多。各院系助教118人，显逾需要，化学、物理、心理等系尤甚。凡此，均应于下年度力减。又聘任助教，应以人才为标准，不宜偏重本校出身之条件。

（2）该校职员达191人，殊逾实际需要，图书馆亦然，均应裁减。工役校警人数过多，亦应减少。

二、该校会计制度暨学校购置手续，均尚严密。惟各院系加添设备，分割太甚，不免有重复之弊。嗣后各种仪器，自应由校统筹购置，并由各院系共同应用。又各农场之生产收入，应全部划归大学会计直接管辖，不应由有关各系自行支配。

三、该校课程，近虽逐渐改善，然各院中往往有少数必修或选修课目，修习之学生极少。实则此种课目，尽可隔年一开，或采其他适当之办法，以节经费。

四、该校上课暨考试之纪律，仍须力求改进。该校社会学系、政治学系、体育科以及农学院各系学生，缺课者仍多，尤应严行考核，力予矫正。各院考试，并应由考试委员会共同严厉执行。

五、该校科学设备，年有增益，颇有规模。惟工学院土木系之水力试验、机械系之汽机试验等设备，尚须添置。理学院化学系设备之管理，应求集中，煤气机亦宜设法加以利用。中外图书数量颇众，惟理工科整套专门杂志，尚须逐渐添购，以济研究参考之需。

六、该校农学院农场过于分散，应设法集中。其实验工作较少之场，可酌量裁并，以节开支，而利全院之发展。

七、该校学生风纪，已逐渐改善，学生宿舍之整理亦略著成绩。惟一部分宿舍仍有多数毕业生或校外人寄宿，既不便于管理，亦增学校开支，应即严行矫正。

八、附设实验学校教学训育均尚认真，殊用嘉慰。惟中小学合设一处，于教学管理诸多不便，宜酌量设法隔离施教，并与教育学院更求密切联络。中学部实验及运动场所不敷应用,应酌量补救。学生所缴各项费用,尚须酌予减少。

九、吾国医学人才至感缺乏,首都亦尚缺乏高等医学教育机关。该校应即添办医学院,于下年度开始招生,以应国家急需。该校经常费额达170余万元,为数殊巨。倘照以上一、二、三暨六、七等项之指示力事撙节,即可节出相当之数,供医学院经常支出之用。其设备及师资等事,自可与中央卫生行政机关暨其所属医院取得必要之联络,应即遵照迅行着手办理。

以上各端,仰切实遵办,并从速具报备核。至该校组织,前经定有整理期间之特殊规制,今后应如何恢复正常组织之处,仰根据实际情形,一并拟具意见,以凭核定。此令。

中央大学档案

教育部关于中央大学校务改进要点的训令(1936年)

教育部训令　第9081号

令国立中央大学

该校曾经本部提示要点,令饬改进在案。查核此次视察报告,该校一年以来,图书仪器之添置,宿舍及实验场所之修建,考试纪律之整饬,分组训练之实施,均有相当进步。惟下列各点仍须厉行改进:

(一)经费支配:该校各院经费之分配颇多不当,亟应重行支配,以期切合须要。该校文学院、理学院、教育学院经费均显然过巨,全校特别费数额并嫌过大,均应断然减缩。医学院为新创学院,经费过少,下年度亟应特予增加,以谋设备与师资之充实。凡兹增减,务即确定各项经费概数,并于呈报时将支配情形详细叙列。

(二)学生名额:该校学生名额近年减少颇多。此虽由于过去种种事实,令(今)后务采适当方法,酌量扩充学生名额,以宏造就。

(三)教职员名额:该校教职员人数及兼任教员较之上年度,虽见减少,但各学院之教员人数仍多超过实际需要。且助教多至一百十九人,较前反有增加。凡此,仍应遵照前令,切实裁减。法学院各系及社会学系、地理学系、教育学系、卫生教育科所聘兼任教员尚嫌逾度,应再酌量改聘专任。职员除图书馆及行政各部略有裁减外,各院系增多于减,总数尚达一百八十二人。农学院各组职员、技术员、助理员共六十三人,比前增加九人。又该校校工、校警、技工人数亦□过多。统应分别斟酌实际需要,极力裁减。又凡已裁之教职员额,嗣后并应切实限制滥补。

（四）学系整理：该校文、法、农等学院有若干学系，如社会学系、哲学系、蚕桑系、园艺系等，或则学生甚少、教授及助教甚多，或则学生与师资两缺。为兼顾教学之需要与办理之经济起见，该校当将社会学系关于社会学原理之科目设于哲学系，而将社会学系暂行停设。该两系原有之教席，并应分予减设。蚕桑学系暂时毋庸单独成系，该系关于蚕桑学之科目，尽可暂设于园艺学系，或其他相关学系之内。

（五）课程整理：该校各院系所设课目，修习人数在三人以下，乃至一人者，共计八十四种。文学院学生仅七十六人，而所设课目，除共同必修课目外，达八十八种。凡此，均显然缺乏系统的编制，而不免犯因人设课之嫌。下年度该校对于课程一事：(1) 应重行厘定各院、系、科课程，减少课目之数量，充实各项课目之内容。(2) 必修课目可酌采隔年轮流开班之办法。选修课目之设置，应注意课目之性质，与各院系之经费负担能力。(3) 各院系性质大致相同之课程，应酌量合并教授。教育学院教育学系课程，尤应力谋与文、理、法学院各系课程密切联络，俾增中等学校师资培养之实效。基本英文之课程与师资，亦应量加调整，以增教学效率。此外，体育科宜充分利用设备、师资，添设修业年限较短之专修科，以应中学体育师资之急需。

（六）仪器配□：该校各院系仪器设备，颇多重复，且有甲院设备超过需要，而乙院尚须另置情事。登记簿籍，亦欠完备，查考不易，均应设法改善。医学院所需显微镜、切片机、天平等仪器以及化学药品，应就理学院之生物系、化学系现在所有者匀拨使用。

（七）学校纪律：该校对于学生缺课之稽查与成绩之考核，较前均能认真。惟对于不守纪律、妨害校风之学生，仍应随时纠正，并于必要时严行裁制，以期逐渐造成笃学与敦品并重之校风。军训一项，并应妥订改进办法，呈部备核。

（八）医、农两院与校外联络：该校医学院应遵照前令，早日与中央卫生行政机关暨其所属医院取得切实联络，妥订合作办法，呈部备核。农学院之研究及推广工作以及设置学系等问题，应与金陵大学及中央农业实验所商订分工合作办法。

（九）研究所：该校农科研究所农艺部、理科研究所算学部既经奉令筹备，应积极举办，并开始酌招研究生。

以上各点，合行令仰切实遵办，并限于下年度开学时将办理情形具报。此令。

中央大学档案

罗家伦：中央大学之最近四年（1936年7月1日）

国立中央大学位处首都，其最近内部设置进展之状况，想为国人所注意。家伦于二十一年九月五日就职整理，于二十三年六月曾发表一简单报告，名曰《两年来之中央大学》。其实该篇所叙述者，名为两年，实则十九阅月中之事实。时光荏苒，忽又两年，兹复重行检讨，综复过去四年中之事实，扼要胪陈，其中小部分尚仍旧载，大部分均属新增。一以客观之现象与可稽之数字为衡，而不涉论断，更无有于铺张，更名曰《中央大学之最近四年》，以供关心大学教育者之参考。至于改进过程中之缺陷，自必甚多，尚祈社会贤达随时予以指导及教正。犹忆家伦奉命之时，尝曰，欲谋中央大学之重造，必循"安定""充实""发展"三时期以进。兹差幸安定充实，业见效功。本年以来，发展之现象，亦有事实以为证明。惟根基初树，艰巨在前，非得全国人士之协力维护与贤明政府之继续指导及扶持，断难毕竟全功。苟能叨国家安定繁荣之幸，则数年之后，中央大学当努力自期于无负于复兴民族事业之一部分也。兹陈梗概，以候教益。

一、院系之整理

本校原有文、理、法、教、工、农、医、商等八学院，文、理等六学院设于首都，医、商两学院设于上海。二十一年本校奉命改组，经行政院决定，将在沪之医、商两学院独立，本校遂存在京之六学院。家伦到校后，觉六院中系科设置，仍有整理之必要。乃斟酌整理委员会之决议及国家社会之需要，将繁复之教育社会系等从事归并，而将较切国家实际需要之学系，如工学院之化学工程系、农学院之园艺系等，予以恢复。计整理结果，尚分六院三十系科，至以后添设之医学院、牙医专科学校及机械特别研究班不计焉。文学院分中国文学系、外国文学系、哲学系、史学系、社会学系五系；理学院分算学系、物理学系、化学系、地质学系、地理学系、生物学系六系；法学院分法律学系、政治学系、经济学系三系；教育学院分教育学系、心理学系二系，艺术科、体育科、卫生教育科三科；工学院分土木工程系、机械工程系、电机工程系、建筑工程系、化学工程系五系；农学院分农艺系、森林系、畜牧兽医系、农业化学系、园艺、蚕桑系六系。此系自二十一年度至二十四年度之情形也。至二十五年度，则奉令将社会及蚕桑两系裁并，其一部分课程则并入他系开设。故前述六院，将为二十八系科所构成。但医学院所分科别，本处未及计入。又系科中有分组者，如艺术科分绘画、音乐两组，此处亦不备列。

二、院校之添设及扩充

1. 添设医学院

政府鉴于我国医学人材至感缺乏及国立医学院之稀少,不能不在首都设立高等医学教育机关,特令本校添办医学院。本校亦深感医学教育对于民族健康及国防上之重要,于奉令后即经积极进行。惟政府并未拨发特定经费,本校不得不于原有之经常费内尽力撙节,以供该院经常支出及设备之用。二十四年度开始招生,正式成立。该院教室、实验室建筑,亦已落成。下年度新设备解剖学、生理学、生物化学、病理学、药物学及细菌学等六个实验室,以供二年级教学实验之用。同时与卫生署及南京市政府合作,办理卫生实验诊疗所,地址即在本校对面。一部分为本校校产,一部分为本校向荣德生先生捐赠之基地。计地产及新建筑之价值,约计四五万元。此项建筑现已动工,将来该院学生除在中央医院实习外,并可随时在该所实习。

2. 添设牙医专科学校

政府决定于二十四年度内设立一国立牙医专科学校,以救济国民最普遍之齿牙病症。因本校设有医学院,即指定由本校主持办理。本校自奉到主办命令后,即经积极进行,于去年暑假本校招生时,该校亦同时招生,正式成立。所有各项课程,除与本校文、理、医等学院取得密切联络,并由各该学院分担各种基本科目外,关于该校专门科目,均分别聘请专家担任。复于寒假期内添办口腔卫生训练班,以造就初级实用人员,备将来各中小学办理口腔卫生之用。设备方面,该校成立一年以来,购置图书、仪器、模型、器械费用,已近十四万元。现正赶建牙医院,计划已定,即日兴工。落成后辅以购置各种最新设备,将成为国内唯一最完备最新式之牙医院。

3. 添设机械特别研究班

摩托车研究与制造关系国防与重工业至巨,然国内尚缺乏专门教育及研究机关,于是本校于二十四年度添设机械特别研究班,招收大学机械工程及电机工程毕业生,从事训练与研究。并参考国外各大学对于此项工程专科办理情形,根据本国事实上之需要,拟定计划,建筑厂屋,现即附设于工学院内。现第一期学生已上课三学期,再有一学期即行毕业。此后仍当继续办理。

4. 添设研究所算学及农艺两部

本校为提倡研究高深学术,并谋教员研究便利起见,特遵照教育部训令设置理科研究所算学部及农科研究所农艺部。该两研究所并未经政府特颁经费,完全由本校经常费内挹注。理科研究所算学部已于二十四年度开始招生,农科研究所农艺部已筹备就绪,二十五年度即可正式开办。

5. 畜牧兽医系之事业扩充

本校因鉴于畜牧兽医为开发西北、复兴农村之要图,为应实际需求计,乃拟具发展农学院畜牧兽医系之具体实验计划,以促进此项研究。幸赖政府实际补助及美国洛氏基金会物质上之协助,现正积极进行。于新校址附近,已添建牧场房屋,并于二十五年度添招畜牧兽医专修科一班,以期培养该科实用人才。

6. 实验学校之改进与发展

本校实验学校,原系专供教育实验研究而设。四年以前,高初中班级均不完备。嗣本校鉴于首都社会对于中小学之需要迫切,乃逐年加筹经费,设法扩充,现已成为班级完备自幼稚园以至高中之学校,学生人数已达千余,因是建筑设备方面,不得不随之加以扩充。四年来,添建雪耻楼一所,以为中学部教室及实验室之用,民族楼一所,以为小学部教室之用;均系于该校额定经费之外,特拨专款以充建筑费用者。设备方面,曾一次特拨专款7 000元,以充实其理化仪器,其他陆续设备不计焉。至大学经费,二十四年度一年之内拨给实验学校者,已达75 000余元。幸该校对于教学设计,悉心研究,良善学风亦已养成,故首都三届中学会考,成绩均数为最优,此亦本校差堪告慰者也。

三、建筑之增置

欲知本校增加建筑及设备之不易,当明了本校经济之状况。在十九年度以前,本校预算额为204万元,二十年度为192万元(均包括医、商两院经费,惟二十年度因国难稍有欠扣),至二十一年度仍为192万元之预算。嗣因医、商两院独立,除分去原有经费外,尚由本校增拨每年24 000元,以资补助。于是本校经费,减至每年实领161万元,每月向财政部实领134 166元,较之十九年度预算,年短43 000元,较之二十年度预算,亦尚短31 000元。然经费虽大为减少,而必要之建筑则年有增加,兹择其重要者,略顺序列举,至工程较小之建筑或局部之修缮,概从略焉。

惟于此有须声明者一点,即此项建筑,多系迫不及待者。或有以为本校校址既决定迁移郊外,何必再在原址增加建筑。不知本校新校舍,自现在起计划移建,恐至少尚须两三年,方能完成农、工、理三学院。而自二十一年秋开始建设之时至新校舍完成止,共计约六七年。在此六七年中,本校学术之进展,自不能保守或停顿。况有若干建设之将来用途,亦曾计算及之。且此项建设费均系由经常费项下节省而来,未得国家任何特别经费上之补助,或为关心学术事业者所乐许也。

1. 加建图书馆,221 015元(其中钢书架值55 500元)

因本校原有图书馆、阅览室及书库容量均太小。新图书馆内,大阅览室凡二,计容五百六十人;分阅览室五,约容二百人。合阅览室及现有分图书室,总共约容一千人以上。较前容量,约大四倍,书库容量较前大一倍有半。

2. 新建音乐教室,10 479元

此系就梅庵改建,为艺术科音乐组之用。

3. 新建农学院种子室,17 266元

农学院收集各类品种多至数万,非有专门建筑储藏,无法研究。

4. 新建农学院温室连设备,9 538元

农艺、园艺等研究事业所必需。

5. 新建农学院新教室(昆虫研究室),9 785元

6. 新建农学院农业化学系、森林系、蚕桑系、农产制造所应用房舍及各农场场屋,18 378元

7. 新建农学院畜牧系公牛房,1 300元

8. 新建畜牧系母牛房及牛床,4 300元

9. 新建校门,5 355元

国民会议时旧校门拆毁,因全校观瞻所系,不能不改建。

10. 新建实验学校雪耻楼,23 100元

11. 新建学生宿舍两所,103 289元

本校为集中管理起见,将过去租赁之宿舍退租,另于旧第五宿舍原址新建学生宿舍两所,足容数百人,由本校建筑系教授设计监造,现本校大部分学生均住宿于此。

12. 新建机械特别研究班工厂及风洞室,11 810元

13. 新建电信实验室,4 800元

14. 新建生物系植物研究室及暖气装置,1 895元

15. 新建水力实验室,6 200元

16. 新建森林系化验室,1 100元

17. 新建医学院,42 000元

18. 新建畜牧系冷气间,5 000元

19. 新建实验学校民族楼,12 000元

内有4 500元系该校经常费节省所余。

20. 新建钢琴练习室,1 000元

21. 新建宿舍储藏室,3 000元

22. 添建球场,1 200元

23. 重修生物馆,13 700元

原有生物馆建筑太坏,损毁不堪,地下积水恒二三尺,不能不彻底重修。

24. 工学院加盖新教室、工厂及肥皂厂,6 790元

25. 重修及加建教育学院(南高院)之教室及实验室,14 530元

此为本校最旧之建筑,不能不彻底重修,惟钟楼因恐牵涉他部未及修理。

26. 重修法学院(东南院),7 700元

27. 重修教习房,5 785元

此亦系本校最早建筑,破旧不堪,不能不加修理。

28. 重修学生宿舍,4 739元

此房虽系民国十八年所建,然基础及工料甚坏,只得修理。

29. 重修学生宿舍之南舍,10 230元

30. 修改旧第一宿舍为女生宿舍,7 000元

女生宿舍原系租用民房,现将旧第一宿舍修改作女生宿舍,使全部女生住宿校内以便管理。

以上不过举其较大及所费较多者而言,总计自二十一年九月至二十三年六月,为数已达 368 160 元之巨。其余尚有较小建筑及兴修工程,未能一一列举,约计亦有 66 849 元之多。自二十三年七月至现在,建筑费总计达 211 624 元。其余尚有较小建筑及修缮,如添建化工实验室之类,此处均未列入者,约计 7 900 余元。至于大礼堂建筑完工后未及付清之款,以及座位设置之款,亦经付出 14 455 元。故在此四年之内,关于建筑方面实付之款,总计 668 988 元。关于一切较重要之建筑,均聘请教授组织工务委员会主持,以凭公同决定,而臻完善。

四、图书仪器之积极扩充

学校设备,除学术建筑外,自以图书仪器为大宗。现在采取之政策,即在极力节省行政费,以供前项设备之扩充。因此系学术教科及研究上之策源,不可须臾忽视者也。考察以前,此项设备费,列置虽多,但有一年内图书仪器两项实支,一共不过 36 582 元之情形。家伦到校后,极力充实此项设备,即自二十年九月至二十三年六月,于22个月共付图书费 165 342 元。又自二十四年七月至二十五年六月底,实支图书费 205 303 元,计四年之内实支 370 645 元。新增图书:中文及日文书籍共 48 265 册,西文书 19 570 册;中文杂志 266 种,西文杂志 186 种,卷、册均不计及。中文书中善本极多,西文书中亦多较珍贵者。如:P. Geils-Didot: *La Peinture decorative en France du 16th au 18th Siécle*(系法国十六世纪至十八世纪之绘画,由散页装订成册);Paul Pelliot: *Les grottes de Touen-Houang: Peintures et sculptures bouddbigues des époques des Wei, des T'ang eu des Song*(此系敦煌石室魏唐宋佛像佛经,一九一四至一九二四年间出版,六巨册,由散页装成);Arthur Pugin: *Cothic Architecture*(此系图样百余幅,说明英国古代建筑,由 1821 年至 1838 年原本拓成)。西文杂志种数甚多,其中尤以补足二十年度所缺最大部分之西文杂志,使人感觉负担上之困难。然最可乐道者,则在此短期内,购齐西文全部

杂志计三十余种。如 *Journal für die reine und angewandte Mathematik*，自 1826 年以至现在，计 110 年；*Justus Liebig's Annalen der Chemie*，自 1832 年至现在，计 105 年；*Petermanns Mitttilungen*，自 1855 年以至现在，计 82 年；*Mathematische Annalen*，B. 1 - 112，自 1869 年以至现在，计 68 年；*Geographisches Jahrbuch*，自 1866 年至 1931 年，计 66 年；*Berichte der Deutschen Botanischen Gesellschaft*，自 1883 年以至现在，计 54 年；*Acta Mathematical*，Vol. 1 - 66，自 1882 年以至现在，计 55 年；*Berichte der Deutschen Chemischen Gesellschaft*，Vol. 1 - 85，自 1873 年以至现在，计 64 年；*American Journal of Mathematics*，Vol. 1 - 58，自 1878 年以至现在，计 59 年；*Transaction of the American Mathematical Society*，Vol. 1 - 39，自 1900 年以至现在，计 37 年；*Harvard Law Review*，Vol. 1 - 49，自 1887 年以至现在，计 50 年；均已买齐。其中贵者，价值在六七千元一套，但为研究计，不惜巨资以购得之。

至于仪器一项，自二十一年九月至二十三年六月，实支 246 819 元。自二十三年七月至二十五年六月，实支 589 578 元。其化学药品等列入消耗项下者，概未计入。故四年实支仪器费达 836 397 元。

总计图书、仪器费两项，四年内实支数已达 1 207 042 元。合计建筑及图书仪器设备费，四年内共 1 876 030 元。

五、厉行减政、节省行政经费以事建设

本校经费于改组后曾经减少，四年来并无增加，苟欲建设，自非裁减人员，节省行政经费不可。经四年之努力，亦不无微效可观。计二十四年度职员人数，较十八年度减少 76 人，较十九年度减少 72 人。（以前之医、商两学院职员人数均已除去不计，而现在之医学院及牙医专科学校职员均已列入）因二十四年再行减政，故较二十三年度实际上减少亦至 13 人。教员人数（包括教授、讲师、助教），则二十四年度较十八年度减少 62 人，较十九年度减少 85 人。至于行政费，则十八、十九两年度均甚难复核，数字甚难稽考。二十一年度改组后，曾大加减缩一次。自二十一年度至二十四年度，历年逐渐紧缩，亦稍有成效。计二十一年度行政费占总预算 10.5%，二十二年度减至 9.5%，二十三年度减至 9%，二十四年度减至 8%。此项结果，均从随时铢积而来。自二十一年度至二十三年度，本校未领特别经费而仍能稍有上列之建设者，未始非由此而来也。

六、整理课程

我国大学课程，往往名目繁多，缺乏有机体之组织。本校各院系爰分别重定教

育方针,将课程重新组织,使必修选修课目,均有明确规定,不欲因人因事而变更。课程之核心既能形成,则教学之意义自可明了。此项工作幸赖各院长、系主任及教授之努力与协助,经长期讨论,届一年方大体完成。以后复随时参酌事实,加以修订,课程种类,多所删并,而内容方面,则竭力使其充实。

二十四年度本校添设医学院、牙医专科学校及机械特别研究班,其课程设置均系根据部颁标准、国外各大学各科系课程设置之情形与国内之实际需要,详为厘定。全校课程仍使之为有机体之联络。

七、集中学者,注重专任

学术本系专门事业,担任教授者,应专心从事。本校频年离乱,常感空虚。整理伊始,则极力挽留原有良好教授,而随时罗致专门学者。历年陆续添聘之教授、讲师为数颇多,现各院系师资,大致均已充实。今后自然随时留意,多方延揽,俾本校蔚为各种学术专门人才之总荟也。同时更标一凡可请其专任者决不请其兼任之原则,实施结果,颇著成效。以往本校兼任教员,最多时共达111人。家伦到校后,力事裁减。二十一年度共有兼任教员81人,二十二年度为80人,二十三年度减为75人,至二十四年度则仅有34人。此少数之兼任教员,均系某种特殊科学专家,系政府或其他学术机关所倚重,为本校所欲罗致而事实上有不可能者。得其一部分之精力时间,协助本校,自深感谢。二十五年度起,各年级齐全,课目增加,多由原有教师分别担任,其热心尤可钦佩。

八、注重训育

1. 设置训导委员会

年来国内大学教育,大都侧重于知识之灌输,而忽视学生品性之陶养。本校有鉴及此,力矫斯失。平时对于学生课外活动及其日常生活,时时予以适当之指导。四年以来,赖各教授之教导有方与学生之奋发自爱,校风丕变,校誉渐增。为统一训导方针起见,于去年九月间复设置训导委员会,统筹一切训导事宜,厘定各种训导规程,指导学生课外活动,评定学生成绩,审议学生奖惩,辅导军事管理等事项,统由该会主持办理,使学生知识之探求与人格之修养,以及团体生活之习惯,得为平衡之发展,藉以养成良好之学风与健全之公民。

2. 实行军事管理

本校为养成学生生活军队化、行动纪律化、精神团体化起见,自二十四年度起实行军事管理。凡一年级现受训学生,均穿着制服,受军事管理。并经制定军事管理规程,组织军事管理处,设置训导委员会及大队部,办理一切教导管理及训导事宜。

3. 整理学生宿舍

本校学生宿舍,过去大部分系租用民房,致散处各方,管理上至感不便,且时有非本校学生混入住宿,不特有违校规,亦且增加学校开支,妨碍公共秩序。本校有鉴及此,认为整理宿舍,实系刻不容缓。乃于经济状况极端困难中,犹勉筹巨款,建筑较大宿舍二所,将过去租赁之房屋全部退租,使一部分学生集中于校内第一宿舍,女生则集中于校内女生宿舍,至大部分则集中于新建之宿舍,均按人编室,以便学校易于管理,学生便于自修。经此次整理之后,不特管理方便,宿舍顿呈整齐划一之规模,而且使多年来为社会指摘、政府顾念之非在校学生在宿舍居留问题,得以全部解决。

九、扩大校产面积

四年来,校产面积亦有重大之增加。承江苏省政府之盛意,议决将近郊乌龙、幕府两山林场,拨赠本校。计乌龙山面积 7 700 余亩,幕府山面积 6 000 余亩,合计 13 700 余亩。又在昆山、江浦两县购地扩充农场,共 118 亩。并在校本部附近,增购教职员第六宿舍一所,计费 11 804 元(此系二十一年底所购,为时尚在决定建设新校址以前)。最近给价收买新校址约共 5 000 余亩。此增置校产之大概情形也。

十、集中学院地点,俾资观摩便利

以前各学院办公、授课及研究地点,均极散漫。有同院各系分在不同地点者,更有一系之中,各课分在各处讲授及实验者。几经筹划,现在较为集中。兹以中山院为文学院,科学馆为理学院本部,东南院为法学院,南高院为教育学院本部,新教室为工学院本部,农学院本系集中三牌楼,自无变更。

十一、集中行政机关,俾增办公效率

以前行政各处办公地点,极为星散,接洽不便,监督难周。兹将大礼堂两翼,重加间隔,妥为布置,将学校行政机关悉数迁入。时间既能节省,效率自可较增。

十二、改革会计制度

学校经济之监督考核,端赖会计制度。本校积习相因,会计制度漫无成法,流弊所及,甚至人人可以代卖公物、代买公物,而无从加以限制。爰聘会计师三人,妥立会计制度,于二十一年秋颁布施行,其时尚在政府制定会计条例以前。务使一切账目条分缕析,随时可查,随时可缴。并确定庶务手续,公开标准物价,留存物品样件,以便随时稽核。

十三、维持发薪定期,力求教职员生活安定

四年以来,幸蒙政府维护,教育经费得无亏欠。然遇热河、闽变诸危难时期,本校亦屡呈捉襟见肘之现象。但无论如何,均曾维持规定发薪时期,不肯移后一日,以维持教职员生活之安定。

十四、整理债务

本校旧债,拖积甚深,有远在东南大学时代者。在此期间,力事整理,并组织委员会复核证件,计先后归还,共 97 899.22 元。至无力清理者,只得从缓。惟本任内一切购置,采取先有准备而后定购政策,故从无拖欠情事。国外信用,已渐恢复。

十五、设置奖学金及公费免费学额

为鼓励学生学业及救济贫寒学生起见,自二十一年度起,每学期设置奖学金额约 70 名,即每学年 140 名,每名每学期 50 元,由教授组织委员会,公开评核,奖励成绩优良学生。自二十五年度起,遵奉部令废止奖学金制,改设公费免费学额。公费生定为 20 名至 28 名,免费生 50 名至 70 名。

十六、提高入学标准,注意学校试验

大学教育本应重质而不重量,且必须如此,方能提高程度,发展学术。故自二十二年度以至现在,每届入学试验均延聘教授担任考试委员,认真办理,杜绝一切请托弊端,使程度趋于整齐。但每届新生人数,均年有增加。至于在校各项试验,除毕业考试遵部令另行组织委员会,延聘校内外学者会同主持外,其余各项试验均由教授认真办理。平日试验,如英文、算学等项必修课目,均取会考制,以期严格。故一般功课,愈趋认真。

十七、提高研究,鼓励学术刊物

凡教授之有志趣从事专门研究者,苟属力所能及,莫不勉为设备,并欲得其研究结果,为之刊布,以谋国际学术界对于本校之重视。四年来计发行丛刊四种:《文艺丛刊》《教育丛刊》及《农学丛刊》,均已各出至三卷一期;《社会科学丛刊》出至二卷二期。又有科学报告及其他学术研究报告 10 余种。其中有译为德文及英文者,均得国际学术界之称许。此虽系初步之效果,但将来必有继续发扬光大之一日也。

十八、力谋与学术机关合作,并与国家及社会事业打成一片

四年以来,凡国家及社会应兴事业,本校力能协助者,莫不惟力是视,协力进

行。如代导淮委员会分析淮河流域土壤；协助参谋机关调查四川石油；为首都要塞担任造林；派员至云南边界调查生物；与资源委员会合组滇边地理考察团；与全国经济委员会合办植棉训练班；与中央棉业改进所合办江浦植物指导所；为江宁自治实验县调查全县地质、改良蚕种、麦种、设计电力灌溉，并协助其办理试验乡农业改良事业；会同昆山县政府办理除螟工作；与江、浙、皖、汴、湘、川等省县地方农业试验机关合办水稻、麦、棉、杂粮各种试验凡 20 余处；与卫生署南京市政府合作办理卫生诊疗所及卫生实验事务；与实业部合作编撰《中国经济统计》；与扬子江水利委员会合作举行水工试验；为中华教育文化基金董事会调查全国中学英文教材；为全国儿童年实施委员会办理儿童问题咨询处等事业；均系历历可数者。且校内教育实验所及经济资料室、行政研究资料室等之设置，亦均系训练学生，为研究当今实际问题之准备，以求国立大学教育对于国计民生稍有裨益者也。

惟本校现校址逼处都市中心，四面环街，其所包面积，不过 200 余亩。湫隘逼窄，实无发展余地，致农学院与校本部分离，教学设备，极不经济。各农事试验场又分散各地，与各系不在一处，于试验研究方面尤多困难。同时工学院亟待添建之各项实验工厂，尤以机械特别研究班之实验工厂，均需要广大面积。医学院之病理解剖、临症等项设备，亦无地可容，致难进行。至于教职员、学生之住宿问题，尤须予以相当之解决，以安教学者之身心。凡此，均系事实之迫切需要，而不容迟延者也。至于杂处市井，不适于养成高尚淳朴之学风，则理至明显，毋庸更赘者矣。

此事幸邀政府赞许，业经决定。现正积极进行，先将需要设备地方最急之工、农、理三学院扩充改建，以副中央提倡实科教育之本旨，而应国家当前迫切之要求。况现在农学院院址已被新辟之福建、察哈尔、黑龙江等路横贯与割裂。工学院特种设备及工厂，又急需扩充增置，此皆迫不及待之问题。幸新校址之地点，经多方勘测，决定在中华门外京建路上石子岗附近，业奉政府核准。该处北对紫金，南连牛首，东倚方山，登高西瞩，则大江在望。校内将来建筑之地，且有山陵环抱，小河前横，林木葱郁，风景极美，诚为研究学术之理想境地；而且仍在市区，离城不过三四公里，并非脱离都市，不过于都市之周围，谋一得以集中研究、充分设备、随时扩充之地址。且其交通便利，与首都之各文化学术机关，仍可收彼此合作之效。至于一切关于建筑设备，以及经费之保管支配等事项，已呈准教育部设立建筑设备委员会负责主持。其人选概由教育部核聘，并请校外机关有学识经验者参加指导，以昭慎重，而示大公。

以上所举，仅及大端，其余不完备之处仍多，尚乞贤达赐以指导与协助，非仅中央大学之幸已也。

《国立中央大学二四级毕业纪念刊》
《中央周报》1936 年第 432 期

第二部分　组织与行政

第四中山大学本部校务会章程草案(1927年)

第一条　组织

本大学校务会以校长、秘书长、高等教育部长、各学院院长、图书馆长及教授代表组织之。

第二条　选举

校务会教授代表须为本大学之专任教授或专任讲师，于每学年开学后两星期内投票选举之。其选举办法分二种：

一、每学院各选举一人。若学院内专任教授与专任讲师之总数逾十五人者，得加选一人，逾二十五人者，得加选二人。余类推。

二、教授大会就本部全体大学专任教授与专任讲师中不分院别投票选举十人。

各学院选出之代表，若在教授大会共同投票时再当选者，其本学院之代表资格应由该学院得票最多之候补当选人替补。

第三条　任期

校务会会员除当然会员外，其任期为一年，得连举连任一次。

第四条　主席、书记

校务会开会时以校长或其代表人为主席，秘书长为书记。

第五条　职权

校务会之职权如左：

1. 教育方针

2. 全校风纪增设及□□
3. 系与科之增设及变更项
4. 各学院相关之课程事项
5. 考查学生成绩事项
6. 提出各学院之总预算于评议会
7. 覆核各学院之决算
8. 建议于评议会之议案
9. 提交教授会之议案
10. 其他关于各学院共同事项

第六条　决定人数

校务会须有会员总数二分之一以上列席方得开会，列席会员过半数之同意方得表决。

第七条　代表

校务会会员不能在南京列席者，须用书面正式委托代表。其代表人须为本大学专任教授或专任讲师，但不限为校务会会员。惟临时缺席委托之代表，以会员为限。

第八条　开会

校务会每两星期开常会一次，若有临时待议之事，或有会员七人以上之联名提议，得由校长召集临时会。

第九条　委员会

校务会遇有调查、审核、规划、起草及执行等或非会场所能解决之案，得设各项委员会。除临时委员会外，设常务委员会如左：

1. 政治训育委员会
2. 群育委员会
3. 招生委员会
4. 视学委员会
5. 图书委员会
6. 出版委员会
7. 卫生委员会

8. 体育委员会
9. 校景委员会
10. 稽核委员会

各常务委员由本会于全校教职员选出,呈报校长聘任之,各常务委员会之规程另定之。

第十条 议事日程

校务会开会之议事日程由秘书处排定,于开会前一日印送会员。非有列席会员过半数之同意,不得临时提案,或变更议事日程。

第十一条 提案

凡提案均须于开会前三日送交秘书处,以便印送,并列入议事日程。

第十二条 会议纪录

每次开会之纪录,均须于开会后三日内印发。如有不符之处,须在下次开会时提出更正。

第十三条 附则

本章程得全员总数三分之二以上之通过后,呈请大学院备案,即生效力。如有修正,须经同样之手续。

中央大学档案

教授会章程(1927年10月20日)

第一条 教授会以全体教授、副教授及讲师组织之。

第二条 教授会会议时,以校长或其代表人为主席,由教授会推举书记一人。

第三条 教授会之权限如左:

1. 选举评议会及校务会之代表。
2. 建议于评议会及校务会。
3. 讨论评议会及校务会交议事项。
4. 校务会议决事项,苟经本会会员二十人以上之提议,本会得召集临时会议讨论之;如经出席会员人数四分之三以上之否决,得请校务会复议之。

5. 决定关于全体教授之重要事项。

6. 决定赠予名誉学位。

第四条　教授会于每学期开学后及放假前两星期内各开常会一次,由主席召集之。如有会员十人以上之提议,或有特别待议之事项,得由主席召集临时会议。

第五条　本会得酌量设立各项委员会,其委员于开会时选举之。

第六条　本会必须有在校会员过半数之列席,方得开会。表决议案必须有到会会员过半数之同意。

第七条　本章程得由会员十人以上之提议、列席会员人数三分之二以上之同意修改之。

十六年十月二十日
中央大学档案

江苏大学呈请大学院核示该校行政院职员地位(1928年3月)

呈为呈请核示职校行政院职员地位事。

窃照职校处理行政事务方面,遵照钧院所颁《大学区组织条例》,设秘书处及高等教育处、普通教育处、扩充教育处,分理大学区各项事务,而对外行文均以大学校长行之。所谓教育行政院者,系遵照前国民政府教育行政委员会批示,为上述各处之总称。不过为名称便利起见,绝非独为行政机关。是以处理行政,人员仍为大学职员之一,并有兼充教员而不兼薪者。且当编制之初,为罗致学术人才计,多由校长礼聘而来,薪给待遇概照学校办法,并未循文官任用手续,办理亦未依照国民政府所颁布之文官俸给表分别规定。若以官吏相待,其地位应居何等,谨就事实,列举疑义,敬祈察核。

(一)职校秘书长、秘书及处长,均由校长聘请大学教员兼任。现各支月薪三百四十元,系按照钧院颁布大学教员薪俸表支副教授之俸。揆诸文官俸给表所定各等级之数目,均不相俸。此项职员是否官吏?若为官吏,应处何种官阶?此应请核示者一也。

(二)职校各处依照组织条例设置课长,亦由校长聘请教育界学历宏富之人充任。现在月各支薪二百元,适与文官荐任职最低之俸相当,而与大学本部各组主任及讲师同样待遇,是否亦系官吏?若为官吏,应处何种官阶者?应请核示者二也。

(三)职校各处课长之下依组织条例设有课员,均为大学毕业或高等专门毕业而具有中等学校校长、教员资格者,并为教育界中之优秀分子。现支月薪最高者百五十元,最低者九十元。例以江苏各中学校长、教员之月薪,尚为有逊,衡诸文官委任职之俸给,亦不相同。是否亦应照官吏待遇者,此应请核示者三也。

上述三端,殊多疑义。迭据行政院各职员纷纷请求解释前来,校长未敢擅断,理合胪举事实,详述理由,呈请钧长察核,俯赐指示,俾便遵行,不胜公感。谨呈
中华民国大学院院长蔡

江苏大学校长张乃燕
十七年三月

附:中华民国大学院指令　第365号
令江苏大学校长张乃燕

呈一件:呈请核示该校行政院职员地位由

呈悉。查该校行政院职员,其所任职务既属行政范围,自未便因任命手续不同,即不以文官而论,亦不以兼任教员而丧失文官资格。据呈,该校秘书长、秘书及处长月薪均为三百四十元,课长月薪为二百元,均应受荐任职待遇。课员月薪为九十元至百五十元,应受委任职待遇。至等级,应由该校长酌定。仰即遵照,并转饬知照。此令。

十七年四月十四日
院长蔡元培
中央大学档案

大学本部组织大纲(1928年6月)

第一章　名称

第一条　依据大学区制,设立大学于江苏,其大学各学院之总称定名为国立中央大学本部。

第二章　校址

第二条　大学本部各学院设于南京,但得酌量情形分设本大学区内其他各地。

第三章　宗旨

第三条　遵依总理三民主义及国民政府颁行大学条例,弘扬文化,讲求学理,达之实用,以造成新中国之学者及建设人才。

第四条 本部各学院为大学区之高级学府,对于全区学术教育之进步及各级学校之相互衔接,应负倡导协助之责。

第四章 学制

第五条 大学本部但设本科,不设预科(为补救目前各地中学生升学程度不齐计,得暂设预科,其年限暂定为一年至二年)。

第六条 大学本部设若干学院,院设若干系或科(凡同性质之课目在学术上能构成系统者为系,合适当之课目在应用上能构成课程者为科,综合性质相近、应行联合设立之各系各科为学院)。

第七条 全教(校)各学院,以学术独立、平均发展、教课错综、调剂精神物质而收互助之效为原则,其各系各科之联合关系如左表:

(甲)学系

算学系
物理学系(天文附)
化学系
地学系(矿物气象附) }自然科学院
生物学系
人类学系
心理学系

医学基本学系……属医学院

史地学系
社会学系
经济学系 }社会科学院
政治学系
法律学系(得特设法律科)

中国文学系
外国文学系 }文学院
语言学系

哲学系 }哲学院
心理学系

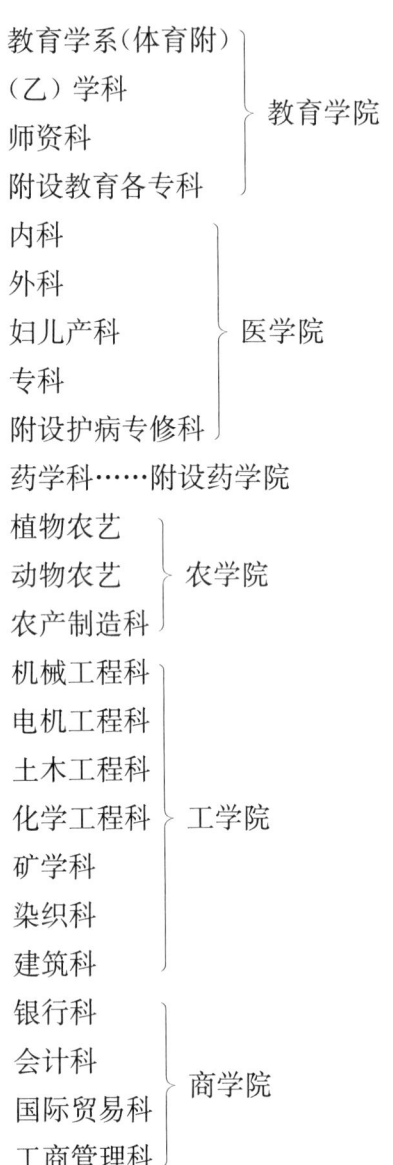

（注）各系课目得再分组，各科课程得分门，各应用科学院亦得重分系组，但属各院内部编制问题，此表不详列。

第八条　本大学课程由各学院拟定，惟三民主义学程，凡大学生均须学习。

第五章　学年

第九条　采取学分制，视各院学术之性质分别订定，学生毕业年限以四年至七年为度。

第六章　学　位

第十条　大学生毕业得称学士。其学士经研究教授会之许可者,得入研究院(研究院制另订)。

第十一条　毕业学生之学位,按照毕业条例(毕业条例另定),经本学院会议审定,呈请校长给予之。

第七章　职　制

第十二条　大学各学院隶属于大学校长及高等教育处长,每学院设院长一人,由校长聘任;每学院之系或科,各设主任一人,均由院长商承校长及高等教育处长聘任。

第十三条　各学院教授、副教授、讲师、助教均由系科主任荐举,经院长商承校长及高等教育处处长,依据大学教员条例聘任之。其各学院助理及事务委员或技术员,由院长及系科主任商承高等教育处处长分别聘委。

第十四条　大学本部设事务主任一人、注册主任一人,由高等教育处长商承校长聘任;会计主任一人,由秘书处会计课课长兼任;文书员若干人,由高等教育处长聘委;每主任得酌量情形商承高等教育处长,聘委员司若干人。

第十五条　大学本部之公共图书馆设馆长一人,由高等教育处长商承校长聘任。

第八章　会　议

第十六条　采取会议制,设左列各会议:

一、校务会议

以校长、秘书长、高等教育处处长、各学院院长、图书馆馆长及教授代表组织之(教授代表由各学院依正副教授、讲师人数之比例选出之,比例方式由校长酌定),其会议之权限如左:

1. 教育方针
2. 全校风纪
3. 系与科之增设及变更
4. 各学院相关之课程事项
5. 考查学生成绩事项
6. 提出各学院之总额预算于评议会
7. 复核各学院之决算
8. 建议于评议会之议案

9. 提交教授会之议案

10. 其他关于各学院共同事项

二、教授会

以全体教授及讲师组织之,其权限如左:

1. 选举评议会及校务会议之代表

2. 建议于评议会及校务会议

3. 讨论评议会及校务会议交议事项

4. 关于教授全体之重要事项

三、学院会

以本院院长、系科主任、教授、讲师及有关系之系科教授、讲师组织之,其权限如左:

1. 提出本学院之预算

2. 核计本学院之决算

3. 协议本学院之课目及课程

4. 为本学院事建议于评议会及校务会议之议案

5. 审定本学院学生毕业事项

第十七条　各项会议之细则于集会之始制定之。

第九章　委员会

第十八条　校务会议得设各项委员会,除临时委员会外,设常务委员会如左:

1. 政治训育委员会

2. 卫生委员会

3. 体育委员会

4. 群育委员会

5. 出版委员会

6. 视学委员会(视学委员由大学教员及研究院研究生充任,视察小学时得参加中学教员为视学委员)

第十九条　委员会会议规程自订之。

第十章　附则

第二十条　本大纲未尽事项,得由校务会议或教授会提议于评议会修正。

中央大学档案

张乃燕呈请大学院修改大学本部各学院名称（1928年7月2日）

呈为本部各学院名称酌拟修改呈请备案事。

窃职校本部现设自然科学院、社会科学院、教育学院、文学院、哲学院、农学院、工学院、商学院、医学院共九院。当创始之初，就前东南大学及其他大学专门等校合并改组，名称既不免参差，编制亦未甚妥适。校长悉心考虑，觉非酌加改订，不足以昭正确而利进行，敬为钧长陈之。

（一）自然科学院名义太觉广漠，译名殊欠惬当。兹拟易名理学院，庶名实相符，且足以表示崇尚科学之意。

（二）社会科学院名义亦稍觉广泛，且其中政治、法律两系学生毕业之后，仅以社会科学为名，于曾习法律一层，不易使人明了，对于法官、律师诸职务，每滋隔阂。兹拟易名法学院，以资醒目。其现有社会科学院之社会学系与历史地理系归入文学院。

（三）哲学院现有学生十一人，学程只哲学一系，单设一院太不经济，欧美各大学现尚无此先例。兹拟裁撤哲学院，而将其学生归入文学院，定名为哲学系。

如此改并，则理、法两学院涵义显明，与国内各大学渐趋一致。文学一院，内容益形充实。合之教育、农、工、商、医，共计八院，形式既觉整齐，精神亦易贯注，于行政方面较为经济，而于学术方面亦足以循名核实，俾得愈臻完美。至学生方面，不过名称上略有变更，实际上毫无出入。现值十七年度行将开始之时，一切支配均拟照此办法，以利进行。用特缕述缘由，呈请钧长鉴核备案，并祈迅赐指令遵行，实为公便。谨呈

中华民国大学院院长蔡

国立中央大学校长张○○

中央大学档案

中央大学总理纪念周办法（1928年9月）

一、本大学纪念周一切事宜由政治训练委员会主持。

二、纪念周秩序分党务、国际政治、国内政治及校务报告，并得延请国民党名人演讲。

三、纪念周时间定于每星期一上午十一时至十二时。

四、每次纪念周秩序单应于上一星期六日布告通知。

五、党务及政治报告由政治训练委员会事前约请本校教职员或党部及政府名

人担任,校务报告由本校重要行政人员担任。

六、纪念周以校长或其指定之代表人为主席。

七、关于教职员学生缺席处理办法及秩序整理办法,拟采用纪念周秩序整理委员会报告之全部意见,惟该报告第四项待商酌之处拟定为"提出校务会核议处理"。

中央大学档案

国立中央大学组织系统表(1929年)

国立中央大学组织系统表

```
                          校  长
                            │
                          副校长
          ┌─────────────────┼─────────────────┐
        行政组织          学制组织          校务会议
          │                 │                 │
  ┌───┬───┼───┐    ┌──┬──┬──┬──┬──┬──┐    各种委员会
 秘书 事务 教务        医 商 工 农 教 理 文
  长  处   处          学 学 学 学 育 学 学
                      院 院 院 院 学 院 院
                                 院
  编文水医会庶图出注              │
  纂书电药计务书版册            系或科
  组组煤室组组馆组组
       气
       管
       理
       委
       员
       会
```

《国立中央大学校况简表》,1930年1月印行

国立中央大学规程(1930年4月)

第一章　名称

第一条　本大学定名为国立中央大学。

第二章　校址

第二条　本大学设于首都,但得酌量情形分设学院及附属机关于国内其他各地。

第三章　宗旨

第三条　根据中华民国教育宗旨,研究高深学术,以养成党国需要人才,阐扬世界文化。

第四章　校长、副校长

第四条　本大学设校长一人综理事务,由国民政府任命之。

第五条　本大学设副校长一人,襄理校务,由校长聘任之,并呈报行政院教育部备案。

第六条　校长不在校时,副校长代行校长职务。

第五章　教务处

第七条　本大学设教务处,处设教务长一人,由校长聘任之,秉承校长、副校长处理本大学各学院、图书馆等一切教务事宜。

第八条　校长、副校长不在校时,教务长得代理校务。

第九条　教务处分设注册、出版等组,每组设组主任一人,组员若干人,由校长分别聘请,秉承教务长办理本处事务。

第十条　教务处设处员一人至三人,秉承教务长办理不属于本处各组之事务。

第十一条　教务处之职务如左:

1. 关于各学院课程之支配事项;
2. 关于商聘各学院教职员事项;
3. 关于考核学生成绩事项;

4. 关于办理注册事项；

5. 关于办理出版事项；

6. 关于办理本处文稿事项；

7. 关于本处其他事项。

第十二条　教务处因缮写文件，得酌用书记若干人。

第十三条　本大学图书馆设馆长一人，由校长聘任之，秉承教务长处理本馆一切事务，馆内分设总务、参考、编目三课，每课设主任一人，管理员、助理员、书记若干人，由校长分别聘请之，秉承图书馆长办理本馆事务。

第十四条　教务处各组及图书馆办事细则另定之。

第六章　事务处

第十五条　本大学设事务处，处设事务长一人，由校长聘任之，秉承校长、副校长，处理本大学会计、庶务及医药卫生等事宜。

第十六条　事务处分设庶务、会计等组，每组设组主任一人，组员若干人，由校长分别聘请，秉承事务长办理本处事务。

第十七条　事务处设处员一人至三人，秉承事务长办理不属于本处各组之事务。

第十八条　事务处之职务如左：

1. 关于掌理全校预算决算事项；

2. 关于掌理款项出纳事项；

3. 关于办理建筑工程事项；

4. 关于修缮各项工程事项；

5. 关于支配及整理校舍事项；

6. 关于处理斋舍事项；

7. 关于管理警卫、消防、校工等事项；

8. 关于购置校具事项；

9. 关于掌理学校医药卫生事项；

10. 关于保管各项校产事项；

11. 关于本处其他事项。

第十九条　事务处因缮写文件，得酌用书记若干人。

第二十条　本大学设校医一人或二人，由校长聘任之，秉承事务长处理校内卫生及治疗事项；设事务员、看护若干人，由校长任用之，秉承校医办理本室及看护事宜。

第二十一条　事务处各组及医药室办事细则另定之。

第七章　秘书处

第二十二条　本大学设秘书处,处设秘书长一人,由校长聘任之,秉承校长、副校长处理本大学文书及其他关系全校事宜。

第二十三条　秘书处设秘书二人、处员一人至三人,并分设文书、编纂等组,每组设组主任一人,组员若干人,由校长分别聘请,秉承秘书长办理本处事务。

第二十四条　秘书处之职务如左:

1. 关于撰拟机要文件事项;
2. 关于审核文稿事项;
3. 关于翻译重要文件事项;
4. 关于保用印信事项;
5. 关于本校教职员进退登记事项;
6. 关于收发文件事项;
7. 关于保管文件事项;
8. 关于担任会议纪录事项;
9. 关于编制成绩报告及统计事项;
10. 关于校长、副校长特别委办事项;
11. 关于其他不属于各处事项。

第二十五条　秘书处因缮写文件,得酌用书记若干人。

第二十六条　秘书处及各组办事细则另定之。

第八章　学院

第二十七条　本大学设文学院、理学院、法学院、教育学院、农学院、工学院、商学院、医学院。

第二十八条　文学院设中国文学系、外国文学系(英、法、德、日)、哲学系、史学系、社会学系、地理学系;理学院设算学系、物理学系(天文附)、化学系、地质学系、动物学系、植物学系、心理学系;法学院设法律学系、政治学系、经济学系;教育学院设教育心理系、教育社会学系、教育行政系、师资科、体育科、艺术教育科;农学院设农艺垦殖科、森林科、农政科、园艺科、畜牧兽医科、蚕桑科、病虫害科、农业化学科;工学院设机械工程科、土木工程科、电机工程科、化学工程科、建筑工程科;商学院设会计科、银行科、工商管理科、国际贸易科;医学院设基本系——分解剖学科(组织学、胚胎学、解剖学、神经解剖学)、病理学科、生物化学科、生理学科、药理学科、细菌学科、寄生虫学科、卫生学科,临床系——分内科、外科、儿科、妇科、产科、眼科、耳鼻喉科、皮肤花柳病科、生殖器及尿道科、X 光科。

第二十九条　各学院教职员之设置及聘任规定如左:

一、每学院设院长一人,由校长聘任之,秉承校长、副校长处理各该院事宜,各学院重要之教务、事务,院长应会商教务长、事务长处理之;

二、每系或科设主任一人,由校长商同教务长、院长聘任之,商承院长处理该系或科之教务;

三、各学院设教授、副教授、讲师、助教若干人,由校长商同教务长、院长、系或科主任聘任之;

四、各学院得设院务助理员或技术员若干人,由校长商同院长任用之。

本大学教职员服务规程另定之。

第九章　研究院

第三十条　本大学设研究院,其办法另定之。

第十章　会议

第三十一条　本大学设校务会议,以校长、副校长、教务长、事务长、秘书长、各学院院长、图书馆馆长及教授代表每院一人组织之,以校长为主席。前项会议,校长得延聘专家列席。

第三十二条　校务会议审议左列事项:

1. 本大学预算;
2. 本大学学院、学系或科之设立及废止;
3. 本大学课程;
4. 本大学内部各种规则;
5. 关于学生试验事项;
6. 关于学生训育事项;
7. 关于建筑设备事项;
8. 校长交议事项。

第三十三条　校长、副校长因处理事务,得随时召集教务长、事务长、秘书长开会商决之。

第三十四条　各学院设院务会议,以院长为主席,其会议规程另定之。

第三十五条　各学系或科设学系或科会议,以系或科主任为主席,其会议规程另定之。

第三十六条　各处职员因执行事务得开会议,其会议规程由各处自行拟定,送请校长、副校长核定,其议决案送请校长、副校长核准施行。

第十一章　委员会

第三十七条　本大学得设各项委员会,由校务会议议决后组织之。其议决案由各委员会分别报告或建议于校务会议。

第十二章　学生

第三十八条　本大学入学资格,须曾在公立或已立案之私立高级中学或同等学校毕业,经入学试验及格者;但旧制师范本科毕业,曾经服务两年以上者,得投考教育学院。

第三十九条　本大学转学资格,须学科程度相同,有原校修业证明书,于学年或学期开始以前经试验及格者,但未立案之私立大学或独立学院学生不得转学。

第四十条　本大学考查成绩各项办法,均照教育部公布大学规程第四章办理。

第四十一条　学生修业年限至少四年,修业期满,试验及格,得依学位条例领受学士学位。

第四十二条　本大学详细学则另定之。

第十三章　附则

第四十三条　本规程由校长公布施行,并呈报教育部备案。

中央大学档案

国立中央大学训育委员会章程草案(1935年2月13日)

一、本大学设训育委员会,以各院推举专任教授二人及由校长指定之当然委员组织之。

二、本委员会当然委员为教务长、总务长、注册组主任、庶务组主任、女生指导员。开会时以教务长为主席,庶务组主任为秘书,各院长得随时出席。

三、本委员会之职权如左:

1. 关于本大学训育推进事项;
2. 关于本大学风纪维持事项;
3. 关于学生生活指导事项;

4. 关于宿舍秩序整饬事项；

5. 关于学生课外作业指导事项；

6. 校长交议事项。

四、本委员会每学期开会一次，遇必要时得由主席临时召集之。

五、本委员会之决议案由主席以本委员会名义送请本大学执行之。

六、本章程由校务会议通过后公布施行。

中央大学档案

第三部分 会议记录

第四中山大学临时教务会议记录(1927年9月20日)

九月二十日下午四时,本部开临时教授会议,列席者为胡刚复、竺可桢、胡铁岩、张士一、周玲荪、吴蕴瑞(吴澂代)、秦仁昌、沈履、张景钺、何兆清、萧纯锦、叶元龙、孟宪承、龚贤明、朱亦松、熊庆来、熊正理、段子燮、钱宝琮、张从之、雷海宗、杨孝述、叶元鼎、张天才、李寅恭、钱祥标、倪则埙、曾昭抡、徐凤石、程时烺、蔡无忌、刘福泰、周仁、李超然、赖向农、魏嵒寿、顾复、张富春、李辉先、罗清生、张江树、王琎、李小缘、郑宗海、吴有训、张其昀(书记)诸君。

由胡刚复君代表校长主席报告下列各事:

(1) 大学筹备经过情形。组织大纲等详载本大学区行政周刊,兹不赘述。

(2) 大学区之精神。谋学术与行政上之联络,以期达到教育行政之学术化。

(3) 校务会议之组织。校务会议列席者为教授、副教授与讲师。本会议为大学本部之正式立法机关,由本会议规定本部大政方针,提出预算决算于大学区评议会,建议并监督对于全区之教育方针及实施。另设教授会,主持一切教务上事宜。按评议会为大学区内最高立法及监督机关,其组织包涵(含)各级教育机关综合一切为普遍的监督。大学本部既为全区人才荟萃之所,尤居重要之地位,须负特别之责任。

(4) 大学之经费与其分配。本大学现分九院,全年费经(经费)约百五十万元(其中百二十余万为各院经常费用)。希望以此经费造成一规模宏大设备周全之大学,养成多数眼光远大学识健全之人才。以学术而论,校内以系或科为单位,集合数系而成一院。系代表学术上独立之精神,院管理学术上综合之实施。院中遇有社会上特别需要,得设立各科以造成各科专门人才。院与院间又有分工合作之关系,俨然如一有机体。至研究院,亦希望由大学产生。盖大学既有深厚之基础,向上发展,轻而易举。大学本部之临时费即为添置设备及造成此深厚基础之用,故其重要不输于大学之经常费。

(5) 大学现在之经济状况。现值军事期间,阻碍甚多。自本大学筹备后,二三月来,本部只领到八万元,此系特别情形。本大学区全部经费每年共需三百五十万元,其来源为税项收入,而卷烟特税项下占一百八十万。现因政府收回改办统税,此一百八十万即以田赋抵充。在此交替时代,田赋未经省方正式承认拨划,而卷烟税已经中央取去,三月之内短少入款四十五万。所可告慰者,此项一百八十万之教育经费,已在龙潭激战时经江苏省政府正式通过,且划出于一切省政府新预算之外,实为本大学之幸事。惟田赋由各县征收,在军事期间,或不无挪移情事。又因田赋有淡月、旺月之分,其收入颇不规则。如何调剂此不规则之情形,尚待与银行界磋商合作。

(6) 实行导师制。此次学生因保证金问题,误会学校用意,以致发生争论,实属不良现象。此后希望各教授对于学生分任指导之责,成为一种制度。关于教务进行,皆能忠告善导而以人格感化,则于训育方面必生良好之影响。至于军事教育可以养成严格之纪律,现亦正在规划,各教授有愿加入此种组织者更佳。

(7) 校舍问题。中央党务学校之迁让,不过时间问题。教习房收回后可供一部分教员住宿,教授生活可以集中。

(8) 此次会议为预备会性质,不日举行正式教务会议,然后大学区评议会之中心可由此而产生。

次讨论提议事项:

(1) 程时熀提议:先请校长召集同人举行茶话会;其次由院长召集本院同学,并请全体教员参加,举行师生交谊会;复次举行全校师生同乐会,使学生有意见得以贡献于学校当局,藉收开诚布公之效。

(2) 吴有训提议:请本校教授中老党员发起组织大学特别党部,以党国大义贯澈全校师生之精神。此事请校长直接与中央党部组织部接洽。

主席报告纪念周以后按期举行。

(3) 徐凤石提议:请各系主任于最短期间提出预算表,依法通过,以后希在下次教务会议公布周知。各系预算,应设法单独成立,单独保存。盖各系往往有大宗用途须一次支用者,故每月虽有盈余,当留为截长补短之用。

主席补充云:徐君所提,学校方面已经尊重。不独如此,本校费用之原则,薪水与设备当平行发展。如学校经费发生困难时,则图书仪器设备之折扣应与教员薪俸之折扣相去不远。易言之,物质生活与精神生活应双方兼顾也。

《第四中山大学教育行政周刊》1927年第15期

第四中山大学第三十八次筹备会议记录(1927年10月24日)

到会者:萧纯锦、郑宗海、柳诒徵、程时煃、刘藻彬、汤用彤、蔡无忌、戴修骏
主席:胡刚复
主席默读遗嘱
一、萧叔䌹报告评议会筹备委员会经过,并讨论评议会组织大纲第二条丙项代表推举办法之结果,计拟定办法十条。

（一）为选举第四中山大学评议会议员计,暂定江苏省内为五选举区(其区制沿用从前道之区域),每区由大学校长指定教育局长二人为办理选举人。

（二）由教育行政院通令各县教育局按该县本大学直隶之中小学及县立中学曾经立案之私立中学、县市乡立完全小学分别各举校长一人,教员一人为评议会会员之选举人。

（三）选举期限以文到之日五天之内为度。

（四）选举票由各局长制发。

（五）学校选举票汇交该县教育局长,再由该教育局长即日寄与各该选举区内之办理选举人。

（六）各区办理选举人收到各县选举票后,即日报告该县县长监视开票,以所得结果会同呈报大学教育行政院,并公布于该区及通知各当选人。

（七）办理选举人受大学校长命令办理选举时,即须斟酌本区各县寄信之时期,预定并呈报开票之日。凡有递寄选举票者,不得逾期。如到期而票尚未齐,但已超过本区应投之票三分之二以上,即行开票。

（八）初选当选人接到通知后,限即日各举评议员候补代表五人(候补代表人不限于初选当选人),仍由该县教育局长汇集所举之票,按照第五条办理施行。

（九）各区候补代表人数报齐后,由大学校长就中学候补代表人中各指定五人为评议员。

（十）各县教育行政人员选举评议员暂以教育局长为限,其选举法于文到之日(文内兼送全省教育局长名单),由各该局长就全省教育局长各举五人,直接寄至大学教育行政院,以最多数之五人为评议员。

议决:照委员会提案通过。

二、萧叔䌹报告追加评议会组织大纲条文二条。

（一）设立常务委员会;

（二）规定评议员除当然会员外之任期。（条文另誊）

议决：照原议通过。

三、汤锡予报告选读生规则草案。（条文另录）

议决：照原案通过。

四、程柏庐提议凡教育局长之任免，以后皆由筹备会议通过，以求集思广益。兹提出涟水县教育局长郑宾、罗会沣、王一五择一任命案，请求表决。

议决：任罗会沣为涟水县教育局长。

五、蔡无忌提议农学院现迁居三牌楼，其应用参考书可否由筹备会许可择为农学院所专用者，搬去若干往三牌楼，以便学生应用。

议决：应许农学院将农学专用书籍迁往三牌楼，由文书室报据本议决案通知图书馆。

六、胡刚复提议免费奖金贷金、《韩国学生优待条例》及特别生退费问题案。

议决一：免费办法照东大旧章，但第四条改为"每学年结束后教授会组织委员会审查请愿生之成绩，分别可否，给予免费学额，提交校务会议通过，将免费生姓名公布"。（见《东南大学规程一览》）

议决二：贷金学额照东大旧章，惟加"凡曾在本大学贷金之学生，清还前贷之后，应量力认捐若干，作贷金学额之基本金"。又第二条乙项删除"大学"二字，"高师学生"以下均删。（原文见《东南大学规程一览》）

议决三：奖金学额办法，请柳翼谋、萧叔绚、程柏庐为起草委员。

议决四：《韩国学生优待条例》改《外国学生优待条例》，照高等教育部草案修改通过。稿另录。

七、程柏庐提议补助晓庄师范及鼓楼幼稚园临时先发款五百元案。

议决：陶知行晓庄师范补助五百元，陈鹤琴鼓楼幼稚园补助三百元。

八、胡刚复提议本大学组织党部问题。

议决：先组织一党务委员会研究，其事暂时保留。推定张校长、陈剑修、吴有训、李立侯、戴修骏、刘海萍、程天放、熊雨生为调查委员。

中央大学档案

第四中山大学第四十次筹备会议记录（1927年10月31日）

到会者：程时煃、刘藻彬、汤用彤、郑宗海、周仁、萧纯锦

主席：胡刚复

主席默诵遗嘱

一、胡刚复提议特别生退费及中三院公债偿还问题。

议决一：中三院公债偿还问题应复告债权人，俟本校房屋恢复后有收入时，再行分期偿还。现在应约集债权人将契约更换，另定偿还期限，延至下年三月。

议决二：前东大特别生保证金由本大学负责分二期偿还。

议决三：前东大仆役公债金应切实查明账目，由本大学偿还。

二、胡刚复提议组织校徽、校色、校章、校歌委员会。

议决：关于校徽、校色、校章委员会，推定周子竞、李毅士、闻一多、吕凤子、刘福泰为委员，由周子竞召集。校歌委员会推萧友梅、汪旭初、王晓湘、程懋筠为委员，由王晓湘召集。

三、胡刚复提议本校组织日刊问题。

议决：日刊以登载新闻、本校报告、规章、布告、讲演等为限，重事实，不列言论，推定秘书一人刘海萍，事务主任李立侯，王晓湘、程光甫、时昭瀛为日刊筹备委员，由刘海萍召集。

四、程柏庐报告校长曾得大学院令，将于本月六日在沪召集大学会议，须草拟本大学概况，应通知各部各学院从速起草，克日脱稿。

五、大学院批令公有林与省立第一图书馆隶属问题。

议决：此事与扩充教育部有密切关系，俟俞庆棠部长到校再议。

中央大学档案

第四中山大学第一次校务会议记录（1927年11月16日）

列席者：郭须静、竺可桢（兼代表医学院）、宗白华、汤用彤、张天才、徐凤石、杨孝述、高君珊、卢恩绪、张谟实、沈履、叶元龙、戴毅夫、张景钺、蔡堡、蔡翘（蔡堡代）、吴有训、段调元、何鲁（段调元代）、郑宗海、孟宪承、萧纯锦、胡刚复、王季梁、刘藻彬（商学院代表）、龚贤明、常宗会

主席：胡刚复

记录：杨孝述

会议事项：

一、提议推定三人起草校务会议条例，于下星期三提出。

推定汤用彤、戴毅夫、萧叔纲为起草委员。

二、提议开会时期，每二星期举行一次，须准时到会。

议决:在校务会议条例未定前,暂定下星期三三时开会。

三、每次开会前二日,须将所提议案刊印议事日程。

四、本会书记应由秘书长兼任,抑由大会公推案。

议决:由秘书长兼任。

五、主席提出纪念周问题。

1. 出席省政府及中央党部之人员应如何轮流;
2. 学生教职员缺席问题。

讨论:萧纯锦主张七院院长轮流赴党部,并得派代表出席。孟宪承主张各机关各举行自己之纪念周,本大学毋庸先行参与别机关纪念周,再来校出席报告。杨孝述主张集合对于有政治研究之人担任政治报告,集合最高行政人员担任校务报告,集合本校党员担任党务报告,另请名人讲演。萧纯锦主张加入院长院务报告及学生会报告,并草纪念周之办法。徐凤石提议,根据以上各点推举三人草拟条例,下星期报告。

推举杨孝述、萧纯锦、沈履为草拟纪念周条例委员。

续讨论:郑晓沧主张党部及政府中时有精确之消息,故应派人参与。吴有训主张每次纪念周应请中央党部派代表来校报告党务。萧纯锦提出检查学生教职员缺席办法。常宗会主张出席人数之多寡,视乎纪念周报告之资料。竺可桢主张将孙先生遗著加以解释,即是资料。沈履提出专任教授是否有全体出席之必要。孟宪承主张教授对于纪念周出席有自由权。郑晓沧主张各院长及行政人员必须出席。以上各点一并交委员会酌采。

六、提议推举组织各委员会之提名委员会。

推定胡刚复、萧纯锦、杨孝述、郑宗海、高君珊为提名委员会委员。

中央大学档案

第四中山大学第六次总理纪念周记录(1927年11月21日)

主席:杨秘书长

记录:杨敏修

一、行礼如仪

二、报告

(1) 王君其昌、巢君桢先后报告参与中央党部及省政府纪念周情形。(词从略)

(2) 杨秘书长报告校务进行状况。

本大学近来尚在整理状态中,所有应行设备事宜,自当设法逐部推行,现本大学区奉令设置教育会,乃引起各方之误会。大学院本认定教育会为法定机关,且此番规定入会会员资格十分严格。全权会员以现任教职员为限,行政人员之入会者,无表决权。会员资格如此严密,则土豪劣绅,势不能厕身其间,再来把持,造成学阀之恶例。又特别市教育局,应归大学区管辖(如上海、南京两局),并非夺其权利(力),盖为谋学术统一及效力与方法之实施,应归大学区管辖督饬进行。至于局中之用人行政,仍归市教育局办理。前苏州医科大学归并本大学医学院,近有该校学生登报宣布失学情形,其中实有误会。据高等教育部调查,失学者仅六人,而现在同济大学有十二名学额可补(系张校长与同济磋商而得其允许者)。外间不察情形,无端归罪于本校,实属不当。

本大学校务会已于上星期正式成立。此会为大学本部之最高立法机关。校务委员计三十六人,内教授人数约当职员人数之二倍,此所以贯彻教授治校之精神。以后大学本部行政方针皆将由校务会决定。各种委员会,如政治训育委员会等,亦将由校务会分别组织,以指导学生生活,实现团体精神。其他如卫生、体育诸端,亦当组织委员会专司其事,以利进行。

党务学校借用校舍,当初本有成约,俟我校开课,即行迁让。但党校地位之重要,正与我校相同。现拟将前法政大学校舍,暂时借与该校,正在商洽中。或者党校方面能谅我校困难,于最短时间即行迁让也。

本大学名称,将有更改,张校长前次已经报告。但关于命名之历史,尚有须补充者。本大学定名江苏大学,在革命军未下南京以前,即经教育行政会议决。现经教育行政委员会颁行之《大学区组织条例》第一条即标明大学区以所在省或特别区之名名之,并以浙江大学、江苏大学为例。迨革命军既下南京,中央政治会议筹设本大学,有人主张纪念总理,故改名中山。又因取别于广州之中山大学,而冠以"第四"字样,遂成今名。但以今名不便应用,故大学委员会议决根据条例,仍复江苏大学名称,同时第三中大亦改称浙江大学,以昭一律。此本大学命名之略史也。明乎此,则知改名江苏大学,乃根据教育行政委员会最初之主张,与前东南大学时代改名之议,绝不相涉。而同学方面之误会,亦可涣然冰释矣。至于有人主张改名南京大学,用意亦佳,可供参考。但无论名曰江苏大学或名曰南京大学,命名之原则,须求全国一致,本大学未便独标异致也。同学热心校务,从事讨论校名问题,本属可嘉,但态度不可不慎重,恐引起他方之误会。总之,名称虽有更换,与我校实际毫无关系。学校之良否,不在于名称之好恶;如教授良好、设备完善,则大学之名自能光大于社会矣。

散会。

《第四中山大学教育行政周刊》1927年第19期

第四十三次筹备会议记录(1927年12月1日)

列席者:萧纯锦、汤用彤、楼光来、郑宗海(沈代)、沈履、柳诒徵、程时煃、周仁、杨孝述、俞庆棠、戴修骏、胡刚复

主席:胡刚复

记录:杨孝述

一、杨允中提议呈复大学院关于教育经费一案。

1. 同济、暨南、劳动、科学社、中华职业教育社留学经费等均系原有预算,并未增加,故不折扣。又水产学校经费三万元,本属不敷。又小学教员、遗族恤金四千元,为数甚微,亦不折扣。

2. 息金预备金重新列入预算,共计十四万元,亦不折扣。

3. 县立中学、代用师范、市立小学等补助费,经省务会议议决,通令取消有案,应即取消。

4. 数目甚微者,应由各主管部门自行调剂。

5. 本部、普通部、扩充部及国学图书馆原额 3 680 532 元,以七五折计,得 275 万元。加不折扣之各机关 514 211 元,留学、水产实支之 85 000 元,与息金预备费 14 万元,共得 350 万元。与预算收入数符合。

6. 中华教育改进社补助费近来并未接洽,亦无事进行,其经费不予列入。又义务教育期成会,其事业现归扩充教育部办理,私人团体不予补助,故亦不列。又中华职业教育社之补助费 24 000 元,行政同人意见,拟仍补助职业学校。而职业教育社经费则予删除,此层应讨论再呈请大学院核准。

关于本大学经费分配问题,向来无一定标准,应付甚感困难。而任稽核员者,尤觉左右为难。兹提议以后经费支配,定期于每月十五、三十两次分发,按照经费数目平均支配。不论所分数目多少,概照一定成数。惟各相关经费,亦自有轻重缓急之不同,如师范学校之膳食。

胡刚复先生发言:教员经费管理处关系经费督催,似不应折扣,以免绝经费之来源。又水产学校每月 2 500 元,由原预算 4 万余元减削而来,故亦不应折扣。

程柏庐主张:此后即照七五折重编预算,以求与实际吻合,不列虚数而打折扣。

杨允中谓:七五折系对教育经费管理处而言,若与财政部交涉,则仍应保留原来筹备会议决之预算,以表示教育经费之不足。

议决:水产学校经费困难,增加经费一万元。

俞庆棠报告中华职业教育社补助费情形,望职业教育每月由省库补助 250 元,每年 3 000 元。又职业教育社每月由国库拨付 2 000 元,其后又因添聘人员加拨 300 元。新近来文要求每月补助 2 000 元,以 1 000 元抵偿校债,1 000 元为社内事业费。

议决:中华职业教育社经费 24 000 元,应改列扩充教育部为补助职业教育经费。至中华职业教育社应不继续补助,由扩充教育部派员调查明白,再行酌办。

程柏庐谓:普通教育部经费每月至少应有 125 000 元,今照 170 余万元预算作七五折,仅得每月 107 000 元,甚不敷用。而以后绝无发足十成经费希望,实不足以维持。现在中学校校长又将来宁集会,彼等甚表不平,且有酝酿罢教风潮之说,此事应谋救济。

柳翼谋谓:现在徐、海两处中小学校既不开学,即以该处学校经费为普通教育部之调剂经费,当不无小补。

议决:杨允中提议答复大学院关于经费数点,除另有议决者,一律通过。

议决:杨先生提议经费支配办法,众无异议,即通过。

程柏庐先生提议崇明、吴县教育局长问题。

议决一:任命陆灿昕为崇明县试用教育局长。

议决二:任命汪国庠为吴县教育局长。

二、加推杨允中为法规委员会委员。

三、法规委员会提出各县公共体育场暂行条例案,修正通过。(附修正条文)

四、法规委员会提出视学委员会暂行条例案,修正通过。(附修正条文)

中央大学档案

第四中山大学第四次校务会议记录(1927 年 12 月 7 日)

列席者:汤用彤、陈清华(汤用彤代)、叶元龙、刘藻彬(商学院长代表)、吴有训、胡刚复(吴有训代)、张景钺、竺可桢(孙佩章代)、杨孝述(刘福泰代)、蔡无忌、徐善祥、张天才(张景欧代)、郭须静、常宗会、蔡堡、张谟实、张士一、卢恩绪、郑宗海、周仁、段调元、龚贤明(叶元龙代)、何鲁(段调元代)、萧纯锦(蔡无忌代)

开会前之报告

刘藻彬报告:张校长因病在沪就医,高等教育部长胡刚复、秘书长杨孝述因公赴沪,今日开校务会议,主席、书记均已缺席,又未派定代表之人。鄙人固可代杨秘书长任书记职务,惟临时主席应请公推。遂由列席者推定周仁为临时主席。

主席：周仁

记录：刘藻彬

主席恭读总理遗嘱

报告事项：

主席报告：高等教育部长胡刚复、秘书长杨孝述等欲将卷烟税仍为教育经费补充之款，此次赴沪即以此项办法与各方面商洽，如果能以办妥，则嗣后教育经费即不至再有困难。并谓胡刚复临行曾留一信，说明经费实况及领款经过情形，当由书记刘藻彬将该信朗读一遍。

蔡无忌报告：传闻日昨在经济委员会中有人批评农学院预算多、学生少（仅有20余人），兹将农学院实际概况要略报告如下。

1. 经费。全年经费17万，为本部筹备会通过之案件，至为公允，本无可非议。而本部负责人员似更不应当大众前加以批评。且本院各门经费均有详细预算，经高等教育部审查认为，无丝毫浪费滥用之处。单就作物一门而言，全年预算62 000余元，用于试验及事业费者51 000余元。园艺门全年预算为20 420元，用于试验及事业费者17 000余元。盖因本院有特殊性质，有农场16处，面积广大，用度浩繁，此与别院不能相提并论。

2. 本院学生人数。现有38人，专修班32人，劳农班11人，合计学生人数81人。查前东大农科十五年概况，谓有学生70余人，本院系承受东大农科旧有之学生，本科并未招生，人数无从增多。且自改组以后，农科生物系学生又分归自然科学院，旧有学生复去大半，则学生人数多少，何能引为责难？况大学为研究高深学术机关，本院更负推广改良农业之责任，更不能以学生人数多寡批评本院成绩之优劣，以为支配经费之标准。

报告毕，徐善祥提议，当由农学院将经费如何支配，缮具详细报告，可使大众明了。汤用彤附议，多数赞同。

提议事项：

一、群育委员会之组织方法案。由主席提出后，各会员多谓须先规定委员人数。□□□提议委员为九人，汤用彤附议，由主席付表决通过，并公推刘福泰、郑宗海、汤用彤、叶元龙、常宗会、钱宝琮、王易、吴有训、程懋筠九人为群育委员会委员。郑宗海为召集人，由各委员商拟群育委员会规程草案。

二、图书委员会之组织方法案。由主席提出后，郑宗海提议规定委员五人，叶元龙附议，由主席付表决通过，并公推张景钺、汪东宝、何鲁、李小缘、宗白华五人为图书委员会委员。张景钺为召集人，由各委员商议图书委员会规程草案。

三、校景委员会之组织方法案。由主席提出后，汤用彤提议规定委员五人，吴有训附议,由主席付表决通过,并公推刘福泰、李驹、李祖鸿、郭须静、卢恩绪五人为校景委员会委员。刘福泰为召集人,由各委员商拟校景委员会规程草案。

下午五时二十分散会。

中央大学档案

第四中山大学第九次总理纪念周记录(1927年12月12日)

主席:胡部长

记录:易作霖

一、行礼

二、读遗嘱

三、静默

四、报告

王君其昌报告省政府纪念周情形。(词从略)

主席报告校务,云:顷教职员及同学要求说明经费情形。近一周中最大事件,固莫如经费问题,用为简单报告如次。

此次省费之支绌乃特殊情形,前已详言之矣。以国、省两税重行划分,致卷烟税为中央取去,而国府明令作为抵补之田赋则以在省政府范围,牵涉省政府全盘预算,久未定案。故十月半以前教育经费收入至少。漕附冬旺所收,早已用罄,所余又以军事时期为军人提取,实得仅六七万元。七月以后绝无收入。屠牙两税每月仅75 000元,其数甚微。合计收入仅占新预算四分之一至五分之一,其竭蹶可知。再就分配一方面言,旧省校在保管状态中,曾发给若干保管费,大学接收东南大学后,亦略有沾溉。计至十月半以前,中学共领到经费20余万,其中旧校长领去约10余万元,即六月份卷烟税项下收入。大学方面暨南、同济等校亦分得若干,至本校则仅领七万余元。盖自五月至十月半以前,所得不过尔尔。若论发薪,各中学职员自八月起,教员自九月起,大学则自十月起,九月份仅发车马费。而事实上中学开学转在大学之后,故经济困难,并无二致。至十月底始稍见宽裕,然亦非有他种财源也。盖自孙军南犯,各县意存观望,留款不解。故九月份颇拮据,至十月始陆续收入。十月份曾向财政当局要求发出14万元,结果得5万元(其中3万出自管理处,以屠税抵押者,财厅所出仅2万耳),乃发出一个月之七成五。大学于十一月初领到5万元,中旬又5万元,仅占一个月之六成五。十月份田赋收入仅一二万,十一月份亦仅3万余。十一月二十日索得前财部已允而未发之6万元,顾乃系一空数目。管理处无法应付,乃以一分四厘息向各县借漕,共收入八九万,同时屠牙两税亦征得七八万,合计可 20 余万,因得再发出一个月之七成。而此,6 万元之空数目,则仍存于本校身上。此中学与大学经济状况之大概情形也。

顾中学教职员以开学四个月仅得两个月薪金,而大学按月发薪,遂生误会。彼等要求补发八月份至现在之积欠,不知合同固自九月始;彼等又要求旧校欠薪,不知去年十二月至今年接收时,全省教育悉陷停顿,而亦于此时请发欠薪,其中自不免有人鼓动。至若大学虽可勉强发薪,而事实上各种设备多不能举办,即书籍尚不能购买也。

彼等又误会大学预算多于中小学。当定预算时,学校如何裁并等根本问题,尚未解决。嗣后裁并结果,各校情形又与前不同,行政方面与大学方面,为全省教育进行起见,自应划一概算,以为范围。若以大学自定预算为责难,殊不成理由。曩中央教育行政委员会曾将旧预算与新预算约略对比,彼时收入未经确定,姑以 330 万计算,而仍依旧预算略为分配。先提出中学(除去专科)及其他大学所占部分,而以其余归大学及研究院。结果中学及代用学校占 130 余万,政治、暨南、同济等校暨其他机关占 50 余万;余 150 万为大学所有。研究院虽曾与大学共列,然已不敷支配。大学区制本以大学为中心领袖,希望大学发达,亦即培研究之根基,故当时规定此数。李石曾先生尚谓断不敷用,主张另谋开源也。中学方面删除代用,稍有挹注,而以添设新校及提高待遇之故,不得不稍扩张,结果增至 172 万。大学方面亦自不敷,倘大学归并之各院分开办理,势且二倍原数而后可,故亦略有增加。惟所增不过"码子"而已。此外更合各团体之补助费计之,总数凡 400 余万,而实际收入容不过 350 万(益以学费共 380 万)。故各项支出不得不打折扣,以期与收入适合,而一面仍求原预算得所保障。此次经费委员会开会,中学教职员亦来要求,委员会当然为全部之筹划,特以彼等争持,遂将中学经费加至八折。若合各校学费及暂不开学之各校经费挹注之,去原预算诚甚微,而大学则实收经费与原预算相差甚远。顾在此种时局之下,亦只得勉为其难。虽然,撙节不过一时,无论如何,总当设法开源,方为根本之计。又此次教职员向财政部请愿,财政部以五万元敷衍之。三万元固即前已允未发之款,且仍出自屠宰税抵押,余二万元亦以六万元空头支票抵押而得。其部允之以后按月筹济五万元,亦尚无确实着落。至教职员逼迫行政院致普通教育部长辞职,此种举动,则未免过当矣。

又师范科一年级学生要求免费,本星期总当谋一适当解决,惟彼等手段殊欠正当。星期六又集队来此,当加劝诫,谓罢课非正当手段,卒散去。

尚有一层,大学方面经费支绌,不能依预算分归各院支配。本星期后,如款项有着,当勉为划分以利进行。

"一一二二"惨案后援会代表报告进行状况(词从略)。

五、礼成散会

《第四中山大学教育行政周刊》1927年第23期

第四中山大学第十次总理纪念周记录(1927年12月19日)

主席:张校长

记录:吴俊升

一、行礼如仪

二、报告

(一)易君作霖报告出席省政府纪念周情形。(词从略)

(二)张校长报告:

近数日报载第三中山大学发现共产党,已经拘捕多人。第二中山大学及第一中山大学亦相继发生共产党案。本大学师生之中,素多服膺三民主义者,均反对共产。当此时期,自不得不深加注意,以免发生误会。前蒋介石同志在沪发表意见,谓当此共产党活动之时,所有群众运动,在本党未确定指导方针及办法以前,急须停止,此意极是。现在政局尚未大定,本校为全省最高学府,言论行动,最足引人注意,自当特别审慎,请与诸同学相约两事:(1)现当中央正拟取缔集会之际,校内集会,以属于学术性质者为限,于开会时须取公开形式。(2)在中央尚未明令规定群众运动范围以前,对于校外一切运动,暂停参加。学校当局无不爱护学校,想诸同学亦皆爱护学校,当能深体学校当局维持之苦心,对此相约之两事,须郑重遵守也。

(三)杨秘书长报告:

校务进行平稳,一切在寻常状态之中。一周来可报告之事甚多,兹择其荦荦大者言之。

1. 大学区设立各中学、高中、师范科一年级学生要求免纳膳费,各派代表联合来校请愿,纷呶多日,想诸同志已知此事。查本省师范生纳费情形,在革命以前,前期师范生纳半膳,后期生全免。国民军底定江苏以后,教育厅改组,对于改革中等教育计划,通盘拟定,取销师范生免纳膳费之规定,并通过于省政务会议。当时教厅同人议定此案者多系教育专家,曾经慎重讨论,决非轻率出此。但现在高师一学生既因家境清寒,无力缴纳膳费,援照前例,请求豁免,情亦可悯。爰经大学筹备会舍法律而从事实,议决本年提出15 000元,津贴高师一学生膳费。此问题现已完全解决。惟师范生究应免纳膳费与否,实一可研究之问题。诸同学中不乏专门研究教育者，对此问题，可以详加讨论，各抒所见，藉供行政之参考。

2. 中三院前驻国军，不戒于火，遂遭焚如。此院系由前东大附中向教职员同人及校外热心教育人士募集公债，建筑而成。既毁于火，债权人方面，不免发生恐慌。蒋总司令特令财政厅拨款万元，以偿损失。现此款已领到千余元，以后陆续支取，当另折存储银行，仍供恢复校舍之用。一俟建成，即用作公债之担保品；并指定本大学宿费收入，供公债付息还本之需。同学中如有曾购买此项债券者，可以释念。

3. 本大学范围广大，人数众多，应有相当刊物以资沟通消息而免隔阂。出版委员会已议决发行日刊，现拟新年元旦出版。关于日刊之编辑与发行，已经议定办法。最后目的，希望完全由同学自行办理。但此事非咄嗟可办，因既系日刊，日日发稿，非习练有素者，不能从容将事，故此时暂由学校主办，另聘学生佐理其事。日刊处设编辑主任一人、副编辑主任一人、编辑员七人、特约通讯员七人，编辑员由教员兼任，特约通讯员则由同学中选任。任何同学均可签名担任通讯员。一月以后，由学校选定七人为特约通讯员。此七人可得津贴，以一学期为限，一学期以后，当视工作之勤惰而定升黜。工作努力者可升为编辑员，更可由编辑员升为副主任，由副主任升为正主任；其工作不努力者则不能连任特约通讯员，而以普通通讯员递补。学校方面甚盼同学努力竞争之结果，编辑主任最后由同学担任，而编辑员中教员亦陆续退出，率以同学递补，可以达到完全由同学自办日刊之目的。学校一切活动，除行政及教科而外，皆当照此办法，公诸同学，听其自由竞争，最后达到由同学自行管理之地步。中国人好事执谦，固是美德，惟服务则尚竞争而不宜执谦。因竞争而得地位，最足表示真正之能力，亦足实现服务之精神。任何公职，由公众推举者，往往不负责任，不若由自己竞争而得者之克尽厥职也。

《第四中山大学教育行政周刊》1927年第23期

第四中山大学第二次临时校务会议记录（1927年12月24日）

列席者：杨孝述、胡刚复、沈履、郑宗海、张景钺、吴有训（张景钺代）、王季梁、楼光来、刘藻彬（商学院长代表）、孟宪承、高君珊、萧纯锦、陈清华（萧纯锦代）、龚贤明、蔡堡、蔡翘（蔡堡代）、张直夫（胡代）、汤用彤、段调元、何鲁（段调元代）、常宗会、蔡无忌

下午三时三十分开会

主席：胡刚复

记录:萧纯锦

主席恭诵总理遗嘱

一、下学期是否收转学生案

议决:下学期应收转学生,照转学条例办理。日期由高等教育部长定之。

二、商学院院址与商学院拟收用前商专学校房屋案合并讨论

议决:商学院经费近因预算七折发放,数目锐减。院址在沪,需费特巨,决难维持,应根据筹备会原案,于下学期迁回南京。如事实上有困难问题,由高等教育部长会同商学院院长商洽解决之。

三、政治训育委员会规程草案

议决一:照修正通过。

议决二:以后各委员会简章末句,均加"本简章如有未尽事宜,得随时由校务会议修改之"一文。

四、纪念周条例案

议决:查此案已于第二次校务会议通过,惟教员缺席应否加以制裁一层,应由主席召集教授会解决之。

五、招生委员会条例

议决:照修正通过。

六、请确定校内各所建筑名称案

议决:推举题名委员会五人,推定郑晓沧、汪旭初、王伯沆、高君珊、李立侯为委员,由李立侯为召集人。除拟定校内各所建筑名称外,并拟定校内各道路之名称,再提出校务会通过。

七、图书馆委员会简章

议决:照修正通过。

八、教育学院临时提出艺术专修科暂行简章一案

议决:留待下次讨论。

中央大学档案

第四中山大学第五次校务会议记录(1928年1月4日)

出席者:何鲁(李乃尧代)、常宗会、蔡无忌、龚贤明、徐凤石、胡刚复、张乃燕、萧纯锦、叶元龙、沈履、卢恩绪、周仁、陈清华(萧纯锦代)、王季梁、段调元、汤用彤、张天才、高君珊、张景钺、吴有训(张景钺代)、蔡堡、张谟实、蔡翘(蔡堡代)、刘藻彬(商

学院长代表)、郑宗海

主席:张校长

记录:萧纯锦

主席恭诵总理遗嘱

一、高等教育部办商学院迁宁情形报告

胡部长报告:上次本会对于商学院迁宁议决案末句,有"如事实上有困难问题,由高等教育部长会同商学院长商洽解决之"一语,遵即电请程院长来宁会商。程院长对于迁宁一案,甚表赞同。对于校址问题,经本席报告此间情形,亦已了解。至教员问题,将来加聘专任教授或讲师数人,亦可解决。现在最大困难为教员中在沪作寓者,一时不易迁居。故程院长要求再由校长正式函致商院及各教授,述明迁宁理由,曾经照办。大意以经费七折,在沪决难支持,请该院谅解,并请各教授协助院长办理迁宁事宜。此其经过情形也。总之,商学院对本会议决,精神上颇为一致,如此间校址有着,对于在沪各教授,除由办事方面公函敦请外,倘在宁同人中有熟识者,再以情谊劝勉,即可顺利进行,不成问题矣。

二、接洽党务学校迁移情形报告

胡刚复报告:此事久经接洽,因党校方面屡屡推诿,又屡次失约,故久未就须(绪)。惟本大学房屋,本不敷用,各教授、学生不能长此散处,感受生活上之苦痛。军事教育不能永远停顿不举行。更以下半年学程增多,教室无着,实非恢复校舍不可。且一校之内,刺网拦截,有如租界,同学对此亦颇愤激,尤不能不速为解决。最近与彼方负责者商定迁让办法如下:

1. 房屋以修理为度,新建筑以厨房为限;

2. 修理费由祝家高再往切实估计,四中大量予补助,以不超出原来党校代修房屋费为度;

3. 床铺(假定党校向来未添)决由四中大借二百张,其余若有急需,依人数照借,短期偿还;

4. 课堂桌椅,暂以大会堂所有出借;

5. 办公桌、大餐桌架子等,以现在最少限度为范围;

6. 两操场课堂课椅及寄宿舍柜桌,可收回大部分;

7. 即日起饬工修理,以年底竣工为度。

此次交涉,党校当局颇有诚意,表示彼方亦知大学拥挤困难情形,为维持党国教育计,在彼方已有不能不迁之势。且所订办法,本校已再三让步,仁至义尽,似不至再有推诿延宕或爽约之事也。

三、修改第四次校务会议议决关于甄别学生计算成绩办法案之记录案

议决修正如下

议决：

1. 学生成绩以学程平均成绩 60 分以上者为及格，其不及格者，分能补考（60 分以下 40 分以上）及不能补考（40 分以下）二种。

2. 凡一学期内所习学分满二分之一成绩不及格者，即令退学。

3. 凡一学期内所有学分满三分之一成绩不及 40 分者，即令退学。

4. 所习学分如在任何二学期有三分之一成绩不及格者，即令退学。但依据选课规程，预科、本科学分既经划开，则计算学分时，预科、本科亦可分别计算，以示宽大。

5. 因请假不及与考而补考者，其考分须照九折计算。

6. 本年各级学生于本学期考试终了后，应由各学院参酌本学期成绩及各该生以前在校成绩与修学概况，负责审查规定各该生在第四中山大学毕业前应修学分及其分配。

7. 本学期学生成绩经各院审查后汇交校务会审定发表之。

四、本学期审查学生成绩委员会应加入系主任案

议决：本学期审查学生成绩委员会除秘书长、高等教育部长、各院院长外，加入各学系主任共同负责。

五、请校长严厉禁止校内揭贴不负责任逾越范围之传单标语案

议决：匿名揭贴，自堕人格，校长已经布告禁止在案。本大学校务悉属公开，学生如有意见，无不可直陈。乃近日校内仍有不署姓名、诋毁个人之传单标语秘密张贴，实属有妨校纪，应请校长重申告诫，严厉禁止，勿稍瞻徇。

六、规定不许免考或任意提前考试案

议决：考试问题，请主席提交教授会规定办法。

七、工学院提议前次议决关于成绩规定之案，在工学院因系年级制，未便适用，请另定办法案

议决：在前次议决关于计算成绩办法案中加一条，如各学院有特别情形时，得另行规定，经校务会议通过施行。

八、工学院提出另订成绩计算办法四条

1. 不满 40 分之学程在三分之一以上者留级；

2. 不满 60 分之学程在二分之一以上者留级；

3. 不满 40 分之学程在二分之一以上者即令退学，不满 60 分之学程在三分之二以上者亦令退学；

4. 补读学程以一次为限，否则即令退学。

九、议决:本星期五午后在教授会开会前一时开第三次临时会,继续讨论本日议事日程未议各要案

中央大学档案

第四中山大学第四十七次筹备会议记录(1928年1月5日)

出席者:张乃燕、周仁、胡刚复、郑宗海、汤用彤、柳诒徵、萧纯锦、刘藻彬、俞庆棠、孟宪承

主席:张校长

一、俞部长代表行政院报告教育公有林被焚及善后情形

略谓:前次接公有林场长陈植报告,谓公有林江浦第三、第四区林场被红枪会纵火焚烧,损失颇巨。行政院得此消息,即至军事委员会请派兵弹压并救火。当由谭主席派去第十师兵一营,同时由行政院派员前往视察。据报告,此次火患第三区山西多焚去野草,小树颇有损伤,至大树则受损尚不巨,该场长呈报颇有虚张。且被焚原因,虽有多种,而该场长旷弃职守,不洽舆情与用人不当,亦不得辞其咎。据此报告,本日行政院行政会议已议决将场长陈植免职查办,并派孙枋、顾克彬、王其昌三人前往接收保管。教育行政院对公有林善后问题,深知非彻底改组不可,特交教育林委员会议组改组委员会。今日由教育林委员会推出陈宗一、李寅恭、陈雪尘三先生为改组委员。三人系公林学专家,将来善后,一切由三先生规划,可谓一番整顿也。

二、普通教育部提出高师一膳费津贴办法

议决:照普通教育部所拟办法通过。(办法原案另附)

三、教育林委员会请求在预备费项下提出2万元充补种苗木之用,至少请先拨2 000元以资赴场整顿案

议决:先拨2 000元为改组委员赴场整顿之用,余款俟改组委员会拟定计划,提交筹备会,再行通盘筹划决定补拨。

四、前省立校长请求清理旧欠案

议决:由行政院查明积欠之性质及数目,同时商请财政当局筹款,分别清理。

中央大学档案

第四中山大学第三次临时校务会议记录（1928年1月6日）

出席者：何鲁、叶元龙、高君珊、刘福泰、汤用彤、徐凤石、龚贤明、张景钺、吴有训、陈清华、郑宗海、蔡堡、蔡翘（蔡堡代）、程振基、张天才、蔡无忌、常宗会（张天才代）、郭须静（蔡无忌代）、段调元、孟宪承

主席：胡刚复

记录：萧纯锦

主席恭读总理遗嘱

一、群育委员会规程草案

汤锡予报告：群育委员会开会讨论时，觉有两种不同之意见：一为郑晓沧先生之意见，一为本席与吴有训先生之意见。两种见解，不能一致。故提出两草案交大会解决。郑先生意见，以为群育之范围甚大，包括陶冶学生性情、纠正缺点之事，故职责甚重，须另聘专家五人，专理其事。因此即有书报等设备，并有预算书。郑先生主张，本席与吴先生亦甚赞同。惟现在学校情形如校舍设备等之不完全，学生人数众多，散处各地，用专任干事五人，恐亦难收效果。故提出另一草案，专任合群育方面施行教育。凡关于全校娱乐事宜、团体旅行参观、公开演讲、课外作业等等，均为群育委员会之任务，亦即为该会施行指导训育之机会。至于个人接近，陶淑性情，则当另由学校方面设立指导制度，使教员与学生接近，随时加以纠正，此其大略也。

郑晓沧先生报告：本席意见，其要点已如汤先生报告，本席所提草案，事前有一番历史。在委员会成立之先，曾将本校群育一事，为深切之考虑。其时有一种梦想，欲使有专任干事若干人，辅助学生作恳切之指导，改良宿舍，励行自治，并可在外募捐，设立理想之寄宿舍，以达群育之目的。

吴有训先生发言：本席对郑先生所举方针，亦甚赞同。其中最要之点在：一有专任干事，一无专任干事。此层在本席与汤先生所提草案，规定由委员分股办事，实质亦无大差异。惟所与郑先生不表同意者，因郑先生所拟之群育事业，有访问学生接近谈话，并有刊布群育文字图画等等。本席以为此等办法如施诸中等学校最为相宜，施之大学学生似可不必。

徐凤石先生提议汤、吴两先生提案为讨论之根据。主席将徐先生提议付表决，赞成者多数。

议决：照汤用彤、吴有训提出草案通过。

二、主席报告

本会自开会以来，商学院长及教授代表亲自出席，此尚为第一次。本席谨代表同人深致欢迎。至于商学院迁宁一事，在原则上商学院已经赞成，刻所应研究者为事实问题。兹请程院长报告情形，以资讨论。

商学院程院长谓：本院前因南京校址不敷，由筹备会允许暂设上海，原属临时性质。此次复经校务会议决，商学院应于下学期迁回宁垣。在本席与本院同人，绝无异议，一切概听校务会处置。惟事实上商学院有多数专门功课，现在沪上皆由兼任教员教授。此等教授在上海均另有职业，决不能来宁。如无切实把握可以解决此项困难，而昧然迁来，本席实不能负此责任，惟有敬谢不敏而已。

商学院教授代表陈清华先生谓：商学院同人对于迁宁之议决案，原则上深表赞同。凡专任教授，如必须迁宁时，均无不可来宁。惟商学院大多数教授系兼任性质，不能舍其专业而随学院迁徙。且所授课程往往仅用口授，既难物色专门学科之教授，而课程衔接亦甚困难。商学同人所斤斤顾虑者，亦惟此项与此间诸人熟商之而已。

中央大学档案

第四中山大学第十二次总理纪念周记录(1928年1月9日)

主席：张校长

记录：徐先登

一、行礼如仪

二、报告

胡部长报告校务

甲、商学院迁宁问题

商学院设在上海，有种种不便：1. 关于人材方面，商学院与社会科学院本有相关之课目，教授人材不能集中一地，双方有深造研究的教授，有不能尽用其才之遗憾。2. 关于经济方面，商学院远设上海，设备之费用，师资之俸给，不无较费。据以上两点，曾请商学院长来宁，经两次磋商，以各教授不能全数来宁暨事实上之障碍，最后决定于十七年上学期将高年级学生暂留沪滨，余概移宁，待下学期再悉数迁回。

乙、校舍问题

校舍不敷，早与党务学校交涉迁让，约一二日内即可正式解决。但该校校务会议虽经议决他移,以经济困难,不能实行,希望本大学资助若干。论理可以置之不问,惟就事实方面,该校搬来时曾耗用修理房屋费数千元,现在我们亦拟作相当之酬报。

丙、学生方面

寒假内对于各校失学之生,拟予以相当机会前来投考,现已登报通告矣。

其他如催提校款,已分派六七人驰赴各处进行。一部分提到者约万元,一部分旧历年底始能到手,又一部分须待来年方可提清。似此情形,将来须与财厅交涉,划清提款界线,以免双方互提,多生纠缠。此外,希望各教授将来与学生常时有一种结合,处于半师半友的地位,可以明了学生之痛苦及其需要。各学院内容之整饬,事务方面校需水煤之计划,正在进行。来日,本大学物质、精神两方面,或可进一步有良好之贡献。

《第四中山大学教育行政周刊》1928年第26期

第四中山大学第四次临时校务会议记录(1928年2月12日)

列席者:张乃燕、叶元龙、张谟实、卢恩绪、萧纯锦、周仁、程振基、张士一、郑晓沧(张士一代)、沈履、楼光来、张景钺、竺可桢、吴有训、段子燮、王琎、闻一多、汤用彤、蔡堡、蔡翘(蔡堡代)、戴毅夫、陈清华(萧纯锦代)、常宗会、张天才、杨孝述、胡刚复

上午十时半开会

主席:张乃燕

记录:杨孝述

主席恭读总理遗嘱

主席报告:大学本部发生学生免费运动,事情重大,今日特开大会,请各教授发表意见,决定办法,由鄙人执行,以符教授治校之精神。

主席请高等教育部长报告连日经过扰乱情形:

1. 免费运动发起人20人,委员会职员15人,纠察队30人。
2. 张贴阻止缴费通告,纠察队把守会计室门口,阻止同学缴费。
3. 任意张贴标语,诬辱教职员。
4. 与事务处冲突两次。第一次辱骂事务处主任,第二次拳击职员倪冲,并掌其颊。
5. 公然撕毁校长劝诫文告。

6. 与大学院蔡院长、杨副院长接洽情形。

7. 昨日群育委员会对于此次风潮谈话办法经过。

8. 免费运动委员会于昨日下午送来议决要求之函一件,要求(1)须免除一切学宿杂费,(2)十三日须注册上课。

主席主张免费与私人扰乱应分二个问题讨论。

议案:

1. 本大学规定各费是否应免除案。

议决:不得免除。惟保证金一项,如万不得已不能全缴者,得与会计处自行接洽分期缴付办法。以上即发表。

2. 妨碍公务、殴辱职员之学生徐毂生,举椅助威并公然撕毁校长文告之学生李达应如何处置案。

议决:立即开除学籍。

3. 学生如果不承认第一议决案办法,应如何再行应付案。

议决:请校长切实保障(1)学校行政之自由,(2)教授教学之自由,(3)学生个人求学之自由。如至万不得已时,呈请大学院请示办法。

4. 本会应否对学生加以劝告案。

议决:加以恳切之劝告,并公推王季梁、汤锡予、张士一为起草员。

中央大学档案

江苏大学第七次校务会议记录(1928年3月31日)

出席者:胡刚复、杨允中(胡代)、常宗会、郭须静(张代)、张天才、蔡无忌(常代)、郑宗海、龚贤明、楼光来、汤用彤、王琎、戴毅夫(龚代)、蔡堡、蔡翘(蔡堡代)、程与松、周仁、萧纯锦、刘藻彬

一、决议春假自五日起,共放三天。

二、农学院代表肃邀他院同人前赴樱花会。

三、决定五月初大学院开教育会议时,预备定期招待赴会代表及各界人士前来参观。此项招待事宜,由各院院长(或自行推定一人)并事务组主任、图书馆馆长及秘书长共十二人组织委员会,即由楼院长召集。

四、第二宿舍学生要求减轻宿费案,分二部解决。

(1)学校向崇德公司交涉减轻宿费;

(2)由事务组约同法律顾问,正式废止旧约,追结前欠,另订新约。

五、普通体育规程，无论在何班，并不问从前学过之分量，在本校时每学期均须修体育学分一学分；其他本校学生毕业前应共修体育学分八学分，均不在原定毕业学分之内，并须达毕业体育标准及最低运动能力，方得毕业。即请体育科同人照改，其原订第五、第六、第八均须删改。第十三"以体育……"改为"凡选修军事教育者，得免修普通体育，惟预科生修军事教育者应设法另编一队，俾得补足体育上之基础训练"。又加第十五条"毕业前若未合最低体育标准者不得毕业"。

六、定校徽采用刘、李、周三先生所定之紫金山图，圈内加校铭，校铭定为"止于至善"四字。校色定紫与金。校旗（仿照党旗）中用校徽，外加"江苏大学"四字，如图。佩章照吕先生所定方式，但改用紫、金两色。本大学区其他中学亦用此项方式，惟颜色不同，以示区别。

七、决定校歌。（惟原歌第三、第四二语，请再与汪先生商酌之。）

八、对转学生学分问题。

（1）转学生既以一年级以上正式生资格转来，其原有预科学分应无庸另行审查。

（2）审查本科学分，按照转学生规程第七条办理。

（3）先行总审查，确定总学分数。其承认各学期学分数之方法，悉照本校规程办理（例如本校规程中规定每学期不得过若干学分，前学期成绩如何方得修若干学分，等等）。然后再交各学院确定其毕业前应行补足条件，或应修学程。

九、决议：旧预科生所修"党义"及"社会科学概论"得作本科学分计算。

十、决议：凡一年学程上学期补考不及格者，若因不得已事故请求留班试读，须：(1)考分至少五十分以上；(2)得院务会议及担任教员之特许；(3)最后成绩须将两学期成绩平均计算；(4)试读时期中每次考试所得分数，必须过六十分，且超出之数，至少等于上学期总分数不足六十之数。

十一、决议：四年级学生旅行参观事，应由各院各推代表一人组织委员会讨定原则及办法，由张天才先生召集。

中央大学档案

国立中央大学第三次本部行政会议记录（1929年1月5日）

日期：一月五日下午三时

出席者：程振基、戴修骏、洪逵、何鲁、陈清华（何鲁代）、戴志骞、张衡、朱锡龄、张贻惠（戴志骞代）、王琎、刘藻彬、郑宗海

主席:戴志骞

行礼如仪

一、会务报告

本大学经费问题,业已解决。国民政府行政院秘书处及教育部均有来函(原函见本校日刊),比较尚觉切实。

二、拟在成贤街农场建筑学生宿舍、动物园(生物系提议)、昆虫局(昆虫局请求)案

议决:在成贤街农场先拨用20亩建筑学生宿舍,如将来农学院农场实有不敷用时,再另行设法补充。动物园及昆虫局交付农学院先行会商,再行讨论。

三、商学院请拨建筑费10万元(或先拨5万元以便克日动工)案

议决:(1)发行债券5万元,分年摊还,由商学院每月租金项下拨还;(2)用学校名义,息借5万元,由商学院租金项下拨付本息。

中央大学档案

国立中央大学第四次本部行政会议记录(1929年1月16日)

日期:一月十六日下午三时

出席者:戴修骏、叶元龙、周仁(张谟实代)、洪逵(彭先捷代)、刘藻彬、何鲁、陈清华(何鲁代)、张衡、朱锡龄、丁嗣贤(熊祖同代)、程振基(丁绪贤代)、郑宗海、王琎

主席:刘藻彬

行礼如仪

决议事项如下:

一、文化基金讲座提议建造科学研究室以应急需而利研究案

议决:推定高等教育处长、理学院院长及事务组组长,并由高等教育处函请蔡堡、曾昭抡、许骧、艾伟四教授会同勘定基址。

二、郑委员宗海提议

甲、请早日颁布废除预科案

议决:本校下次招收本科新生,以高中毕业生、旧制中学毕业生及与中学毕业程度相等者,皆有投考资格。如所取新生中于各科学力尚有不完全充足者,如何规定分科补习之处,须付审查。推定各院长为审查委员,其审查委员会由郑院长召集。

乙、请规定以后入校学生(除转学生)至少须在校修业四年方得毕业案

议决:以后本校学生至少须在本科修业四年,方得毕业。并由各学院规定分年选课方法。

丙、请决定下学期是否招收转学生、特别生等以便答复外间询问案

议决:下学期转学生及特别生等,概不招收。

三、本校学生吴懋聪在新年游艺会场因收票事与同学陈琮发生口角并将陈琮殴伤,应如何处分案

议决:学生吴懋聪既已自请处分,并已向陈琮道歉,尚知悔悟,姑允从宽,着记大过一次。此项办法,请校长核夺后即布告。

六时散会。

中央大学档案

国立中央大学第五次本部行政会议记录(1929年1月26日)

日期:十八年一月二十六日下午三时

出席者:何鲁、陈清华(何鲁代)、丁嗣贤(熊祖同代)、戴志骞、周仁(张谟实代)、叶元龙、戴修骏(叶元龙代)、刘藻彬、张乃燕、洪逵、张衡、汪东、郑宗海

主席:张乃燕

行礼如仪

一、会务报告

二、第二及第五宿舍学生请求减收宿费案

议决:仍照原定数目征收,所请碍难照准。

三、艺术专修科拟于下学期招收手工、图画、音乐三组插班生案

议决:手工组学生过少,下学期应予添招,但他系不得援以为例。其招生事宜,暂由教育学院自行办理。

四、修正教职员服务规程案(临时提出)

议决:推举修正教职员服务规程起草委员七人。经推定何奎垣、叶元龙、孟宪承、戴志骞、洪芝龄、王季梁、丁庶为委员,由戴志骞召集。

依据本部组织大纲十四条之规定,催各院及各系科拟定组织院务会议、科系会议规程草案,于开学后一月内送请校长及高等教育处长核定。

五、本学期学生欠缴学费办法案(临时提出)

议决:仍照上年第十二次校务会议议决案办理。

六、推举出版委员案(临时提出)

议决：出版委员定为九人，除高等教育处长张贻惠（戴志骞代）为当然委员外，应以每院院长或教员一人为委员，由本会推定。当经推定王季梁（理）、叶元龙（法）、洪芰舲（文）、孟宪承（教）、蔡作屏（医学院代表）、李寅恭（农）、张谟实（工）、丁庶为（商学院代表）为委员，出版组长张琎为文牍，由戴志骞召集开会。

七、教育学院请将体育馆楼下借用宿舍完全迁让案

议决：由戴志骞速向西人霍德添租女生宿舍附近洋房，以便腾让。

八、文、理、工、法、教育等学院院长请规定各院办公处襄助院长主持院务之职员名称案

议决：交修正教职员服务规程起草委员并案办理。

中央大学档案

国立中央大学第九次本部行政会议记录（1929年5月10日）

日期：十八年五月十日下午三时

出席者：颜福庆、戴修骏、郑宗海、程振基、丁嗣贤、周仁（张谟实代）、叶元鼎（莫定森代）、叶元龙、何鲁、戴超、王善佺、张衡（吕冕南代）、刘藻彬、朱锡龄、洪逵

主席：戴超

行礼如仪

一、会务报告

二、讨论事项

（一）请速决定十八年度各院应需预算案。

议决：以假定江苏省政府增加本校十八年度经费17万元，作十成分配，除预备费得二成外，其余八成，每院各得一成。

（二）特别生程方等45人请提前补行入学试验案。

议决：仍照第七次本部行政会议议决原案办理。

（三）招生委员会提议本校废止预科，在本大学区各中学并无不便，惟对于各省程度不齐之中学拟仍酌设预科予以入学机会案。

教育学系建议，现旧制中学久废，而高中早已遍设，请将预科并拟设之补习班一律废止并案讨论。

议决：本校自下学年起，不设预科。惟投考学生中如有重要学科一二门不及格者，得准其入校补习。但其所习学分，不得在128学分中计算。

三、临时动议

修正第四次本部行政会议第二案（甲）请早日颁布废除预科案。

议决：（1）本校招收新生，以高中毕业生为限，但高级中学同程度之学校毕业及高中师范毕业生已满服务年限者，亦均得投考。

（2）旧制师范毕业生已满服务年限者，得投考教育学院，但考取后不得转院。

散会，七时半。

中央大学档案

国立中央大学第十一次本部行政会议记录（1929年6月8日）

日期：十八年六月八日下午三时

地址：图书馆会议室

出席者：何鲁、汪东、蔡堡、孟宪承、郑宗海、张衡（高怀代）、戴修骏、谢寿康（彭先捷代）、洪逵、王善佺、丁嗣贤、戴超（洪逵代）

列席者：李毅士、张珽、徐治

主席：洪逵

行礼如仪

报告事项（另见记录）

议决事项：

（一）现在四年级学生尚欠少数学分，应如何办理案（附学生代表张文浩、王慕韩原呈及办法）。

议决：原案否决。惟本届毕业学生有缺少五学分以下者，其所缺学分并非必修科，可向院陈明，经核准后准其在其他暑期学校补读。此项办法以本届暑期为限，以后不得援例。

（二）招生委员会委员汤用彤、崔苹村两先生辞职应如何办理案。

议决：各院院长均加入为招生委员会委员。

（三）艺术专修科教职员请改艺术专修科为艺术学院案。

议决：此案保留，由学校提交评议会。

（四）招生委员会函请变更保留高中毕业学生免试入学案。

议决：本大学区各中学校每校每科毕业生得择优保送一人，但须经本校审查其成绩合格后，方准其免试升入大学。高中师范毕业后亦可保送，但须先服务一年，次年方准入学。

（五）招生委员会编定本届招生简章请复核案。

议决：该简章逐条修正后通过施行。

（六）暑假期内本校房屋可否准其他团体借用案。

议决：在暑假期内，所有本校房屋除有实在特殊情形经本校当局特许外，无论任何团体，概不准借用。学生郑恭鉴等拟办暑期英算汉补习学校请准借教室一案，根据上项议决案，应予以否决。

（七）散会，七时半。

中央大学档案

国立中央大学第十二次本部行政会议记录（1929年6月29日）

日期：十八年六月二十九日下午三时

地址：图书馆会议室

出席者：丁嗣贤、戴修骏、王善佺、蔡堡、莫定森（李寅恭代）、谢寿康、洪逵、刘藻彬、朱锡龄、戴超

列席者：张琎、曾昭抡、徐治、戴崇恩

主席：戴超

记录：杨敏修

行礼如仪

一、报告事项（另见记录）

二、讨论事项

（一）学生孙永刚等67人请求于文学院下学期开世界语班案（附原函及签名单）。

议决：本校下学年经费照十七年度照实支数开支，添开世界语班无此经费。且文学院尚有较世界语更重要之科目，因限于经费未能开班者。此案应予以否决。

（二）第五宿舍学生会函称本校学生应一律穿着制服请予核准施行案（附原函）。

议决：本校学生自十八年度起一律着制服，其式样照教育部规定。但军事训练得就原有制服，酌加附件，以期适用。

（三）本校工程稽核委员会简章草案请予核准颁行案（附原草案）。

议决：该简章逐条修正通过。（简章另附）

中央大学档案

国立中央大学第二十五次校务会议记录(1931年4月15日)

日期:二十年四月十五日下午三时

地址:本校会议室

出席者:蔡堡、朱家骅、钱祥标、徐佩琨(俞颂华代)、张士一、赵连芳、程振基(杨荫溥代)、杨公达、刘运筹、顾毓琇、胡善恒、刘树杞、孟宪承

列席者:黄仁浩、程镇西

主席:朱家骅

记录:沙孟海

行礼如仪

主席报告:上次校务会议,本席因中英庚款董事会开会,未能同时出席。此次会议系提前召集,因有许多繁要事项必须早日议决,兹照议事日程逐条讨论之。

讨论事项:

(一)本校本届招生简章拟请复议案

议决:略加修正通过。但第三项考试科目尚须修改,交招生委员会依照高中毕业程度拟定标准。

(二)本校对于华侨学生入学资格应如何规定案

议决:交招生委员会拟具变通办法。

(三)医学院学生应缴之体育医药费下年度是否仍旧豁免案

议决:一律照收。

(四)商学院请增设统计科案(撤回)

(五)请速定本校教授休假规程案

议决:交各院院长会同审查。

(六)艺术专修科毕业生请求转入艺术教育科案

议决:未便照准。

(七)请拨款五万元建筑游泳池案

(八)请拨款五千元购置乐器、添聘讲师以供全校学生选习音乐案

议决:本校经费支绌,暂从缓议。

(九)节省招生委员会费用案

议决:一律取消津贴。

(十)教育学院师资科改称教育方法系案

议决：照改。

（十一）图书馆请拨款八万元建筑阅览室研究室案

议决：暂从缓议。

（十二）规定各学院系科讲座名额案

议决：原则通过。

临时提案：

（十三）本届招收新生应否严定标准案

议决：交招生委员会拟定标准。

散会，六时三十分。

中央大学档案

国立中央大学校务会议记录（1932 年 10 月 28 日）

地点：校长办公室

出席者：童冠贤、黄建中、邹树文、汪东、罗家伦、卢恩绪

主席：罗家伦

记录：卢恩绪

议决案：

一、本校增设"近代文化演讲"一课，每星期一小时，每学期一学分，定于在纪念周时间内举行，全校学生应一律出席听讲。自演讲开始以后，学生未修满此项学分者不得毕业。

二、前项活动，经决定请汪东先生、孙本文先生、童冠贤先生详细商定办法，再行提出讨论，作最后决定。

三、审定本校徽章。

中央大学档案

国立中央大学校务会议记录（1932 年 12 月 5 日）

时间：下午五时

地点：校长室

出席者：邹树文、孙本文、黄建中、童冠贤、卢恩绪、汪东、罗家伦、张广舆

主席:罗家伦
记录:张广舆

讨论事项:

一、本大学出版事宜应如何规划办理案

决议:设置出版委员会,规划及主持组织本大学重要出版物事宜。其规程由孙教务长及出版组杨主任拟定后,交本会讨论通过。

二、设置奖学金委员会案

决议:通过。除孙教务长为当然委员外,并推定宗白华、徐光、倪尚达、李学清、赵□、曾乐平、戴居正、张闻骏、陈方济、赵连芳、萧孝嵘、张士一诸先生为委员。

三、编辑本大学一览案

决议:交出版组会同秘书室、注册组、文书组办理。

中央大学档案

国立中央大学校务会议记录(1932年12月22日)

时间:下午三时
地点:会议室
出席:孙本文、童冠贤、黄建中、邹树文、汪东、罗家伦、张广舆
主席:罗家伦
记录:张广舆

讨论事项:

一、本大学大礼堂完成后校内外机关团体请求借用者日有所闻,应如何加以限制案

决议:大礼堂为本大学重要集合地点,凡校外借用者,应由校务会议审查其集会性质,方得许可。凡校内学生团体借用者,仅以全校学生团体办理之学术等项集会为限,但仍须经校务会议审查许可。凡夜间借用者,并须缴纳消耗费及电费,其规则另定之。于民国二十二年一月一日起实行。

二、教育学院举办之民众学校应否加以补助案

决议:教育学院举办之民众学校,其性质应以夜校为限,并应受教育学院院长及教授之指导,其经费由教育学院经费项下每年补助一百元。

中央大学档案

国立中央大学校务会议记录(1932年12月26日)

时间:下午四时
地点:会议室
出席者:孙本文、卢恩绪、邹树文、黄建中、罗家伦、张广舆
主席:罗校长
记录:张广舆
讨论事项:
一、商、医两学院学生请求收回商、医两学院案
决议:查商、医两学院独立,系经行政院议决,由教育部迳行令知该两院遵办,本会议未便于□令以外有所主张。
二、决定各院系本学期毕业学生提前考试日期案
决议:
（1）本学期因学期延长关系,凡本学期毕业学生,准于二十二年一月十日起开始试验;
（2）前项试验仅以毕业生为限,非毕业生不得同时与考;
（3）毕业试验由注册组拟定时间,集中地点,请教员会同本大学指派职员监考;
（4）依照前次校务会议议决,除有特别规定者外,不得以论文替代试验。

中央大学档案

国立中央大学校务会议记录(1932年12月28日)

时间:下午四时半
地点:会议室
出席:孙本文、黄建中、汪东、罗家伦、卢恩绪、张广舆、邹树文
主席:罗校长
记录:张广舆
讨论事项:
一、学生余捷庆殴打职员调查属实,学生陈子嘉扰乱教室秩序并殴伤同学,应如何处分案

决议:学生余捷庆殴打职员调查属实,学生陈子嘉扰乱教室秩序并殴伤同学,本应开除学籍,姑从宽,勒令退学,以维校纪。

二、确定本校发行定期学术刊物案

决议:本校发(学)术刊物如下:

(一)国立中央大学学术丛刊;

(二)国立中央大学学术专篇。

丛刊分:(1)《文艺丛刊》;(2)《自然科学丛刊》;(3)《社会科学丛刊》;(4)《教育丛刊》;(5)《工学丛刊》;(6)《农学丛刊》。每年每种刊行二册,共十二册,以登载专门研究之著述为限。其有特别贡献之著述,必须单印者,得由出版委员会决定印成单本,称为国立中央大学学术专篇。

中央大学档案

国立中央大学校务会议记录(1932年12月30日)

时间:下午三时半

地点:会议室

出席:卢恩绪、邹树文、汪东、罗家伦、张广舆、孙本文

主席:罗校长

记录:张广舆

讨论事项:

一、本校化工组办理方针案

决议:本校化工组办理方针,应以研究国防化学及重工业之基本原料制造为主体,其余普通工业之研究仅以所费轻而需要切之化工事业为限。

中央大学档案

国立中央大学校务会议记录(1933年1月11日)

时间:下午四时

地点:会议室

出席:童冠贤、卢恩绪、黄建中、邹树文、汪东、罗家伦、孙本文

主席:罗校长

记录:孙本文

一、勒令退学学生陈子嘉、余捷庆请求减轻处分案

决议:查陈子嘉、余捷庆业经勒令退学布告在案,碍难减轻处分。惟念该两生在校上课已届学期终了,现值大考,为体念其转学便利起见,姑从宽,准其于学期试验期间临时参与试验,完毕即行离校。

二、发起御侮捐款案

议决:兹因外寇日亟,本大学全体一致敌忾同仇,除本校同人业由薪水项下按成捐助外,特行发起自由捐款,以资助械弹,并推定汪旭初、童冠贤、胡刚复、卢孝侯、邹树文、黄离明、罗志希、张仲鲁、许恪士、孙时哲十先生为募捐委员。

三、二十年度下学期应毕业学生,其所修学分总数中尚有少数读而未考之学程,应否准予补考案

决议:二十年度下学期应毕业学生,其所修学分总数中尚有少数读而未考之学程,得准予补考,但须在二十一年度毕业考试时行之。

中央大学档案

国立中央大学校务会议记录(1933年1月18日)

时间:下午四时半

地点:会议室

出席:童冠贤、卢恩绪、孙本文、黄建中、汪东、邹树文、罗家伦、张广舆

主席:罗校长

记录:张广舆

讨论事项:

一、本校一览一时不易编就,拟于最近期内先编本校概览一册以应需要案

决议:照办。

二、本大学丛刊进行办法案

决议:关于稿件之征集与编辑,由各关系之学院分途负责办理。关于稿件之审查,由各学院分推三人至七人为审查委员,送请校长聘任,将稿件审查完毕后交回各学院编辑,再行送交出版委员会通过付印。

三、修理第五学生宿舍案

决议:第五宿舍应即修理,寄宿学生由庶务组通知让出,归并其他宿舍。

中央大学档案

国立中央大学校务会议记录（1933年2月22日）

地点：会议室

时间：下午四时半

出席：童冠贤、卢恩绪、黄建中、邹树文、汪东、罗家伦、孙本文

主席：罗校长

记录：孙本文

议决案：

一、按本大学向例，教授在职病故，致送薪金三个月，以资抚恤。兹查哲学系教授胡远濬先生在职六年，深得全校敬仰，年事又复甚高，突患中风逝世，身后萧条，似应特予抚恤。拟于照例致送三个月薪金外，再行加送两个月薪金，以示本大学敬老崇学、优待服务多年教授之至意，特请公决案。

议决：通过，并由本大学函唁胡远濬教授家属。

二、前工学院学生黄绍昌请求补考案。

议决：查该生离校五学期之久，照章不得补考或补读，并依照本大学学则第十五条第八项，该生早经丧失学籍，所请碍难照准。

中央大学档案

国立中央大学校务会议记录（1933年3月15日）

时间：下午四时

地点：会议室

出席：卢恩绪、邹树文、孙本文、黄建中、汪东、罗家伦、童冠贤、张广舆

主席：罗校长

记录：张广舆

讨论事项：

一、大礼堂建筑人新□记加账一事，前经议决承认3 287.7元，该建筑人认为不满，应如何处理案

决议：加给500元作为了结。

二、图书馆增加阅览室并集中各院图书室案

决议:令基泰工程司参酌甲、丙两种图案设计建筑。

三、本校建筑校门案

决议:采取第六种图案,令基泰工程司设计建筑。

四、东北学生请求免缴宿杂费案。

决议:辽、吉、黑、热四省学生,其家属确居本籍、无法汇款者,本学期除赔偿损失费外,得免缴宿杂费。

中央大学档案

国立中央大学校务会议记录(1933年4月12日)

时间:下午四时

地点:会议室

出席:卢恩绪、孙本文、黄建中、邹树文、汪东、罗家伦、张广舆

主席:罗校长

记录:张广舆

讨论事项:

一、本大学大门工程应归何家承包案

决议:据查,最低第二标同济建筑公司,资本、技术均较最低。第一标恒记营造厂为优,定工期四十日,亦较任何投标者所定为短,且曾承造重大建筑,应即令其承造,并酌量核减标价。

二、规定本大学运动会日期案

决议:规定本月二十二日举行全校春季运动会。农学院学生一并加入全校运动会,不必另开。

三、川籍学生因灾区关系临时注册期满应如何办理案

决议:查川籍学生是否应按照灾区情形酌量免费,业奉教育部训令,由部查明核夺。在未奉部令以前,川籍学生暂准注册。如部令准其免费,自当遵令办理;如未蒙核准,应即如数照缴。如届时仍未按期照缴,本学期概不给予学分。

中央大学档案

国立中央大学校务会议记录（1933 年 4 月 21 日）

时间：下午四时
地点：会议室
出席：童冠贤、卢恩绪、孙本文、黄建中、邹树文、汪东、罗家伦、张广舆
主席：罗校长
记录：张广舆

讨论事项：

一、地质学系学生三人由李、巴两教授率领赴川调查，应否以缺席论案

决议：查此次本大学与全国经济委员会及地质调查所合组团体，探查四川地质及石油，系特殊性质。李学清、巴勒加两教授率领前往参加探查工作学生三人，所缺功课特许其不以缺席论，俟回校后准其补考。

二、本届招考新生应如何规定案

决议：

（一）本届招生注重质量，以宁缺毋滥为原则；

（二）绝对不招二年级生；

（三）三年级得按照学则规定收转学生；

（四）招生名额至多不得过三百五十名；

（五）招生时期按照教育部通令办理。

中央大学档案

国立中央大学校务会议记录（1933 年 5 月 22 日）

时间：下午四时
地点：会议室
出席：童冠贤、卢恩绪、孙本文、黄建中、汪东、罗家伦、张广舆
主席：罗校长
记录：张广舆

讨论事项：

一、呈教育部设立师资训练科并核准教育学院所拟该科预算案

决议:照所拟修正通过,并呈请教育部核示遵办。

二、整顿本大学一年级国文、英文案

决议:

(一)一年级必修国文定为"各体文选",学年试验拟取会考制,由文学院组织委员会办理之。

(二)成立全校基本英文委员会,设委员七人,由外国文学系主任及各院代表各一人组织之。以外国文学系主任为当然主席,主持全校一年级英文(外国文学系英文课目除外)教科教授法、考试成绩等事宜。凡一年级英文概取会考制。

中央大学档案

国立中央大学校务会议记录(1933年5月26日)

时间:下午五时

地点:会议室

出席:童冠贤、张广舆、罗家伦、汪东、邹树文、黄建中、孙本文、卢恩绪

讨论事项:

一、卫生教育科下学年是否应继续添办新班,并招收一年级生与三年级转学生案

决议:如卫生署来函要求,并允担任一切该班卫生课程经费及设备费时,本校得与协作续办新班,并招收一年级生与三年级转学生。

二、社会科学研究会请求津贴印刷费案

决议:本大学业经筹办丛刊,关于其他刊物确难津贴。

三、招生委员会事务所主任应请何人担任案

决议:招生委员会事务所主任,由注册组主任凌梦痕先生担任。

四、体育科四年级学生请求提前举行毕业试验案

决议:按照前次决议毕业生会考办法办理,碍难提前。

五、森林系学生请求于暑假期内前赴天目山实习及搜集,生物系学生请求于暑假期内前赴青岛采集案

决议:因学校经费困难,碍难照准。

中央大学档案

国立中央大学校务会议记录（1933年6月2日）

时间：下午五时

地点：会议室

出席：童冠贤、卢恩绪、黄建中、汪东、罗家伦、邹树文、孙本文

主席：罗校长

记录：孙本文

讨论事项：

一、江苏省政府电商续聘洛夫教授案

决议：查契约，本校并无担任洛夫教授薪金之规定。而本校在已往三年中，曾出薪金 18 000 元，但洛夫教授并未按照契约在中大办公，故续约问题与本校关系极小。如该教授下学年能实行在本校办公，并担任一种功课时，则本校愿参加续聘之协商。委托农学院院长前往商定条件后再行核议。

二、本届毕业生缺少军事训练课目，是否应准其毕业案

决议：呈请教育部训示遵行。

中央大学档案

国立中央大学校务会议记录（1933年6月26日）

时间：上午十一时

地点：会议室

出席：卢恩绪、黄建中、邹树文、汪东、罗家伦、张广舆、孙本文、童冠贤

主席：罗校长

记录：张广舆

讨论事项：

一、图书馆建筑工程应归何家承造案

决议：查工程委员会审查日期、标价、成绩、资本四项标准，选定张裕泰、新金记、申泰三家，择一承造。复查其中以张裕泰之日期为最短。此点关系本校学术应用甚大，如其能将包价减至本届所投最低之标价（124 685 元）时，得令张裕泰承造。

二、农学院请求加建教室案

决议：查农学院此次建造种子室及温室，标价不及原定预算之数。此项教室□为下学期所必需，自应准其建造，但建筑费不得超过一万元。

三、修正本校教员待遇章程案

决议：第九条修正如下："本大学专任教授薪额依照下表规定，凡初任教授者，自第六级至第四级支薪。担任教授著有成绩者，每二年得进一级，至第一级为止。"

1	400
2	380
3	360
4	340
5	320
6	300

又第十条修正如下："本大学专任讲师薪额依照下表规定，凡担任专任讲师著有成绩者，每二年得进一级，至第一级为止。"

1	280
2	260
3	240
4	220
5	200
6	180

四、修正本校助教服务章程案

决议：第四条修正如下："本大学助教月薪最低额为60元，每经一学年服务著有成绩者，得增加10元，至160元为限（如遇学校经费困难时，得停止加薪）。"

五、本校教授、讲师加薪案

决议：本大学本学年专任教授及专任讲师加薪原则如下：新聘专任讲师及讲师在第一年为试聘期，凡去年新聘教授及讲师薪金过低者，本年度得酌量改定，以增加一级为原则。

六、本校助教加薪案

决议：本学年助教加薪原则如下：本学年助教薪水得按照暂行服务章程第四条，经院长、系主任考核其成绩后酌量增加十元，凡上学年业经一次增加二十元者，本学年度得酌量停止加薪。

七、本校职员加薪案

决议:本学年度职员加薪原则如下:(1)薪额在一百元以上者,本年度以不加为原则;(2)薪额在一百元以下者,得按照其劳绩酌量增加。

八、实验学校请求将中小学校舍隔离并请求添建校舍一所案

决议:照办。其添建房屋经费由本学年度大学利息项下及江苏归还余款项下拨给,以2万元为限。

中央大学档案

国立中央大学校务会议记录(1933年10月6日)

时间:下午四时

地点:本校会议室

出席:罗家伦、孙本文、邹树文、庄长恭、马洗繁、黄建中、汪东、李善棠

主席:罗校长

记录:李善棠

讨论事项:

一、兹拟定本校职员名称薪俸等级表可否施行请公决案

决议:修正通过。

(一)凡工作确有成绩之事务员及技术人员,薪额为十元及五元一级者,每年得酌进一级。薪额为二十元一级者,每二年得酌进一级。

(二)凡学校经费有困难情事时,得停止进级加薪。

(三)凡事务及技术人员薪额进级,进至最高级薪额为止。

(四)凡事务及技术人员薪额进级,以在校服务满一年者为限。

二、本年度本校职员加薪标准应如何规定案

决议:

(一)本年度本校事务及技术人员,如工作确有成绩者,经考核后得酌予进级,但核定进级时须参考其上学年度已否加薪及其所加薪额。

(二)凡本年度各院系事务及技术人员薪额与新定标准未能尽合者,在本年度暂行仍旧。

(三)凡事务及技术人员上年度薪额过低而成绩特优者,本年度得酌予改定之。

中央大学档案

国立中央大学校务会议记录(1933年10月17日)

时间:下午四时

地点:本校会议室

出席:汪东、黄建中、马洗繁、卢恩绪、庄长恭、邹树文、孙本文、罗家伦、李善棠

主席:罗校长

记录:李善棠

讨论事项:

一、本校哲学系教授兼注册组主任凌梦痕先生因公受病以致死亡,应如何抚恤并纪念案

决议:

(一)查照学校职教员养老金及恤金条例,呈请教育部议恤。

(二)查凌先生因公致疾,赴沪就医,嗣因校务重要,迭电催回,复行力疾从公,因公以致死亡,牺牲壮烈,应加送薪水五个月,以示体恤。

(三)凌教授遗著,俟编订后由本校出版,以资纪念。其详细办法交出版委员会议定。

二、据凌梦痕先生遗嘱,愿将所藏书籍全部捐与本校,应如何办理案

决议:据凌教授遗嘱,愿将所藏书籍全部捐与本校,其家属复愿遵照遗嘱办理。本校俟其将该项书籍转赠到校时,予以接受,并在图书馆特辟书藏,以资纪念。惟查凌教授因公致死,身后萧条,并遗子女二人。虽死者及其家属有此盛意,不愿报酬,但本校为体念贫寒学者起见,应将所有书籍分请图书馆专家估价,由本校致送书价百分之六十作为遗孤教育金。

三、奉教育部电谕,在全国运动会期间本京各校得再行放假一日,其日期由各校分别决定,本校应于何日放假案

决议:定于本月十九日再行放假一日,以便全校师生前往参观。

四、本校学生毕业论文可否酌给学分案

决议:毕业论文得给予分数,但不给学分。

五、教育学院提本学期可以毕业之学生已读过《教育专题研究》者,可否免缴毕业论文案

决议:照准,但以本学期毕业者为限。

六、毕业论文成绩将来可否即由担任指导之教授评定,不另组委员会审查案

决议:仍行组织委员会审查评定之。

中央大学档案

国立中央大学校务会议记录(1933年12月19日)

时间:下午四时

地点:会议室

出席:邹树文、庄长恭、卢恩绪、马洗繁、汪东、黄建中、罗家伦、孙本文

主席:罗校长

记录:孙本文

讨论事项:

一、教育部令催呈送二十三年度预算应如何开列案

决议:

(一)明年预算请加至184万,即每月增加1万元。

(二)关于本校校址之新建筑,应即提出一临时预算,共180万元,分三年拨付,每月5万,专供建筑之用。

(三)第一期建筑为理、工、农三学院之用,推庄长恭、卢恩绪、邹树文三院长即行在该项预算限度以内草拟计划,估定经费数目。

二、实验学校下学期起添办高中一年级程度之补习班,请每月增加经费200元案

决议:现在本校经费支绌,碍难照准。

三、文学院社会学系劳动问题班拟赴无锡参观工厂,请求津贴案

决议:查该项参观并非绝对需要,本年学校经费异常支绌,所请碍难照准。

四、本届奖学金案内,查有吴健雄一名因所读理论化学及中级德文均系必修,注册组误作选修,应否援照教育学院环家珍、邹省华例取消奖学金资格案

决议:查该生所读理论化学及中级德文,均系必修,误作选修,兹经复核属实,应予取消奖学金资格。惟该生姓名业经公布,着准其仍行领受。至该项金额,应由该办事疏忽职员罚薪拨充。

五、农学院学生庄晓芳请求准予复学案

决议:查该生本学期请假超过三分之一,业定休学在案,所请碍难照准。惟姑念该生已修满128学分,特准予下学期注册上课,修足规定年限。

六、教育学院学生樊仲雯请求承认大夏大学一年级学分案

决议:查该生前在大夏大学肄业一年,考入本校,所有大夏大学一年级学分应由教育学院核给,并须于呈报毕业时请教育部核示。

七、连铭忠请求于本学期准予补行入学试验,以便改为正式生案

决议:查该生所请补行入学试验于学年中碍难举行,俟二十三年度举行新生入学试验时准其补考,如及格后得追认其所修学分。

八、军事教育主任萧健请于下学期增收军训学生制服费四元,并将所收军用书籍费俟军训完毕发还案

决议:查增收制服费与本校学则规定不符,碍难照办。至军用书籍费俟军训完毕发还一层,应予照办。

中央大学档案

国立中央大学校务会议记录(1934年1月9日)

时间:下午四时

地点:本校会议室

出席:汪东、马洗繁、邹树文、卢恩绪、孙本文、庄长恭、罗家伦、李善棠

主席:罗校长

记录:李善棠

讨论事项:

一、除文学院外国文学系外,其余各院系外国文课程应如何集思广益以求适合各院系需要案

决议:组织外国文教材标准委员会研究及审定各项外国文教材,并随时考核其推进状况及其成绩。由每院推举教授二人组织之,以外国文学系主任为当然委员。

二、理学院选科指导书应如何决定案

决议:大体通过,附以下修正诸点。

(一)四年级学生须提出研究论文;

(二)党义、体育及军事训练学分须于表内列举;

(三)外国文连选年限须俟最后商定再行取决;

(四)地理系地图绘法、地形学与测量学排列先后问题,应由地理系会同工学院重行商定;

(五)地质与生物两系一年级学分,除党义、体育、军事训练外,已超过二十学分,应行修正;

（六）国文下应用括弧加注"各体文选乙",英文应改称"基本英文";

（七）前项课程标准,从本学年度一年级起,应完全实行。至本年度三、四年级课程,则应设法充分采纳。

中央大学档案

国立中央大学第七次校务会议记录（1934年3月13日）

时间：三月十三日下午四时

地点：本校会议室

出席：汪东、卢恩绪、艾伟、庄长恭、邹树文、陈剑修、罗家伦、李善棠

主席：罗校长

记录：李善棠

讨论事项：

一、本届应毕业学生周石泉等因筹办本届毕业纪念册,请求酌予津贴,应如何办理案

决议：查此次纪念册,如系本届全体毕业生举办,得准予津贴三百元,并规定办法如下：

（一）该项纪念册须包括全校毕业各班；

（二）不得向教职员强请捐助；

（三）得发行预约券,以便在校师生自由购买；

（四）纪念册文字及插画须庄重、正确,其全部稿件应先经本大学审定。

二、农学院成贤街农场内陈列室左侧后平房住有助教林汝瑶家眷,失慎被焚,应如何办理案

决议：应由大学本部会同农学院估计损失数目,令林助教赔偿。菊厅系办公地点,不准住宿。

三、教育学院查复关于学生萧云凌请求提前毕业一案,经审查结果,拟请援照樊仲雯例办理可否照准案

决议：应予照准。

四、工学院机械系三年级学生十五人拟于春假内赴上海、杭州两地考查各工厂请酌予补助,又化工系三年级学生拟于春假赴上海各工厂考查,请拨予津贴,应如何决定案

决议:按照实习调查补助费规则办理。

中央大学档案

国立中央大学第十一次校务会议记录(1934年4月20日)

时间:四月二十日下午四时
地点:本校会议室
出席:汪东、卢恩绪、马洗繁、庄长恭、陈剑修、罗家伦、李善棠、邹树文
主席:罗校长
记录:李善棠

讨论事项:

一、凌梦痕先生遗书,据图书馆专家估计结果,其最低数目为洪范五先生之估计,约为12 000元。兹按照二十二年十月十七日本会决议致送书价百分之六十,酌还书价7 000元为凌先生遗孤教育金。所有一切点运书籍手续,交由总务处会同图书馆办理。

二、庶务组拟具建筑学生宿舍计划可否采用,请公决案

决议:原则通过,但建筑费以7万元为限。其中3万元由崇德公司退还押租支给,5 000元由下年度应付崇德公司租金项下支给,不足之数由本校向银行商借。以后即由每年应付租金项下偿还。关于一切设计事项,另组织委员会办理。

三、新宿舍建筑委员会应如何组织案

决议:聘请陈剑修、卢孝侯、戴居正、虞炳烈、刘福泰、熊文敏、李善棠七先生为委员,由李善棠学生召集之。

四、学生朱纮、杨泽球、朱育珩、张承基由注册组调查本学期确未到校注册,亦未请求休学,应如何办理案。

决议:应令退学。

五、学生甄承理前由农化系转入医学院肄业,现拟转入生物系二年级,应如何办理案

决议:该生呈请复学一节,事隔两年。且本校学则有凡学生转院系以一次为限,不得请求再转他院系或回本院系之规定,碍难照准,着令其于下学年按照转学生规定投考。

中央大学档案

国立中央大学第十七次校务会议记录(1934年6月5日)

时间:六月五日下午四时

地点:本校会议室

出席:汪东、卢恩绪、马洗繁、艾伟、邹树文、陈剑修、罗家伦、李善棠

主席:罗校长

记录:李善棠

讨论事项:

一、艾院长提议艺术科新生可否免试算学、理化、生物三项,加试艺术科目案

决议:可免试算学、理化、生物三项。但图画组、国画班须加试:(1)中国美术;(2)绘画理论;(3)实象复写;(4)作画。西画组须加试:(1)中国美术;(2)绘画理论;(3)石膏写生;(4)几何画。音乐组钢琴班须加试:(1)音阶与和音序之演奏;(2)钢琴曲之演奏;(3)琴谱之初视奏;(4)普通乐学。弦乐器班须加试:(1)弦乐器曲之演奏;(2)琴谱之初视奏;(3)普通乐学。唱歌班须加试:(1)发音及音域之测验;(2)音别与音阶及和音序之试唱;(3)曲谱之初视奏;(4)普通乐学。此项办法试办一年,他系不得援例。

二、法学院及教育学院转学生可否均加口试案

决议:均加口试。

中央大学档案

国立中央大学校务会议记录(1934年9月7日)

时间:九月七日下午三时半

地点:本校会议室

出席:罗家伦、艾伟、陈剑修、马洗繁、邹树文、卢恩绪、李善棠

主席:罗校长

记录:李善棠

讨论事项:

一、工学院各系新生缺额是否应以未指定系别之学生递补案

决议:工学院各系新生缺额应以未指定系别之学生递补,其已经指定系别者,

按照本校榜示办理。

二、政治系学生詹树千因限于闽教厅补助条例请求转系可否照准案

决议：所请与本校学则第廿五条第一项相抵触，碍难照准。

三、选修兵工化学讲演学生应否给予学分案

决议：查该课系请兵工署各专家担任，情形特殊，如经选修并按期听讲者，应以及格论，予以学分。

四、中央执行委员会函送先烈陈英士先生遗孤陈祖龢请准予入学案

决议：查陈祖龢系先烈陈英士先生遗孤，曾在复旦大学教育系肄业一年，既经中央执行委员会特别函送，且陈英士先生为党国元勋，为崇德报功计，应予其遗孤以教育机会，着准其在本校一年级先行试读。如学课成绩及格，并补受下学年度入学试验及格后，方得改为二年级正式生。

五、成立外国文教材标准委员会并推定委员案

决议：推定范存忠、方东美、张沅长、张江树、孙宗彭、萧孝嵘、张士一、陆志鸿、孟心如、周承轮、魏喦寿、赵之远、吴干诸先生为委员，并推定范存忠先生为主席。

六、川籍学生陶仲侃等请求准予免费注册案

决议：事关功令，碍难照准，着限其于一星期内照章缴费注册。

中央大学档案

国立中央大学校务会议记录（1934年10月5日）

时间：十月五日下午四时

地点：本校会议室

出席：罗家伦、艾伟、陈剑修、马洗繁、邹树文、孙光远、卢恩绪、李善棠

主席：罗校长

记录：李善棠

讨论事项：

一、关于本年度新生有因录取院系与志愿不合请求愿于明年改院系，仍作一年级新生一案，业于本年九月二十八日决议在案，兹据注册组签呈复议，应即修改如次：凡请求转院系者按照学则第25条办理，如所转之系与原系性质相近，所有一年级应修课目多已读过者，应按照廿三年六月十四日校务会议议决案办理；如所转系与原系性质相差过甚，所有一年级课目多未读过者，应将所转入系之一年级应修未修课目重行读起，不得延期修习或超过每学期规定应选习学分之限度。至系别性质及转系后修业年限，由所转入院系之院长、系主任及教务长、注册组主任审核决

定之。既经决定,不得请求更改。

二、农学院学生柯象寅为修学期满,请准予提早毕业案

决议:查该生由本校考取为二年级生,现在校肄业,至本学期已满七学期,而农艺系必修及主要选修课目均已读过,如本学期终考试成绩及格后准予办理毕业。

三、农学院学生欧世璜请追认沪江大学之学年,准予提前办理毕业案

决议:查该生原系二年级转学生,曾在沪江大学肄业一年,现在校将规定学分修毕,姑准承认沪江大学期间半年。如本学期终考试成绩及格后,准予办理毕业。

四、法学院学生耿文田请免予补修英文以便毕业案

决议:复查法学院规定,自十九年度英文方改为必修课目,该生应修英文期间,系在十九年度以前。如该生总分数修满及格,得予办理毕业。

中央大学档案

国立中央大学校务会议记录(1934年10月16日)

时间:十六日下午四时
地点:本校会议室
出席:汪东、孙光远、马洗繁、艾伟、卢恩绪、陈剑修、罗家伦、李善棠
主席:罗校长
记录:李善棠

讨论事项:

一、奉教育部训令,准外交部咨转意大利近东与远东学院拟津贴中国学生两名赴意留学,令仰酌量选送呈部核定案

决议:公布征求合格员生,限三日内到注册组报名,按照成绩保送。

二、齐牖民呈送甘肃教育厅保送函恳请准予入学旁听案

决议:本学年注册期间早过,碍难照准。

三、学生柏映湖、王元良二名未经请假,亦未到校。濮齐伟、葛云章、张芬、凌葵芳、王树枫、谢瑞恒、王毓钧、谢立桁、桂德用、芮迪敞、潘德寿、冯述光、赖成梁、阵邦凡、王美丽、戴剑峰、钱参等十七名休学期满,仍未复学应如何办理案

决议:按照学则第七条及第廿一条办理。

四、规定新生及转学生在校肄业及毕业年限案

自廿二年度起,凡考入本校之新生及转学生应按照录取年级肄业,修满规定年限及学分后方得毕业,不得请求以原校肄业年级及所修学分抵补缩短在校肄业年限,提前毕业。

五、本校校徽应如何改定案

决议：以后每年换发一次，前面注明中华民国年月，背面注明适用期间至某年九月十日止。其颜色另定之。

中央大学档案

国立中央大学校务会议记录（1934年10月31日）

时间：卅一日下午四时

地点：本校会议室

出席：汪东、孙光远、马洗繁、艾伟、邹树文、陈剑修、罗家伦、李善棠、卢恩绪

主席：罗校长

记录：李善棠

讨论事项：

一、曾蔚莪请求恢复学籍案

决议：转呈教育部核示。

二、图书、仪器、实习等费应如何分配案

决议：

1. 各院图书仪器实习费本年度总额定为141 720元，比去年预算减少17 320元，由各院按照去年预算比额摊减。

2. 农学院预算总额仍定为228 000元，其不足之数以其全部收入抵充。

3. 理学院图书仪器费不足之数，由洛氏基金及文化基金存款补充，但仍以其指定之系为限。

4. 本年度已支之费，当然由本年度预算项下扣抵。

5. 各院图书仪器费总数，仍存本校总户，但由会计组分别各院专簿。凡每院未曾用尽之数，概予保存，任其在原则项目以内支配，不能移作他院之用。凡超过该院预算数目之时，即由会计组通知该院，不再支给。

6. 因本校经费系按期具领，各院图书仪器亦应分期订购，以资周转。

7. 会计组应将各院图书仪器实习费所支款额及其本年度已支应支总数按月通知各院。

8. 由会计组通知各院系经济困难情形，请其从速撙节。

中央大学档案

国立中央大学校务会议记录(1934年11月27日)

时间:廿七日下午四时
地点:本校会议室
出席:汪东、马洗繁、艾伟、卢恩绪、邹树文、陈剑修、罗家伦、李善棠
主席:罗校长
记录:李善棠
讨论事项:
一、外国文学系提请基本英文一课拟每学期每周增加授课时间一小时,仍作三学分计算案
决议:通过,于下学期起实行。
二、外国文学系提请规定各院系学生选修第二外国文年限案
决议:
甲、除外国文学系另有规定外,其余各院系第一年级学生不得选修第二外国文。
乙、凡选习第二外国文者,文、法两院学生对德、法文必须连选三年,对日文必须连选二年。理、农、工、教育四院学生除另有规定必须连习三年者外,其余对德、法、日文必须连选二年,否则不承认其各该课学分。
三、组织图书委员会案
决议:按照下列四项原则,由教务长草拟章程,再行提议。
1. 对于调查、采访、征集、交换图书刊物事宜,予以协助;
2. 对于图书分类事宜,予以专门学术上之协助;
3. 关于大宗图书购置之特别交议事项;
4. 关于各院系建议图书馆改进事项。

中央大学档案

国立中央大学校务会议记录(1935年1月18日)

时间:十八日上午九时
地点:本校会议室

出席：孙光远、艾伟、卢恩绪、邹树文、陈剑修、罗家伦、汪东、李善棠

主席：罗校长

记录：李善棠

讨论事项：

一、国立中央大学研究所章程业经拟定请鉴核案

决议：修正通过，即行呈报教育部。

二、设立研究所筹备委员会案

决议：推定罗家伦、孙光远、邹树文、陈剑修、艾伟五先生为筹备委员。

三、设置训育委员会案

决议：根据下列原则由陈剑修、李善棠二先生草拟章程候核。

甲、由每院推举专任教授二人组织之。教务长、总务长、注册组主任、庶务组主任、女生指导员为当然委员。开会时以教务长为当然主席，庶务组主任为当然秘书，各院长得随时出席。

乙、职权：

1. 关于本大学训育推进事项；

2. 关于维持本大学风纪事项；

3. 关于学术生活指导事项；

4. 关于宿舍秩序整顿事项；

5. 关于学生课外作业指导事项；

6. 校长交议事项。

四、教育部介绍土耳其国人赖毅夫入学请查照办理案

决议：准其来校随班听讲。

五、因二十年度下学期休学降级之学生应如何重编年级案

决议：该生等如能在八学期内修毕总学分及必修学分，即可准予毕业。但学校不为该生等另设班次。

六、外国文学系拟请设置补习英文一课目，每周三小时，不给学分，该课目为基本英文不及格者所必读案

决议：照办。

七、音乐组学生拟于毕业前赴平津一带旅行，请求发给津贴案

决议：碍难照准。

中央大学档案

国立中央大学校务会议记录（1935年2月16日）

时间：十六日下午二时
地点：本校会议室
出席：汪东、孙光远、罗家伦、马洗繁、艾伟、陈剑修、邹树文、李善棠、卢恩绪
主席：罗校长
记录：李善棠
讨论事项：
一、毕业生朱孔阳愿来校听讲，请准照前例准予注册案。
决议：照准，令其缴费注册。
二、外国文学系学生徐世廉请以性质相同之他课代替莎士比亚案。
决议：查该生所缺必修莎士比亚课目，因在该生应行补修时期，本校未曾开班，姑准由外国文学系指定其他性质类似之课目而学分数目相同者代替。
三、中国文学系学生张丕环请求将其在清华大学借读之一学期准予作一学期计算案。
决议：查该生在清华大学借读，系在特殊情形之下，经本大学准许而清华大学只准其选读八学分，亦系实情。姑准其将借读之一学期并入规定毕业学期总数以内计算。
四、社会学系学生李涤生曾在日本早稻田大学肄业一年半，因无成绩单，转入本校后共读七学期，计尚差总学分十二有半，可否承认其在早稻田之一学年，或令其设法补读所缺学分案。
决议：查该生系于九一八事变以后由东北大学转入日本早稻田大学，复于本校招收东北学生时期转入本校。兹复查其在早稻田大学之第二年及证书属实，准其按照该期所收东北学生办法承认其在早稻田大学所修之一学年。至其所缺学分，除该生在编级试验及格之社会学原理及社会心理学九学分予以承认外，其余缺少之三学分半，应令其本学期补修足额后，方得办理毕业。
五、上学期考试三分之一不及格学生不能补考，因之不能选读一年课目，应如何办理案。
决议：查学则第十四条第一项、第二项及第八项本系联系规定，自应合并执行。惟查本校下学年无四年级，为顾全特殊事实起见，姑准四年级学生有涉及前项情形者，暂行留班试读。至现在一、二年级学生，仍照学则前条三项严格办理。

六、查宿舍内禁止留宿外人、不得燃煮食物,并须遵守编定榻号次序等项规定,均系出自维持全体学生之学业及公共安全与秩序之深意,曾经一再布告并公开劝导在案。乃查学生封景孚擅留外客二人至数日之久,并连日在室燃煮食物,复不守编定榻位次序,实属有犯校规,违碍公益。本应令其退学,姑念该生已届第四年级,着从宽记两过,留校察看,并取消其寄宿资格,以示惩戒。此布。

七、查本大学于经济困难情形之下,几经筹措,方得将新宿舍二所于寒假期内完成。如一切道路、膳食、交通问题,正在积极筹设,纵有时间经济之限制,但凡有益于学生学业修养者,本大学无时不在注意之中。但宿舍一切规定,既经校务会议议决公布者,非经校务会议议决、校长批准,概不变更。除令由本大学公务人员负责执行外,务望诸生严格遵守,以重校纪。如有正当意见,自可经合法手续负责陈述,毋得擅立名义,徒滋纷扰。特此恳切郑重布告周知。此布。

中央大学档案

国立中央大学校务会议记录(1935年3月5日)

时间:三月五日下午二时

地点:本校会议室

出席:汪东、孙光远、马洗繁、邹树文、陈剑修、罗家伦、李善棠

主席:罗校长

记录:李善棠

讨论事项:

一、关于本学年学生实习调查办法决定原则如次:

(1) 本学年学生实习调查办法,暂照原定实习调查补助费规则办理。

(2) 二年级学生本学年概不得作实习调查。

(3) 四年级学生之请求作实习调查者,仍须提由校务会议严格审查,经核准后方得举行。凡本校认为无实习调查之必要者,概不予允许。

(4) 凡领导学生实习调查之教职员,概以一人为限,其所支旅费,暂按教职员公出旅费规则办理。但所领旅费不得超过规定限度,期限不得超过春假七日之期限。

(5) 凡实习调查期间,概限于春假期内,凡逾期未到校上课者,概以缺课论。

(6) 凡人数过少之系科,学生经准许作实习调查者,应附其他系科作实习调查,概不得专请教职员领导。

中央大学档案

国立中央大学校务会议记录(1935年3月19日)

时间:三月十九日下午二时

地点:本校会议室

出席:汪东、孙光远、马洗繁、艾伟、卢恩绪、邹树文、陈剑修、罗家伦、李善棠

主席:罗校长

记录:李善棠

讨论事项:

一、崇德公司函商借款三万元,在六个月内归清,并认借息金,拟请将第二宿舍房屋及器具点交,以便看管案

决议:由该公司觅具银行负责担保,如期付清后方得将房屋点交。在退租以后,三万元付清以前,所有三万元之利息(定为九息九厘)应由该公司按月付给本校,以重公款。

二、法律系主任曹祖蕃教授在职病故应如何抚恤案

决议:按照成例,于本月薪俸外致送三个月薪金。

三、本校各系四年级学生请求于春假参观考察者列表如左,请予决定案

系别	年级	参观或考察地点	决议
中国文学系	四	北平或杭州	碍难照准
物理系	四	北平	碍难照准
化学系	四	上海、无锡	碍难照准
化工系	四	京沪一带	照准,按照实习调查补助费规则及三月五日校务会议规定办理
建筑系	四	北方各省	
土木工程系	四	北平、天津、济南、曲阜、南口	
电机系	四	上海	
机械系	四	平津、塘沽、南口、唐山	
史学系	四	会稽、宁波、镇海	碍难照准
音乐组	四	津浦一带	碍难照准

四、学生不及格学分满全部选修学分三分之一者,应如何编升年级案

决议:凡学生不及格学分满全部选修学分三分之一者,于编升年级时应注明"暂编"字样。

中央大学档案

国立中央大学校务会议记录(1935年3月26日)

时间:廿六日下午三时
地点:本校会议室
出席:汪东、孙光远、马洗繁、艾伟、卢恩绪、邹树文、陈剑修、罗家伦、李善棠
主席:罗校长
记录:李善棠

讨论事项:

一、本校各系四年级学生续行请求于春假参观考察者尚有左列数系,请决定准驳案

系别	年级	地点	决议	人数
教育系	四	苏、锡、沪、杭	照准	39
心理系	四	华北各地	碍难照准	5
农艺系	四	陕西	照准	12
农艺系	四	邹平	照准	10
农艺系	三	邹平	碍难照准	2
森林系	四	沪杭	照准	11
农化系	四	平津	照准	9
农化系	三	苏杭	碍难照准	1
蚕桑系	四	山东	照准	4
园艺系	四	平青	照准	7
畜牧兽医系	四	上海	照准	7
法律系	四	山东、北平	照准	20
政治系	四	日本	碍难照准	15
经济系	四	沪杭	照准	12
社会学系	四		照准	10
生物系	四		照准	

二、兹决定教职员服务规则两条应即补入,并于发聘书时统附规则一份

1. 凡本大学教职员利用本大学设置或受本大学经济补助所得采集、培植、调查、设计、制造之成绩品,概为本大学所有,于离职时应一律交由本大学保存应用。

2. 凡本大学教员之著作品,除有尽先交由本大学发表之义务外,如在他处发表时,应声明系在本大学时之著作品。

三、本校刊物之译名决定如次：

1. 《文艺丛刊》＝ The Studies in Liberal Arts
2. 《社会科学丛刊》＝ The Social Science Research
3. 《农艺丛刊》＝ The Agricultural Research
4. 《教育丛刊》＝ The Educational Research

中央大学档案

国立中央大学校务会议记录（1935年5月3日）

时间：五月三日下午二时
地点：本校会议室
出席：汪东、孙光远、马洗繁、艾伟、卢恩绪、邹树文、陈剑修、罗家伦、李善棠
主席：罗校长
记录：李善棠

讨论事项：

一、农学院森林系助教陈谋因奉派赴云南边境采集标本，身染瘴疠，在途殒生，应如何筹议抚恤案

决议：

1. 本校抚恤致送薪金三个月；
2. 请教育部照因公殒命例给恤；
3. 受本校遣派身入瘴地，因公殒生，得由本校拨给专款料理其身后事宜；
4. 其遗女三人将来如能考入实验学校时，应一律免收学宿杂费；
5. 通知本校森林、生物两系及科学社之生物研究所，对于其所采集之标本定名时，应尽量加用陈谋名字，以资纪念。
6. 由本校同人为之发起募捐会，为其遗孤筹募教养费。

二、招生事务所应如何设立案

决议：招生事务所应即设立，并请王凤喈先生为该所主任。

三、据 North Carolina University 校长 Graham 来电，请本校张沅长教授与该校 Ericson 教授交换为英文教授，本校应否接受案

决议：接受 North Carolina University 所提办法，并保留张沅长教授在交换期间之教授资格及年资。

四、甘肃省教育厅请将保送学生赐予成全案

决议：如该二生前来应试及格，自当准其为正式生，否则准其按照教育部所定《修正待遇蒙藏学生章程》办理。

五、本月十、十一两日江大运动会在本校举行，应否放假案

决议：不放假。应布告如次：查本月十、十一两日下午江大运动会在本校举行，遵照部章，不得放假。惟体育科学生及本校选手参加者，不以缺课论。

六、学生胡文镠请于今夏毕业法律系后准予无条件入电机系一年级肄业案

决议：该生普通入学试验成绩自应承认，但必须应工学院入学试验加试课目及格后，方准其转入电机系一年级。

中央大学档案

国立中央大学校务会议记录（1935年5月21日）

时间：廿一日下午二时

地点：本校会议室

出席：孙光远、马洗繁、艾伟、邹树文、卢恩绪、陈剑修、罗家伦、李善棠、汪东

主席：罗校长

记录：李善棠

讨论事项：

一、教育部训令本校添办医学院并于下年度开始招生案

决议：遵令办理，并于本届招生简章内加入招收医学院学生一项。

二、体育科请增加招生地点案

决议：查照前届招生经验，复核本届经济情形，未便通融办理。

三、本学期毕业考试委员会应如何组织案

决议：呈请教育部拟聘汪懋祖、辛树帜、梅汝璈、陈可忠、黄秋岳、须恺、钱天鹤、楼光来、李学清、萧孝嵘、李寅恭、陈章、夏敬民、汪东、艾伟、马洗繁、孙光远、卢恩绪、邹树文、陈剑修、罗家伦廿一位先生为本届毕业考试委员会委员。

四、关于审查本届毕业学生缺修必修课目，拟定原则四项如次：

1. 凡学校未开之必修课目，得准其以他项性质相近之课目替代。

2. 凡已修而考试不及格或中途自行放弃者，必须补修完毕后方能办理毕业。

3. 凡确因特别情形，如两必修课目时间冲突关系致未能修习者，得由教务长及院长会同考察情形，酌量准予以性质相近之课目替代。

4. 以上各条系本学期临时救济办法，以后概不为例。

五、拟加推杨希震、吴懋聪、张振宇为本校新生活运动委员会委员案

决议:通过照聘。

中央大学档案

国立中央大学校务会议记录(1935年6月14日)

时间:十四日下午二时

地点:本校会议室

出席:汪东、孙光远、艾伟、卢恩绪、陈剑修、邹树文、罗家伦、马洗繁

主席:罗校长

记录:马洗繁

讨论事项:

一、据司法院来函称全国司法会议定九月十六日开会,请派一人出席案

决议:推赵之远先生为代表出席。

二、中法教育基金董事会本校代表人选案

决议:推罗校长为本校代表。

三、图书委员会议决:本校学生于离校时应将所借图书缴清。如系一、二年级学生,必须将图书缴清后下学期方得注册;如系毕业生,必须缴清后方得由本校为其呈报毕业成绩。应如何处理案

决议:照图书委员会决议案办理。

四、下年度一年级学生集中军训,部定于五月十一日开始,本校学历应如何规定以弥补所缺授课时间案

决议:

1. 每学期学生报到、缴费、注册、选课期间,应尽量缩短。在规定上课之日,全校各班应一律实行点名上课。

2. 废止春假。

3. 暑假开始提早一星期。依照以上原则,修正通过本大学廿四年度学历。

五、心理学系提出修改课程六项,应如何规定案

决议:除第六项内容应与理学院算学系商定勿庸修正外,其余五项照原提案通过。

中央大学档案

国立中央大学校务会议记录(1935年7月6日)

时间:七月六日下午三时
地点:本校会议室
出席:卢恩绪、孙光远、邹树文、艾伟、汪东、马洗繁、罗家伦、李善棠
主席:罗校长
记录:李善棠
讨论事项:
一、关于本校研究所,决定原则三项:
1. 研究所学生应有必修学分,其学分数目再行商定。
2. 研究所算学、农艺两部均遵令先行成立,本学期算学部先行招生,农艺部筹备于本学年下学期招生。
3. 两院院长均兼该院研究所主任。
二、关于二十四年度弥补亏空办法,决定:
1. 各学院(农学院除外)本年度图书仪器费统照二十三年度预算数目减少百分之二十,即按预算数目实支,不得超过。
2. 农学院经费照二十四年度数目减少一万元。

中央大学档案

国立中央大学校务会议记录(1935年7月30日)

时间:七月三十日下午三时
出席:卢恩绪、孙光远、马洗繁、陈剑修、罗家伦、李善棠
主席:罗校长
记录:李善棠
讨论事项:
一、关于蒙藏及边远省份学生入学,决定四项办法如次:
(一)凡蒙藏学生及边省学生合于《修正待遇蒙藏学生章程》之规定而经保送来校旁听者,必须经过本大学之编级试验。其程度如本大学认为不能在大学本科随班旁听者,应令其在实验学校补习,俟其补习期满,复经编级试验及格后,方得在

本大学为旁听生。

（二）前项学生编级试验，由本大学于开学前举行之。该项试验应以笔试为主体。

（三）凡前项旁听及补习学生，如不参加所选修及应补习课程之规定试验者，即取消其在校旁听及补习资格，令其离校。

（四）凡经两届规定试验，其不及格学分逾学则规定数目者，应即令其离校。

二、二十三年度毕业生仇鸣佩请求继续在校肄业案

决议：审查该生成绩合格，应按照《毕业生继续在校肄业暂行办法》照准。如该生下学期不在本大学肄业时，本大学应通知该生有关系之奖学金机关，以示本大学与学术团体合作之诚意。

三、关于学生第三宿舍，决定三项办法如次：

（一）查学生第三宿舍年久腐朽，叠经工程师勘商，认为危险异常，应即标价拆卖。

（二）学生第三宿舍原有地址，应即拨归医学院，为改建该院之用。

（三）凡寄住学生第三宿舍者，应一律于八月二十日以前迁出。

四、本校教职员宿舍水电等项消耗甚巨，而且各舍租金负颇不平均，兹改定各宿舍租金金额如下，着自九月一日起实行：

教职员第一宿舍	恢复原有租金
教职员第二宿舍	三元五角（住一人），四元（住二人）
教职员第五宿舍	二元五角（住一人），三元（住二人）

五、本大学业经规定不供给教职员住眷宿舍原则，兹决定整理现有住眷宿舍办法如下：

（一）凡系由本校代租之宿舍，其租金概由居住该宿舍之教职员分担，本校不予津贴。

（二）水票一律取消，电费概由各家装置总分电表，直接向电厂纳费，本校概不供给。

（三）工役及杂项用费，本校一律停止供给。

（四）第三、第四宿舍均于本年十月满租，如现在居住该宿舍之教职员自愿按照前项办法，联合续租时得由校代为继续承租，否则届期不再续约。

（五）第九宿舍于满租时亦按照第四项办法办理。

（六）本校自有产权之第六、第七宿舍，如本年所招新生足在现有宿舍容纳时，得继续作为教职员住眷宿舍一年，其租价应按市价重新估定，并先尽薪水较低之教职员承租，其一切供给概行按照第二、第三两项规定停止。

六、兹决定整理教职员宿舍办法如下：

（一）教职员第一宿舍应改为教授寄宿舍，先尽专任教授及讲师之无眷属在京者居住。

附带决议一：凡非专任教授、讲师之已住教职员第一宿舍者，在整理期内得暂准其继续租住，以后该项房屋空出时，凡非专任教授、讲师不得补入。

附带决议二：凡遇有专任教授、讲师有迁入教授宿舍居住之必要时，本大学得随时请前项非专任教授、讲师之住入教授宿舍者迁让。

附带决议三：凡专任教授、讲师年事过高或住宅离校太远，经本大学认为有实际在校预备教课之必要者，于前项教授宿舍有余屋时，经合法登记手续，得许其暂行租住。

（二）凡住教授宿舍者，概不得容留外人居住。如有前项情事时，本大学应即令所留住之外人迁出。

（三）凡住教授宿舍者，概不得以所住宿舍转让他人。

（四）教职员之欲住宿舍者，须先登记并须依照舍务股通知承租入住。

（五）宿舍内规定用具不得增减，如嫌简陋，自愿添置者听便，但须将自备之件通知保管股登记，以资识别。

（六）宿舍房间规定住宿人数不得变更。

（七）宿舍内概不得自行烹煮，以免危险而重卫生。

（八）住宿舍之教职员如有重要银钱物件，须自行妥为保管或交附近银行存储，以免意外。

根据前项原则，拟定章程。（其中并专定一条，以不供给有家眷之教授、讲师宿舍为原则。）

七、关于消耗品问题，决定办法如下：

（一）教职员非因公务，概请不用公物。

（二）凡非办公室内实际办公用品，本校一律不予供给。

（三）凡各系科应领办公用品，概须由院领取。

（四）凡办公室内用品，应规定数量限制，凡超过者不得发给。

（五）凡办公处公物，除绝对消耗品外，于离职时必须由原负责人交代清楚。

（六）凡消耗品之可以缴还损旧物件者，于领取新物品时必须将原件缴还，如有遗失旧物时，须由负责领取人于领物单上声明。

八、关于本校卫生室，决定整理办法如下：

（一）卫生室供给药品以教职员、学生、校工本人之来就诊者为限。

（二）药品种类以本校所有而认为普通常备之药品为限，凡贵重药品概须自备。

（三）校医概不出校应诊。

九、兹经决定：

（一）艺术科所有教授、学生所用纸布画笔油墨等件，概须由本人自备，本校概不发给。

（二）艺术科教员学生所作图画，除交由本校保存作成绩品归为校产外，其余概不得由本校装裱。

中央大学档案

国立中央大学校务会议记录（1935年8月31日）

时间：卅一日下午三时

地点：本校会议室

出席：戚寿南、孙光远、马洗繁、艾伟、卢恩绪、邹树文、陈剑修、罗家伦、李善棠

主席：罗校长

记录：李善棠

讨论事项：

一、一年级女生制服定为：

	1. 蓝布长旗袍	二件	
于受军事看护训练加着	2. 白围裙	二条	由校代制
	3. 白方巾（一尺五寸方）	二块	
	4. 黑低跟鞋	自备	
	5. 深灰色袜	自备	

由女生指导员会同庶务组办理，应缴制服费用定为每生八元，于入学时随征。

二、现因教职员宿舍性质范围业经重行规定，而租金数目亦复有所变更，凡已登记而未曾住入宿舍者，或未登记而愿住入宿舍者，均请于九月九日起向舍务股重行登记，以后按照登记次序，遇有空屋时即行补入。但遇有专任教授无眷属在京，曾经登记未曾住入而本学年仍愿住入宿舍者，经向舍务股声明登记后，得查明其以前登记时间先后，按照其以前次序递补。惟此项声明时期于开始登记后一星期为限。

三、本校庶务组拟改为事务组案。

决议：通过。

四、廿三年度毕业生柳定生、王绍林呈请留校继续肄业案。

决议：照准。

五、一年级体育科学生万绍文请改入卫生教育科案。

决议：审查该生所报第一志愿为卫生教育科，且其成绩可以及格，应准其改入卫生教育科。

六、蒙藏委员会及甘肃省政府等机关保送学生16人入校旁听，经校务会议议决须受编级试验，此项试验应如何举行案。

决议：

1. 推定陈剑修、艾伟、马洗繁、孙光远、范存忠五先生为考试委员；
2. 试验课目定为英文、国文、算学、口试四种；
3. 试验日期定为九月四日，由注册组通知各生。

中央大学档案

国立中央大学校务会议记录（1935年9月24日）

时间：廿四日下午三时半

地点：本校会议室

出席：汪东、孙光远、戚寿南、马洗繁、艾伟、卢恩绪、邹树文、陈剑修、罗家伦、李善棠

主席：罗校长

记录：李善棠

讨论事项：

一、查法学院经济系学生周曾骐（另名周峥杰）于本月二十一日以新闻记者名片学生资格迳谒医学院戚院长，擅冒学生团体名义，手持诬蔑传单草稿，意图敲诈。当经戚院长严词拒绝，并报告本大学在案。嗣又迭次电话追询答复，于二十二日函致戚院长，假借理、教、农、工四院学生名义，冒称校外机关有人主持，危词耸听，要求款项。似此招摇撞骗之行为，不特厚诬全校同学，而且牵涉其他机关之名誉。违法干纪，莫此为甚。此类害群之马，断不能见容于本大学。除将证件存案以便随时查究外，周曾骐着即开除学籍，以肃校纪，应即布告。

二、兹决定本校二、三、四年级不受军训学生缺席纪念周办法，原则如下：

（1）一次通知；

（2）二次警告；

(3) 三次至五次每次扣总平均一分；

(4) 五次以上不到，下学期编入第一年级宿舍，重受军事管理；

(5) 如同日其他学课并未请假而专请纪念周事假者不准，凡未准假而缺席者，以无故缺席论；

(6) 请病假应有医生证明。

按此原则起草章则公布。

三、园艺系休学生朱积耒请求复学案。

决议：查该生业于廿二年除名，所请碍难照准。

四、军事教育科请将本年度应受军事训练之学生移住一队于第一宿舍案。

决议：查第一宿舍仅住应受军训之学生24人，应令迁入第五宿舍居住，以便集中训练。南舍榻位不敷分配时，应将东舍之107、108、109、110、111 五室划归军事管理范围，其原住该室之高年级学生，由管理员就东舍及北舍空出之榻位指令迁入。

中央大学档案

国立中央大学校务会议记录(1935年11月26日)

时间：廿六日下午三时

地点：本校会议室

出席：汪东、孙光远、马洗繁、艾伟、邹树文、陈剑修、罗家伦、李善棠

主席：罗校长

记录：李善棠

讨论事项：

一、学生请假离校手续案。

决议：查近来学生请假，往往先行离校，至事后始托人代为补行请假手续，殊于校章未合。兹规定此后学生请假，必须将手续先行办完，经校核准后方得离校，否则以无故缺课论。

二、训导委员会拟制训导工作方案。

决议：修正通过。

三、训导委员会提审查学生所组织会社之原则请予核定案。

决议：照下列原则修订通过："凡学生所组织之会社，其宗旨应符合本会训导方案第九条之规定。其会员资格仅以在校学生为限。会中职务概以会员担任之。至

本校教职员,得为顾问或名誉会员及赞助会员,如违背此项原则之规定者应不予核准。"

四、凡受军训学生既受军队编制,应照军队办法,不得组织集体会社。其依所在学系个别加入各该系之系会或级会者不在此限。

中央大学档案

国立中央大学校务会议记录(1935年12月30日)

时间:三十日下午三时半

地点:本校会议室

出席:汪东、孙光远、马洗繁、艾伟、卢恩绪、邹树文、陈剑修、罗家伦、李善棠

主席:罗校长

记录:李善棠

讨论事项:

一、兹决定选举赴行政院学生代表办法六项如次:

1. 赴行政院之学生代表由本大学全体学生公开有记名投票选举之,每票选举一人。

2. 前项选举于十二月卅一日上午十时至下午四时在大礼堂正门内公开举行。

3. 选举票凭注册证制发,写定后当场投入票箱。

4. 以得票最多数者六人为初选当选人,再由校务会议就其学行成绩最佳者选定三人为最后当选人,以符部令。

5. 代表职权以教育部1954号训令规定者为限。

6. 投票事宜由教务处主办,并由干事会推举学生代表五人协助办理。

中央大学档案

国立中央大学校务会议记录(1936年3月3日)

时间:下午四时

地点:会议室

出席:汪东、马洗繁、戚寿南、艾伟、卢恩绪、罗家伦、李善棠(张广舆代)、孙光远、邹树文、陈剑修

主席:罗校长

记录:张广舆

开会如仪

讨论事项:

一、首都学生壮丁增进训练事关国防,本大学迭奉部令自应切实遵办,惟想学生课程过多,时间支配不免困难,应如何办理案。

决议:

1. 凡受首都学生壮丁增进训练之二、三、四年级学生,于本学期内得退选或由本大学令其减修三学分课程。此项所减缺学分,即以本届训练所给之学分,在学分总数内抵补。

2. 前项退选或减修学分以属于选修科目者为原则,其余退选者须先得系主任之签字许可。

3. 星期六下午与前项训练时间抵触之课目,应尽量设法改定时间。

4. 以上三项,由各院系与教务处妥商办法,送经校务会议核定。

中央大学档案

国立中央大学校务会议记录(1936年3月13日)

时间:下午三时

地点:会议室

出席:汪东、孙光远、马洗繁、戚寿南、艾伟、卢恩绪、邹树文、陈剑修、罗家伦、张广舆

主席:罗校长

记录:张广舆

开会如仪

讨论事项:

决议:

(一)野外演习于下星期六开始实行。

(二)制服每套约值四元,凡受训各生均应按照规定式样自备,其有经济一时筹措不及者,得暂准其由讲义费项下垫付。

(三)课程退选减授或改订时间办法,于下星期一开始实行。

(四)奉部令:"此次增进训练关系至为重要,所有本京高中及专校二、三年级

及大学二、三、四年级学生均应勤奋参加，严格受训。违者依其情节，分别予以申诫、记过、留级或不准毕业之处分，亟应严格执行，毋得玩忽。"遵令前因，规定办法如左：

（甲）凡本大学二、三、四年级在校学生均应遵令，一律参加首都学生壮丁增进训练。

（乙）首都学生壮丁训练证书应为规定受训学生毕业成绩之一部分，无前次证书者不得毕业。

（丙）此次增进训练得由本校给予三学分。此项学分得算入毕业总学分□，及因受训退选或减授之选修课目或由院系指定退选或减授之必修课目之学分，均得以此代替。但此项学分之给予，以领得首都学生壮丁训练证书者为限。

（丁）凡有重大疾病或体质上之故障应予免得训练者，经指定医院负责医师证明，并由校长核准后得免除之。

（戊）凡学生因病或因事请假者，须经确实证明后方得准假。至其处理因何缺课或旷课办法，比照学则第十六条及第十七条办理。

中央大学档案

国立中央大学校务会议记录（1936年3月27日）

时间：下午四时

地点：会议室

出席：汪东、孙光远、马洗繁、戚寿南、艾伟、卢恩绪、陈剑修、罗家伦、张广舆、邹树文

主席：罗校长

记录：张广舆

开会如仪

讨论事项：

一、继续审查收录待遇蒙藏学生暂定办法案

决议：除其他各条业经二月廿五日会议通过外，七、九、十各条修正通过。

二、中国文学系学生请求以二年级必修"英文名著选读"一课目改为选修案

决议：中国文学系"英文名著选读"一课目，准予改为选修。至该系因此而缺之英文必修课目六学分，应以英文阅读一课目补入。凡本年度修习英文名著选读一课目未得成绩之学生，应于下学年补修。

三、医学院及牙医专科学校学生遵照部令,本学年度免受集中军事训练,但在集中军事训练期间应否照常上课案

决议:医学院及牙医专科学校学生遵照部令,本学年度免受集中军事训练。但在集中军事训练期间,除在校照常上课外,应加受严格战时救护训练。

四、本年度集中军训定于五月十日开始,本校一年级生须前往参加,本学期该级考试日期应如何规定案

决议:一年级本学期期考定于五月六日至九日举行。

中央大学档案

国立中央大学校务会议记录(1936年6月12日)

时间:下午四时

地点:会议室

出席:孙光远、马洗繁、戚寿南、艾伟、卢恩绪、邹树文、罗家伦、张广舆、汪东、陈剑修

主席:罗校长

记录:张广舆

开会如仪

讨论事项:

一、下年度男女新生军训设备收费数目应如何规定案

决议:男生定为36元,女生定为10元。

二、本学期奖学金名额及应得奖学金之学生业经奖学金委员会依照奖学金规则及惯例审查完竣,应如何决定案

决议:照奖学金委员会决议办理。

三、设置免费生、公费生案

决议:下学年录取名额中设置免费生约30名,免缴学费、宿费、讲义费。设置公费生名额约12名,每名每学年给予150元,分两学期发给。其分配办法与审查人数及成绩后决定之。

四、免费生、公费生详细办法应如何拟定案

决议:请马洗繁、艾险舟、陈剑修三先生负责拟定。

五、机械、电机、化工三系三年级学生楼希翱23人拟于暑假赴各地工厂实习,请照旧例拨给津贴案

决议:照准。

六、奉部令办暑期学校案

决议:设立委员会,推定汪旭初、孙光远、陈剑修、张仲鲁、朱谒先、范雪桥、胡焕庸、孙宗彭、高济宇、胡旭之、施士元、杜长明、熊文敏诸先生为委员,筹办办理。并推陈剑修、张仲鲁、汪旭初、孙光远、范雪桥、胡焕庸、孙宗彭七先生为常务委员,熊文敏先生兼秘书。

中央大学档案

国立中央大学校务会议记录(1936年7月3日)

时间:上午十时

地点:会议室

出席:汪东、马洗繁、艾伟、卢恩绪、邹树文、陈剑修、孙光远、罗家伦、张广舆

主席:罗校长

记录:张广舆

开会如仪

讨论事项:

一、廿五年度预算业经拟定请审核案

决议:修正通过。

二、下年度教职员薪俸应如何增加案

决议:

(1) 凡教职员廿四年度例应加薪而未加薪者,下年度一律增加。

(2) 凡教职员薪额已达本职最高薪额者,一律不加。

(3) 凡助教之于廿四年度以六十元起薪者,今年得晋一级。

三、廿四年度全校图书仪器费(农学院除外)超出预算九万余元,以致收支不能适合,下年度应否加以限制案

决议:

(1) 下年度图书仪器费增为135 000元,不得超出。其支出已达预算最高额时,主管人接到购置单时一概不予签字。如会计组发现有误签者,概予退还。

(2) 下年度理学院图书仪器费定为65 000元,包括图书、仪器、杂志、实习费及一切经常消耗在内。

四、下年度预算支绌异常,游泳池应否建筑案

决议：下年度预算中列入游泳池建筑费 5 000 元，俟建筑费积蓄敷用时，再行动工。

五、下年度行政费应如何节省案

决议：下年度行政费照校长提出办法，节出 25 000 元，以 10 000 元补助文学院设备，以 10 000 元补助法学院设备，以 5 000 元补助教育学院实验学校，为该校设立公费免费学额之用。

六、本校《免费公费学额规则》业经公布，原有之《国立中央大学奖学金暂行规则》应否废止案

决议：原有之奖学金规则应即废止，但廿四年度第二学期照原规则审查发给。

七、本校参观实习调查规则应否废止案

决议：应即废止。

八、本校增设一医学院，而经费未增，以致各院发展俱受影响，应如何补救案

决议：廿五年度医学院预算已列 80 000 元，其中以 10 000 元补助理学院实验消耗费。廿六年度该院预算所列不得超过此数，如须超过此数时，应另向教育部请款或另筹经费。

九、廿五年度文、理、法、教、工五学院图书仪器费总数 135 000 元，业经列入预算，应如何分配案

决议：文学院分配 11 000 元，法学院分配 11 000 元，教育学院分配 13 000 元，理学院分配 65 000 元，工学院分配 35 000 元，均包括图书、杂志、仪器、药品、实习、采集及实习应用一切经常消耗在内。

中央大学档案

国立中央大学校务会议记录（1936 年 12 月 8 日）

时间：下午四时

地点：会议室

出席：汪东、孙光远、戚寿南、艾伟、卢恩绪、邹树文、陈剑修、罗家伦、张广舆

主席：罗校长

记录：张广舆

讨论事项：

一、口腔训练班学生应否加入大学本科学生各种团体案。

决议：口腔训练班学生因其程度系属中等学校性质，不应加入大学本科学生各

种团体。

二、关于援绥募捐会之存在及粘贴壁报一节,应函训导委员会,令其于游艺会账目清楚之后即行结束。当此前方军事紧急,凡有关涉国家大计之各种情报,在可以发表范围之内者,各报无不详载。若事关秘密,即不应轻易宣传。至于道路传闻,每多失实,尤不可变相腾布。本校同学如有关心时局者,尽可向图书馆翻阅各地报纸,应毋庸粘贴壁报,转滋误会。

三、关于学生任新民等呈请成立国防化学研究会一事。查国防化学性质极为专门,须化学甚有根柢者,在专家指导之下,切实工作,方有功效。若徒结会社,□□鼓舞,殊非崇尚实学之道。所请应不予照准。如化学、化工、农化三系学生有志愿作国防化学研究者,应分别与各该系教授商定专题,本大学自乐于扶植也。

中央大学档案

国立中央大学校务会议记录(1936年12月22日)

时间:下午四时

地点:会议室

出席:邹树文、卢恩绪、艾伟、戚寿南、马洗繁、孙光远、汪东、罗家伦、陈剑修

主席:罗校长

记录:陈剑修

讨论事项:

…… ……

四、本大学下年度概算应即确定案

决议:

1. 本校经常费全年增加 14.4 万元;
2. 医学院设备费列 15 万元(再加本校原有经常费,共 18 万元);
3. 畜牧系临时费列 3 万元;
4. 牙医专校临时设备费列 5 万元;
5. 新校舍建筑经费(即迁移校舍经费)列 72 万元。

中央大学档案

国立中央大学校务会议记录（1937年1月12日）

时间：下午四时
地点：会议室
出席：邹树文、卢恩绪、艾伟、戚寿南、马洗繁、孙光远、汪东、罗家伦、陈剑修、张广舆
主席：罗校长
记录：张广舆

讨论事项：

一、学生黄澄清于会考基本英文时抄袭他人答案，并不听师长训诫，应如何处分案。

决议：学生黄澄清于会考基本英文时抄袭他人答案，并不听师长训诫，本应从严处分，姑念其事后尚知悔悟，着从轻记过一次，并取消其本课目之成绩。

二、本学年度公费免费学额委员会业将本学年度二、三、四年级应得公费免费学生姓名成绩审查完竣，应如何办理案。

决议：照审查名单通过。(1)通知各该生家长；(2)通知各该生保证人；(3)通知免费生中之成绩在75分以下者加紧用功。

三、本大学学生团体发行刊物及发布文告应否予以限制案。

决议：

（一）凡本大学学生团体发行刊物，必须依照法定手续，向当地党政机关请求登记，否则不得于刊物上冠用本大学某某会社名义，亦不得藉本大学任何部分为通信地址或发行，并予禁止在本大学张贴或寄售。

（二）凡公开揭布而属于临时性质之文件，无论为印刷品、非印刷品，一律得经本大学审查核准方得发表。

中央大学档案

中央大学校务会议记录（1937年3月30日）

时间：下午四时
地点：会议室

出席：汪东、马洗繁、艾伟、卢恩绪、邹树文、陈剑修、罗家伦、张广舆、孙光远

主席：罗校长

记录：张广舆

讨论事项：

一、机械特别研究班学生朱国洪留校补习结构学六星期，现在该生补习期满考试及格，应否准予毕业案。

决议：照机械特别研究班毕业考试委员会决议准予毕业。

二、本校实验学校毕业生保送升学本校者，有无领受本校公费免费待遇之资格案。

决议：查此案经公费免费学额委员会议决："本校实验学校毕业生保送升学者，本年度得有申请免费公费待遇之资格，但自明年度（廿六年度）起，本校实验学校毕业生如欲请求免费公费者，应先参加入学考试"等语，应即准予照办。

三、本校学生请求发给留学用之英文成绩单，过去漫无限制，外国大学啧有烦言，应如何办理案。

决议：

（一）嗣后凡请求发给此项成绩单者，概以三份为限。

（二）凡请求发给此项成绩单者，须有院长或系主任之证明函件。

四、本校与德国大学交换学生应如何选送案。

决议：

（一）选送交换学生，限于本大学助教及技术人员。

（二）选送资格为：(1) 在校服务二年以上者；(2) 发表有价值之学术著作者；(3) 经考试合格认为有德文听讲程度者；(4) 经体格检查合格者。

（三）任何一院不得有两个名额。

（四）关于选送事宜，由本校组织委员会办理之。

五、法律系四年级学生江济民呈请开班或采课分研究制以免延误毕业期限案。

决议：查所请一节，有违定章，碍难照准。

六、二年级学生上学年未曾参加军训者应如何办理案。

决议：凡二年级学生上学年未曾参加集中军训者，本学年应一律参加，兹定办法如左：

（一）前项学生，应一律经指定医院或医生重行检查体格。(1) 凡体格业堪受训者，一律令其前往受训；(2) 凡确实患传染疾病一时难愈（如肺病等）者，由本校代为请求延缓其受训时间；(3) 凡体质实属不堪受训而无前项疾病者，由本校代为请求准受半训。

（二）关于本大学学课成绩方面，该生等应与一年级学生同时受学期试验，将此次成绩作为学期试验成绩三分之二。所有未受完各项功课于暑期内自行补习（所缺实验酌免），至下学年开学后两星期内与因故未参加学期考试补考学生同时考试，将此项成绩作为学期成绩三分之一。

七、地质系四年级学生王超翔请求免读微积分，以便专心出外调查编著论文案。

决议：格于定章，碍难照准。

中央大学档案

国立中央大学校务会议记录（1937年4月20日）

时间：下午四时

地点：会议室

出席：汪东、孙光远、马洗繁、戚寿南、艾伟、卢恩绪、邹树文、陈剑修、罗家伦、张广舆

主席：罗校长

记录：张广舆

讨论事项：

一、本月廿二、廿三两日本校举行春季运动会，应否停课以资学生参加案

决议：廿二日下午参加运动之学生准其请假，不以缺课论。廿三日停课一日。

二、本年度应受集中军训学生之学期试验应于何日举行案

决议：本年度应受集中军训之学生之学期考试试验，应于五月□日举行。

三、实验学校许主任提请认实验学校中学部教员与大学助教及技术人员具有同等资格参加与德国大学交换学生考试案

决议：

（一）准予照办；

（二）其他关于资格限制，查照三月卅日决议案办理。

四、本年度不受集中军训学生是否照旧例上课案

决议：（一）医学院牙科学校不受集中军训学生应照常上课。（二）其他各学院之女生及不能参加集中军训之男生仍照旧例办理。录案函达各学院。

五、学生梁殿元因肺病诊治恳请准予继续休学案

决议：照章应令其退学，但在校成绩得予以保留。余由工学院卢院长转达。

六、本年六月九日为本校成立十周年纪念日，应如何筹备纪念案

决议:推陈剑修、张仲鲁、唐学咏、黄正铭、孙光远、黄子濂、吴蕴瑞、邹树文、张可治、陈美愉、伍献文、张查理、缪赞虞、高济宇、洪范五十五先生为委员,筹备并办理一切。由陈剑修先生召集开会。

七、本年度招生试验与武大、浙大联合举行案

决议:接受罗校长对于中大、武大、浙大三校联合招生所定办法。但本校方面另加规定如左:

(一)本校新生体质不及格者,虽经考取不得保留学籍。

(二)本年招收插班生,以二年级为限。其招收之系别由各院系分定之。

(三)招收新生,全校以500人为最大限额,其分配办法参酌另表办理。

(四)教育科学生除加考术科外,应受第一组全部课目之试验。艺术科除加考特种课目外,应受第一组规定课目之试验。但算学一课予以免除。心理系学生志愿学教育心理者,得与教育学系新生同受第一组全部课目之试验。

各院招收新生约数表

文	50～70
理	60～90
法	60～90
教	70～90
农	70～90
工	100～120
医	25～40
牙	30～40
总计	465～630

文学院	中	20
	外	20
	史	20
	哲	10
理学院	算	10
	理	15
	化	15
	地理	15
	地质	10
	生物	10

(续表)

法学院	政	30
	经	30
	法	30
教育学院	教	20
	心	10
	术	10
	体	25
	艺	25
农学院	农	25
	化	10
	畜	15
	园	10
	森	10
工学院	土	30
	电	25
	械	25
	化	20
	建	20

中央大学档案

国立中央大学校务会议记录（1937年5月11日）

时间：下午四时

地点：会议室

出席：汪东、孙光远、邹树文（毛宗良代）、戚寿南、艾伟、卢恩绪、马洗繁、陈剑修、罗家伦、张广舆

主席：罗校长

记录：张广舆

讨论事项：

一、学生朱成瑜呈请免读基本英文案

决议:格于定章,碍难照准。

二、本届毕业试验应于何时举行案

决议:定于六月三日举行。

三、本届毕业考试委员会委员应请何人担任案

决议:(一)聘请左列人员担任之——本校校长、教务长、各院院长及牙校主任及范雪桥、何忠、高济宇、毛宗良、蔡翘、常道之、陈章、钱端升、陈可忠、谢家声、汪懋祖、魏元光、吴颂皋、陈礼仁、陈□藻、陈□□诸先生。(二)函聘并报部。法律系毕业考试另文呈司法院派员监考。毕业考试委员会以注册组主任为秘书。

四、本届新生军事制服费、普通体育制服费及游泳衣服费应如何规定案

决议:请陈剑修、艾险舟、张仲鲁三先生先行研究,由陈先生召集开会。

五、下学年设立航空工程系案

决议:自下学年起设立航空工程系,经费商请航空委员会拨给,本年暑假即行招收新生。

六、教育部训令举办二十六年度暑期中学师范学校教员讲习班案

决议:推陈剑修、汪旭初、孙光远三先生与京市社会局、江苏教育厅及金陵大学先行接洽。

七、中德交换学生应如何办理案

决议:组织中德交换学生试验委员会办理考试。除定陈教务长为当然委员外,每学院聘请教授一人,并加聘商承祖、萧孝嵘、孟心如三先生为委员。

中央大学档案

国立中央大学校务会议记录(1937年6月15日)

时间:下午四时

地点:会议室

出席:孙光远、马洗繁、戚寿南、艾伟、卢恩绪、邹树文、陈剑修、罗家伦、张广舆

主席:罗校长

记录:张广舆

讨论事项:

一、申请交换学生德文考试委员会委员许恪士先生因故辞职请改推□人担任案

决议:改推陈剑修先生担任。

二、学生季钟璞补考未合程序应如何处置案

决议：查该生补考手续及监考办法，均与前批规定不合，应即令其重考。

三、本校学生转入航空工程系者应否加以限制案

决议：本校学生转入航空工程系者，以工学院土木、电机、机械三系男生为限。凡前项学生一年级考试成绩在75分以上者，方有请求资格。凡前项学生应与新生共同受二年级编级课目试验。

四、学生魏庆萱、唐文□、□□澜请准予转系肄业案

决议：格于定章，碍难照准，如该生参加本属入学试验，成绩及格，以新生资格入学时，其在校学分准予保留。

五、学生华代□呈请追认旧学分应如何办理案

决议：

（一）以前学分在70分以上者得予以承认。

（二）该生此次考入本校，系作一年级生，其毕业年限应为四年，不能缩短。

（三）体育学分不能承认，应仍按年修习。

六、中德交换学生试卷应请何人评阅案

决议：

（一）植物　秉农山、裴鉴

（二）物理　颜任光、魏学仁

（三）化学　陈可忠、马杰

（四）土木　郑肇经、赵祖康

（五）教育　周其勋、汪典存

七、奉部令，农、工、商各学院学生自第二学年起须于暑假或寒假内在校外□□场所实习若干时期，无此项实习证明书者不得毕业等因，应如何办理案

决议：应遵令办理。兹规定办法如左：

（甲）工学院

（1）工学院学生实习，定于第三学年终了时举行，分赴各工厂实习，其期限定为四星期至六星期。

（2）实习时由校津贴舟车费之半数，每生总数至多20元。根据路程远近决定之。

（3）实习成绩证件及报告，概应按照规定呈缴。

（乙）农学院

（1）农学院学生农场或工厂实习，其规定仅有一次者，应在第三学年终了时举行。其规定为二次者，应在第二及第三年级终了时分别举行，分赴校外场厂实习。其期限每次定为四星期至六星期。

（2）实习时由校津贴舟车费之半数，每生总数至多20元。根据路程远近决定之。其规定两次实习者，得分两次发给之，每次不得超过总数之半。

（3）实习成绩证件及报告，概应按照规定呈缴。

中央大学档案

国立中央大学校务会议记录（1937年6月23日）

时间：下午四时

地点：会议室

出席者：汪东、孙光远、马洗繁、戚寿南、艾伟、卢恩绪、罗家伦、张广舆、邹树文

主席：罗校长

记录：张广舆

讨论事项：

一、中学及师范学校教员暑期讲习班经与金大商洽，拟组织委员会办理，其人数应如何规定案

决议：成立委员会，委员定为七人，本校四人，推陈剑修、孙鏓、楼光来、张广舆四先生担任。

二、联合招生委员会本校应推何人出席案

决议：推罗家伦、陈剑修、张广舆三先生出席联合招生委员会。

三、教育部令举办药物组织学师资进修班应如何办理案

决议：请戚院长先行调查报告后，再行讨论。

四、本校与全国经济委员会合作设立水利工程系并议定办法大纲六条案

决议：通过，并呈教育部备案。

五、本届北平招考事宜应请何人主持案

决议：请洪范五先生赴北平主持。

六、本校农学院与中央棉产改进所合办棉业专修科并议定协约四条案

决议：通过，经费由农学院经费项下统筹开支。

七、机械特别研究班招生案

决议：

（一）投考者须经原校系主任之介绍；

（二）须经过严格口试；

（三）南京、上海、北平三处为招考地点；

（四）与大学本科招生同时举行；

（五）仍沿用"机械特别研究班"名称。

八、水利工程系招生案

决议：应加入招生简章。

九、本校研究所农艺、算学部招考研究生案

决议：在南京、上海、北平三处招考，与大学本科招生同时举行，英文、国文、党义题目与机械特别研究班同。

十、中国文学系学生张毓芳、牟松年、马从乾等请求以增进训练所得之学分代替基本英文学分案

决议：查三生该课系不及格且未经院系指定退选，所请应予驳斥。

十一、经济学系助教雷震洵请求给假一年，照支原薪并酌给旅费以便赴美留学案

决议：雷助教有心向学，其意甚佳。但本校无此定章，且碍于经费，实属无法予以补助。

十二、教育学院提对于大学训练中等学校师资暂行办法案

决议：

（一）教育系学生选习他系学分，以 40 至 50 为限；

（二）他系学生选习教育系学分以 12 至 15 为限；

（三）各体文选及基本英文照旧不改；

（四）原案第七项第六目"增设"二字改为"得加列"三字；

（五）其余学科名称及学分数目之更改照所拟办理。

十三、修改教员及助教服务规程案

决议：推邹树文、马洗繁、戚寿南三先生作初步研究，提出报告后再行讨论。

中央大学档案

第四部分 院系与学科

一、文学院

国立中央大学文学院史学系课程规例说明书（1928年10月）

本门之设，一以讲习历史上之重要知识，一以造成史学研究之通材。前者之职志，曰由稽古而知今而察来，则观测事理能不诬，论断事理能不谬。后者之职志，曰于国史则熟研今日政教民俗及其他各种现象之所由，明厥变迁而知其所以，识厥利弊而知所兴革；于外史则详察各国各种族兴衰存亡之故，审其得失，而知所取舍，识其情状，而知所对待。

一、史学系选课规程

本系学生应照本大学普通规定，修毕128学分为毕业，其分配如下：

（一）共同必修。国文4学分，第一外国文6学分，第二外国文6学分，共16学分。

（二）分组必修。见本校各学院选课指南，共30学分。

（三）系外必修。社会起源、中国文学史纲要、欧洲文学大纲，共16学分。

（四）主系必修。见下列学程表，共36学分。

（五）主系选修。任意选择。

（六）辅系必修。宜以本院各系或他院性质相近之系为辅系，共15学分。

（七）任意选修。参看本校选课规程。

二、史学系学程表

历史课程千门万类，因学者限于时力，故本门课程择其较普通者区为四种。

甲、国史。(1)国史要略；(2)中国上古史；(3)中国中古史；(4)中国近古史；

(5)中国现代史;(6)中国文化史;(7)中国民俗史;(8)中国法制史;(9)中国水利史;(10)中国外交史;(11)中国历史地理。

乙、西洋史。(1)外国近代史;(2)西洋上古史;(3)西洋中古史;(4)西洋近古史;(5)西洋现代史;(6)西洋文化史;(7)英国实业革命史;(8)欧西民族殖民史;(9)文艺复兴与宗教改革史;(10)法国革命史;(11)西洋国别史。

丙、东洋史。(1)东洋通史;(2)日本朝鲜史;(3)印度及南方诸国史;(4)中外交通史(西域史附)。

丁、通论及其他。(1)史学通论;(2)历史哲学;(3)史学研究。

以上课程遇有与他院他系重复时,则当互商□作或立或否。至若专史则详他院他系。如文学史详本院文学系,哲学及宗教史详本院哲学系,社会变迁史详本院社会学系,法律经济史详法学院,教育史详教育学院,地理各门详理学院,农业史、工业史、商业史详农学、工学、商学院。兹将本系各课分年表列如左。其课程内容与学分则附诸表后。

年级	上学期	下学期
预科	国史要略、外国近代史	国史要略
一年级	中国上古史、中国中古史、中国现代史、西洋上古史、西洋中古史	中国上古史、中国近古史、西洋近古史、西洋现代史
二年级	中国文化史、西洋文化史、东洋通史、史学通论(附历史研究法)	中国文化史、西洋文化史、东洋通史、西洋国别史
三年级	中国法制史、中国水利史、英国实业革命史、日本朝鲜史、中国民俗史	中国法制史、中国水利史、法国革命史、印度及南方诸国史、历史哲学
四年级	中国历史地理、中国外交史、欧西民族殖民史、史学研究	中国历史地理、中外交通史、文艺复兴与宗教改革史

…… ……

附注:本规例自公布日实行,但本学期四年级学生可免习一切必修课程,本学期三年级学生若得本系特别允许,亦可免习数种必修课程。十七年十月。

中央大学档案

文学院沿革及组织(1930年1月)

本院由前东南大学文科改组而成,时在民国十六年八月。其时军事甫平,百端草创,而院长谢寿康先生远在西欧,院务由梅光迪先生代理,擘画一切。初拟设中国文学系及外国文学系、语言学系三系,后限于经费,语言学系遂并入外国文学系,故实际仅二系。梅先生延揽教授,厘定课程,诸事皆极注意。嗣赴美讲学,汤用彤、楼光来两先生遂先后继任,进行甚力。十七年秋,哲学院并为哲学系,加入本院,同时社会科学院之史学系、社会学系又均划入本院,遂有五系。时楼先生因任外部秘书事务繁剧,院长职务遂由洪逵先生代理。十八年夏,洪先生又改任高等教育处长。绝续之交,而谢院长归国就任,经营规画,颇事整顿。近则地理系由校务会议议决划入本院,异日系目繁增,部居严整,又可决矣。今举其概略如左:

一、中国文学系

二、外国文学系

三、哲学系

四、史学系

五、社会学系

本院院长一人,经画本院一切事务,设办公处一所,助教两人,秉承院长襄理院内一切事务。各系设系主任一人,助教或助理一人或二人,秉承系主任处理系内一切事务。各系副教授、讲师、助教若干人担任教课。此通常组织情形也。至院内有重大事件则由院长召集院务会议解决之。

《国立中央大学一览·文学院概况》,1930年1月印行

文学院中国文学系概况及计划(1930年1月)

一、概况

中国文学系在东南大学时代曰国文系,至民国十六年八月,改组为第四中山大学,本系始隶于文学院,草草成立。故其时本系虽勉强成立,然课程简陋,设备不周,专任教授仅王瀣、王易、汪东三人,兼任教授仅胡光炜一人。此外讲师徐天闵,助教陈延杰、支伟成、王焕镳、谢奂文、钱堃新等。所有课程亦仅能就其主要科目开班,实未完备。开课三月,各系主任渐次聘任,本系尚缺。十一月,楼院长始商请教授汪东任本系主任,于是始有负责专人。汪东任主任匝月,十六年度上学期又待结束,乃力谋从事扩充,建议当局于筹备会议通过增开学程、添聘教授诸重要议案。十六年下学期遂增聘黄侃、汪国垣为专任教授。十七年上学期又添聘胡光炜、吴梅为专任教授,徐震为讲师。以后助教或因病故,或因他就,亦复略有更换。所开学程较诸十六年度上学期更为完备。十六年度本系学生仅五十余人,迄今已增加至

八十余人,其他院他系学生选修本系学程者更多。此本系成立经过之大概情形也。本系现在概况略述于下:

(一)本系主任汪东,专任教授王瀣、王易、汪东、黄侃、汪国垣、胡光炜、吴梅七人,讲师徐震、陈延杰二人,助教钱堃新、黄焯、张述明、董文鸾四人,助理周慧专一人。

(二)本系学程已开班者,必修科有各体文选、国学概论、文字学、目录学、修辞学、文学史纲要;选修科有声韵学、诗名著选、诗歌史、词学通论、文学研究法、文艺评论、唐宋词选、四子书、毛诗、左传、楚辞、汉魏诗、杜诗、韩文、柳文、苏东坡诗、王荆公诗、唐人小说、曲选、曲论、高级作文;特别研究有甲骨文。惟共同必修科如国学概论之属他系选修者独多,故分班讲授。其他各科他院学生亦得选修。

(三)本系设备以图书为最重要。东南大学时代虽有孟芳图书馆一所,庋藏书籍以西文科学为多,若中国文学之参考书则殊寥寥。十六年改组以后,各院皆有添置图书经费一项,本系亦得以补购重要书籍。计自十六年下学期以来,本系指定添购之图书,如《道藏》、《文苑英华》、《册府元龟》、《太平御览》、日本《崇文丛书》、《全唐文》、《江南通志》、闽省《聚珍板(版)丛书》、《全上古三代秦汉三国六朝文》及其他各种丛书,约五六千册。此外则有东南附中历年购置之国学参考书,亦不下三千册,皆由本系收储。近年又送至图书馆保存,并于馆中另辟中国文学参考室一所,将普通应用之参考书移置一部分于室中,以便本系及他系学生研究国学者自由阅览。

(四)现有本系学生人数已另见本大学学生录,不具载。

以上四项皆就本系现在概况略述之。

二、计画

本系经过及现在概况既如上述,惟中国文学条理万端,其亟待扩充与研究之便利者,尚不以此自划。惟经费有限,急切待举者苦未能即时实现,此不能不有待也。兹略述如左:

(一)招收研究生之拟议,已向校中当局提出议案,拟招收研究班学生若干人,由本系教授提导进行。此事虽通过,惟当局统筹全局,经费一层不能不顾及。一俟次年度经费增加,此事即拟着手进行。

(二)添购图书尤不可少。今日闻瑞安孙氏玉海楼藏书拟全部出售。孙氏累世藏书,其中重要巨籍多为孙衣言、孙仲容手校,其稿本未刊者尚多。此书若转鬻外邦,则为中国文化上一大损失。刻下已由汪主任商同当局,拟设法从速接洽。如此举告成,则将来招收研究班尤为便利。

《国立中央大学一览·文学院概况》,1930年1月印行

文学院社会学系概况（1930年1月）

本系成立于民国十六年秋，隶属社会科学院。草创伊始，规模粗具。其时系主任由经济系主任萧纯锦先生兼任，副教授有朱亦松、龚贤明、游嘉德三先生，全年所开学程凡九种。十七年夏，社会科学院改名法学院，遂将本系归入文学院，由龚贤明先生任系主任。除原有教职员外，添聘陈钟声、缪怀琛、孙本文、孟晋四先生。全年所开学程凡十有八种。十八年夏，龚贤明、缪怀琛二先生辞职，由孙本文先生任系主任，添聘黄凌霜、邵可侣、杨开道、祝世康四先生。本学期所开学程凡十有三种。

本系本学期实施学程分组研究及学年分级指导。研究方面，分全系学程为五组：（一）社会学理论组；（二）历史社会学组；（三）社会研究法组；（四）社会问题组；（五）社会心理学组。由各关系教员分别担任研究指导之责。指导方面，分全系主系学生为四个年级，由各专任教员分别担任各级指导。此外添开读书指导班，为补助本系学生阅读英文书籍能力而设。

本系学生有社会学系同学会之组织，该会成立于民国十六年十月，由委员五人主持之，内分二部：（一）总务部；（二）研究部。总务部设委员三人，分任文书、交际、会计、庶务事宜。研究部设委员二人，担任研究及出版事宜。所有工作，约分三方面。第一，研究方面，有社会学研究会之组织，每两星期举行集会一次，讨论社会学上各种问题。又有名人演讲，每两星期举行一次。第二，调查方面，对于社会上各种现状，均拟加以详细调查，现正从事犯罪问题调查。第三，师生间之联络，时藉同乐会、郊叙会之举行，作研究之指导。

本系有预备室一间，为教员上课预备之所；有图书室一间，陈设各种中西文书籍杂志，藉便本系师生之参考。

《国立中央大学一览·文学院概况》，1930年1月印行

国立中央大学史学系俱乐会章程（1930年4月）

（一）定名

国立中央大学史学系俱乐会。

（二）宗旨

(1) 提倡正当之娱乐。

(2) 联络史学系同人间之感情。

（三）会员

本会会员分为二等：

(1) 普通会员。凡史学系教职员、同学皆为本会普通会员。

(2) 特别会员。凡已离校之史学系教职员、毕业生、肄业生皆为本会特别会员。在京时，其权利义务与普通会员同。

（四）职员

本会设委员会，由史学系教职员会选举二人，史学系同学会选举三人组成之。其各委员之职务则由委员会自定之。

（五）会务

(1) 本会每月开常会一次，地点由委员会临时指定之，会员齐集规定地点公同娱乐。

(2) 本会委员会于星期六日或特别假期时得召集临时俱乐会。

(3) 本会于每学期终结前开大会一次，得备特别游艺。

(4) 本会得备各种游艺品，以供会员开会时消遣之用，但凡社会认为赌具之游艺品（如麻雀牌之类），本会概不置备，会员亦不得携入会场。

（六）会费

本会会费分为二类：

(1) 常费。本会会员每人每学期纳国币四角为通常会费。

(2) 特别捐。本会遇有非常需要时，得向会员募特别捐。

（七）本会章程由史学系教职员会及史学系同乐会分别通过后实行之。

（八）本章程有未查事宜，得由会员十人以上之提议，由史学系教职员会及史学系同学会分别开会，三分之二以上之通过修改之。

中央大学档案

孙本文致张乃燕函（1930年6月29日）

君谋校长先生大鉴：

文自担任本校社会学系主任以来，倏忽经年。回忆任事之初，正系中纠纷极甚之时，满拟尽棉薄之力，调和感化，使学子得潜心向学，徐图进步。乃成绩未见，而在此学期结束之际，本系学生会又提出对于诸教授之所谓《总意见书》，指摘吹求，无微不至。不日，一致请停止聘请，即日另聘贤能继任，并一再派代表向文要求转呈先生更换教授。经文一再劝导,无如坚执如前。自愧平时感化无方,致有此类要求发生。既未能完全不顾学生之要求,又不忍诸教授无罪受屈而去。处此进退维谷之境,惟有引咎离校,以慰良心。现在本学期已告结束,下学期正待进行,所有社会学系主任一职务,乞另聘贤能继任,以重系务,而安人心。专此,顺候
道安

弟孙本文
六月廿九日
中央大学档案

雷海宗致张乃燕函(1930年9月23日)

君谋校长道席:

敝系讲师陈训慈先生自入校以来,襄理系务,热心教诲,声闻、成绩均甚可钦。兹因婴肺疾,不能授课,养病乡邦,需资甚巨。兹拟将七、八、九共三月薪金提前给付,由敝系汇交,俾资修养。陈君请假期限,自本年十月起至明年一月止。届时当仍敦请返校,俾学子得坐春风。是所至祷。此颂
道安

雷海宗谨启
九月二十三日
中央大学档案

史学系同学自治会致朱家骅函(1930年12月22日)

校长钧鉴:

生会据史学系同学王培棠等二十七人之提议,唐自泉等十三人之附议,请生会转呈校长更聘史学系主任。其理由谓:史学系主任雷海宗先生在十八年度因陈伯弢先生辞职,暂行代理系务。嗣以接充无人,遂由雷先生正式负责。史系同学以为史系教授兼负主任之责,亦无不宜。俱希望其对史系负完全责任,有整个计划,孰知其大不然者。

首先,即不聘任陈伯弢先生为史系教授(陈先生仅辞去主任职),而所聘请中国史教授殊难称职。此姑不论,如有同学请主任对中国史教授注意者,多置之不理。

屡请则急辞,厉色谓:"无经费,如何使我聘请教授,不久我将辞职矣。"从未聆其言论有负责之表现。盖史系地位与文学院各系地位同等,经费分配当不能悬殊过甚。如中国文学系、外国文学系、哲学系、地理系、社会学系俱成绩斐然,全校所赞,图书、设备井井有条,岂以上各系经费独多得乎,皆系主任尽瘁之所致也。雷先生既不肯负责,而又将责任卸于学校当局,殊令人不解。本学期开学以来,史学系专任教授仅一二人。考其所以然之故,史系主任在外兼职,开其先例也。史系教授在十八年度共有七人,当十九年度开始时去职者三人,雷先生只续聘一人,且与地理系合请,以致应开课目,多属虚悬。而乃不顾事实,令学生改选他系课程,别出心裁开设读书班,名为研究。长此以往,虽在史系毕业,未得史学之概念,将何以应社会之需求?设备方面,毫无计划,与地理系较,相差远甚,此史学系同学人人所能言也。虽经个别请求,奚奈毫无反响。为同学学业计,为毕业前途计,为中大史系发展计,本良心之主张,呈请干事会转呈校长,对史系主任另简办事素有经验之史学界名宿接充,力加整顿。

尤有言者,雷先生虽非办事之才,对于教学堪称优良教授,宜分别界限,呈请校长对雷先生担任史系教授一职,当恳切挽留。是否有当,请干事会核议施行。生会据此于十九日召集干事会会议,一致通过,准如所请,史系主任一年来之成绩,确无半点足称道者。全系同学啧有烦言,咸以生会歌功颂德,不为史系同学设想,实则生会迭次向雷主任请求,雷主任云无办法。不得不据情呈请校长改任史系主任,以符众望,请雷主任仍旧担任教授职务。并闻雷主任已厌于担任史系主任一职,坚请辞去,如属确息,即请校长迅聘新主任接充,办理开课程、请教授诸事宜。如兼辞教授,祈勿允所请,并恳校长竭力挽留,勿让离校。谨此,上呈
朱校长垂察

史学系同学生自治会谨上
十二月二十二日

附:王培棠……所附议之提案经生会第四次干事会通过,照录于下。

1. 新校长来校时,请史学系学生自治会转呈校长改任史学系主任,并挽留雷先生为史学系教授案。议决通过。

2. 史学系主任人选标准:a. 在史学界有相当地位者;b. 具有办事热心与能力者;c. 中西史学俱有研究者。标准外并提出人选五人:傅斯年、何炳松、柳翼谋、徐则陵、张星烺,应请公决案。议决通过。

中央大学档案

孙本文致中央大学整理委员会请免予取消社会学系书（1932年8月10日）

中央大学整理委员会诸先生鉴：

中央大学社会学系成立迄今，已及五年。此次忽经贵委员会议决取消，至深惶惑。本文任教该系，已历四年，对于该系情形，较为熟悉。窃谓揆情度理，该系均不应在取消之列，谨就管见所及，为贵委员会一陈述之。

一、就社会学系在中大全校之地位言之，该系为文学院五系之一。二十年度每月经费1 350元，为五系中经费最少之系。现有学生67人，为文学院中第三大系（外国文学系46人，哲学系20人）。所开各学程，为各院系学生选读者甚多，其社会学原理一学程，选读学生凡398人，为中大全校数百学程中最大之一班。虽因经费、人才以及环境关系，不能有何等伟大具体成绩，但五年来，学生由3人增至67人，课程自4门增至12门，不可谓该系独逊于他系。事实俱在，可以考证。此应申请重加核议，免予取消之理由一也。

二、就社会学系在各大学之现状言之，全国国立大学十五校，除暨南、清华两校所有社会学课程向与他系合并设立外（暨南设历史社会学系，清华设人类社会学系），其设纯粹社会学系者仅有中央、中山、北平师范三校。中山大学社会学系，甫于去年设立，恐未有成绩可言。北平师大系养成师资，与普通大学性质不同。现在国立大学中纯粹以研究社会学术为目标，成立专系，而有多年历史者，厥惟中央大学。夫社会学为社会科学中之基本科学，为晚近进步极速之科学。中国既为文明国家，中央大学既为全国最高学府，此硕果仅存之社会学系，即不充分扶植，似亦不宜摧残。此应申请重加核议，免予取消之理由二也。

三、就社会学在国内思想界之现状言之，全国学者研究纯正的科学的社会学者，为数甚少，大率集中于各大学之社会学系，其所出版之著作亦属有限。而同时国内有少数书坊，竞出关于社会学或社会问题之书籍，其数极多。此类书籍或系国人自著，或系俄人所著，日人所译，而由国人重译者。审其内容，大率以宣传马克思主义或唯物史观为目的。外假社会学之名，内传马克思主义或唯物史观之实。夫马克思主义或唯物史观，有无研究之价值，系另一问题，而马克思主义或唯物史观之非即社会学，不可不辩（辨）。今所赖以为思想界之中流砥柱，使国人不致误认社会学为马克思主义或唯物史观者，厥惟国立大学之社会学系，秉纯正科学的态度，以研究人类社会现象及社会问题。今若对于研究纯正科学的社会学之中大社会学系，加以取缔，而反任马克思主义或唯物史观之所谓社会学刊物,推行无阻,其影响于国人思想,岂浅尠哉?此应申请重加核议,免予取消之理由三也。

四、就社会学在学术界之地位及我国目前之需要言之,社会学为研究人类共同生活之科学,为社会科学中之基本科学。无论从事于政治、教育、商业以及农工等事业之人,均不能不了解人类共同生活之原理原则,即不能不研究社会学。虽云我国目前应注重实科,而注重实科之目的,无非为造就物质建设之人才。然从事于物质建设者,岂可昧于人类共同生活之原理哉?是则社会学之不应偏废,其理已甚明。况今日社会之纷乱,民生之凋敝,道德之堕落,人心之变动,已达极点。社会问题之如何解决,民生之如何发展,道德之如何恢复,人心之如何振拔,端赖社会学者之潜心研贯,贡献方策,以备国家社会之采择。是社会学术之需要,在今日之中国实有甚于物质科学者。此应申请重加核议,免予取消之理由四也。

五、就社会学在各国之现况言之,最近十数年来,社会学在世界各国进步甚速。除在苏俄,一切以马克思主义为中心,已无纯正的科学的社会学外,其他大国,均极重视。美国为社会学最发达之国家,其著名大学如芝加哥、哥伦比亚、卫司康辛、明尼苏塔、耶鲁、南加州等,均有极完善之社会学系,常有著名教授五六人主讲。其他比较规模稍大之大学,大概设有社会学专系。即素以保守著名之哈佛大学,亦于去年添设社会学系。德国自欧战以还,社会学尤见发达。著名大学如柏林、克隆、佛朗俯、基尔等,虽无社会学系之名义,而均有极著名之教授三四人,主讲其间,其最著者如杜尼士、冯维史、费尔康、奥本海等,均为世界所景仰。他如哥廷顿、来伯锡、汉堡诸校,亦均有社会学教授三四人主讲。法国巴黎大学,自大儒涂尔干以后,尤以社会学著名。至今承袭其讲座而继续发扬光大者,如蒲格烈、傅康纳穆史等,均为全国所宗仰。他如斯德来斯堡、波都等校,亦无不有著名社会学教授数人主讲。英国伦敦大学,自一九〇四年即设社会学系,著名教授如霍伯浩、卫史德麦克、靳斯保、麦凌诺斯基等实主讲其间。他如利物浦、李滋、牛津等校,亦有社会学及社会服务教授数人主讲。瑞士日内瓦大学,近亦设有社会学专系,由社会学名家杜伯勒主持。近年各国对于各大学社会学系,提倡甚力,确有显明之事实。文化落后如我国,即不加以提倡,似亦宜予以维持。此应申请重加核议,免予取消之理由五也。

有此五项理由,难安缄默,用特陈其所怀,敬请贵委员会对于前次取消社会学系之决议案,重加核议,免予取消。中央大学幸甚,中国学术前途幸甚。此颂
公绥

中央大学社会学教授孙本文谨启
八月十日
中央大学档案

学生姜文森请求添设国语研究班（1932年9月25日）

校长钧鉴：

敬禀者：我国民族意志未能统一，索其原因，不外二端，交通不便、语言不一是也。国语为统一语言之利器，亦为民族意志统一之良方。查我国提倡国语，历有数年，然以民众教育尚未普及，推行不力，卒无甚效果。迄今研究国语者，尤属寥寥。生为统一民族意志起见，恳请钧长值兹厘定课程之际，于教育学院或中国文学系添设国语研究班，并规定国语研究为教育系及中国文学系学生之必修科，俾有志于研究国语者毕业后能在社会上努力推广国语教育，以求民族意志统一之效。肃此，敬叩

教安

学生姜文森谨禀
九月廿五日
中央大学档案

汪东致张歆海函（1932年10月12日）

歆海先生大鉴：

少卿来，述及先生垂询上学期薪给情形。查彼时学校经费支绌，曾由校务会议议决，凡教员因事于四月十日以前未能到校者，概行停薪。国学系吴瞿安、哲学系何兆清两先生薪因此停发。先生学术素为同人倾仰，所开课目皆极重要，未可中辍。故当时一面代为请假，一面请校中迭加敦促。而先生以要公在平，未暇南归，遽闻辞职，校当局即批令物色替人。当开院务会议议决，再请校中致函先生，预定下期之约。其课程既不能停开，即由系中同人分别担任，所停薪给归院中领出，作为外文系购备书籍之用。本因先生离职，故变更此款性质，未征同意，深用歉然。此时款已支出，无从返还。鄙意拟请即作为先生捐助外文系书籍费，永垂纪念。韩先生情形相同，亦请照此办理为荷。宥则非唯外文系沾溉无极，本院同人亦深纫感。专此布达。敬颂

俪安

弟汪东拜
十二日
中央大学档案

呈请恢复社会学系与化学工程科名义（1932年12月28日）

呈为呈请恢复社会学系与化学工程科名义事。

窃我校自整理以来，系院组织，迭经变更。惟其中有不当裁并而裁并者，如社会学系之裁并于哲学系，化学工程科之裁并于化学系是；有不必改张而改张者，如社会学系之改为社会学组，与化学工程科之改为化学工程组是。关于二科系不当裁并之理由，二科系同学于开学时曾分别沥陈于钧长之前，即钧长亦深知二科系在学术界之地位与目前中国之需要。故分呈国府行政院暨教育部请核准社会学系与化工科分设试办理后，经院指令准予独立试办，惟为尊重前中大整委会议决案起见，乃暂改科系为组。今试办已及一学期，二属组同学窃以为在下学期开学之前，应请钧长从速设法恢复科系原名，其理由请为钧长缕陈之。

夫试办者，所以观后效也。今设证明试办有效，则原有科系名义之立应恢复，可无疑义。先以二属组在本学期内之发展状况言之。学生教授名额既有增而无减，学程试验内容复充实而专精。以研究之精神言，则上自主任教授，下迄同学，莫不兢兢业业，共谋深造。无论理论方面、试验方面、应用方面皆视往年为优越。此有事实可证明，非敢妄自扬誉也。凡此种种，皆足证明试办之有效。此应请恢复科系名义之理由一也。

又一切组织，贵有系统，教育行政亦然。我国国立大学组织，皆科系隶属于院，院隶属于校，系统分明，职权划一，故能尽运用之妙。然我校自整理以来则不然，学校共分六院，院下分设科系，而于科系之外，复有组之设立，使直隶于院。如此组织，行政系统既感赘疣，外人闻之更觉怪诞。孰若更易一字，俾全校行政系统，即归统一之为愈。此应请恢复科系名义之理由二也。

再就组之本身性质言，虽无科系之名，而有科系之实，两组均有主任、助理、助教，经费在文工两学院中，亦与其他科系相同。他如组办公室之设备、学校公文咨送之手续，以及最近所颁布之奖学金办法名额，与其他科系初无二致。在学校当局与一般人心理中，既无丝毫区别，事实上又无轩轾之分，学校何惜一科系之名，而令全校教育行政之系统长此紊乱乎？此应请恢复科系之理由三也。

学校沿用组之名称，在校内师生固能相互了解，深悉组与科系无别。然在不明底蕴者视之，猜疑误会自属难免。而于招考新生、聘请教授时，困难必更滋生。处此畸形状态之下，而欲企图有所发展，殊无异缘木而求鱼，即与钧长维护之初衷亦难以谋合。此应请恢复科系名义之理由四也。

　　综上所述,无论在理论上、事实上、将来之发展上,均有恢复科系名称之必要。故祈钧长本爱护学术之精神,与提倡文化之毅力,于下学期开学以前,准予恢复社会学系、化学工程科之名义,则学术文化之前途幸甚,本校各科系发展之前途幸甚。
谨呈
校长罗

社会学组同学会、化学工程组同学会谨呈
中央大学档案

社会学组学生吴文蔚致罗家伦函（1933年1月23日）

志希校长尊鉴：

　　敬肃者：生自前岁幸取中大,时逢国难,举国风狂。学子之心因敌人而鼓舞,罢课游行,苦歌号泣。所谓爱国情切,虽牺牲学业亦在所不顾,于是弹指光阴半载去矣。生于此回顾,不觉嗒然若丧者久之。盖叹光阴有限,而求学之机甚难也。及一·二八战事发生,于是学校停课,殆(迨)至四月开学后,复因校长问题纠纷数月,卒而解散。于是一年光阴逝去。但于学业之所成,则凄然不可答矣。去岁九月,得长者来校,于是衷心自喜吾校从此可上轨道顺序前进矣。加之开学典礼时,恭聆训诲,知校长对于本校希望无穷,使本校负起民族复兴之责,凡吾同学莫不快然自得而若有所慰也。观本学期来,校中秩序之安定与同学之努力探求,皆前所未有,此乃长者训诲潜移默化之功。今复言于师者,俾乃得更向上探求与研究也。生思之者再,此固为个人之前途,然于学校名誉与民族文化亦有关焉。复从政校师生之探询而后又知吾师之乐于道也,故毅然以呈钧长而祈采择焉。

　　一、本校文、法学院各系多未用课本而采用笔记,谅因西文课本多不合本国情形,加之价值昂贵,购买不便,故废而不用。但就生一年余之感觉,其教授口才清楚者,则一学期尚可有得。而课外参考书之阅读,则虽自勉力,然因能力有限,加之无人指导,故每一课程未能有充分之成绩。而况其教授方言差异或语不能达意者,则学生笔记既感困难,同时一学课之所得则更慌然自愧矣。生时以大学毕业而学识不符为愧。外间论中大学生(文、法)西文阅书能力缺乏,其亦在此无充分之训练耶。其未能有高深研究之心得者,亦或由于此也。但采用原文课本,既有多数之困难,然不得已而求其次,每一学科皆用讲义,则教授既可尽力发挥其著作,而学生则除笔记外,又可得有价值讲义之保存,较仅有笔记,成绩当高一筹矣。不识长者以

为何如,谅早明见于前矣。

二、关于社会学组教授问题。本组自孙先生长教务后,担任课程减少,同学所得其讲授已减于前。本学期幸聘得黄先生(文山)来校讲授,使同学得新鲜知识甚多。而胡鉴民先生则因身体多病不能多授课。视此则本组之教授仅二三人耳。其他诸教师,则惟愿长者默察之。生虽不敢言其缺点,然无充分材料供给同学于教室中可明见矣。生本不愿言,耐感光阴有限,四年如驶,转瞬毕业,将何以自立,将何以对学校与家庭,亦将何以对国家也。故特呈明长者,以示区区好学之诚,亦将使长者得充分明白本组之情形而改进,使同学得尽其读书之能力。则不独生感谢不尽,而其他同学亦将感长者办学之勤,而本校亦将更获得负有民族文化之使命与光荣也。临言不胜惴惴,并请

钧安

学生吴文蔚谨上
一月廿三日
中央大学档案

文学院请求招收二年级转学生(1933 年 4 月 27 日)

敬启者:顷接宗白华、范存忠两先生来函,略称本校下年度招生只收三年级转学生。同人等以为,本校去年停止招生,各系学额并不过多,而外界颇有请求转入二年级肄业者。且去年暑期曾有自远路来此转学二年级者,以本校停止招生,不得已在此旁听一年,希望于今年暑期再考入二年级。今若停招二年级生,彼辈大有进退两难之势。窃以文学院课程方面之年级性并不十分严格,即招收二年级转学生,于教授方面并无若何困难。总之,考试自当从严,而二年级转学生不妨酌量招收也。等由,到院,查核所请,不为无见。特为转达,请提出校务会议再行详细讨论为荷。此致

孙教务长

文学院谨启
四月廿七日
中央大学档案

文学院两年来设置概况（1934年6月）

本院自二十一年夏学校改组以来，院务进行颇多改革。二十一年秋办理甄别试验，聘请系主任教授，中国文学系主任由院长汪旭初先生自兼，外国文学系主任为范雪桥先生，哲学系主任为宗白华先生，史学系主任为顾毂宜先生，社会学系改为社会组，主任为黄文山先生。布署略定，即共商厘定课程，增加图书，发行刊物，侧重研究诸计划。

二十二年四月，校中颁发各学院修订课程时应注意事项，本院即依据所开各项开始修订课程，六月毕功。凡必修、选修之规定，均视前严密。尤要者，厥惟修习年限之不可躐等。盖以前规划未严，故有初涉学途而躐选高深，年级既高而补修概要，前后颠乱，办理无由。今则按年编列，酌量浅深，入室升堂，无虞躐等也。同时议发行《文艺丛刊》，三月征稿，七月付印，十月出版，袠然巨册，今第二期亦将付印矣。

本院图书费在二十年度为数约4 000元，二十一年度增至10 000余元，二十二年度增至15 000余元，以故巨帙丛书、新出要籍均得陆续购置。各系研究工作均由各系主任及教授分别指导，教授研究结果已发表与未发表者甚多。二十三年一月，史学系主任顾毂宜先生辞职专任教授，改聘朱偰先生担任。社会学组现已改为社会学系。本院今后拟商同学校增设研究班，俾毕业学生得以益宏造就。又本院鉴于边疆形势日亟，边政人才尤所切要，故拟于下年度增开蒙藏文课目，俾留心边政者由通解语言文字进而探讨边政，其于国事或亦有所补益欤。兹将本院二年来设置情况分目分系列之于后：

壹　课程之整理及改订

甲、中国文学系

一、本系必修课目及学分

改订者，如文字学改称小学纲要。一年级各体文选，分他系及本系修习两种，他系修习者称各体文选乙，本系修习者称各体文选甲。修辞学改入选修。高级作文改称练习作文甲。训诂学由选修改必修。新增者为三年级必修之练习作文乙。

必修学分旧定为三十有五，今增为四十有一。按是项规定，大都为基本课目。多少差异一视年级高下而有不同，年级愈高则必修愈少。

二、系外必修课目及学分

新旧所定之系外必修课目大体略同，其课更易者为：中国文化史改中国通史，六学分；欧洲文学史改英文名著选，六学分；其由公共必修改入于此者为论理学，三学分；由此而改入选修者则有社会思想史。

三、辅系

本系辅系旧定为：（一）哲学系；（二）史学系；（三）教育学系；（四）心理学系；（五）政治学系；（六）外国文学系；（七）经济学系；（八）法律学系。今则（一）（二）（三）（六）仍旧，（四）（五）（七）（八）并加裁省，别增入地理学系及算学系。

四、毕业论文

此项为新近增设，详选[课]指导书第二项规定。

五、课目厘正

本系课目向以已开班者即列入学程栏内，依年讲授名目遂多。兹就旧目分类加以统摄，如标专经者则诗书春秋之目可省，标诸子者则庄韩管墨之名可削，标文集者则诗歌词曲等亦省其名矣。排比既明，则条贯易睹也。

乙、外国文学系

一、本系改正课目之主旨

（一）注重外国文基本及实际之训练；

（二）讲授外国文学之标准作品；

（三）研究各国文学及其民族思想之表现。

二、必修及选修

本系共同必修两课目，本系必修十九课目，选修十九课目，共四十课目。其选课规则详本系选课指导书中。

丙、哲学系

一、课程之改定

本系课程根据二十二年四月校务会议之议决案加以修改，确定每年级必修课目，俾循序渐进，由哲学基础知识达于高深问题之探讨。课目内容则中国、印度、西洋哲学同时并重，尤于各种系外科学课程之选习加以指导。

二、辅系

本系学生自第二学年起，得就文、理、法、教四院设立之各系中选定一系，经本系主任核准，作为辅系。学分及课目依各该系所规为原则，至少须修满十五学分。

丁、史学系

一、课程改定之方针

（一）养成治史之专门人才；

（二）以科学方法整理国史；

（三）研究外国历史，探讨其治史之方法；

（四）培养中学历史学科师资人才。

二、课目支配标准

（一）本系第一、二两年注重基本课目；

（二）第三学年起分为国史组与西史组，随学生志趣所近选修之。

戊、社会学系

一、整理课目方针

（一）理论与实际并重；

（二）养成社会服务人才；

（三）注重中国社会文化研究。

二、支配课目标准

（一）第一、二年级注重基础科学与工具科学；

（二）三、四年级注重社会学实际研究及调查；

（三）学生在四年必修课目为九十六学分，选修为三十六学分。

贰　实验及研究之情形

甲、中国文学系

本系研究工作在系主任及教授指导之下，分下列数项研究：（一）史传文研究；（二）总集研究；（三）经学专书研究；（四）小学专书研究；（五）诸子专书研究；（六）专家文诗词研究。

乙、外国文学系

本系设有欧美文学专题研究一课目，系高年级学生所选修，由各教授担任指导。

本系各教授除授课外，另行规定时间指导学生课外研究工作，如演讲、辩论、讨论、翻译等。二年来，学生对于研究外国文兴趣似较前增加不少。

丙、哲学系

本系于四年级设有哲学问题研究，由本系各教授担任指导。

丁、史学系

本系于四年级设有史学专题研究，由各教授担任指导。

戊、社会学系

一、社会调查。（一）贫儿调查；（二）莫愁湖草棚住户调查；（三）笆斗山游民调查。

二、筹设农村社会学资料室，现收到各省市资料百余种。

叁　出版品之状况

甲、中国文学系

书名	撰著人	出版处
《日知录校纪》	黄侃	本校出版组
《文字学》	汪东	同上
《中国文学史》	胡光炜	上海人文社
《甲骨文例》	胡光炜	印刷中
《南北词简谱》	吴梅	本校出版组
《辽金元文学史》	吴梅	商务印书馆
《词学通论》	吴梅	商务印书馆
《霜厓三剧》	同上	同上
《霜厓曲录》	同上	同上
《唐人小说》	汪国垣	神州国光社
《目录学研究》	汪国垣	商务印书馆
《国学概论》	王易	神州国光社
《乐府通论》	同上	同上
《修辞学》	同上	同上
《词曲史》	同上	同上
《公羊榷论》	徐震	自刊
《经学通论》	陈延杰	商务印书馆
《诗序解》	陈延杰	开明书店

乙、外国文学系

书名	撰著人	出版处
《柏拉图对话集》	郭彬龢	国立编译馆
《希腊文化史》	同上	钟山书局印刷中
《亚里斯多德之哲学》	同上	国立编译馆印刷中
《美国文学史》	范存忠 张沅长	国立编译馆印刷中
《华化西渐论》	范存忠	钟山书局印刷中
《法国文学史》	徐仲年	国立编译馆印刷中
《法国浪漫诗人》	同上	中国文艺社印刷中
《欧美文学批评》	张沅长	印刷中

丙、哲学系

书名	撰著人	出版处
《我执实相关》	李翊灼	中华书局
《般若波罗蜜多心密义》	同上	同上
《西藏佛教史》	同上	同上
《劝发菩提心论》	同上	成都文殊院
《净土五约》	同上	庐山莲社
《易义概论》	同上	讲义
《周易虞氏易笺订》	同上	讲义
《道家哲学举隅》	同上	同上
《佛家哲学》	同上	同上
《老子通谊》	同上	同上
《佛学伪堂辩略》	同上	同上
《印度哲学纲要》	同上	同上
《六书释例》	同上	同上
《大学宗旨》	同上	同上
《中庸直训》	同上	同上
《比较论理学》	黄建中	同上
《哲学论文集》	景昌极	中华书局
《哲学新论》	同上	南京书局
《道德哲学新论》	同上	钟山书局
《宇宙哲学》	同上	本校出版组
《人生哲学》	同上	同上
《论理大纲》	何兆清	钟山书局
《科学哲学与人生》	方东美	本校讲义
《人命情调与美感》	方东美	见《文艺丛刊》第一期
《歌德之认识》	宗白华	钟山书局

丁、史学系

本系师生各以研究所得刊行杂志一种，定名《史学》，现已出版第二期。教授著述一时不易调查，兹所悉者有缪凤林之《中国通史》，钟山书局出版。

戊、社会学系

一、调查报告。（一）《南京贫儿调查》，印刷中；（二）《莫愁湖棚户调查》，整理中；（三）《笆斗山乞丐调查》，整理中。

二、个人著作及释述

书名	撰著人	出版处
《罗素金现代社会学学说》	黄凌霜释	北新
《亚柏尔德国系统社会学》	同上	华通
《西洋社会史大纲》	同上	本校出版组
《西洋知识史大纲》	同上	华通
《文化社会学》	同上	本校出版组
《社会学上的文化论》	孙本文	文化学社
《社会进化论》	黄凌霜	世界书局
《社会学大纲》	孙本文	同上
《社会学原理》	同上	本校出版组
《世界社会学派别及其趋势》	孙本文	新中华
《社会学要论》	邓深泽	南京书局
《合作概论》	卫惠林	民知书局
《农村社会学概论》	言心哲	中华书局
《社会调查大纲》	同上	同上
《中国农村问题》	同上	本校出版组
《社会调查方法》	同上	同上
《自由哲学》	胡鉴民译	商务印书馆

肆　图书种类数目及价值

本院两年来,添置图书约三万元弱。兹以编目未竣,各系所购书籍未能详列。兹列其总数如下:

一、二十一年度

(一) 中文书籍148种,计1810册,计国币2008.51元。

(二) 西文书籍1912种,计1955册,国币9404.38元。

右共计国币11412.89元。

二、二十二年度

(一) 中文书籍236种,计6037册,国币6758.6元。

(二) 西文书籍2420种,计2546册,计国币8442.5元。

右共计国币15201.1元。

统计两年来书籍购置费26618.99元。

中央大学档案

外国文学系关于共同必修之外国语文课目致文学院院长函（1934年11月9日）

旭初院长先生道鉴：

敬启者：敝系于十一月七日举行系务会议，讨论共同必修之外国语文课目问题。当经决定下列二项：

（一）基本英文一课，原定每周授课三小时，每学期三学分。惟各担任教员佥以每周时数似嫌过少，当经提出系务会议议决，自本学年下学期起，每周授课四小时，学分照旧。至于该课目之时间及教材支配，另定之。

（二）年来系外学生对于第二外国语之选习，尚无年限规定。致（至）于教学方面，颇感困难。兹经议决：除本系学生外，凡选习任何第二外国语（法文或德文或日文）者，至少须连习二年，方给学分。

以上两项，是否有当，敬请核夺示遵为荷。专此，祗颂

公祺

外国文学系谨启
十一月九日
中央大学档案

文学院为社会学系订阅报纸致总务处函（1935年9月5日）

迳启者：准本院社会学系函开：本系七八年来订报剪存，于系内外师生之研究，补助良多。本学期校内另订阅报办法，致剪报工作中途而废，至为可惜。敬请院长为提倡永久研究工作计，准予专订平津京沪四大报：（一）《北平晨报》，（二）《大公报》，（三）《中央日报》，（四）《时事新报》，以便研究南北各地主要新闻为荷，等由。准此，查此次改订各院阅报办法，原系因经济问题。惟关于特殊研究必须订阅者，似当例外增订。本院社会学系历年剪贴各报，研究社会问题，颇关重要，可否准予另行增订上开各报，以便研究。相应函达，即请酌夺示复为荷。此致

总务处

文学院启

廿四年九月五日
中央大学档案

教育部关于中央大学添设俄文系的密令(1935年10月26日)

（密）迳启者：目前吾国对于俄文人才，至感缺乏。政府方面，甚盼各校设法补此缺点。过去各大学间有设置以俄文为必修科之学系，惟以招生之困难及课程之限制，毕业后文字仍难致用。兹为适应此项需要起见，拟请贵校于下年度添设俄国语文学系，并在附属实验学校添设高中俄文班，以便升学。相应函达，即希酌议见复为荷。此致
国立中央大学

教育部高等教育司启
十月廿六日
中央大学档案

中国文学系请改英文阅读及作文为选修课目(1936年10月27日)

敬启者：昨据本院中国文学系全体学生呈，略称：呈为呈请改英文阅读及作文为选科以便专修国学事。窃维本校列英文阅读及作文为本系必修，原期融会西方文学，诚属法良意美。惟国学崇深，未可兼营并骛。爰经全体议决，请改英文阅读及作文为选修，其理由有四：一曰，涉猎英文，无裨国学；二曰，业贵专精，不必兼长；三曰，国内公私立大学，国文系除基本英文外，余均列选修，可资借镜；四曰，因材施教，各展所长，该课目改选修后，有志英文者仍能自由发展，专攻国学者得精研四部，涉猎社会科学。为此不揣冒昧，呈请钧座俯察所请。改英文阅读及作文为选修课目，启自由研究于严整纪律之中，昌明国学于支离断续之顷，非仅生等之幸，民族文化实利赖之，等情。据此，查中国文学系系外必修英文，原为英文名著选，后改为英文阅读及作文。该生等兹请求改英文阅读及作文为选修，究应如何办理，即请提交校务会议讨论为荷。此致
教务处

汪东谨启
十月廿七日

附：学校复函（1936年11月30日）

迳启者：关于中国文学系学生请求将英文阅读及作文改为选修一案，兹经校务会议议决，"准予改为选修，但不得中途改选"。纪录在案，相应录案函达。即希查照办理为荷。此致

文学院

教务处

注册组

校长办公室启
中央大学档案

二、理学院

第四中山大学算学系请求设立改良算学教学讲座（1927年）

自改施新学制以来，我国中学校皆思提高算学课程程度，高级中学算学课程间有授至微积分及微分方程论者。但考其实际，辄有名不副实之讥。各大学入学试验，算学成绩常逊于他科。敝校沿东南大学改组，深鉴历年入学试验成绩不佳，乃分作通试、选试两次。通试题目较历年特易，选试亦限于中学程度。结果不能应选试者竟达投考人数百分之七十四。兹以东大最后二年及敝校第一年入学算学考试成绩胪列如左。

年份	报考人数	二十五分以下成绩者	得零分者	与考人数之百分比
十四年夏	八三一	五三一	一二〇	六一.五〇
十五年夏	八二五	三三三	七三	四〇.五〇
十六年夏通试	六〇八	一六七	六六	二七.五〇
十六年夏选试	一五九（不及百之二十七）	二三	一二	一四.五〇

世人皆知算学为各种自然科学之锁钥，算学训练在中学教科中较其他科学尤为重要。现在中学生于浅近算学，未能澈底了解，后日研究科学时荆棘滋多。敝校有鉴于此，极思所以改进中学算学之方法。第本校经费不充，现有之算学系预算只敷维持普通教课之用，实无余力研究指导中等算学教学。顾此问题如斯重要，未便

默尔而息。谨将实在情形详陈左右,并附请求补助预算书于后,务请优予考虑,加以援助,科学教育幸甚。

中央大学档案

吴有训为物理系系务致张贻惠函(1928年9月25日)

少涵学长兄大鉴:

校中现已开课,系内一切布置,均粗有头绪。弟日间即将离宁赴平,特将重要事件报告如下:

(一)中华教育文化基金董事会补助费15 000元之计划及预算,已照上年原定计划略加修正编就,交大学本部,请促其早日送去。计划稿本留存办公室弟之书桌左方抽斗内。再,该项计划系弟与张季言兄商定,以后一切请询彼便知。训又及。

(二)本系预算不能再减。稿本存兄处,请开院务会时特别注意。

(三)上期底,物理学系由弟经手向会计组预支1 000元购买近代物理仪器。该款系由弟在沪换好美金,转寄支加哥大学康姆顿教授(Prof. Compoton),请彼代定X射线器具。现将上海银行兑换凭据及康姆顿教授收据均存理学院办公处。如须查询,可至理学院一问大概。所定器具不久定可到校。康教授仍有详细报销。

(四)弟请假离校,已向中华教育文化基金董事会报告。请自十月起,以后薪金直接寄交兄收,并谓八月份薪水弟已向学校支领。如该会尚未寄弟,请即寄会计组收。兹将函稿附上,请台察。

(五)系中设备,弟意宜急速进行。依弟计算,物理系上年尚有5 000元左右存会计组,以1 000元购买简单天文仪器(请秦先生即日开仪器单),以1 000元购无线电器具(已支800余元),下余3 000元用付上期所定物理仪器之账,所差无几(上期新定仪器大部已到,请兄催会计组早日将欠款付清,至要至要)。本年度物理系设备费,除中华文化教育基金15 000元另有计划不计外,尚有24 000元(合校中及罗氏基金补助)。弟意:(一)应以10 000余元专购物理上著名杂志之以前号数(最好从1890年或1900起);(二)应以三四千元专购物理学书籍;(三)应以六七千元补充物理仪器。前两项请兄即日召集系务会议(此间于开学后一星期大概得召集系务会议),请文、方、戴诸位立即着手向国外接头。第(三)项除热学仪器应请熊先生开单外,其余弟已拟就(约值3 000余元),存张季言兄处,请季言兄将定单整理,即日寄出为盼。

（六）系中下学期应开学程，已面述，兹不赘。

专此，即请

大安

弟吴有训上

九月廿五日

附：吴有训致中华教育文化基金董事会函

迳启者：训现因要事，自十月一日起，须请假三个月至四个月。训在中央大学所担任功课，已商请中大高等教育处长兼物理学系主任张贻惠先生请同事代理。训之薪金自十月份起，请直接寄交张贻惠先生为盼。再，训之八月份薪金300元，已向学校支领，如贵会尚未寄，训请寄交中大会计组为盼。九月份薪金仍请寄交训收为幸。

此致
中华教育文化基金董事会

科学教授吴有训

中央大学档案

算学系同学会致张乃燕函（1928年11月16日）

敬启者：顷据算学系参观团呈称："敝团在大同大学参观时，面晤该校教授吴在渊先生，谈及助理郑君学电。吴先生谓系该校专修科程度最劣之学生，今竟得充当助教，足征该校成绩优著云，言谈间颇含讥讽意。据此，助教聘请外人实与本校名誉有关，理应呈请贵会据理向何主任、王院长严重交涉，并转请张校长以后用人行政应以学校名誉及同学学业为前提。"敝会即以此意召集执委会议，当中所发表意见，多谓办理学校，校长应注重学生出路，否则无论如何，其发展必不宏大。即以北大而论，其所以有偌大之势力者，实以蔡校长及诸教授能注意学生出路，疾病相扶，出入相友，并非程度优秀或他故使然也。如今党国建设，学术发展，所在须人。本校学风素称淳正，学生学业亦极优秀。苟能通力合作，则将来发扬光大，未可限量。不然学生一出校门，即与学校漠不相关，师生相见，一若路人，殊非互助合作之义，总理群策群力之意也。执此之由，敝会特向校长条陈二事：（一）凡本系助教，请一律聘请本校算学系毕业同学。（二）凡本区各中学算学教员，应请尽量聘请本系同学充任。盖在大学区内，大学校长有教育厅长之权，各中学既要求保送学生入本部肄业，其所学课程自应与本部所习者相衔接；否则其所保送之学生既勉强随班上课，本校名誉亦从此堕落，殊非本大学应有之事。况权利义务自应相当，各中学既不用本校学生，自不能有保送之权利；欲享保送之权利，教员自应由本校委派。否则一为中学校长，则不论有无学识，亲戚朋友充斥全校，其程度之卑劣自可概见。

校长素以铲除积弊为怀，以后对于中等学校教员，请由本部委派；否则即请取消保送制度，考试现任教员。又以后本部聘请教授，应采纳同学意见及系主任同意，其不良教授请撤换，以重学生学业。兹特将本系毕业同学及现任助教名单抄奉二纸，以便对照更用。所请各节是否有当，尚望示复。此请

张校长钧鉴

国立中央大学算学系同学会启
十一月十六日
中央大学档案

化学系丁绪贤致理学院院长函（1928年12月8日）

敬启者：本年度化学系所提预算本来甚低，近闻颇有削减之势，更觉碍难施行，因本系实有特别困难情形也。惟此等情形，先生虽能洞鉴，他人或未察知，请姑略举二例：

一、化学系学生特别的多。单就预科而论，选习化学者共有三百余人，其中各学院学生都有。且化学实验药品器具之消耗，非常之大，与其他实验不同。此项预科试验费，如能划出若干预算，另行开支，自然甚善。若亦归入化学系本科预算，未免吃亏太大。而化学系预算势非增多不可。

二、去年因河海工校、苏州工专及东大附中等校由工学院接收后，有许多化学药品仪器等因之归入工学院。化学系曾向该院借用，故未另有多种购置。今年不但无可借用，尚须归还去年已备之物（工学院化工科已归独立）。况所有药品仪器早经用罄，若不多加添置，各种化学实验势将半途停顿，届时无法强持，深为可虑。

此外特种困难情形甚多，一时无暇尽述，且亦无备举之必要。务希费神，于研究预算会议时特别提出，加以注意，甚为至盼。此上

理学院院长

化学系丁绪贤谨启
十七年十二月八日
中央大学档案

化学系教员挽留王季梁致张乃燕函(1929年1月19日)

敬启者:近闻理学院院长王季梁先生拟将本校职务辞去,改就中央理化研究所某职。校中虽在挽留,辞意仍未打消等情。查王院长道德学术,士林共仰,在校以来,十有余年,近长理院,尤关重要。前有辞职改就之说,闻之即深诧异。嗣因校中已正挽留,同人未便参与。窃思中央理化研究所尚未建筑,办公处又设在首都,如校中竭诚慰留,不无挽回余地。奈寒假近在目前,挽留尚无结果。爰于昨日本系系务会议中,将此问题提出讨论,当经全体议决,由本系函请本校继续切实慰留,务期打消辞意,免致引起纠纷。本校幸甚,此不独一院一系之关系也。专此奉达。即请

君谋校长大鉴

化学系丁绪贤等全体教员公启
十八年一月十九日
中央大学档案

曾昭抡请购特种研究实验仪器致高等教育处长函(1929年4月23日)

高等教育处长台鉴:

迳启者:兹因特种研究之用,须购下列二种仪器:(一)偏光显微镜(Polazing Microscope Stand Cm.)一架,计价686元;(二)折光器(Large Refractometer, Leiss)一架,计价571元。以上价目均照兴华公司估价,购买时第一种因上海有存货,货价可俟到后再付。第二种因须至日本取货,须先付货价百分之二十(合洋114元2角)。以上二款,可否准于文化基金补助费内之化学讲座设备费下开支(按,此项设备费不能移作他用,去年及今年共积有4 000元。除上次化学系购买老杂志用去1 000余元外,应尚有2 000余元可用)。敬请示复。如蒙批准,即祈转请会计组开出114元2角之上海汇票(汇至上海兴华公司)掷下,以便专函定货为感。专此,即颂

公安

曾昭抡谨上
四月二十三日

再者,顷奉即日公函,敬悉一切,今年科学会议定当如期赴会,提案等早已直寄文化基金董事会矣。

中央大学档案

孙洪芬致戴超函请聘查谦为科学教席(1929年7月11日)

志骞、芰舲先生道席:

近日报载中央大学区中等学校为争经费一事,与大学行政多所争持。顷晤铸新先生,知君谋校长与先生等仍努力进行各种计划,热心毅力,不避困难,至深感佩。昨得查先生来信,谓决应中大之聘,已将应聘书交由物理系方主任代为转呈,送到之日,敬请台察。

按查先生数理二门俱极精审,人复敏决稳健,为国内有数人材。此次交大、北洋、北大、东北俱欲罗致,乃卒能应中大之聘,实足欣幸。前此洪芬曾与志骞先生谈及基金会科学教席物理一门,久付阙如(指在中大而言)。今查先生既已应聘,似可以此席相属。渠前任基金会教席,成绩极佳。今春洪芬过宁时,中大物理系高材生莫不以查先生入深出显,所出练习题目大半为书上所无。阅考既勤,学生自尔受益为言。如中大推荐来会,此间绝对赞成。就本会科学教席而论,中大人材首屈一指,他校无此齐全而优美也。铸新先生星期六日南下,洪芬正协劝少涵先生与之同车一行。专此,敬颂

教安

弟孙洪芬拜上
十八年七月十一日

张校长及海萍先生均此布候。

据少涵先生面告,渠闻何奎垣、段调元二教授俱已来平,有不回中大之传说,便以附闻。想铸新兄必能详陈一切也。

孙洪芬再拜
十八年七月十一日
中央大学档案

本校地学系地理门应独立成系建议书(1929年9月)

校长先生、教务处长、各院院长、各系主任暨各位教授钧鉴：

敬启者：同人年来在地学系地理气象门担任教职，深感地理气象门有从速独立成为地理学系之必要。兹就大学学制、本校地位、本系现状、本系历史四方面，列举理由，草为此建议书，敬请各位先生予以考览，并望加以赞助，不胜大愿。

一、据本年八月间教育部公布《大学规程》第二章第五条，理学院分数学、物理学、化学、生物学、生理学、心理学、地理学、地质学及其他各学系。按本校地学系向来分为地理气象与地质矿物二门，现在但须加以扩充，使其成为地理、地质二系，实为水到渠成之事。从前本校生物系亦分二门，最近亦已独立成为动物、植物二系。盖教育事业愈发达，各种学问当由合而分，使精神得以专注，此自然之趋势也。

二、国立大学设立地理学系者，已有广州中山大学、北平清华大学、北平师范大学等，其他各校亦有新设地理学系之运动。戴季陶先生曾在第三次全国代表大会提议，北平大学（今称北京大学）与广州中山大学应即设立地理学系，中央大学地学系地理门应即使其独立。查本校地理学讲座，设置最早，言论鼓吹，倡导风气，于促进大学地理教育，不无影响。今他校已纷纷实行，而本校尚未独立成系，言之可愧。本校乃首都最高学府，一切设施，力求完备，以期成为全国之模范。故地理学系之独立，实不容视为缓图。

三、本校地学系关于气象仪器之设备及历年气象测候之成绩，在国内大学中，殆为绝无仅有者。（《气象月刊》已出五十期，与世界各国气象台交换有四十处，《地理杂志》创刊亦有二年。）将来地理学系成立之后，自当保存固有特长，对于地理与气象，兼顾并重。但就现在情形而论，地学系有专任教授六位，地质占四位；兼任教授三位，地质占二位。地理学在理学院之经费中，居于最枯窘之地位。因此地理门开设学程极为困难。若欲开设高深学程，则普通必修学程，有不能不付之缺如者，否则又无以应高年级学生之需要。例如本学期有几种地理与气象课程，为同学所请求开设，但为事实上所不许，致有志而未逮。故非俟独立成系，与其他各系平等待遇，不足以谋正当之发展。

四、地理学在本校历史上关系甚深。当民国十二年冬科学馆筹备建筑之时，数、理、化、生物、地理五系，一致加入。当时东大理科只有地理系而无地质系，盖北大注重地质，东大注重地理，各有特长。其后东大亦增设地质课程，始定名为地学系。此次地理学系之请求独立,固可称为本校之一种建设事业,若称为恢复旧观,亦未始不可也。

系教授胡焕庸、黄国璋、张其昀同启
十八年九月

《地理杂志》1929年第2卷第5期

理学院系主任会议记录(1929年10月22日)

日期:十八,十,廿二,下午四时

出席者:何鲁(段子燮代)、方光圻、倪则埙、郑厚怀、张景钺(许骧代)、潘菽、蔡堡

主席:蔡堡

讨论事项:

一、确定本学院必修学程案

议决:本学院学生至少必修左列各学程。

普通物理(丑)　　　　六学分[可以物理(子)或其他较深物理学代]

普通化学　　　　　　十学分(可以普通无机或其他较深化学代)

第二外国文　　　　　十二学分

二、确定各系必修学程案

议决:先由各系分别议定,再交院务会议讨论。

三、确定十八年度本学院预算案

提议:十八年度本学院预算如左表。

1. 不分系预算

校工(算1,理3,化8,地2,动植2,心1,总1,共18人)	年支3 000元
实验学校	年支1 500元
讲义 纸张文具	年支500元
生物馆水电煤气设备	年支20 000元
总杂务费	年支26 700元
总计	年支51 700元

2. 分系预算

十八年度理学院分系预算表

项目\系别	院行政	算学系	物理系	化学系	地学系	动物系	植物系	心理系	总共
薪俸	5 820	35 640	32 460	32 160	31 224	(+3 600) 9 312	16 896	12 312	175 764
图书		3 000	1 500	1 500	3 000	1 500	1 500	1 500	13 500
仪器		1 000	4 000	3 500	3 000	1 000	1 000	3 000	16 500
标本					4 000	1 000	1 000	500	6 500
消耗			1 500	15 000	1 500	1 500	1 500	500	21 500
旅费	400				1 400	400	400		2 600
总共	6 220 (-3 600)	39 640	39 400	52 160	44 124	14 712 (+3 600)	22 296	17 812	236 364

此预算表只适合于本学年之特殊情形中。

中央大学档案

蔡堡等为建设研究室致张贻惠函（1929年12月12日）

张处长钧鉴：

文化基金讲座费起造研究室一事，前已蒙准许。窃惟本校校舍不敷，此事于学生方面及教授方面，实刻不容缓。先生达人，亦早在洞鉴与赞助之中，同人感戴奚如。现此项研究室图已制成，规模极小，然于青黄不接之际，未始无补。即将来大规模之研究室得能成功，此屋亦不致完全无用。盖研究种类繁多，视其情形而利用之可耳。目前嘱包工估价，约计洋10 000元。其平面及正面图，已嘱该包工者制造，不久即可呈上察阅。望先生函致会计组，将此项建筑费准由文化基金讲座费项下开支，以明手续而利进行。不胜感盼之至。

又，此事文化基金董事会方面已得谅解。当时王季梁先生亦在座，并无异议。专此即请，并颂

尊绥

文化基金讲座蔡堡、曾昭抡、许骧、艾伟、吴正之（蔡代）同启

十二月十二日

中央大学档案

理学院地理门学生请求独立成系致张乃燕函（1930年1月4日）

张校长、戴副校长、叶教务长、校务会议全体教授先生钧鉴：

谨肃者：生等为谋自身学业上之造就及本校各学系之平均发展，所以不惮烦言，再行上书，请求地理门之独立成系。生等自信，屡次呼吁，完全出诸爱学校、爱学问、爱人、爱己之心，及鉴于目下情势，实更有不可不独立之理由在。敬布区区，贡呈裁察。

本校之提倡研究地理，实有悠久之历史。南高时代已有文史地部，以地理与文史并重。《史地学报》又树社会上提倡研究地理之先声。追念前尘，能不奋起？十余年来，本门之地理上各种设备，如仪器、地图、图书等陆续添购，已有相当基础。现本门主系学生亦有十五人。故本门之应独[立]成系，实乃水到渠成，势所自然也。

自本学期开始之时，本门教授已提出独立成系之建议书。学生之请求独立，发表宣言，亦已三月。屡次进谒学校当局，早蒙戴副校长、叶教务长、蔡院长嘉纳，并深加安慰。其后校务会议对独立问题提出审查，生等满望有圆满之解决。乃最近两次校务会议均未加讨论，殊为惶惶。究其症结，乃谓院属问题不能解决，甚至有主张分隶两院之消息。其用意深长，当非真正为学校谋进步之意，谅为先生等所亮悉。地理之应属于何院，教部有明文规定，各大学有先例可援。且地理学之基本，乃地文与气象，故地理学之为自然科学，无待晓舌。本门主系同学十五人，以物理为副系者有六人，即最低级之同学，亦均修读普通物理、微积分。正在修读天文学、力学、电磁学、微分方程者，亦大有人在，毫无以理学院必修学程之烦重而生畏望之心。故无论在理论上、事实上言之，本门实应整个的隶属于理学院也。

此次不幸，本门教授因格于理想之不能实现，本门之发展无复有望，乃至被人指为附属品，故愤而辞职。生等奔走挽留，竟无成效。扬汤止沸，何如釜底抽薪；悬崖勒马，乃属智者之事。故谍谍上言，敬祈诸教授顾念本校前途及生等学业，避免私人情面，付诸公论，使地理门得于今年二月起独立成整个之学系，隶属于理学院，并请坚留三教授来校上课，则幸甚矣。专肃，谨请

铎安

地理门学生
于隆业　朱炳海　沙　璨　汪肇修　李修睦
李玉林　易明晖　袁　著　徐近之　孙善闳
张国涛　杨昌业　邓启东　谢诗白　严德一
十五人同上
一月四日

中央大学档案

张乃燕请聘孙洪芬为理学院院长（1930年4月29日）

洪芬先生大鉴：

自违雅教，倏忽数月，辰维兴居邕适，颂祷无量。去年敝校敦请执事为理学院院长，值先生以中华文化基金董事会事，不能摆脱，致未果行，深为缺望。下学年务请先生担任敝校理学院院长，万恳摆脱一切，毅然南下，以慰学子之望，以安弟等竭诚奉请之私。理学院为敝校八院之冠，比较的有成绩可言。以先生学识冠时，来领斯院，行见经营进展，顿改旧观。翘待鼎襄，如望云霓。兹敬奉聘书、应聘书，即祈将应聘书填签寄下，并请大驾于六月底或七月初南来视事，预备下学年开学一切事务。不胜盼祷之至。专肃奉恳，并颂

任安！维希惠照不一

附聘书、应聘书各一件

弟张乃燕、戴制超敬启
十九年四月廿九日
中央大学档案

中央大学呈复教育部地理系设在文学院之理由（1930年5月7日）

呈为呈复事。

案奉大部第371号训令开：案据该大学地理学系学生徐近之等呈称，云云至以凭核夺。此令。等因。奉此，查职校现在之地理学系，原为理学院地学系之地理门。去岁因该门已发达至相当程度，故由校务会议议决将该门独立成系，名为地理学系。关于该系院属问题，复经校务会议长时间之讨论，始行决定。盖查各国学制，地理学系有属于文科者，亦有属于理科者。"地理学系院属问题"在国外既无一定标准，则职校地理系之院属问题，只能视该系现在所开课目之性质而决定。后查前地理门在十八年度上学期共开课程十一门，中有八门均系关于人文地理方面。即本学期共开九门，偏于人文地理方面者亦有六门。因此决定将该系暂属于文学院。至关于自然地理方面之设备与课程，以后如能宽筹经费，当力谋充实。此职校地理学系隶属文学院之经过情形也。该地理学系学生徐近之等因院属问题，遽予变更，以至发生怀疑，或系未明真相所致。奉令前因，理合将经过情形，据实呈复。

检同地理系及地学系地理气象门课程一览表,并抄奉地理学系现设各种学程纲要及参考用书,备文呈请大部鉴核。此呈
教育部

国立中央大学校长张乃燕
十九年五月七日
中央大学档案

地理系张其昀、胡焕庸、黄国璋等教授致叶元龙函（1930年）

元龙先生大鉴：

刻晋谒台端,承示学校当局拟以地理气象门整个独立成系,隶属文学院,自下学期起实行等情。学校方面提出此种调和办法,同人等深谅其苦衷,决不坚持原议。惟觉在实行方面,请申明两点如左。

一、根据十八年度地学系预算平均分配,地质、矿物与地理气象各得其半。如薪俸方面依照现行比例分配,则其他设备如图书、仪器、标本及消耗、旅费等宜绝对平分。再者,即日起两门会计宜使独立。

二、在他处无相当房屋可用时,地理系依照以前工学院建筑科、现在教育心理系办法,向学校借用理学院地理气象门现用房间。因地理气象门现在设备,如风向风力计、水银气压表及幻灯、教室等,搬移殊为困难。且下学期动物、植物二系迁入生物馆,理学院各系房间分配,尽可设法。专此,敬颂
公安

张其昀、黄国璋、胡焕庸同启
中央大学档案

算学系诸教授挽留系主任何鲁致张乃燕函（1930年7月14日）

君谋校长执事：

风闻执事有徇学生之请而辞聘算学系主任兼副教授何奎垣先生之说。用人行政,校长自有权衡,毋待忠等末议。惟此事出诸少数学生,则忠等有不能不就管见所及,为执事陈之。

查何先生留学十余年,回国任教育十余年。在广东及中国公学时,于学校行政

方面，或有不满人意处。然行政事近政治，其欢迎拒绝，本难言功罪。至于教课，则从未闻有訾其毫末者。例如中国公学学生，当其反对何先生长校时，行动可谓烈矣。乃不半年，再迎回以主持算学系，迎之竟较往时尤烈，甚至于星期日不休息以随课。此犹就普通事实言之。至其成绩，则现今在算学界中负众望如孙镛、严济慈、何珩璠等，亦皆受何先生之教泽而成□就。忠等以同系同事朝夕所接论，则何先生之学问，自有远出侪辈而非初学之学生所可妄评者。此为学校之人材计，应沥陈校长以为何先生之不可以去者一也。

或谓学生之程度不一，而何先生之教法或有躐等，不能□人善诱，以至不能悉行受益。然大学为学术机关，自不能以寸朽而弃连抱之材。如法之Picard、Boiel两教授，其教法常为学生所不满。而教法之良于彼者，希嗇倍蓰未闻，当局以此去之，而两教授之资望亦未闻因此少减。诚以大学为学术教育，而求学贵在学问也。此为学校之学术计，以为何先生之不可以去者二也。

何先生之学问，声名遍中国，不特受教泽者如孙、严、何辈，均为算学界当代硕望。即在北平之冯祖询（荀）、胡况东等亦相推重。今乃听少数学生訾□无学而去之，忠等恐外人将谓学校不能容人，借端倾挤，而有学问者将裹足不前也。此为学校声誉计，以为何先生之不可以去者三也。

用人行政，校长自有权衡。教授良否，学生之学业未充，当然无从鉴别。忠等侧身学校，常闻当局聘一教授，亦曾遍访国内之同科同系名流，并参以已往成绩。如此慎重，诚以学问渊深，固非耳食者所能别其优劣之点，亦非同道者当面一二言所能评其高下也。若只据少数学问未充之学生所评，以为去留标准，毋乃过于轻率。此风一开，聘解教授悉决学生，学既未充，何能鉴别？此为学校之学业前途及校规计，以为何先生之不可以去者四也。

大学教授，首重人格。以历十余年、声望素著、成绩昭然之教授而可妄诬以无学，则侮辱人格，莫此为甚。此风一开，恐有不良教授对于功课，概取放任，成绩概取敷衍，以徒取悦学生。设不幸更有夤缘学生以充教授者，其将何以善后，而自好者反裹足不前。学业日下，人格日非。此为学业人格计，以为何先生之不可以去者五也。

中国学业之不发达，咎在缺乏以教育为终身之人材。而此项人材，专赖国立学校有以养成之。盖教育为清苦事业，若无一定地位以使其专心研究，则朝东暮西，将争入军政以享虚荣，学界将来必无耆宿可存，遑云研究。在欧美于教课有讲座之设，于退休有养老之资，其为保障有不得不如是也。今也于为国服务十余年之老教授，以不满少数学生之故，而听其攻讦。攻讦不已，而不惜妄加批评以侮辱其学问，竟至因侮辱以去位。忠等实不知十余年之辛苦果何谓，教授保障之谓何。即谓新进者果较旧者为优,则新进者之能有今日,直接固为旧者之教泽所被,而间接亦为此十余年来旧者之提倡推尚所致。今乃不问成绩,不问证据,信口污蔑,若竟据此以为去留,是不特忠等以为不可,恐海内学者闻之亦为寒心。此为教授之保障计,以为何先生之不可以去者六也。

辞聘之说,本属风闻。聘任之责,权操校长。忠等固不敢以捕风之言,质之校长;尤不能以越位之见,妄加非论。特以事关六不可去,迫于杞忧,敢为执事陈之。是否有当,尚祈赐复。即颂

公安

算学系副教授
周烈忠、张镇谦、范会国、段子燮、周家树同启
七月十四日
中央大学档案

刘树杞致孙洪芬函(1930年7月15日)

洪芬学长兄如晤:

奉十一日手示,敬悉一切。弟事属承吾兄关德,感荷之私,匪可言喻。弟于十一日抵沪,得吾兄手示,已在十三日晨十时左右,当即往奉天丸趋晤。而迄至江干,则奉天轮适已开驶。彼此道左,仅在数小时工夫,殊深怅然。

弟此次返国,决定对于政治工作及学校行政均不参加,专门从事于教授及研究生活,并徐谋制革工业之发展。故弟服务之处,当以能否设置电化实验室为先决条件(约需国币四五千元)。武大方面,已在沪上与诸友接洽,设置电化实验室一层,尚无问题。惟武汉地点最易受时局影响,弟之实验工作能否不因之中断,实为一问题。故清华方面如有机遇,弟甚愿予以考虑。但如稍有困难,则可作为罢论,不必勉强也。至于中大化学系主任与北平工大院长二职,蒙吾兄介绍,至深感激。工大院长一职,因弟不愿从事教育行政之工作,不敢担任。至于中大方面,因地点关系,弟甚愿予以考虑。但弟只求能从事研究工作。故弟只须能得款设置简单电气化学室,即愿加以考虑。其实弟只愿作一普通化学教授,而不愿担任主任之职。如万不得已,则临时滥竽充数,亦未尝不可。便中望吾兄代为接洽,并示以该校最近详情及待遇条件。对于电化实验室设备一层,尤请特别代为查明见告为祷。弟二三星期内大约仍在沪上,回示请寄下列地点为荷:上海法界薛华立路103弄第5号,李英标兄转。匆此,即请

近安

弟树杞上
七月十五日

弟此次在意校曾晤吾兄之高足朱子清君,并蒙招待。知注附闻。

嫂夫人统此问候。

内子附笔问候。

中央大学档案

中央研究院函请中央大学尽先设立天文学系(1930年7月25日)

迳启者:本院第一届年会,天文研究所提议全国各大学应尽先设立天文学系一案,其理由:"一为如物理、化学、工程、地质等,各大学均设有专科,而具有天文学系者则寥若晨星。大学毕业生既无天文观测之经验,天文研究所不特深感才难之叹,且研究进行,亦发生梗阻。""二、天文一科之对象,超乎寰区之表,其影响于哲学思想者,至深且大。于科学方面,则与物理、数学相互表里发明,其关系尤为密切。""为谋中央研究院养成人才与各大学设备之周至,创设天文学系,诚刻不容缓!"等语。经大会议决,由本院迳函全国各大学办理。除分函外,相应函达,即希查照办理。此致
中央大学

院长蔡元培
中华民国十九年七月二十五日
中央大学档案

算学系暑期留校同学致校长函(1930年7月26日)

校长先生钧鉴:

敬肃者:本系前系主任兼教授何奎垣先生,自经本系全体同学公请自动辞职以来,盖已三阅月于兹矣。生等之苦衷,已屡次陈述,钧长亦早已负责面允"何先生下学期另有高就",并嘱不可外传,以重人格。乃延宕至今,似尚未定夺。瞻顾前途,实深隐忧。近来教授、助教又分别函请挽留何先生,闻听之余,尤堪惊异。其实教授段、周两先生皆何之同乡,或者桑梓之情,重于本系前途,以致四方奔走,连名挽

留。至助教之要求,其动机尤属可鄙。盖何在校中,则皆可终日不进系门,而在校外兼任三四教职(如邹松在五卅、钟南、东方、中央军校兼课,其他除郑学电外,亦莫不如此)。何倘他去,或未必再能得此等便利。且助教最重要工作,为改正习题。试一检阅同学练习簿,大都每题一√,其错误者则鲜有修正,甚或正误颠倒。同学偶有质疑,则瞠目不对,且有对他系同学声明:"我和你一样不懂,请你自己去研究。"(详情请询化学系同学萧乾儒君。)助教如此,不亦令本系全体师生冷气乎?则此次之挽留何先生,自在意中。闻某助教云:"此次某某两助教以特别关系,不得不函请挽留何先生,但事实上又不得不联络其他助教……"其然岂其然欤?教授者,学校所聘以指导学生者也。今学生已不能受何先生之指导矣,何贵乎其为教授哉?总之,生等此次运动,完全本诸良心,毫无其他作用。再四踌躇,始毅然向钧长陈诉。现暑假将半,转瞬下学期又将开始,务恳从速聘定新教授及校外有名学者主持本系。若钧长发现生等另有作用,或有意在捣乱情事,则愿受校中任何严厉之处罚。

最后尚有一言,不得不向钧长特别陈述者,即本系教授段调元先生前在同学反对胡刚复时,为拥胡之中坚,此次复力谋挽何。姑不论其学术能力,而其屡违公意,亦决不能为本系主任。谨此声明,敬乞察照。敬请
钧安

算学系暑期留校同学公启
七月廿六日

本学期何先生所教之两学程,均各有十余同学未曾参与大考。倘下学期何先生仍在中大,生等除誓不选其担任学程外,当再继续扩大运动,以期本系终能澄清而有发展之一日。荆棘当途,所不惜也。又及。

中央大学档案

孙洪芬致叶元龙函(1930年7月27日)

元龙先生有道:

在宁承教,快慰无极。别后于十七日抵平,幸免飓风之厄。厥后以会中积件太多,日夕忙碌,除用长电报告外,未能函达,深以为歉。张、孙两教授曾作竟日之谈,对于中大之聘,皆婉辞坚却。良以清华之环境与待遇,皆较中大为优,且交通梗阻,移家不便,故都抱动不如静之主旨也。就算学论,清华与北海图书馆所藏全部杂志有十七种(英、法、德、美、意、日全备),则研究便利。光远本年月俸320元,明年为

360元。再过三年,得以校费游欧一年。现住校中房屋,水电及卫生设备齐全,而月租不及30元,则生活舒适。清华现有算学教授四人,熊迪之任分析,杨武之任代数,孙光远任几何,郑桐荪任大学中级。各课学生人数少,各级教授有暇研究。且留清华则同事相安,来到中大已有人含沙射影。光远非庸骏,又何必过于牺牲一己乎!子高兄在清华主持化学系,月俸360元,而系中除消耗费用以外,本年可增图籍9 000余元,设备仪器20 000元,且款项确实。与中大化学系之设备5 000元(建设费项下),尚不能十足到乎者比,又不无区别。故彼之不愿来中大者,亦自持之有故,言之成理。弟受张校长及兄之委托,向张、孙二兄劝驾,乃结果等于零。不善说辞,有负使命,惭悚之至。

  弟二十三日奉上一电,度先送达。刘树杞(字楚青)兄之事,不知接洽否。此人学问、资格,皆为第一流。此次系第二回游学归国,最长于工业化学。弟意如刘君愿主持化工,则恳叔伟兄主持理学院之化学系。兹将刘君最近来函附呈台阅,即祈就近接洽决定,无庸商弟以省转折。前日奉十九日快示,本思昨日修复,适值敝会新会计董事就职,镇日无暇作书,并祈原宥。奎垣先生不续聘之举,张校长毅然决定,可谓饶有魄力。侧闻全系教授及助教俱有函一致挽留,且有人发表共去留之表示,不知确否?弟与奎垣先生毫无恶感,去岁学生攻击奎垣时,弟曾力为疏通。今学生再与之为难,弟远在北平,直至到宁方明真相,乃有学生十六人来函,语气间有弟来而排挤奎垣使去之意。弟此次对于中大之聘,至今日未加以完全拒绝,非于个人有所贪冀,实以兄及君谋先生对于校务改进,热忱可佩,故不愿浇以凉水。设中大而为是非窝,则弟似无讨气受之必要也。此请

海安

弟洪芬拜上
十九年七月二十七日

  君谋校长先生祈代道候。

中央大学档案

地理系同学会挽留胡焕庸(1931年1月24日)

校长先生钧鉴:

  谨肃者:生系自独立以来,经主任胡先生之努力,系务得日渐发展。近闻胡先生因感经费支绌,设备、考察之费均付阙如,系务碍难进展,乃向钧座辞去主任兼职。生会聆悉之下,惊骇莫名。窃念胡先生才识兼优,任事热心,今以经费支绌,不

能使发展之计划实现,遽萌退志,足见胡先生对系务之热心。生会除派代表面请胡先生打消辞意外,敬祈钧座恳予挽留,并增加生系经费,俾系务得有充分之发展,而免停顿,是所至祷。专此敬陈,并颂

铎安

本校地理学系同学会谨启
一月二十四日
中央大学档案

心理系同学会条陈心理系不能与教育心理系合并之理由(1931年4月25日)

校长先生钧鉴:

敬启者:自先生长校以来,锐意整顿,纲举目张,百端俱兴。生等乐学沐教,如坐春风中,深以为幸。惟前闻先生于校务会议中曾提出本系与教育心理系可否合并问题,付诸讨论。虽并无决议,且事属过去,然生等学业所关,有不能已于言者。谨将本系不能并入教育心理系理由,为先生陈之。

一、心理学已成为纯粹的自然科学也。近数十年心理学之进步,一日千里。每年关于心理学实验研究之报告,常以千计。心理学跻于自然科学之林,其地位已确立而无可动摇。是故心理系舍理学院莫属。

二、依教育部大学组织法,心理学系亦应属理学院也。美国各著名大学中,心理学系久已成为独立科系,自不待言。即在欧陆大学中,心理系亦有脱离哲学院之趋势。如德国 Frankfort 大学心理系即属理学院,法国巴黎大学且有心理学院之设(L'institute de Psychologie)。教育部所公布《大学组织法》以心理系属理学院,实循欧美学术界最进步之趋势。

三、本系与教育心理系性质不同也。本系开办之宗旨,在心理学之纯科学的研究。教育心理学则偏于应用方面。顾名思义,已足了然。是故两系性质迥异,所开课程亦无一雷同者。

四、本系与教育心理系合并后经费并不减省也。两系课程既不同,则纵令合并,而教授、助教均不可少聘,所节省之经费不过每月三十元之办公费而已。

五、本系在过去有光荣历史,在将来富发展希望也。本校心理系之成立,在国内为最早。且依十八年度教育部高等教育统计,本校心理系关于教员、学生、仪器、图书、学程等项,在国内各大学中均居首位。近来更努力增置图书仪器,并与动物

系合办动物园。徒以限于经费,进行每多掣肘。然将来发展在国内大学中实最有希望。

综上所陈,本系不可与教育心理学合并,彰彰明矣。先生科学巨子,提倡学术,夙有盛名,生等所素仰。尤望对于新兴之心理科学,加以灌溉,则本系前途幸甚,中国学术前途幸甚。再者,本系主任潘师辞职,已蒙先生去函挽留,现业已回系主持。生等自当安心向学,以副先生雅望。肃此,敬颂

教绥

心理系全体学生谨上
四月二十五日
中央大学档案

地理系赴东北考察团请准补助（1931年5月23日）

敬复者:奉本月二十一日函示,以值此校中经费艰绌之际,对于本院所请在研究费项下补助地理系东北考察团五百元事,嘱难予照办。查此次地理系所组织之东北考察团,与普通出外参观不同。盖前者纯为学术上之研究,且地理实(考)察为该系必修学程之一,无论高年级或低年级学生,凡选习该课者均须出外考察。而后者则为照例出外旅行之性质,且仅限于四年级学生。此次,本院对于补助该团考察费一节,曾熟筹再四,惟以该团实因课程关系而出外考察,不得已援教育学院先例,允于院中研究费项下补助五百元,以利考察。且查此次允筹之五百元,在本院十九年度全年预算内并不发生影响。本院以该团赴东北考察关系学业至巨,爰特陈明校长,仍请准予本院在院中研究费项下补助该团五百元,以利考察为荷。

此上

校长朱

汪东启
五月廿三日

附：
一、东北地理考察团团员表

姓名	年龄	籍贯	寓处	职业
张其昀	三一	浙江鄞县	南京蓁巷四号	中央大学教授
杨昌业	二五	江苏无锡	中央大学	中大学生
李玉林	二二	江苏江阴	中央大学	中大学生
沙璨	二二	江苏如皋	中大	中大学生
朱炳海	二三	江苏江阴	中大	中大学生
李鹿苹	二一	安徽明光	中大	中大学生
袁著	二〇	江苏吴江	中大	中大学生
沈思玙	三一	安徽合肥	中大	中大教授

二、考察之目的

考察东北及平津一带之地形、物产、气候、交通及满洲铁道网之分布，与日俄利用南满、中东铁路侵略东北之事实，研究近来新筑铁道之发展及关系将来满洲之局势。

三、经行铁路起讫站点及往日期开列如左：

自南京至天津——平浦路

自天津至北平——北宁路

自天津至沈阳——北宁路

中经葫芦岛支线、北戴河支线、营口支线——北宁路

自打虎山至通辽——打通路

自通辽至郑家屯——郑白支线

自郑家屯至洮南——郑洮路

自郑家屯至四平街——四郑线

自沈阳至吉林——沈海吉海线

日期：六月二十五日由南京出发，八月十日返南京。

中央大学档案

理学院学生自治会为院长人选致朱家骅函(1931年5月30日)

校长先生钧鉴:

前奉覆示,敬悉刘树杞先生辞意坚决,挽留无效。属院院长已另聘蔡作屏先生担任,足见校长高瞻远瞩,早定宏谟,环诵之余,弥深景仰。但生等走访蔡师,蔡师再三表示以忙于研究事业,对院长一职坚不允就。生等亦以蔡师为当代学者,如得充分研究机会,必较主持行政之收获为多。顾及双方前途,不敢强为留任。唯是一院之无院长,犹一校之无校长,一国之无首席。不独教务不得循序发展,即行政细故,亦感机楻困难。又或院长不得其人,则尸位素餐,于事实无补。即现状且难维持,何遑树发展之大计。爰特召集全体大会,议决继任院长人选标准三款:

一、办学有卓著之成绩者;

二、富有发展本院之能力者;

三、学问渊博,富有研究精神者。

又就院长人选标准,通过继任院长人选四人:秉志、张子高、查谦、胡刚复。如(此)四人者,皆德望高重,名闻海内,对于人选标[准]尤为适合。特郑重呈请校长,就所提四人中择一聘请为属院院长,以孚众望,而慰群情。肃仰我校校长具有发扬文化之决心,当能准于所请也。临书迫切,待命之至。肃此,敬请

钧安

理学院学生自治会全体大会叩
五月三十日
中央大学档案

地理系同学会致罗家伦函(1932年10月24日)

敬呈者:日前本系同学因主任及课务问题再推代表晋谒钧长面陈一切,当蒙谕示:主任问题以黄海平教授坚辞不就,胡焕庸先生一时复难来京,刻已请费思孟教授暂代,下学期再就情势酌量办理。具仰钧长办学之苦心,实令人感服万状也。先此,本系全体同学素稔钧长长学清华,倡导地理不遗余力,一致议决:本系主任黄教授既再四谦辞,应恳钧长自行兼摄。以钧长创办清华地系之精神发展本系,则今后光明何可限量。此意想已由代表面陈,无庸赘述。惟费思孟教授现尚病胃,设一时

难以痊愈,主任一职势难久悬。伏恳顾全事实,兼摄数月,以能解除内部之困难,而慰同学之渴望也。

至课务方面,本系必修素以中国地理、气文学、各洲地理等为基本,原有教授四位,支配课程已感不足。本年系中专任教授仅昔之半,所开课程必修者仅人生地理、亚洲地理、美洲地理而已,基本学程多付缺如。不仅无以餍生等求知之欲望,且致行将毕业之同学必读学科难以修足,而二、三年级复因预修学程无从学习,来日深究,殊觉困难。是以屡请钧长挽聘胡、张二教授,实出无已,非生等有所偏好也。惜钧长留聘之意虽坚,奈格于事实,未遂初愿。刻本系情势既较前异,据生等揣测,张其昀教授或有就聘之可能。此事虽承面允,转托竺可桢先生代表钧长致意,理难反复呈渎。但生等瞻念前途,中心惶急,乞于最短期内即予实现,俾本系系务得臻稳定,课程立见充实,则生等此后稍有所得,悉拜钧长之赐也。谨呈
校长罗

地理系同学会
十月二十四日
中央大学档案

建筑化学工程科试验室计划书

一、化学工程科须速筑试验室之理由

甲、化学工程人材之需要

全国统一,建设伊始,各项工程人材,需要至多。目前如土木、机械等科毕业生,已几求过于供。化学工业,虽发达较需时日,然亦已微有基础,数年之后,需要必将激增。目前欧美各国,在一校中学习化学工程或工业化学者,较之纯粹化学科学生,有多至十倍以上者。而在本校则适得其反,其系一暂时情形,不待而言。然欲供社会之要求,则对于学生非加严密之训练不可。而欲行此类训练,非有相当之设备不能实行。欲有设备,根本非有适宜之建筑,无从着手。此本校应速筑化工科试验室之理由一也。

乙、我国化学工程教育之落伍及本校之责任

据中华教育文化基金会董事会总干事任叔永君之报告,去年向该会请求研究补助金者,几有百分之七十拟专攻工业化学,而内中竟无一人愿入国内各校者,我国对是项教育之落伍可想而知。目前经教部立案之大学,有化学工程或工业化学

专科者,仅有浙大、大夏、东北(尚未开办)及本校四处。而除本校外,所授者实多不过工业化学,不甚注意化学工程原理。故本校在此方面实有特殊之地位,亦有特殊之责任。而欲受之无愧,首非有相当之建筑以资发展不可。此本校应速筑化工科试验室之理由二也。

丙、他校之情形及本校应有之努力

辽宁东北大学,刻已决定拨款二十四万,专筑化学工业馆一座,即日可以开工。北平清华大学,亦有于最短期内建筑化学馆及工业化学馆各一座之意。本校如不努力,必令后来居上。此本校应速筑化工科试验室之理由三也。

丁、本校目前化工科之情形

本校化工科,目前仅有化工实验室一所(内仅用品室一间、试验室一间)及极小之皮革厂一间。以之作实验,即就目前学生数目,亦最多仅能开化学工程实验、工科化学实验及皮革试验三班。如学生人数增多,即此三班亦不敷支配。即就本学期言之,所开实验课程已有四种,故实际上一部份已向理学院暂借实验室一学期以应急需。查理学院房产本不充足,以后能否再借,是一问题。即令能慨允,而化工科实验多含有半工厂性,理学院房间太小,难以适用。且化工科下学期尚拟增加实验课程至六种,以后再拟逐渐增加,如此情形,实不知如何继续。此外,化工科现有之办公及教员预备室,还在南高院,与实验室毫无臂联之可能。致教员欲办公则不能自作研究或督促学生,欲在实验室则办公室又复无人。不仅化工科同人感觉困苦,恐学校行政上过去一年中亦多感不便之处。且在此情况下,势难令教员、助教常驻预备室。因之督率考成,均无从着手,其至找人亦复不易。设有一集中之速(建)筑如科学馆者,何至如此耶!此本校应速筑化工科试验室之理由四也。

二、拟建化工科试验室之图样及说明

此图仓促草成,印就后即觉数处有修改之必要(多关彼此间之地位)。然化工科之需要大致均已列入图中。

此屋分上下两层,图书室以及研究室多设楼上,取其清静。有重大机件之试验室,如化学工程与煤膏试验室等,及用水较多之制革与制纸试验室,则均置楼下。至如蒸馏水制造器、发电机及蒸气(汽)机均拟置于屋外平房间,或此屋后部之地下层。

大学教育原不仅教授学生而已,此外实负有研究之使命,故此屋中拟设预备室十五间,作为教员之办公室及研究室,如必要时亦可改作研究生之研究室或教室等。楼上之中部设化工科图书馆,专藏化工科之各种参考书,以备教员及学生研究之辅助。

此屋内计有大教室一间，约可容百人；小教室六间，每间约容四十人。为求教员学生便于提取各种用品，故设用品室二间，一置楼上，一置楼下。

除工业化学、工业分析、化学工程等试验外，则均系专科研究室。

三、建筑之步骤

化工科如欲有相当之发展，所需要之试验室及预备室甚多。如不速兴建筑，以后实验难进行，如零星建筑，所费既多，亦难永久适用。故能一次筑成，实为最上策，否则亦当按照永久计划先建一部，以后再加，以免将来不能适用也。

中央大学档案

李学清致罗家伦函（1935年9月16日）

志希校长钧鉴：

兹有三事，为校长言之于左：

（一）下学期丁在君先生为属系代约马君廷英为兼任教授，下学期起担任高等古生物学，每周演讲二小时，实习三小时。丁先生又云，此事已与校长说定，惟聘书敬请早日发出送下为荷。马君系日本古生物教授矢部弟子，在日本东北大学毕业以后专研究珊瑚，颇有成绩。翁先生本拟约之在地质调查所任事。因属系古生物学尚需专门人才担任高深功课，故约其来校为兼任教授。

（二）属系助教现有一名空额，因一时无适宜人选，故仍虚悬。惟人选未定以前，于九月一日起请本年暑假毕业同学吴君述之暂行代理，月薪定为六十元。此事于本月七日函中已说明一切，并请即发吴君代理助教聘书。（可不定期限，因系临时性质。）

（三）暑假期中，属系助教至中央研究院受野外地质之训练，前已蒙校长面许。此事于开学前已实行一次，并须继续受训练。暑期中曾开上03446号预支单一纸，计洋200元，以作旅费之用。此款敬请即日拨付为盼。

以上三事，敬乞允准，不胜感荷。专此，敬请

崇安

地质学系李学清谨上
廿四年九月十六日
中央大学档案

国立中央大学理学院沿革(1936年5月)

本院于民国十六年夏由东南大学之理科及农科之动植二系、教育科之心理系合并改组而成,初名自然科学院。十七年秋,改称理学院,分设算学、物理学、化学、地学、生物学、心理学等六系。其时上海医学院之预科,亦归本院办理。十八年秋,生物学系之动植二门均独立成系。十九年一月,校务会议议决地学系分为地质学系及地理学系。同年二月,地理学系归入文学院。二十年二月,复经校务会议议决,地理学系仍隶本院。二十一年夏,本校整理委员会议决:本院动物、植物两系仍合并为生物学系,心理学系与教育学院之教育心理系合并,改隶教育学院。此后本院计设算学系、物理学系、化学系、生物学系、地理学系及地质学系,至今未变。自罗家伦先生长校以后,为提倡研究高深学术起见,特利用本院之师资设备,设置理科研究所算学部,已于二十四年度开始招生。至仪器图书及建筑,亦增置綦多。如三年来增加仪器费十四万五千三百零九元五角三分,增加图书费有七万九千二百二十九元五角三分。且为研究计,在此短期内购置西文整部杂志计十四种。原有生物馆因建筑太坏,损毁不堪,地下积水恒二三尺,现已重修。又新建生物系植物研究室暖气装置及其他之增修建筑,共有一万七千元。本院历任院长为胡刚复、王季梁、蔡堡、刘树杞、李学清、庄长恭暨现任院长孙镕诸先生,皆对于院务之发展有不少之建树。

《国立中央大学理学院概况》,1936年5月

三、法学院

第四中山大学致王甸伯函请解释前法大旧生成绩疑问(1927年9月20日)

迳启者:查敝校此次审查前法大旧生,凡成绩不完全者,均未编录。近有未经编录之学生数人来校请求入学,所陈理由,敝校无从稽考。用特函请台端,将下列各条详为解释,无任盼幸。

一、成绩簿中有姓名而无成绩者,是否因特别情形未与学期考试,抑系平时缺课过多,或成绩不及格者。

二、成绩簿中有甲年有名、乙年无名者,是否已除去学籍或请准休学,其休学期限规定最久者若干时。

三、学生平日请假,必有确实记录。该项簿册,接收卷内似未检入。现如尚存在,可否代为检出,以便查阅。

以上三端,统希裁答,以凭核办。此致

甸伯先生

大学本部启
九月二十日

附:王甸伯复大学本部函(1927年10月3日)

迳复者:昨接台函,祗悉一一。承询各节,谨答如左:

一、成绩簿中有姓名而无成绩者,大率因特别情形,未与学期试验者。若平时缺课已多,或成绩不及格之人,则应降班,不能列于原级。

二、成绩簿中有甲年有名、乙年无名者,大率请假休学。其休学期限照前教育部规定章程,以二年为限,逾限即除去学籍。

三、学生平日请假,本有记录簿登载请假之原因及准假之期间等。因训育主任于去冬抱病赴沪就医,簿册均存该员住室内。今春军队入驻,坚索此房,仓促之间,夫役搬移各物,遗漏不少。后查此项簿册,竟致无着,故未移交。

以上各节,均祈酌核办理。此致

第四中山大学

王汝圻启
中央大学档案

大学院为政大校友会请准归并第四中山大学以维学业的训令

(1928年1月16日)

中华民国大学院训令　第112号

令第四中山大学校长张乃燕

为令遵事。据国立政治大学校友会呈称:为呈请对于国立政治大学依照合并办法准予归并国立第四中山大学以为学业事。窃自中央底定以来,教育事业率先整顿。凡苏省国立大学及专门学校,按其性质分别合并为国立第四中山大学,事权统一,精神集中,深谋硕划,国人共见。惟当局统筹措置之间,对于各学校颇有未能一视同仁,维护无遗。前国立政治大学举办三载,已具相当成绩。自改革以还,各学校或予维持,或予归并,皆已重续弦歌,从容向学。而国立政治大学独负向隅,坐令已具模型惟一之政治学校,无形解散。百余学子,彷徨无所。一年来虽不断呼吁请求,曾未邀当局之一顾,实非国家所以培育人才、提倡教育之素志。本年九月间,国立第四中山大学虽有通告,予国立政治大学学生以特别试验转学,但为时仓猝,又适龙潭战后交通未复,远道学生,多未与试。且政治大学既为国立之一,当局不能一视同仁,实行归并,而必苛以特别试验,与私立学校转学者无异,揆之情理,岂得谓平?现在失学同学迫留沪上者,有数十人之多。既念母校之停顿,又感转学待遇之歧异,求学前途殊为悲黯。为此,不得已转由职会沥陈苦衷,呈请钧院秉公办理,训令第四中山大学依照各国立、省立大学及专门学校合并办法,明令归并国立政治大学学生,以维学业,而昭待遇之平等。等情。据此,事关该校行政范围,除批复外,合行令仰该校遵照查核具复。此令。

中华民国十七年一月十六日
院长蔡元培

附:第四中山大学呈复本校对于前政治大学经过办法(1928年2月6日)

呈为呈复事。案奉钧院第112号训令开:据国立政治大学校友会呈请,依照合并办法,准予归并国立第四中山大学,以维学业等情。除批复外,合行令仰该校遵照查核具复。此令。等因。奉此,查前国立政治大学,在改组案内未入归并之列,职校亦未接收该校经费及一切器物,自与裁并各校情形不同。去秋,该校学生呈请收容入学,职校为体恤该生等向学情殷,曾特予定期考试,登报通告。原呈内所称不断呼吁,未邀当局一顾诸语,殊非事实。且职校收纳各校学生,无论国立私立,概须经过入学试验。去秋裁并各校,所以未经试验仅予审查入学者,实因军事未靖,首都众军云屯,不得不急于开学,以利进行。原属一时权宜之计,然入学诸生,皆系试读,必须本学期考试及格,方许为正式学生。办法本属一贯,待遇更无歧异。现在职校于本月九日考试转学各生,前政治大学学生如有志向学,自可遵章诣考,听候甄别。奉令前因,理合将职校对于前政治大学学生经过办法及现在尚有投考机会各情形,备文呈复,仰祈鉴核,转饬祇遵。谨呈
中华民国大学院院长蔡

国立第四中山大学校长张
中华民国十七年二月六日
中央大学档案

法学院学生会为预算不公致张乃燕函（1929年）

张校长赐鉴：

敬启者：窃维法学院于去秋草创成立，仅具雏形，非其他各院系有相当之基础者可比。本校位居中央，责任重大。处兹训政伊始，对于法院自应积极设施，力谋发展，俾对党国前途，有所建白。不意揆诸本年度之预算草案，则有令人大感不解者三，认为不当者又三，兹特胪陈如左：

（一）法院草创伊始，凡百设备，多付阙如。而草案中之购置预算，法院仅得480元。此令人大感不解者一也。

（二）法院学生比任何学院为多，政法经验尤重实地考察。盖闭户造车，出门未必合轨。而草案中之旅费预算，法院仅有960元，至不满四十学生之农学院竟得1 440元。此令人大感不解者二也。

（三）按本校过去之学风，根本即为反动之教育，对于社会、国家均属模棱两可。此种态度不根本铲除，党化教育何从说起？法院为言论之中枢，学校对于本院刊物当如何特别提倡，力予奖掖，而结果适得其反，草案中之刊物预算法院仅得360元。此令人大感不解者三也。

（四）闻此次会计组制造预算草案，以各院属系之多寡为分配标准。夫各院属系固有多少，但系之大小则相差悬甚。例如政治一系，实包含政治、外交二系，是故学程有50余种，同学有140余人，非如彼一系仅有四五人者可比。此本会认为分配标准之不当者一。

（五）法院学术上之设备，以图书为首要，无图书无以言研究。正如理学院之无仪器无以言实验也。况政法丛书日新月异，欲求学问之深造，则图书设备自非中外古今皆臻完备，不可兼之。在前东大时代，关于政法书籍实属寥寥可数。今草案中之图书预算，法院仅得5 400元，此区区之数，虽私人藏书，尚嫌过少。此本会认为不当者二。

（六）闻会计组制造预算之又一标准，为教授薪俸现在之实支数。夫目前法学院缺少教授颇多，今后正待加聘，添开学程。此薪俸之不能以现在实支数为预算标准一也。又法院现多兼任教授，今后应宜多聘专任教授。况政府已明令官吏不得兼职，则今后兼任教授亦势将减少。夫兼任教授多则经费省，专任教授多则需费大。此薪俸之不能以现在实支数为预算标准二也。今预算草案竟以之为准衡，此本会认为不当者三。

综上六端,乃其大者。至其余如调查费、研究费等项,亦均甚重要,皆未列入预算,殊令人不解。此种不公平之预算,如即予肯定,则法学院亦仅有形无实已耳,于党国何补?生等为自身学业计,为中国法学前途计,实觉本校法院有特别整刷之必要。用特恳请校长将预算草案重新制定,秉公分配,务使法院之经费,适于法院之充分发展为止。则不特本院前途之幸,亦即中国法学前途之幸也。迫切陈词,伏祈采纳。并颂
公安

法学院学生会启
二十四日
中央大学档案

国立中央大学法学院概况(1930年1月)

一、沿革

本院承前国立东南大学文科政治学系、经济学系、史地学系之旧,于民国十六年夏合并前江苏法政大学,改组为第四中山大学社会科学院,现以大学中山院为院址。计历国立第四中山大学、江苏大学、国立中央大学社会科学院,一仍旧名,分法律、政治、经济、史地、社会五学系。十七年秋,史地、社会两学系并入文学院,改名为法学院。本院现分法律、政治、经济三学系。

二、组织

本院现设法律、政治、经济三学系。必修学程法律系二十七,政治系十五,经济系十五。选修学程法律系二十六,政治系三十,经济系四十一。计必修学程五十七,选修学程九十七,合计一百五十四。按照学年分级选课。院长一人,综理院务。各系设主任一人,副教授、讲师、助教各若干人,分任各该系教授、研究、调查等职。院设助理,襄助院长、主任处理编辑、文牍、图书事务。院长、系主任出席院务会议,审议本院重要事项。系主任及系教授、讲师出席系教授会,计划该系学术及设备事项。副教授计法律学系十八人,政治学系十六人,经济学系十八人。讲师计法律学系二人,政治学系一人,经济学系四人。全院助教四人,助理三人。

三、经费

本校十八年度经费,计收入江苏教育经费管理处 132 万、财政部 55 万,共 187 万。除开支总建筑费及总预备费 27 万元外,余 160 万元。各学院按照比例分配。本院除担负全校行政费 28 119 元,应得 123 881 元。兹将本院本年预算各项开列于后:

项目	数目
(一)本院教职员薪金	97 200 元
(二)各系文具	240 元
(三)各系邮电	280 元
(四)各系购置	1 500 元
(五)各系消耗	141 元
(六)各系修缮	140 元
(七)各系杂支	600 元
(八)各系交通费	1 300 元
(九)各系出版	1 000 元
(十)特别费	300 元
(十一)各系图书费	20 000 元
(十二)建筑费	600 元
(十三)领用物品等费	250 元
(十四)各系校工工资	330 元

以上总计为 123 881 元。

四、图书

前东大及江苏法大所有社会科学图书经大学图书馆接收保管。二年以来,本院力求扩充图书之设备,增购政治、经济、法律、社会科学等书籍积数千册,并于图书馆另辟阅览室,以供师生之研究。兹将本院书籍分别列表如左:

(一)中文书籍

系别	部数	册数	价值
法律学系	278	1 030	约 800 余元
政治学系	320	2 798	约 2 000 余元

| 经济学系 | 510 | 965 | 约 750 元 |

以上总共中文书籍 1 108 部,凡 4 793 册,约 3 550 余元。

(二) 西文书籍(内分英、法、德、日四国文字)

系别	部数	册数	价值
法律学系	524	815	约 4 000 余元
政治学系	896	1 610	约 8 000 余元
经济学系	682	1 180	约 6 000 元

以上总共西文书籍 2 102 部,凡 3 605 册,约 18 000 余元。

本院所有中西文书籍,共计 3 210 部,凡 8 398 册,约值 21 000 余元。

《国立中央大学一览·法学院概况》,1930 年 1 月印行

杭立武致拉斯基函(1931 年 4 月 27 日)

April 27th, 1931.

Professor H. J. Laski,

Houghton St., Aldwych,

London W. C. 2,

England.

Dear Mr. Laski,

Many thanks for your letter of January the twenty-first in which you kindly consented to come to China on a lecture tour. When this letter was shown to Mr. R. H. Tawney, who was then still in China, he shared with us the grest delight in the good news and hinted that he himself would indeed be glad to come to China again. Mr. Tawney's visit to China was under the auspices of the Institute of Pacific Relations which maintains no definite office in this country. This present invitation which I have the pleasure of arranging is authorized by the Sino-British Boxer Indemnity Fund Committee of which Mr. Chu Chia Hwa, Chancellor of the National Central University, is the Chairman, and has the enthusiastic support of Mr. Yan Hsin Fu, Co-Director of the Academia Sinica.

As a result of an informal talk with Mr. Tawney, I have submitted to the aforesaid Committee a tentative budget for the expenses of the visit which has recently received the approval of Mr. Chu, the Chairman. The budget asks for an appropriation of six hundred pounds(£600). It is estimated that the fare from London to Shanghai, first class travelling on the Siberian Railway, will cost two hundred pounds. Then travelling in the interior of China, as well as board and housing, will largely cared by the aforesaid Committee. The balance of the amount is therefore intended as a small fee for your personal use. As to length of the stay, it is hoped that is should be about five or six months or as nearly that as is convenient for you. It is further hoped that the time of the visit should be the coming October or shortly after. But with regard to the latter point, it is completely for your decision as to the best time that suits yourself.

  Hoping to be favoured with an early reply and with best regards, I remain.

Sincerely yours

Han Lih Wu

中央大学档案

法学院学生赵元杰请朱家骅敦聘优良教授(1931年7月3日)

校长先生大鉴：

  敬陈者：学校去秋所聘之教授，类多不学无术、滥竽充数者，而我法学院尤当首屈一指，以致常有择师运动、陈情呼吁之举。此种现象，适与先生提高程度、集中人才之旨背道而驰。现值暑假期中，先生敦聘教授时，务希审慎斟酌，郑重办理，以免遗误将来。是则全体同学所馨香祝祷者也。

  抑有进者，法学院聘请教授时，请以人才为标准，不必断之于专任兼任。因法学院乃处于特殊情形，非其他学院可比。试以去年与往年相较，便可知其梗概也。

  先生素以整顿学校为职志，在此一年内整顿事务，不遗余力，成绩斐然。尚望本此精神，从事教务方面，则他日学业有成，皆先生之所赐也。专此奉陈。敬请

大安

学生赵元杰谨上

中央大学档案

刘光华致朱家骅函(1931年7月5日)

骝先先生校长惠鉴：

  昨晤心菘，商定党义阅卷人员，另单送上。其余科目，由他院负责，亦已接洽妥

当。式增允就教职,现住上海施高塔路恒盛里十六号,请将聘书寄去。显桢处,弟赴沪时已通知催其入京,约本月十号左右可到。恳赐聘书,交由仁浩转。兼任教员问题,依心菽所言,已裁去大半。昨阅名单,法律系者占多数,均经冠生分头接洽,其他似亦已当面谈过。且过去之成绩皆优,一时不易物色相当人才,所任科目又非可删除者,若下聘过于延迟,恐致夜长梦多。因下聘一二人,其余则以为除外,将来再聘,或许有不愿接受者。教授以专任为宜,弟固主张,但处此环境,似不可操之过激,只好逐渐整理。不必要之科目业经删去,教员人数决不致过多。特此缕陈,敬乞核夺为荷。耑肃,并颂

道安

弟刘光华敬启
七月五日
中央大学档案

法学院请添设统计室助理（1932年1月28日）

敬启者:兹接吴世瑞、雍家源两先生函开:经济系自助教贺君离校之后,簿记、会计、审计三班课卷皆由弟等自加改阅,颇感忙碌,早思函达台端,请任人接替。嗣因国难突发,停课时多,是以弟等对于批改课卷尚可兼顾。惟下学期除应授之课外,势须补课,则练习于课卷必多,实有赓设助教之必要。且雷君震洞既须改阅初等统计及实用统计课卷,又须兼理系中事务,对此当更难兼顾。现有毕业同学赵恒生君,对于会计、审计皆有相当心得,为弟等所凤稔。倘任为助教,必胜任愉快。如何之处,尚希裁答。等语。理合录函转请校长,自下学期起,另委赵君恒生为统计室助理。是否可行,至希核夺为荷。此上

校长朱

国立中央大学法学院启
一月廿八日
中央大学档案

韩国学生李光济致罗家伦函（1932年10月5日）

罗校长勋鉴:

敬启者:生系韩国人,与日本帝国主义不相容。十年前逃命来华,改入中国籍。

民国十四年加入中国国民党,十五年参加国民革命,在总政治部做革命工作。十六年负笈本校,肄业于法学院政治系,去年毕业。革命尚未成功,不得回国,亦无家产,不能素餐,暂在第二宿舍服务。一面学生□乱,办事棘手;一面报酬过薄,不能维持生涯;再一面无空暇可以研究学问。种种痛苦,实不堪受。然在万里他国,无友无亲,难得出路。今先生来长本校,整理诸般,重新聘定教授及助教,实为好机会。恳请先生特别体念远地寒士,设法聘定法学院助教或其他相当工作。则一面服务于文化进步,一面研究学问,修养人格,以备将来。伏乞谅察而嘉纳焉。专此,顺颂
道安

李光济谨呈
十月五日

附:罗家伦复李光济函(1932 年 10 月 7 日)

迳启者:来函已悉。台端拟请调充法学院助教,以便研究学问而求深造,甚佩。惟各学院现已组织就绪,一时无适当工作可以调充。相应函复,即希查照。此致
李光济先生

校长罗家伦
中央大学档案

中央大学政治学会成立大会志盛(1933 年 10 月 9 日)

本校政治系教授暨同学等,因感学术合作之重要,特发起组织中央大学政治学会,以在校同学为基本会员,教授及毕业同学为名誉会员,其宗旨在于研究政治学术及提倡政治道德,兹闻已筹备就绪,于日前(六日)晚间七时半假座东南院 B212 号举行成立大会,到会者计有张汇文、陈耀东、廖文奎诸教授,暨同学朱纮、周书楷等约二十余人,跻跻一堂,诚为盛举。开会后由众推举林桂圃君为临时主席,黄炳坤君为记录,首由主席宣布开会理由并报告发起组织该会经过后,继即请张汇文、陈耀东、廖文奎诸教授训话,对于会务进行之指示,极为详尽透澈。旋即讨论会章(此时林君因尚有其他要约,先行退出,由余纪畴君代理),计共通过会章九条。最后即行茶话,并选出黄炳坤、林桂圃、余纪畴、周书楷、唐尚仁、邹振华、韦复祥等七人为干事,赵君直、赵润吉、朱纮等三人为候补干事云。

《国立中央大学日刊》1933 年 10 月 9 日

推定中央大学《社会科学丛刊》编辑委员（1933年12月7日）

迳启者：依《社会科学丛刊》征稿简章第一、二条及丛刊编辑委员会简章第一条之规定，法律、政治、经济、历史、社会五学系教授曾于上月廿二日开会，决定由五系分别各推编辑委员二人，连同当然委员法学院院长共11人，组织《社会科学丛刊》编辑委员会。旋经法律学系推定曹祖蕃、赵任，政治学系推定汤桔、李惟果，经济学系推定朱偰、武堉干，史学系推定顾榖宜、缪凤林，社会学系推定黄文山、孙本文诸先生为编辑委员。全体编辑委员又于本月六日开谈话会，互推武堉干先生为编辑主任。相应函达，即希查照丛刊编辑委员会简章第一条之规定，转请校长聘任，以便早日成立，至为盼荷。此致
校长办公室

法学院启
十二月七日
中央大学档案

经济学系设立经济资料室缘起（1934年2月15日）

近年来国内经济学界，因时势的需要、学者的领导，研究趋势显然转变了方向。第一，是从理论方面转向实际方面。第二，是从国外经济、世界经济转向国内经济。本来，社会科学离不开社会现实情形，治经济学不当专以侈谈学理、介绍欧美经济学说为已足；而当进一步研究自己的经济问题，创造在本国特殊情形下之经济学说，方是经济学者应有的使命。所以国内经济学界转变方向，注重本国经济实际的问题，自是可喜的现象。

环顾欧美各著名大学校，不特是研究高深学理的处所，亦且是社会服务的机关。他们以学术界的权威，替社会解决种种实际问题。所以造就出来的人才，是真实的人才。而大学校的地位，也以社会的仰仗而增高。例如，德国各大学的 Seminar，做各种 Wirtschaftsdienst，英美各大学的 Economic Society，做各种 Economic Services，皆以学术界的地位，替社会服务。所以经济学不是奢侈品，而是真实有用的社会科学。

反观吾国各大学，虽有一二已转变方向，但大多数仍是拘守课本，不问实际经

济问题。而课本又多数是舶来品。理论的研究固然是治学的基础，不可忽略；但拘守理论，不问实际情形，亦不免失之过偏。因理论必有产生理论的环境，可以他山之石，为攻错之资，但决不可完全搬过来，"食而不化"。惟其专重课本，不谈实际问题，所以学生离开社会愈远，不能帮助社会。毕业之后，只好"袖手旁观"，而苦于无从着手了。

本校经济学系有鉴于此，设立经济资料室，征集当代各种文字的或实际的经济资料，以为整理研究之初步。除致函各政府机关学术团体征集出版物并资料外，并自动四处搜集各种串票执照、实物证据。计画征集资料，分普通的及特殊的两方面。普通的方面，举凡一切出版物、档案文件、执照票据实物，凡有关于经济方面的，皆所欢迎。特殊的方面，则专注意于农村经济之资料。本系初步计画，拟专调查农民之负担，专搜集田赋附加税及农民其他负担之串票执照收据等。因此种材料，为经济史上最可靠之资料，将来汇集起来，制成图版，将农民负担苛重情形——如四川预征田赋至民国八十年口粮票及海门县田赋附加税超过正税二十余倍情形——公诸国人，是无可逃遁的铁证。

自本系发表此种计画后（见朱偰著《田赋附加税之繁重与农村经济之没落》一文），二十二年十二月四日上海《新闻报》社论，十二月二十七日天津《大公报》社论，二十三年一月一日天津《益世报》社论，皆群起响应。以为"凡事一入官场，辄辗转稽延，或胥吏蒙蔽，益滋障碍，转不如吾民众自定一总汇之处，各将本年度忙漕执照及串票陈出，加以编订，公布全国，较为真切而迅速"。自后在新闻报发表的田赋附加税调查，不下十余起。于此可见众擎易举，而调查事业，尤非群策群力不可！本校教职员同学遍二十八行省，如能各以本地田赋串票执照收据及其他票据见赐，则将来整理编制之后，定可汇成大观，不特为本校对社会之一种贡献，亦且为千秋不朽的事业！

凡事起初皆是困难的，经济资料室规模粗具，自然尚异常简陋。深望校内外诸君子热诚指导，踊跃捐助。举凡经济资料，皆所欢迎，使得早日观成，无任祷盼！

《国立中央大学日刊》1934年2月15日

经济资料室成立会（1934年4月23日）

年来国内之研究经济科学者，都有侧重实际之趋势。良以理论不能离开事实，欲谋问题之解决，必先对之有深切之认识。所谓洞其症结，乃可对症下药也。本校经济学系在从前叶元龙先生主持之下，即已蜚声国内。惟是偏重理论，对实际工作,鲜有建树。迩者时势变迁,一般学者,群起作实际之研究,思欲对此濒于破产之中国经济,根本改造起来。搜集资料,以为佐证,以谋解决,实为首要。经济系主任朱伯商先生有鉴于此,爰有经济资料室之筹设。凡有关经济方面之材料,皆在征集之列。筹备二三月,业已略具规模,并于十九日下午三时,即假经济资料室举行成立大会。出席者除经济系全体师生外,并有法学院马院长、法律系曹主任,跻跻一堂,盛极一时。开会后,首由朱主任报告筹备经过,次由马院长训话,对目下中国大学教育之应转变方向,多所论列。并希望大学生不以学分文凭为终极目的,而应从事实际研究,贡献社会云云。其后法律系曹主任,教授武堉干、吴干、张梁任诸先生,均有演说,对经济资料室之意义及重要性阐发甚详,并愿尽量搜集资料,以观大成云。最后由朱主任发表经济资料室之计划。感于目下中国最急切之问题在农村经济之崩溃,故拟先从搜集农村方面之材料入手,如全国各省县之田赋忙银执照、漕米串票,以及各种苛捐杂税之收据等,皆在搜罗范围以内。并愿全校师长同学,多多供给资料云。

《国立中央大学日刊》1934 年 4 月 23 日

国立中央大学法学院概况(1934 年秋)

一、沿革

本校之有法学院,自民国十七年始。当民国十年南京高等师范改组为国立东南大学时,仅于文理科中设有政治经济一系。民国十五年,文理科分为文科与理科,政治经济系亦分为政治系与经济系,属于文科。民国十六年,国立东南大学合并江苏省立各专门学校而改组为国立第四中山大学,于文学院之外另设社会科学院,内分政治、经济、法律、历史、社会学等五学系。旋国立第四中山大学改名为国立中央大学,内部组织仍旧。民国十七年,历史系及社会学系改隶文学院,社会科学院亦改名法学院,相沿至今,共设政治、经济、法律三系。

二、组织

自上年度,为求培植各科专门人材起见,复于各系中分为数组,各系学生自第三学年起,即须认定一组专修,庶几于一般知识之外,亦各另有专长。现政治学系分为公法组、外交组、政治理论组;经济学系分为金融组、财政组、经济理论及政策组;法律学系分为司法组、行政法组、法学组。自上年度起,为求学校教育与社会需求相呼应起见,各系各组课程所取教材均着重切近本国问题之资料。此外并于经济系先设经济资料室,搜集关于中国经济问题之资料。于政治系先设行政研究资料室,搜集关于中国行政问题之资料,以资切实研究,期得具体结果,贡献于中国之国计民生。更期能逐渐扩充研究范围,以达到创立中国的社会科学之目的。

三、教职员与学生

本学期法学院计三系,共有专任教授13人,兼任教授29人,助教4人。内政治学系专任6人,兼任九人,助教1人;经济学系专任4人,兼任9人,助教2人;法律系专任3人,兼任12人,助教1人。此外有院务助理2人。三系共有学生113人,内政治学系一年级8人,二年级7人,四年级16人;经济学系一年级4人,二年级6人,四年级23人;法律学系一年级4人,二年级8人,四年级39人。因二十一年度奉令停止招生,故本年度全校均无三年级。

四、开课种类与时数

本学期法学院三系共开62种课程(参阅附件二,法学院教授、助教一览内担任课程栏),每周上课165小时。内政治学系22种,56小时;经济学系20种,55小时;法律学系20种,54小时。

五、经费

本校尚未确定预算,兹将上年度法学院实支经费数目列后。
法学院支出计算数(二十二年七月至二十三年六月止)

教员俸	74 350 元
职员俸	2 500 元
办公费	1 658.48 元
图书	10 851.16 元
用具	274.89 元
学生实习调查补助费	863.35 元

以上共支洋90 497.88元。

中央大学档案

中央大学法学院、实业部统计处中国经济年史编纂室组织纲要

(1935年10月)

一、本室由中央大学法学院与实业部统计处合组之。

二、本室设立之用意乃以我国经济资料日渐丰富,急须搜集整理加以准确公正之分析,以期明悉我国社会经济逐年发展之事实。

三、本室初步工作在编纂我国自民国元年至廿四年之经济年史,期以一年。此项工作完成后,则于年史之外,更进一步从事我国经济循环之研究。

四、本室设指导委员会负指导一切之责,指导委员____人至____人,由中央大学法学院及与实业部统计处合聘之。中央大学法学院院长、实业部统计处处长为当然委员。

五、本室设编纂委员会,负责年史编纂工作。编纂委员会设立主任一人,编纂委员____人,由中央大学法学院与实业部统计处合聘专家担任之。编纂委员会因工作上之需要,得设编纂员及助理编纂员若干人,由编纂委员会聘任之。

六、本室暂置干事一人,录事二人,由编纂委员会雇用之。

七、本室职员除干事、录事而外,均不支薪。

八、本室经费每月暂定二百六十元,由中央大学与实业部平分担负。此项经费之支配约略如左:

(一)干事一人,薪金每月约五十元至六十元。

(二)录事二人,薪金每月约五十元至六十元。

(三)纸张文具办公等用费,每月廿元至卅元。

(四)书报材料等费,每月一百一十元至一百三十元。

九、本室经费开支每月造具计算,由指导委员会审核后,分别呈报中央大学及实业部。

十、凡本室编纂之稿件均以本室名义刊行之。

附录一:中国经济年史研究方案

(一)资料来源

(1)文件

中央政府、省政府、市政府、县政府、邮局、公安局

(2)报告

贸易局、商会、任何经济组织、私人团体之调查考察等类之报告

（3）小册

政府机关、民众团体、私人

（4）杂志

例如《东方杂志》《申报月刊》《中行月刊》《钱业月刊》《工商月报》《经济周刊》等等

（5）报纸

商埠、城市、省会

（6）书籍

（二）注意事项

（1）工业、商业与劳工情况

（2）银行放款存款、股票债券、汇兑等

（3）农产、物价

（4）非经济之事件

政治、流行病、兵灾、水灾、旱灾、蝗灾、地震灾

（三）注意时间

（1）以年为单位

（2）发生时间之记载

某日、某周、某月、某季

（四）归纳

（1）四种之分类

复原、繁荣、沉滞、衰落

（2）一年之记载

① 经济循环之普通状态

② 显著之诸现象

③ 经济循环进展之动因

④ 英日美之经济状态之比较

附录二：

一、指导委员会（拟聘者）

童冠贤、朱伯商、刘南溟、厉德寅、吴干

实业部参加人　五六人

二、编纂委员会（拟聘者）

吴干(编纂委员会主任委员)、刘南溟、厉德寅

实业部参加人　二三人

三、编纂员(由编纂委员会拟聘者)

裘胜嘉(中大)、钱德昇(实部)、贝豫(实部)、李荣丰(实部)

中央大学档案

马洗繁为学生参加司法官临时考试致罗家伦函(1935年11月11日)

　　迳启者：顷据校长办公室来函，转示教育部来文咨开司法部司法官临时考试各节，限各国立大学成绩在八十分以上之法律系毕业生，于本年六月一日起至六月十五日止，携带证明文件到部报名，并令本校将各生志愿应考人数，先行查明具报等情。查本校本年度毕业考试，自六月八日考起，至十二日方能考毕。所有评阅成绩查报手续等，势难于六月十五日以前办理完竣，恐其他各国立学校亦有相同情形。可否由本校咨请司法行政部将报名期限准予展期十日，俾使本年度法律系毕业学生成绩在八十分以上者，得有参加考试之机会。兹据情奉陈，敬希酌夺办理为荷。

此上

罗校长

马洗繁上
十一日
中央大学档案

法学院行政研究室研究工作请款书(1936年)

　　敬启者：本大学认为中国现实行政问题，有从速用科学方法调查研究并拟制计划，以辅助政府从事改进之需要。故拟于本大学法学院克期成立行政研究室，即以公共行政与财务行政为暂时研究之范围。其初步组织，拟于法学院内增设公共行政研究教授一人，财务行政研究教授一人，分任行政研究室研究工作。设助理研究员四人，在研究教授指导之下，协助研究工作。有需要时，亦得聘请法学院其他教授或讲师担任某项研究事宜。

　　就中国国情而论，此种现实行政问题之研究，其迫切需要之情形，绝不减于自然科学之探讨，谅贵会必有同样感觉。惟是本大学预算项目有定，经费无从移拨，拟请贵会暂时辅助此项研究专款每年24 000元，以二年为期，以实现其初步计划。

此项专款之用途,大略分配如下:

一、研究教授二人,每人每月薪俸 500 元,全年共计 12 000 元;

二、助理研究员四人,每人每月薪俸 100 元,全年共计 4 800 元;

三、公共行政研究费及设置费,共计 3 600 元;

四、财务行政研究费及设置费,共计 3 600 元。

至研究教授之延聘,有必要时,本大学亦可提出人选,与贵会共同商定。本大学今提出上项计划与请求,至希贵会予以充分赞助,以促成此有益中国实际行政改进之研究机关。此致
管理中英庚款董事会

请款者:国立中央大学
中央大学档案

马洗繁为学生选课事致罗家伦函(1937 年 4 月 27 日)

敬启者:法学院法律、政治、经济三学系选课指导书均有关于辅修学系之规定。在上年度以前毕业各生,多因转学转系等原因,选课情形不免杂乱。辅修学系之规定,因亦未能实行。而现在则因各该系之必修学分均规定极多,其授课时间又时与辅系课程互相抵触,遂使各该系学生不能逐年顺序选习辅系课程。因此遂有学生学分俱已修满,而仍然受辅系牵制不能毕业之困难。兹经会同该三系主任讨论之结果,认为除应另案提请修订指导书中关于辅系之规定而外,拟请转陈校务会议决定,法学院各系学生之辅修学系应自二十七年度毕业班起切实施行。在二十六年度以前毕业各生,暂不应用辅系办法。为此专函奉陈,即请提出校务会议讨论公决,以便实行,是为至荷。此上
校长罗

法学院院长马洗繁谨启
廿六年四月廿七日
中央大学档案

四、教育学院

函复国民政府教育行政委员会暂行缓办艺术学院(1927年8月3日)

敬启者：接奉七月二十五日来函，并附丁衍镛等呈请设立艺术学院计划书及人名单一件，均悉。查艺术教育本为近代学术潮流所需要，具列人名均系当代艺术界知名之士，所拟计划尚属详尽，足资参考。惟敝校大学本部设立自然科学院、工学院、农学院、商学院、教育学院、文学院、哲学院、社会科学院、医学院计共九院，均经贵会议决施行在案。且预算业经切实规定，若骤然增设一院，则开办、设备诸费为数甚巨，将无从取给也。艺术虽有提倡之必要，但为经费所限，一时确难成立，只可暂行缓办。所有不能开办情形，理合函呈贵会转知丁衍镛等查照为荷。原呈名单均存本部。此致

国民政府教育行政委员会

第四中山大学本部
中央大学档案

郑宗海提请改体育专修科为体育学系、艺术专修科为艺术学系案(1929年3月20日)

理由：本院所设体育、艺术两专修科，修业之期定为三年。因性质之不同，年限之短少，致造诣欠深。兹为提高学术、整齐组织起见，拟将该两科各改为系。基础已立，建设较易。人才经济既所加无几，而将来预科废除后，年限上亦仅加长一年也。是否有当，敬祈公决。

一、原有专修科仍附设至最低一班，毕业时即废止之。

二、另订课程，提高程度，对于理论及研究工具应特加注重。

三、自十八年度起招收体育学系、艺术学系新生，以能入大学本科为限，定四年毕业（如程度不足，须加补习，与其他各系学生同）。

四、原有专修科学生如须升入，须应入学考试，及格后须加长一年。此一年中

课程,须特别注重研究工具之学程。

中央大学档案

徐悲鸿请建设美术院(1929年)

迳启者:初闻本校原有美术学院之计划,后以校舍设备均感缺乏未能实现。现在艺术专修科开办已经两年,教学设备已具规模。敢特建议设院,以期培植人才、养成美化教育之基础,并拟计划书谨呈台览,恳请尊裁。

附呈计划书、预算书各一份。

附:美术院计划书

一、本院就原有艺术专修科改组之。

二、本院与其他各学院处于同等地位,因美术为特殊教育,定名为美术院。其组织及学生入学资格、修学年限,采取适当方法另定之。

三、本学院以造就专门人才及美术师资为目的。

四、本院分绘画、雕塑、建筑、图案四科。

五、本院兼设音乐科。俟大学本部别设音乐学院时,本院音乐科即取消,归并该院。

六、本院各科视经济及设备状况陆续开办,但成院时至少须有两科。

七、本院各科俱定五年卒业,预科两年,本科三年。卒业时择成绩优良者一人或两人往国外留学,以资深造。

八、本院入学资格须高中毕业,并须受严格之考试。

九、本院另设研究部。凡在本院卒业者,得经本院主任教授核可加入研究,研究期间至多两年。

十、本院另设中等学校美术教师试验委员会。凡本院卒业生及具同等学历曾为中学教师者,得与试验。及格者由本大学给予美术教师证书,以昭慎重。

十一、本院各科细则另定之。

附:美术院经费预算书

一、本院共分五科,每科五级,经常费以4 520元为最少限度。于组织完全时,每年经常费共需113 000元。

二、本院设备除应用教学室外,应设美术馆、图书室。办法如下:

（甲）美术馆陈列国内外古今雕塑模型、书画原本或临本、各种美术工艺品及学生成绩，约计经费 100 000 元。

（乙）图书室收藏各类书籍、美术印刷物、各种动植物标本以及其他一切参考用品，共计经费约 50 000 元。

以上两项经费约共 150 000 元，每年由校拨费 30 000 元，于五年内或七年半办成，其建筑费由校另行筹拨专款。

三、本院经常费先由本校本部于原有艺术科经费外增拨 13 560 元。从十八年度上学期起先设绘画、图案、音乐三科各一级，逾年增添三级，计每年经常费增加 13 560 元。于原有艺术专修科各班毕业时，将所腾出经费增办雕塑、建筑两科，俟全院经费增加至每年 113 000 元为止。

四、本院每级经费支配办法大致如下：

（甲）教授薪俸　每年 3 600 元。说明：此系副教授一人之薪俸，但遇教员不敷支配时，得聘请讲师、助教任之。

（乙）职员薪俸　每年 240 元。

（丙）杂支　每年 480 元。

（丁）意外费用　每年 200 元。旅行、展览、会务属之。

五、十七年度艺术专修科原有经常费 31 000 元，此外增加 13 560 元。共计于美术学院开办时，第一学期即需经常费 44 560 元，并第一年设备费 30 000 元，共计经常、临时等费 74 560 元。

六、以上经费预算，系本现在本校经济状况，恐对本院之成立发生障碍，特按最低之数列为预算。俟将来本校经济充裕时，应再请增加，合并声明。

中央大学档案

郑宗海请准艺术教育科废科改院（1929 年 6 月 5 日）

君谋校长、志骞副校长钧鉴：

谨启者：自本校行政会议决议改艺术专修科为艺术教育科后，艺科同人颇有病其范围、性质之过于狭隘而有公函左右改科为院之请。该科原在本院，其中情形，宗海知之较稔，谨陈管见，以备采择。

该科前设于苏省第四师范。改组以后，本大学区教育行政院令该科暂属本院。两年以来，于人才则多方罗致，于设备则竭力添置。惟艺术教育人才不可多得，但如李毅士、徐悲鸿诸先生，均属艺界俊杰。忆本校成立时，即曾有特设艺术学院之计议,只以人才、经济关系不能即时创立。今也规模粗具,正可及时扩充,以谋发展而符初议。此在过去历史上及现在事实上可许独立者一。

艺科性质既特殊,种种需要亦特多。如图画之画室画具、音乐之中西乐器、手工之教室工具等等,非有特殊之建筑及巨大之经费不能供应其所需。两年以来,竭本院他系科之所余以补艺科之不足,犹觉左支右绌,不能尽遂所愿。此在经济上亟应任其独立者二。

宗海早有划出艺科之意,惟恐引起误会,故仅作改科为系之提议。今值该科自请改院之会,用布胸臆,聊备裁可之一助。此请
公安

郑宗海敬启
六月五日
中央大学档案

艺术专修科学生为废科改院致张乃燕函(1929年6月5日)

呈为废科改院以研究高深学术造成专门人才谋新中国之建设仰祈钧鉴事。

窃维艺术为高深学术之一,主义宣传,建设革新,莫不以之为推进。况当此灿烂训政时期,欲养成完美之人格,发展优秀之国民性,则艺术之提倡尤不可缓。且本大学为全国中枢学府,完备学术机关,理宜亟急设立艺术学院,方不有乖大学教育之宗旨,庶几三民主义之实现,有以促成。兹据大学条例第一、第四两条,则艺术学院设立之需要,业经名目规定,毋庸缕细解释。学生等同考艺术一科,良以中国现代之艺术尚在萌芽,颇深惶惧。若果缄默不言,因循缓弛,不加以助长,实恐于中国文化前途,蒙其影响。学生等有鉴于此,理合呈请倡导训示施行,实为公便。
谨呈
校长张

国立中央大学教育学院艺术专修科学生会谨启
十八年六月五日
中央大学档案

艾伟致张乃燕函（1930年10月1日）

君谋校长先生钧鉴：

敬启者：窃教育心理系自十八年五月二十五日第十次本部行政会议，由教育学院郑前院长提议通过成立，并承校长聘伟为主任。伟以菲材谬膺斯职，年余以来，时虞陨越，黾勉从事，得具雏形。现在已有一、二年级学生约三十人，本学期所开教育心理一学程，选修者达一百二十余人。以受仪器限制不得不背学术公开之态度，极力限制学生实验。第教育心理为教育学院基本各系所必修，一再限制，亦有八十余人之多。将此八十余人分成四组，实验仪器犹不敷应用。若再多分组，又妨碍学生其他上课时间。助教亦不敷分配，而实验教室尤属问题。伟按教育心理之问题，非实验无以解决，而实验非仪器不为功。属系所用仪器，均文化基金董事会讲座研究室所置，个人应用犹觉不敷，全班实验何能谈起？至实验室之事，伟筹划一年，未得校屋一间，并属系办公地点，成立以来未尝固定。初商借于理学院心理系，继附属于基金会研究室，均有事实可稽也。查属系十八年度预算有购置仪器费三千元，经校务会议通过在案。乃院长传来消息，会计组不允拨付，遂致属系仪器无从购买。而本期各实验学程预备束手，选课学生群情惶惑。似此情形，伟即不望属系之发展，其如不能维持现状何？方此教育学院无人负责之际，属系事务伟不忍坐视停顿。为特沥陈困难情形，务请校长饬令会计组于一月之内拨付属系美金一千元，为采办仪器之用；并饬庶务组即日划出教室、预备室、仪器室各一所，为属系固定办公、实验之用。伟当尽维持之责，倘再延宕，则无米之炊，伟愧乏术，惟有退让贤能耳。区区吾衷，尚希鉴谅。此上，敬请

钧安

艾伟上
十月一日
中央大学档案

艾伟请辞教育学院院长（1931年2月5日）

骝先校长先生大鉴：

前上一书，亮达典□矣。昨心菘先生莅临寒舍，敬悉大驾于本星期末始能旋京。伟本拟留京请示，惟数月以来，维持院务，颇觉苦痛。近患失眠症，拟于日内由

无锡往太湖边舍亲处休息数日,使精神复元,则不至误及下学期课务也。

关于院务有所陈者,茂如先生业经打消辞意,谅已复函尊处。因茂如先生之返校,而一必修学程无人担任之问题,亦连带解决也。现在所未决者,止一教室问题。伟已托院务助理杨伟文君于卓裁之后遵命办理。院务既告一结束,故伟离京数日,似不妨碍一切也。伟前接泽宣先生来函,辞句之中,殊无来京就职之意。昨心菘先生亦为此言。似此责任重大,无论如何,伟万不敢再行维持。务恳迅觅继任之人,否则请校长自兼,以重院务。至教育心理系主任一职,亦非伟所能胜任,敬恳物色相当人才,以充斯职,俾伟得卸仔肩,不胜感激之至。专此,敬颂
勋安

伟拟于下星期四左右返京,以后有所垂询,请届时示知,以便趋陈。

艾伟敬上
二月五日
中央大学档案

教育学院学生会请聘定继任院长人选并解决教室问题(1931年2月20日)

骝先校长先生钧鉴:

生会前以院长问题,曾于本月十一日上书左右,已早邀鉴及。嗣闻继任院长一两日内即将具体解决,全院同学欢忭之余,皆静候佳音,未敢走谒烦渎。旬日以来,消息非常沉寂,院务依然停顿。似此情形,若再无期赓续,殊非本院之福。我全体同学为院务发展计,为本身学业计,敢再缕述急要之点数则,为钧长一一陈之,幸垂察焉。

(一)请于最短期间聘定继任院长也。教育学院院长之久悬未决,早在钧长洞鉴之中。缘是而院务之停顿阻滞,尤不难想象得之。前此一再请谒,习知钧长之关怀教院,视我教院同学为尤甚。而人选之不容率尔决定,自亦行政上之苦衷。惟开学忽已兼旬,若再迁延流产,殊失钧长爱校爱院之素志。此应请迅予决定本院院长者一也。

(二)艾代院长兼教育心理系主任辞职,请予恳切挽留也。教育学院计有二科四系,半年以来,各科系之有主任者仅居半数。值兹院长迄未产生之候,代理院长暨科系主任之厥职綦重。比闻教育心理系主任艾险舟先生一周以来,已辞书两上。辞而获,则教院正式系主任又减少一人,而其危险性亦增加一分。按艾先生道德学

问,久为我教院同学同人所景仰推崇,自主教育心理系以还,擘画进行,不遗余力。我体无完肤之教育学院独能于风雨飘摇中有教育心理系力图发展、蔚然大观者,当首推艾先生领导之功。自代理院长以来,对于院务推进,尤能悉心办事,努力孟晋。此时若任其辞职以去,则影响所届,又岂心理系数十同学之不幸,抑亦全院同学之损失也。此生会同人所以冒昧陈情,请钧长对于艾先生之辞职予以恳切挽留者三也。

（三）院图书室、仪器储藏室暨教育心理实验教室应请分别迁移及增设也。教院图书室之狭仄局促,视他院之系图书室且有逊色。按全院三百同学,除自备之少数图书外,其大宗参考书籍,皆依赖院图书室之代为设备。而研读之优美环境,亦以院图书室之改进为最大期待。此其一。本院最近即将运到大宗仪器,合连年购置者尚小有可观。若无专室以为储藏,则取用既感困难,保管尤难周密。此其二。教育心理一学程为各系基本必修,每学年选习者动至六七十人不等,其实验教室上学期在中山院三楼课室,然已诸感不便。学期更始后,科学馆致知堂其不适于用,视前此为尤甚。为顾全师生研究实验之便利计,实有改换教室之必要。此其三。上述三端,皆为请求钧座转饬事务、注册两组查明办理者三也。

冒渎陈情,不知所云。尚祈恕其喋喋,早见实行,幸甚幸甚。敬请
公安

教育学院学生会谨启
二月二十日
中央大学档案

教育学院学生自治会挽留孟宪承（1931年6月19日）

校长先生钧鉴：

敬肃者：生会对孟院长辞职一节,曾呈请钧座予以慰留,当邀亮察。日昨生会举行本学年末次大会时,复有多人提出孟院长辞职问题,加以郑重讨论,佥谓孟院长学术湛深,前任本院教授,循循善诱,已为学者所悦服。今番回校长院,虽仅以一半时间留京,而院务已日起有功,师生诉合无间,为年来未有之现象。将来果能以全时间为我院尽力,其成绩当更可观。今若任其引退,非特本院失一理想的导师,即本校全体亦少一负重之骨干。其影响所及,实非浅鲜。爰本全场一致之公意,再恳钧座请孟院长继续担任,并劝其弗再兼他职。生会明知钧座对此早具同情,所以不避出位之嫌屡渎清听者,实以关系切身,下情不能不上达也。伏祈鉴纳是幸。肃

此,敬请

勋安

教育学院学生自治会敬上

附:朱家骅复教育学院学生自治会函(1931年6月27日)

迳复者:前接来函,请挽留孟院长并劝其弗兼他职等语。查孟院长前因兼职京杭,颇多不便,一再辞职,挽留未遂。已聘请程其保先生代理学院院长职。此复

教育学院同学诸君

校长朱○○

六月廿七日

中央大学档案

孟宪承请辞院长职务(1931年6月20日)

骝先校长赐鉴:

日昨面陈,请辞教育学院院长职务,当蒙训诲谆谆,竭诚劝挽。旋复颁下聘书,无任感悚。窃念宪承教学十年,书生成性,本无综持院务之才。春间教院负责无人,钧命不许固却,勉维旧状,以竢贤能。数月以来,京杭分驰,身心交敝,对于教院亦愧无成绩可言。屡次入谒,苦苦恳辞。本月五日又上书乞退,私冀钧座早定继任人选,俾宪承得卸仔肩。现在学期瞬将结束,至祈准予尽本月底终止职务,不胜感祷待命之至。自憾菲材,有辜厚望,追随图报,请俟将来。赴杭匆促,不克详陈,聘书呈还,并乞垂察。肃颂

勋祺

孟宪承谨手上

六月二十日

中央大学档案

吴溉亭等为工艺组停办致朱家骅函(1931年7月15日)

骝先先生大鉴:

敬启者:此次工艺组突被停办,溉亭等聆悉之下,不胜骇异。查本校教育学院

初因中等学校艺术师资异常缺乏,特设艺术专修科适应需要。既因专修科三年教学时间嫌过短促,经校务会议改称艺术教育科,延长修业时间为四年。溉亭等无状,在本组服务亦既四年。虽尽心力,而环境关系,未著何显著成绩,颇用惭歉。先生苟照约解除溉亭等职务,另聘贤者继任,溉亭等方欣喜雀跃之不暇,岂复有所不慊于心。今乃以停办闻,究竟所持何种理由,溉亭等大惑不解,实有不能已于言者。或者谓大学教育本无须顾及社会需要,则自本年度起不继续招生,至原有学生毕业为止,亦可勉强说是一种办法。今并原有之二年级专修科生,一年级之艺术教育科生亦令停止继续学习,溉亭等实骇怪之极。查工艺组学生人数虽不多,然均属受地方之嘱,不远千里而来专习工艺,平素异常努力,今因何辜而令其半途废学。溉亭等不揣冒昧,还祈明示所以停办理由。并请先生秉承孙总理遗教(总理常言,学生除读书识字及求知识之外,尤须习练手的技能),幸勿偏听一二假整顿之名、遂好威权之欲者之危言,致误教育,致负党国重任。不胜盼祷之至。敬颂

道祉

钟道锟、吴溉亭、吴澄奇谨启
二十年七月十五日
中央大学档案

艺术科图画组学生呈请继续聘请汪采白担任教授(1931年7月20日)

呈为呈请继续聘请本组教授汪采白先生事。

窃此次钧长改组本科,生等闻之不胜欣幸,以为本科此后发展将日跻于光明。唯闻本组教授汪采白先生下学期有不继续聘任之说,又不胜其疑惧。汪师主讲本组,于兹四年,其道德清雅,学问渊宏,高风亮节,流溢国内。训诲谆挚,教授殷勤,生等受业以来,获益良多。方幸可以随先生杖履,竟窥其学,不意于本科改进之际,反见屏捐。自闻凶音,彷徨莫主。良师一去,比失慈亲。伏维钧长果断沉毅,明察秋毫,用人行政,惟善是归。则学问道德如汪师者,其能令其阒然引去乎?况本组本期以前有吕凤子、张书旂、汪采白三师之指导,生等犹感觉三师辛苦有过,心时难安,窃有请钧长添聘教授之意。唯以本科经费支绌,私心终未一发。今下期本组同学加多,而导师反见减退,则以后本组进行之困难,不待龟卜而知。使吕、张二师以不堪辛苦而去任,则本组从此休矣!是不亦与钧长改进本科之心刺缪乎?方今艺术陵夷,画道凋丧,神州国光反津津善道于东西邦土。值此邪说横行之际,存亡继绝之功,非有力如钧长者,其孰以任?伏冀钧长本果断沉毅之精神,发扬国家固有之文化,幸勿以一二昧学偏见者之建议而贻中国美

术莫大之打击。生等自闻本科改组、汪师去任,曾拜谒钧长数次,均适大驾未临,不获召见。兹特备文呈请,伏祈钧长体念下情,继续聘任汪采白先生为本组教授,则岂特生等之幸,抑亦中国美术前途之幸也!生等固知用人行政,钧长自有权衡,本不敢妄参末议。惟汪师去就系乎本组存止,实生等学业继绝之关键。故不揣冒昧,沥陈愚情,唯钧长怜察焉。谨呈
校长朱

艺术科国画组学生孙赐祥等谨呈
二十年七月二十日
中央大学档案

唐学咏恳请辞去艺术科主任职（1932年5月24日）

敬启者:职昨日时接到艺术科学生自治会及音乐系全体学生来函各一件,兹照抄呈如下。

其一:"敬启者:本月十七日本科同学大会议决,对于先生主任本科一年以来,不特改进事宜毫无建树,即原有规模亦不能维持,全体同学表示不满,应请先生自动辞去本科主任之职。此上唐主任钧鉴。艺术科学生自治会启。二十一年五月二十日。（盖有该会图章）"

其二:"敬启者:生等经五月十四日之全体大会议决,自即日起脱离艺术科学生自治会。以后凡关于该自治会之一切行动,生等概不负责。除已通知教育学院院长程外,特此奉达。此致艺术科主任唐。音乐系全体学生谨启。五月廿三日。（盖有音乐系同学会图章）"

咏接阅之下,觉此事突如其来。内幕如何,莫名所以。只以诚信未孚,致有负先生提携付托之重,痛愤曷极!故当即对该学生自治会来函予以答覆,公布大众,宣告去职。事前未向先生请准,擅专之罪,尚希鉴原!兹将公布之覆函一并抄呈,藉明真相,并请无论如何准予辞去艺术科主任兼职,所任音乐系各课程因不忍该生等中途辍学,仍暂负责。继任主任亦请即日发表,以便移交,实为公便。除已呈报教育学院院长外,谨此奉达。此致
代理校长刘

艺术科主任唐学咏谨呈
二十一年五月廿四日
中央大学档案

教育行政系二三级级会致教育学院院长函（1932年5月30日）

呈为呈请事。

窃敝级于五月二十三日举行本学期第一次常会时，当经通过议案两项。第一项为"本级英文应请本院当局自下学期起另开一班专授英文教育杂志案，（议决）通过"；第二项为"本级英文担任教师由本级提请本院当局聘请案，（议决）请本院当局于萧孝嵘、罗廷光、华林一三先生中择一聘请"。以上两项议案中，其第一项有须加以申述者，谨陈如下：

（一）世界教育，英美二国最称发达，各种教育名著，亦以二国出版为多。故治教育者，不可不深通英文，以为研究工具。我校虽有外文补习科之设，但学生众多，编制复杂。教者固乏确定之标准，习者更无齐一之程度，故攻读行将一年，而所获实属无几。故敝级同学为学业前途计，应请钧长特开一班，另行教授。

（二）外文补习科所授者为文学方面之知识，而敝级同学所亟亟以求者，乃教育方面之知识。故就目的言，实大异其趣。攻读文学之书，有时虽亦有助于教育原著之阅读，但其道迂远，其效难见。所谓事倍而功半者也。其于急于待用之敝级同学，岂所宜乎？故不论在目的上、在时间上，文学方面之书籍决不适用于敝级之英文教学。而其最属相宜者，莫如有关教育之书籍。惟书籍若仅限定一种，则专聆一先生之言，于阅读他书时，每以用字语调之迥异，而致困难丛生。且教育思潮日新月异，教室内所得既鲜最新之知识，而一先生之言又不足以为一代之代表。故为阅读广泛计，为易获新知计，应请钧长选定最有价值之教育杂志一种，由担任教师逐期教授。

上述两项议案，均含请求性质，理合备文呈送钧长，请求鉴核施行，实为德便。（敝级同学现有28人，借读他校者亦有四五人，故另开一班，人数上可无问题。并闻他系同学亦有赞成此种办法者，故将来选习者，不仅敝级同学也。）谨呈

国立中央大学教育学院院长程

教育行政系二三级级会
中华民国二十一年五月三十日
中央大学档案

姜文森请转呈教部介绍赴美参加世界运动会（1932年6月1日）

呈为呈请赴美参加世界运动会发民族精神事。

窃闻第十届世界运动会（The Games of 10th Olympic）将于本年七月三十日至八月十四日在美国加利福尼州（California）举行，东西各国莫不努力准备参加此会，藉以发扬民族之精神，增进国家之地位，而表其独立之性质也。溯自国府奠都南京、统一全国以来，维新气象，与日俱进。此次世界运动会极应派员前往参加比赛，以张民族之精神。生素好运动，练习长跑，历有数年。兹效毛遂自荐，恳请钧长呈请教部派生参加此会，藉以表张民族之精神，促进国家之地位。实为德便。谨呈

校长刘

教育学院学生姜文森谨呈
中央大学档案

卫生教育专修科筹划改进特别会议记录（1932年6月20日）

时间：六月二十日下午一时

地点：中央大学卫生教育专修科办公室

出席者：查谦、程其保、汪东（中央大学）

　　　　金宝善（卫生署）

　　　　徐世纶（卫生教育专修科）

列席者：许定中

主席：徐世纶

记录：许定中

开会如仪

讨论事项：

一、提高本科程度，延长修业年限，改专修科为系，以弘造就案

议决：暂行更长修业年限为四年，定名为卫生教育科，本年度暂不招生。

二、本科组织经费应如何确定案

议决：由署、校双方订定《合办卫生教育科办法》办理之。其内容决定如下：

第一条　本科设主任（兼教授）一人，教授、讲师、助教各若干人。遇必要时，得

设助理若干人,均由国立中央大学分别聘任或委任之。

第二条 关于普通及教育方面学科之教授、讲师,其薪俸由大学担任。

第三条 关于卫生方面学科之教授、讲师,由署保荐,薪俸亦由署担任。

第四条 助教及助理之薪资概由署担负,其待遇应与大学助教及助理相等。

第五条 凡卫生署所有设备,本科均可商酌借用。凡卫生署未有设备而本科必须购备者,按年由校、署两方斟酌需要及实际情形详拟预算,由署负担。

第六条 关于办公之费,如纸张、笔墨、邮电、印刷等项,应按年由校、署两方面斟酌需要,详拟预算,由校担负。

第七条 本科办法由中央大学校长及内政部卫生署长同意后发生效力,任何方面未经商得对方之同意,不得变更。

三、现有专修科学生愿入本科应如何办理案

决议:由教育学院拟定办法,提校务会议讨论通过执行。

中央大学档案

教育心理系全体学生条陈不能取消心理系及教育心理系之理由

(1932年9月6日)

家伦校长先生勋鉴:

敬肃者:本校自不幸事件发生以来,险象四伏,几濒危亡。幸赖整理委员会诸先生整理有方,得以渐见恢复。生等失学之苦,或可幸免。兹更得先生允任本校校长,本牺牲之决心,谋生等之幸福,蓄意整顿,则此后中大之光明前途皆先生所赐矣,欣幸何如。生等驽钝之材,识浅见陋,于学校之组织大计,本不应有置喙之余地。惟对于整理委员会诸先生之决议取消本校心理系及教育心理系一案,不特于生等有自身切肤之关系,即于学术前途亦不无有极密切之关系焉。故敢略呈陋见,一得之愚,或有可取之处,兹将其不能取消之理由谨录于下:

一、教育心理学为科学教育之理论上、实际上之基础,不依据教育心理,则教育无所适从。

二、各国心理学者,如美之桑戴克、吴伟士等,均主张将心理系、教育心理系单独分设,而吾国反将其取消,则将不免为世界学术界所不满意。

三、本校教育心理学及心理学两系,得诸教授等之努力,有悠久之历史及伟大之成绩,为国内各大学所少有。骤加取消,则不特使以往努力之诸教授等灰心,且为学术界之空前毁灭。

四、取消后另设讲座,则于经费上亦并不能缩减。

五、本校心理学及教育心理学两系教授,如郭任远、潘菽、艾伟、萧孝嵘诸先生及助教之数年来之努力于伟大精密之研究工作,有已得成绩者,有正在努力者,则一经取消,学术上之损失若何重大。

以上诸端,仅就其大而要者言之。想先生当亦已洞悉此两系关系于社会、关系于学术之既重且大,固毋庸生等之多所哓舌也。尚祈先生以学术为重,俯予采纳,恢复旧观,则生等幸甚,本校幸甚。专此敬上,敬请

钧安

教育心理系全体同学谨启
九月六日
中央大学档案

中央大学呈为奉令开办师资训练科拟具计划大纲及预算书(1933年5月24日)

呈为奉令开办师资训练科拟具计划大纲及预算书草案仰祈鉴核示遵事。

案查第四届中央执行委员会第三次全体会议通过关于教育之决议案丙项第四款内开:大学得呈准教育部设立师资训练班,凡大学毕业生,愿任教师者,应入该班加修教育功课一年,以备中等学校教师之选。凡进师资训练班之学生,其待遇与师范大学毕业生同。此项决议,业经钧部第3445号转奉训令饬遵在案。复查前奉钧部训令第5401号本大学整理委员会决议案第一项内开:甲、关于教育学院者……自二十二年度起,另设师资专科,各院毕业学生,有志为中等学校教员者,得在教育学系肄业一年,修习特定科目后,由学校给予证书……等因。兹以二十二年度瞬将开始,自应遵办。查此项师资训练科,在国内尚属创举。曾由本校教育学院详密研讨,拟具计划大纲草案,复经提交本校校务会议修正通过。举凡该科方针、原则、范围、训练期限、待遇、课程、师资及第一年之预算,均经提纲挈领,明白规定。内容悉根据三中全会暨整理委员会决议案之精神,采取以前高师制及现行师范大学制之优点。该科第一年经常费最低额,预计为56 880元,其学生待遇,拟援照我国高师先例,由学校供给膳宿,以减轻大学毕业生继续求学之经济负担。本校原有经常费,因各院系预算均属固定,历年均感紧窄,无从挪移。该科系特别奉令筹办,似应增加经费,另立预算,以免与其他院系开支相混,并免致他院系学生发生援例请求豁免费用情事。是否有当,理合备文检同该科计划草案及第一年预算书草案各一份,呈请钧部核准示遵。并乞迅予转呈行政院核定预算,饬拨的款,以便如期开办,

实为公便。谨呈
教育部部长王

国立中央大学校长罗○○
中央大学档案

艺术科图画组学生请增聘西洋画教授(1933年6月14日)

　　为呈请事。本组原有教授二人，分任山水、人物；讲师一人，任授花鸟理论。如国画概论、国画技术论等学科，则由主任教授吕凤子先生兼授。前学年，本科改组，更易科主任，于是本组遂鲜一教授（原山水教授兼本科主任）。于是山水、人物、国画理论以及书法篆刻，遂全由吕凤子先生一人担任。吕师劳极，生等既感不安，更何忍时向请益。前学期，曾力恳吕师转请增聘一教授，结果增聘一助教。助教既无以分师劳，更无以慰生等求知之饥渴。因更请吕师商请黄院长正式聘一教授，恢复原状。本科他组年来均有长足发展，如音乐组广延教授，建屋购书，西画组购置石膏型，独本组内容距充实犹远。生等不敢奢望与他组等质量发展，止希恢复一年前原状，或者可得校长慨然允许乎？又本组亦习西洋画，但与西洋画组用一种方法由浅入深逐步练习者不同，本组目的在求得最近西方画各种不同形式之理论根据及其构成方法与中国画不同点究何在故。非中国画有根砥、对于西方画有极深研究者不能胜任，生等甚希此学科自下学年起能得优良教授。倘学校方面不能为生等专请一西洋画教授，最好即请讲授与绘画有关学科之教授兼任（与绘画有关之学科，如透视学、色彩学、人体解剖学、中国美术史、西洋美术史、艺术教育原理及实施方法等）。与绘画有关之学科系国画、西画两组共习者，现虽勉强由陈之佛先生担任，但陈先生系图案专家，对于（生等以为透视学、人体解剖学等可请陈先生兼教，其余理论课则另请一人教授）上述理论学科实非夙所研究，故读者绝少获益。且所讲多为生等在中等学校所已读者，斯非更聘一专究艺术理论者不可。本年度开始时，生等即恳吕师商请更聘，并闻吕师亦已物色得人，其人留法，习艺术理论，兼绘画多年，对于中国画亦有相当研究，生等闻之不胜雀跃。敬恳校长顾念生等学业，慨予更聘，感甚感甚。谨呈
校长罗

艺术科国画组全体学生
中华民国二十二年六月十四日
中央大学档案

国立中央大学教育学院二十二年度进行计划(1933年6月)

一、规定本院各系科目标

本院根据中华民国教育宗旨及其实施方针,培养教育建设所需之各种人才,以完成民族复兴之使命。规定各系科目标如下:

(一) 教育学系

甲、培植教育研究人材。

乙、养成师范学校及中学师资。

丙、养成教育行政人员。

(二) 心理学系

甲、培植心理研究人材。

乙、养成师范学校及中学师资。

丙、提倡心理学在各方面之应用。

(三) 体育科

甲、培养各级学校体育师资。

乙、培养公共体育场及各机关体育行政及指导人材。

丙、养成童子军教练人材。

(四) 艺术科

甲、培植纯正坚实之艺术基础,以造就自力发挥之艺术专材。

乙、养成中学及师范学校之各种艺术师资。

丙、养成艺术批评及宣导之人材,以提高社会之艺术风尚,而陶铸优美雄厚之民族性。

(五) 卫生教育科

甲、培养师范学校及中学卫生师资。

乙、养成教育机关卫生行政人员。

二、修改本院各系科课程

各系科课程根据目标修订,另详各系科课程标准。

三、筹设中学师资训练科

办法另详计划大纲,其目标如左:

甲、培养中学各科之教学人材。

乙、增进中学在职教师之教学效能。

四、充实设备

（一）增加各系科应用图书。

（二）增加心理系实验仪器。

（三）扩充其他设备。

五、筹设教育研究所

在本校设立研究讲座时筹备。

六、注重课外指导

约分生活指导、学业指导及服务指导三种，其详细办法另定之。

七、扩充院屋

（一）修理南高院。

（二）改造伯明堂。

（三）修建梅庵。

（四）改造女生健身房。

（五）保留心理系原有房屋。

（六）拨用昆虫局房屋。

以上一、二、三、五四项已于二十二年度第一学期开学前完成。

八、筹设民众实验学校

本院学生现已开办民众学校两所，今后拟由民众学校指导委员会积极指导，逐渐扩充，以为实验民众教育之场所。

九、进行乡村教育实验

本院今后拟与农学院及实验学校密切合作，就探先小学逐渐扩充，以为实验乡村教育之场所。

十、调查全国师资需要供给状况

本院鉴于师资之养成应与一般中等学校之需求相应，因于本年三月间编成问卷一种,遍发全国中等学校校长,请按照实际情形填寄。目下已收到不少,俟达到相当数目后,统计结果,即可知全国中等学校师资需要供给状况之一斑。

十一、研究国文、英文读法心理

本院心理系主任艾险舟先生前曾受中华教育文化基金会之委托,进行研究国英文读法心理。此两种研究,前者开始于七年前,后者开始于三年前,至最近,前者之结果始渐产生。本学期内可以完成者,有《汉字字量问题》《词量之初步研究》《汉字测量》《汉字横直排之比较研究》《错字心理分析》《作文评价问题》等篇。在英文读法方面,本学年内希望完成《拼字错误之心理》《文法错误之心理》及《中学英文能力测量》三篇。

十二、创制多方适应测验

本院心理系教授萧孝嵘先生最近制有多方适应测验二种。为求测验标准起见,由助教严铭吉先生率领本系专题研究生赴沪、汉二处测验。与试者有 26 校。第一种测验之受试有男生 2 875 人,女生 1 668 人。第二种之受试有男生 2 603 人,女生 1 542 人。此项研究之结果正在分析中。

十三、调查中小学各科教学状况

现有本院教授张士一先生受中华教育文化基金会之委托,义务调查中小学英语教学,今后拟加推广,调查中小学其他各科教学状况。

十四、征集中小学教科书

为研究中小学教材起见,本院拟广搜国内外中小学之教科书。

十五、筹设教育陈列室

内容包括实用教材、教具,并陈列有教育参考价值之物品及幼稚园中小学学生之成绩品,附设实验学校内。

十六、扩充艺术、卫生陈列室

本院艺术科国画、西画两组师生杰作甚多,以无相当陈列地点,致未能供学者之观摩与爱好美术者之欣赏。今后拟就院屋酌辟国画、西画陈列室一间或两间。又本院卫生教育科原附有卫生陈列室,陈列图表、标本模型等等,以规模不大,当再谋扩充。

十七、编印各种研究刊物

如《教育丛刊》《心理学专刊》等。

《国立中央大学教育丛刊》1933年第1卷第1期

卫生教育科概况（1933年12月）

一、沿革

民国二十年春，内政部卫生署有鉴于卫生事业之推广与改进，必须与教育相辅而行，为效乃宏，始基方固，因而有积极倡导卫生教育之动议。然环顾国内，是项卫生教育师资，尚付缺如。知欲谋卫生教育之发展，非从培养师资着手不为功。于是乃建议国内大学教育学院暨师范大学添设卫生教育系，或卫生教育专修科，以任此艰巨之使命。本校教育学院脱胎自南高、东大教育科，有悠久之历史，为国内研究教育学术、培养教育人才之唯一机关，对于卫生教育之实施与提倡，认为责无旁贷。因毅然赞同卫生署之建议，经双方一再商榷，由双方合作，于二十年秋在本校教育学院开办卫生教育专修科，以为造就全国学校卫生教育师资及民众卫生教育视导人员之发源地，藉应目前国内环境之需要，而树卫生教育建设之基础。此本科进行之发轫也。

惟卫生教育专科之设立，在国内事属初创。既无前轨可循，亦苦借镜莫由。凡百措施，自非周密考虑，难期完善。因于二十年春，即开始筹备。举凡组织、课程、设备等项，均经周详之讨论与规划。经月之久，乃将本科简章、组织大纲、课程内容以及学生修业年限等，次第确定。同年六月六日之第二十次校务会议，即将本科简章通过，本科基础乃告确立，于同年夏即举行招考第一班新生。此本科筹备成立之经过也。

二十一年夏，本科根据过去一年实施之经验及多数专家之意见，认为本科组织课程及学生修业年限等，均有修改之必要。当由科中拟定，改专修科为系，增设课程，延长修业年限为四年计划。召集校、署双方负责人员开会磋商数次，结果决定改卫生教育专修科为卫生教育科，学生修业年限为四年（原定两年），暂定两年招生一次。二十一年秋，遂实行将卫生教育专修科改为卫生教育科。此本科最近改制之情形也。兹将本科组织、现况、计划、课程等详述于后。

二、组 织

本科系本校与内政部卫生署合作办理，直属于教育学院。本科设科主任一人，教授、讲师、助教若干人，必要时得增设助理若干人。本科为便利同学实习学校卫生起见，得兼办本校及附属实验学校之学校卫生事宜（现本校实验学校学校卫生，即由本科主持办理）。

三、现 况

本科现有科主任一人，教授三人，助教一人，二、三年级学生各一班。兹将本科最近实况条述如后：

（一）经费

本科经费，每年预算总额为 19 836 元，内教职员俸给占 50％以上，办公费占 10％，设备费占 20％左右，特别费占 5％。预算表如下：（略）。

惟是项预算，迄未正式通过成立。故本科经济情形，极为困难。最近实况如下：

甲、教授费

关于卫生方面学科之教授、助教俸给，暂由内政部卫生署负担；关于普通及教育方面学科之教授俸给，由校中负担。

乙、设备费

关于医学仪器、卫生模型、图表标本等，均暂由卫生署负担外，其余一切用品家具等设备，概由校中负担。

丙、办公费

日常办公费由校中负担。

丁、书籍费

卫生教育方面之书籍，一部分向卫生署借用，一部分由校中购备。

（二）课程

甲、本科分年必修课目，共计111学分，内普通学科占十分之二弱，教育及心理学科占十分之三强，卫生教育学科占十分之五。

乙、本科分年选修课目，共计54学分，内普通学科占十分之三五，教育及心理学科占十分之三九，卫生教育学科占十分之三六。

丙、本科为谋增高全校同学医药卫生常识，促进个人健康计，特于本学期开设健康学一课目，专供全校各院系科学生选读。查本学期选读该学程者达六七十人，旁听者尤众。卫生课目在大学中之地位如何重要，学生对于是项课目之需要如何殷切,于此可见一斑。本科深望以后能将健康学列为共同必修课目之一,规定一年级学生一律修读,以期普遍,而为国内各大学倡也。

……　……

(三) 扩充事业

迩来欧美各大学对于健康教育师资之培养,虽尚未有何种完备之组织,然于学校健康设施,则无不异常重视。本科为国内培养健康教育师资之最完备机关,本校既设有本科,对于学校健康设施,自更应特别重视,躬行倡导。故本科对于各种健康活动,凡能保障与促进全校师生之健康者,无不积极进行。兹分述如下:

甲、主持实验学校学校卫生事宜。本科自二十年度上学期起,即兼办本校实验学校学校卫生事宜,并令本科学生随时往参加工作,实施练习。该校学校卫生,由本科负责主持办理,已两稔于兹,成绩颇有可观矣。

乙、设置健康室。本科本学期设置健康室,办理健康检查及健康咨询事宜。凡本校教职员及同学愿受健康检查及对于个人或家庭卫生、学校卫生有疑难问题,须求本科代为解决者,得按照本科规定之健康检查及健康咨询办法办理之。……

丙、扩充卫生陈列室。本科现设有卫生陈列室一间。本学期由卫生署赠送蜡制卫生模型一组及卫生图表多种,已妥为布置,以供校内外人士之参观阅览,藉广宣传而资提倡。

(以下省略)

中央大学档案

艾伟请成立教育实验所(1934年2月20日)

谨启者:本院本月十七日系务联席会议提案中有"成立教育实验所案"。当经决议:"通过,但先从搜集实验资料入手,并组织一委员会商定具体计划,经费则希望多得外方之帮助。"查教育实验,本院过去虽进行多种(最近将有教育实验专刊两种出版),徒以无中心之组织,未能为外间人士所注意。成立教育实验所,实为本院目前急务之一。至希钧长提交最近之校务会议讨论并通过,以便早日进行。无任公感。

此上
罗校长

艾伟敬上
二月廿日

中央大学档案

教育实验所研究生所任工作表（1934年10月）

志希校长左右：

谨陈者：案查本院教育实验所招收研究生系于七月初呈由钧长决定，嗣经面允本年度招收研究生以六名为限，津贴总额每月以二百元为限，在韦前院长退还仪器费项下开支。遵即召集院中同人拟就简章，于七月下旬登报招生，八月间审查报名文件并举行考试。经严格考选，录取高光世、邹有华、郑沛疁、钱苹、马国良、王栋材等六名，现到校者仅高、邹、郑、钱四名，已早办清注册手续，开始工作矣。至津贴方法，则系由同人开会决定："凡受津贴每月三十元者，得修习功课至多不得超过六学分；凡受津贴每月三十五元者，至多不得超过三学分，每年以十二个月计算。"兹各生选读学分数业经调查完毕，每月应受津贴三十元及三十五元者各二人，总额仅一百三十元。至余额两名，俟寒假特再行招足。兹开单奉上，敬希察收后即通知会计组，如数按月（自八月份起）发给，俾便各生具领，至以为荷。专此函陈，并祈复示。

顺颂

勋祺

艾伟敬上
十月八日

附：教育实验所研究生姓名及津贴数目单一纸

教育学院教育实验所研究生修习学分及应受津贴表

高光世	修习六学分	每月三十元
邹有华	修习三学分	每月三十五元
郑沛疁	修习五学分	每月三十元
钱苹	修习三学分	每月三十五元

附:教育实验所研究生所任工作表一纸

教育实验所研究生所任工作表(1934年10月)

姓名 \ 工作及指导者	所担负之学校实验工作	自己之研究工作	指导教授
高光世	作文评价问题	汉字测量	艾 伟
邹有华	(一)整理教育局局长问题之问卷 (二)绘制教育调查应用图表 (三)整理算术测验成绩	(一)教育行政上人事管理问题 (二)我国教育经费之现状、危机及其整理	夏承枫 王书林
郑沛畼	确定数种功用之常模	(一)知觉润度 (二)辨别效率 (三)动作正确性	萧孝嵘
钱 苹	墨跋测验工作	沮丧儿童之分析	萧孝嵘

中央大学档案

体育科函请增加开放浴室时间(1934年10月6日)

谨启者:本校体育馆两浴室之开放时间前由庶务组规定每日下午四时至六时,施行以来,一般学生固能于每日课毕洗澡,本科学生亦得于术科课后入浴(按术科均在下午二时以后),尚属便利。惟各院系选习普通体育之学生则仅有在四时至六时以内上课者,始能课毕,即行净身之机会。凡在上午上体育课之各组学生(按每日上午各课均有体育),则课后均滞汗加衣接上他课。在学生,固咸感不适,事实上亦太不卫生。故本科同人均认为非设法补救不可,业经第二次科务会议决:应请学校增加两浴室开放时间,以便全体学生于体育课毕时入浴而重卫生。兹特函陈,并将每日应行开放两浴室之时间开呈,务祈核准公布,并转知庶务组查照为荷。此上
总务长

体育科主任吴蕴瑞谨启
十月六日
中央大学档案

艾伟致罗家伦函（1934年12月3日）

志希校长左右：

此次全国中小学劳作成绩品展览会，教育部曾费两年之力，从事征集，故出品颇为珍贵，极具教育上之价值。惟会期甚暂，闭幕以后，如不设法长期陈列，供全国学校之观摩，殊觉可惜。昨与钟芷修先生谈及，亦有同感。钟先生为该会成绩品之负责征集者，可见教部尚未筹划保存之善法。如本校请求移来陈列，或可办到。窃思本院教育实验所成立以来，将及一年。原定计划中有陈列部之设置。除仪器、教本、教具外，中小学成绩品亦拟从事征集。拟利用此次劳展机会，请由钧长商之教部，将会中成绩品于闭幕后择尤送交本院教育试验所长期陈列，俾得永留此次劳展所收之效果，而更有以发挥之。本院教育实验事业素蒙钧长热心援助，此事谅荷赞同。幸祈早赐接洽，力促其成，无任感祷。专上，顺颂

勋祺

弟艾伟上
十二月三日

附：1935年2月5日教育部训令

教育部训令　字第1531号

令国立中央大学

前据呈请将劳作展览会内优良出品择优拨交该校教育学院教育实验室陈列，以资观摩等情。当经决定，将各中小学校应留部劳作成绩品全部寄存该校陈列，并经该校派员接收在案。关于该成绩品编号手续，自已由该校办理完竣，仰即将该项成绩品清单，抄呈一份送部备查。此令。

中华民国廿四年二月五日
部长王世杰
中央大学档案

常道直致艾伟函（1935年1月15日）

险舟先生：

查教系之"公民教育""民众教育""职业教育""职业指导""乡村教育""现代教育学说""地方教育"等，在他校均为必修，而改订课程所以作为选修者，盖以学生人数不多，可以间年开班，且于学校之"节约政策"不无小补耳。上列各课多数已逾一年或二年未设，本学期不得不先行开设数种。

（一）师范教育。卫生教育科必修，本系二年以上选修。（赵乃传先生任）

（二）社会教育。已承陈逸民先生同意担任。陈先生将集中讨论民众教育问题，对四年级生极关重要，因此乃现时为一般最注目之问题也。

除师范教育系卫生教育科必修，教系下学期仅增一门（二学分）。罗校长首重学生学业，想定蒙首肯也。至其他学科，容再从长计议。总以使学生离校后，不致见绌于他校之同系学生而已。外此，弟绝无意见。专颂

刻安

弟常道直
一月十五日

中央大学档案

体育科为举行本校第八届运动会致校长函（1935年4月19日）

校长先生钧鉴：

谨启者：本校第八届春季运动会业由本科第七次科务会议议决，定于本月二十七日举行。会长一职，谨请钧长担任。是日全校应停课一日，以利进行。再，本校历届运动会仅由各科系之田径运动员参加，不特精神不振，亦有失提倡普及体育之本意。故本届运动会由本科议决，除田径赛外，并加男女团体表演。表演项目为：(1) 一年级男生团体操；(2) 二年级男生军事操；(3) 三、四年级与一、二年级男生对抗龙球游戏；(4) 全校女生游戏表演；(5) 国术表演等。并规定团体表演之出席者，由本科给以凭条，俾嗣后呈交担任教师，以资证明。凡未曾出席者，概以无故缺席三次论，均经记录在案。特此上陈，谨请钧长先期布告周知为

荷。耑此,谨请

铎安

体育科谨启

四月十九日

中央大学档案

艾伟致罗家伦函(1935 年 7 月 22 日)

志希校长勋鉴:

　　本院教育实验所研究生钱苹女士,现年二十六岁,江苏武进人。前于光华大学教育系毕业后,考入国立中山大学教育研究所研究一年。二十三年度转入本院教育实验所时,其在彼研究成绩经院审查合格,在所一年,从萧孝嵘教授作专题研究。兹已得萧教授报告该生成绩书到院,认为成绩优异,现拟申请本校保送报考清华留美公费生继续研究教育。钱女士学力颇强,富进取心,洵属可造之材。刻以在所研究仅有专题研究结果,并不考绩记分,恐于报名手续有所未合,用特函请钧长出具证明书,证明该生在中山大学教育研究所及本院教育实验所二年研究经过,交由文书组保送报名,俾便应试。至深感荷。专上,顺颂

暑祺

弟艾伟上

七月廿二日

中央大学档案

吴蕴瑞致罗家伦函(1937 年 1 月 12 日)

校长先生道鉴:

　　谨启者:本科为促进课外运动,详细规定游泳池使用计划及保护健身房地板等,先后于科务会议提出讨论并分别议定办法记录在卷。谨录案函陈,统祈俯赐察照,不胜企祷之至。专肃,敬请

道安

体育科主任吴蕴瑞谨启

廿六年一月十二日

附呈议决案三件。

附：摘录体育科科务会议决案

（一）本校课外运动精神欠佳，应请学校聘请委员组织体育委员会以发展此项事业案。

议决：通过，并于本学期先行准备，俾下学期组织成立。

（二）游泳池预计三月内工竣，将来使用方法以及管理等事宜如何计划厘订案。

议决：游泳池使用时在管理方面与更衣室、两浴室均有关系，在设备方面，入池前后均须浴身。体育馆原有水炉，恐不敷用，急应更换，并须改辟门宕，加筑男女过道，则与建筑有关。凡欲学习游泳，须经医生详细检查身体，证明无病方准入池，则又与学校卫生有关。游泳池一经开放，水量之耗费颇巨，究以相隔若干时日换水一次为宜，水门之管理应由何部分负责？又游泳者倘自带毛巾，不特污秽难免，且恐媒介病源有碍全校卫生，势非收费代备，俾逐日洗涤消毒，以供公用不可。且开放以后管清洁事极繁重，非添请管理人员并添雇工友各一人无法支配。凡此种种以及管理规则等，均非本科所能单独解决，应请校长就事务组、会计组、卫生教育科及本科指定委员若干人组织游泳池使用计划委员会，共同讨论规定办法。呈请核准，以便本科按照执行。

（三）体育馆、健身房地板最近之油漆不合平时洗刷，亦不得法，致易积垢，且每年不属于运动之使用，如考试、开会等次数颇多，不特有违健身房设置本意，而地板易损，修理困难，积垢既多，清洁不易，应设法彻底整理并限止使用案。

议决：照下列各项办理。

1. 上年暑中油漆质料、色泽、方法均不合理，运动上时生障碍，决于适宜时期全部退去重漆加蜡。

2. 平时清洁方法由主管人详细规定，令工友照办。

3. 考试、开会等任意借用地板，极易损坏，常此以往，恐不久即须更换，所费非一二万元不办。下学期起，须绝对不作别用，校外各机关借用作试场或非运动之集会、寄宿时，请校长一律谢绝。即本校招生，亦请校长令饬注册组改用他处教室，勿再使用健身房，以保地板而免巨额之经济支出。

中央大学档案

五、农学院

农学院教员挽留蔡无忌致张乃燕函(1928年)

君谋校长先生大鉴：

迳启者：顷闻蔡无忌院长提出辞职，同人等不胜诧异。窃蔡院长一年以来努力于研究及推广事业，未敢或怠，孜孜不倦，凡事为公。除保存东大旧有之各种事业外，余如院内林场及各农场、丹徒牧场、下蜀林场、昆山稻作试验场、农产制造试验所、血清制造所等先后添置，皆东大时代所未计及者。又于推广部添设各科专修班以造就实用之指导员，其计划不可不谓周详，而成绩亦斐然可观。同人等身厕其间，凡事皆与闻问，故知之者莫若同人等为详。若令蔡院长飘然远引，则此项事业势至停顿，农业前途将不堪设想。先生关怀农学院，注意于中国农业问题，谅与同人等同样深切。同人等除一面致函并推派代表挽留蔡院长外，应请先生亦力为劝驾，务使蔡院长取消退志，仍回农学院办事。况际此国事蜩螗、训政开始之时，尤愿蔡院长继续其原有计划，俾遂其夙抱之宗旨，以解决民生主义之本基。同人等为开学在即，日事待理，焦念之余，痛切沥陈，不胜惶悚待命之至。专此，即候

台安

莫定森　赖问农　魏喦寿　罗清生　李　驹　李乃垚
姚醒黄　常宗会　张景欧　张天才　何长泠　李寅恭　顾　复

中央大学档案

农学院学生致张乃燕函提议院长人选标准(1928年8月22日)

校、处长先生钧鉴：

昨十八日呈上一函，谅邀达览。农院院长蔡无忌先生任职朞年，施学精神之堕缓，院务成绩之窳陋，事实昭彰，人所共悉。凡国人之关心农院者，无不私衷隐痛，耿耿不平。改进之谋，迫不及待。语欲拯全院学生之学业，挽回农教前途之曙光，荡旧濯污，亦新建树，心同此理，众口一辞，蔡氏办学精神，当可概见。生等久处是境，芒忍于心，建议再三，诸归无效。兹为自身学业计，为爱护院誉计，为农教前途计，觳觫不

已,精详思虑,始有前函之请。惟是暑期将毕,开学期临,院务须员主持,实刻不容缓。遴简贤能以继斯职,谅我校、处长早已思之熟筹之稔矣。惟思生等求学于斯,学业农教,关已肤切,人选情状,尤属萦怀。对此问题,已经数次慎重之讨论,意欲收集思广益之功,而作刍荛之献。□将浅见缕陈于左,藉备我校、处长之采择焉。

A. 人选标准。(一)思想新颖,农学渊博并深明党义者;(二)才具擅长,素负农界资望者;(三)经验丰富且办学多年而有相当成绩者;(四)廉明无私,克尽厥职,不因其他活动而见机思投者。

B. 预拟人选范围。(一)秉农山;(二)邹秉文;(三)过探先;(四)金邦正;(五)孙恩麐。

上述人选最低限度之标准,似为遴选贤明之根本问题,稍有偏缺,即可贻害前途。蔡氏之例,当可证明。次提预选人员,生等据上标准,自尚相符。我校长、处长若能中择一员,生等当竭忱欢迎者也。谨布区区,敬祈垂察。敬颂
教安

农学院全体学生谨上
八月廿二日
中央大学档案

中央大学关于农学院专修班学生要求取消"附设"字样的布告
(1928年12月17日)

国立中央大学布告　本字第58号

为布告事,据农学院推广部李主任乃垚函称:该院专修班学生屡向推广部请求取消附属名义,属部以专修班之附设于推广部,系出于五月十五日本院院务会议之议决(如果要求取消,亦应俟开院务会议时陈请)。乃该生等竟向属部请求,当然未便置答。讵该生等竟迭次来信恫吓,甚至登门咆哮谩骂,实属扰害安宁。惟有将推广部专修班案卷图章奉上,以期恢复五月十五日以前原状,藉免误会,等由。查农学院推广部附设专修班,既出于该院院务会议之议决,则取消"推广部附设"字样,当然非推广部所能自由处分。该生等作此非法举动,实属错误之至,合应申斥。除仍将案卷图章等送请李主任收受照常办理外,特行布告。嗣后该专修班学生务须安分求学,不得妄事,再有轻举妄动,致干查究,决不宽贷,其各知照,特此布告。

校长朱○○
中央大学档案

国立中央大学农学院专修班请求取消"推广部附设"五字理由书

(1928年)

敬启者：本校农学院去岁招考中学毕业生来院修业，定名曰"国立第四中山大学农学院蚕桑园艺畜牧兽医专修班"，造就专门人才，应社会之需要，已历一载。不料今春四月，闻突于专修班之上加以"推广部附设"五字，不知何所根据。彼时即请照章取销以符明令，而院长犹豫趑趄，未得具体之解决。窃以此等更动，既无理由又无根据，徒陷生等于无地。清夜扪心，盍胜悲激。今将专修班不应附设于推广部之理由，择要分述于下：

（1）按大学院令，大学各院应社会之急需得添设专修班。是专修班在学制上实占有重要之地位，何能受少数之要挟而不加考虑，即随便添此字样。若事事挟而有成，教育前途何堪设想。此其一也。

（2）推广部仅为推广本院一切农业事宜及负指导改良全国农业之责任，应受本院行政人员之指挥及学生之互助，以全国之大事业之多，推广之不暇，何能直辖专修班。谬误本旨，紊乱学制。此其二也。

（3）专修班产生于去秋，推广部成立于今春，相差半载。漫然插入，先后不相衔接，性质不相关。学校行政倒行逆施，不独事理所未有，更于初志相矛盾。此其三也。

（4）学校行政、学校组织在事先已有充分考虑，如何添设专修班，如何命名，如何布告，如何招生，如何训练，如何待遇，均应早有规定，岂可事后随便更改。此其四也。

（5）招生时为国立第四中山大学农学院蚕桑园艺畜牧兽医专修班，堂堂皇皇，载诸报纸，中外咸知，有目皆见。忽然更变，加此等字样，不独使学者裹足灰心，更为外邦耻笑，有损教育价值。此其五也。

（6）专修班学生纯为中等毕业，按考试制度而录取，是为专门资格无疑。且学生等目睹我国农业不振，制作无方，经济日迫，国债日增，痛心之事不一而足。于是抱定改良农业之热忱，来求专门技艺，将来负指导农人改良农村之重任。责任既大，价值自高。此其六也。

（7）生等据报纸及本院招生广告等，认定是专门资格而来。若加此五字，不特灭杀生等原来资格。且为学校信用计，为中国学制系统计，为生等前途计，不得不应请取消。此其七也。

综上数端，依事实证据，专修班上加"推广部附设"五字毫无理由。事实不能灭,公理亦难逃。况值此青天白日旗之下最高学府,为全国表率。昨是今非,朝更夕改,其他学校更何如耶？学生等为教育前途计,为完全人格计,誓不承认此"推广部附设"五字。以坚决之精神取销此不合学制之字样,不达目的不止。援将种种理由披露,祈各界人士主持正义予以援助,则幸甚矣。

中央大学档案

中央大学呈复教育部农学院专修科附设事宜(1929年5月15日)

呈为呈复事。

案奉大部第549号训令内开：为令遵事。前据该大学农学院专修班学生王玉珉等呈请取消"推广部附设"字样,恢复农学院专修班原名,曾经令仰查复在案。兹复据该班学生孙景漪等呈请明令取消"推广部附设"五字等情到部。合行抄发原呈,令仰该校长迅即并案查明具复,以凭核示。此令。等因。业经先后函知农学院查明,切实解决具复去后,兹据该院复称,以此案于本月十一日提交院务会议议决,金谓此事屡经院务会议酌量情形,详加讨论,一致议决,不能取消"推广部附设"五字,仍应照原案名称办理等情,具复前来。校长复核无异,理合将并案饬查情形备文呈复,仰祈大部察核。谨呈

教育部

国立中央大学校长张乃燕
中华民国十八年五月十五日
中央大学档案

农学院教授魏嵒寿等致张乃燕函(1929年6月)

君谋校长先生大鉴：

比念中央大学自成立以来,为时周岁。而事端丛生,夐夐其难,以至惴惴无以保朝夕,是诚教育前途危急存亡之秋也。近闻外间对于农学院复群议纷纭,有所訾摘,同人等深为惶悚,是不得不为先生言之。

溯自去秋十月,无忌先生暨同人等以本部房屋不敷分配,经筹备会议议决迁三牌楼现址。当时正军事惶急之秋,乃群策群力,奔走呼号,求撤驻兵,几经挫折,方得一席地。就弹痕满目、炊熏四壁之教室加以修饰,集散漫不齐、残缺零落之仪器力为整理,勉力开课,以符筹备之苦诣。奋斗数月,日渐就绪。无忌先生暨同人等

通力合作,互相融洽,举凡授课、研究、试验、院务、场务以及农学院事业之应兴应革者,皆未尝推诿卸托。终日孜孜,履薄临深以至于今,盖职责所在,安敢言辞!同人等抚心自问,俯仰无愧矣。且是非原有公论,而所谓望其门墙不入其宫者,乌足以知真相之所在耶!虽然,际此流言鼎沸之时,先生诚宜详加考察,慎为督责,则闲言无由入厅,诽语不致横加,今请再为先生解释之。

迩来外间每以农学院学生少、教职员多为惟一之批评。查农学院学生人数,原系承受前东大农科之移交,原数有一百七十余人。后经筹备会议议决,将生物系划归自然科学院,该系学生数十人随连带而去。尚有三校合办之学生数十人,经筹备会议之议决不予承认,以致分散他校。且去年未招插班生。经此三次挫折,仅存学生五十一人。是学生之少,无忌先生暨同人等并不负何种责任,亦非由他种之原因而学生自行告退也。此时同人等只可就原有之学生尽力为之指导训诲,不必如其他之私立大学以学生人数之多少而定该校之成绩也明矣。

又查农学院之宗旨,凡教授除授课外,兼注重研究与试验,以谋农事之改良而推广及于农民,以冀为彼辈谋幸福,与别院之性质略有不同。农学院设有农事试验场共二十二处之多,试验地面达四千余亩之广,而管理人员止二十八人,何得谓之为多!例如大胜关农事试验场,在前东大农科时共有职员十二人,现只用四人,则已减去三分之二;江浦棉场前有职员四人,现只用二人。其他各场职员,俱较前东大农科为少。乃外人不知底蕴,尤妄加批评,桀犬吠尧,原无足怪。然是非不明,殊堪痛心。

总之,农学院为研究中国农业之最高学府,教职员为从事研究改良农业学术之人,其人数绝对不能与学生人数作比例,如欧美日本各国之最高学府亦然。苟作此语者,诚为门外汉。妄肆批评之人,应请先生有以校正之,曷胜幸甚。更有不能已于言者。同人等因农事之重要,研究事业之不能一日或辍,故于暑假期内犹在校内工作,或出外从事调查。对于职务,未敢稍存懈怠之志,尤堪为先生告慰者。先生事繁任重,苟能分宝贵之光阴,时常莅临农学院从事督察指导,岂独同人等之幸!而是非真相于以大明,尤为同人等所深企也。戆直沥陈,祈恕愚鲁。愿先生详察,有以教之。幸甚。

再者,闻无忌先生有《十六年度农学院各门组周年报告》一份陈送,希详加参考,更感。专此,敬颂

公祺

魏嵒寿	莫定森	李寅恭	冯肇传	李超然	常宗会
赖庚尧	李乃垚	叶元鼎	张景欧	张天才	姚醒黄

中央大学档案

农矿部、国立中央大学农学院合办中央模范农业推广区办法大纲(1929年11月)

1. 农矿部(以下简称部)、国立中央大学农学院(以下简称学院)为倡导农业推广起见,在江苏江宁县第四、第八区两区地方合办中央模范农业推广区。
2. 部、学院各派委员二人合组中央模范农业推广区委员会,主持该区内一切推广事宜。委员会办事细则由委员会拟定,呈由双方主管人员核准之。
3. 中央模范农业推广区经费暂定每年一万元,由双方各出五千元,如有增加时,须得双方同意。
4. 本办法大纲缮就二纸,各执一纸,于双方主管人员核准签字后发生效力。
5. 本办法大纲如有未尽事宜,由双方主管人员会同修改之。

农矿部部长易培基
农矿部次长陈郁
国立中央大学校长张乃燕
国立中央大学农学院院长王善佺
中华民国十八年十一月

中央大学档案

国立中央大学农学院组织(1930年1月)

本院继承前国立东南大学农科之遗业,规模尚宏。现时事业,分教授、研究、推广三大项。原设农作物、园艺、畜牧、蚕桑、农产制造五门,森林、昆虫、农艺化学、植物病理、农业工程五组。自十八年度起,将农作物门、农业工程组合并为农艺垦殖科,畜牧门、蚕桑门、园艺门、森林组,分别改为畜牧兽医科、蚕桑科、园艺科、森林科,昆虫组与植物病理组合并为病虫害科,农产制造门与农艺化学组合并为农业化学科等七科,并添设农政科,共计八科。院长一人,主持全院事务。至于推广、教务、事务、编辑、文牍、图书、会计各处,襄助院长处理各该事务。各科设主任一人,副教授、讲师、助理各若干人,分任各该科之教授、研究、推广事项。至重要之院务,则举行院务会议,由全体教授、讲师列席与议,公决施行。近因社会需要农业推广人才,特由本院之推广处,附设专修班,以造就之。另由华商纱厂联合会捐助洪武棉作试验场场地,办理探先乡村小学一所,均由推广处管理之。此外,另与江苏农矿厅合办江苏昆虫局一所,与中国合众蚕桑改良会合办蚕桑试验场一所,又与农矿部合办中央模范农业推广区,推广农业。至于教员,农艺垦殖科有副教授 7 人,讲师 2 人,助教 6 人,助理技士技术员及技术助理共 25 人。畜牧兽医科有副教授 2 人,讲师 1 人,助教 2 人,技术员及技术助理 4 人。园艺科有副教授 2 人,讲师 1 人,助教 2 人,助理 2 人。蚕桑科有副教授 2 人,讲师 1 人,助教 1 人,助理 1 人。森林科有副教授 3 人,讲师 1 人,助教 1 人,助理 2 人。病虫害科有副教授 6 人,助教 2 人,助理 1 人。农业化学科有副教授 3 人,讲师 1 人,助教 4 人。农政科有副教授 3 人,助教 1 人。推广处主任 1 人,副主任 1 人,推广员 4 人。共计副教授 28 人,讲师 7 人,各科助教共 19 人,助理技术员、推广员及技术助理共 39 人。

中央大学档案

农学院请求补助农业推广经费(1930 年 3 月 10 日)

敬陈者:属院以农业推广经费困难,拟请政府酌予补助,以利进行。窃查中国国民党第三次全国代表大会通过之《确定教育宗旨及其实施方针案》第八条载明:"农业推广须由农业教育机构积极设施。凡农业生产方法之改进、农民技能之增高、农村组织与农民生活之改善、农业科学智识之普及,以及农民生产、消费、合作之促进,须以全力推行"等因。又查教育部、内政部、农矿部会同公布之《农业推广章程》第二章第二条载明:"国立或省立之专门以上农业学校内设一农业推广处,管理该省内之农业推广事务",云云。第三章第十五条载明:"农矿部、内政部、教育部于必要时,得会同呈请国民政府,酌拨专款以补助农业推广经费",等因。属院忝在国立最高农业教育机关之列,已经研究之结果而有利于民生者,如品种之改良计,已经驯化之美棉品种有:爱字棉,大桃、长绒、丰产;脱字棉,早熟、丰产;大学第一棉,衣分高,宜于山地。已经改良之中棉品种有:江阴白籽棉,绒长、衣分高、丰产、桃大;鸡脚棉,绒细而长、成熟极早、衣分最高;孝感长绒棉,绒细甚长,其丝光,拟于海岛棉。改良稻种有东莞白、江宁洋籼及帽子头籼三种,米质极佳,产量丰富。改良小麦有南宿州、江东门、改良赤皮、南京赤壳、武进无芒五种,而江东门以极早熟著,南宿州为丰产早熟之种。以上棉、稻、麦各改良品种,为民衣民食所关,故特别注意。试行推广以来颇见成效,另有专刊,兹不赘述。至改良农具,有五齿中耕器及播种器,颇受农家之欢迎。他如猪种、鸡种、蚕种、花种、果品以及改良酱油、各种酿造等,难以枚举。若得大加推广,可以增高吾国农产物之产量而改良其品质。凡此研究之过程,综计有十年以上之历史,寸累尺积,始有今日。希望准此研究之结果,广为传播,庶几事半而功倍。此后更应益加淬励遵照《三全大会决议案》,对于农业推广积极设施,全力推行,并求贯彻部令之宏旨。惟查属院全年经费预算约二十二万元之谱,而设科有八,试验场十三,研究之室八,故推广处经费仅一万余元。按照推广事业计划预算十余万元之数,不敷甚巨。因限于经费之故,已有之推广事业故不克扩张,而应行之推广计划更难期实现。再三思维,不得不请求补助。谨根据公布之《农业推广规程》缮送推广计划书,恳祈校长备文,分别请求教育部、内政部、农矿部转呈国民政府,核拨专款每年十万八千四百元,归财政部按月支付,以利推广农业之进行,而促进民生问题之解决。为特函陈,连同农业推广补助费计划书一并奉请察核,迅赐施行,不胜感祷之至。敬请

张校长大鉴

农学院院长王善佺

三月十日

附:本院请求农业推广补助费一览表

项别	临时费	经常费	总计
培养农业推广人才	0	40 000元	40 000元
倡导养鸡养蜂	10 000	4 000	14 000
提倡棉花售卖合作	22 000	0	22 000
提倡合作种子场	0	10 000	10 000
精密指导	0	6 400	6 400
开办农业巡回展览会	10 000	6 000	16 000
共计	42 000	66 400	108 400

中央大学档案

国立中央大学工程稽核委员会致张乃燕函(1930年3月22日)

迳启者:前以农学院临近火药库,失慎致房屋多被震损。业经敝会公推卢树森先生前往查勘,并函请转知在案。旋准卢先生报告,内开:窃查农学院房屋年久失修,原多窳败。即在未被震以前,恐已多渗漏,今因震而更有圮颓者。若同时将失

修之处与震坏之处一齐翻盖,恐六千元亦所不敷。若但求因陋就简,补换破碎砖瓦玻璃,修缮墙垣,支撑柱壁,填补平顶,俾一时不漏不倒及数部分恢复未震前之状况,则一千七八百元想亦可了事。至瓦片破碎,并不甚多,修漏时将碎瓦换出,重行垒好,则某一处似无需用瓦一二万片或五千片之多。玻璃用至九百余元,亦嫌包工者开价太大。至于破旧不堪之房屋,尤无修理之价值。鄙意以为,用一千数百元暂时小修,将来按年或按季于预算中列入整数,将所有陈旧破败之屋逐渐拆除,重建新式楼房,于经济上、事实上俱较为合宜等语。敝会开会察阅是项报告,并详细讨论,当经议决:查农学院估单所拟翻盖修理者,大半系房屋原来破旧者,实在因震损而须修理之处,其用费不过一千数百元,即定一千七百元为此次修理费。除由敝会照录议案,并告知敝会应照章执行副署付款命令、验收工程之职务迳函该院外,用特函请查照,并希准予转函知照为荷。此致
校长张

国立中央大学工程稽核委员会启
三月廿二日
中央大学档案

王善佺致张乃燕函(1930年3月25日)

君谋校长钧鉴:

佺前承命于农学院新院长,未到任前暂以副教授资格兼代院长。是时距开学期迫,又值本院风潮尚未平息,为本校全局及本院自身计,不得不勉竭绵薄,以免院务之停顿。受事以来,日夜兢兢,唯恐有负委托,以伤钧座知人之明。是以力谋全院团结,和衷共济,以维持现状。现风潮业已平息,如期上课,教职员之去职者,业已先后荐请补充。院内各部分本学期之预算,业已分别商定。此后各专家对于本身业务,可以安心进行。其与全院有关之事项,则开院务会议随时讨论,陆续举办矣。然于本院大计,如组织系统之修改、教育方针之规定、学制之修正、院址之决定、各方面专门人才之物色,以及院外之重要交涉与院内之重要建设等项,在在与本院永久之计划有关,均有待于正任院长之擘画。暂行代理之人未便擅谋,而其事又不容稍缓。欲进将难免侵越权限之嫌,欲止将受故意延宕院务之谤。佺之进退,实为狼狈。且佺代理院长职务,已经匝月,平日除处理院务之外,兼授有作物门重要课程。才轻任重,陨越时虞。若长此滥竽,恐于本院前途鲜有裨益,而于一己之学业牺牲甚大。缘恳钧座速聘正任院长来院就职,俾本院大计早日决定,而佺亦得

以早息仔肩，专任教授。本院幸甚，个人幸甚。恕不尽言，鹄候示遵。祗颂
公安

王善佺
三月二十五日
中央大学档案

中央大学呈复农学院办理兽医学程情形(1930 年 6 月 13 日)

呈为谨将农学院现时兽医教学情形复请鉴核事。

本年五月二十三日，奉大部第 495 号训令开：案准工商部咨：据上海商品检验局呈请转咨宰前宰后检验及培养人才以应需要等情，咨请培养兽医人才。令仰该大学遵办，并将该校农学院现时兽医教学情形详晰呈复，以凭查考。此令。计附抄咨一件。等因。奉此，遵即函知农学院详细具复。兹据复称：查属院对于畜牧兽医方面，设有畜牧兽医科，内有畜牧学程，同时有兽医学程，并注重兽医方面之训练。盖兽医在今日之需要，诚有如工商部咨开之情形。惟属院对于兽医方面，因教授人才缺乏，颇感困难。查上海商品检验局内有兽医专家，如能合作，协同进行，培养人才，着手自易。属院推广处以前办有畜牧兽医专修班，因师资与设备均欠充实，致本年度未能继续招生。而上年毕业生出路甚佳，有供不敷求之势。关于此点，曾于请求转呈政府酌拨推广补助费案内设法补助开办畜牧兽医专修班，其预算除师资外，设备费用至少需五千元。若政府或其他方面可以补助，仍可继续办理。此项专修班，训练兽医人才，庶可供检验及其他之需要。兹检同畜牧兽医科学程表一份，一并函复，请予转呈。等语。查该院所称各节，不无可采之处。理合将现办理兽医学科情形，连同该科学程说明表备文呈复，仰祈鉴核。此呈
教育部
  计附农学院畜牧兽医科学程说明表二份

国立中央大学校长张乃燕
中华民国十九年六月十三日
中央大学档案

邹秉文为农学院事宜致张乃燕函（1930年8月27日）

君谋校长先生钧鉴：

敬启者：秉文猥以菲材，辱承委以农学院院务，深惧弗胜。因念事业之重要，与敦劝之真诚，用敢先行到院考虑情形，以作最后之决定。数日以来，勉竭绵薄，以期答责望之殷拳。颇觉院务困难之处甚多，维持发展，殊非易易。就中数事，有应与大学本部先行声明者，谨为先生陈之。

一、秉文即使应聘，但既为兼职，在京时少，故为农院尽力之时间，当求经济，不得不省去无谓之应付。闻农学院亏欠不少，债主纠缠不休，登门追呼，甚至有殴辱前任之事。兹谨声明，凡八月一日以前之欠款，概不负责，请大学本部直接处理。而债主向院追索者，即以此言告知之，庶免纷扰，而得专心办学。

二、闻大学本年度预算，各院有增加者，农学院当得公平之待遇，确实数目之多寡，占全预算几分之几，即请示知，俾有依据。且农学院事业应使教授、研究、推广三项同时并重，其经费之支配，因有随时调剂之必要。自本年十月起，本部领取财政部及管理处经费，请照农学院比例数目，随时拨付。农学院教职员薪水，亦请归院发给。

三、农院各农场事业甚繁，因院长问题发生后，经费欠缺，穷于维持。前承叶教务长、张秘书长允将八、九两个月农学院经常费在九月五日以前全数拨付，藉资救济，即请照拨。

四、本年度各场收入，为本年度预算内之款，在在均有用途，决不能作抵还旧欠之需。务恳体察困难情形，仍归本年度应急，不抵上年欠债。

五、连日观察农学院情形，屋宇破旧，势将倾圮者甚多。各部分散漫，未能集中，精神便少联络。譬如农具院远在成贤街，往来办事，亦极感不便。且各科必要之设备非常欠缺，于教授、研究进行阻碍实多。为今之计，拟在院地附近收买民田一二百亩，扩充院址，永为基础。一方面将破旧房舍稍为修建，一方面实施建筑新屋。统计约需三十万元即可着手。其中二十万元用于主要建筑，余十万元酌提二三万元增加各科设备，三四万元购地扩充院基，二三万元修建必要旧屋。此事之如何实行，在一个月内急需解决，应请大学本部特予设法，俾得早日实现。如三十万元之款一时不易筹拨，再三思维，至不得已时，莫如将农学院成贤农场售出，化除零碎，为整个发展之谋。万一目前不能脱售，或将该场抵押十余万元，暂应设备购地及补充旧屋之急需。此必不得已之办法,实为农院前途计也。非然者,空言改进,则无可措手矣。

以上不过到院后就大体上观察所得,辄先贡献。惟思虑未周,应请指示之处甚多。至院内关于教授、研究、推广各项,均须积极整理。已商同各科草拟计划,待脱稿后再为送请核定。秉文才识短浅,陨越堪虞。惟既承委托,总思勉力筹划,希望大学农院树全国农业教育之规模。谨先陈五点,尚祈察核,分别详加示遵,不胜待命之至。专肃,祗颂

公绥

弟邹秉文谨启
十九年八月二十七日
中央大学档案

蔡元培致朱家骅函(1931年6月22日)

骝先先生大鉴:

敬启者:国民会议举行后,训政期中建设纲要,亦已粗具。筑路、治河、开港、务农诸端,是其大者,限期进行完成,迟亦不过五年。比者"赤匪"未平,反动继起,人力财力,消费必多。国民有用之经济与精神,施之于建设之途,窃虑犹有待也。间尝独居,深念以为今日者,建设之事,得寸则寸,得尺则尺,亦惟就可行者,迅即行之,不负时间而已。兹与台端欲有所商榷者,即可行欲行之一端,为关系农业之一问题也。

国内农业不振,生产缺乏,原因多矣。教育方面能致力以补救之者,无若病虫害之教学设施也。国内大学设有此系者,厥惟贵校,余则仅有一二病虫害课程,未尝成立科或系也。小儿无忌前承乏贵校农学院院长之职,故弟于此中情形,知之较悉。于病虫害之关系,遂亦耳熟能详。农林产品,年受病虫害之损失,不可数计也。国内治虫机关,寥寥可数,人才已感不足二也。于此求根本救济,必有赖于大学校有所设施矣。贵校病虫害系有十余年之历史,毕业生徒,服务于苏之昆虫局、浙之植物病虫害防治所、粤之昆虫研究所、前赣与湘之昆虫局,以及粤沪之商品检验局之病虫害科等机关者,犹虑不给。将来他省遍设治虫机关,人才缺乏,更不待言矣。夫以该系之成效如此其著,社会之需要如此其切,不惟可望维持,尤冀酌量扩充。侧闻贵校此系于客岁停办,未尝不深惜之。为此率陈管见,请于下学期设法恢复。

所幸为时不久,复兴非难。倘荷采纳施行,则农林事业,裨益匪浅。其事尤轻而易举,速而能达。惟高明进而教之,不以越俎为嫌。幸甚。专此,敬颂

道安

蔡元培敬启
六月廿二日

附:朱家骅复蔡元培函(1931年6月27日)

孑民先生道鉴:

日昨接奉大函,嘱恢复本校农学院病虫害科,敬悉。查本校农学院自设立该科以来,每年学生主读此科者,不过一二人,即选读生亦寥寥无几。而对于该科聘请教授,添置设备,则均不容稍缓,每年所费甚多,而收效盖寡。加以校款支绌,不得不力求缩减,以谋撙节。故于张前校长任内,由本校第16次校务会议议决,将该科暂行停办。既承明教,容俟本校经费稍裕时,当再设法开办,用副雅嘱。敬此奉复。

顺请
道安

后学朱家骅敬启
六月廿七日
中央大学档案

中央大学农学院教授致中大整理委员会书(一)(1932年8月10日)

中央大学整理委员会诸先生公鉴:

中大不幸,掀起教潮。同人等虽行能无似,然窃观此次整理农学院者,出之怪诞离奇,有类滑稽。爰不揣冒昧,特提出裁并科系之不当,请整理委员诸公,有以教而正之。尤望负计划整理农学院之责者,赐以明白正确之答复。

各种学术之分科,虽系人为,究有一定之原则与标准。吾人固不可无创造力,专事盲从前人;尤不可妄作聪敏,矫情立异,以误来者。考东西各国,对于广义农学之分科,或以研究之对象为标准,分为农学、林学、畜牧、兽医、蚕桑、水产等科;或以研究之便利为原则,除如上述之分科外,再将性质相近者并合而为农林化学、农林经济、农林生物、农林土木等科。盖学术愈进步,分科愈精密,乃自然之趋势。中大农学院初成立时,亦曾分为植物农艺、动物农艺、农业化学三科。旋以浮泛空洞,窒

碍难行，遂于三科之下分设作物、园艺、蚕桑、畜牧、农产制造五门，辅以各组，以谋充实，而利进行。所谓三科之虚名，在若有若无之间。民国十八年，并此不便之虚名而亦废止之，改组为农艺垦殖、森林、农艺化学、畜牧兽医、蚕桑、园艺、病虫害、农政八科。民国十九年，因经费支绌，将病虫害及农政二科改组归并，遂存现有之六科。良以谋社会之需要，且适应学术分科之原则，故办理至今，不敢轻率更改，而各科亦能分工合作，具有相当之成绩。

此次事变，农学院自不能例外不受整理。惟同人等以为整理云者，不外行合理之紧缩政策，驱除播弄风潮之捣乱份子而已。初不料行之数年，著有成绩之科系制度，亦竟漫然摧毁，而改为植物生产、动物生产、农业化学三系。此种更张，不唯衡之学术体系，证以各国先例，为不合宜，即揆之理论，按诸实际，亦多不可通不可行之处。度计划者之用意，或以农林同是利用植物而生产，故以植物生产之名称，统辖农林，必较简单省事。殊不知农林中尚有生产之动物（如农家之饲畜，林家之狩猎）及不生产之植物（如农学内以观赏为目的之花卉，林学内以保安为目的之防风林等）。此就名称言，"植物生产"四字，决不能代表农林。况就土地言，农用肥沃土地，林用广袤面积。就劳动言，农须集约，林较粗放。就产物用途言，农则主供衣食，林则主供建筑。就对外信用言，农以土地为对外信用基础，林则侧重林木蓄积。就收获期间言，农之期间短，林之期间长。因基于此种实际问题，故农林功课不惟专门者完全不同，即补助者亦各有偏重。农林并为一系，而以"植物生产系"统称之，教者、学者咸兴无所适从之慨。再就"动物生产系"而言，亦属不当。诚以畜牧、养蚕，虽同属利用动物以生产者，然二者之间，各有其截然不同之特性存在。再就名称而论，动物含义甚广，人类亦包括其间。该系能将人类生产事项取而研究，授之学生乎？即从俗将人类生产之一部除外，能生产之动物，何止家畜与家禽。举凡山林之兽，川泽之鱼，何莫非动物之能生产者。兽类繁衍、保护、猎取之法，鱼类繁殖、保护、捞取之方，亦应在讲授之列。试问农学院目前之人才经济，能胜此乎？总之，"植物生产"之名称，过于浮泛、笼统、空洞、囫囵、含混不清。欲以"植物生产"之名统辖农林、园艺，欲以"动物生产"之名包括畜牧、蚕桑，似此既属糅杂，复相刺缪，不知计划者，何所见而为此。

说者谓为有野心家，欲以一派一系，包办农学院之故。因其系中，缺乏森林、园艺、蚕桑之人才，特乘机议设此笼统科系，预为将来李代桃僵、滥竽充数之地步。同人等固不敢以此心度人，然目击全国最高农林学府之中大农学院，经过整理之后，反产出此种光怪陆离之科系，此同人等所惶惑不解者也。因特提出，务希俯从公意，从速撤销成议，俾维农业教育于不敝，是所盼祷。

	夏树人	陈国荣	莫定森	张福延	魏喦寿	
中央大学农学院教授	陈　植	李乃垚	戴　弘	鄢裕洹	夏振铎	同启
	冯紫岗	陈嘉言	张静甫	苏瑶峰	冯肇传	
	张企标	章守玉	曹自晏	李寅恭	李亮恭	

八月十日

中央大学档案

邹树文致罗家伦函（1932 年 10 月 22 日）

志希吾兄校长大鉴：

连日为农院事务方面有所陈述，均以公忙未能详尽其辞。今日下午因需赴昆山农场，不及参与会议，特用书面陈述，请求由大学本部会计、庶务两组，各派干员一人来农院协助一切。其理由如下：

（一）农院僻陋在远，种种情形繁杂已极。欲谋事务集中，断非现有人员数目可以应付裕如。倘承大学本部派员协助，则可以察知本院情形，随时上闻，以免隔阂。

（二）农院收入、支出零星复杂，倘由大学本部人员协同办理，亦即公开经济之一道。

（三）本院统一行政，农院素以僻远，未能受本部密切之指挥。如此办法，庶可由本部更为集中事权矣。

（四）文、理、法、教、工五院均直接受大学本部之庇荫，得有种种之便利，因此一切开支均可节省。惟农学院仅为大学本部声教之所被，往往以请示关系，仆仆往返，本院事业因而停滞，全日工作时间不无折扣。由大学本部派员驻院办事，庶几稍分余荫。此种请求似尚在情理之中。

（五）事务人员以少为贵，弟就职以来，力求整顿，而反以加增事务人员为发轫。此番请求本部派员，事务果属殷繁，则由上级监督，亦可以间执谗慝之口。倘布置数月仍能减少人员，亦可请求本部调回。

以上各节，专就事务方面立言。弟秉承台教，对本院功课方面已经粗定，事务方面亦不难整顿。但必需趁此时机，极力着手，否则朝气一惰，便蹈从前泄沓之覆辙，不能振拔矣。敬乞从速派员予以协助，无任公感。再，倘承派员协助，弟所负责任方面仍当照旧，决不敢丝毫推卸，合并声明。此上，敬颂

公绥

弟邹树文谨上
十月二十二日
中央大学档案

园艺科学生请求恢复园艺系（1932年11月10日）

呈为呈请恢复园艺系事。

窃查本校经本年解散整理，关于农院科系改组问题，初则由整委会议决设动物生产、植物生产、农业化学三系，继则由校拟具《变通整理院系办法》，内将农院原有六科合为农艺、森林、畜牧兽医、农业化学四系，先后经行政院分别核准在案。所有农院园艺一系结果已不存在。究系完全取消，或已并入何科，殊未见明文规定。生等在校肄业，分属学生，对于学校组织问题，原不敢冒昧过问。惟园艺为所修本系，一旦系不存在，学业即不无影响，即来学目的亦根本发生障碍，此点故不能无所顾虑。且以爱校热忱，亦对此难安缄默。局部学生之学业影响纵可忍受，但所牵涉于重大之处，则不能知而不言。生等粗学园艺，谨将园艺系所不宜取消或合并之理由略为陈之。

一、园艺课程包括果树、蔬菜、花卉、造园等项，其于人生需要至为切，农科之应予研究亦极明显。我国占世界最大最好之农业地域，园艺事业正宜努力发展，以应人类需求。乃缺然不讲园艺，未加改良，致使不惟空负良好环境、失去对人类之义务责任，及每年仰给于国外运入蔬果等数十万担之多，而有数千万元之漏卮。公园风景等项人才，亦借用外人。此之影响国计民生，已为不可忽视之事实。本大学在国内学术上有极大使命，对此故宜应实际情形，于园艺之研究及此项人才之培养特别加意，以资救济。此应请恢复者一。

二、大学精神重在专门与高深之研究，分院分系即以为此。园艺系所包范围已属广泛，如再并入他系，则当无所谓专门，亦即无以致高深研究。此应请恢复者二。

三、本校自南高以来，农科即设有园艺一系，故其历史基础已不浅薄。由二十余年之努力经营，现有太平门果树场、成贤街花卉场、丁家桥苗圃场以及院内园艺场，共有四处试验场，计地二百四十余亩，布置均甚周密。故照《变通整理院系办法》内所云，依设备情形，则园艺系实有单独成立之足够。如反从此取消，即过去经营之成绩亦将由此失败而牺牲。此应请恢复者三。

四、详考国内外各大学农科，无不单设有园艺系。且欧美日诸国设园艺专校者甚多,盖有园艺之专门研究自具其相当理由。本大学农科素有荣誉,如园艺系从此取消,似将形成缺陷。此应请恢复者四。

五、园艺在农学上天然为一独立系统,与其他各科性质上大有不同。故如将园艺并入他系,终属勉强。此应请恢复者五。

以上五点,仅举大端,亦仅为生等所管见,其他未收列之理由尤多。总之,园艺系在事实上取消既不可,合并亦不宜。生等全本爱国爱校之热忱,详察实际情势之需要,冒昧陈词,无任惶悚。伏乞钧长俯赐鉴察,准予及早设法恢复园艺系,幸甚。

谨呈
校长罗

园艺科学生赵发智等十五人
中华民国二十一年十一月十日
中央大学档案

金陵大学农学院函催拨付代为冷藏蚕种及取用桑叶欠款(1932年12月13日)

迳启者:案查民国二十年九月,贵院蚕桑馆送到蚕种一万数千张,嘱为冷藏,以便发售,并取用桑叶千余斤,合计费用大洋 597.27 元。迭经开明账单,催请拨付,以清手续。嗣接贵校罗校长大函,以此款业已查明,确有其事,现正清理,一俟完毕,当即偿还云云。查贵院与敝院同属首都研究农业机关,历来彼此素多合作,冷藏蚕种不过合作之一。所用款项亦完全为代理性质,非专营利商家可比。且敝院年来经费支绌异常,代付垫款急待清理。相应再函贵院,迅予拨付,以资结束,实为公便。

此致
中央大学农学院院长邹

金陵大学农学院院长谢家声
十二月十三日
中央大学档案

邹树文致罗家伦函(1933年4月12日)

敬启者：案奉面嘱查明农学院森林系订购种子发芽器之原因等语，遵即交订用该发芽器之教授解释去后，兹据复称：该系前因教课试验所需，于"九一八"国难之前，即已函知日本高木商店订购种子发芽器，并付订洋。实因该器依据日本森林种子学家、东京林业试验场技师小山光男氏之考案所制成，其优点：（一）该器有自动调节温度之装置，俾器内得有同一之温度；（二）该器系由数重内外壁所构成，绝不受外界温度升降之影响，俾全体试验所用之种子均得同等之一定温度；（三）该器发芽盘之构造，适于各种大小种子发芽试验之用；（四）该器温度用电热供给，所需温度得以自由增减；（五）该器以各部之构造俱较完善，故森林种子无论其种壳之厚薄、种粒之大小、壳质之坚柔，能使发芽日期无甚参差，他国并无此式。复于去年来函，不日即可装就，行将付寄各等语。彼时国难已深，抵制仇货，前订该器自应拒绝。继思货款已付，经济不免损失，该器在欧美亦无出品可以代用。且本年度教课及研究所需，对于该器应用异常急迫。实因森林关系重要，而种子经发芽实验后，即可知其所需温度及温度依试验结果之标准，以促进种子发芽，俾得育成健全与适当之苗木，以备荒山及国防要塞造林之用。如本年本系代江宁要塞造林四十二万株，对于种苗之选择，颇感困难。故极待此项发芽器运到从事试验。总之，此项发芽器为日本学者所发明特制，有优点五项，为其他出品之所不能同时俱备。又因研究试验及教课关系，迫不及待，并由早经订制，以吸收文化学术救国之宗旨置备该器，实与贩卖仇货之普遍商品、藉以牟利者迥不相同等语。遵嘱前由，相应据函转达，即希察核为荷。此上
罗校长

农学院院长邹树文
廿二年四月十二日
中央大学档案

邹树文致罗家伦函(1933年4月13日)

敬启者：本院排球队学生十余人于昨日下午五时在球场练习排球，适有八十七师特务连士兵由该连官长率队前来本院体育场上操。约在五时半左右，该连士兵

休息时,即于操场拾铁球向跑道乱掷,为排球队学生所瞥见,即向该士兵声明此系跑道,须保持平整,不应乱掷铁球,请向操场中心抛掷等语。该连士兵不但不听劝告,反而出言讪骂。忽有一兵持皮带,形势汹汹,高呼打打,飞赶排球场内即向排球队学生乱击。其余士兵亦纷追赶,各生或被皮带殴击,或被拳足交加,该连官长在场目睹,未加阻止,卒致该排球队学生均被殴打,无一幸免,不过受伤稍有轻重而已。该生等恐遭不测,纷向室内逃避,该连士兵始呼啸而去。当时该被殴之一学生摘取动武之一士兵符号一枚(昨晚已面交校长带去)。经将上述情形用电话报告校长,请求分别向军政部及八十七师严重交涉。约在六时半,即有八十七师某参谋来院调查肇事经过情形,旋有八十七师邱医官来院验看受伤学生,后复由本校校医为该生等医治矣。查本院院内地点,每日均有八十七师各项军队或整队而入或零星游行,不相关照,任意行动,视本院体育场为该师操场。步伐号令之声本已为潜修学业之扰,且似此接触既多,即难免有冲突之虞。鼓楼以北中山路旁隙地甚多,该师似可不必拦入本院以从事训练也。为惩前毖后起见,惟有请大学本部函致该师,嗣后切勿假用本院为操练地点,以维学业而杜争端。此上
罗校长

农学院院长邹树文
廿二年四月十三日
中央大学档案

棉业统制委员会函请开办植棉专修科(1934年4月23日)

查本会改良全国植棉事业,需要植棉人才,至形亟迫。拟请贵大学农学院举办植棉专修科一班,以九个月为期,最好本年六月一日开课,明年三月卅日毕业。考试入学者,以曾在农业专门学校或甲种农校毕业者为合格。另于本年冬间举办植棉讨论会三星期,召集各省从事改进植棉事业之人员来会听讲。所有该专修科及讨论会之费用,拟由本会补助国币一万元,分期拨付。素仰贵校造就农业人才,蜚声海内,此项委托,如荷赞同,即乞将开办该专修科及讨论会之详细计划及预算从速编制赐下,以便编入预算,至纫公谊。此致
国立中央大学校

主任委员陈光甫
中华民国廿三年四月廿三日
中央大学档案

邹树文致罗家伦函（1934年10月31日）

敬启者：据本院农艺学会干事会呈称：呈为呈请增加设备而利研究恳予照准事。窃属系同学众多，设备尚不完善，故每当实验之时，仪器多有供不应求之势。曾屡经属会历年会员大会议决呈请添设在案，第因学校经费困难，是以不果。今也同学求知心切，故特于本月十六日本学期会员大会议决：（1）请求学校当局增设属系显微镜、扩大镜及昆虫研究室实验桌凳并凳底橡皮等。复经第一次干事会议决，呈请学校当局从速添设等语，分别纪录在卷。窃研究科学原理注重实验，实验结果之良否，当与仪器之多寡好坏有关。然显微镜、扩大镜、实验桌凳实属系诸课程实验中所不可少之设备也。又因昆虫研究室实验凳皆是铁质作成，每一移动则响声甚大，对于研究亦有密切之关系。补救之方，宜于凳底垫以胶质物。总之，以上诸物之添设，诚刻不容缓。且学校所费无几，而同学裨益实多。敢据理呈请，恳予从速增设，深为学便等情。据此，查农艺系学生计共四十三人，现有显微镜十架、扩大镜四架、解剖镜六架、双目镜一架，平日研究不敷应用系属实情。关于实验坐凳凳底垫用橡皮一节，业已嘱本院事务组照办。其余所请增加之设备，除向该生等说明目前经济困难，容后酌量添置外，用特录呈鉴核。而农学院设备缺乏之情形，即此可见一斑矣。此上
罗校长

农学院院长邹树文
廿三年十月三十一日
中央大学档案

邹树文致罗家伦函（1936年1月17日）

敬启者：准昆山县彭县长于本月十七日来院，面递同月十四日函一件内开：查本县二十四年冬季治螟业已结束，其成绩估计经检查结果整理完毕，编就报告表呈送民、建两厅鉴核，请会同派员复勘在案。此次治螟，承贵院派员莅昆指导并协助，受惠实多，感无涯矣。兹奉上感谢状一纸聊表谢悃，并附治螟成绩检查报告表一份，即祈台照。一俟总报告书编就后，再当奉寄等由。并附感谢状及治螟成绩检查报告表各一纸。准此，查昆山县去年水稻螟患甚重，本院稻作试验场即在该县境

内,对于当地治螟工作应当有所贡献。上年冬季,曾由本院邹钟琳教授与昆山县政府商定除螟办法,并由该县政府聘请本院昆山稻作试验场技士吴阊直为总督察员,昆虫学助教郑建楠为区间巡回督察员,自上年十月一日开始进行至十二月。总检查期复由邹钟琳教授前往协助该县除螟工作,现经结束。兹准前由,相应将派员指导及协助经过情形,并抄同附件、感谢状及报告表各一份,函请台察备查为荷。此上

罗校长

  附抄两件

农学院院长邹树文

廿五年一月十七日

中央大学档案

农学院函请允准本院新生入学考试生物学分较重于算学分数并以招收足额为原则(1936年5月10日)

  敬启者:本院各系学课均以生物学为基础,大抵生物学成绩优良之学生研习其他农林、园艺、畜牧、蚕桑等课程,亦事半而功倍。本院同人咸以本校历届新生入学考试,不论院别,概侧重国文、英文、算学三种课目,而对于农学院应特别注重之生物学,则与其他考试课目视同一例。卒致生物成绩较优之考生往往因算学不合标准多遭摒弃,而农院学生名额遂因之而不足,轻重之间似宜加以衡量。当于第十次院务会议详为讨论议决:本院新生入学考试,生物学分数拟请较重于算学分数;各系新生名额可否酌予规定,以招收足额为原则。以上两条应转陈校长,附加采择,等语纪录在案。本院同人询谋佥同,院长自不便壅于上闻。校长乐育人才,不厌其广,而本院各项班次往往仅有一人,教者与受者俱难兴奋,更不必问国内对于农业人才之需要之迫切矣。尚乞赐鉴下情,予以救济,不胜公感。此上

罗校长

农学院院长邹树文

廿五年五月十日

中央大学档案

农学院关于畜牧兽医专修科招生事项办理迟缓之原因经过（1936年6月3日）

敬启者：关于畜牧兽医专修科招生事，屡奉严辞诘责其办理迟缓，而事实所限，有不得不陈明者。查上年拟定办理畜牧兽医专修科之时，本意与卫生署会同办理。树文暨畜牧兽医系同人历次与金宝善及洋顾问斯丹巴详谈卫生署方面意见，以为不宜办专修科，而应按照人医办法，办一四年最好五年或六年大学程度之兽医本科，均经随时陈明尊听在案。又查上届招生时期，尊意以医院与牙科均系本大学新兴事业，应予多收学生。树文以兽医为言，亦未得请。加以编制预算由四万元而缩减为二万五千元，又于上学期开始时请求建筑兽医院，往返磋商数月之久，并已交工估价，而迄今未能兴工。又上年十月廿八日发第五〇五七及五〇五八号购置单所订购各项仪器，至今杳无消息。以上各节，均与发展兽医或办理畜牧兽医专修科关系极为重要，而均备受窒碍。因此在本学期将近春假以前，因不知畜牧兽医专修科之尚须开办，迄至最近数日，始于电话中得聆尊示而略闻教育部核准指令之内容也。树文素性木讷，又恐逢怒辞不能尽明，除另函陈报近日办理情形外，谨胪叙经过，敬乞鉴核。此上
罗校长

农学院院长邹树文
廿五年六月三日
中央大学档案

邹树文致罗家伦函（1936年6月4日）

敬启者：本院蚕桑系毕业生孙本忠、陶英、高振禧、熊季光、赵鸿基、吴荣垣、周占梅、段佑云等函称，略谓本院蚕桑科过去毕业同学在社会上服务，虽不能谓有握全国蚕桑全部之事业，但最高之试验、研究、推广事业，如实业部中央农业试验所蚕桑系、江苏省蚕业管理委员会及无锡蚕丝试验场、浙江省蚕桑改良场、四川省蚕桑改良场，均由母校蚕桑系毕业同学主持全局或主司技术。其他各地之蚕业试验、教育推广机关，由本系毕业同学主持办理者尚多，而留学国外者亦络绎不绝。历年来毕业同学之人数虽少，但在社会上差有地位。近来蚕桑机关均觉人才太少、无处延

聘,正赖母校蚕桑系加紧培植人才,出而济世。乃闻母校因蚕桑系在校同学甚少,有将该系范围缩小之说。若见诸事实,所谓因噎废食。若将蚕桑系内容充实,则学生自可增多。用特掬诚奉恳,将母校蚕桑系加以充实,以宏造就,等语前来。查该函所述毕业生服务情形,确系事实。至于所谓充实内容,则年来添置缫丝、烘茧及黑版检验之设备,本院因推广而得信用,由制造厂家半送半卖,所费虽不多,而其原价固亦不菲。至于研究方面,则从事于柞蚕、天蚕之养育以及其他研究事项甚多,均积极进行。惟因经费关系,不能多添教授主持进行,亦因学生太少不能发展至适当程度。惟年来招考新生,报名者每有三四十人,而录取者往往绝无而仅有。若一律抹杀,谓为程度不佳,似难允当,或者所考非所学耳。管见所及,未知当否。理合据情转陈,敬请核示,俾便转告为荷。此上
罗校长

农学院院长邹树文
廿五年六月四日
中央大学档案

中央大学呈报筹办畜牧兽医专修科经过情形(1936 年 12 月 7 日)

案查本校奉令于农学院内筹办畜牧兽医专修科,培养畜牧兽医人材,以供国家社会之需用。业经遵拟详细方案呈核,并蒙先后拨发临时费四万元具领应用在案。现该科业于本年八月间开始招生,报考人数计 179 名,录取 21 名,实到 19 名,已于九月十日正式开学上课。理合检具招生简章一份备文呈报,仰祈鉴核,实为公便。
谨呈
教育部部长王
　　计呈畜牧兽医专修科招生简章一份

国立中央大学校长罗○○

附:国立中央大学农学院畜牧兽医专修科课程一览

	上学期				下学期		
	课目	每周讲演时数	每周实习时数	学分	课目	每周讲演时数	每周实习时数	学分
第一年	家畜鉴别	2	3	3	家畜育种	3		3
	家禽学	2	3	3	家畜饲养	3		3
	牧场实习		二个下午	2	牧场实习	二次	全下午	2
	解剖生理	4	3	5	细菌学	3	3	4
	诊断	2		2	卫生	2		2
	药物	2		2	禽病	1		1

	上学期				下学期		
	课目	每周讲演时数	每周实习时数	学分	课目	每周讲演时数	每周实习时数	学分
第二年	养猪学	2	3	3	养马学	2	临时宣布	2
	养牛学	2	3	3	养羊学	2	临时宣布	2
	饲料作物学	2	3	3	畜产制造	1	6	3
	普通病	4		4	农场管理	2	临时宣布	2
	乳品检查	2		2	传染病	3		3
	兽医院实习	6		2	寄生虫	1	3	2
					兽医院实习		6	2

中央大学档案

农学院与中央棉产改进所合办棉业专修科(1937年4月24日)

敬启者:准中央棉产改进所孙恩麐所长来函,以年来各省棉产改进工作范围日益扩大,下级干部人材极感缺乏,最近如冀、晋、陕、鄂、皖各省,均亟欲罗致棉作技术人员,结果大都失望。默察实际需要情形,实有续办棉业专修科之必要。前曾由冯君馥堂向台端暨贵校罗校长陈述意见,由本所与贵学院合办棉业专修科一班,承表赞同。兹拟具简则及协约草案各抄一份,送请察核。如认为事属可行,则请指示一切进行方针。等由。准此,查本院与中央棉产改进所曾于二十三年合办植棉训练班一班,毕业各生出路颇佳,且有供不应求之势。该所现因各省实际需要,拟请合办棉业专修科,其旨趣与前相同。所送协约关于经费担负,由该所补助本校棉作教授一人，月支三百元，以两全年为度。其余招考授课、实习、寄宿等一切教务事务，由本院办理。兹约计该科学生六十名，本院须添置宿舍暨增加助教，一切费用自下年度起每年预算至少须添列四千元，亦以两全年为度，以应增进此项专科教育事业之需。谨抄同该所原送合办棉业专修科协约暨简章草案各一份，函请校长察核。是否可行，敬乞示复，俾便与该所接洽为荷。

再，院长前将此事面陈尊听，承示以希望棉产改进所对于用费有所补助等语，经与孙、冯两所长再三商酌，以为津贴用费决难办到，只有再补助教薪额一人，或可向棉统会商量也。合并陈明。此上
罗校长

农学院院长邹树文
廿六年四月廿四日

附：中央大学农学院、中央棉产改进所合办棉业专修科协约

一、本两机关合办棉业专修科，除简则中已有规定者外，其经费担负照本合约之规定。

二、在专修科办理期内，中央棉产改进所补助中央大学棉作教授一人，月支薪三百元，以两全年为度。上项教授得兼中央棉产改进所技术职务。

三、关于专修科之招考、授课、实习、寄宿等一切教务、庶务上事项，均由中央大学农学院办理之。但招考及办理毕业得请中央棉产改进所派代表参加审核。

四、本协约经中央大学校长、中央棉产改进所所长签字后发生效力，至本专修科学生毕业为止。在本协约有效期内，双方主管人员或机关组织有变动时，其继任人员及机关应负同样责任。

中央大学校长罗家伦
中央棉产改进所所长孙恩麐
中华民国二十六年　月　日
中央大学档案

邹树文致罗家伦函（1937年6月11日）

敬启者：本院前于本年四月二十一日接中央棉产改进所孙恩麐所长来函，附送合办棉业专修科协约暨简则，曾经抄同原件函陈校长察核，并函复孙所长商请再补助助教薪额一人，各在卷。兹接孙所长六月七日复函开：五月三日大函奉悉，此次

开办植棉专修科,承贵院俯允办理,至为铭感。所嘱除教授一人外,并补助助教一人,本应遵命。奈敝所本年以内事业增加甚多,而经常费无所增益,颇感拮据。前函所述补助教授一人薪金,实感造就人才之紧要,撙节挪移,勉成此举。若再增加担负,目前殊感力有未逮,尚乞鉴谅。如蒙照前函办法合力举办,请即主持拟就合约早日签字,以便从速招生等语。查该所所拟合办之棉业专修科,切合实际需要,业经详陈钧听。前送该所所拟之协约与简则,如校长认为可行,即请饬缮同样两份签字盖印后掷还,以便转送签订。倘有应行修正之处,亦请示复,俾便与该所接洽。暑假不日开始,招考事宜亟待筹备,尚须分函各省,尤应早日着手。敬乞校长早日核定示遵,无任盼祷。此上
罗校长

农学院院长邹树文
廿六年六月十一日
中央大学档案

邹树文致罗家伦函(1937 年 7 月 2 日)

敬启者:本院前接兼任教授冯泽芳先生函,为助教俞启葆服务勤劳,成绩优良,拟请增加薪额月给一百元,业经六月十九日函请校长裁酌施行,并函复冯教授各在卷。兹复接冯教授六月廿五日来函开:顷得复示,关于泽芳函陈为农艺系棉作助教俞启葆请求加薪一节,业蒙转呈校长裁夺,具见院长重视兹事之至意。泽芳职司棉作,与俞君同事三年,知俞君勤恳工作,无间寒暑,为常人所不可及。综其成绩:

(一)关于育种。院内、劝业、江浦、杨思四种棉场棉作育种事业之过去成绩均已整理清楚,著有《中央大学之改良棉种》一文(在付印中),以结束本校过去十七年之工作,对于现状充实,材料蔚成大观,为国内棉作育种场之范畴。

(二)关于栽培试验。旧者亦已整理(尚未付印),新者按最近代之方法进行,粗具规模。

(三)关于推广。江浦农场自民国二十三年之一百余亩,增至今年之二千余亩。而大胜关农场所繁殖之德字棉售与河南棉产改进所,近年在灵宝推广,亦达七千余亩。其他棉种之零星推广于各省者,尚不计在内。

(四)关于研究。俞君三年以来,关于遗传育种及生理研究上贡献至多。所发表论文多为有价值之著作(另附俞君近三年著作一览),可以付诸专家审查。

以上事实,三年以来泽芳谨挂兼职之虚名,粗加规划,聊备顾问。而实际之工

作与各场之督率视察指导,均由俞君任之。俞君之工作成绩实为本校之光荣。若置之他校或他机关,即授之以讲师或技士之职,每月支百六十元之薪水,亦不为过。前函所请百元,不过就适应本校之现状而言耳。夫年功加薪为学校之常经,而拔擢有功为当局之特识。俞君在校三年,以学校常例论之,本应加至九十元,今再特加十元,实非过分之请。是否可行,敬乞核夺。等语。并附"俞启葆近三年内著作一览"一纸前来。

查冯教授来函所开各节,确系实在情形。院长不敢壅于上闻,用特录函再渎钧听。纵使限于恒规未能破格,而片语之褒,只字之奖,固可使努力者益加振奋焉。敬乞裁酌施行,无任盼祷。此上
罗校长
　　附抄俞启葆近三年内著作一览

农学院院长邹树文
廿六年七月二日

附:俞启葆近三年内著作一览

1	《中棉遗传研究》(与奚元龄合作)	民国二十三年	《农学丛刊》第三卷第一期
2	《棉作叶绿素数量之初步研究》	同上	同上
3	《摘果对于棉作脱落之影响及其在育种上之应用》(与周可湧合作)	民国二十四年	《农学丛刊》第三卷第一期
4	《棉作遗传学》(与杨志复合作)	同上	《中华棉产改进会月刊》第二卷第十二期
5	《光照期之长短对于棉作花期之影响》	民国二十五年	《浙江建设》第九卷第十二期
6	《棉作自然杂交研究方法之讨论》(与谢珽造合作)	民国二十六年	《中华农学会报》第一六〇期
7	《中央大学之改良棉种》	民国二十六年	正在付印
8	《海南岛改良农业之先决问题》	同上	同上
9	《海南岛之棉作问题》	同上	正脱稿未付印

中央大学档案

六、工 学 院

工学院第四次院务会议记录（1927年12月30日）

出席者：周仁、卢恩绪、张谟实、陆志鸿、陆元昌、杨孝述、刘福泰、钱祥标、周行健、茅以新

主席：周仁

记录：何长祺

一、主席恭读遗嘱

二、关于学生请求事项讨论如下

（一）前苏工毕业生胡海山请求俟明秋转入土三肄业案

议决：因前已准其转入土木肄业，即俟明秋入学亦可。

（二）前南京工专学生陈奎函送在学证书请求编级案

议决：查该生已于电一及格，准于明春编级电机二年级上学期。

（三）化工科学生贺世楣、刘其铍请开有机化学班并提授工业分析案

议决：俟化工科主任聘定后，由主任酌办。

（四）电机一年生施克仁请退出已选习热机说明学程案

议决：因系二年级功课，尚可照准。

（五）前苏工纺绩二年生姜荣林请编电机二年级或转入教育学院案

议决：准予证明资格，转送教育学院。

（六）北京工业大学学生黄以绅呈送证明书请准入学案

议决：请其将成绩送来察核，并寄转学书表格一纸。

（七）大夏大学学生茅绍文请转入电机二年级案

议决：请其先填转学表格，俟察核后可照转学办法。

（八）土一学生李崇等廿六人请将下学期机械绘图及计划免修案

议决：照准。

三、关于其他院务进行事项讨论如下

（一）江西建设厅请派实习学生往测赣河及鄱湖等酌贴旅费案

议决：函复在学学生因有其他功课未能前往，拟为代觅毕业生以备录用。

（二）农学院函请下学期开班教授测量功课案

议决:函复照办,但每星期须上课二小时,实测三小时。

(三) 前河海大学不及格学生本应补考一次是否由本院代考案

议决:推举卢孝侯、张云青、陆志鸿、邓著光四先生会商对于合并各校不及格学生补考办法。

(四) 工厂实习功课应否先期举行试验案

议决:由担任教员自定办法。

(五) 规定工厂制服案

议决:应用蓝色制服,并以短装为要。

(六) 规定图纸尺寸案

议决:请各担任画图教员会商办法。

(七) 考试及格案

议决:本院功课具有特别情形,拟用以下四条。

(1) 不满四十分以上之功课在三分之一以上者留级;

(2) 不满六十分以上之功课在二分之一以上者留级;

(3) 不满四十分以上之功课在二分之一以上者开除,不满六十分以上之功课在三分之二以上者开除;

(4) 补考功课以一次为限,否则开除。

四、宣告闭会

中央大学档案

工学院第十次院务会议记录(1928年9月19日)

出席者:周仁、卢恩绪、张谟实、陈骥声、陆志鸿、单基乾、丁嗣贤、陈哲生、吴树阁、刘福泰、李祖鸿、刘敦桢、薛绍清、林平一、何长祺、陈广沅、周行健

主席:周仁

记录:何长祺

一、开会

主席恭读遗嘱

二、院长报告

现在为第二学年开始之期,所有第一学年之经过情形,略述如下:

(一) 本院经济状况。十六年度原定为二十万元,后因事实上困难,减少为十三万余元,(除临时费外)而实得之数仅有十一万余元。计本院上学年十分撙节,共

支八万余元,应存约三万元,由本部支配实额仅有一万余元,已将此项为购置仪器之用,其不敷者于本年度常费内支用。惟本年度预算尚未决定,大约须十八万元,未知能如额照支否。

(二)本院新聘各教员。电机科薛绍清;土木科孙宝墀、王裕光;机械科李世琼;化工科丁嗣贤、陈哲生、陈骎声。诸先生皆学识卓著、经验宏富,各科将来进行大有希望。

(三)本院进行现况。共有五科,土木及机电科系由各校合并,故设备尚稍完备;建筑科各种模型亦已陆续购备;化工科实验室亦经建筑完妥,当可继续设备。并附设有制革试验场及陶瓷试验场等。

三、讨论学生请求事项

(一)前苏工毕业生陈昌贤函请编入土木科四年级肄业案

议决:准编入土木科三年级下学期肄业。

(二)前苏工毕业生赵叔达函请补习学分案

议决:本院非完全学分制,准编入土木科三年级下学期肄业。

(三)前苏工毕业生刘勋略函请编级肄业案

议决:准编入土木科三年级下学期肄业。

(四)前南京工专毕业生叶桂馨函请编入机械科肄业案

议决:准编入机械三年级下学期肄业。

(五)前南京工专毕业生崔华梁函请编机电科三年级肄业案

议决:准编入机电科三年级下学期肄业。

(六)前河海预科生李才贵函请编入本科肄业案

议决:准编入本科一年级(土木科)第一学期肄业。

(七)前南京工专毕业生江恒康函请编级入学案

议决:准编入本科一年级(电机科)第一学期肄业。

四、陆志鸿先生提议本院出版事

议决:组织出版委员会,推陆筱海、刘士能、丁嗣贤、薛绍清、陈广沅为委员,由陆先生召集开会,最好两个月内出版。

五、闭会

中央大学档案

曾昭抡致周仁函（1929年3月5日）

子竞院长惠鉴：

化工科事，丁嗣贤先生经极力挽回，似有暂消辞意之可能。只俟丁先生允上课，风潮即可解决，本星期内或可上课。惟查化工科课程，本学期新开有"炸药"一学程，目前科内助教虽属不少，然大多数据云均为学生所不满意。选读此课者又系高级学生，与其以后发生问题，不如现时聘一适当之人才。丁主任未辞职前，本有聘顾金鑫君任此职之意。校长及高等教育处均无异议。查顾君系本校理学院化学系毕业生（去年寒假毕业），在校成绩甚好，堪任此职。又闻本科助教徐贤恭君虽未正式辞职，业经赴汉，另有他就。添加一人，似与预算亦无影响。以上所云，如蒙同意，请即由工学院推举，以明系统。此颂

刻祺

弟曾昭抡上
三月五号
中央大学档案

国立中央大学工学院沿革（1930年1月）

本院于十六年六月，由前河海工科大学、前南京工业专门学校、前苏州工业专门学校及已停办之前东大工科等校，归并组织成立。因当时各校多驻兵，惟前东大工业，尚留实习工场一所，故即就该场为基础，搜集各校未散失之物品、仪器、图书、机械等，移来应用，并整理各种实验室及增筑工场等。稍经时日，粗具规模，始足以供学生实习之用。复就前苏工校址，改办职业学校，将前南工校址，收回工场一部份，与中央研究院合办陶瓷试验场。最近以经费有限，且此项试验场系研究性质，已归中央研究院担任全部费用。又本院至十七、十八两年寒假，各科毕业若干人，成绩颇优，多为各处需材者所延聘，几有供不应求之势。现本院五科共十九级，学生约二百五十余人。

《国立中央大学一览·工学院概况》，1930年1月

顾毓琇致朱家骅函（1931年4月11日）

骝先校长钧鉴：

窃以水利一门，关系民生重大，应有专设试验机关，以资研究，而为实施水利之方。此诚为今日之要务。惟此种计划，须与水利机关合办举行，方为易成功。为此拟请钧长函导淮委员会征其同意，拟与合办水工研究院或研究所，先行组织筹备委员会，以便拟就计划及预算，创办举行，俾实现有日，全国水利实利赖之。幸甚。专此，并颂

勋祺

顾毓琇谨启
四月十一日
中央大学档案

顾毓琇致朱家骅函（1931年4月21日）

骝先校长钧鉴：

兹奉复函，并节示导淮委员会复函，关于筹设水工研究所诸节，敬悉一是。现经毓琇与导淮委员会沈秘书长接洽，拟由本大学延聘专家，组织"中央大学水工研究所设计委员会"负责计划，并筹备进行，以期实现。其委员名数拟就如下（另纸录呈），敬请酌夺后分函聘请，是为至荷。专此，并颂

钧安

附名单一纸

顾毓琇谨启
四月廿一日

附：拟中央大学水工研究所设计委员会名单

沈百先　导淮委员会秘书处处长，前本校土木科主任
林平一　导淮委员会工程师，前本校土木科副教授
须　恺　导淮委员会工程师，前本校土木科副教授
沈祖伟　本校土木科主任

徐南驹　本校土木科水利专任副教授
周镇伦　本校土木科水利专任副教授
顾毓琇　本校工学院院长

中央大学档案

工学院化学工程科课程(1931年8月)

一年级

第一学期				第二学期			
学程	上课次数	时数	学分	学程	上课次数	时数	学分
党义	○1	1	1	党义	○1	1	1
国文	○3	3	2	国文	○3	3	2
微积分及微分方程	○4	4	4	微积分及微分方程	○4	4	4
普通物理	○4 △1	7	4	普通物理	○4 △1	7	4
无机化学	○4 ○3	13	6	无机化学	○4	4	3
投影几何	△3	9	3	机械画	△3	9	3
				定性分析	△3 △3	12	5
总计		37	20	总计		40	22

二年级

第一学期				第二学期			
学程	上课次数	时数	学分	学程	上课次数	时数	学分
定量分析	○2 △3	10	5	定量分析	○2 △2	7	3
应用力学	○5	5	5	应用力学	○5	5	5
英文	○3	3	3	英文	○3	3	3
构造材料	○3	3	3	热工学	○3	3	3
金工	△1	3	1	金工	△1	3	1
机动学	○3	3	3	有机化学 子	○4	4	3
翻砂	△1	3	1	有机实验 子	○1 △3	10	3
总计		30	21	总计		35	21

三年级

第一学期				第二学期			
学程	上课次数	时数	学分	学程	上课次数	时数	学分
有机化学 丑	○4	4	3	理论化学 寅	○4	4	3
有机实验 丑	○1 △3	10	3	理论试验 寅	△1	3	1
理论化学 子	○4	4	3	热工试验	△1	3	2
理论试验 子	△1	3	1	工业化学	○3	3	3
工业化学	○4	4	4	工业分析	○2 △2	8	4
经济原理	○3	3	2	经济原理	○3	3	2
初级德文	○4	4	3	初级德文	○4	4	3
热工课	○3	3	3	选课		3	3
总计		35	22	总计		31－33	21

选课			
炸药化学	○2 △1	5	3
制革工业	○2 △1	5	3
制纸工业	○3	3	3

四年级

第一学期				第二学期			
学程	上课次数	时数	学分	学程	上课次数	时数	学分
化学工程原理	○4	4	4	化学工程原理	○4	4	4
化学工程实验	△1	3	1	化学工程实验	△1	3	1
工业化学实验	○1 △3	10	3	材料试验	△1	3	1
电工学	○3 △1	6	4	中级德文	○4	4	3
中级德文	○4	4	3	选课		8	6
选课		6	4	论文			4
总计		33	19	总计		22＋	19
选课				选课			

(续表)

第一学期				第二学期			
学程	上课次数	时数	学分	学程	上课次数	时数	学分
毒气化学	○2	2	2	炸药化学	○2 △1	5	3
枪炮学	○2 △1	5	3	枪炮学	○2 △1	5	3
肥皂工业	○1 △1	4	2	酸碱工业	○3	3	3
陶磁工业	○2 △1	5	3	制革工业	○2 △1	5	3
				制纸工业	○3	3	3

中央大学档案

工学院机械工程科课程(1931年8月)

一年级

第一学期				第二学期			
学程	上课次数	时数	学分	学程	上课次数	时数	学分
党义	○1	1	1	党义	○1	1	1
国文	○3	3	2	国文	○3	3	2
英文	○3	3	3	英文	○3	3	3
微积分及微分方程	○4	4	4	微积分及微分方程	○4	4	4
普通物理	○4 △1	7	4	普通物理	○4 △1	7	4
无机化学	○4 ○1	7	4	无机化学	○4 △1	7	4
投影几何	△3	9	3	机械画	△3	9	3
锻工	△1	3	1	翻砂	△1	3	1
总计		37	22	总计		37	22

二年级

第一学期				第二学期			
学程	上课次数	时数	学分	学程	上课次数	时数	学分
应用力学	○5	5	5	应用力学	○5	5	5
构造材料	○3	3	3	水力学	○3	3	3
机动学	○3	3	3	机动计画	△2	6	2
经验计画	△2	6	2	热工学	○3	3	3
木工	△2	6	2	高等机场画	△1	3	1
金工	△1	3	1	金工实习	△2	6	2
微分方程	○3	3	3	测量	○2 △1	5	3
总计		29	19	总计		31	19

三年级

第一学期				第二学期			
学程	上课次数	时数	学分	学程	上课次数	时数	学分
经济原理	○3	3	3	经济原理	○3	3	3
热工学	○3	3	3	热工学	○3	3	3
机械设计原理	○3	3	3	机械设计原理	○3	3	3
机械设计绘图	△3	9	3	机械设计绘图	△3	9	3
金工实习	△2	6	2	金工实习	△2	6	2
高等应用力学	○2	2	2	电工学	○3 △1	5	4
应用机构学	○2	2	2	热工试验	△1	3	2
水力试验	△1	3	1				
材料试验	△1	3	1				
总计		34	20	总计		32	20

暑期实习　　　　　　　　2学分

四年级

第一学期				第二学期			
学程	上课次数	时数	学分	学程	上课次数	时数	学分
热工学	○3	3	3	发力厂计画	○1 △1	4	2
热工试验	△1	3	2	会计学	○3	3	3
汽轮机	○4	4	4	内燃机	○4	4	4
工业管理	○3	3	3	工业管理	○3	3	3
工厂设计	△1	3	1	工厂设计	△1	3	1
电工学	○3 △1	5	4	专门报告	○1	1	1
专门报告	○1	1	1	选课		6	6
总计		22	18	总计		24	20

选课

铁道机械工程	○3	3	3
飞机工程	○3	3	3
汽车工程	○3	3	3
枪炮学 乙	○2 △1	5	3
论文	○3	3	3
其他			

中央大学档案

顾毓琇关于开设军事工程课程致朱家骅函（1931年9月29日）

骝先校长钧鉴：

工院课程本有关于军事工程者甚多，如枪炮学、毒气化学、炸药化学、飞机工程等课，向请兵工署、航空署军事专家担任。兹以国事紧急，军工技术尤应赶速学习，以备工程学生报国之用。现拟令四年级学生各选习一项军事工程学科：土木科、建筑科学生选习军事土木工程，电机科学生选习军事电讯工程，机械科学生选习枪炮学或飞机工程，化学科学生选习毒气化学、炸药化学或枪炮学。以上各项课程中，枪炮学前已呈请校长聘任兵工署李伯芹委员担任。日昨，琇又面商李委员,请于机关枪、大炮、手榴弹均予同学以充分之实地练习,当蒙俯允。军事土木工程亦已与兵工署白宝瑛委员有所接洽,一切实习亦可利用该署设备。军事电讯工程拟就电机科原用选课改办,即由本院教授主教,以后再商总司令部交通处协助。毒气化学及炸药化学拟请校长转商国民政府德国顾问来校讲授。飞机工程本为第二学期课程,现拟与铁路机械工程对调,拟请航空学校钱昌祚教育长担任。

上拟办法,除军事土木工程为新添课程,此外多系原有,于工院预算毫无影响。惟教课精神,拟各注重实际军事之应用,而各科四年级学生各令有军工之训练,想蒙钧长所乐予提倡也。各项军工课程及拟聘教授另附单奉呈,敬祈裁夺施行,无任公感。耑此,敬颂

勋祺

顾毓琇谨上

九月廿九日

附:工学院军事工程课程及拟聘教授表

课程	时数	教授		聘书	备注
枪炮学	四小时	李伯芹先生	军政部兵工委员	请发聘书	原有课程
军事土木工程	三小时	白宝瑛先生	军政部兵工委员	请发聘书	新添
毒气化学	二小时	德国顾问		请校长商聘	原有
炸药化学	二小时	德国顾问		请校长商聘	原定在下学期,现与陶瓷工业对调
军事电讯工程	四小时	杨简初先生	本校教授	不必另聘	由原有无线电课程改办
飞机工程	三小时	钱昌祚先生	航空学校教育长	请发聘书	原定在下学期,现与本学期拟开之铁路机械工程对调

(兵工署、航空署及总司令部交通处并乞公函,请与工院以种种便利。)

中央大学档案

化学工程科同学会请求化学工程科免予并入化学系(1932年9月18日)

呈为请求化学工程科免予并入化学系事。

窃自中大整委会议决本校工学院化工科并入理学院化学系后,生等惶疑万状,曾一度上陈整委会,请予收回合并之成案。幸蒙蔡整委员长、李兼代校长口头准如所请,并允于第二次整委会开会时提出讨论。旋整委会全体辞职,化工科恢复事项,又陷于飘摇不定之中。今钧座来长吾校,生等逖听之余,无任欣忭,敢将化工科与化学系不能合并之理由缕陈如左,幸垂察焉。

一、就学理言

夫化学系为研究化学之理论,而化工科则求理论之实施与应用。其区别正如土木、机电诸工科与物理系之关系,趋向互殊,宗旨各异,断无合并之可能与必要。

二、就系统言

化工科之课程,多属于工程方面,如工业化学、工业分析、化工原理、制纸制革制皂、军事化学等。是故化工科苟并入化学系,则理学院势将兼开工程方面之课程,理工相混,何所取焉?

三、就经济言

化工科之基本课程,向与土木、机电、化学等系合班上课,其关于化工之专门学程,始由化工科自行开班。课程编配,素极经济,并无重复。归并后,化工原有学程,仍须照开,则教员设备自属仍旧,经费自亦仍旧,则有何撙节之可言?

四、就重要言

化工为化学与社会之桥梁,研究一切与化学有关之工业以及炸药、毒瓦斯、化学兵器等实际问题,其关系于国防与民族之生存至大且巨。是以中政会有扩充各校工科之决议。教育部所召集之全国化学讨论会有建议政府通令各大学于原有化学系外添办化工科之决议。实业界先进如吴蕴初先生等且斥其私资以充化工教育之专门奖金,补助贫寒学子。而实业部所办之硫酸铔厂、钢铁厂等将来一旦告成,即集全国化工人才而用之,犹虑供不应求。是可见化工科地位之重要为何如也。

五、就本科现状言

A. 学生。化工科创立以来,迄今五载。在创立之初,学生仅5人,而近年骤增至27人,其增加率实开中大各科系之新纪录。值此全国需要化工人才如是其殷切,青年研习化工教育又如是其诚挚,宜如何谋化工科之扩充与发展,今乃有裁并之举,诚百思不得其解也。

B. 设备。化工科设备，如制革、制皂等工厂，工业化学、工业分析、化工原理、军事化学等实验室，历年扩充，日臻完备。机械仪器约值十万余元。全国各大学中化学工程设备以本校为第一，其中化工原理实验仪器，即在欧美各大学中，亦不多靓。化工科设备之已具基础，自不待言。

以上所陈，皆属于荦荦大者。素仰钧座提倡工程教育，不遗余力，至望体念我国化学工业之幼稚，生等向学化工教育之诚挚，本校化工科缔造经营之艰难，与夫社会需要化工人才之迫切，请求化学工程科免予并入化学系，则社会幸甚，生等幸甚。谨呈
校长罗

国立中央大学化学工程科同学会
二十一年九月十八日
中央大学档案

卢恩绪呈请恢复化学工程科（1932年9月27日）

呈为属院化学工程科性质重要、基础巩固，恳请予以恢复，以应国家建设之需要，并请准将所需经费列入预算，祈予裁夺事。

窃以最近中央政治会议曾有扩充各校工科、培植应用人才之决议。教育部全国化学讨论会亦有建议政府通令各大学于化学系之外添办化学工程科之决议。而钧座对于工程教育，尤素以提倡培植为职志。查全国各大学中办有化学工程科者，仅本校等二、三学校，而其中有军事化学之设备与课程者，只惟本校。事涉国防，关系重大。前总司令部曾有补助化工科之拟议，其德顾问麦采纳博士且拟借该科实验室从事毒气化学之研究。是该科在全国学术界上之地位，至关重要。今谨将其应予恢复之理由，略呈如次，并附该科概况一册，伏维鉴察。

一、设备为全国第一，所有化工专科仪器机械价值十余万元。

二、对于军事化学独具设备，尤为全国各校之冠。

三、已有相当之事业成绩（如协助工业界研究，试制军用活性炭等）。

四、其必修学程共计32种，其中有24种系与其他各科系同上，不另开班组织，极为经济。

五、如以该科归并化学系，则经费方面仍须另支，并无撙节。而在性质方面，以工并理，似觉欠妥。

六、学生人数增加激速，初办时第一班只有一人，现在最低级已陡增至16人。

由此可见该科之价值。

七、工业界吴蕴初等所创设之清寒教育基金,其所补助之学生曾指定以本校化工科等为限,并不补助本校化学系。今若予合并,则化工科学生将有若干因经济中断而失学。

综上所述,化工科应予恢复,至为明显。如荷俯准,其所需经费拟请准予列入本年度预算案内。是否有当,敬祈鉴核示遵,实为德便。谨呈
校长罗

工学院院长卢恩绪
中华民国二十一年九月
中央大学档案

卢恩绪致罗家伦函（1932年10月25日）

校长钧鉴：

窃以水利一门关系民生至为重要,欲建设水利必须有专设试验机关,扩充设备,制造模型,加以实验,然后期于施行,庶获水功之用。但遍观国内,尚无此项设备。本校水力试验室因限于经费,原有设备与事实上之需要相去远甚。前本校有见及此,拟与导淮委员会合办水力试验室,闻已有相当接洽。导淮委员会拟从庚款内提出五千镑作为水力试验室设备费,而房屋建筑则由本校担任,地址即设在本校内。此项计划以遭学校解散,中止进行。窃意本校前既与导淮委员会有此接洽经过情形,亟应继续再申前议,两方实行合作,兴办水力试验室,以竟全功。此项办法拟请由校中早日与导淮委员会正式接洽,俾导淮委员会预为计划,在本届大会通过办法,于该会大借款内提出五千镑作为设备之用。一面本校亦可同时筹备款项实施建筑,期于明年暑假前建筑完工,暑假时布置设备,下学年开始时即可应用。庶几树立水力试验新规模,而收水功之效,吾国水利实利赖之,幸甚。专此,敬颂
钧安

工学院院长卢恩绪谨启
廿一年十月廿五日
中央大学档案

建筑工程系关于西班牙公使函询中国建筑学科诸点的答复（1933年3月21日）

谨启者：兹拟复教育部训令于后，并连同该项公文送上，尚祈台核转送是荷。此上

工学院台鉴

国立中央大学工学院建筑工程系敬启
三月二十一日

（一）该条询及建筑师专职，本校殊难代表建筑师声述，而予圆满答复。应请径询中国建筑师学会为要（该会在上海大陆商场）。

（二）该条之校数，遵令未复，而于研究计划、课程、规则等项，详复于后。

本校建筑工程系成立六载于兹，研究院之设立尚付阙如。盖以时期尚属幼稚，并囿于经济，未能尽量扩充，一切计划，备受艰苦。即如陈列室及图书室之成立，曾经相当时期，始得粗具规模。关于本系方面，将来亦拟扩大，分为建筑工程及建筑设计两门，以专造成。并广集图书，使图书室日臻完善。至于课程规划，另附本系课程表一纸，藉详规划。

（三）本系建筑工程系由前苏州工专移并成立，现设主任一人，专任教授三人，兼任教授三人，助教三人，采用四年制，学年、学分、学程兼顾。

（四）证明学业之协议办法有二：(1) 如"建筑图案"一学程，于每一计划题限期完毕时，由该级担任教授定期请各教授互相评议决定之；(2) 由各教授依平日或月考成绩与学期考试成绩平均计算而决定之，均送由注册组登记，以专考查。

中央大学档案

教育部训令中央大学筹设水利工程系（1934年1月）

教育部训令　教字第642号
令国立中央大学

案准内政部土字第22号咨内开：查本部此次召集第二次全国内政会议，所有议决可采各案，均经分别呈报或通行在案。兹有华北水利委员会提议，拟请大会建

议内政、教育两部注重培养水利人才,并设立水工博物馆一案。经大会决议,送内政部核办,等语记录在案。查事业之兴举,端赖专门人才之筹划与力行。而人才之造就,则以适应社会所需要为原则。水利关系国计民生,现正有端待举。原提案拟请于国内各工学院中扩展关于水利工程之课程,并酌量特设水利工程学系以培技术人员,担负此艰巨之使命,确为当前急务。又水利与民众有切身利害,浅近常识,亟宜多所灌输。原提案拟请特设水工博物馆,亦属要图。惟设备繁重,举办不易,本部意见拟于关系民众教育之博物馆或陈列所中,搜集陈列水工类之模型、照片、图集,任人观览,办理较易,收效则同。上列两项,拟请贵部查核,分别转饬切实推行,以广教育,而兴水利。相应检同原提案,咨请查照办理见复为荷!等由,并附原提案一件。查培养水利人才,确为当前急务,应即指定该校设法培植,并仰于可能范围内,就原有经费通盘筹划,酌设水利工程科目或学系,以资造就。除咨复外,合行抄发原提案,令仰遵照办理具报。此令。

　　计抄发提案一件

中华民国廿三年一月
部长王世杰
中央大学档案

卢恩绪关于筹设水利工程系致罗家伦函(1934年5月28日)

　　前奉钧示,教育部令本校筹设水利工程系一案。兹经迭行会商,缜密讨论,以土木四年级原设有结构、水利二组,以供学生专修,现拟将水利组课程设备稍加以整理,除原有肄业学生外,并添招新生,补充计一、二年级课程,与土木系课程大概完全相同,可以合班教授。三年级添一二门课程,四年级课程除原有水利组课程外,添设无几,只须添聘专任教授一人,便可担任,较原来经费出入无多,拟请自下学年起实行。同时并请招生委员会方面加以注意,添招水利系新生一项,是否可行,尚请钧长赐予提交校务会议裁决为幸。谨上
罗校长

工学院院长卢恩绪谨启
廿三年五月廿八日
中央大学档案

教育部训密令中央大学从速设立航空工程学系(1934年11月29日)

教育部训令　秘字第612号

密令国立中央大学

案准参谋本部国防设计委员会公函开:查关于"指定国立大学至少两校从速设立航空工程学系案",前经贵部长会同航空委员会朱科长霖义,顾问格兰得,本会程委员天放、钱委员昌照,于十月八日下午三时在本会开会讨论,当决议办法四条。除分函外,相应抄录原文,送请查照办理。等由。并附抄决议案一件。准此,除分行外,合将原件抄发,密令该校遵办。此令。

二十三年十一月二十九日
部长王世杰

附:指定国立大学至少两校从速设立航空工程学系案

（一）指定国立中央大学设立航空工程学系,其第一年设备及经常费用应予补助三十万元。

（二）指定国立武汉大学及国立交通大学筹备设立航空工程学系,其第一年设备及经常费用应各予补助五万元。

（三）以上三校应各在本校经费中提出相当款项,供航空工程设备之用。

（四）对于上述三校之现有设备,由教育部、航空委员会及国防设计委员会会同派员调查。

中央大学档案

罗家伦呈请行政院核拨历次通过之建筑费(1935年)

案奉常务委员、军事委员会委员长蒋迭次密令,责成中央大学开办航空工程系,以培养制造飞机发动机人才,而重国防。并指定中央大学为办理此项工程之中心地点,业经军事委员会准予津贴一部分机械、仪器费用30万元。但一切安置机械之房屋、工厂、实验室等项,均由中央大学负责筹建等情在案。本月四日,经派专家赴南昌与蒋委员长指定之罗第总顾问及航委会负责代表接洽,几经讨论,规定初期最低限度之建筑费为50万元。其中必备之Frounde Tank一项,即239 000元,其长度为 800 英尺。至于工学院之其他设备尚不在内。因事关国防,蒋委员长限定六月底即须先行招收大学工科毕业生从事训练。此项建筑设备,本年底即须完成,故现在实际之紧迫情形为:(一)此项建筑费 50 万元连同与工学院有关之建筑设备费共约 100 万元,决非中央大学经常费所可出,如能将本年底中政会决定列入预算之建筑费 96 万元领得,则可勉强敷用,先将工学院迁出,并将此项航空工程计划完成。(二)此项建筑需地甚多,即 Frounde Tank 一项,即占地至 800 英尺之长,决非城内现址所可容。且此项建筑,必须配置于整个计划之中,与工学院新计划合并进行,方能有效。为此,将中大迁址不容稍缓之情形,恳一切陈明,务乞赐予察核,将中央迭次通过之建筑经费每月 8 万元,即新预算所列之 96 万元,核准发给,免误期限,实深感祷。至于中大东郊地址,业已遵令勘定,其他必须选址之重要理由,业有迭次专案,兹不另述。谨呈

常务委员兼行政会议院长汪

委员兼国立中央大学校长罗家伦

一、定名为自动工程系。按此系已成立之名词,为避免外界注意,以此名称最为适宜。

二、课程注重气体力学(即飞机原理)、机架计划及发动机制造三部分。

三、先招收大学机械工程、电机工程及土木工程三系毕业生,以一年至一年半之训练,以备应急之用,于本学期内开始,暑假后同时招收一、二、三、四年级学生。其二、三、四年级学生,由本大学中选机械、电机、土木三系学生成绩优良者,令其转入。

四、开办时设教授三人至四人,其中主任教授一人为中国专家,学术经验俱为丰富者。其余一人或二人就他国专家之学术经验丰富者聘任之。目前先就意籍专家有教授资格者聘任,将来扩充时,教授总额再定,薪水概由补助费项下拨发。

五、承蒙决定指拨中央大学办理该系之 30 万元,乞先拨发 5 万元,以为开办时一部分基本设备及薪金之用,以后续拨。

六、凡机械等项设备,须有通盘计划。如此项购置可由航空委员会代办者,须事前与中央大学商定,于公开评定品质及估价后方得购置。

七、以后一切进行,中央大学自应与航空委员会取得密切联络,其办法详定之。中央大学并得向委员长随时呈报。

《罗家伦先生文存》第七册

参谋本部国防设计委员会致中央大学函(1935年3月9日)

参谋本部国防设计委员会密函　密字第69号

案查筹设航空工程系事,前经航空委员会、教育部及本会会派专员前往调查现有设备在案。兹本会对于此项经费,拟在第一年补助三十万元,不知贵校尚能自筹若干,请即决定,并将补助费及自筹经费之用途及所增设备,尽本月三十一日前分别编就计划暨预算,用航空快邮运寄南昌航空委员会审查,以便酌定办法。相应函达,即希查照办理见复为荷。此致
国立中央大学

中华民国二十四年三月九日

中央大学档案

中央大学呈送开办航空工程系计划及预算书(1935年3月30日)

案准参谋本部国防设计委员会、贵会密字第69号密函开:"案查筹设航空工程系事,至即希查照办理见复为荷",等由。准此,查本校自奉钧部、教育部令转饬筹设航空工程系后,即□积极筹备,并电聘留美专攻航空工程之罗荣安教授遄程返国,负责筹划进行,参考国外各大学对于此项工程学科办理情形、讲授课目、设备标准,同时根据本国需要、本校设备情形,拟具初期办理计划,并拟将工程系定名为自动工程系,兹谨将计划内容略呈大要如左:

一、该系决定在本校新校址内建造需要各项建筑,新校址地点决定在首都中山门外马群镇附近。现已呈由钧部咨请内政部发给征地公告,不久即可着手征收。故地点一层不成问题。

二、本校决定由经常费内筹拨五万元,专为购置机械燃料及材料等实验室内有关航空工程之设备,以充实该系,而利研究。

三、本年为应目前国内迫切需要计,决定自七月起,先办特别研究班一班。招收大学工科毕业生,一年半毕业。但为加紧训练起见,将此一年半时间分为四学期上课,于明年暑假再添招研究班一班及本科二年级一班(本科四年毕业,因一年级系基本课程,与普通土木、机械各系程度无多差异,故开始即招二年级生),俾速成与长期同时并重。

四、第一年所需专任教授,除已聘定罗荣安教授外,并拟聘请物理学专家,由国

防设计委员会选派出国研究发动机之王守竞博士担任发动机课程教授,又拟聘请意籍 Col. Galante 担任气体力学课程教授。此外所需补充教授人选,俟经商议后,再行选聘。

五、开办之始,经费所限,各项设备,自难齐全。所有本校此次所拟计划书内未经列入而航空委员会现已购备者,拟先行商借使用,以免重复,而节经费。

准国防委员会函前由,除分函国防设计委员会及航空委员会外(呈部文用),遵嘱办理外(致国防设计委员会函用),理合缮具本校航空工程系第一期计划及预算书一份,呈请鉴核备案,实为公便。谨呈查照为荷。

此致
教育部部长王
航空委员会
国防设计委员会

中央大学档案

航空委员会关于第一期计划及预算书审查意见复中央大学函
(1935 年 4 月 13 日)

航空委员会公函　出字第 5611 号

案准贵大学第 499 号公函,以准参谋本部国防设计委员会函知,对于筹设航空工程系,拟在第一年内辅助三十万元,并由本校筹拨五万元,以充实该系设备,缮具第一期计划及预算书,函送核复等由。计检送计划及预算书一份到会。准此,查原计划及预算书业经审查完毕,大体赞成。

惟事属初创,其进行步骤、建置经营,固需应付目前之需要,尤宜预筹将来之发展,有应商榷之处,分别详复于后:

甲、对于原计划及预算书审核意见

(一)本会对于先办研究班,至明年续招研究班,并招收本科二年生,进行步骤,甚为赞同;本年所招研究班分四学期,于一年半内,训练完毕。对于贵大学教授方面,容有不便。因此本会益感贵大学对于此项计划之努力。课程方面,关于本科者可从缓决定,暂不详议。其研究班之课程表,似嫌分组太早,不特教授工作加重,且亦未能尽合需要。应改定第四学期开始分组,拟附课程表,尚希根据此项原则,再加审定见复。

(二)对于所拟教授人选,并无异议,且随时愿为协助,物色相当师资。

（三）贵大学筹拨之五万元，于用途决定时，希能详细通知本会。兹送代拟本年内补助费三十万元，及自筹经费五万元之预算支配表，以供参考。

（四）贵大学如有相当贮放房屋，则需要飞机发动机及其他仪器零件，备充教学研究者，本会俱可随时酌量拨借或拨赠。

（五）本会视航空工程系永久校舍之建筑，早日决定兴工，实为此项计划之要素。旧校址余地不多，未便多增临时建筑，希望能在新校址之一隅，指定足敷二三年内航空工程系逐渐扩充之基地，曾草拟建筑计划图交罗荣安教授携备参考，希即交建筑师审查。并望指定地点，能与全校建筑计划，无甚妨碍者，庶全校建筑图案未定之前，航空工程系部分，可于本年七月间单独兴建。

乙、关于款项购置学额及一切进行程序之意见

（一）第一年补助费 30 万元，业经奉令筹拨，拟分四期平均支付。兹估计事实之需要，开列附表，希参照所拟程序，完成建筑及购置。并望于领取各期补助费前，将已领用之补助费，已付未付各项支配办法，详细开送本会备查。

（二）希望能利用本会所有一切技术上之智识，及现有设备，于选购重要教育设备时，先行咨询。

（三）本会以为第一年之研究班名额，可由四十人减至三十人，并希望早日通知国内相当工科大学，庶投考人数增多，选择可较严格。并于学额三十人之外，商得校方同意，由本会选送官佐至多五名参加学习或旁听。

（四）如因环境之需要，对于本会此次送供参考之经费预算表及课程表有所更改，均希随时见告。总期本此方针进行，使一切设施渐臻美满，以完成最高航空工程教育中心于贵大学之内，培养人才，切合本会及国内航空事业之需要。

右列各项，以为切合计划之实施，能收筹商之良效。准函前由，相应检同课程表、预算表，函复查核办理，并希将办理情形随时见告为荷。此致
国立中央大学

附表二份

委员长蒋中正
中华民国二十四年四月十三日
中央大学档案

中央大学致航空委员会函（1935年5月7日）

案准贵会出字第 5611 号公函，以本校前次函送之自动工程系第一期计划及预算书，业经审查完毕，大体赞成等由，备悉。对于进行步骤及建置经营方面，提出之

商榷意见数点，审核精当，策划周详，本校完全同意，兹特逐项奉复于后。

（甲一）课程方面，除本科暂从缓议外，其研究班之课程，决照来表办理。

（甲二）教授人选，荷承同意，并允协助物色，无任感幸。

（甲三）经费支配，自当依照来表开列大纲，审慎支用。至于本校筹拨之五万元，其详细支配办法，刻正由主管部分（门）妥议拟具，容即另文寄奉。

（甲四）贵会拨借或拨赠之飞机发动机及其他零件，其贮放房屋，本校现已着手计划筹建，届时定可应用。

（甲五）本校刻正积极进行新校址征地手续，自动工程系之永久建筑，决于新校舍开始建筑时提前完成，以副贵会补助之盛意。罗荣安教授携回之建筑计划图，亦经遵嘱交由建筑师审查，冀能于保全其特种风格及作用之外，并可与全校建筑计划相调和。

（乙一）补助费三十万元，即照来表分四期平均支付，并于领取各期补助费前，将已领补助费之支配详情，开送贵会备查。

（乙二）承允尽量利用贵会所有一切技术上智识及已有设备，至深感纫。今后选购重要设备时，自当随时奉询，以免重复。

（乙三）研究班第一年决改招三十名，连同贵会选派参加官佐来校学习或旁听共五名，全班人数第一年至多以三十五名为限。至前项官佐□系学习或旁听性质，理应不给证书，但务请严格选派，并严令其遵守学校一切规则。

（乙四）今后如事实上有需要变更此次商定之经费预算表或课程表时，自当随时奉达。

准函前由，相应函复，即希察照为荷。此致
航空委员会

校长罗○○
中央大学档案

卢恩绪报告自动工程系进展（1935年6月29日）

校长钧鉴：

自动工程系各项计划，近经进行以来，其大略情形如下：

（一）临时厂屋等建筑业已动工，预计可以如期完工。

（二）各项设备已陆续估价，即可逐渐购置。

（三）招生事已定于七月一日起报名，八日起奉行考试，八月十九日起正式上课。

关于各项进行需用款项,前据航空委员会出字5611号公函,承认拨付三十万元,分四期平均付款,其第一期款原定于六月一日付清,现已逾时。拟请校中函致航空委方面,请将第一期款予以照拨,俾便应用,尚祈钧察为祷。耑颂

钧安

工学院院长卢恩绪谨启
六月廿九日
中央大学档案

资源委员会关于增设航空工程系补助事宜致中央大学函(1935年8月9日)

国民政府军事委员会资源委员会公函　密字第119号

关于补助贵校增设航空工程系进行办法一案,现由教育部、航空委员会及本会于八月五日下午三时派员在本会共同讨论,决定办法如左:中央大学航空工程补助费30万元,已由航空委员会拨付75 000元,其他自应继续拨付。惟关于永久建筑之建筑费及须存放于永久建筑物内各种重要机械设备之购置费,应待永久建筑指定地点后,再行拨付。

以上办法,相应备函,密请查照为荷。此致

国立中央大学

中华民国二十四年八月九日
中央大学档案

中央大学复航空委员会函(1935年11月19日)

案查贵会补助本校航空工程系经费,原定分四期平均支付。第一期款业承于七月间如数拨发具领在案。该系开办以来,所有添建厂屋、购置设备各项,均照预定之计划,分别实行。其永久建筑地点,亦随本校新校址一并呈奉政府核定,在京市中华门外京建路石子岗附近,现正从事征地及设计。预定第一期先迁理、工、农三院。该系建筑,自当与工学院同时进行,首先动工也。

前准资源委员会函送拨付该系补助费办法内开:"中央大学航空工程补助费

30万元,已由航空委员会拨付75 000元,其他自应继续拨付。惟关于永久建筑之建筑费及须存放于永久建筑物内各种重要机械设备之购置费,应待永久建筑指定地点后,再行拨付"等由。现永久建筑地点既经确定,一切自可照常进行。用特函达,敬希查照,将第二期补助费75 000元,即予惠拨,以利进行,实深感纫。此致
航空委员会

校长罗○○
中央大学档案

中央大学航空机械制造研究社请求补助制造飞机(1936年5月27日)

志希校长先生钧鉴:

  谨肃者:敝社成立以来,工作进行,未敢稍懈。关于实际制造飞机事项,亦经负责人再三研讨,决定暂时制造单座高翼机一架,以期节省费用,且早底于成。惟事体重大,费用浩繁,经济问题,端赖校中当局代为策划,予以实际辅助,俾期克日动工。兹特将预算书及全部工作初步计划奉呈,至祈鉴察,并恳鼎力玉成,异日得竟全功。则非仅敝社之幸,亦学校之荣、国家之福也。耑此奉恳,敬叩
道安

国立中央大学航空机械制造研究社谨启
五月二十七日

  附:工学院审查意见

  查此项办法,系利用学生在课余时间实际造一飞机,经此次实习之后,对于修理制造各方面当可得一更深切之了解与经验。所需经费尚不过多,似可准予暂行试制一次。惟其办法宜限定如下:(一)请自动系全体教授指导;(二)全部工作须在毕业以前完成;(三)经费以1 500元为限,仍由会计组照购置手续办理,不能由研究社支取;(四)购置材料应经自动系核准后由校中事务组办理。

  以上所陈,是否有当,尚希钧察为幸。谨上
罗校长
  附呈自动系学生原函及计划书各乙件

卢恩绪谨启
六月四日

附：校长办公室致工学院函(1936年6月19日)

迳启者：据自动工程系学生所组织之航空机械制造研究社函称，现拟利用课余时间，自制单座高翼机一架，以资对于修理制造各方面，得一更深切之了解。附具计算书及初步计划，即请核准，等情，前来。查所称各节尚无不合，应予照办。惟此项制造工程，须请自动工程系全体教授加以指导，全部工作须在毕业以前完成。至经费以1 500元为限，由会计组照购置手续办理，不得由该社支取。购置材料则须经自动工程系核准后交事务组照购，以示慎重。除函会计组、事务组外，用特函达，即希查照转知该社遵办为荷。此致
工学院

校长办公室启
中央大学档案

自动工程系学生赴杭实习请发旅费津贴(1936年6月16日)

校长钧鉴：

顷据工院自动工程系函略称：该系学生21人，拟于暑假内由该系教授一人、助教一人，率领赴杭州中央飞机制造厂实习，并随往各有关机厂参观，以增学识经验。所有实习学生应各制实习衣二套，并来往车资、伙食等，每名拨予津贴20元，以充费用，指导实习教员二人在杭耽搁旅费，拟请照教职员公出例，均在专款内开支，兹特开列实习参观时间及地点如下：

（甲）时间

一、七月二十七日由京赴沪转杭至三十一日止，为参观各工厂时间。

二、八月一日起至九月五日止，为在杭飞机场实习期间。

三、六日返京。

（乙）请本校分函各机关

一、函请杭州(笕桥)中央杭州飞机制造厂王监理(禹朋)允许本校自动系学生21人在厂实习并指定实习工作(实习时间自八月一日起至九月五日止)，又七月卅一日拟先在该厂参观并请派员指导一切。

二、函请杭州(笕桥)中央航空学校陈校长(庆云)以本校自动系学生21人拟于七月廿九日起，来杭赴中央飞机制造厂实习，为期至九月六日止，因该厂方面未有房屋居住，拟请航空校专拨校舍暂住。又本校率领指导实习教员2人，亦请拨房屋一间居住。此外并请另拨教室一间，以便学生随时讲习之用。又该生等拟于七月

卅日在该校参观,并祈赐予指导。

三、函请上海、京沪、沪杭甬铁路管理局车务处,以学生等21人,自七月廿七日起,由京赴杭工厂实习,往程中途须在沪下车参观工程,耽搁数日转杭,约于九月十日回京。请予按照学术团体旅行章程发给京杭三等往返程五折乘车证,并请照上述期间予以宽展期限及上下乘车便利,藉便实习。

(丙)请会计组拨付教员旅费及学生津贴

一、指导实习教授一人,助教一人,自七月廿日起至九月六日止旅行费用(请照教员公出例具领)。

二、学生21人,实习津贴,每名20元。

三、学生八月份原有津贴费亦请由自动系教授先行代领,以便到杭后发给。

以上数项,请转呈校长核准,藉便实习。等由。查自动系函称各节,关系学生实习及考察研究,颇属切要,特此函陈,尚乞钧核赐准,并予通知文书组及会计组分别予以办理,俾利研究,毋任企祷。专此,敬颂
钧安

工学院院长卢恩绪谨启
六月十六日
中央大学档案

中央大学函复航空委员会(1936年8月25日)

案查本校奉令由贵会补助经费筹设自动工程系,当经商得贵会同意,先办特别研究班,一年半毕业。以后除续办研究班外,并招收本科学生,正式成立自动工程系。第一班研究班于去年八月开学,进行至为顺利。现在第四学期即将开始,本年十二月即行办理毕业。相应将该班办理经过、设备情形、课程标准各项开具节略,送请台察。

第一班即将结束,下年计划即须早为商定,以利进行。本校现拟仍照原议,本年寒假续招特别研究班一班,一切与第一班相同。惟肄业期间,根据第一班实施结果,一年半究嫌短促,拟改为两年。至于本科学生,因一年级课程均系工程方面普通基本课目,拟即就本届机械、电机各系新生内,多加录取名额。明年暑假,即以该两系一年生之一部,拨归自动系二年级,同时招考二年级插班生。如是,则四年毕业之学科,于三年内完成之。各方面均较为经济。此项变通办法,当荷赞许。本科修习课目,兹经拟定,附请察核。

各项设备,第一期购置已具规模。嗣后陆续补充费用,自可逐年递减。即以此方面之节省所得,应付因班级增加、人数增多之开支,所差当亦无多。以后本科与研究班两者,每年经费由贵会补助二十万元,应可敷用。

惟建筑费一项,第一期补助费预算内,仅列七万九千元。但据本校聘请专家依照贵会前送建筑草图设计之建筑图案,其全部建筑费至少需三十万元。除已有之七万九千元外,尚短二十二万元有奇。拟请贵会于本年度内,准于一并拨发。本校新校址征地已达三千余亩,各项建筑,即日动工,自动系之永久建筑需要最迫,贵会素极关切,自应按照计划,早日完成。附奉蓝图三份,即请核夺。

自动工程,关系国防至巨,贵会补助本校成立专系,一切已具规模。且同在首都,最便合作。加之本校新址面积广阔,地势适宜,永久建筑落成后,该系发展更有把握。用特专函奉商,敬希查照,自下年度起,每年固定拨助该系经常费二十万元,以维持该系继续发展,另加拨建筑费二十二万元,以奠定该系物质基础。俾贵会扶植成立之国内新兴学系,得以完成其增进国防之使命,是为至幸!

再,第一期补助费尚有第四批款七万五千元未准拨发,并祈即予拨付,以应急需,至纫公谊。此致
航空委员会
  附:第一班研究班经过、设备、课程节略一份
  本科修习课目表一份
  建筑图案三份

校长罗○○
中央大学档案

自动工程系拟改称航空工程系报告(1937年6月22日)

校长钧鉴:

  工院航空工程系拟于下年度起筹备成立,同时机械特别研究班亦拟于本届暑假续招新生。所有进行计划,兹据自动工程系罗荣安先生拟来报告及预算等项,查核尚属适宜。特行另本抄呈,尚祈钧察赐准,并专函航空委员会报告请求补助经费,俾利进行。再,机械特别研究班于下年度起拟改称为航空工程研究班,自动工程系即改称为航空工程系,以符名实,而利进行。拟并请函致航委会声请一切,统祈鉴核为祷。专此,敬颂

钧安

附奉航空系报告一份及课程表

工学院院长卢恩绪谨启
六月廿二日

附：航空工程系、航空工程研究班报告

本系自廿四年秋开办，招收机械特别研究班学生，入学资格须具有国内大学工程科毕业程度，经密严考试及格后，专修航空工程一年半毕业，分四学期。第一届学生廿一人，已于廿五年底修业期满，廿六年二月分发国内各航空机关服务。

为适应需要航空人才起见，于本年二月间复招收第二届机械特别研究班生，录取学生七名，修业期限仍为一年半，所习科目与第一届相同。但为适应校历，以资一律起见，改分三学期。现第一学期行将完毕，暑期中各生派往南昌飞机制造厂实习两月。

本年暑期将再招收机械特别研究班学生约三十名，修业期间仍为一年半，分三学期，课程与现届同。并拟将机械特别研究班改称为航空工程研究班。

自廿六年度上学期开始，自动工程系拟改称航空工程系。该系成立内容，修业期间定为四年，与各大学程度同，于今年暑假起始招收高级中学毕业生，并招收二年级转学生（见本校招生简章）。所有该系肄业课目，另表附奉。

关于设备，计有风洞试验、航空仪器、金木工场结构试验及引擎试验等，皆略具规模。现拟扩充引擎仪器及其他设备，约计价值八万元。至于航空系建筑房屋，业已招标，下月起即可动工。

本系现有专任教授三人，讲师一人，助教四人。下年将增加航空工程研究班学生一班，及大学一、二年级学生各一班，教授人才不敷分配。现拟增聘教授二人，正在物色延聘中。但本系经常费向感短少，下年增加教授及研究生，并增添设备建筑等，预算须廿五万元。除由学校津贴五万元外，所余二十万元经费，拟请求航空委员会补助拨给之。

中央大学档案

全国经济委员会委托中央大学训练水利人才办法大纲（1937年6月）

一、全国经济委员会委托中央大学训练水利人材，期间先定为四年，在四年内造成六十至一百水利专门人材。

二、经济委员会每年拨付担任经费四万元,四年共计十六万元。

三、凡基本课程(如理学院数理化各系及工学院土木等系之基本课程)均由中央大学担任。水利专门教员及设备,概由经济委员会担任,即在此四万元内支付。

四、凡实验器材在全国经济委员会中央水工试验所内实验所用者,由该所预算可能范围内负担之。

五、前项办法定于廿六年七月一日实行。

六、详细办法经济委员会交由郑处长、中央大学交由卢院长商定。

中央大学档案

中央大学呈请设立水利工程系（1937 年 7 月 3 日）

案查本校于民国二十三年一月间奉钧部教字第 642 号训令,以准内政部咨请培养水利人材,饬于可能范围内就原有经费通盘筹划,酌设水利工程学系,以资造就等因。奉此,当经转饬本校工学院拟具办法,先行筹备。惟为经费所限,以致未能早日成立。最近全国经济委员会以需用水利工程人员甚殷,特函托本校代为训练此项人才,由该会补助本校经费作为添置设备及加聘教师之用。事关学术合作,造就实用工程人才,当即函允。并以前经奉令筹设专系在案,决自二十六年度起在工学院内正式成立水利工程系,与本校其他院系同时招生。理合备文呈报,敬祈鉴核,专予备案,实为公便。谨呈

教育部长王

国立中央大学校长罗○○
中央大学档案

七、医学院

苏州医科大学预一学生转学医学院办法（1927 年 8 月）

迳启者：苏州医科大学已行结束,该校学生转学办法,业经本大学议决：本科学生转入同济肄业,预科毕业生升入本大学医学院本科一年级肄业。惟该校预一修

业期满各生应如何安置，未曾筹及。或随本校新生同班受课，或在医学院另设预二新班，即希酌裁，并望赐复为荷。现该校已将预科一年级修业证书连同分数单三十四份，又试验成绩表七纸，呈送到校，请为核办。现暂存敝处，只待先生办法决定，再行转送审查。此致
颜福庆先生

国立第四中山大学行政部启
中华民国十六年八月
中央大学档案

乐文照致胡刚复函（1927年12月31日）

刚复先生台鉴：

　　敬复者：顷奉月之二十八日惠书，得悉前江苏医大专门部一年级生王得文等十八人要求与预二同等待遇及医预一年级生拟请缩短化学、生物学及物理学等科修习年限俾明秋即可并入本科二事，实属碍难通融。兹特将前敝院允许江苏医预二年级生转学之经过暨不能承诺医专一年级与医预一年级生要求之理由，分别陈之。

　　窃意本大学改组之本旨，原在提高科学程度，深造有用人才，一洗从前敷衍因循之陋习。医学关系民生，更为重大。敝院本此宗旨，自应将程度提高，期能与海外医科大学相抗衡，而不负本校重视医学之至意。故本期成立之初，审查学生资格极为审慎。前江苏医预二年级生之程度，原不相当。惟因渠等已由张校长给有预科毕业证书，学年尚合，且为尊重大学本部之议决案，只得允其所请。初意开学后加以补习，或勉可随班听讲。讵知其科学程度相悬甚远，教学极感困难，原定三个月之补习期限，万难有效。爰拟展长为一年，乃该生等不愿延长，一再反对，复邀请此间区党部及上海市党部派人前来说项。此种办法，遂未能实现。在敝院虽勉徇其请，然该生等求学而无深造之诚意，惟孜孜于年限长短之较量，殊有背其初衷也。现对于该生等教授上之痛苦，毕难尽述。未能慎重于前，以致蹶蹼于后。幸人数不多，于敝院全部程度尚无甚大影响。但前车之鉴，岂容再误，再四思维，今后不得不特别审慎。

　　查前江苏医专一年级生，均仅有新制高中或旧制中学毕业，并未经过大学预科两年之阶级，即迳入医专，核与敝院本科一年级之程度相隔悬殊。惩前毖后，实不能容许其要求。至预一年级生前在苏校仅修业半年，且偏重德文，其他科学程度颇

浅,所恳缩短修习年限一层,尤属削趾适履,难如所请。以上陈述各点,谅高明当亦有同意也。因闻厪注,缕析奉闻,诸维俯鉴是幸。耑复,敬请

教安

弟乐文照启
十六年十二月三十一日

中央大学档案

国立中央大学医学院经济委员会第一次常会记录（1928年8月10日）

时间：十七年八月十日下午七时

地点：上海香港路银行公会

列席者：易寅村、孔庸之、陈光甫、刘瑞恒、刁信德、牛惠生、俞凤宾、谢应瑞、乐文照、朱恒璧、林可胜、颜福庆、高镜朗诸委员

一、颜福庆君报告本委员会成立经过。

二、根据本会简章第四条及第五条之规定,公举本会职员,计主任一人、书记一人、会计一人、常务委员四人。选举结果：

主任　易寅村

书记　颜福庆

会计　陈光甫

常务委员　张君劢、孔庸之、赵晋卿、牛惠生

三、根据简章第三条之规定,签定委员任期如次：

任期一年者五人　刘瑞恒、谢应瑞、刁信德、林可胜、吴祥凤

任期二年者六人　谭组安、程振基、朱经农、庄得之、俞凤宾、牛惠生

任期三年者六人　易寅村、孔庸之、赵晋卿、陈光甫、周振禹、袁礼敦

四、颜福庆君报告医学院本年度经济状况如下：

本年度全部预算银圆225 680元。

收入：

请中央大学拨给银圆158 000元（中央大学预算尚未核准）；

中华教育文化基金董事会津贴银圆30 000元（已准）；

罗氏基金董事会津贴银圆20 000元（原请80 000,已准20 000）；

中国红十字会津贴银圆12 000元（约定）；

中国医学会上海分会招募银圆5 000元。

合计收入银圆225 000元。

五、颜福庆君报告。以办理最高程度之医学院及实习医院为本医学院之教育方针。民国十六年至十七年为创办期间,设本科二级。十七年至十八年为添设临诊、临床实习期间,接办红十字会医院为本学院第一实习医院,设本科三级。

六、对于两基金董事会所津贴之50 000元应请审定用途案。

议决:(一)中华教育文化基金董事会津贴30 000元,应根据原议指定为卫生系全部之用;(二)下列各教职员于本年度照中央大学核准薪俸外,加送津贴如次。(议至关于委员本人问题时,该委员临时退席。)

(1) 任庭桂,每月35元,全年420元;
(2) 高镜朗,每月35元,全年420元;
(3) 乐文照,每月50元,全年600元;
(4) 胡宣明,每月100元,全年1 200元;(以专任为准)
(5) 朱恒璧,每月150元,全年1 800元;
(6) 白良知,每月300元,全年3 600元;
(7) 颜福庆,每月460元,全年5 520元。

合计津贴各教职员费全年13 560元正。

七、九时五十分散会。

中央大学档案

颜福庆致张乃燕函(1928年9月23日)

敬启者:此次院长会议议决,各院将本年度预算照最低限度核实重编,汇呈核办。福庆谨遵此将属院各项支出核实减除,重行编制。计本年度支出总额计银150 500余元,比较前预算减7 500元。另书附呈,伏乞鉴察。查属院于本年度共办三级,基本与临诊、临床实习并重,故在上海接受中国红十字会总医院,并在吴淞开办医务门诊处,添聘内外各科教员。复与上海特别市卫生局合办吴淞卫生试办区,在基本系添聘药理学、细菌学、生理化学、解剖学、胚胎学、寄生虫学各科教员。加以图书仪器各种设备均须添置,因加设科目、修缮房屋在在需款,兹以最低限度核实预算,确需15万元,万难再减。即此数完全发给,尚属不敷,故须向外筹募。至于本年度向外募款,因上学年实领经常费与原预算相差过巨,以致罗氏基金董事会对于医学院颇致怀疑,故原请8万元,现仅津贴2万元。苟本学年复难领足,或预算太低,下学年势难请款。盖其补助款项全视程度合格、预算充裕、公款发足与否为准。本学年如能照最低限度之预算发给,则下学年仍有津贴8万之希望。如再难发足,或预算再减,则向外募款势将根本动摇。现在国立中山大学医学院预算30万元,即私立医校如齐鲁大学亦有28万元,香港医校50万元,南满医学100万元,北京协和医学160万元。盖医学费用本巨,而标准预算总在25万以上也。属院不敢浪费分文,而必要各项势须设置,均系实在情形。另详属院科目表,并呈查核。务祈鉴及下忱,是所至幸。此致
国立中央大学校长张

　　附呈重编预算表一份、科目表一份

颜福庆
九月二十三日
中央大学档案

颜福庆致中央大学医学院经济委员会函(1928年10月10日)

　　迳启者:日前经济委员会第一次常会时,对于各教员之应加津贴者皆为专聘人员,确又学有专长,资格充足,而薪脩过菲不易应聘者,福庆均极赞成。惟对于福庆个人,当时遵照会例,临时退席,待召归席,已经各委员决议每月津贴福庆460之多,当以为数过巨,万分惶悚,当席面辞。各委员以议决在案,不欲变更,匆匆而散。窃以樗材谬膺医学院长之职,对于党国维力是视。至酬庸方面,只求维持生活,已为万幸,更何敢妄得非分,反无以律己律人。在委员会固体贴入微,而在福庆实当之有愧。原以福庆辞去北平协和医校副校长兼正教授之职而谬膺斯职者,志在东南提倡高等医学,尽敬恭桑梓之微意,非所以谋利禄也。用特缕述下忱,谨请委员会将津贴福庆之原议案撤回,从交覆议,以轻福罪,是所至幸。此致
国立中央大学医学院经济委员会

颜福庆谨启
十七年十月十日
中央大学档案

医学院请求追加经费(1929年11月29日)

迳启者:查属院本年购置水电机器、建筑动物室及修理解剖室等各项临时支出,早经呈奉钧长认可,然后分别建置。今机器装置完好,动物室及解剖室等修建工程亦已先后竣工,迭经函恳核给临时费5 000元以资应付。兹准事务处十一月二十二日函开:谓本年临时费已包括在经费之内,所请核发临时费一节,实难照办等语。奉阅之余,不胜骇异。福甫于月初回国,闻属院各教授对于本年本校各院经费支配情形殊不满意。曾由乐文照教授于九月二十七日函请校长追加4万元在案。证诸欧美各国大学经费,医学院恒比其他学院为多。缘医学院注重实验设备较多也。今本校所定十八年度各院经费支配标准,不顾事实,除商学院外,即以属院所占为最少。职是之故,艰于维持,且向外界募捐,亦难于启齿。为特续申前请,谨祈钧长于十八年度属院经费项下追加4万元,并请迅予拨给临时费5 000元,以济眉急。不胜迫切待命之至。此致
校长张

医学院院长颜福庆谨启
十八年十一月二十九日

附:大学本部事务处复医学院函(1929年12月3日)

迳启者:接准来函,藉悉贵院添造动物室及装置电机等项需临时费5 000元。此项实验设备,本应注重。惟本校经费,来源有限,而各种开支甚巨,每月已有入不敷出之感。所请临时费5 000元,不能支拨情形,早经本年八月及前月两次函复在案。本年度各院经费,既经校务会议议决支配实行,未便再行变更,且亦无法腾挪。并于第二次校务会议席上郑重声明,各院预算自本会议议决以后,不得再请增加经费,致起纠纷。当经全体赞成,并无异议(当时医学院亦有代表列席)。故追加经费4万元一节,万难办到。至于临时设备费用,因总预备费既竭蹶万分,自难应付,只得于贵院本年度经费中设法开支,以符议案,还希见谅是荷。此致
医学院

中央大学事务处启
中华民国十八年十二月三日
中央大学档案

颜福庆为医学院迁宁事致张乃燕函（1930年5月）

君谋校长道席：

敬启者：首都中央医院系卫生部主办，其院长即由卫生部刘部长兼任。前据该医院院长之意，欲劝属院迁至首都，即以该院为属院实习医院，当由属院教授代表与该院长讨论数次，尚无固定方针。缘属院迁宁，比多更张，对于将来之发展，极有关系。兹事体大，未能仓猝应付。其后属院教授屡次询谋，金以为卫生部合作诚意固极可感，但迁宁讲习，事实上尚多困难。以为该医院既由卫生部创设，将来进行实习管理方面，能否由属院负其全责，颇成问题。设卫生部组织变更，则属院与实习医院之合作进行，是否无间，未可预卜。如果迁宁，菲（匪）特开支更大，恐教师人选亦颇难觅。因专门人才在上海则可兼任，教课在南京则仅株守一隅。何去何从，煞费商量。此外如房屋之添筑，土地之增购，在在需款，恐费用不赀，前途进行顿生窒碍。如何之处，应请校长鉴核实情，酌度情势，迅予赐复，俾资遵循，实为学便。专此，祗颂

台安

弟颜福庆谨启

附：张乃燕复颜福庆函（1930年5月29日）

敬复者：接诵大函，备悉一是。医学院移京，唯一困难问题，即在经费。现在本大学十九年度经费预算，照目前情形推测，视十八年度恐无增支之希望。则一切学术上支配设备，自惟有暂维现状之一法。至其他迁宁后种种窒碍之处，来函论之甚详。请即本函述各节暨经费难筹情形，由院直接答复卫生部暂从缓议可也。特此函复，即希查照。此致

医学院院长

张乃燕敬启
五月廿九日
中央大学档案

颜福庆致叶元龙函（1930年7月11日）

元龙先生大鉴：

前接手教，祇悉一是。承示各节，至为纫感。查前此张校长来函，有尽于两日内开去科主任及全体教职员名单，以便于六月底以前缮发聘书等语。当时因期限匆促，无从考虑，遂援十八年度前例，酌量增加，间有错误之处，自应更正，以符校章，爰为分别答复如下：

（一）敝院计设基本、临床两系。基本系下设解剖学科等八科，临床系下设内科、外科等十科，自应遵照大学行政概况第八章第二十二条之规定更正之。

（二）院长薪水仍为三百八十元，下学年暂不增加。此层已嘱敝院会计课予以更正。

（三）副教授薪水。敝院处特殊情形之下，所聘教员多系医学专家，开业悬壶，绰有余裕。如果行医问世，其收入必能较丰，非酌加若干，不足以资激劝而图维系。此种苦衷，情非得已。故下学年专任教员酌加二十元。即此区区之数，已非相当待遇。不然非特无以鼓励授课之精神，恐资望稍优之教授皆将翩然他往。前途危机，何堪设想。此层望与校长恳切说明之。

（四）敝院助教、助理多系医校毕业学生，在学校服务多年，资格程度皆属相当。且上海生活日高，故酌加五元至十元，实为最低限度。

（五）薪水总数十八年度（十八年度决算尚未造就，此系约数）为 109 566 元，十九年度拟为 105 092 元，计减 4 474 元。

白良知教授系西人，资望甚佳，四百四十元之数已属极低。且十八年度已领四百二十元，下学期年增加二十元不为过多。

以上办法前与张校长在沪商定，惟薪水总额以不超过十八年度总数为原则。其他添聘教员酌加薪水，皆由弟考量措置。兹将十九年度教职员名单奉上，即祈转送校长，缮发聘书为荷。

总之，敝院教员与其他各院性质不同，似不能相提并论。衡情度理，实有酌加之必要。庶诸专家得安心教授，而推进医学教育之方法亦属非此不可。是否有当，伏祈斟酌实情，转告校长，准予权宜从事，实所感祷。专此，即颂

教安

弟颜福庆拜上
七月十一日
中央大学档案

医学院教职员为预算支配事致张乃燕函(1930年10月10日)

迳启者:属院因历年以来所领经费极为微弱,以致各项计划无从进行,困难之处业经屡次函陈左右在案。满拟于十九年度支配预算之时,要求校长实践尽先增加之成诺,将属院经费逾格提高,打破从前不公允之比例,以资补救而谋发展。不图实际竟与理想未符,殊深惶惑,谨为我校长陈之。

查此次院长会议之结果,大学预算虽已增加,而属院所得仅12 000元,除理、农两学院外,与文学院同居次末。以此微数欲求提高程度,充实内容,作物质之建设,为精神之奋励,奚啻缘木求鱼。且属院成立于十六年秋季,当时仅设二班,而预算已达15万元。彼时高等教育处任意核减,经属院详细陈明,当由校长提出,校务会议决议设法补充,并对于高等教育处办法认为失当,具征公理自在,支配预算尤须核实准情也。今兹属院开支远非昔比,五学年级业已完成,教员之添聘、学生之销耗、仪器图书购置增订,在在需款。而照现在预算,反少于前。姑无论事实上能否过去,衡之情理,宁得谓平?迨十八年度预算讨论之时,属院方面由朱恒璧、乐文照两副教授代表出席。谈话之时,我校长与朱、乐二君一再商榷,殷殷以顾念大局、暂时委屈以待来年相解说。二君者念大学经费来路匪易,谨遵台命,不事争执。其结果遂致列入次末成分上,仅居百分之八。一年以来,跋前疐后、困苦艰难备尝之矣。奉蒙我校长体恤实情,计划来兹,允以一年为期。闻命之余,不得不含辛茹苦、苟安一时。庸讵知十九年会议预算之时,旧调重弹,仍照十八年度之比例分别支配。属院代表颜、朱二君以为一误再误,殊难善后,不得已未予承认。复承校长顾念困难之处,特予增加15 000元,总其全数为14万余元,持较十六年度预算尚少万元。当此之时,全校预算为180万元,校长因谓,如果本校经费得能增加,则属院当首先加领。今大学经费实加12万,则属院同仁自当按照实际之需要,请求格外增加以符校长之前言。不谓其结果仅得12 000元之数,比例上复居多数学院之下。在属院则感杯水车薪之苦,在校长则兴僧多粥少之嗟。望前途之茫茫,曷隐忧其有极。凡此痛苦,彼此同之。

今兹预算业经支配,属院方面雅不愿多事词费,致伤院际之感情,惟亡羊补牢,势不能不有一劳永逸之规划。同仁等不自量度,辄欲贡其款款之愚,以为此后预算支配,应视各学院实际上之需要,仪器、图书、设备、薪资等各项开支,均需絜长较短,规定切实之比例。前此不公允之原则根本上不能成立,允宜重新规划,确定最公正之比例,以免每年支配预算之日,各学院代表运其广长之舌,作纵横捭阖之谈,学府尊严扫地以尽。盖此后进行,实有不得不改弦而更张者。至新比例之规划,应根据教育原理,参酌世界制度,综核名实,统盘筹谋。以校长之明,必能为大学前途深思熟计者也。谨特披沥上陈,伏希鉴核示遵,以慰群望为祷。

张校长

医学院全体教职员叩

十九年十月十日

中央大学档案

蔡堡致学校秘书处函（1930 年 10 月 17 日）

迳启者:本校医预科应照部章改为"医学先修科",所以避"预"字之混乱义。其程度均与大学本科生同。故各省有津贴费者,彼等亦可同样照补。从前因有一"预"字,外界不明,咸视为大学之普通预科同,今改为"先修科",此弊可免。望即请通知各处各组照部章改易名称为要。该科学生能得省费者,亦应照补。

又,理学院于本年五月间已印英文科学研究录一种,纯为本院同人研究所得者,其办法早已呈准校长办理在案。该研究录共分两组,即甲组物质科学、乙组生物科学。此两组第一卷第一期已付印出版,校长处亦有呈送。奈前次尊处乙年来报告中竟未将此研究录列入,殊深诧异。望从速补行列入报告为祷,其第二期亦将付印。专此,即请

秘书处台鉴

蔡堡启

十月十七日

附:秘书处复蔡堡函(1930 年 10 月 18 日)

作屏先生大鉴:

奉书祗悉。承示医学专修科一节,兹查得医学院学生修习程序,前奉部令,当即由教务处函知医学院遵办。现复由校长另录部令函达寄院,一面并已通知各处各组一律查照,嘱将贵院出版英文科学研究录编入一年工作报告。查敝处并未接到是书,未悉情形,是以前次送登日刊,未将是项研究录列入。兹因报告尚待刊成专册,分送各机关,正在执印,奉嘱云云,当遵嘱将是书编入报告专册中。合并奉闻,统希察洽。此颂

台祺

秘书处启
十月十八日
中央大学档案

中央大学医学院沿革与组织(1931年4月)

本院遵照《国立中央大学本部组织大纲》第六条之规定,于十六年十月,由前苏州江苏医学专门学校改组。校舍校具,一律并入。当时因南京无相当医院,可供实习,而苏州旧址,复不适用,若在上海组织,则寻觅医院,较易为力,坐是择定吴淞镇前国立政治大学为院舍。仪器标本,由苏运沪。而以苏州旧址创设产科医院,请本院产科教授孙克基先生主持其事。十七年秋,商得中国红十字会总会之同意,接办该会附设之总医院,为第一实习医院。是年,临床系学生,始入医院实习。现在三、四年级学生,住宿该院,五年级为见习医员。

本院自成立以后,第一年仅设两级。每学年加设一级。上学年计有四级,本学年共设五级。本科各级始全。

医学教育标准,由教育部及大学规定,高中毕业后,须修业七年。先入医预科,注重物理、化学、生物学诸科,二年毕业。升入本学院本科,五年毕业。以大学理学院设有各自然科,其设备亦周,故医预科设在本大学理学院。本院自接收前江苏医专为基础,前政治大学为院舍后,基本、临床两系,仪器设备,极感缺乏。二年以来,于预算范围内,逐渐添置,始能勉强应用。唯因医学教育,首重仪器设备,各项购置,需款甚繁,乃向中华教育文化基金董事会,及美国罗氏基金董事会,请得津贴,添置仪器、标本、图书,以供教授实习及研究学理之用。惟校舍有限,基本系各学科,均须扩充,亟需添建校舍。至本院之实习医院,亦须另建。种种进行,不容不积极筹划,现在设计中。此本院沿革之大概也。

本院肇造,于兹三载。行政事务,统由院长总其大成。教务方面,计分基本、临床两系。基本系在吴淞镇,分解剖学、药理学、病理学、生理学、生物化学、卫生学、细菌学等七科。每科聘主任一人、助教若干人,由一、二年级学生修习之。此外尚有党义、军事教育、外国文三种课目,亦为必修科。临床系在本院第一实习医院,即中国红十字会总医院。分内科、外科、小儿科、妇产科、眼科、皮肤科、耳鼻喉科、生殖器尿道科、精神病科、爱克斯光科。实习医院分门诊及住院两类。三、四年级生须在门诊处随教员临诊,并在病房内分别临床,以资练习。至五年级生,则为见习医员。临诊临床,皆须精心实习,分期在各科见习,由教员记录成绩,并须作论文一篇，及格者得称医学士，给予毕业证书。实习医院附设护士学校一所，以训练护病人才。吴淞基本系内之卫生学科，则与上海市政府卫生局合办吴淞卫生模范区，以便该科学生，实验公共卫生，此其大较也。行政方面，计设教务、文书、事务三室。各设主任一人，事务员若干人，分文书、注册、会计、庶务四课。并设八委员会，相辅而行。经济委员会，除院长与教授代表为当然委员外，由大学校长聘请政商医学界各名人充任之，以筹集基金及补助金，并任保管支配之责。其他如执行、招生等各委员人选，概由院务会议推定后，分别担任之。其任期为一年，连举得连任。图书馆设有管理员一人，秉承图书委员会，管理全院书籍。医院方面，医务处与事务处皆须秉承院长，分掌所属各处，负责办理。

《国立中央大学一览·医学院概况》，1931年4月印行

医学院经济委员会第四次常会会议记录（1931年7月25日）

时间：二十年七月二十五日星期六下午三时

地点：上海海格路中国红十字会总医药（第一实习医院）

出席者：刘瑞恒、钱新之、张乃燕、刘鸿生、刁信德、卢涧泉（张乃燕代）、朱家骅（颜福庆代）、颜福庆、朱恒璧、乐文照、张鋆

列席者：赵运文、盛嵋孙

主席：刘瑞恒

记录：盛嵋孙

开会行礼如仪

报告事项：

一、报告上次会议记录（赵运文君）

通过。

二、医学院报告（颜福庆院长）

（一）学生人数

十九年度上学期各年级学生共64人，下学期各年级学生共61人（详统计表）。毕业生人数：本学院接收前江苏省立医学专门学校，改组为中央大学八学院之一，于民国十六年十月招收各医校一年级学生，编入二年级肄业。至本年暑假修业期满，考查列年成绩及格，于六月十二日举行第一届毕业。计毕业学生12人。（详第一届毕业生名录）

（二）教员人数

十九年度上学期专任教员 32 人,兼任教员 8 人,共计 40 人。下学期专任教员 31 人,兼任教员 8 人,共计 39 人。(详统计表)

研究论文。本学院各教员于教授之余专心研究,出其心得,著为论文发表于中外各大杂志。自十八年起至十九年底止,共得 28 篇,汇成一册,名曰《论文第一集》。嗣后将于每年将教员论文汇订成册,名曰二集、三集,以此类推。

(三)留外学额数

十九年度留学研究者计有:副教授蔡翘,在英国伦敦大学;副教授任廷桂,在英国利物浦大学。均将于下月回国,仍在本学院服务。二十年度有副教授谷镜汧、赵希昂,讲师赖斗岩赴欧美,尚未放洋。

本年六月第一班毕业生第一名林兆耆经院务会议议决,给予优学额,在本学院实习医院或本学院认可之医院服务三年后,如成绩优良,经本学院审核准予前送留学,以资鼓励。

三、第一实习医院报告(颜福庆院长)

本学院会计年度向照学校年度自每年八月一日起至次年七月底止。拟自二十年度起,会计年度遵照中央规定改自七月一日起至次年六月底止。故十九年度报告仅只 11 个月。十九年度增加病床 19 只,11 个月中住院病人及门诊人数均超过上年度 12 个月记录(详统计表)。经济状况另有经济报告。

四、吴淞卫生模范区报告(颜福庆院长)

本学院对于卫生事业,特加注意。自与上海市卫生局合组吴淞卫生模范区以来,学生实习成绩尚佳。惟历年主任教授,均以报酬较低,难安于位。如胡宣明、邓真德、梅贻琳诸教授均受他处聘任。十九年度聘请高镜朗医师主持,高医师现亦辞职,尚无相当人才继任。拟聘请美国王普乐医师(Dr. Wonpler)担任此职。至十九年度该区办理情形,俱详该区业务报告内,不再赘述。

五、上海中山医院筹备会报告(颜福庆院长)

中山医院募捐期限暂告结束,但尚未达标准数目。故仍继续进行。募捐总数截止(至)六月三十日止,已收国币 140 679.68 元,规元 127 926 两 5 钱,均存上海中孚等银行。已认未缴者国币 76 700 元,规元 261 450 两。详细数目详列第一次征信录内。六月三十日以后,江海关认捐规元 53 000 两,分两期缴纳。第一期半数已缴,其余所收零星小捐款约计 3 000 余元。一俟地皮确定,即可开工建筑。

六、经济报告(颜福庆院长)

1. 医学院十九年 11 个月收入总数 352 645 元,支出总数 344 923 元。(详报告表)

2. 第一实习医院十九年度 11 个月收入总数 233 747 元,支出总数 244 029 元。其收入项下,医院津贴□担任各教授薪水 58 065 元。红十字会津贴 13 000 元。(详报告表)

3. 卫生模范区十九年度 11 个月中收入 37 283 元,支出 34 511 元。(详吴淞卫生区汇报)

4. 医学院补助金,□收入 148 662.46,总支出 49 200.00。(详报告表)

议决:接收医学院及实习医院经济报告,对于收支账目,由委员会聘请金宗城会计师查账。通过。

讨论事项:

一、选举委员案

议决:公选委员。

任期三年者:孔庸之、赵晋卿、陈光甫、胡庶华、张乃燕、徐新六

任期二年者:李铭

任期一年者:易寅村

通过。

二、选举常务委员案

议决:公选连任

主席:刘瑞恒

书记:颜福庆

会计:陈光甫

常务委员:张乃燕、孔庸之、赵晋卿、牛惠生

通过。

三、教职员津贴及优学额给予案

议决:交主席及院长会同办理。通过。

四、团体保险案

议决:本学院及实习医院应采用团体保险原则,通过详细实施办法,由院长拟定,交下次会议讨论。通过。

散会(五点五十五分)。

中央大学档案

徐佩琨、颜福庆致朱家骅函（1931年12月14日）

骝先校长先生钧鉴：

敬启者：佩琨、福庆正欲函报属院详情，乃奉蒸电颁来，拜颂之余，无任感喟。际兹国难临头，群情愤激，青年学子易于冲动，致有越轨行为，部令提前放假。我校长电各家长召回子弟，是诚爱莫能助之举。而校长爱护学生之至诚，已可昭然大白于天下，无任钦迟。属院等设在沪滨，情形容有不同。但沪上环境日趋恶化，来日方长，嗣后是否能继续维持纪律，自难预料。是以对于以后问题，厥有数端，用特陈情核夺，乞示祗遵。

一、属院学生现在向学之心仍切，纪律尚佳，如校长准予属院继续维持本学期之学业，应请校长随时指导，负责进行。

二、假令校长虽许继续维持，而沪上环境竟使属院无法维持时，校长能否予以变通之权，援大学本部提前放假之例。

三、遵谕变通办理，继续维持，全赖校长将经常费源源拨发，以维现状。现已迟发三月薪脩，账项积欠累累。佩琨、福庆实已无法支撑。况经常费外不敷开支，为数尚巨，万不获已，仍须随时向此间金融机关挪借，以资挹注。此项借款，如校长能俯赐维持，则佩琨、福庆自应勉尽绵薄，追随左右。

综上数端，乞即赐示，俾有遵循。只以转瞬年关，经济窘迫。九月份经费闻大学本部业已拨发，属院需款，急迫万状，千祈迅予汇寄，以解倒悬，无任企祷。至于学潮，瞬息万变，非可逆料。谨当将变化情形随时陈报察核。专此，敬颂

公绥

徐佩琨、颜福庆同顿启
廿年十二月十四日
中央大学档案

颜福庆催汇经费并报告校舍被炮轰情形（1932年2月10日）

迳启者：本学院本学期原定遵照本大学校历于二月一日开学，八日上课，早经通告员生知照。乃自一月下旬，谣言四起，人心浮动，至廿八日下午情势突变，更形紧张。情知中日冲突势不能免，吴淞为入沪咽喉，乃军事上所必争。本院地处战区之内，不得不先事防范。唯限于时间，只能将教职员之眷属、儿童护送上海，并陆续

将重要文卷、书籍运存海格路实习医院。仪器除固定及笨重不能移动者外,亦择其重要价昂而又非本国所能购办者,移运上海。及至本月二日,则情势更为严重。水面交通危险特甚,已无汽船敢再冒险应雇矣。三、四两日,两方大战,炮声隆隆,屋宇震动,机声轧轧,盘旋空中。入夜则淞市大火,火光熊熊,照耀户牖,如同白昼,其危险情形,不可言喻。留院员役,日则伏居地穴,夜则和衣待旦。六日,复借用汽船冒险驶淞,将一部分员役接来上海,仅留少数职工留守校舍。七日,情势更恶,复借汽船前往。驶至张华浜,遥望吴淞大火,炮声机枪,船为震动。日舰逡巡,敌机监视,只得转航,折回上海。八日,改用救护车由真茹大塘冒险前进,将留守职工救护来沪,并派数人匿居杨行一带民房,随时探听消息。据报,八日以前,本院房屋计被大炮轰去大讲堂一角,机器房亦被击毁。九日以后情形如何,尚未得悉。此本院救护员役、院产之大概情形也。

本学院自十九路军抵抗日军以来,即行组织救护队,并增设临时医院多所。所有教员职工及寒假留校学生,概行分配服务,工作紧张,人数尚感缺乏。因又募得志愿从事救护工作者数十人,帮同管理。每日皆由本院学生领道与志愿加入人员驰赴前线,出入枪林弹雨之间,救出伤兵,先送真茹暨南大学内本院所设之前方医院施行初步手术,再运回上海各临时医院疗养。现已收容伤兵民三百余名,其施行手术者,例皆经过良好。此本院救护工作之大概情形也。

唯自事变以来,本院职工员生仓皇出走,身无长物,困苦艰难,情极可悯。而携有眷属者,尤为狼狈。现且分任救护工作,日夜操劳,身家既感不宁,经济尤觉窘涩。为此敬恳将本学院去年十月份经费迅即赐发,以资维持。不胜感祷之至。此致
朱校长

国立中央大学医学院启
廿一年二月十日
中央大学档案

医学院致代理校长刘光华函(1932年2月16日)

迳启者:本学院自沪变后组织救护队,成立前后方医院,所有经过情形,经于本月十及十三两日函陈具报在案。现在所有职工员役均经分派工作,救护受伤兵民计达五百余名。所有兵民医疗药品、食物以及员役伙食每日开支为数极巨。而员役职工欠薪数月,家属生活尤极艰难,需款之殷,莫可言状。为特委托蔡副教授翘入京面陈艰窘情形,请赐鉴察,迅予电汇经费两个月,以济眉急,不胜待命之至。

值此军事旁午,交通维艰,校院两方不易通讯。本学院情形,本部每以不得真相,致劳廑念。此次蔡教授晋京,即请其常川驻京,代表一切。凡有校务及教授等会议,即由蔡教授出席代表,敬祈赐予接洽为荷。又本学院救护队出入枪林弹雨之中,成绩颇为优良,自进行救护工作以来,仅只美女医士兰耕斯在真如炸伤右臂,二年级学生陈化东在闸北为流弹所中,亦伤右臂。余均经过良好,仍极勇往前进,不稍畏缩。昨日派员随同救护车前往吴淞探听本学院情形,驶至杨行,仍不能再进。仅据留杨职工报称,本学院解剖室亦被击毁,其余墙壁弹痕累累,难以数计。合并附带陈明,敬祈察鉴为祷。此致
刘代校长

国立中央大学医学院启
廿一年二月十六日
中央大学档案

医学院函陈筹备开学情形(1932年3月11日)

迳启者:本学院因时局关系,不能如期开学,致使莘莘学子荒废光阴。院长受钧长委托之重,社会属望之殷,固无日不亟图恢复,以维学生学业。曾于上月二十五日陈报在案。查吴淞本学院院舍轰毁破坏,损失极巨。纵令和平有望,立可迁回,然修葺补辑,亦非短时间所能蒇事。院长再四思维,惟有借用其他学校校舍,或租用民房,暂事教学。曾与上海圣约翰大学接洽,承允本学期以该校医科教室为本学院一、二两年级教学之所,并允以该校一部分校舍供一、二两年级男生宿舍。除学生查照本学院定章缴纳宿费外,不另取本学院租金。所有用具仪器,亦可通融借用,通力合作,情殊可感。兹经院务会议议决,定于本月十四日开讲,业已通告员生遵照办理。至于女生宿舍,尚在觅借之中。一俟借定,再行续陈。所有本学院筹备开学情形,理合具报,敬祈察核。三、四年级教学寄宿仍在本学院实习医院内,合并陈明。此致
朱校长

国立中央大学医学院启
三月十一日
中央大学档案

颜福庆请将理学院医学专修科并入医学院(1932年6月22日)

迳启者:接医学先修科学生盖宝璜等12人来函,以该科附设理学院深感不便,请求并入本科办理云云。查此函为三度公禀,上月曾派代表来沪当面陈述。院长以此系公令,早拟并合办理。去年曾列预算,只以经费不充,全校依照十九年度预算办理,致未实行。迁延至今,已及一载。

属院开办以来,向以学生人数不多为苦,且有人才缺乏之感。揆厥原因,实缘先修科未能自办,向唯仰公私立各校之供给学生。而属院为经济所限,设备师资均未能与外人设立之某医校相抗,遂致医学先修科毕业生而较聪颖者先投某医校,所剩余之少数中等以下人才转至此处。是为历年来之实在情形,而欲望作育真才,无殊南辕北辙。此先修科急须自办方可解决种种困难。兹者先修科诸生之请求,亦不无理由。用特将原函录呈察核,并陈鄙见所及,务恳俯鉴下情,将先修科一案特别提交核议,迅示遵行。

其先修科预算,计开办费18 000元,经常费23 760元,合计41 760元。除去收入1 200元两抵,请拨40 560元。明知国帑空虚,然事不获已,时不待我。为遵照公令起见,势在必行。还祈转陈教育部核准,俾便筹备招生,下期开学,是所厚幸。此致
国立中央大学刘代校长
　　附抄先修科学生原函一件

医学院院长颜福庆
廿一年六月二十二日

附:中央大学医学先修科学生致颜福庆函
福庆先生钧鉴:

前呈两函,均蒙赐复,且声明准予从长计议。捧读之余,感激万分。惟自本学期以来,院长所示于生等者,始以经费未经批准,难允所求,继以沪战影响,无法进行,终以经费无着,扩充难期。频频消息,增人愁闷。漫漫长夜,光明何期。疑虑百出,焦急万分。特再渎听闻,伏希垂鉴。

本学期自开学以来,于兹三月。耳之所闻,目之所染,无不足以阻生等学医之热忱。功课方面,以种类言,较前学期为减少;以材料言,较前学期之疏散;以内容言,其远于医学更甚于去年。以如此涣散无关之课程,徒占其宝贵之光阴,人而有

知,孰甘安此?生等负笈来此,志在学医。苟有关于医学之课程,自当引领而承教,何敢故作喋喋,以渎听闻?所以不避烦言、刺刺不休者,实由于此地环境有使人失望者在焉。医预科以附属于理学院之故,功课极感不便。举凡一课之选习,必受环境之限制,教员方面又以意见不投,勾心斗角,相互为难,种种课程致不能按时开班。而蔡堡先生又以课务繁冗,对于生等所有请求无暇细问。学则无满意之课,事则无指导之人。光阴荏苒,时机易失,前途茫茫,歧途堪畏。念及现状之危险,实难坐视而缄默。是以一年以来呈文三上,生等在宁之痛苦如何,当为院长所洞悉。兹者教授会与学校当局意见不合,全校精神较前更为涣散。匪特医预科同学有迁地为良之感,即理工学院同学亦咸有校运多艰之叹。复杂环境,改良维艰。医预科之现在情形,实难使生等再为留京之余地。望院长俯念下情,即允所请,俾暑假期后得以就学上海,则春风教泽,不仅感佩已也。耑此上达,敬恳赐复,此颂

教安

医学先修科学生王兆云等
中央大学档案

商医两院学生复院运动委员会呈校务会议函(1932年11月29日)

呈为呈请转呈教部收回划分国立中央大学商医两学院独立之成命,以维最高学府之完整,而重大学教育之系统,仰祈钧会鉴赐核准并祈体念下情,予以有效之援助事。

窃查我中央大学,自段事发生,遽遭解散,文化中枢顿告绝弦。幸经整理委员会之整理,适宜得庆更生。孰料整理之时,致将本校分设上海之商医两院划分独立,闻悉之下,莫不惶骇。以当时正值暑期,学生均已返里,个中利害,外界莫名。今我两院同学全体来校后,深觉政府此举似欠考虑。今为钧会一一详呈之。

盖中央大学之商医两院具有悠久之历史。学术渊源培植不易,今一旦令其孤立,实使数十年学术之生命线遽尔中折,文化系统备受影响,此其一也。溯自吾党主政时,当局诸公为完成全国最高学府之规模与我国文化之中枢计,特并苏医专隶属中大,俾我革命政府之下,有一极完备之大学,组织文、理、法、商、农、工、医、教诸学院。应有尽有,包罗万象。外足以代表我国完整之最高学府,而壮国际观瞻;内足以造成全国伟大之文化中心,以资向上发展。今竟然分裂此完整与伟大,不但最高学府受其影响,反使政令前后矛盾,此其二也。且商医两院独立后,于行政开支遽增,亦即无形为教育经费之损失。如昔日医学院之初级同

学,在中大完整设备下可先入理学院学习,既可旁及专科以外之各科感应,又可免设备及师资之重复。若商医两院脱离中大而独立,无异浪费经费,此其三也。据整理委员会之所以划分商医两院独立之理由,不外以两院孤悬沪滨,管理不便云云。查一校有数分校之设,顾不自中大始,亦不仅中大有商医两院之设也。而如交大之分设于唐山,东吴之分设于上海,在管理上亦未见其不便。而我商院亦曾一度迁回南京,医院原设苏州,嗣因实习不便之故乃行迁沪,更以年来事实证之。其精神一贯,秩序井然,从未有何不便之处,此其四也。整理委员会又曰,令中大商医两院独立并增加经费,俾使尽量扩充。然所谓经费之增加,乃拨自中大全部之经费,挖肉补疮之谋,国手不为也。兼之我两院隶属中大时,所有经费大都依各院需要之情形,分多润寡,得以平衡分配,共谋发展。比一·二八事起,我商医两院毁损颇大,尤以商院为最。补救之道,以中大整个力量恢复之则易,以独立之经费恢复之则难矣。且医学院之宿费本期实增十元,而商学院新增图书费十元,新同学尚需逐期缴建筑费贰拾元,如此所谓增加经费云者,其结果乃增加同学负担,此其五也。

综上数端,我商医两院全体同学势难缄默,愿以极纯洁之意志,恢复我商医两院之旧观,保存我最高学府之完整,发扬中国教育之伟大。奉呈前因,除已迳呈教部及罗校长外,理合具文呈请钧会,恳乞即日转呈教部,使我商医两院数百学子雨露重沾,我最高学府之中央大学分而复合。岂仅两院学子之幸哉,亦中国教育之幸也。谨呈

国立中央大学校务会议

国立中央大学商医两院学生复院运动委员会常务委员
凌颂椒、胡骧文、萧燕宾、张昌绍、秦家驿、石芪年、沈国贤、苏德隆谨呈
中华民国二十一年十一月二十九日
中央大学档案

教育部训令中大医学院内附设牙医专修科(1935年6月7日)

教育部训令　第 7555 号

令国立中央大学

查廿四年度国家普通概算,教育文化费列有牙医专科学校经常费 84 000 元、开办费 80 000 元。本部自应遵照原案设置牙医专科学校,以符政府培养牙医人才之至意。兹查该校现正筹办医学院,应即就该院内附设牙医专修科,则师资设备既

可取得相当之联络,筹备方面亦可收事半功倍之效。所有原定经、临各费,照数拨给该专修科,作为开办经常费用。关于该专修科行政、教学及管理方面等事,即由该校统筹办理。惟该科经费须暂行设置独立预算决算,照章专案呈报核销。仰即迅行着手办理,于下年度开始招生。除呈报外,合行令仰遵照。此令。

中华民国廿四年六月七日
部长王世杰
中央大学档案

教育部训令中央大学办理牙医专科学校(1935年7月29日)

教育部训令　第 10289 号
令国立中央大学

案奉行政院第 3966 号训令内开:案查前据该部呈为设置牙医专科学校一案,拟就国立中央大学医学院内附设牙医专修科,所有原定经、临各费,照数拨给该专修科作为开办经常费用。关于该专修科行政教学及管理方面等事,即由中央大学统筹办理。惟该科经费,须暂行设置独立预算决算,照章专案呈报核销。请转呈国府令行审计、财政两部知照等情到院,经函送主计处审核在案。兹准主计处函开:查年度预算,原系根据国家财力及行政计划而编成,本处前准教育部函送二十四年度二级概算书内请设立牙医专科学校,当经汇编呈奉核定该校经常费为 84 000 元,开办费为 80 000 元在案。现在总预算甫经公布,而教育部旋又变更主张,拟以牙医专科学校之经、临各费,改于中央大学医学院内为附设牙医专修科之用,非独预算科目上发生问题,而该部变更原案,先后两歧,亦似非所宜。拟请贵院饬知该部仍遵照核定原案办理,以维预算。等由。准此,查该部拟以牙医专科学校之经费,改于中央大学医学院内为附设专修科之用,既经主计处核明与核定原案不符,所有(以)设置牙医专科学校一案,应如何另订适当办法,免致与原案两歧之处,合行令仰该部查照主计处核议各节,妥拟具复,以凭核办。等因。奉此,业以"经查国立牙医专科学校开办费八万元,系仅供购置该科内部设备之用,未有购地建筑校舍用费在内。该科亟待成立,拟仍借用中央大学校舍,并利用该大学医理两学院各种基本科目之图书设备,以资办理。奉令前因,遵即拟具办法三项:(一)校名仍照预算案决定,称国立牙医专科学校;(二)为谋教学便利及设备之经济起见,该专校由部指定国立中央大学主持办理(不另设校长),俾便与该大学各院系密切联络;(三)预算决算仍独立。理合备文呈复,仰祈鉴核备案,实为公便"等语呈复。该专校既经指定由该大学主持办理,应不再另设校长。其详细组织,应由该大学罗校长从速拟订呈部备核。合行令仰遵照。此令。

中华民国廿四年七月廿九日
部长王世杰
中央大学档案

中央大学牙医专科学校筹备经过(1935年8月)

查本校自奉令附设牙医专科学校后,即积极筹备,于二十四年度下学期开始招生。兹将筹备经过情形奉陈如次。

一、聘请主任及教职员。牙医专科学校主任业已聘定黄子濂先生担任,其第一年课程,如党义、国文、英文等科教员,已托本校文学院代为选聘。化学、生物学、比较解剖学、组织学及胚胎学等,亦分别委托本校理学院及医学院代为选聘。此外,如个人卫生及公共卫生教员,亦已分别聘定,于下月开学后即行正式授课。

二、招考学生。本届报名投考牙医专科学校者,共计有八十余人。正在分别阅卷,准于本月二十三日揭晓。如程度可予及格,则当录取四十人。

三、筹建校舍。牙医专科学校校舍图样,业已聘请建筑工程师绘就。计有教室四间,实验室六间,研究室三间,办公室六间。决定在本校第三宿舍地址建筑,将于本月二十左右招标估价,下月初即行开工建筑。

四、设立牙科诊疗所。为供牙医专科学校学生实习起见,拟设立牙科诊疗所二处。一处在本校大门对面,就本校原有《时代公论》社之旧址建筑成人牙科诊疗所一处,可容牙椅二十张。另一处则为儿童牙科诊疗所,拟与本市健康教育委员会合作,于该会筹建之学校卫生所内,由牙医专校建筑牙科诊疗所一处,可容牙椅十张,以供本市学龄儿童诊治牙病之需。

五、建筑学生寄宿舍。牙医专科学校拟与医学院连同建筑学生寄宿舍一处,共计可容学生五百余人。

六、购置牙科教授及诊疗应用仪器。共计须购置成人牙椅及其附属器械二十套,儿童牙椅及其附属器械十套。此外并须购置解剖学、组织学、生理学、牙科手术、牙齿模型及牙科工作室等之设备。现已分别向国内外各商家订购矣。

七、筹设口腔卫生人员训练班。查口腔卫生为预防牙病之唯一条件,我国各处之举办学校卫生者,颇感此项专门人才之缺乏。牙医专科学校为应此项之需要,计决本年度设立口腔卫生人员训练班,招收初中毕业女子。第一班拟收三十人。

附注：此外，关于牙医专科学校之预算书，是否应呈送教部，祈核示以便造制。

中央大学档案

中央大学呈报筹设国立牙医专科学校经过情形(1935年8月31日)

案奉钧部廿四年发高国叁拾第11005号训令，关于本校主持办理国立牙医专科学校一案。所拟设置办法三项，业经呈奉行政院核准备案，并函达主计处查照令饬知照等因。奉此，查本校自奉令主办国立牙医专科学校后，即经积极筹备，聘请美国本薛文尼亚牙科医学博士黄子濂先生负责进行。本校招生时，该校同时招考新生，业于本月二十三日揭晓，计共录取第一班新生31名，订于九月一日开学，六日一律上课。所有各项课程，除与本校文、理、医等学院取得密切联络，由各该学院分担各种基本科目外，关于该校专门科目，亦分别聘请专家担任。

该校校舍除暂借本校一部分公用建筑外，因本校现有校舍不敷分配，决定在学生第三宿舍地址改建该校校舍。业已聘请建筑工程师绘图设计，计有教室四间、实验室六间、研究室三间、办公室六间，即将招标兴工。将来学生人数，年有增加，尚拟另建宿舍一所。

该校为供学术实习起见，拟设立牙科诊疗所二处，一处拟在本校大门对面，建一成人牙科诊疗所，内设牙椅二十张。另一处拟与本市健康教育委员会合作，于该会筹建之学校卫生所内，由牙医专校建一儿童牙科诊疗所，内设牙椅十张。该校所需之特种设备，如成人牙椅、儿童牙椅及其附属器械，以及教学方面必须之各种设备，现已分别向国内外各商家陆续订购，以备应用。

惟是各项设置，在在需款，用将本校筹设该校经过情形及今后设施计划具文陈明，仰祈鉴核，转咨财政部，将该校开办费八万元即予一次拨发。又该校经常费八万四千元，亦请按月拨发，由本校具领专案报销，以利进行，实为公便。谨呈
教育部部长王

国立中央大学校长罗○○

中央大学档案

国立中央大学医学院实验设备请款书（1936年）

敬启者：发展现代医学，对于国民健康、社会福利关系密切，乃系至明之事实。但我国国立医学院连本校新近成立者，全国亦仅有五所。而本校医学院且为首都之惟一医学教育机关。本校有鉴于此，决照规定标准办理，俾使该院得以完成其全国模范医学教育机关之使命。乃竭力搏节各项开支，以供创办该院、力谋发展之需。惟是医学院之种种设备需费至巨，目前本校至少需设备解剖学、生理学、生物化学、病理学、药物学及细菌学等六个实验室。据覆实估计，前三者之设备费共需八万元，本校常年经费额有定限，开支方面已省至无可再省。而国家财政又至拮据，增加预算势所难能，不得已敬向贵会请求补助解剖学、生理学及生物化学等三实验室之设备费共八万元，俾本校得以全力从事其他实验设备，而该院得以正常进展，是为至祷。该项补助费之分配，兹特开附于后，并希垂察。

一、解剖学实验室　　30 000 元
二、生理学实验室　　25 000 元
三、生物化学实验室　25 000 元
共计 80 000 元

此致
管理中英庚款董事会

请款者：国立中央大学
中央大学档案

戚寿南函请中英庚款董事委员会补助医学院建设（1936年）

敬启者：中央大学医学院自奉部令创办成立，既无基金亦无开办费，一切经费均系本校各学院节余之款挹注。同时，教育部对于中大整个之经费并未增加，而各学院亦无法再行紧缩，以致有碍本院之发展。今医学院二年级即将开始，一切最低限度之设备必须逐渐布置，处兹情况之下，非惟兴建之经费无着，即原有之现状亦难继续维持。夫中大为全国最高学府，医学院之内容虽不求媲美各国之医学院，然最低限度之规模亦应与国内各医学校相埒。且医学首重实验，一切设备经费自较任何学院为巨大。贵会诸公均系国内科学及教育专家，对此种情形不需寿南喋喋，当在洞鉴之中。巧妇难为无米之炊,而肥瘠又不容坐视。素仰贵会对于国内学术机关向具掖助热忱,现在敝学院二年级一切设施最少非八万元不敷支配。教育部增加中大经费目前既不可能,中大尽其所能,对敝学院不能再行额外负担。中途停办,不但无以对莘莘学子,亦且贻笑外邦。惟有略陈困难情形,祈贵会对此问题予以讨论,力加援手,使此垂危之医学院得赓续其生命,徐图进展。日后成为国内之惟一医学教育最高机关,不独已入校学生之大幸,亦国内医学教育前途之福音也。专此陈恳,静候裁复,无任企盼。此上
中英庚款董事委员会

中央大学医学院院长戚寿南谨启
中央大学档案

黄子濂报告牙医专科学校建设进展（1937年1月20日）

一、本校汽车维持费月支135元,兹因汽油、滑油涨价,又因路程增加,使用钟点增多,如丰富路卫生事务所、市立医院等处,遂(逐)日均须巡回。拟请增加维持费35元。二十六年一月起每月实支170元正。

二、请委孙兴博士为本校牙科专任讲师,每月支薪国币280元正,由二十六年二月一日起薪。（查孙兴博士系广东人,美国芝加高牙医学院卒业,授牙医博士学位。领得美国政府牙医执照及坎拿大政府牙医执照,曾在坎、美执行业务六年,富有经验。）

三、口腔卫生班二年级应于二月五日开始实习。惟本校牙医院尚未建筑,现已得卫生署及市政府卫生事务所同意,拨出市立医院、丰富路卫生事务所、四牌楼卫生事务所三处为本校口腔班女生临时实习场所。每处派定12人,对于师生每天来回车费及制服费、制服洗洁费应当如何办理、如何支付,请批示。

四、牙本科二年级下学期各生应实习牙科外科初级手术,惟本校牙医院尚未建筑,拟派往四牌楼卫生事务所实习（每周若干次再定）,对于师生之制服费、制服洗洁费应当如何办理、如何支付,请批示。

五、本校二十六年九月后计有牙本科学生三班（一、二、三年级）,牙科基础课程及牙科实习同时并举。现有教员五人,不敷分配,拟请函聘外籍教员三人,准九月前到校服务。如何之处,请批示。

六、本校二十六年九月后牙本科及口腔卫生班均应开始实习,对于本校牙医院,请令营造者从速建筑,否则九月后对于实习极感无法应付之困难。

七、四牌楼卫生事务分所原案并无牙科设备,现因借用实习,必须添置椅台及各种牙科设备,拟请准将郭乃全先生之全副设备照市价折扣收买备用,其总价约在国币 800 余元。此项设备将来本校牙医院开幕后,仍极适用。

中央大学档案

国立中央大学医学院、卫生署中央医院临诊教学实习合作办法
(1937 年)

第一条　国立中央大学医学院为学生临诊教学实习起见,特与中央医院合作,以中央医院为中央大学医学院实习医院。

第二条　中央医院副院长由中央大学医学院院长兼任之,主持一切关于临诊教学实习事务。

第三条　为推进临诊教学实习事务起见,组织教务会议,其委员由中央医院院长、中央大学医学院院长及与临诊教学实习有关之中央医院各科主任担任之。开会时由中央大学医学院院长主席。

第四条　中央医院下列各科主任均由中央大学医学院教授兼任,并由中央医院加聘,其薪俸由中央大学医学院及中央医院平均负担。

(1) 内科

(2) 外科

(3) 妇产科

(4) 眼科

(5) 耳鼻喉科

第五条　中央医院其他各科之主任及主治医师,凡与临诊教学实习有关者,得由中央大学医学院加聘为专任讲师。以上之教员,其薪俸由双方平均负担。

第六条　中央大学医学院每年拨助中央医院国币一万元,以供教员学生临诊研究与实习。所需材料及技工之用,由教务会议负责支配。

第七条　中央医院所有一切临诊设备及病人,均应供给中央大学医学院员生教学及实习之用。

第八条　凡由中央大学医学院与中央医院合聘之教员概不得兼任其他职务,如有必要时,应先得中央大学之同意。

第九条　凡负临诊教学实习责任之中央医院医师或职员,其任免应得中央大学医学院同意。

第十条 凡足供教学材料之病患,中央医院应尽量收容以利研究。

第十一条 各教授及各医师之办公室、研究室及技工等,由中央医院充分供给。

第十二条 凡中央大学医学院购置之图书、仪器存放中央医院供教学之用者,仍归中央大学医学院所有。

第十三条 凡中央大学教职员、学生持有中央大学证明,经中央医院诊断或治疗者,中央医院应予优待,其办法另定之。

第十四条 本办法自廿七年八月起发生效力,必要时经双方同意得酌量展缓实施,任何一方欲有变更时,须于两年前通知。

第十五条 本办法由中央大学、中央医院分呈教育部、卫生署核准施行,并转呈行政院备案。

中央大学档案

八、商学院

国立第四中山大学商学院各级学程一览(1927年9月)

国立第四中山大学商学院预科学程

学程名	每周时数	全年或半年	学分数	教员姓名
国文	四	全	二	
英文	五	全	三	
第二外国文	三	全	二	
经济学概论	二	全	四	
三民主义	二			黄惠平
中外近世史	三	全	五	
论理学	二	全	四	
簿记	二	全	四	
商用算学	二	全	四	
珠算	一	全	一	
体育	二	全	一	
(附注)三民主义学程本学期本科一、二、三、四年级均须选读				

国立第四中山大学商学院本科一年级各科共修学程

学程名	每周时数	全年或半年	学分数	教员姓名
国文	三	全	二	吴镜天
英文	五	全	三	甲组 杨陈淑琼 乙组 谢孙逢祯
第二外国文	三	全	二	日文 戴蔼庐 法文 沈仲俊
经济学	四	全	六	黄懋仁
商业通论	二	全	四	杨荫溥
商法	二	全	四	夏天长
簿记	三	全	四	张直夫
社会学	二	半	二	孙邦藻
货币论	二	全	四	陈清华
体育	二	全	一	黄文建
中外商业地理				下学期开班

国立第四中山大学商学院本科二年级各科共修学程

学程名	每周时数	全年或半年	学分数	教员姓名
国文	三	全	二	吴镜天
英文	五	全	三	孙邦藻
第二外国文	三	全	二	日文 戴蔼庐 法文 沈仲俊
财政学	三	全	四	唐有壬
银行论	二	全	四	陈清华
世界商业史	三	全	四	陈灿
会计学	三	全	四	张直夫
广告学	二	半	二	陆梅僧
商法	二	全	四	夏天长
商品学	二	半	二	黄懋仁
体育	二	全	一	黄文建
商业理财				下学期开班

国立第四中山大学商学院会计科三年级必修学程

学程名	每周时数	全年或半年	学分数	教员姓名
铁路会计	三	半	三	戴麟书
成本会计	三	半	三	张直夫
保险学	三	全	五	黄懋仁
协作论	二	全	四	朱懋澄
运输学	三	全	五	戴麟书
公司会计	三	半	三	下学期开班
官厅会计	三	半	三	下学期开班

国立第四中山大学商学院会计科四年级必修学程

学程名	每周时数	全年或半年	学分数	教员姓名
银行会计	三	全	五	熊宝荪
审计学	三	半	三	熊宝荪
统计学	三	全	五	金国宝
投资会计	二		二	下学期开班
会计师事业	三		三	下学期开班

国立第四中山大学商学院银行科三年级必修学程

学程名	每周时数	全年或半年	学分数	教员姓名
中外金融市场论	四	全	六	杨荫溥
中外银行史	二	全	四	陈灿
保险学	三	全	五	黄懋仁
协作论	二	全	四	朱懋澄
运输学	三	全	五	戴麟书
银行制度论	三	半	三	陈清华
成本会计	三	半	三	张直夫
投资学	二		二	下学期开班

国立第四中山大学商学院银行科四年级必修学程

学程名	每周时数	全年或半年	学分数	教员姓名
银行实践	四	全	六	严燮
银行会计	三	全	五	熊宝荪
国际贸易	三	半	三	王振汉
审计学	三	半	三	熊宝荪
统计学	三	全	五	金国宝
商业政策	三		二	下学期开班
中外汇兑	三		二	下学期开班

国立第四中山大学商学院工商管理科三年级必修学程

学程名	每周时数	全年或半年	学分数	教员姓名
工商业组织与管理	四	全	六	杨荫溥
成本会计	三	半	三	张直夫
中外金融市场论	四	全	六	杨荫溥
保险学	三	全	五	黄懋仁
协作论	二	全	四	朱懋澄
运输学	三	全	五	戴麟书

国立第四中山大学商学院工商管理科四年级必修学程

学程名	每周时数	全年或半年	学分数	教员姓名
市场学	三	半	三	陆梅僧
审计学	三	半	三	熊宝荪
统计学	三	全	五	金国宝
劳工问题	三	全	五	陈清华
科学管理法	二	全	三	李炳郁
堆栈学	三			下学期开班
商业政策	三			下学期开班

国立第四中山大学商学院各科三四年级选修学程

学程名	每周时数	全年或半年	学分数	教员姓名
政治学	三	半	三	张慰慈
市政学	三	全	五	张慰慈
高级经济学	二	全	三	李干
交易所	三	半	三	杨荫溥
国际法	二	全	三	夏天长
市场测验法	二	半	二	李黄孝贞
高级英文	三	全	三	孙邦藻
中国经济问题	二	全	三	李权时
珠算	一	全	一	施伯珩
实用心理学	三	半	三	本期不开班
高等商算	二	全	三	本期不开班
注意：选修学程至少须有十八人选习方可开班				

中华民国十六年九月

中央大学档案

国立第四中山大学商学院概况（1927 年 11 月）

一、本院略史

前国立东南大学分设上海商科大学，原系国立东南大学与国立暨南学校所合办。因人才与环境之关系，故设立于上海，租尚贤堂为校舍，遂于民国十年秋季宣告成立，国内之有商科大学，实自此始。至十一年七月，改归国立东南大学独立专办，乃定名为国立东南大学分设上海商科大学。迨十五年夏，尚贤堂租约期满，遂迁移于霞飞路八三四号。民国十六年七月，奉命将前国立东南大学分设上海商科大学改组为国立第四中山大学商学院。复经大学筹备委员会议决：因本部校舍不敷分配，准本院暂设上海。

二、组织与行政

(一) 教务组织

1. 学科。本院设四科：一、银行科；二、会计科；三、工商管理科；四、国际贸易科（国际贸易科以本学期经费关系，暂缓开办）。又商大旧生原有肄业于国际贸易系及普通商业系者，仍照旧章程办理。

2. 课程。本院课程都凡 48 种。有副教授 3 人，讲师 25 人（内专任讲师 3 人），助理 3 人。

(二) 行政组织

1. 院长一人，秉承校长，统辖全院事务。

2. 院务会议。以本院长、各科各部主任、教授、副教授、（专任）讲师及（兼任）讲师互选三分之一组织之，为本院最高会议机关，有议决本院院务之权。

3. 教务会议。以本院院长及各科主任、教授、副教授、专任讲师、兼职讲师互选三分之一组织之。对于本院教务上一切事项，有讨论及建议、议决之权。

4. 事务会议。以本院院长及各部主任及课员组织之。对于本院事务一切事项，有讨论及建议、议决之权。

5. 本院行政设下列各部课：

(1) 文牍部。暂不分课，设主任一人，文牍员、事务员及书记若干人。

(2) 教务部。暂分注册、出版、图书三课，设主任（由各学科主任轮流主持）及课员、事务员若干人。

(3) 事务部。暂分庶务、会计、斋务三课，设主任一人，课员及事务员若干人。

三、经费

本院经费经大学本部规定，每月 5 000 元，院舍房租房捐以所收学费补助，收付相抵，不敷尚巨。（详见本年度预算书）

四、院址

本院院址分院舍、宿舍两部。院舍系赁中国营业公司霞飞路八三四号房屋两幢：南部为院长及各部课办公室、大会堂、银行实习室及教室、女生寝室；北部为图书馆、阅报室、阅书室、打字室及教室。男生宿舍系赁捷发营业公司房屋两幢，地点在院舍对面，可容学生六七十人。租金：院舍每月五百两，至十六年八月起，租约期系半年；宿舍每月二百两，至十六年九月起，租期系一年。现在院舍租约行将期满。房东因须建筑新屋，不允续租，将来须另觅房屋。

五、院产

前商大校长未办移交,兹就本院所点收者,估计如左:

(一) 办公家具等计 500 余件,值洋 3 900 余元;
(二) 教室桌椅等计 600 余件,值洋 2 400 余元;
(三) 打字机及印字机等 20 余件,值洋 3 300 余元;
(四) 宿舍桌椅卧具等计 900 余件,值洋 1 900 余元;
(五) 其他杂用品计 500 余件,值洋 1 700 余元;
(六) 中西文书籍约值洋 12 600 余元。

共计器具 2 500 余件及书籍,约值洋 26 000 余元。

六、设备

本院新设银行实习室一所,因限于预算故,各项设备未能齐全。就目前之需要而言,添购图书及增设会计实习室均为刻不容缓之事。

七、出版

本院出版物现以限于经费,只出院刊一种,旬日一版,为传达本院重要消息,间载研究文字。月刊、季刊及刊印丛书皆在计划中。

八、图书馆概况

本馆计占房屋四间,一为藏书库,一为阅报室,二为阅书室。搜藏图书以商业、经济等书为主体。凡银行、货币、经济、理财、会计、簿记、工商管理以及贸易、运输、保险、统计、关税、商法等书,大致均备。计中文书 1 696 册、英文书 2 501 册、法文书 13 册、德文书 9 册、日文书 4 册、拉丁文书 1 册,共 4 224 册。又中文杂志 48 种,英文杂志 39 种,中文日报 7 种,英文日报 2 种,共值洋 12 600 余元,又家具用品等约值洋 700 元。然所备书籍,尤未足以应阅者之需求。今后尚须妥筹的款,逐渐扩充,以期成为完备之商业大图书馆而供学子之探讨焉。

九、学生

本院本学期男女学生实到者 171 人,其受战事影响、交通梗阻或经济关系而不能到院请求休学者 32 人,无故逾期不到而被开除学籍者又 30 余人。兹将实到人数分列如次:

(一) 银行科　　　　男生 37 人　　　女生 1 人　　　共 38 人

（二）会计科　　　　　男生 16 人　　　女生 0 人　　　共 16 人
（三）工商管理科　　　男生 11 人　　　女生 1 人　　　共 12 人
（四）国际贸易系　　　男生 4 人　　　 女生 0 人　　　共 4 人
（五）普通商业系　　　男生 14 人　　　女生 0 人　　　共 14 人
（六）一年级　　　　　男生 31 人　　　女生 2 人　　　共 33 人
（七）二年级　　　　　男生 28 人　　　女生 3 人　　　共 31 人
（八）特别生　　　　　男生 30 人　　　女生 3 人　　　共 33 人
合计 171 人

十、学生课外生活概况

甲、娱乐——音乐会

乙、研究——会计学会

丙、刊物——《会计学杂志》

丁、义务教务——平民夜校

戊、团体——学生会——级会

己、体育——足球、队球、棒球、网球、篮球

十一、商大毕业生

（一）银行理财系　　　男生 85 人　　　女生 3 人　　　共 88 人
（二）会计系　　　　　男生 38 人　　　女生 3 人　　　共 41 人
（三）工商管理系　　　男生 31 人　　　　　　　　　　 共 31 人
（四）国际贸易系　　　男生 11 人　　　　　　　　　　 共 11 人
（五）普通商业系　　　男生 11 人　　　　　　　　　　 共 11 人
合计 182 人

十二、进行计划

教育为立国之基础，商业为富国之要素。环顾世界文明诸邦，教育之幼稚首推吾国，商业之凋敝亦为首数。中华诚欲急赶直追，非普及教育与夫培植商业专门人材不可。而欲养成商业专门人材以应社会之需求，则舍扩充国内专门商业教育不为功。

上海为中国通商巨埠，亦为全国商业之枢纽，人才荟萃，允为施行商业专门教育之最佳地点。此本学院之所以设立上海，固不仅以大学本部校舍不敷分配而已也。顾以乏相当基地，暂赁中国营业公司霞飞路八三四号房屋为院舍，所订半年租

约瞬将期满,尤不可无永久之院舍以巩院基。因由本院院务、教务联席会议议决,请由院长致函大学本部请示办法。

现在国内商业逐渐发展,各地需要商业专门人材亦日益繁多。本学院有鉴于斯,除将已开办之各学科力图扩充外,尚有预定计划,条列如左:

(一)增设学科

甲、国际贸易科

乙、保险科

(二)扩充设备

甲、设会计实习室

乙、添购中西文书籍及计数机器等

丙、设工商陈列所及银行

右述概况以限于篇幅,只撮其大略,藉明本院既往之历史以及此后进行之计划。尚希教育当轴、社会宏达督促资助,俾本院事业日臻进展,不独本院之幸,商业教育前途实利赖焉。

中央大学档案

大学本部请商学院迁回南京(1928年1月3日)

迳启者:案查本大学第一次筹备委员会议议决:各学院地点问题,以同在一校为原则,遇必要时得分设他处。本校前因一部分房舍借与中央党务学校,内部不敷分配,不得已将医学、商学两院暂设淞沪各处。经迭次与中央党务学校磋商,嘱其迁让,已荷允许,不日可将所借房屋全部归还。故于十二月二十四日复经校务会第二次临时会议议决,商学院于下学期迁回南京,如事实上有困难问题,一切由高等教育部长与商学院长商洽办理解决之等语。

查贵院在上海所租房屋,至一月适值期满,不必续订租约,即于寒假期内迁宁,以符原案,便利较多。现在大学预算,既经江苏教育经费委员会议决以七折发放,故本部及各院预算,暗中皆受减损,办事诸感困难。贵院经费向系十足支领,尚虞不敷,若再减削,将何以维持状况?在本学期内,本部各院预算未曾划分,贵院单独足领,已经迭起纠纷。在下学期预算划分之后,无论如何,势不能复有调剂。故迁宁之举,为撙节开支计,实为有益。希将此中委曲情形,详细报告院中各教员,并说明不得不迁回南京之故。至于教员方面,专任各教员聘书原订一年,务希特别疏通,请其全体来宁。其兼任各教员,愿来宁者亦希请斟酌情形,分别改订作为专任。

诸请台端主持一切，酌量尽善，仍将办理情形，随时函报。除另函院务委员会出席诸教员外，特此函达，即希察照。此致
程院长

大学本部启
一月三日
中央大学档案

程振基致胡刚复函（1928年1月10日）

刚复先生大鉴：

　　日前诸承教益，并贶盛宴，感谢之至。基犹不能去心者，即先生与叔纲先生等推诚相与，使难于解决之问题，亦已有相当办法，欣慰何如。弟抵沪后，学生纷纷来问商洽结果，当举实以告。乃突有倡同迁或同留之议者，其说颇足鼓动盲目之群众。弟曾百方劝解，亦鲜效力。若非连日疲于期考，恐反对分开之电报，早已拍发。据闻学生反对分开之理由，惟恐商院归于消灭，殊属可哂。若先生答复电报时，能于此点略加说明，谅不至再有反对之议。而既定之方针，亦毋庸更改矣。本星期内期考可毕，学生纷散，弟拟照所商办法进行，即通知一、二年级于下学期赴宁肄业。其有不愿往者，任其转学。至于教职员之调剂，准于结束后实行。但一切文告，皆须遵照本部函件办理。弟于离宁时曾托陈清华先生代恳先生早日函示所商定之办法，以便有所根据。务乞从速赐函是幸。

　　再，阴历年关将届，外欠及退还讲义费约须千余元，无法清偿，焦急万分。而院中日用之需，已挪动保证金数十元。拮据情形，可以想见。可否请先生迅拨若干，藉解倒悬，不胜感盼之至。诸蒙厚爱，容当面谢。匆上，即颂

道安

叔纲、元龙两先生统此敬谢！

弟振基
十七年一月十日灯下
中央大学档案

商学院学生为迁校事致张乃燕、胡刚复函(1928年1月10日)

君谋校长、刚复部长转校务会议诸先生鉴：

程院长回院报告，知校务会议拟将商院迁宁，以事实困难，三、四年级仍暂留沪。惟学生等决不愿以整个商学院划分为二，使学校精神涣散。且本院向为学分制，二年级与三年级同选之课颇多，故迁宁留沪，请诸先生决定，学生等未便参加意见。但无论迁宁留沪，务乞从速决定电复，俾知下学期究在何处，是为至祷。此请
公安

商院学生施旦、钱允咸、朱福奎、王季陶等

103 人同叩

十七年一月十日

按：商院注册学生 172 人，在校生仅 150 余人，除寒假毕业同学不愿参加意见外，已通过四分之三。(另有签名单由四人负责)

中央大学档案

大学本部致商学院函(1928年1月12日)

迳启者：本校关于贵院迁宁问题，业已数次商洽在案。现以各教授不能全数来宁，及他种事实上障碍，经最后决定，于十七年春季学期开始时，将一、二年级生先行迁宁，其三、四年级生暂留沪渎，俟至秋季全体迁回。用特函达，即希查照办理为荷。此致
商学院

大学本部启

一月十二日

中央大学档案

大学本部通知商学院本学年暂不迁宁(1928年6月29日)

迳启者：案准本校第 12 次校务会议提议商学院迁宁一案，程振基提议以事实

上极多困难,且本校讲室宿舍均不敷用,若本院师生迁来,无处容纳,仍以暂不迁宁为宜。议决商学院于下学年暂不迁宁等由。兹特录案函达,希即查照。此致
商学院

大学本部启
六月廿九日
中央大学档案

程振基致张乃燕函(1928 年 7 月 11 日)

迳启者:顷据前南高、东大暨中大商科毕业旅京同学会来函略称,母校"商科大学"一名词,自改组以来已成历史上之遗迹,而此一名词仅能得以保存而光辉之者,厥为我毕业同学是赖。此毕业同学对于母校商科大学应尽全力以维护之,不容他人损其毫发。唯查近日有人组织上海商科大学登报招生,虽曾冠以"私立"二字,然鱼目不免混珠。兹经旅京同学于七月一日开会议决,为保存母校之固有精神及维持母校在社会上永久之名誉起见,绝对不容他人冒窃商大名义。除函请该校自动更名外,即请将此项意见提出讨论等语。查前上海商科大学系国立学校,自上年八月经敝院接收改组以来,久为中外人士所知。现在复有私立上海商科大学突然发现,其内容若何,外人无从得知。顾以沿用商大名义,实足妨碍敝院固有之基础,此次商大毕业同学会函述各节,所见甚是。用特据情函请鉴核,转呈大学院训令该校更换名称,藉杜影射,无任公感。此致
国立中央大学本部

商学院院长程振基谨启
七月十一日
中央大学档案

程振基致张绍涵函(1928 年 9 月 10 日)

绍涵我兄大鉴:

今晨迭奉快函,敬悉一切。君谋到沪,弟未前知。兹始电询其家,云已外出,未获一谈为怅。抚五来函,云已于五日首途赴鄂,大约三星期可以回宁。延聘法学院教员事,抚五与弟曾数次与君谋谈及,彼亦处于困难地位。而稚晖杜门谢客,殊无

他善也,俟晤君谋后再行奉闻。

日昨商学院寄上一函,请援例函请江苏教育经费管理处拨下建筑费10万元,务恳吾兄鼎力援助,并向该处人员事先疏通为祷。再,八月份经费短发500元,请饬会计组补寄,以应急需。此间已自本日起开始上课,惟学生尚未到齐(达三分二),忙碌万分,恕不一一。匆颂

教安

制弟基谨上

九月十日

筱涵兄处,原拟另笺奉候,因事搁,祈恕罪。继卿颇负责,已改为事务主任矣。

中央大学档案

商学院学生会请求拨款建筑院舍(1928年10月18日)

敬启者:前此商学院院长程振基先生曾据全体学生公意,要求拨款建筑院舍,函达钧座暨江苏教育经费管理委员会,度已久邀鉴及矣。顾乃迁延尔许时殊不得报,此所以令敝会大惑而不解者也。尝闻之教育为国家之命脉,使莘莘学子萦于切身问题,不得安心读书,尚何教育之足云。钧座亦学生出身,当识此中甘苦。商院以环境故不能迁宁,业于去岁缕缕陈之,并荷钧座谅解而留沪。既留沪,为长治久安计,故有建筑院舍之请求,讵竟杳无答覆,此不能不令人有所疑也。

夫商学院,国立中央大学之一部也,在理宜得平等之待遇。以经费论之,全部年且百数十万,而商院之预算仅六万,每月实得则只三千余金,以院数计之倍且不止,而所得竟戋戋如是,斯胡故欤?今年本部建筑教室,招工投标费且数万,固煌煌乎广告于报章也,谁又不知。本部有美轮美奂之黉舍,容千人而扩然,尚有待于添建,则并会计实习室而无之。商学院以赁居不宜,要求十万元以建筑院舍,似亦无何不合。乃竟屏之,勿与于校务会议议案之列,斯又何故与?据江苏教育经费管理委员会覆函,该会仅有遵命拨款之可能,而无迳予拨款之权限。大学本部有此权限(于建筑本部教室可以观之),而乃不为,是又胡故与?综之,现在之事,惟以意之爱憎为标准。今之商学院所以不得发达而贻诮于人者,谁实为之,孰令致之,亦惟当轴者不得辞其责而已。

夫以国立大学之一院,乃无确定之院舍,日在风雨飘摇中。僦屋以居,湫隘不堪,托庇于租界之中,年负数千元房租之重担,致为识者所哂。遑论各国大学无此丑态,即我国立各大学各学院又谁有此怪象哉!再进一步,以私立学校而言,大学

如复旦、东吴、沪江、大夏,中学如民立、澄衷、浦东、立达,亦皆有自置之校舍。而我中央大学商学院,固冠以国立二字者也,乃并此私立学校而不如,岂不奇羞邪?或者钧座衷心以为商院自东南、暨南合设迄今,已有十年之历史,在此甚悠久之时间中,嘿无一言。故现今对于建筑院舍一事,不妨留待后议,而不以此为当务之急。此则钧座对于吾人切身问题尚未了解。须知从前在学阀压迫之下,虽有所蕴,不得发泄。及商院改组,复得钧座来长斯校,吾人乃额手相庆,以为今而后经费当可增加,以发展院务,院舍当可建筑,以确定地位,而吾人亦得安心学问,以无负家庭社会国家之期望。今竟若此,岂不大可悲哉!商院学生素以温良谦让、勤谨治学闻于世,十年来从无掀动风潮罢课要挟之事发生,今竟以温良谦让、勤谨治学而得此结果,坐视陷落无能援手,亦惟叹息!在此廉洁精明、能为人民造福之政府之下,在此以学生出身、素以为学生谋福利为目的之钧座所统治之中央大学之下,竟受此不平等之待遇而已。间常闻之"典守者不得辞其责",又曰"不在其位不谋其政"。钧座典守者也,而我人肄业斯院,亦似不得以不在其位为诿也。今谨以极诚恳、极敬礼之态度向钧座请愿,愿钧座对于商院本平等待遇之原则,勿稍有歧视之心,于请求拨款建筑院舍一事力予赞助,俾于最短期间促其实现,则有功教育、造福士林,固不独吾侪身□者感激靡涘(矣),即后之来者兴言及此,亦当为钧座作无量颂也。临颖惶悚,不胜迫切待命之至。专此,敬上
国立中央大学校长张

国立中央大学商学院学生会谨启
十月十八日
中央大学档案

程振基致张绍涵函(1928年12月19日)

绍涵吾兄大鉴:

事冗多日,未通音讯为怅。兹为醒目起见,条述数事于次:

(一)关于大学经费事,所有行政会议或教授会议议决案,此间同仁一致赞同。

(二)商院银行科主任陈清华先生现兼任中央银行理事会秘书,除早晚到校授课外,已无余暇执行主任职务。依照聘约,其薪俸应照钟点计算,每小时四元。兹请吾兄商之校长致函陈先生,声明自十二月起改聘为兼任副教授,月薪依照钟点计算。但不必书明所担任之功课或月薪若干。因下学期开班学程,定须变更也。此事务请从速办理,俾月底发薪时即可执行。

(三)商院预算与实支数每月约差500元,办公费尤感不足。如邮电一项,每

月仅列 13 元,岂非笑话？下学期房租增加及添聘专任教员每月需增加支出 500 元。如照既定预算办理,弟决难胜任。容俟日内用公函奉达,再请追加预算。尚祈鉴核实情,予以援助是幸。余俟续闻。匆上,顺颂

教安

　　君谋、海萍诸兄统此敬候。

弟程制振基谨启
十二月十九日

　　附：张绍涵复程振基函(1928 年 12 月 29 日)

铸新先生大鉴：

　　奉读十九日快函,备悉一一。承示各节,当与校长、刘秘书长等熟商,金谓商院银行科主任陈清华先生现在究竟已否辞去主任职务,函中未见叙明。如陈先生尚未自动辞职,似应由吾兄与之先行说妥,再函知本部,则另聘主任办法始有根据。或仿照文学院系主任楼光来先生在外兼职例,对院内授课薪俸,除照钟点算给外,另送主任薪俸五十元。如陈先生未辞主任而又不便讽使辞职,则援楼例说明致送,或亦是一种办法。

　　至商院经费预算,已经行政会议通过,万难变更。为今之计,既属不敷甚巨,而收入项下又经筹备会议议决补助房租房捐有案,则所有临时费一项,即由本部另行拨付,尚可通融办理,统希酌行可也。此复,顺颂

教绥

弟张贻惠谨启
十二月廿九日
中央大学档案

商学院第十七次院务会议记录(1928 年 12 月 21 日)

　　出席人：嵇储英、王子吉、程振基、戴蔼庐、吴镜天、杨荫溥、李干(杨荫溥代)、王纶、俞颂华、陈清华

　　开会如仪

　　一、学生张玫等请求提早两星期举行期考案

　　议决：不准。

　　二、本院经费支配案

议决：查本院（一）下学期须添聘教授，所需薪俸超过本院薪俸实支预算；（二）下学期房租每月须增加二十五两；（三）文具、邮电、购置、图书、修缮、消耗、杂支各项实支数目超过预算极多；（四）本院因特殊情形，旅费及特别费两项预算亦须增加。请院长据实向本部陈请补发。

三、本年寒假招收插班生案

议决：本院招收一、二年级下学期插班生，应考生即随本院一、二年级寒假期考，考试由教务处办理。

四、扶助清寒学生办法案

议决：参照大学本部办法，再行核定。

五、学生吴静雅、王荫初等请求下学期增设审计学、运输学两学程案

议决：届时选读该两项学程人数在十人以上，始准开班。既开班后，该两学程于十八年度上学期不再续开。

六、事务处提议裁并事务处案

决议：事关变更本院组织，应另推委员先行审查有无裁并可能，再行决定。公推程振基、戴蔼庐、嵇储英三先生为委员。

中央大学档案

商学院建筑院舍经费办法（1929年1月9日）

敬启者：本校商学院设于上海，无确定院舍，日在风雨飘摇之中。僦屋以居，湫溢不堪，且年负房租万金，耗损实为不赀。迩者该院院长及学生会函电纷驰，请求拨款十万元（或先拨五万元）建筑院舍，以固根基，而图久远。曾于本月五日第三次本部行政会议共同讨论，拟定办法两条。（一）发行债券五万元，分年摊还，由商学院每月租金项下摊还；（二）用学校名义息借五万元，由商学院租金项下摊付本息。以上两种建议办法是否可行，敬请校长量为核定。如此外尚有其他良策，俾商院院舍早观厥成，尤所深盼。用特录案奉达，即乞核定遵行。此上

张校长

本部行政会议启
一月九日
中央大学档案

商学院第二十八次院务会议记录(1929年2月26日)

出席人:刘驷业、陈长桐、熊宝荪、戴蔼庐、嵇储英、潘序伦(程振基代)、程振基、王纶、杨荫溥、俞颂华、吴镜天、陈清华

开会如仪

一、议定免费办法案

议决:遵照大学本部规定办理,惟请求免费生须经本会议审查通过。

二、议定工读办法案

决议:推定戴蔼庐先生、杨荫溥先生、程振基先生为起草委员。

三、讨论设立消费合作社案

决议:赞成消费合作社之设立。该社房屋设备及杂项消耗,得暂由本院酌给,并于必要时本院得酌量借给资金,惟其数额不得超过国币200元。将来消费合作社章程于社员大会正式通过后,须由本会议核准,始为有效。

四、讨论设立中大实习银行案

议决:由本院划出资本2 000元设立中大实习银行。该行设董事长一人,由本院院长任之;设董事四人,由本会议推举教职员三人、学生一人;设监察人三人,由本会议推举教职员二人、学生一人;设总经理一人,由董事长聘任之。

五、推举中大实习银行董事、监察人案

议决:公推陈清华、刘驷业、戴蔼庐三先生及学生吴荫远君为中大实习银行董事。熊宝荪、嵇储英两先生及学生潘世杰君为该行监察人。

六、审查免费生案

议决:准王荫初、郭学范、毛嗣开免缴本学期学费。惟受本省或本县津贴者,照本部所规定办法,应取消其免费资格。

七、规定学生制服案

议决:自本学期起实行。

八、各地学生来函请求补行入学试验案

议决:本学期不再招收插班生或转学生。

中央大学档案

程振基致中央大学本部函(1929年3月7日)

迳启者：兹据上海台湾学生联合会来函，略谓：台湾学生受日人之欺凌垂三十余年，幸台人知母国文化不可一日销灭，乃有读书会、夜学会等之组织，以研究母国文字，是皆台人向化母国之热忱，有以致之。回忆昔日革命尚未告成之时，南北政府尚有优待台湾学生之办法。兹者革命完成，全国统一，对于台湾学生未闻有优待章程，谅非先总理之本意、革命之目的。兹因台湾学生缺乏国文与英文根底，对于入学试验颇感困难，是以要求下列四项，请予察核计。(一)凡台湾学生，得按其程度，准其免试编入相当年级为试读生。学期考试及格者，得改为正式生。(二)凡成绩优良之台湾学生，毕业时各校须介绍其在国内外各机关服务。(三)凡经济困难之台湾学生，各国立学校准其免学费全部。(四)以上三种优待，须经本会或各地台湾学生会介绍者，方得享受，以昭慎重。等情。查该会所请各节，自系实情，亟当爱护。惟本院对于此项优待条件毫无根据，未便即予承认。用特函请本部核示办法，俾资遵守为荷。此致
国立中央大学本部

商学院院长程振基谨启
三月七日
中央大学档案

程振基致洪芟舲函(1929年3月22日)

芟舲吾兄大鉴：

久未晤教，时以为念。顷接本部通知，藉悉明日下午三[时]举行第六次本部行政会议。弟因院务羁绊，不克来京出席，用特函请吾兄代表，并祈提出"请由总务费项下拨给商学院建筑费洋三万元"一案。理由：自本会议议决准借五万元建筑费，而后弟曾接张校长来函，嘱就近向沪上银行界接洽。因与中国银行张公权先生谈判，其结果即须先由大学拨出三万元购买地基，然后以地契抵押借款，否则银行不借。弟当即将此意函报校长，请照拨款，奈久无回音。故不得不请求行政会议援助，务恳予以通过。万一无通过希望，则请付下次会议讨论，弟届时准来京出席。要之，此次建筑费，商院在所必争。学生方面，屡欲推举代表来京请愿，均经弟制

止,如不蒙允许,弟非辞职不可,恐将引起甚大纠纷,亟盼慎重考虑,并乞将此函转达校长及高等教育处长为感。敝院订于廿四日(星期日)上午九时举行中大实习银行及消费合作社开幕典礼,柬请来宾百余人。弟因是不能离沪,怅怅,余俟续闻,鹄候覆音。敬颂
教安

　　海萍兄统此,恕不另笺。

弟程制振基谨启
三月廿二日正午
中央大学档案

程振基致张乃燕函请辞院长职务(1929年4月5日)

校长先生大鉴:

　　振基猥以菲材,谬蒙聘任本大学商学院长,视事以来,忽忽年余。诸赖校长指导,本院教职员诸先生之匡助及本院学生之循规蹈矩,得免陨越。惟是振基以为商业人才关系国家建设至巨,值此商战时代,吾国商业每落人后,尤应培植富有学识经验之商业青年,储为国用,以为解决民生问题之基础。兹者硕果仅存之国立中央大学商学院,每年经常费仅 60 648 元,复无固定院址。揆之部定章程,大学商科常年经费至少 8 万元,本院经费视此最小限度,不敷之数几达四分之一矣。又私立学校无自建校舍者,教部尚不准其立案,岂本大学因系国立,便无自建校舍之必要耶?关于建筑费一层,振基屡次函请大学本部转洽江苏教育经费管理处,准拨本院建筑费洋 10 万元,分两期付清。嗣经本部行政会议议决,请校长息借洋 5 万元,为商院建筑院舍之用。又经先生函嘱,振基就近与银行界接洽,曾于三月间将接洽结果函报,即沪银行界须先请本部拨购地基洋 3 万元,再以地亩抵押借款。讵意本部始终以无存款为词,坚不肯拨,但云俟学期终了,总务费如有余款,可酌拨一部分。又俟江苏教育经费管理处拨到建筑费洋 45 000 元时,亦可拨一部份。由前之说是不啻画饼充饥,由后之说则振基异常惶惑。此项建筑费是否为商院代请,从"亦可拨一部分云云"观之,显非专为商院建筑之用。然则商院建筑费因何不允代请,而允向银行息借耶? 是可知本部对于商院建筑费一节向无诚意。振基认为自建院舍为商院前途发展之基础,既无能为力,不便尸位素餐,用敢缕陈颠末,敬请先生准予辞去商学院院长职务,并祈即日另聘贤能接替,无任心感。抑有声明者,基自四月八日起即不到院任事,所有院长职务已函请本院院务会议暂行代理。谨此奉达,顺颂

钧安

商学院院长程振基
四月五日
中央大学档案

程振基致洪芰舲函(1929年4月11日)

芰舲吾兄大鉴：

顷上一书，甫发，接读手示，诵悉一一。辱承婉达规劝之意，靡任心感。弟之辞职，既非拆台，亦不作要挟之想，实迫于义愤。而事已至无可为之时，不得不以一走卸责。商院自经内部整顿以后，一切皆能循轨进行。惟以院址飘摇，前途无发展余地。故曾屡次函请大学本部转向江苏教育管理处接洽建筑费，迄今无只字示复。或以空洞议案，或以事实无款为搪塞之具。最近接本部复函，言俟管理处拨到建筑费45 000元时，商院可得一部分。试问此项建费有无指定用途？如其有之，则商院何能分得一部分？如无一定用途，则管理处能否发款？诚属疑问。总之，商院请代向管理处（或其他机关）接洽建筑费，终未允许，究属何因？由此推想，本部对于商院建筑毫无诚意，断然无疑。此弟之所争者，代表商院全体而争。因有友谊关系，故制止学生，不令有所表示。沪上各报，亦请暂勿登载，以待本部复命。如无切实办法，弟自不能复职。教职员学生必皆有热烈举动，恐有不可收拾之日，亦未可知。因是，敢请吾兄婉商志骞、海萍两兄，速以公函允于一个月内筹拨商学院建筑费洋3万元。一面组织保管委员会，其款即交该会收存；一面饬商院进行购买地基，经专员评定价格，然后付款。倘能如此，则风潮不至发生，公谊私交均能顾及；弟个人携感，尤无涯涘（矣），否则纵有被诬拆台之嫌，亦只得抚躬自问而已。匆此奉复，言不尽意。顺颂

教安

弟程振基启
四月十一日灯下

亟盼示复。志骞、海萍兄统此敬候。

弟明日赴锡，拟住新世界旅馆，十五日返沪。又及。

中央大学档案

商学院学生会致戴超函（1929年4月26日）

志骞处长先生钧鉴：

敬启者：商院自改组以来，瞬将两载，幸得院长程先生惨淡经营，锐意整顿，成绩斐然，声誉日隆。但为经济所限，常苦不能尽量发展，以致设备简陋，学额日减，院址迄今无定，东迁西移，久呈飘摇之象。院基不固，前途堪危。环顾沪埠，所有公产均已为捷足者所先得。商院既因环境、人才关系有设沪之必要，为永久之计，购地自建院舍，实属刻不容缓之图，并请为钧座一详陈之。

商院年来厄于经济，一切计划无由进行。而年费万金，租赁院舍，湫隘嚣尘，颇不合于教学。何如购地自建，糜费既省，设施可期。其理由一也。

因院址不广，教室不能添辟，学额无由扩充。以全国最高学府，内□仅得百人。值此训政开始，需才孔亟，尤应建筑宏广院舍以纳四方之士。其理由二也。

中大各院莫不有相当院舍，商院既为各院之一，竟无寸地立足，未免太不平允。其理由三也。

更按教育部通令，私立大学无自建校舍者尚不准立案。商院为国立大学之一院，岂能无固定院舍。其理由四也。

有此四大理由，则商院自建院舍之急不可缓，当无疑义矣。他如形式简陋，有碍观瞻，设备草率，有损精神，尚其余事。最近院长因力争院舍不得，辞职离院，负责无人，险象环生。幸师生间尚能合作，弦诵得以未辍。但长此以往，绝非佳兆。伏恳钧座照前此通过议案，迅拨十万元，期于最短期间筑成院舍，并祈慰留院长勉任艰巨，主持大计。兹特派代表潘世杰、毛嗣开二君趋前请愿，务恳赐予接见，并恳准与列席本届行政会议陈述一切。不胜盼祷之至。专此，敬请

钧安

            国立中央大学商学院学生会谨启
            四月二十六日
            中央大学档案

张乃燕为建筑院舍事致程振基函（1929年4月30日）

铸新先生道鉴：

迳启者：接准大函，以商学院建筑院舍问题，未能予以切实解决，因而提出辞职。查台端自任事以来，对于院务积极进行，在在规划周详，不特为诸生所爱戴，即本部方面亦幸得长才展布，诸事蒸蒸日上，成绩之优，收效之宏，定可操券。正期久资臂助，益成明效，讵能□其中途高蹈。现于本月二十七日开本部行政会议时，已提出商学院请拨现款三万元，以便进行借款建筑院舍案。经议决：由十七年度建筑费项下拨付商学院院舍建筑费三万元，于本年五、六、七三个月内每月拨付一万元等语。此后自应依照议决案办理。用特专函布达，务希查照，取消辞意，即日到院照常维持。并依照原定计划，将购地借款诸手续次第办理，俾于最短期间，得实现院舍新建筑。弟亦得以藉于观成，曷胜企盼。想贤者热心教育，定能贯彻初衷，惠予主持也。此颂

公绥

弟张○○谨启
四月卅日
中央大学档案

商学院第三十四次院务会议记录（1929年5月17日）

出席人：陈长桐（刘代）、刘驷业、熊宝荪、郑辉、戴蔼庐（杨代）、吴镜天、程振基、王纶、俞颂华、王子吉、嵇储英、杨荫溥、陈清华

开会如仪

报告事项：

一、本月份大学本部应拨本院建筑费1万元，已于五月十四日如数汇到，存本埠中国银行，由保管委员会保管。

二、程院长因事须赴杭一行，在未回沪前，院务请杨荫溥先生代理。

三、建筑借款已与张公权先生一度接洽。

讨论事项：

一、审核本院十八年度预算案

议决：照预算经常费84 228元通过。惟此项预算系最低限度，不能再减，于呈报预算时附带声明。

二、决定招生日期地点案

议决：日期定七月十五日，地点在本院。

三、组织招生委员会案

议决：公推杨荫溥、刘驷业、陈清华、郑辉、吴镜天五先生为招生委员。

四、原有试读生及选读生处置方法案

议决：原有试读生本届期考分数凡国文、英文、经济学在70分以上，其余各学程分数俱在60分以上者，得改为正式生。惟须分别审查资格。自下学期起，选读生一律改为旁听生。

五、学生朱福奎等请求延长参观西湖博览会日期案

议决：改订自六月八日下午起至十三日下午止。

中央大学档案

商学院第三十六次院务会议记录（1929年6月5日）

出席人：吴镜天（王代）、王子吉、郑辉、嵇储英、程振基、杨荫溥、俞颂华（纶代）、王纶、陈长桐（陆梅僧代）、熊宝荪、刘驷业、陈清华、戴蔼庐

开会如仪

一、学生参观西湖博览会工作分配案

议决：六月八日参观全部博览会；六月九日为本院宣传日，全体参加表演及宣传；六月十日起分组研究作成报告，其分组名单于六月十日公布。

二、参观西湖博览会告假办法案

议决：凡因不得已事故不能赴杭请假照准者，依照所选学程钟点，以通常事故缺课论。

三、赴杭参观西湖博览会提早一日案

议决：提早一日，于本月七日启程，因星期六路局不能通用团体车票。

四、试读生王洁卿等请求维持期考成绩标准案

议决：维持原案。

五、游艺会请求拨给津贴案

议决：同乐会津贴不得过100元，赴杭游艺津贴不得过200元，由院长酌量支配。

六、学生李星枢请求追加旅费案

议决：不准追加。

中央大学档案

程振基致中央大学本部函（1929年8月17日）

迳复者：奉八月十二日大函，以前私立青岛大学改组后，商科三年级修毕学生奉部令准予转学，函询敝院能容纳若干，希查见复等因。查此种转学学生人数容纳多少，似可无须预定。惟敝院例不收取三年以上之转学学生，如须插入二、三年级，亦须审查以前成绩是否合格。且入学之第一学期只可认为试读生。至学期终了时，如成绩优良，始可认其为正式生。其原校所习各学程，得俟该学程内容及所修成绩审核后，酌给学分，但不得超过敝院同等学程之学分。至此次如必须转入四年级，惟有依照青岛大学章程，修完该大学商科规定学程，以该大学名义给予毕业，本院只可认为代办性质。是否之处，相应一并函复，务请查照为荷。此致
国立中央大学本部

商学院院长程振基
八月十七日
中央大学档案

商学院第四十次院务会议记录（1929年10月11日）

出席人：吴镜天、杨荫溥、胡其炳、陈清华（杨代）、武堉干、王子吉、俞颂华（武代）、邱正伦、雍家源、徐佩琨、申鸿琛

开会如仪

一、审查免费生及工读生案

议决：除上海中学保送学生王逢辛在本院工读生章程未公布前已经院长特许外，兹有学生刘文廷、刘景秀、李钧三人请求工读，又学生毛嗣开、佘方耀、陆嘉禾三人请求免费，审查尚无不合，应予照准。工读生津贴自本月起支。

二、各团体请求津贴案

议决：音乐会、唱歌团、京剧社本学期各津贴50元。

三、审查本院学报投稿简章案

议决：修正通过。

四、规定本届毕业生呈缴论文日期案

议决：本届毕业生在本年本月三十日以前由学生自行拟定题目，交教务处转四科主任共同审查，并由四科主任代请指导教授。又在本年十一月三十日以前须呈缴论文提纲，由指导教授审定。又在十九年三月三十日以前，先呈缴初稿，交指导教授指导修正。又在五月十五日以前，须呈缴正式论文。如遇（逾）期不缴，本院即不将其姓名列入毕业名册呈报本部，并不发给任何证明书。

五、学生请求减少宿费案

议决：准减 6 元。

六、十八年度预算分配案

议决：本院本年度支出预算仅经常支出一项，已达 130 656 元，与本部本年度第一次校务会议支配本院经费 118 300 元之数，不敷 12 000 余元。应请院长同本院出席代表于下届校务会议请求如数补足。

中央大学档案

程振基致张乃燕函（1929 年 10 月 29 日）

君谋先生大鉴：

上星期六辱乘枉驾到院，有失倒履，至为歉仄。昨日下午五时，奉帖召宴于东亚，亟应趋陪，藉聆教益。惟弟已先期约定趁六时快车赴杭，且此间杭行事务，适届九月底进出殷繁之际，未便延搁，故只得心领谢谢，伏乞原谅，幸甚。闻杨石湖先生言，先生注重刊物，创办学报，以期增高大学在学术上之地位，钦佩异常。商院原有此项计划，如能得本部主持，则商院学报理应归并，俾收整齐划一之效。

抑有陈者，商院因欲求与工商界切实联络，并欲尽最高商业研究机关之天职起见，经院务会议议决，设一工商调查部，拟聘前交通大学铁路管理学院院长徐佩琨先生为该部主任，月薪 300 元。徐先生系统计专家，学识经验均极丰富，且为学术界知名之士。如聘其担任工商调查事务，定能尽职。（又拟聘吕显曾先生为该部调查员，月薪 60 元。）即乞核准致聘是幸。余俟续详，风便祈时锡教言，俾有遵循为祷。专此，顺颂

撰安

弟程振基谨启
民国十八年十月廿九日
中央大学档案

程振基函陈寒假招生事（1929年12月28日）

迳启者：接奉校长来函，略谓第五次校务会议议决，本年度寒假概不招生。并据本校学生会请求，转知各院废止寒假招生，其在暑假招生时应从严格办理。事关师生同意，自应一律施行，特再函达查照。同时并准教务处函请，将因何寒假招生情形见复，以明真相各等因。查本院此次寒假招收一年级转学生，系因沪上各大学肄业生纷纷来函请求转学，本院未便坚拒。当经十二月二日第四十三次院务会议议决，三日即将议决案奉达本部备案，谅当时已在洞鉴之中。而七日第五次校务会议忽然议决寒假概不招生，致与本院院务会议议决案前后抵触。至此次学生会请求，原意无非为防止新生程度参差，本院对于此点深为赞同，历届招生均从严办理，向未滥收，此人所共知者，毋庸复赘。若绳以议决案必须一律遵照，徒见实际上感受困难。盖本院与在京各院情形不同，未可以彼例此。现在本院学生会对于寒假招生未有异议，本院行政方针亦向不以学生意旨为转移。兹既依照规定手续在各报刊登广告，各处学生前来报名者颇不乏人，自难中途停止。即请俯鉴经过情形，原谅已成之事实，提交下次校务会议复议，必使校务会议与本院院务会议之议决案不致矛盾，无任感荷。此致
中央大学秘书处

商学院院长程振基启
十二月廿八日
中央大学档案

程振基致刘海萍函（1929年12月31日）

海萍吾兄大鉴：

日前在杭，获奉手教，敬悉种切。承嘱之件，因弟离英已久，理可逊教授已于前年逝世，至于讲师、助教辈无甚交谊，且不悉其近状，恐勉作一介绍函，亦属无益。奈何奈何！顷接三十日校长通知，定于一月四日下午三时开第七次校务会议，弟因事不克来京（以后统请代表），务请吾兄代表出席，并乞提议准商学院寒假招收一年级转学生，其理由为上海各大学学生纷纷来函请求转学。经十二月二日院务会议议决，三日即将议决案送达本部备案。不料七日校务会议议决不准招生。依照组织，

校务会自可将院务会议决案推翻。惟本院历届办理招生事宜,均仅由院务会议决,即行登报招生。兹为对外信用关系,自难中途停止。务请校务会追认,以免困难,并乞将经过情形与元龙兄说明,藉免误会。如至万不得已时,弟只得引咎辞职,以谢报名投考诸生。叨在爱末,用以奉闻。匆上,顺颂

年禧

弟程振基谨启
十八年十二月卅一日

志骞、元龙两兄统此敬候。

再,杨荫溥先生请叶元龙先生代表出席校务会议。又及。

中央大学档案

程振基致叶元龙函(1930年1月10日)

元龙吾兄大鉴:

五日到杭,奉卅一日手教,方拟复间,又由沪转到六日惠示,敬悉种切。商院此次招收转学生,几成僵局,辱承吾兄斡旋,校务会诸公追认,铭感不已。承嘱孙深甫君事,弟当竭力介绍,用副雅命。惟沪杭各机关率皆重视学历与经验,可否请嘱孙君书一简明履历片寄下,以便推荐,易于生效。弟准明午返沪,约作三日勾留,每星期来往一次,殊觉疲于奔命,尤以隆冬为苦。一俟建筑工程兴工之日,弟完全脱离商院之时,甚盼吾兄早日物色继任能员是幸。匆此奉复,顺颂

教安

弟程振基谨启
十九年一月十日

海萍、毅夫兄等晤时统祈道候。

中央大学档案

程振基致张乃燕函(1930年2月5日)

校长先生大鉴:

迳启者:振基荷蒙知遇,聘任商学院院长。视事至今,历两年有半,为期非暂,而成绩未彰,抚躬自问,深觉歉然。故旧秋三上辞呈,避让贤路,皆蒙劝慰有加,未

允摆脱。然幸邀许诺,尽一学期内物色继任人选。现学期已告结束,务恳先生实践前言,准基辞去商学院院长职务,并希于下学期开始以前,遴员接替,至纫公感。

抑有进者,商学院建筑房屋,实为刻不容缓之举。地基既已购定,图样亦已绘成。如能由大学本部筹借建筑费8万元,则可克日兴工。素仰先生注重建设,想对于商院必不歧视,而有以促成此项建设事业,功垂不朽矣。基卸职后,对于建筑一事,苟有能为力之处,亦准随附骥末,襄成盛举,以偿多年夙愿,想亦先生所乐闻也。匆匆书此,不尽欲言。伫候复示,并颂
公安

商学院院长程振基谨启
十九年二月五日
中央大学档案

中央大学为商学院建设院舍贷款事宜致江苏教育经费管理处函
(1930年3月15日)

国立中央大学公函　第461号

迳启者:准贵处第78号公函,以"据敝大学商学院杨代院长函称:为建筑院舍,已向上海、杭州中国农工银行抵借银8万元,请贵处备函证明,将来万一不照合同履行,可由敝大学全部经费内扣除一部分,以备抵偿等情。因是项借款,贵处不甚明了,将来在发放经费时扣除抵偿,是否可行,嘱即察核见复,以便照办"等由。正在核办间,并据商学院杨代院长函称:"查本院向上海中国农工银行借款8万元建筑院舍一案云云,以免功亏一篑,商院幸甚"等情前来。查商学院因建筑院舍,一时经费不敷,向上海中国农工银行借洋8万元应用,确系正办。至此项借款,既经双方订立合同,自应遵守。现在银行方面,因恐商学院万一不能照约履行还款,要求贵处出一证明函件,证明将来如万一还款逾期,即就敝大学全部经费内之商学院按月应得经费6 000元之数扣除抵偿。此种办法,既为银行方面应取之手续,并无特殊用意。敝大学察酌情形,拟请准予照办。相应函复,即希贵处查照办理,至纫公谊。再,此项函件办就后,应请送由敝大学转寄,以明统系而完手续。合并声明。此致
江苏教育经费管理处

校长张○○
中华民国十九年三月十五日
中央大学档案

商学院第五十三次院务会议记录（1930年9月29日）

出席人：戴克谐、俞颂华、申鸿琛、程振基、吴镜天（程振基代）、徐佩坤、陈恭藩、熊宝荪（陈代）、杨荫溥、陈淑琼（杨代）、王椿、李干、武堉干

开会如仪

一、请程院长出席校务会议力争经费案

议决：商院预算素极紧缩，十八年度预算定为14万元，实为最小限度。本年事业日增，经费反少，同人岂能作无米之炊。因即一致通过商院本年度预算至少须145 000余元，否则对于院务进行不能负责。特公推程院长赴京面陈一切，并电大学本部张校长暨校务会议诸先生。

二、审查工读生案

议决：准学生夏盈德、李钧、蒋熹、沈国贤、杨涛、王洁卿为工读生，又学生萧燕宾如无贷金，亦准为工读生。

三、审查免费生案

议决：准学生廖兆骏、周望珍、许国基、萧国藩、王逢辛为免费生，又学生周炜曾因系革命功勋子弟，遵照部令准予免费。

四、审查各团体请求津贴案

议决：准津贴国语班30元，唱歌团及音乐会各45元，并补助银行学会及会计学会出版费各50元。

五、厘定国立中央大学商学院新建院舍落成纪念征求赠品办法案

议决：照奠基典礼筹备委员会原提案通过。

中央大学档案

张乃燕致程振基函（1930年10月18日）

铸新先生大鉴：

迭接来书，敬悉一是。本校商学院建筑经费，不敷尚巨。事关校舍，自应统筹。除由校务会议议决在本年度预算内提拨2万元为商学院建筑费外，又本年度总建设费内原有开办印刷所费银25 000元。兹印刷所暂行缓办，即以此款内之2万元一并拨充商学院建筑费之用，以便早日观成，藉惠学子。用特函复，即希察照是荷。此颂

教绥

弟张乃燕敬启
十九年十月十八日
中央大学档案

商学院致大学本部函请变更年假(1930年11月20日)

迳启者:案查教育部公布之专门以上学校放假章程,年假自十二月二十一日起,至一月十日止,共计三星期。又每年度第一学期终止时,自二月一日起至七日止休课一星期。本大学十九年度学历,关于上列两项者,即系按照部章所规定,为期相同,本院自应遵办。兹以在江湾路新建院舍,自本年八月动工,至翌年二月一日始能交屋,如遇雨雪妨碍工作,尚需照算延期,载明合同,兹为信守。是本院将来迁移新址,当在二月之中。维时正值上课期间,对于学生功课,如可设法补救,不应漫然旷废。且新院址距离现址约有三十里之遥,预计迁移及布置各事,至少须两星期方能告竣。若竟停课多日,殊有碍于课程标准。因将此事提出院务会议详加讨论,佥以新院舍在事实上,既不能提前于年假内造成,复以天时关系,不能定于二月一日接收。为维持学生学业计,应将年假缩短为一星期,余两星期移置于二月中,以备迁移布置之用。揆诸部章校历,虽形式上小有出入,而精神上仍与限制假期、注意学业之原旨相符。当经全场会员一致议决通过,本院拟即照行。除已备函将决议案奉达外,相应叙述理由,请烦鉴核备案,并请转呈教育部备案,以明本院变更假期藉便迁移院址之真相,是为至祷。此致
国立中央大学本部

商学院院长程振基
十九年十一月二十日
中央大学档案

商学院第五十八次院务会议记录(1930年12月1日)

出席人:陈恭藩、杨荫溥、俞颂华、申鸿琛、王椿、王子吉、武埁干、吴镜天(吉代)、程振基、嵇储英、徐佩琨、戴克谐

开会如仪

一、拟定下学期开班学程案

议决：照教务处所拟下学期开班学程表修正通过。

二、筹备落成典礼案

议决：

（一）公推杨石湖先生为总务主任、王治难先生为事务组主任、俞颂华先生为宣传组主任、陈宪谟先生为游艺组主任、王子吉先生为文书组主任、徐佩琨先生为交际组主任。各组委员由总务主任会同各组主任于一星期内推荐之。

（二）落成典礼定于民国二十年三月一日举行。

三、促进出版事业案

议决：

（一）组织学报编辑委员会，推定申鸿琛先生、俞颂华先生、杨石湖先生、武堉干先生、嵇储英先生、陈恭藩先生、徐佩琨先生为委员。

（二）收稿期以民国二十年二月底为止，四月十日以前出版。

四、奖励劝募办法案

议决：公推武堉干先生、陈恭藩先生、申鸿琛先生、王子吉先生、王治难先生为委员，负责厘定办法，提交下次院务会议讨论。

五、奖励勤学办法案

议决：公推戴克谐先生、嵇储英先生、陈恭藩先生为委员，负责厘定办法，提交下次院务会议讨论。

中央大学档案

商学院第五十九次院务会议记录（1930年12月12日）

出席人：程振基、武堉干、徐佩琨（武代）、杨荫溥、俞颂华、陈恭藩、吴镜天、王椿、王子吉、申鸿琛（椿代）、李干、杨陈淑琼（杨代）、嵇储英

开会如仪

一、部令迁移院舍不得变更年假日期，拟请变更本会议议案，改定于本月二十二日起至翌年一月十一日止为年假期间。并原定一月十九日起开始学期试验，亦请变定于一月二十六日起举行，俾符学历案。

议决：通过。

二、拟订统计科三、四年级必修学程案

议决：统计科三、四年级必修学程订定如下。

统计科三、四年级必修学程（共三十学分）

学程名	每周时数	学分数	全年或半年	应读时期	备注
统计学	三	六	全	上下学期	须先读经济学及商业数学
统计实习	四	二	半	下学期	至少须先读统计学三学分
物价论	三	三	半	上学期	须先读经济学、银行论
工商调查及报告	三	三	半	上学期	
统计应用数学	三	三	半	下学期	
指数编制法	三	三	半	下学期	须先读统计学、物价论
市场测验	三	三	半	下学期	须先读统计学、统计应用算学
高级统计学	三	三	半	上学期	须先读统计学全年
社会统计	二	二	半	下学期	须先读统计学
商法二	二	二	半	上学期	须先读商法一

中央大学档案

商学院学生缕陈商学院设沪之不便原因请予迁京办理（1931年2月1日）

呈为呈请本校商学院迁京办理以资发展而重学业事。

窃我校计分八学院，除文理等院外，商医二院遥隔淞沪。追溯既往历史，东大时代医学院具独立历史甚久，基础稳固。惟商科试办于上海，因关系密切，早有迁京之议。迄十六年秋，学校改组，商科易名商学院。次年春，当局以决然之手段将商学院迁回南京。复因院中多数教员图一己兼揽利便起见，从中把持，迁京之举致未实现。当张前校长主持时期，曾又拟迁回商学院于本部动机，卒因国事粗平，吾校隶政府指导之下仅为草创，未便扩张，故暂未办到。致商院残喘三年，额外损失无过如是者。姑不究既往之事，兹当学期更始，唯希冀于未来。爰将商学院今后不能再立上海之原因，缕陈数端，以达明察而资采纳。

（一）商学分离于全校，关系至大。就经费方面言，商学院分离，势与独立性质类似。举凡行政组织尽属重复,而经费多一次开销。苟归入本部后,一切统由总办事处兼理,最低限度,此种糜费每年可节省三万元。再就教授费方面言,商院所开课程有三分之二与文法学院各系相同。并入后,此三院同学可合堂上课,既节省糜费,而同学学业仍照旧进行,此项教授费每年必可节省三万元。苟每年将此节余之六万元,逐年增加图书及公共设备,必大有可观,于全校同学皆有便利之处。按商院每月经费七千元,年约十万元之巨资,仅用于一百三十人方面,大不经济。(除本学期逐渐退学约三十人外,在院同学实数只一百三十人。)较之其他各院,虽年有十万余,而每院人数三四百之多。故为节省全校经费计,势非迁京不可。

(二)商院建立沪上,同学学业大有不利。窃本院因地址非宜,名教授颇难物色,现有者多属兼任,皆以在商院执鞭为意外之图。只徐佩琨先生系专任,今复辞职闻矣。故生等学业前途庶为忧虑。苟迁回本部,教授多与文法各院共有,收效必宏。

(三)新建院舍问题。商学院自建院舍于上海江湾路,虽将完工,然迁入后,恐未来之不利较今日尤甚。当建筑之初,皆未经慎审周详,以有今日不可收拾之现象。张前校长虽口头允诺设法,而实际犹属子虚。似此有始无终,结果将如何,明达者当能知之。按本院设备费、建筑费皆无指定根据,遽尔约定垫款建造,倍大空虚楼台而无装配,更何实际之可言。除尚欠建造公司三万元设备费等不计外,尚借有银行八万元,皆无有着落。主事者今鉴残局无收拾余地,千方百计,决由每月经费项下拨出三千元,划为偿还银行借款。窃念是项建筑非为学生谋利益,实增同学之苦痛。今后本院经费每月七千元中抽除三千元偿还借款,及付出职工依赖生活之行政费约二千元外,下余仅二千元作为教授薪俸、添购图书之用。恐现任之教授亦不栈念此项微利,而未来者亦不愿光临,非为商院永久之计,实趋消灭之途径也。若早日能以迁京,徐图发展,尚属可能。至于进行之建筑,仍令其完工。倘迁京后,即以本院经费节余作为偿还借款,极易办到。新成之屋宇暂由学校保管,或作将来扩之需,或租给其他教育机关应用,皆得其宜。就目前论,商学院迁京后,学校当局以新屋租金所得,抵补欠债三万元,无庸再事另筹设备费矣。抑犹有进者,本院搬入新舍既不可能,而暂赁霞飞路之房屋业主不允延长时日,当此进退维谷之期,惟迁京之举为当务之急。院内一切异常紧急,月前将汽车售出,得洋数百元。学生宿费每名每年征四十元,较其他各院同学多付二十元之数,系抵还欠债。今又令每生担任募捐三百元,捐册人各一份,只务空谈而不顾全事实。又经院务会议议决,本年度起,新生入学每名须缴建筑费二十元。似此增加贫寒子弟之重负,杜绝向学青年入学之门径。设必本院仍存于上海,此项计划势必实现,欲招之新生必无人过门,而已入同学因资不足,亦必扫数而去。本学期相继退学者几三十人,商院前途,危机殆近。生等为爱护学校计,为自身利害计,异口同声,急呼迁回本部,职是故也。

（四）本院院长程振基先生、教务主任徐佩琨先生、会计科主任教授雍家源先生相偕去职,更为生等悲不胜悲者。程院长原属临时兼任性质,顷在杭任农工银行行长,不能分身,故将商学院院长一职及早告退,仅负责至学期结束期满为止。同时徐教主任及雍先生皆声明下学期不能来校任职。当此群龙无首时期,现象之纷乱,为历年所未有。我校来学期定十三日开始上课,本部各学院及医学院皆相安无事,独商院不幸,是否能如期开课,尚一大问题。设弦诵中辍,百余学子猝遭失学之痛。兹届本院正式交代结束时期,适当存亡多事之秋,亟应迁京办理为宜。苟再事因循,浸假而至无可救药之地步,恐更难闻问。若硬须维持,亦势若停顿。在学校方面经费损失既属不资,而生等学业牺牲,咎将谁归？今院长、教务主任既声明辞职,以前建筑各项手续未清,将无人愿承斯职,视为畏途。此种情形,孰忍坐视其残喘？商学院今仅有书籍数百册资产,非若其他者仪器之不易搬运,同学全体只百三十人（内尚有寒假毕业者十九人）,迁京后与其他各院同学利润相共,彼此咸称便利。由沪而京,搬运事宜三数日当可竣事。关于本院有今日之曲折,生等早有预料,惟爱校心切及与程院长师生间感情素洽,皆容忍而未敢言。因倘有变更,于程先生实不忍其去。今大势已无挽回可能矣,生等爰接受全体同学之贡献,不揣冒昧,谨布微忱,俯赐采纳。临电不胜惶悚之至。敬呈

校长钧核

                王九成 沈秀英

本院商学院请愿代表学生 陆正民   等

                刘人焕 李菊龄

                二十年二月一日

                中央大学档案

徐佩琨致朱家骅函（1931年2月17日）

骝先校长钧鉴：

  敬启者：商院二十年度教员职务薪给因种种关系以致发生变更情形,前在京参加校务会议时,曾面奉一切,兹再补陈。

  窃以聘请教职员,自应遵照大学本部规定手续办理,不容稍涉混乱。若目前商院情形,未经解释前,在行政系统上言之,诚属大谬不然。但商院情形复杂异常,环

境使至无法避免者在在皆是。如已经校长聘请而卒不愿就者,或有他就而请代者,或有事前未能决定,迟迟待开学上课后始有表示者,或已接洽而未经校长聘请者,或已经校长聘请而未经事前接洽卒至变更者,即已经正式聘定之教员,至选课时又须变更者,至上课后教员自动或被动而互相调换课程致发生影响者,则均属疑难问题,而不易应付之也。若商院以前并无是项习惯,或与他院同在首都,则佩琨固可随时请示于校长,而随时可以解决也。但商院远设沪滨,苟佩琨不瞻前顾后,不谋适合习惯上之环境而不违本大学之规章,或不求承接各方面之意见气度,而不失本大学行政系统上之尊严,或不及时当机立断,则随时可以发生纠纷,而使提倡教育者更觉灰心而已,而又将何以对校长苦心孤诣主持中大也?故处理商院事务,诚有为难之苦衷。佩琨唯有竭诚,遇事务求符合大学本部校章为依归耳。但意外之枝节问题,往往数星期后始发觉,则佩琨实无法应付也。近来暴日挑衅,沪地情形异常紧张,佩琨精力有限,思虑容有未周而致多疏忽失察之处,亦未可知。兹将钧长责问各端逐个答复如次。

武堉干先生兼教务主任职,系本院前拟聘教职员名单直抄笔误。但本院教务上事宜极多,设无人分任是项职务,实有困难之处。用援医学院例,仍祈校长赐予核准为祷。该项办法于经费上既无影响,于事实上则多裨益也。

俞颂华先生原系专任,惟校长聘书送出后,俞先生忽以须休养为辞,拟辞去专任职务,或请假半年。磋商数阅月,往返数十次,迨开学上课时,俞先生始确定担任逻辑学一科,其余请杨幼炯先生代理。杨幼炯先生钟点既满九小时以上,遂以俞先生薪水转送杨先生。惟当时工商管理科主任尚未聘定,而该科重要学程必须开班。俞先生下学期起仍能改为专任。故俞先生原定学程钟点除将一学程请杨先生担任外,其余暂停开班,仍盼俞先生于下学期起担任也。同时,工商管理科重要学程保险学因无人担任,遂请王效文先生担任。但佩琨与王先生接洽时,郑重声明请其代理俞先生。是以杨、王二先生现所担任之课程,实际代理俞先生。于经费上有减无增,同时复可弥补一切。此亦商院之苦衷也。若所报教员名单仍填写俞先生为专任教员,则可无疑问之虑。但报告上均按事实而未加以说明,此佩琨之疏忽也。

申鸿琛先生因商院多数同人之主张,拟请其为兼任讲师。但钧长颁来聘书,并未指定钟点与薪水之多少(原聘书附奉查阅),致引起本人重大之误会,以为佩琨从中为难。张前校长并来书责问(原信附奉察阅)。当时同人研究之余,以为有通融之余地,故将其钟点增多,改为专任,任用旧时名义。是项办法,并非佩琨愿为,实由环境压迫使然。如何,悉听尊裁。

刘慎修与赵君豪二先生事前早请校长核准,后校长曾亲笔函致刘芦隐先生,嘱琨排定钟点后致聘。但事后校长北上,琨虽面告刘运筹先生,惟迄未接到聘书。

王志莘先生原系薛仙舟夫人之代理者。薛夫人既请代理，故于报告单上仅写现在供职人员姓名而未填写薛夫人也。

唐光瀛先生在琨出医院前已在校担任训练。目前因中央已派来汤教官，正在交涉，但已引起宋先生之误会。其余列入职员之报告，不复赘述矣。专此，敬请

钧安

徐佩琨启

二十年二月十七日

中央大学档案

商学院二一级全体同学致朱家骅函（1931年5月6日）

骝先校长先生钧鉴：

敬启者：昨上一电，计邀钧核。本院程院长铸新辞职事迁延至久，迄未解决，院务等等妨碍殊多。窃念程院长身兼浙江农工银行行长及本院院长两职，杭沪奔波，力难并美。既不愿置行事于不顾，又必须揽院务于掌握，以至心神交瘁，积劳成疾。于是对于院长一席，决意辞退，以资休养。生等对于程院长素极爱戴，果能长列门墙，自属私心所愿。然程院长既因操劳院务累积致病，生等又不能强其辞去行事，专理院务。一再筹思，惟有伏遵院长初衷，听其引退而已。更有进者，年来程院长竭尽硕画，力图改进，然结果终因行事繁多，精力有限，建树虽有，废弛亦多。举其大者，约有数端。

一、教务不健全也。本院共分四系，而会计系久无正式负责之主任，同时专任教授迄未聘请，此其一。上学期同学认为不满，院长亲允更换之教授，至今仍尸位素餐，留院不去，此其二。国文教员讲授欠法，生等于过去三学期中，除大考外，总计作文两篇，至今犹未修改发还，与本院课程标准完全不符，此其三。本院有商品学学程，原定学期开班，竟至开学后二月有余方聘得教授，此其四。经济学史本学期理应开班，乃因学校不能聘得教授，遂使此项重要课程终至取消，此其五。本院有一二专任教授担任课程太多，博学万能，殊为离奇，此其六。

二、事务不整顿也。事务主任王椿平日办事不当，举止乖张（如压迫校役、蔑视同学等）。本学期来屡次托病，长不到校，致使学生与厨房常生冲突，设备与秩序多所不良。此固该主任之不尽职要，亦院长用人不慎也。

三、本人不到院也。本学期来，程院长仅到院参与一次纪念周，同学脑经（筋）中几已无程院长之形影。元龙无首，将何以为计？长此以往，必致各部因循，造成

敷衍之局而已。

以上数端，事实俱在，无可讳言。现虽亦有少数他级同学，脑经（筋）单简，受人利用，操纵级会，倡言挽留，此不过自欺欺人。明达如公，谅能洞鉴。总之，程院长志高于山，力薄如棉。现在既已多病，不能兼顾院务，则继任得人，不难促进一切。届时商院发扬光大，程院长夙志得酬，远地遥闻，亦必引以自慰也。故生等为爱护程院长身体计，为完成院长之希望计，为增加院务进行迅速计，为生等学业前途计，除昨电呈外，特再胪陈私衷，伏乞鉴察，并恳即速另聘贤能，早日来院主持一切。临颖不胜惶悚待命之至。此请

钧安

中央大学商学院二一级全体学生谨启
五月六号
中央大学档案

商学院二二级学生致朱家骅函（1931年5月11日）

校长先生钧鉴：

敬启者：本院程院长本年以来，身弱多病。前日住杭休养，近日又赴沪就医，未能到院视事。且再四向校长呈请辞职，具蒙慰留。生等聆悉之下，深为忧虑。故前日开全体大会，议决函呈校长及程院长恳切挽留，俾使商院事务不致停顿。然事后再三思之，生等之意见，虽似爱商院及程院长，而其实反为无益。故谨陈述理由如左：

一、商院事务繁重，万端待理。程院长体质虚弱，对此繁重之事务，恐未能胜任。即使勉强返院，对于程院长身体方面亦有不利。于公于私，两无裨益。

二、程院长身兼商院院长及浙江农工银行行长两职，车马奔波，未能专心商院。今以久病之故，不克兼顾并筹，恐有碍院务之进行，故恳切辞职。此程院长之苦衷，亦生等十分惋惜者也。若欲强其返职，公私又有何利？

总上二者，生等虽不得已而失良导，然只好忍痛以乞准其辞职，俾院长得从事修养，并乞校长从速聘请新院长到院主持，实为公便。不胜迫切之至。肃此，敬请

道安

商学院二二级全体学生五十人谨上
五月十一日
中央大学档案

程振基致朱家骅电请辞院长（1931年5月12日）

南京中央大学朱校长大鉴：

奉上东日代电，正盼复间，迭接家兄骙甫来函，转述尊意对于振基辞商院长职，未邀鉴许，并勖以不宜中途去职。承情再四，极感优渥。基虽驽钝，敢不奋兴。无如医生坚嘱长期调养，确系实情。转瞬本学期即将告终，下学年一切进行事宜，此时正待筹备，故不敢以衰弱病躯，强荷繁剧重任。举其大者，如：（一）请求二十年度经费恢复十九年度数目十四万余元；（二）增设统计科；（三）教授之商承遴聘；（四）学生宿舍之筹划扩充。凡此种种，皆须秉健旺之精神，为勇敢之迈进。兼之久未到院，益切悬悬。心余力绌，转滋不安。只得及时奉辞，以免贻误。万乞照准，即日遴员接替，庶几商院负责有人，不至凌乱。临电不胜翘企待命之至。程振基。真。

中华民国二十年五月十二日
中央大学档案

程振基致俞颂华函（1931年5月19日）

颂华先生大鉴：

顷奉手教，环诵再三，怅惘无已。先生爱校爱弟，两臻其极，仁蔼之言，益觉使人感佩流涕矣。弟于商院视为终身事业，何忍遽然舍去？奈抱病月余，风纪日偷，欲图振作，既非久病之躯所能胜任，复以德薄能鲜，辅佐无人，徒挂虚名，恐益增罪戾。此中痛苦，非先生其谁与言。惟弟现虽摆脱职守，然爱护商院之忱未尝稍减。凡可为力之处，决不辞劳。他年有缘，能得再与先生等共事，是所望也。敝行定于六月一日开行务会议，弟准于本月杪来沪，仍拟住新惠中，届时当图良晤。先此奉复，余俟面罄。敬颂

撰安

弟程振基手上
二十年五月十九日
中央大学档案

商学院二〇级学生东北考察团请求补助（1931年6月5日）

骝公校长先生大人钧鉴：

　　落成礼中畅聆训言，翘瞻云天，弥深瞻恋，敬维履祉康和，以慰以颂。兹有恳者，生等负笈商院，忽忽三年。岁月不居，瞬将毕业。为求学理与事实互相参证及增进课外知识起见，特组织考察团，赴东北一带，就其经济状况与政治关系，以及社会情形作精密之调查，备国人之参考。筹备以来，极蒙各界嘉许。实业部工商访问局亦授以重要调查之使命，并略事津贴，以壮行色。生等受命之时，益自奋励，所有北行规划，更未敢稍有疏忽。兹已决定七月一日由沪出发，经南京、济南、天津、北平、葫芦岛、沈阳、吉林、长春、哈尔滨达龙江。归途经四平街至安东，由海道抵大连、烟台、青岛等处，约计往返需时两月。惟此行意义，既若是其重大，而途路之长、时间之久，更非往常游览足比，有需乎各方精神物质之重大牺牲者，自不待言。无如生等奔走多时，独于经济一端，迄无办法。虽荷商院诸教授勉力捐输，而距鹄尚远。辗转思维，惟我长者提倡学术，夙具热忱，生等立雪门墙，尤深钦敬。倘蒙慷慨解囊，赐助一臂，则垂危之局，咄嗟以安。用敢不揣梼昧，缕缕陈词，务恳允如所请，奖勉此行。尤盼早日寄将，俾利从事。南归之日，必以心得公之邦人，则异日获赐于长者者，决不仅生等而已也。临颖不胜迫切待命之至。谨肃，恭叩

道安，并候赐复

商学院二〇级东北考察团叩
六月五日
中央大学档案

俞颂华致朱家骅函（1931年6月18日）

骝先先生大鉴：

　　都中一别，倏忽两易蟾圆。比维兴居万福，俪祉绥和为颂，□量弟担任商学院教职，已历三载有半，同事与师生间感情，向颇融洽，故深愿为该院尽其一份子，能尽绵薄。不意程院长辞职，致其对于该院之理想，无由实现，不胜感慨。盖程君之辞职，非由于其无情于教育事业，实由于辅佐无人也。兹将程君旧信附上，请察阅之。近来弟觉该院行政方面，似鲜光明进步之气象与希望，是以不愿再滥竽其间，

致感精神上之痛苦。该院教员聘书,向由大学本部签发,倘先生发见有致弟之聘书,请命停止签发,以免徒费手续。他日有缘,仍望与执事同事也。专此布肊,敬颂道安

弟俞期颂华拜
六月十八日

　　再启者:商院教授杨荫溥(石湖)系院中有力分子,曾任代理院长。鉴于院务渐弛,深为痛心,故决然脱离商院,七月间将赴京就浙江兴业银行分行行长之职。日后如执事欲悉商院详情,可就近一询杨君也。又及。

中央大学档案

商学院学生复院运动委员会缕陈商学院历史请予恢复仍归本部管辖(1932年10月)

罗校长钧鉴:

　　本院原属国立中央大学八院之一,为研究商业最高学府,已有十余年悠久之历史。溯本院最初创办,为南京高等师范之商科。后南京高等师范改为东南大学,即改本院为分设上海商科大学。十六年秋,国都南京,改东大为第四中山大学,而上海商科大学改名商学院,仍附属之。嗣是经江苏大学、中央大学,而商学院之名称恒追随不变,其基础之巩固、性质之隶属,已非一日矣。所谓商学院者,久已成为根深蒂固之国立中央大学商学院矣。

　　不意暑前,本部风潮突起。行政院立即下令解散中大,复令沪上医商两学院独立。回思本部之风潮,近年屡见,但商学院恒无更动。即如十六年秋党国定都南京,本部大加整顿,亦未令商学院独立。诚因商学院与本部有不可分离之历史在焉。今令我商学院无固定之地址与基金,遽然脱离本部而成独立之学院,其优待吾商学院耶? 抑摧残吾商学院耶? 此次之独立,纯因院长徐氏虑及私人位置问题,施迅雷不及掩耳之计,奔走于其后,置学校历史于不顾,置教育系统于不顾,以数人之私意,把持校务,仍然作永久之图。而吾国教育虽称发达,然较诸西洋尚是望尘莫及,可称完备而科系兼全者,举国内只中央大学一校耳。本院开学伊始,同学始知商学院独立,莫不忧慷异常,常誓志恢复,以完成最完备之国立大学为研究学术之最高学府。加之本院新建校址在江湾,完全毁没于日人之炮火之下,图书器具一炬而空。简陋不堪两层房屋,一幢以作校舍,狭窄异常,教室无从走廊,上课不便极矣。本院独立之经费,院长已谋之于教部,复加纳于学生。学生缴费须缴六十七元,膳宿在外。国立之大学有纳费如此之巨者乎? 吾等学子多来自四方,各项如此

巨大之费用,家庭负担何以维持?院长之所以要求独立而不受本部之羁勒者,其用见而遽令之脱离耶?吾等同学三百余人,心中沉痛异常而不作急急之运动者,良因国内之学潮屡起,不愿作无谓牺牲。书面陈请,乃作和柔办法。先生为党国先进,对于教育尤有抱负。今我同学三百余人望先生谋救济之方法,倘本院恢复归属本部,完成整个之系统,如能合并,南京地址固定,从此则生等可安心读书,不至于彷徨沪上,而教部之经费亦可节省矣。

今书面恳请,究竟如何处理,悉听尊裁。不胜迫切待命之至。此上
国立中央大学罗家伦校长钧鉴

国立中央大学商学院学生复院运动委员会
中央大学档案

第五部分 教学管理

一、学生概况与管理

第四中山大学1927年秋季学期学生人数统计表(1927年)

	正式生		休学生		特别	皖工	寄读	专修	旁听生		选读生		总数
	男	女	男	女	男	男	男		男	女	男	女	
自然科学院	127	3	52	5		1	4						192
社会科学院	51		22		2	2							77
文学院	106	6	55	1		3							171
哲学院	4		3										7
教育学院	64	9	36	2	1								112
医学院	28												28
农学院	22	3	15		2			60					102
工学院	107		41				8						156
商学院	141	7	32		23								203
预科	514		11	1	1								527
不分院									3	1	4	1	9
总数	1 164	28	267	9	29	6	12	60	3	1	4	1	1 584

中央大学档案

中央大学学生每学期缴费数目(1929学年)

学生每学期缴费数目

学费	正式生	10元
	特别生	每学分1元(十八年度起停止招收)
	艺术专修科正式生	2元
	艺术专修科特别生	1元
	高中工科生	5元
	旁听生	每学程3元
	试读生	10元(十八年度起停止招收)
	借读生	每学分1元(十八年度起停止招收)
讲义费		5元(盈还亏找)
损失费	凡有实验及实习之学程每学程	2元(盈还亏找)
	凡入教育学院艺术教育科手工及音乐组者另缴	6元(盈还亏找)
	凡入教育学院艺术教育科图书组者另缴	5元(盈还亏找)
钢琴练习费		每学期每小时6元
制服费	体育科(一年级生)	20元(盈还亏找)
	军事教育科(一年级生)	16元(盈还亏找)
宿费	第一宿舍	10元
	第二宿舍	15元
	第三宿舍(限如军事教育者住宿)	6元
	第四宿舍	10元
	第五宿舍	10元
	第六宿舍	15元
	女生宿舍	10元

《国立中央大学校况简表》,1930年1月印行

中央大学 1929 年度秋季学期学生人数统计表(1929 年)

现有学生数统计

院别\类别\人数	正式生	特别生	借读生	试读生	合计	旁听生	休学人数
文学院	241	23			264	各学院共计83人	各学院共计51人
理学院	256	2			258		
法学院	433	9	3		445		
教育学院	236	14			250		
农学院	81	2			83		
工学院	279	4			283		
商学院	131				131		
医学院	72			1	73		
合计	1 729	54	3	1	1 787	1 921	

《国立中央大学校况简表》,1930 年 1 月印行

学生林时懋等呈请对被开除学籍同学予以自新(1931 年 4 月 23 日)

呈为爱护学校,顾念学业,恳请迅予公布《开除学籍条例》,俾有所恪守暨对被开除之同学予以自新之路事。

窃自钧会着力整顿校风、严正校纪以来,执法如山,不稍宽贷,开除同学业已两次,传闻候补开除者尚有九名之多。(见本月廿三日《新民报》)此种调言固不足信,惟消息传出,人心惶惶,不可终日。生等本爱护学校之愚忱与顾念学业之素志,对钧会最近之措置不敢缄默,谨为钧会一陈述之。

查最近学校对于偶犯校规之同学,一再用断然处置,予以开除学籍之严惩。事前既无《开除学籍条例》之公布与夫个别之警告,事后又无善后良策,予以自新之途。于情于理,不无过当。嗟我莘莘学子,负笈千里,来兹肄业,原冀有所成就,为效劳乡党、尽瘁国家之准备。个人有兹怀抱,父兄有兹殷望,即钧会之诲诱谆谆,国家之糜费巨万培育人材,同此期望。今因偶触校规,遽遭不测巨祸,名誉破产,自新

无途,留既不可,归亦何能!稍有血性,辄萌难见江东父老之念。使设身处地以思之,其胸崩心裂、泪竭声嘶之苦况,非极人生之至惨欤!夫开除学籍,学校宣布学生之死刑也。国家宣布死刑,必周详审慎,依法以行,岂教育上之宣布死刑,而可遗此原则也乎?今政府对于……有自不忍遽用重典,岂作育人材之机关对于偶犯过错之学生,而不能宽容为怀,予以自新之路乎?将以为藉此整顿校风,严正校纪,立学校之威信,而收惩一警百之效,则目的固甚正大,惟以除名为手段,毋乃牺牲过大,代价过昂矣。曾文正云:"风俗之厚薄奚自乎?自乎一二人之心所向而已。"孟子曰:"上有好者,下必甚焉者。"今钧会有整饬风纪之决心,登高一呼,万山响应。行见雍穆敦勤蔚为风气,固不必取此消极之手段也。此就情而言者。

近世教育侧重感化,去短培长,为教育要旨之一。故普通学校对于触犯校规者,恒以积极之方法代消极之惩罚。况肄业大学,智识高于常人,知自尊,觉羞耻,倘予轻惩,未有不猛然省悟、痛改前非者。今遽出以最后之严惩,谓非示人以最高学府感化力之薄弱而何?最高学府而不能感化偶犯校规之人,试问国家岁糜二百余万果何为者?

次就法律立场言,则一法之行,必先公布,俾家谕户晓,防范未然。今校中所公布者,一纸公文而已,未闻有详细之条例。字句涵义既含糊不明,则解释纷歧自所难免。查本学期查堂点名之布告,以三月十八日日刊所登载者为最严厉:"若有少数份子故意破坏,是自甘暴弃,自不能再事优容,惟有从严惩处,以肃校风"云云。"从严惩处",四字究作何解,不得而知。如谓"从严惩处"意即"开除学籍",则何不直截了当,径用此"开除学籍"四字乎?是知学校用意必不愿采此最末之一法也。解释法律必须从宽,国有成规,尽人所知。如将"从严惩处"解作"开除学籍",将不免不明法律常识之消。此就理而言者。

生等愚鲁无似,对于校务安敢妄参末议,惟爱护学校之心弥觉殷切。生等为中大学生,则中大校誉之隆替,不惟荣辱攸关,抑亦前途所系也。用敢以赤诚之心,冒失检之罪,恳请钧会俯纳公意,广采众言,迅予公布《开除学籍条例》,俾全体同学知所恪守,而免动触法网之惧。并对被开除同学复予精详之审断,斟酌虚实轻重,求一公允之解决。生等幸甚!学校幸甚!迫切陈辞,不胜屏营待命之至。谨呈
中央大学校务会议主席

     林时懋 史咸年 陈豪楚 黄舜治
  学生 陶 静 严曙东 李石锋 曹种文 等333人同具
     金仲眉 余纪忠 方锡琛 王佩德

中华民国二十年四月二十三日

中央大学档案

中央大学布告整理委员会议决学生甄别办法（1932年7月16日）

国立中央大学布告

为布告事。本校依照整理委员会议决关于本校学生甄别办法两项：

（一）学生甄别以学业成绩及平时品行为标准，凡参与暴行及查有特别不良行为者，不得参加甄别，并不给与证书。

（二）学业成绩之甄别由教育部组织考试委员会按年级考试，其必修科目受甄别试验及格者，即作为毕业考试及学年考试，其不及格者，分别降级，或给与肄业证书。

此布。

转□代理校长段锡朋

中华民国二十一年七月十六日

中央大学档案

体育科主任张信孚请捐赠奖牌奖励四育俱优之学生（1931年7月21日）

敬启者：窃本校学生数不在少，但多数偏重一方。好运动者似专重体育，而于学科则往往忽之。研究学科者对于体育则又视为无关，泰半弃之不习。不知学科为立身之本，体育为锻身之基，非并重不足以造成智深体健之国民。信孚有见及此，拟于下学年内请钧座捐赠一美观特色之奖牌，奖给全校学生中德、智、体、群四育均称最优者一人，俾受者有所表扬，见者知所自勉。是否之处，敬候尊裁，并乞示复为祷。此上

朱校长

体育科主任张信孚谨启

七月二十一日

中央大学档案

毕业生代表请准免予再受甄别试验（1932年7月）

呈为遵谕开陈毕业考试情形仰祈鉴核俯准免予再受甄别试验，并恳迅予发给毕业证明书，以便自谋出路事。

窃生等毕业考试已告结束，不能留京再受甄别，其不能之原因及所持之理由，约举有四：

一、毕业考试，系在解散学校之前举行，依照历次提前考试之惯例及法律不溯既往之原则，此次毕业考试，自应认为有效。

二、此次学校发生不幸事件，似不宜使全体毕业生连带负责。况甄别首重操行，毕业生如查有操行不良者，尽可为适当之处分，必欲使已经举行毕业考试之毕业生全体留京再受甄别试验，似违甄别之本旨，而非事实所必需。

三、对毕业生如再举行学业上之甄别试验，则不啻认前此之试验为不足凭信。生等四年来历经入学试验、学期试验、学年试验与夫最近之毕业试验，谓其为不足凭信，而此数日间之甄别，即足以定其长短，揆诸情理，宁得谓乎？

四、毕业生多已离京他去，供职远方。生等留京者亦急欲离京自谋出路。甄别试验期订八月二十日以后举行，使已离京者复京，未离京者不去，事实困难，可以想见。倘不顾困难，迫令甄别，是何异于使已得业者失其业，未得业者无业可就。

综上理由，已于日前晋谒时详陈钧座，当蒙谅解斯意，接受请求，面谕如确经毕业考试，当可不生问题，惟须将必修科目考试情形开陈备核等因。生等受命之余，曷胜感激，兹谨遵谕列表开陈附呈鉴核。惟生等现有不得已于言者。年来国家多故，祸变纷乘，青年苦闷，达于极点。生等学业结束，行将离学校而入社会，似不宜于此时再予挫折，以阻其初试之勇气，而灭其凤抱之热忱。青年自身之不幸，亦即国家之不幸也。我校长清明在躬，高瞻远瞩，定能善察生等请命之苦衷，而体国家育才之至意。务恳迅予发给毕业证明书，以便自谋出路，则嘉惠所及，固不止生等身受已也。掬诚上请，不胜感激待命之至。

又，生等因时间匆促，后开各院系考试情形，致有尚未送到者，合并陈明。谨呈国立中央大学代理校长段

中央大学本届毕业同学代表李学灯等
中央大学档案

农学院教授李寅恭等请恢复陈午生学籍(1932年9月27日)

迳启者：前次政府任命段氏来长我校，不幸发生殴段事件，卒致开除学生至十九人之多，本院学生陈君午生亦在开除之列。同人等逖听之余，不胜骇异。侧闻该生开除原因约有四端。

（一）因该生有某种嫌疑也。殊不知该生入院以来业已两载，其思想行动均极稳健，绝无某种嫌疑也。况该生业于去年十二月加入本京八区分部，为预备党员，迄今将及一载，党证具在，可资佐证。其无某种嫌疑，不言可知。此该生不应开除者一也。

（二）因该生参加殴段暴行也。该生肄业本院，与大学本部相隔有八九里之遥。当不幸事件发生时，该生尚在本院，旋得本部同学电话召集本院同学前往开会，该生始与一部份同学乘本院自备大汽车驰赴本部，至则仅见教育部之破碎汽车与段氏之破长衫一袭而已。此为同人中因事同赴本部者所亲见。（详情已呈甄会文中。）该生之赴本部，既在不幸事件发生之后，则彼之未曾参加暴行，彰彰明矣。此该生不应开除者二也。

（三）因该生之被举为护校运动委员。须知该生之被举，纯为全体同学之公意，绝非个人所愿为。故自被举以后，当即坚决辞职，申明不负任何责任。则今次之不幸事件，该生自不能负其咎。此该生不应开除者三也。

（四）因该生平时参加学生自治团体而鼓动学潮也。该生既往参加学生自治团体，本院学生均因其思想纯洁，办事热心，故众口交赞，一致推举，并为同人等所默许。且参加该种团体，苟无越轨行动，亦为法律所不禁，以故两年以来，从未滋事，何鼓动学潮之可言。此该生不应开除者四也。

况该生沉默寡言，学业优良，教师、同学无不赞许。对于国事，尤为关心。当暴日侵陵东省，马将军极力顽抗之时，该生鉴于国家兴亡，匹夫有责，即义愤填膺，投笔从戎。旋经师友之劝告，家长之苦留，不得已勉顺众意，暂未成行。其用心亦良苦矣。此次淞沪战兴，风雨告急，该生投袂奋起，卒凭一腔热血，追随十九路军赴前线工作者两旬有余。其忠勇爱国，断非徒托空言者可比。

总之，陈君午生实一思想纯洁、学业优良、忠勇爱国、奋发有为之青年，此同人等所深悉而敢以人格担保者也。今次不幸开除，几将其求学权利剥夺净尽。内不见谅于家庭，外不见谅于社会。此不特影响其个人之名誉，抑亦非国家作育人才之至意。同人等本不应喋喋多言，惟鉴于该生之受冤莫白，屡萌短见，耿耿此心，实所难忍。用特胪呈所见，请即转呈教育部代为力争，从速恢复该生学籍，俾得继续研

究,留为国家之用。不胜迫切待命之至。此致

罗校长

国立中央大学农学院教员李寅恭等

中华民国二十一年九月二十七日

中央大学档案

国立中央大学收录蒙藏学生暂定办法（1932年11月7日）

一、凡蒙藏学生,愿入本大学肄业者,必须经过入学及编级试验。

二、蒙藏学生,在本校肄业,以不设专班为原则,视其程度,分别编入大学或实验学校。如必须设补习班时,其经费应请政府拨发。

三、蒙藏学生,保送机关,以蒙藏委员会为限,但所送学生须经过本大学之考核,以确系隶属蒙藏者为限。如有冒籍者,一经查明,即行开除学籍。

四、蒙藏学生,免除学宿讲义等费,但损失赔偿、体育、图书等费,均须照缴。

五、蒙藏学生,本大学不给其他津贴。

六、本大学招收蒙藏学生,以学期或学年开始时为限。

校长罗家伦

《国立中央大学日刊》1932年11月7日

中央大学1932年秋季学期学生数目统计表（1932年11月24日）

本校自经举行甄别试验以后,学生数目,略有增减,兹经调查其确实统计如次:

院别	一年级	二年级	三年级	四年级	未定年级	特别生	旁听生	休学生	总数
文学院	5	49	86	58			2	29	229
理学院	1	56	60	56				18	191
法学院	2	85	90	81	7	30	1	10	306
教育学院	8	153	89	61		13	1	41	366
农学院	6	57	58	22				10	153
工学院	8	90	81	86	7			23	295
总数	30	490	461	364	14	43	4	131	1 540

本学期全校学生,共计1540人。除去在休学期内之学生131人,在校学生共计1409人(男生1227人,女生182人)。

《国立中央大学日刊》1932年11月24日

国立中央大学奖学金暂行规则(1932年12月5日)

第一条 本大学为奖进学生学业与操行起见,设立奖学金,其名额定为五十名至七十名,每学期名额及分配办法,于学期开始时,由校务会议决定公布之。

第二条 奖学金分学系奖学金与学院奖学金二种。学系奖学金每名金额定为五十元,学院奖学金每名金额定为七十元。

第三条 本大学各年级正式生,均得依本规则受学系或学院奖学金,但如有应缴各费尚未缴清,以及补受学期试验之学生,均不得享受此项权利。

第四条 本大学学生操行素优,在所属学系中学期总成绩比较最高,而必修学程成绩均在七十五分以上者,得受学系奖学金。

第五条 本大学学生操行素优,在所属学院中学期总成绩比较最高,各学程成绩均在七十分以上,必修学程成绩均在八十分以上者,得受学院奖学金。

第六条 凡依照本规则受奖学金之学生,每人每学期以一种为限。

第七条 凡每系学生有得学院奖学金者,其学系奖学金额,得由该系学生成绩,合于规定递补,但每系得学院奖学金者以一名为限。

第八条 奖学金之授予,于每学期终了时,由各学院院长依照第四、第五两条所规定,提出加倍名额,交由奖学金委员会审定后,再由校务会议决定之。

第九条 奖学金委员会,除教务长为当然委员外,由校务会议推定专任教授十二人组织之。

第十条 本规则经校务会议议决施行。

校长罗家伦

《国立中央大学日刊》1932年12月5日

本校毕业生继续在校肄业暂行办法(1933年9月)

一、本校毕业生总平均在75分以上、志愿留校继续研究者,暂照本办法办理。其名额总数以10人为限。

二、本校毕业生志愿留校继续研究者,须陈明理由及肄习科目,取得所在学院院长及系主任许可证明书后,由校长核定之。

三、毕业生所选课程每学期不得少于三学程,每学期应缴学费、讲义费、试验损失费及其他杂费,与正式生同。

四、毕业生所选修学程本校不给学分,并不发给证书。

五、毕业生除得参与学术集会外,不得加入任何学生团体,违者立令退学。

六、毕业生不得在校住宿。

七、毕业生留校肄业者,其留校期间以一年为限,并不得中途离校。

八、毕业生缺课时间至所选课时三分之一或违背本办法规定者,即行取消其继续留校肄业资格。

中央大学档案

吴襄致罗家伦函(1935年1月7日)

敬呈者:学生吴襄系本校心理学系廿二年度下学期毕业,现在本校实验学校担任中学部生物学教员。以个人兴趣所在,半年来于教课之暇,均在本京中国科学社生物研究所继续研究生理学。惟以求学时代化学基础太浅,致研究进行时,屡感困难。因拟于下学期重入本校化学系旁听有机化学,并参加实验。窃忆生在校时,原以化学系为辅系,原定于廿二年度下学期修读有机化学,奈以当时选习人数太少,未能开班。本学期开学时,心理系萧主任曾代生再三向化学系商请旁听普通有机化学一课,而化学系均以"难免他人援例"为辞。惟生既已决定专攻生理学,且又偏于内分泌学方面,有机化学乃不可缺少之基础,想吾校长尝以继续为学为生辈离校后之方针,对生此次之急切需要与特殊情形,当蒙垂鉴。倘荷俯允,不胜铭感之至。惟又有恳者,生家庭经济困难,中国科学社生物研究所既无津贴,而在实验学校服务月薪二十元,又仅足糊口而已。因此尚祈钧察,准予免缴学杂各费,至为盼祷。专此,敬呈

罗校长钧鉴

学生吴襄谨上
一月七日
中央大学档案

柳定生致陈剑修函(1935年9月2日)

剑修先生赐鉴：

　　日前晋谒崇阶,荷蒙俯允留校旁听,乃日昨得母校苏女师校长来函,欲令生前往相助,略任历史课程数小时。生以情不可却,勉强应承,故明晨即赴苏。生欲再图晋修之志,竟不克遂志。是以教务会议时,吾师亦可不提及生请求保留学籍之说矣。一再烦渎清听,无任抱憾。肃此鸣谢,敬请
道安

学生柳定生谨上
九月二日
中央大学档案

机械特别研究班学生顾逢时致罗荣安函(1935年11月)

荣安夫子大人尊鉴：

　　生因家慈患病,仓卒离京,未能面辞。临行请同学蔡君持家严手书,代为告假四日,初未有引别之想也。乃在家侍养,期日一再拖延,迨家慈就康复,则缺课已多,有不及追补之虞矣。方生十月二十九日晚抵家,清华大学机械系主任庄前鼎先生适按生考清华留美之通信地址来电,聘生为机械系航空组助教。生与电报同时抵家,此则仅属巧合,初未拟即应聘也。其后既虞缺课,于学期考试不敢必能补得完好,仅求及格敷衍过去,又非生素所习惯,于是不得不辞别特别班而应清华之聘,势使然矣。乃庄先生来电亦已多日,应聘即须速行,于是匆匆就途,过京而不能拜别。月余来日受教益,先生诚恳之态度,诚恳之精神,深印脑中。暨王守竞先生、陆志鸿先生之诲人不倦及进取精神,均为生在他处所未见。别离已为可憾,别而未能面辞,以聆明切之教导,为前进之方针,尤引为深憾。惟望恕其愚蒙,时赐箴益。似此有始无终之情形,固万非生所愿也,望幸恕之。至于退学有无特殊手续,望通知倪一三同学或李耀滋同学,当可代为清办,不使先生为难也。余容续上。敬请
教安

　　王先生、陆先生均此,恕不另上。

生顾逢时敬上
中央大学档案

国立中央大学训导委员会训导工作方案草案（1935年11月7日）

第一条　本方案依据本大学训导委员会规程第八条制定之。

第二条　本方案以二十四年度为推行时期。

第三条　本大学训导工作分为普通训导与军事训导两种。第一年级学生除守军训及军事管理各种规则外，并应受普通训导。

第四条　本大学二、三、四年级学生均应受普通训导，但关于总理纪念周之参加方式与一年级同。

第五条　本大学二、三、四年级之普通训导分团体训导与个别训导两种。个别训导以一单位为范围，每单位以学生二十至五十人组合之，其组合方式由本会决定之。团体训导系联合两个以上之单位施行训导。

第六条　各单位应称为第一组、第二组，以次类推。

第七条　本大学二、三、四年级之普通训导工作，每院由本会互推委员二人主持之。

第八条　本大学一年级学生受训导单位，应以军训分队方法支配之。除军事训导由军事训导大队部负责外，其普通训导由本会互推委员每次二人轮流担任之。

第九条　训导工作约分为下列数项：

甲、关于道德修养事项；

乙、关于增进常识事项；

丙、关于学术研究事项；

丁、关于团体生活事项；

戊、关于个别指导事项；

己、关于校长交记训导事项。

第十条　前条列举各种工作自一至四项每月至少应择取一种举行一次，举行时得延请本会以外教授及校外名人专家参与训导。前条列举五至六项工作应由各组担任委员，随时随地相机策划进行。

第十一条　本会对于学生不接受训导或犯过之诰诫惩处时，得依本会规程第五条第五项规定办理之。

第十二条　本会训导工作之经过与结果应由各组担任委员按月于开全体委员会议时提出报告，并由本会当然常务委员转达校长鉴核。

第十三条　本方案由本会全体会议通过,送请校务会议核准施行。

中央大学档案

二、学生招考与毕业

吴光致胡刚复函(1927年7月16日)

刚复先生：

久闻大名,钦佩无既。徒以环境所困,不能亲聆謦欬,屡为叹惜。晚因今暑毕业于敝校生化学科,拟下学期继续研究。报载先生为第四中山大学自然学科研究院院长,故特请问左列数事。若蒙赐教,则一生转捩,有以赖之,中心感激,自莫可宣言也。（一）下学期第四中山大学自然学科研究院是否正式收研究生,给硕士学位,其入学手续为何？（二）下学期秉志先生在南京抑在厦门,又本暑假将于何时来宁？（三）南京科学社生物研究所是否正式收研究生,其入学手续为何？（四）报载先生于下学期将就厦门大学理科主任,此说确否？敬请
教安

晚生吴光上
十六年七月十六日

附:胡刚复复吴光函(1927年7月20日)

迳启者:接诵来函,所询各节:一、第四中山大学自然科学院不收研究生;二、秉志先生现已到宁,下学期留宁;三、南京科学社生物研究所尚未宣布办法;四、下学期厦门大学理科主任事尚未定。以上各条,专此布复。并颂
学佳

胡刚复启
七月二十日
中央大学档案

江泽涵致胡刚复函（1927年8月10日）

刚复先生台鉴：

此次清华留美官费生考试，晚侥幸成功，故已于前日来沪。在沪甚望能得会见先生或姜立夫先生，然皆不可得，甚为不幸。但不知先生知否姜先生现在何处，将来沪否？

内人蒋圭贞女士此次考试不幸失败。彼已在北大本科算学系肄业满二年，上年因北大开学过迟，故往厦大旁听一年。现时北大算学教授多已他往，亦不愿再往北大。厦大或已无算学教授，回厦大又不可。姜先生回南开未必能留常久，北大学生转学南开亦有困难，故亦难往南开。彼思之再三，唯一适当之学校仅有南京第四中山大学。第四中山大学已有不收转学生之广告，但不知能否有通融办法？晚不日即将离沪，深望早日示覆。晚本拟托姜先生写信探问，奈不知姜先生现在何处，故只能冒昧请求，万祈原谅。此颂

公安

晚江泽涵上
八月十日

若蒙赐覆，请寄至：上海极司非而路49号A胡适寓，蒋圭贞女士收。

附：胡刚复复江泽涵函（1927年8月29日）

泽涵先生执事：

奉手教，藉悉一一。本校不收转学生，既经通告在先，所嘱通融一节，实未便照办。惟各方请求察谅特别情形者，尚纷至沓来。兹为顾全学生入学便利起见，拟于九月间举行特别转学考试，蒋女士可于彼时来宁应试，日期俟定后再行奉告。先此布复。顺颂

台绥

胡刚复启
八月廿九日
中央大学档案

第四中山大学关于旧生入学资格审查方法的通告(1927年8月19日)

迳启者：东大旧生入学资格审查方法，业经第二十次会议决定，兹将议决案第六项照录一份，送请察收。除由注册处检送旧生成绩表外，务希贵院即日着手审查，俾便公布为荷。此致
学院

谨启
八月十九日

附：审查各校旧生之方法
（1）各校学生因春季军事缺课太多，本学年暂以原来班次编列，待功课补足后升班。
（2）分院审查以平均六十分为收录及格标准，但平均为六十分而主要功课不及格者，应补读或转学他种科目。
（3）旧预科生以平均六十分为收录及格之标准，但任何功课有不及六十分者，应合新预科生同班补习。其平均不及六十分者，不能编录。

中央大学档案

呈请大学院审查革命功勋后裔免费入学资格条例(1927年10月12日)

呈为呈请事。
窃查革命诸先烈暨现存四方武装同志，十数年来，或则运动革命，事浅捐躯，或则百战功高，勋劳懋著。是成仁赴义与事功彪炳者，虽当时成败不同，然志趣固无差别。现在钧院成立，是项先烈及勋劳名将后裔在各级学校求学者，所在多有。自宜别立所以优待之方，用昭崇报，而示体恤。近据各该学生纷纷以先人为革命事业牺牲生命，又以家况清寒，求学困难，请求免予征收学宿诸费前来。职校意见，以为若不问其先人功绩如何，一律予以照准，则请求者势必接续不已，或转启冒滥之渐。若不准理，又非所以示优待之道。但各该生已故先人或现存父兄功绩，其间亦自有高下不同。此时量予优待，自亦宜区分等别，方昭平允。拟请即由钧院提交会议，议决《审查革命功勋后裔免费入学资格条例》，并请求国民政府特设审查委员会。

遇有前项请求者,即由审查会按照条例,厘定等差,并察酌该生如果有志向学,而家境清贫,负担特别困难者,如何参照某种勋绩准予豁免学宿一部分费用,一面即行知该生所在之学校,就设定学额内照办。是否有当,理合将拟请公布《审查革命功勋后裔免费入学资格条例》,并特设审查委员会缘由具文呈请,仰祈鉴核施行。
谨呈
中华民国大学院

国立第四中山大学校长张乃燕
中华民国十六年十月十二日
中央大学档案

复韩人来校肄业准举行特别试验(1927年10月14日)

迳启者:来函已悉。所称有贵国学生十数人,经贵会审查志愿,来敝校肄业,以语文浅薄,经济困难,请免试验并免缴学费暂作特别生各节。查敝校定章,学生转学均须经过试验,俾插入相当班次,免蹿等越级之弊。今贵国学生虽志切求学,但既自知语文浅薄,虽或准予编入最低度年级,仍恐程度不及,转多捍格,是于各该学生本身并无裨益。第该生等异国从风,远道负笈,其志愿自属可嘉。敝校为优礼远人起见,当准各该学生自行具书到校请求,并呈验中学校毕业证书,即予举行特别试验。果能勉具相当程度,自当分别录取,作为附读生,但仍须缴纳学费。报到入校后,一年内考入豫科,或二年内考入本科,作正式生,俾副志愿而宏造就。即希查照,转致该生等遵办可也。此致
留宁韩人革命同志会执行委员会

大学本部启
十月十四日
中央大学档案

蔡元培致张乃燕函（1927年10月15日）

君谋先生：

兹有北京大学学生五人，政治系三年级李蔚唐、政治系三年级萧涵恩、英文系三年级高宗禹、教育系二年级王国章、法律系二年级季可宗来函，称："生等求学北大，先后有年，本应暑假后赓续前业，以求完成。不幸母校受军阀蹂躏，既加改组，又无期开课。而生等曩均为党国努力，斯时北去，不特求学无望，且危险甚多。中夜彷徨，莫知所从。请俯念生等失学之苦，迅予设法，即在首都第四中山大学借读，并恳赐函接洽，俾得面呈……"弟按此五生所陈，系属实情。惟能否允其所请，自应由贵校决定。用特具函代达，即请酌定示知为荷。此颂

近祉

弟蔡元培敬启

附：张乃燕复蔡元培函（1927年10月27日）

子民院长赐鉴：

接奉教言，敬悉一切。北大学生因环境关系，未能赓续前往求学，亦属实情。重以尊命，自当特予通融，许其借读。惟职校原以校舍不敷及裁并分子复杂，种种关系，经筹备会议决暂不收转学及其他各生，并经登报公布在案。后以调剂上海政治大学全部学生发生失学问题，又前归并各校之特别生，因事实上关系未及照章应审查考试，纷纷请求入学，特先后补行转学试验二次，以示通融。现在转学试验早已办竣，开课已逾一月，所有正式录取各生，均已限于本月廿日前到校，逾期除名。此后新生，碍难收纳。但念年级较高研习科目已趋专门各生，若不予收容，或有失学之虞。用特引申我校新订特别生规则，勉将年级较高之政治系三年级李蔚唐、萧涵恩，英文系三年级高宗禹，准其作特别生入学。其他二名年级稍低，限于学额，未便照办。统希鉴谅，并乞转知是祷。敬颂

政祺

  附特别生章程二份

张乃燕谨启
十月二十七日
中央大学档案

大学院关于北大学生转学的训令（1927年10月27日）

中华民国大学院令　第七号

令国立第四中山大学校长张乃燕

为令遵事。现据北京大学学生李蔚唐等呈称：呈为求学失所，请予设法转学第四中山大学事。窃生等求学北京大学先后有年，本拟暑假以后赓续前业，以冀完成。不幸母校遭军阀摧残，于暑假中加以改组，斯时主持校务者为不学无术、人格破产之胡仁源，所聘教授尽属无品无学之人。向为生等所信仰之导师，或因努力党务而不得不走，或不愿与其同流合污而愤然辞职，此时校中实施之教育，当与生等求学目的大相背驰。曩为自由研究学术之全国最高学府，一变而为领文凭混资格之机关，蔡校长及诸教授费几许心血努力经营之大学毁灭殆尽。兴念及此，至为痛心。生等入校，志在求学，此等学校何能满吾人之欲望。此生等之不愿北去复学者一也。张作霖视国民党为眼中钉，已非一朝一夕。自北伐军兴以后，目睹北洋军阀之势力日益崩溃，深感个人之地位日益摇动，而监视及拿办党人之手段日益严辣。溯自党案发生以来，吾党之遭残杀者已十有余人，被捕者更不计其数。生等曩在北京曾尽力于党国，时有不相识之人查问姓名，追随身后，殆均为张作霖派出之密探。临机应变，幸免于危。此时北去，不特求学无望，亦且自投罗网。此生等之不能北去复学者又一也。生等以为在革命潮流澎湃时代，正须读书预备之人，求学不忘救国，救国不忘求学，至理名言，亘古不磨。顾有求学之心而无求学之所，日夜思维，深费踌躇。查国立大学向订有互相转学之办法，北大与前东大且有互相借读之先例。广州第一中山大学因鉴于此，北方环境之险恶，北大与国民党有特殊之关系，更自动的有收容北大学生之通告。敢请我大学院院长俯念生等失学之苦，转商第四中山大学，援广州第一中山大学允许北大学生转学办法，准予生等转学该校，俾学业得以完成，将有所效力于党国，不胜迫切待命之至。等情。据此，当批：呈悉，据称求学失所，当属实情，所请应予照准。已令行第四中山大学按照第一中山大学免试收容北京大学学生例迅速办理矣，仰即知照。此批在词，除批示外，合将各生名单钞发，令仰该校长即便依照广州第一中山大学对于国立北京大学学生免试转学例迅予办理可也。此令。

计发名单一纸

十六年十月廿七日
院长蔡元培

呈请转学各生名单，计开：

李蔚唐　高宗禹　萧涵恩　王国章　季可宗
许延俊　高增庠　谢承平　谢汝昌　石原皋

中央大学档案

呈复大学院北大学生请求免试转学诸多困难请改作特别生（1927年11月1日）

呈为呈覆收容北大免试转学生困难情形，拟改作特别生，藉符定章，请予鉴核饬遵事。

案奉钧院第七号令开：据北京大学学生李蔚唐等呈请援照广州第一中山大学免试转学例，迅予转商第四中山大学，准生等转学等情，仰即依照办理。等因。奉此，查职校自开办以来，各院学生均先后到校上课，近已月余。所有正式录取各生，限十月二十日到齐，逾期除名。原有校舍亦不敷分配，裁并各校学生份子复杂，迭经职校筹备委员会议决，不收转学及其他各生，并经登报公布在案。后上海政治大学全部学生发生失学问题，而裁并各校特别生，又因事实关系，未及应审查考试，纷纷请求入学。特先后两次补行转学试验（校章转学概须考试），以示通融。今北大学生为环境所迫，未能前往赓续求学，以免试转学为请，情殊可怜而志则可嘉。惟学生求学之处，本不限于职校，而职校本年情形与他校不同。既经议决不收转学及其他各生，势难变更定章，迎合一部份学生之要求。且各级学生上课已久，若中途免试入学，何以对已收各生？而未经准予转学及特别各生，恐将引起种种纠纷。广州第一中山大学招收免试北大、东大各种转学生，其组织情形各有不同。且又在学年之始，易于安插，与职校情形显异，似未便援以为例。但体念学子向学之殷，职校未敢独后。又奉钧院令示，自当勉筹调济之法。所有此次钧院单送之北大学生李蔚唐等十名，由筹备会议决，准其援照特别生规则入学，庶于事实、法理双方兼顾。奉令前因，除将名单存查外，理合沥陈下情，并拟改作特别生缘由呈请钧院鉴核饬遵，实为公便。谨呈

中华民国大学院

国立第四中山大学校长张〇〇
十一月一日

中央大学档案

蔡元培致张乃燕函（1927年12月30日）

君谋先生台鉴：

北大学生刘念曾、黄继植等二十七人来晤，述在北京军阀铁蹄之下，生命频危；北大改组以后，教授、课程两皆腐败，不得已相率南来，恳求转学第四中山大学，使得继续修业等情。谨为介绍，拟请于本年第二学期开始即准其转学，按所习学程年级，分别选修是幸。专此，并颂

撰祺

附姓名学级单

弟蔡元培敬启
十二月三十日
中央大学档案

张乃燕：国立中央大学第一届毕业纪念册序言（1928年7月9日）

业有毕乎？曰：无。无尽之业而以毕名，不过表示某一时代之所学既经修了云尔。

大学毕业者，非举大学中所有而尽毕之也。不过大学中某一部分之所学，既经修了云尔。

基上两义，大学毕业生之不足自满也明甚。

然而以吾国度支之窘，设备之简，大学之上，研究院尚未成立，大学毕业生几无可以再求深造之地。

而又以人民生计之绌，求学者之少，能卒业于最高学府者，千人中曾有几人？大学毕业生虽已日渐众多，而就全国人数统计之，其比例尚如凤毛麟角之珍。

而况当此外侮纷乘，国势阽危，革命初成，建设伊始，社会所属望于大学毕业生者至深且切，稍一不慎，指摘随之，其关系不仅在个人已也。

夫以不足自满之身，处物希为贵之时，而又当此视听环集责备綦严之境，危乎重哉，大学毕业生之责任也！

中央大学，顾名思义，允宜树全国风声。第一届毕业生，尤当为此后历届之领导。危乎重哉，中央大学第一届毕业生之责任也！

知其危,则所以自警者,必有道矣;知其重,则所以自勉者,必有在矣。

乃燕忝长国立中央大学,与毕业诸君相处一年,既于行毕业典礼之前一日,与诸君恳切谈话,复为是文以资振励,亦使社会知现在大学毕业生所处之地位既困且艰,相与扶植而奖掖之,俾得各展所长,益自奋于学艺之林也。

张乃燕

中华民国十七年七月九日

中央大学档案

金陵大学学生呈请准予转学并予免考(1928年12月20日)

呈为呈请准予转学并予免考事。

窃生等肄业金陵大学,历有年所。在预科期中功课尚觉圆满,惟本科各系如国文、历史、政治、经济、社会、哲学等,每期仅开设二三课程,且又互相交换,周年复始,致生等年级愈高,对于所修主系课程愈感不敷读习,更无选择余地。此其一。金大虽经收回立案,然以经费出自外人,办学宗旨仍多牵强。而教授又皆兼任者多,精神殊为涣散。除农林科外,余咸与国家社会大有格格不入之慨。以是校中暮气日多,朝气日少。生等感兹内外环境不良,深有影响于奋发之志气。此其二。又金大收费过巨,生等家皆寒素,担负维艰,年来国中多故,竭蹶益形。非稍图补救,殊岌岌可危。此其三也。只此三端,及观贵校,皆较佳胜,故生等为求课程完备计,环境优良计,减轻家庭担负计,特请准予转学贵校。至所请免考者,良以寒假迫促,生等或须归里料理各事,或恐无暇预备,殊多不便。且以生等已习各课,均经试验及格,可凭成绩考查,尚无不合。故敢缘上述情由,恳请准予免考入学,俾生等安心向学,奋勉上进,藉收国家育才之良效,实为德便。谨呈
中央大学校长张

学生杨国华等谨启

中华民国十七年十二月二十日

中央大学档案

中央大学十七年度毕业生状况（1928年）

类别\院别 人数	文学院	理学院	法学院	教育学院	农学院	工学院	商学院	合计
党务	3	2	4	1				10
实业		1			4	16	2	23
教职员	19	47	13	42	7	4	6	138
民众教育				3				3
官吏		1	9	1			9	20
新闻记者			1	1				2
留学		4	3	1			1	9
研究		3	2					5
家居		2						2
死亡			1					1
未详	35	3	14	15	1		19	87
说明	医学院本年度未办毕业							

《国立中央大学校况简表》，1930年1月印行

东南大学学生孙绍祖请准恢复学籍（1929年2月13日）

君谋校长钧鉴：

  敬启者：生前肄业东南大学教育科教育系，自革命军抵苏以后，学校停顿，生当即归里。又以家遭兵燹，一时无力复学，于学校改组之初，呈请休学一年在案。去年秋季本已休学期满，无如在丹阳县党务指导委员会办理党务，不克立时摆脱，省指委亦不许离开。今者各地党务皆已整理有绪，指委会旋告结束。生感觉到学识之肤浅，能力之缺乏，非升学不可为。特恳请校长姑念生为党效忠，致误学期之苦衷，恩予恢复学籍，准其入学。又，生此次出席省代表大会，有请校长出席报告一

案,迄今未见出席,认为蔑视党权。现议决:如十五号上午十二时以前如仍不列席报告者,除由大会开除其党籍外,并全体向中央请愿,请求立时免职。生与校长谊关师生,敢于急告,如何裁夺,敬乞速决。专此,并祝

教安

生孙绍祖谨上
二月十三日下午二时

乞示寄中大第二宿舍 100 号李飞鹏转。

中央大学档案

杨希震等为留日入学事致张乃燕函(1929 年 11 月)

敬陈者:生等在学校数载,备受教诲。今虽离校,尤殷殷不忘。毕业后颇感智识缺乏,乃往日求学。及抵东京,困难百出,其最甚者,莫过于入学。盖日本学制,异于他国,其入校办法,亦与欧美不同。我国大学毕业生可入帝国大学大学院,但须有私人介绍方可成功,否则几无入学之可能。生等来此,时经数月,人地生疏,介绍乏人,故至今尚未入学。日本地邻我国,往返甚易,吾校以后毕业同学来日读书者,必日渐增加。故入学一事,应即谋妥善办法,方不至令已到者失望,未来者生畏。然妥善之法,莫如以学校与学校交涉,或学校请求教育部向日本文部省交涉。前东南大学校长郭秉文与美国各大学有凡东大毕业生可直接入学之约,北京大学校长蔡元培与法国各大学亦有凡北大学生不经试验可以进校之办法。吾校现在规范大于东南,地位等于前之北大,日本帝国大学尚不及于美法各大学,照例进行,当不难办到。特恳校长鼎力交涉,俾生等不致辍学,则不胜感戴之至。并望赐覆,以释悬念。此上

张校长

陶 英
中大毕业学生 胡庚年 同叩
杨希震
中央大学档案

刘芬资致张乃燕函(1930年3月13日)

迳启者：窃先夫伯明先生曾在东南大学服务八载，尚著绩劳，不幸天不假年，在职逝世。比承前东大郭秉文校长念其生前劳瘁，身后萧条，提经前该大学行政委员会议决，赠给恤金三千六百元，此后所有子女在该前大学肄业，自小学而中学而大学，均予免费免试，以示优恤，藉慰英灵。并经前郭校长函达芬资，以备存照。嗣以该前大学停办改组，贵校成立，而附设中小学迟未开班。芬资以子女均届入学年龄，只得先后令其入金陵中学肄业，每年所费已属不赀。现子女中有中学将毕业者，升入大学，费用更多。芬资一介孀妇，何从筹措？惟念该前大学对于先夫子女优待条件，虽云体恤遗孤，亦所以为热心教育者之奖励。贵校与前该大学虽今昔名义不同，而历史仍属一贯。关于前该大学奖励热心教育者之至意，谅亦表示同情。为此，据前郭校长来函，恳于先夫子女毕业中学后，准予免费免试升入贵校肄业，俾遗孤子女得有深造之机，九地幽魂应被泽厚之感。肃函奉渎，至希钧核示遵为荷。此致
国立中央大学校长张

刘芬资谨启
三月十三日
中央大学档案

化工科学生沈贯甲致曾昭抡函(1930年7月14日)

昭抡先生尊鉴：

敬肃者：前月先生回沪，未暇进谒一陈，私衷殊为怅怅。光阴易逝，瞬已经旬，近维起居安康为颂为慰。生等在校一切如常，暑期补课，业已实习若干次矣。惟一切办法一仍夫旧，因未有所改进也。校中招考新生，昨日截止报名。据生调查，报考化工科者只一人，此实为本科前途之危象。察其原因，虽不只一端，但外界对于本科未有相当之认识与信仰，实为大因。本科虽有三年历史，但正常的发展才一年余耳。自先生主任科务以来，各项计划次举实现，设备益加充实，教师亦多逐渐更新，同学未有不十二分欣慰者，在校内已有相当地位。但求外界之信仰，非有切实之表现与宣传不可。昔北京工大对此即异常努力，利用学校工厂制造皮革、油漆、

肥皂、纸张等等，出售外界，因之信誉甚佳。我校似亦可致力于此，如校内制革厂规模已具，较之沪上小皮厂并不多让。如能利用之生产，则名誉、经济两得裨益。再如肥皂、油漆等，在在得而制造之。如是，外界信仰既坚，科务发展、生徒众多可期而待矣。将来贡献于社会如何如耶？

至于毕业生之出路问题，恐对于科务亦具密切关系。本科毕业生只数人，固谈不上远大计划。即以近者言之，本届毕业者四人，将来能否对于职务胜任愉快且不必论，目前切要问题，即能否人人得有适当之职业。生等在校每以促进科务进展为己任，因之不免有嚣张之讥。但自信态度光明忠实、意志单纯，此则是以告慰耳，谅贤明如先生者，当早鉴及矣。惟诸教授间有不察，未予谅解者，故生等职业问题，益难解决矣。除王昶君已由丁先生介绍，为某面粉厂研究外，其余皆未定局。曹君祥麟，闻亦由先生绍介至苏州中学，能否有成，尚是问题。文君与甲现均无若何进行，谅先生在沪，或已在尽力设法中也。至感且盼。

但甲之志愿有足为先生一陈述者。查自创工厂本为我辈本分，且创作较任何工作为愉快。但自顾家庭经济如何，即读书费，亦系由家庭借贷供给，出校后还债且不暇，更何创作之资本。故最近将来绝不能实现。其次为服务工厂或机关。当此时局不靖，援引绍介既乏其人，且对于甲之将来志愿微有不合。甲拟于最近二三年内专心储学、储金，预备再赴海外研求真实学问，以应社会之需。试问中国工厂、机关能予以储学之机会者有几？有之，又复不易插足，此不能不令人视为荆棘矣。质直之言，如以学术为目标者，莫如任职学校。学校之设备可以应用，教师、同学又可得指导与研究之益。此就个人方面言之。至于本科是否需人，乃系问题。事实上，制革厂与药品室迄无专员负责管理，将来机械增加，工场从事生产，在在需人。且本科十七年度本有助教四人（章、徐、周、许四君），当时设备与课程远不及今之繁多。如添加一二人，似属可能。至于经费，则校费至增至二百〇四万元，当不致发生问题矣。此则惟先生一言以定之耳。校长、院长固不生问题也。愚直之见，冒昧陈辞，幸加愿宥。如承不弃，俯允所请，则感激不尽矣。专此，敬请

钧安

　　　　　　　　　　　　　　　　　　　　　　　生沈贯甲谨上
　　　　　　　　　　　　　　　　　　　　　　　七月十四日
　　　　　　　　　　　　　　　　　　　　　　　中央大学档案

外国文学系毕业生漆裕元请转入法学院(1931年9月27日)

骝先校长钧鉴：

敬恳者：十九年度下学期生卒业于本校外国文学系，在校时鉴于经济建设之重要，有志研究经济科学，以为社会服务之准备。故择经济系为辅系，所读功课计有经济学、高等经济学、经济思想史、近代欧洲经济学说、经济名著等学程，颇觉趣味盎然，步步入胜。惟上列学程皆属理论方面，应用者全未入手，偏而不全，非治学之道。且于本国经济状况，亦太忽视，深思有以补救之。更有进者，生素志欲往国外进研经济科学，谋求报国之道，并以学问根基务求深广、博而后精为必由之径。经商得家庭同意、师友赞助后，乃决意续入本校法学院经济系为正式生，愿遵照该系章程，读毕必修学程，取得法学院证书。一方有资深造他方，则备异日留学时之便利，一举两得，自觉妥善。暑期中江西省立第七中学约聘生为高中英文教员，生以求学心切，辞而未就。查欧美大学生先后取得二学位者，所在多有。本校亦不乏前例。如十九年上学期史学系毕业生李承廉改入政治系修业，当时办理该项手续，只须请求院长核准，函知注册组选课注册，其事甚简。今校中对此种案件，并无章程可查，仅前次校务会议议决案中，有毕业续修生之规定。然该项决议仍指任意选课者而言，自不能包括生所请求之例。且毕业续修生与旁听生同等待遇，每人限选三学程，不给学分，是生之希望全失矣。昨生向郭秘书长商请，郭先生批令请法学院刘院长按章办理。嗣刘院长与注册组商议，结果谓无章可循，嘱生向钧座请求，彼等当无异议。后郭秘书长亦谓此事想无不可，惟须上书钧座，俾资根据。用特遵照办理，函邀钧长核准，俾生得早日选课注册，免致荒怠学业。想钧长爱护青年，提倡教育，自不致断然拒绝，使生失前进之机，阻深造之望也。异日者如生之学业略有所成，感戴钧座者将不仅生一人而已也。专此肃恳，敬请

道安

生漆裕元谨上
九月廿七日
中央大学档案

留日返国学生汪树人呈请转学（1931年10月6日）

　　呈为呈请转学事。
　　窃生汪树人留学日本，肄业东京日本大学法文学部教育学科。原期业卒回国，服务社会，以图报效于万一。乃暴日横行，突于九月十八日侵占辽吉二省，横蛮无理，开世界未有之先例。全国人民义愤填胸，誓欲雪耻为快，而留日同学目击此情，忍无可忍，不得已弃学回国以作抗日救国者，纷纷归来。生以籍隶江西永新，家被匪焚，经济尤为窘迫，困居东瀛，徒呼负负。嗣得友人汇款接济，始得于月之二日整装归国。而教部体念学子失学之痛，准予收容留日学生转入国内学校。生以贵校为全国最高学府，办理完美，亟思转入贵校，完成所学，以求救国不忘读书之旨。校长素以作育为怀，救济青年为职志，令闻令誉，中外同钦。春风化雨，必能允予立雪程门之下矣。至于生之学历及在学证明书，恳予核示后呈缴，兼办理入学手续。肃此，谨呈
朱校长

留日学生汪树人
十月六日

　　通信：广艺街衙缺巷八号段柏峨先生转交。

中央大学档案

中央大学呈报收容东北各大学及留日归国学生情形（1931年11月26日）

　　呈为呈请事。
　　窃查东北事变发生以来，所有东北各大学学生，纷纷来校请求借读。并奉钧部第一九七零号训令，饬即收容辽吉来京学生等因。□分别准予借读，或暂行随班旁听各在案。复有留日归国学生，先后奉钧部令饬收容。随班旁听者，计有瞿亚宏等三十余人。除张政端、谭叔仁、周大受、向震、周扬鹰五人已到校受课外，多数尚未来校报到。查本校本学期开课已久，原有各年级学生早已额满。现距学期结束不过四十余日，除例假外，实际上课日期不及五星期，时期至为迫近。即使再事收容，于学生学业毫无裨益，已可想见。
　　兹拟定于本月三十日为截止收容之期。凡东北各大学学生及留日归国学生，前奉钧部令饬收容，尚未到校者，逾期暂时停止入校。俟下学期开始时，再行酌量

情形办理，以免漫无限制。至于借读生及旁听生待遇办法，并请钧部早日拟定公布，俾资遵循。谨呈
教育部

中央大学校长朱○○
中央大学档案

心理系毕业生雷肇唐请转入中央研究院继续研究（1932年3月）

　　谨启者：学生雷肇唐于十八年度毕业，继在本校理学院心理学系研究两年（依据理学院研究生暂行简章）。兹因沪战方殷，本校一时不能开学，学生拟赴北平入中央研究院心理学研究所继续研究，以免荒学旷业，并拟入北京大学心理学系借读半年。两处俱恳贵组各备公函，代为声请证明是感。此请
文书组执事先生台鉴

心理学系研究生雷肇唐谨启
三月□日
中央大学档案

张宜等请继续举行招收新生及转学生考试（1932年7月15日）

中大整理委员会诸公大鉴：
　　敬启者：阅平津报载：贵会十二日会议议决，中大本期停止招收新生，宜等闻之不胜疑惧万分。此或不独宜等为然，想全国处心虑积以入中大究读为幸之无数有志青年亦当为之惊心也。窃我国农村经济虽日形破产，然求智之青年殊逆此不景气之环境而剧烈的增加。此虽畸形之发展，而要为民族精神之突进，殊不容疑。惟全国较完善之大学，除最少数之私立大学外，则皆为国立者。以是凡不甘堕落、愿求深造之青年学生，无不以投入完善之国立大学为求学之场所。如每次各国立大学招生应考者之盛，各私立大学竟有三四年级降级转学者之多，可想见此念之切矣。然全国国立大学每年招收学生之数，与全国每年应试学生之数相较，其差实令人骇闻。如北平国立大学虽多，但其每年招收学生之数，统计不达千人（去年北大招收人数仅五六十人，师大百余人，清华二百人，平大约四五百人）。而在北平投考者，不下数万人。此数万人中之落第者，一少部分暂投入设备不全之各私立大学，

然其最多数均准备再行转学,一大部分暂入完全以营业为目的之各补习学校(如某补习学院有每班上课人数竟达三四百之多,教室内无凳子坐,则站立于室外窗户前),以求来年再行重试。其吞声苦读以求将来入一较好国立大学,以为生命前途之机枢的向上心理与精神,诚堪动天地泣鬼神也。然在国立各大招生太有限之现制下,此人人皆抱誓死必取之数万人中,达其目的者每年复不到千人而已。如斯辗转,一部分有特殊天才之青年,即为此研究不集中而将其兴趣消磨殆尽;一部分个性强悍之青年,不能久郁于其所不满意之制度下,而为其他危险思想所吸诱,以致影响其实际行为;一部分意志虽决、矢心向学之青年,因在此整个的社会经济衰落之进程中,其家庭经济而为此时间延长,致不能继续支持而终于流落失学。此情北平如此,他处当亦同然。凡此,各个青年其能投考专门以上学校者,已属淘沙之金,难得可贵,皆能发生实际效力于社会者。若此种实际效力发泄于不正当之途径,其影响社会如何,不言自知。因是,各国立大学在此供不应求之现状下,断不能或一停止其招生。教育当局或有不曾感觉及此者,然于本身关切急慌万状之投考学生,实有不堪忍受也。去年清华因学潮有停止招生之议,北平学生大为之骚然,故终于继续招生。今中大因学潮,自亦影响校务之进行。举行招生,固有其困难,全国青年学生固亦不见谅其苦衷。然现在贵会诸公均曾舍身为全国青年谋成就与福利者,诸公何妨尚谅察全国青年学生求智热望之切,而于本年振救数百人于中大。想以诸公之能力与热忱,虽大难自亦易解决。而现待急于处置之事件,不外下列数端:(一)经费问题;(二)重聘教授问题;(三)甄别学生问题。第一问题,以政府之能力为转移。第二问题,据本日报载,已发表第一批聘定教授62人,第二批亦即发表,是此问题已近解决。至第三问题,曾闻关于此次风潮有特殊行动之学生,不在甄别之列,则其余者自易甄别而无须多大手续。似此情形,本期招生事宜,无论如何,不致(至)于硬非停止不可,充其量不过延迟招生期间而已。据中大已印发之本学期招生简章,报名截止期为七月廿日,考试期为八月一日,虽不能如规定期间招生,再延长时日,并无妨碍。即中大去年招收转学生时期,亦在九月一日也。总之,全国青年学生莫不切望贵会于万难中继续举行中大招收新生及转学生考试。此种呼声,虽仅发于宜等少数人之口,然实则尽所有欲投考中大之无数学生而代表之矣。耑此,敬叩
道安

张宜等同上
七月十五日
中央大学档案

教育部关于中央大学暂停招收新生的训令（1932年7月25日）

教育部训令　字第5620号
令国立中央大学
案查该校奉令整理，事务殷繁，已定本年暂停招收新生。惟前经部转送该校旁听之留日回国学生，具有特殊情形，应准于忝加甄别考试时酌加主要科目，作为转学试验。如能及格，则改为正式生，以资救济。合行令仰遵照办理，并希布告该生等知照。此令。

朱家骅
中华民国二十一年七月二十五日
中央大学档案

朱汝华致罗家伦函请证明毕业（1933年7月11日）

校长先生台鉴：
　　敬启者：学生已得美密西根大学之 Bachelor Scholarship，现决于八月十日放洋。但接得该校研究院来信，入学时须有一封学校学业证明书，说明生已读毕大学课程，并已得理学士学位。此相当于毕业文凭。生虽有毕业文凭，但系中文，不甚合用。故祈赐一证明信，或直接寄去密西根大学（Graduate School，University of Michigan Ann Arbor，Michigan），或交于生带去。赐复请寄太仓飞龙桥西生收可也。专此，敬颂
钧安

学生朱汝华敬上
七月十一日
中央大学档案

国立中央大学招生简章(1934年)

一、年级及名额

(一) 本大学本届招收文、理、法、教育、工、农各学院系一年级新生。

(二) 各院系得招收二年级转学生,其系别另定之。

(三) 本大学本届招收各院系新生,暂定总额四百名。

(四) 凡投考二年级转学生者,必须并受一年级入学试验及转学试验。

二、投考资格

(一) 凡报名投考一年级者,须有左列资格之一:

甲、毕业于公立或已立案之私立高级中学者;

乙、毕业于高级中学同等程度之学校者;

丙、毕业于大学预科,其修业年限与中学修业年限,合计满六年者;

丁、高中师范科或与高中同等程度之师范学校毕业,而有已经服务一年以上之证明者。

(二) 凡报名投考二年级转学生者,须具左列各项资格:

甲、在公立或已立案之私立大学或学院本科修业满一年以上之正式生;

乙、每学期所习各课目,成绩均合格,而有正式证明书及成绩单者;

丙、品行端正,经原校证明者。

三、报名手续

(一) 凡报名投考者,须按照规定程序,于报名时随缴左列各件:

甲、报考履历志愿书及其他各项应填表格。(填具志愿书时,除认定一系为第一志愿外,并须填具学科性质相近之一系为第二志愿。如成绩及格考生,属于第一志愿之系人数过多或过少时,均得按其第二志愿录取。又凡投考艺术科音乐组者,须将投考之班名填明,如考钢琴班或弦乐器班,并须将考时所奏琴谱之曲名一并填明。)

乙、毕业证书(审查合格后,于证书背面加盖戳记,随即发还。一经录取,仍须将原缴验之证书交存注册组保留,方得入学注册)。其报考转学试验者,并须将转学证书及其他证件一并呈缴。

丙、凡在高级中学师范科，或与高中同等程度之师范学校毕业者，除缴毕业证书外，并须呈缴服务一年以上之证明书，经所在服务学校暨原校校长签名盖章。

丁、最近四寸半身相片三张（切勿黏于硬纸片上，背面注明姓名及履历）。

戊、报名费三元（应试与否，概不发还）。

（二）本校报名日期，自七月二十七日起，至八月二日止。北平、武昌报名日期，自七月三十日起，至八月二日止。

（三）试验日期，自八月七日至十日，为新生入学试验日期。十一日至十三日，为转学生加试课目试验日期。

（四）报名及试验地点，定为南京、北平、武昌。

（五）转学生及投考教育学院艺术科各组新生，均须在本校报名应试。

四、体格检查

（一）凡在南京、北平、武昌三处报名，经审查合格者，均应于八月四、五两日内，各按照指定地点，举行体格检查。但本京以外各招考处，得斟酌情形，缩短体格检查时间。

（二）凡体格检查不合格者，不得参与入学试验，其姓名于考试前一日公布之。

五、试验

（一）凡报名手续完备，经体格检查合格者，得按照规定试验时间、地点，入场应试。

（二）应试者须严格遵守试场规则，违者经监试员查出，即照章停止其试验，试场规则另定之。

六、试验课目

（一）一年级投考生试验课目：

(1)党义。(2)国文。(3)算学（代数、平面几何、平面三角。考理学院算学系、物理系、化学系及工学院者，须加考大代数、解释几何）。(4)英文。(5)中外史地。(6)理化。(7)生物。(8)军事学科（包括步兵操典、野外勤务、军事教育之目的、军队内务，术科于入学后补行试验，女生免除军事试验）。

考工学院建筑工程系者，加考自在画。

考教育学院体育科者，加考：(1)术科（器械，田径，球类）；(2)口试（体育常识）。

考教育学院艺术科者，不考算学、理化、生物三课目，但国画组须加考：(1)中国美术;(2)绘画理论;(3)实象模写;(4)作画。

西画组须加考:(1)中国美术;(2)绘画理论;(3)石膏写生;(4)几何画。

音乐组钢琴班须加考:(1)音阶与音序之演奏;(2)钢琴曲之演奏;(3)琴谱之初视奏;(4)普通乐学。

弦乐器班须加考:(1)弦乐器曲之演奏;(2)琴谱之初视奏;(3)普通乐学。

唱歌班须加考:(1)发音及音域之测验;(2)音别与音阶及和音序之试唱;(3)曲谱之初视唱;(4)普通乐学。

考教育学院卫生教育科者加考卫生。

(二)二年级转学生加试课目,另定之(详后表)。

七、录取揭晓

(一)本届录取一年级新生及二年级转学生,定于八月二十三日公布,并于揭晓日起,连登南京《中央日报》、上海《申报》《新闻报》及京外招考地点重要报纸两天。至招考地点、重要报纸之名称及登载日期,在各招考处分别宣布。

(二)录取新生,应于二十三年度第一学期开学时,准期入学报到,照章办理入学注册选课手续,逾规定期限不到校者,即取消入学资格。

(三)新生录取后,其所缴证书及他项文件,如发现有伪造情事者,本大学随时按照学则,开除其学籍。

八、纳费

(一)学费　每学期十元。

(二)宿费　寄宿本部寄宿舍者,每学期缴六元,寄宿农学院者,每学期缴三元。

(三)讲义费　每学期五元,有余发还,不足补缴。

(四)损失费　凡有实验及实习之课目,每课目缴费二元,有余发还,不足照补。

(五)军事制服费　廿一元五角。

(六)军事书籍费　二元。

(七)体育制服费　教育学院体育科学生须缴体育制服费二十元。

九、附则

(一)凡询问有关本大学招考入学事件者,自七月十日起,迳向本校招生事务所接洽。

（二）凡索取招考简章者，须附邮票一分；如有询问事项请求答复者，须附邮票五分，并须开具详细通信地址。

中央大学档案

中央大学呈报教育部学生毕业情形（1934年5月25日）

案查本校二十年度下学期，因淞沪之役，迟至四月中旬，始行开学上课。远道学生，因交通梗阻，多不及如期到校。旋又发生校潮，课事复告停顿。继以解散改组，至二十一年九月，始由甄别考试委员会主办甄别考试。凡二十年度下学期在校学生，均须经甄别考试及格后，方得复学。考试范围，系以二十年度下学期所授课目为限。故甄别考试成绩，即作为该学期之学期考试成绩。其二十年度下学期因故未及入学者，准予免除甄别考试，一律复学。当经遵照办理在案。

月前接据本校法学院经济系学生余尚复呈，略称已依照学则将应修总学分及必修学分修满，请准予本年暑假毕业等情。当经查明，该生于十九年秋季入学，至本年暑假已满四年，预计其学分亦可修满。且二十一年九月甄别考试期间，该生并曾参与补考。遂由校务会议议决"姑予照准，但缺少成绩各学分，均须照章补读"在案。嗣经复查，该生于二十年度下学期因故未及到校，其在二十一年九月补考时所补考者，乃系二十年度上学期未得成绩之课目，并非甄别考试应考之二十年度下学期所授之课目，故二十年度下学期该生并无成绩可查。且与该生情形相似者，尚有多人。乃复提出校务会议讨论，当经议决"查前次本会议议决，于事实稍有误会，该生所缺，即系甄别考试成绩（即二十年度下学期学期考试成绩）。而该项考试，系由教育部派员主持，故该生二十年度下学期学籍，究能承认与否，应呈请教育部核示。其有同样情形者，应一并汇案呈请核示"等由在案。

同时查出二十年度下学期学生，因故未曾参加二十一年九月甄别考试，因而无该学期成绩者，现在各年级中，共有四十五人。内四年级学生中，除余尚复外，尚有陈维藩、李启元、梁仁风、王肃雍、谭伯材等五人，均将于本学期终，修满总学分及必修学分。此外四年级学生中，尚有陶仲侃等八人（详名单）学分未满，尚须续修一学期。其他各年级学生中，有封景孚等三十一人（详名单），亦系未曾参加甄别考试，二十年度下学期无有成绩者。但该生等若于此后每学期习满最高限度之学分数，将来在第七学期终了时，亦有修满总学分及必修学分之可能。故在此情形相同之四十五人中，仅陶仲侃等八人，必需八个学期始能修满应修学分。其封景孚等三十一人，则须视各生修业进度之迟速，而定其是否需要八个学期矣。至余尚复暨陈维藩、李启元、梁仁风、王肃雍、谭伯材等五人，则均已于七个学期中修满应修学分，只因二十年度下学期受战事及校潮影响，不及入学，未经参与甄别考试，遂致毕业时期发生问题。

查二十年度下学期，实际授课期间，本甚短促，同时风潮迭起，校政无一贯负责人员主持，致学生上课，旷课，极为零乱，故无从稽考。该生等虽未到校受课，但该学期应修课目，该生等于复学后均已完全补读，其学业上之损失尚小。但事关法令，可否体念该生等因受国际战事及学校校潮之特别影响，准其于本学期终毕业，以及封景孚等三十一人中，将来倘有人于七个学期中，将应修学分修了时，是否亦应援例办理，准其毕业之处，本校未便擅专。理合详叙缘由，开具名单，呈请鉴核，敬乞令示遵行，实为公便。谨呈

教育部部长王

国立中央大学校长罗○○
中央大学档案

盛彤笙赴德留学呈请发给介绍信（1934年8月16日）

敬启者：学生于民国二十一年毕业于本校动物学系，本年考取江西省公费留学名额，前拟赴美求学，曾向贵组请领介绍函件，早荷赐发，至深感纫。兹因故改赴德国。查德国学校，最注重母校校长之证明品行函件，但赐发之介绍信中，于品行未曾提及，恐不适用。拟恳另发三份，对于品行作一较恳切之介绍。庶使阅者不视作普通浮泛之介绍函件，而于升学予更多之帮助，则不胜感激之至。原函三份，附呈缴销，并希察收。又信中名字请拼作 Tung-Sheng Sheng，庶与注册组所发之成绩单一律，以便应用为荷。谨上

国立中央大学文书组

学生盛彤笙谨启
八月十六日

通讯处：上海海格路国立上海医学院盛彤笙。

中央大学档案

吴道坤致潘菽函（1935年4月6日）

水叔我师道鉴：

久未函候，甚以为念。生不自意现在竟有使我赴德留学机会。去岁无意间随德国教授学习德文，今忽蒙其垂青，愿保送赴德留学，每月可得某学会津贴一百十余马克（足够一切开支），暂以一年为期。若成绩优胜，当可继续津贴。惟川资自备，约五六百元。遽听之下，曷胜狂喜。现已决定前去，谅吾师亦必喜出望外也。兹有二事，须劳吾师费神。第一，须母校保证人一位，现拟请先生转请陈教务长剑修先生或罗校长家伦先生出为保证。手续简便，仅须写一保证书，一方面证明生前日在校成绩如何，一方面保证一切行为。该函务求简明（仅须中文，该教授愿代为译成德文），此事务乞吾师鼎力办到，即日赐下为祷。第二，生究学何科为宜，实太无把握，还是继续心理学呢，抑改行呢？生个性好呆板之科学，现拟专习数理统计，吾师以为何如？请郑重指导为祷。生所译《统计财政数学入门》一书，业已完竣，当能售出，当可得数百元稿费，以充川资。匆上，敬颂

教祺

剑修老师代为候之。

生吴道坤谨上
四月六日
中央大学档案

国立中央大学自动工程系特别研究班招生简章（1935年6月）

（一）名额　三十名

（二）投考资格　毕业于国立或已立案之私立大学工学院或独立工学院，体格健康，志趣坚纯，能耐劳苦，愿受军事训练及管理，而年龄在二十八岁以下者。

（三）报名手续　凡报名投考者，须按照规定程序于报名时随缴左列各件：

甲、报考履历志愿书及各项应填表格；

乙、毕业证书或毕业证明书（审查合格后，于证书背面加盖戳记，随即发还，一经录取，仍须将原缴验之证书交存注册组保留，方得入学）；

丙、如有服务经验者，须缴服务证明书；

丁、最近四寸半身相片四张（切勿黏于硬纸片上，背面须填注姓名及履历）。

（四）报名及试验日期

甲、七月一日起至五日止，在南京本校报名；

乙、七月六日在本校受体格检查，不及格者于试验前一日在本校公布，不得参与入学试验；

丙、七月八日至十一日，在南京本校举行入学试验。

（五）试验课目

甲、普通课目：党义、国文、英文、数学（包括微积分及微分方程）

乙、专门课目：

机动学及机械设计原理或结构学（于报名时任定一门）

热力工程（包括热力学、蒸汽机及内燃机）

应用力学（包括静力学、动力学、材料力学）

工程材料［包括非金属、金属（铁属及非铁属）热处理及材料试验］

丙、口试

（六）录取揭晓　七月十七日在本校及南京《中央日报》、上海《申报》同时发表。

（七）费用

甲、学费　每学期十元

乙、宿费　每学期六元

丙、讲义费　每学期五元，有余发还，不足照补

丁、损失费　凡有实验及实习之课目，每课目缴费二元，有余发还，不足照补

戊、制服费　全期约四十元

（八）津贴　本特别班之正式生在肄业期内，每名每年给予津贴费三百六十元，分期发给。本校规定各费均应照缴，惟得在津贴费内分期扣除之。

（九）修业期限　本特别班之修业期限定为一年半，分为四学期，其分期办法及课程之分配另定之。

中央大学档案

中央大学呈请办理机械特别研究班毕业事宜（1936年10月29日）

案查本校于廿四年四月间奉令开办航空工程系，嗣因对外慎密起见，改称自动工程系。复以此项专门技术人材，需要迫切，乃先办理机械特别研究班，招收大学

或独立学院工程科毕业生,修业期限,定为四学期。但为应付迫切需要起见,决将各种假期废止,尽于一年半内完成两年四学期之修业期限。该班系去年七月招生,八月上课,预计至本年十二月三十一日止,即届修业期满。理合开具该班预计毕业各生姓名表,及毕业试验课目表各一份,备文赍呈,仰祈鉴核,届时派员监试。再,查《学位授予法》第四条规定,曾在公立或立案之私立大学或独立学院之研究院或研究所继续研究两年以上,成绩合格,经部复核无异者,由大学或独立学院授予硕士学位。该班学生均系大学或独立学院毕业,得有学士学位。在校继续研究四学期,其实际修业期间,与普通之两年分为四学期者完全相同,似应授予硕士学位,以昭奖励。惟该班系属特殊系部,按照学位分级细则第十条规定,所授学位,须用何项名称,应先呈请钧部核定。为此理合陈明,恳请鉴核示遵,实为公便。谨呈
教育部部长王

国立中央大学校长罗家伦
中央大学档案

工学院请选送自动工程系优秀毕业生出国深造(1936年12月31日)

校长钧鉴:

　　工院自动工程系本年寒假有21名毕业生,而该生等均系在各大学工学院已毕业后,或在社会上服务有数年之经验,考入本校自动工程系专习飞机工程。后经四学期之研究,现届毕业,故该生等均属国内极优秀之青年份子,其志向与学历深堪造就。现时国家环境需要航空制造人才至为迫切,而航空委员会对于造就此项人才尤极力提倡。闻最近有派遣出洋之举,念本校自动工程系本受托航空委员会办理,平常多承协助,得造成此种毕业生。拟请由校中函致航空委员会,请予就本届毕业生中选择最优成绩一二人派遣出国留学,俾资深造,以期将来学成回国,多所贡献,谅航空委员会当有以奖助之也。理合具陈,是否有当,尚祈钧裁为幸。专此,
敬颂
钧安

工学院院长卢恩绪谨启
十二月卅一日

附:航空委员会复中央大学函(1937年1月27日)

　　案准贵校一月十二日第三二号函,以拟请选派工学院自动工程系机械特别研

究部成绩最优学生二名出国留学,继续进修,以备造成高深人才,俾供驱策,嘱为察允见复等由。准此,查尊议各节,核属可行,应由贵校选定函知,俾饬先行加入南昌航空机械学校第二期高级班入伍三个月后,再到国内各航空机关考察二三个月,然后出国。至其留学时应研究之科目及其留学地点,自当根据需要,由本会决定之。准函前由,除饬知机校外,相应函复,即希查照办理为荷。此致
中央大学

航空委员会
中华民国廿六年一月廿七日
中央大学档案

函送本校自动工程系第一期机械特别研究班毕业情形(1937年1月23日)

迳启者:本校于二十四年秋季承贵会补助创办自动工程系,为应迫切需要起见,特先办理特别研究班,招收大学工科毕业生加紧教授,于一年半期间赶修四学期课程。至二十五年年底修业期满,当经呈奉教育部核准,聘请黄秉衡、王承黻、陈剑修、卢恩绪、张可治、罗荣安、伍荣林及家伦本人为委员,组织毕业考试委员会共同主持,所有监试、阅卷、评分、审核各项均经严格办理。现在审查结果,成绩及格应准毕业者,共有李耀滋、徐钟霖、石兆鹭、萧灌恩、王昆山、杨延实、黄玉珊、柏实义、陈宝敏、方城金、蔡镇寰、陈基健、龚肇铸、曲延寿、詹果、陈百屏、张志坚、许侠侬等十八名。此外尚有袁轶群一名,因缺修六星期之工厂实习,应俟其补习期满呈具报告核准及格后,再行发给毕业证书。朱国洪一名,应留校补习结构学六星期,俟补习期满,考试及格后,方得毕业。陈光耀一名,应令其留校补习结构学及成绩较差之功课一学期,俟补习期满,考试及格,方准毕业。以上各项,均经委员会决议在案。兹将各生全部成绩分别造表随函附达,即希察核。所有现准毕业之十八人,即予分别录用。至于袁轶群一名,亦请贵会派入工厂实习六星期。在实习期内,暂照学生津贴例,月给津贴30元。俟期满及格后,再行正式委用。朱国洪、陈光耀二名,容俟补习期满,考试及格,准予毕业后,再行函请录用。专此函达,敬希察照见复,至为感荷。
此致
航空委员会

校长罗○○
中央大学档案

韩德培函请学校发给辅修证书(1937年3月2日)

谨呈者:学生前在本校法律系毕业,其时法律系尚无辅系之规定,且因学分之限制,他系功课每不能多所选读,唯有利用余闲自行旁听。生在本校读书期间,除本系功课外,对于经济系功课亦甚感兴趣。故除正式修读该系之经济学及中国经济史等外,在该系曾旁听功课甚多,如西洋经济史、社会政策及社会主义等功课,皆曾先后旁听。兹者中英庚款董事会将举行第五届公费考试,其中社会立法一门规定以经济系为辅系者可以应考。生对于社会立法素具研究兴趣,而所考四项科目,有两项(劳动法与近代立法)生皆曾正式选习,而其他两项(西洋经济史与社会主义)生亦曾细心旁听。为此具呈上渎,拟恳钧长俯鉴愚情,准予赐给以经济系为辅系之证书一纸,俾获报名应考,则感激靡既矣。谨呈
教务长陈

学生韩德培谨呈
三月二日
中央大学档案

航空委员会致中央大学函(1937年2月17日)

案准贵大学二月五日第137号公函,为选定自动工程系毕业生李耀滋、柏实义二名请予派遣出国留学,又黄玉珊一名成绩甚佳,可资深造,将来如有机会,并请尽先予以培植等由。准此,李耀滋、柏实义二名,准由本会派遣出国留学,即希转饬该员等先行来会服务,候机械学校第二期高级机械班开学时前往入伍。至黄玉珊一名,应从缓议。准函前由,相应函复,即希查照转饬知照为荷。此致
国立中央大学

中华民国二十六年二月十七日
中央大学档案

三、课程与教学

国立第四中山大学关于学生免费运动的布告（1928年2月12日）

国立第四中山大学布告第28号

为布告事。学校首重纲纪，立法自有时宜。现在国家每年培植大学学生之费，为数不赀，而仅令学生于入学时纳其定章内应纳之少数各费，以资补助，且昭志愿，实属准情酌理之至。本大学体念寒士求学之困难，已经订定免费学额及贷金学额条例，所以体恤寒畯者，不可谓不周。当此国家财政极端困难之时，学校经费，异常竭蹶，更无稍从宽假之可能。凡此诸端，当为我明达诸生所共悉。乃近日竟有人组织团体，意图免费，甚且有自举纠察队胁迫同学情事。虽系少数人之行动，殊属不明事理。须知我国当此财政艰窘之时，平民义务教育关系立国根本，犹未悉意举办。大学教育兼与个人以特殊优遇，准诸财政原则，安有免费之理由。即使国家有财政宽裕之一日，可以实施免费入学制度，亦必先平教、义教，而后一般小学，而后初中，而后高中，而后徐以谋及于大学，今就其时可断言也。本大学事事悉取公开，诸生如有意见，自可推举代表，向学校当局陈述。本校自当开诚布公，与诸生从长商榷。乃不此之图，而贸然张贴通告、标语，迹近把持捣乱，殊为惋惜。现在党国正以整励纲纪为急务，凡群众运动之有轶范围者，皆在应行禁止之列。诸生求学有年，深明党义，固不致效暴行者之所为。惟形迹既有类似之嫌疑，深恐无形中为人利用，影响学校风纪，尤可悚惕。用特剀切劝诫，务速将所谓免费运动委员会、纠察队等等自行解散，一面遵章缴费上课。倘仍有少数分子坚执己见，逾越范围，胁迫同学，抗不缴费，本校长为奉行党国规章、整饬学校风纪起见，万不得已，惟有严重处置。尚望我全体学生共喻斯意。切切！此布。

校长张○○
中华民国十七年二月十二日
中央大学档案

大学院关于学生要求免费的训令（1928年2月17日）

中华民国大学院训令　第166号

令国立第四中山大学

为令遵事。案奉国民政府令第47号内开："为令遵事。案准中央执行委员会政治会议函交中华民国大学院院长蔡元培提议，谋普及各级教育，请求免收学费杂费案一件。查此案因国立第四中山大学学生要求免费而提出，该学生等向学情殷，抱己达达人之宏愿，蔡院长所请一节，请准酌办。国立第四中山大学学生，除学费及膳宿费仍应照常缴纳，以利学务进行外，其他保证金、杂费等，着由大学院酌量减免，用示体恤。至学校免费问题，应由大学院统计全国教育，会商财政部，妥定办法，分期分级，次第实行。目下军事进展，需用浩繁，此时管教各员并学生等，均应共体艰危，力求精进。惟是本党建国，原有先总理首创主义及大纲方略可以遵循，而欲图郅治之发扬，必先纳全国人民于正轨。今日之学生，即将来国家之骨干。在求学之时，尤宜确立基础，遵守纪纲章制，以端趋向，是诸生不可不勉者也。为此令仰大学院查照，并转行一体遵照。此令。"等因。

奉此，查该大学学生要求免费一案，既经中央执行委员会政治会议议决，除学生学费、膳宿费仍应照常缴纳，以利学务进行外，其保证金、杂费等，业经本院详加审核，认为向章规定各院学生应征之保证金、实验费、日刊费、图书费，此后均应一律免缴。教育学院、艺专科之图工组材料费，应由十五元减至十元。惟各实验学科，为预备学生损失仪器用具之赔偿，每课得收损失赔偿预备费五元，但每一学生合各课计此项缴费，至多不得过十五元。每学期终，如无损失，仍应全数退还。查该生等此项要求免费求学，出于贫寒子弟要求教育均等之动机，衡情度理，皆应加以赞助。故中央执行委员会政治会议及国民政府皆尽量容纳，以示体恤。惟查学生对于学校，如有意见，应举派代表陈述于学校当局。如因此发生异同，亦应由举派代表向上级机关请愿，方为正办。乃查此次该校学生关于免费之事，事前既未向当局陈述，遽行集会发表宣言，甚至有撕毁学校布告、殴伤学校职员情事，举动如此，宁无遗憾。须知以党治国，党纲党纪，不独吾党所宜遵循，全国国民在此法治之下，尤应共勉。况该校学生曾受高等教育，更当深明义理，尊重纪纲，庶无负党国所期望。为此令仰该大学遵照，并谕该校学生一体知照。此令！

院长蔡元培

中华民国十七年二月十七日

中央大学档案

江苏大学教授会为学生免费运动致大学院院长蔡元培函（1928年2月）

江苏大学教授会全体谨奉书于大学院院长蔡先生左右。

同人等为傅无状，平日不能以至诚格人，致此次学生以要求免费之故，群情嚣然，弦诵暂辍。此同人等所当引为深咎者也。比者免费一事，已由国民政府与大学院明令解决，本大学早已遵命办理矣。不意学生中以少数人之言论，攻讦四出，牵涉多人，尤集矢于高等教育部部长胡刚复一身。恶詈丑诋，揭帖通衢。余众或心知其诬，然意志未坚，终日旁皇，进退失据。并闻顷又以胡事上书于大学院者，其所说如何虽不得见，大要当与外间所布之种种宣言相类也。同人等对于此次风潮始末悉目睹身历，事实昭然，不能不以一言为院长陈之。

案此次驱胡宣言胪举罪状至十事以外，同人等不欲逐条论驳，以避烦渎，谨择其最易知者二事述之。一为免费问题。大学对学生所收各费，其定额并由去年本大学开办时筹备会所定，会中列席委员甚多，并非胡刚复一人所主。此次事变发生以后，先后经校务会、教授会一再讨论，咸以免费读书诚为美谈，然兹事体大，非一大学所得主裁。在大学院无新令遵改以前，行政机关但知执行，自以率由旧章为是。是本学期照章收费之责任，其一部当由教授会全体负之，不宜以胡刚复一人负之也。二为开除许谷生、李达两生问题。徐、李两生行止狂暴，触犯校章，过失显著，自不得不执法相绳。故开除学籍之举，先由校务会议决定，继得教授会同意。是两生开除乃全体教授之公心，非胡刚复一人之私意，则其责任亦当由校务会及教授会全体负之，不宜以胡刚复一人负之也。而攻者情感所激，积怒个人，不惜以泮林之好音，事含沙之盲射，诚可痛也。凡此二事，尤易章明，其余诸条，并置不辩。以院长明哲，当自洞鉴真形，无俟辞费。惟投杼之惑，贤母难免；市虎相惊，成于三夫。此同人等所以不得不汲汲为院长陈述者也，惟院长察之。

江苏大学教授会全体谨上

中央大学档案

大学院关于举行三民主义考试的训令(1928年5月7日)

中华民国大学院训令　第345号
令国立中央大学校长

为令行事。实施三民主义教育,为本党之唯一教育方针。各大学学生,为社会朝气、党国良材,尤当深明党义,以身作则,树党治之基础。兹定本年六月,为举行全国公私立各大学三民主义考试之期。在此期内,无论公立私立各大学之学生,均应由教育行政机关举行三民主义考试,以验各生对于三民主义了解之程度。在江苏省及南京、上海两特别市,由本院主持。在其他各省区者,由各该区大学校长或各该省教育厅长主持,并将考试成绩呈报本院,以验成绩而谋整顿。此令!

院长蔡元培
中华民国十七年五月七日

附:中央大学呈复三民主义考试情形(1928年6月9日)
呈为呈复事。

案奉钧院函开:六月十六日举行三民主义考试,贵校应考学生共有若干名云云,开列送院为盼等因。奉此,查职校社会科学院学生共316人,系在科学馆致知堂考试。自然科学院及工学院学生共537人,系在南高院伯明堂考试。文、哲、农、教育、商、医预科学生共624人,系在体育馆考试。并于职教员中推举胡豫、高怀、张季信三人帮同监考。至上海商学院学生共108人,即在该院考试,由该院长程振基帮同监考。吴淞医学院学生共27人,亦在该院考试,由该代院长乐文照帮同监考。理合备文呈复,敬乞察核。谨呈
中华民国大学院长蔡

国立中央大学校长张○○
中华民国十七年六月九日
中央大学档案

军事教育科蔡文之呈报该科办理经过（1929年5月24日）

为呈复事。

案奉校本部五月七日函，令开具属科经过详细事实径交大学本部等因。奉此，窃属科创始于民国十六年秋，筹备至民十七春，应"五三惨案"而开学。是时主其事者为孔伟虎先生，分三队训练。暑假中孔主任因事辞职，军科于以停办。此为第一期。

暑假后属科学生到校，开全体大会讨论军科恢复问题，咸以为军科创办匪易，中途停顿太为可惜，且勿论如何务须完成军科本届毕业后，方能结束。因组织临时维持会，推派代表向校本部及军事委员会分头交涉可百余次。凡事一出至诚，卒蒙各方允许。至十一月一日，军事委员会委派唐光霁先生为中央大学军事主任教官到科接办，十二月间正式上课，今春开学。未几训练总监部另委该部上校处员周维纲先生来科接唐主任事，但周先生旋以事繁，莫克兼任，辞不就。至此，本科又呈险象矣。此为第二期。

大学本部鉴于属科过去缔造之艰难，恢复之匪易，更不能任其鲜艳之花一朝萎折，乃聘文之及郑锡庚先生负军科全责，学、术两科同时实施，现已月余。期在授爱国青年以军事智识，俾便实行加入革命的战线。上不负训练总监部与大学本部办理本科之期望，下不辜同学以宝贵之光阴、恳挚之精神毅然来学之志。愿他年有成，亦即文之等之所以报党国也。此为第三期。

所有属科过去事实，理合呈复。谨呈
校长张

军事教育科教官蔡文之谨呈
五月廿四日

附：履历

蔡文之，年三十九岁，江苏泰兴人。保定陆军军官学校第二期毕业，在孔主任时任本科大队长。

郑锡庚，年三十三岁，浙江龙游人。保定陆军军官学校第八期毕业，曾在黄埔军校充当教官、队长等职。

中央大学档案

呈报教育部实施军事教育情形(1929年10月1日)

呈为呈报实施军事教育情形,请予察核备案事。

窃职校迭奉大部暨训练总监部颁发高中以上学校实施普通军事教育各种章制,并于本年四月间委任周磐、杨克歧、李亚雄、刘镜如、盛家兴、李殿璋等六员为职校军事教育教官,来校先行筹备,于十八年度开学后实施等因。遵经照办在案。现在十八年度开学上课,已逾六周,所有先后办理军教事宜经过情形暨规定逐年实施计画,理合陈明大概,用备查考。

(一)职校于未奉此次会颁军教章制以前,曾以军事教育关系重要,早于十六年秋间,聘定教官,开始筹备。迨十七年春间,实行开课,分作三队训练(前已报部有案)。迄今已经过一学年以上,成绩尚属优良。惟一切教务上编制课程诸事项,核与现制不无异同。是以前经决议,该队学生所受之军事教育准以两年为期,期满不再续办,以免与现制相牵混。

(二)十八年度新办之军事教育,概照新章会同各教官切实筹备。并为整齐划一起见,决定自本年度起,先就一年级新生实施,以后逐年赓续,期归于全部一致。俾施教者统系分明,易于训练;受教者亦获循序渐进,日起有功。

再,职校所属各学系,均设系主任,以专职守。军事教育既属专门学问,且为必修科目之一,自宜仿照设立主任,以资统率。现拟即请周教官磐为职校军事教育教官主任,藉专责成。

至第一年第一学期学、术两科预定教授之计画及各课目教官之分配,并九、十两月学、术两科预定实施对照表、各教官分配教授时间表等,业经分别规定,合并缮成表件五种,呈请大部鉴核备案,实为公便。除函报训练总监部外,此外呈
教育部

中央大学档案

王淦昌等致张乃燕函（1929年10月15日）

敬启者：生等此次应考中央大学区官费留学考试及格，蒙钧座准予补派赴法、比留学，深为感激。不意于领取川资等费时稽核委员有意为难，并枉改中央大学所公布法案，将最末递补之庐君允升先行批准。当时生等奔走乏门，牵延迄今，已将二月。幸逢教育经费委员会开会，敢恳钧座顾念生等荒学之苦衷，秉公义，藉该会而为生等解决，俾得早日成行，实为幸甚。此呈
张校长钧鉴

方鹤年
生等　王淦昌　同叩
宋廉生
十月十五日
中央大学档案

学生沈绶龄等关于学分问题致张乃燕函（1930年2月26日）

敬陈者：本校自改组之后，暑期学校旋即废止，故每届毕业同学中偶有因短少学分至四五个者，既无暑校可以补读，若再读一学期，事实上又多感困难。故学校予以通融，得在最后一学期内全行修毕。以言求学之道，固有不当之处，但按诸国人之经济情形，此种办法实有不得已之苦衷。盖学生等自幼年受教育而至于大学，家庭父兄之担负历年累积，所费已属不赀。除少数为例外，大多数之情形则为至子弟大学毕业之年，而家庭之担负早已力竭计穷，无可再筹之势。其有待于子弟毕业之后，谋有相当职业以维持家庭生计者，至殷且迫。故学校之是项通融办法，立意至善，历年以来相沿不革，即上学期毕业之同学亦仍得选修至二十五学分，其间获益自非浅鲜。本学期学生等所短少之学分，与历年诸毕业同学之情形相同，方幸学校可一视同仁，予以通融。讵本期开学，注册组顿改向例，只准选修二十三学分，学生等于此极感困难。盖学生等均差二十四五学分者，若受此限制，则为一二学分势必多读半年。以言求学之道，固当如是，学生等对于注册组之规定，当并无敢置喙。但揆诸学生等自身之状况，实有甚多困难，兹略陈之。

（一）经济上之困难：多读一学期至少需二三百元，以增重家庭之担负。若本期毕业，下期谋有相当职业，既有收入，对于家庭所负之书债或可补偿，于什一贫寒之家，获益良多。且学生等寒假返校时亦曾向家庭申明，本期可以毕业（因当时尚未见注册组之新章故也），故家庭之预算亦早经决定。今欲多读半年，事实上亦万难如愿也。

（二）出路上之影响：因本期毕业时值暑假，准备时间充足，谋事亦较易易。若为此一二学分多读半年，则毕业之期适当寒假，时间迫蹙，失业堪虞。此历年来之事实。学生等家非富有，影响至大。学校向极关心学生出路，想亦不靳此区区以影响学生等将来之生活也。

（三）时机之错过：学生等本期毕业，下期为新学年开始，各处之官费留学生及县长考试多在暑假举行，为贫穷学生而有宏抱者之唯一良机。学生等如因此一二学分不能毕业，则无报名应试之资格。待之下届，则机会耽误，损失非轻。学校培育人材之意，想亦能顾及学生等区区之苦衷也。

至于注册组以选读至廿五学分为恶例，诚然，但此乃因历届毕业学生有此困难之事实，而后乃开此通融之办法，并非先有此例，而后始有此事实。注册组欲加整顿，徒一旦革除此例，而学生等短少学分至廿四五个之事实，仍不能免。若持之固苛，是徒与不幸者为难。上学期毕业生可选二十五学分，而本期只准选二十三，同在一年度，而上下学期之待遇迥殊，是何异独厚于彼而薄于此，不平孰甚。学生等以为果欲除此例，实无须采此决然之手段。因学生等均为未改组从前之旧生，所采取者为学分制。中经改组之停顿，时间牺牲已属不少，故现在急求毕业者，此亦一因。旧生至本届止，均已尽行毕业，下年度毕业者，均为十六年度改组后所招，其所采者为年级制，则自无短少学分之事实，而此例亦不除而自除矣。为此种种困难情形，爰特吁请先生转函教务处注册组，准照上届旧例，予以通融之办法，则学生等之受赐实无涯矣。迫切陈言，伫候示覆，以便注册。肃此，谨呈

张校长、戴副校长钧鉴

学生沈绶龄等三十余人谨上
十九年二月廿六日
中央大学档案

代理军事教官主任李亚雄呈张乃燕文（1930年9月30日）

呈为呈请事。

窃职科因时间迭有冲突，教室亦未确定，实施训练时诸多窒碍，前经呈请转饬注册组从速规定在案。查军事教育遵照部章，成绩不及格之学生不予毕业。现在开学业经一月，而时间、教室尚未彻底解决，则将来成绩不良，似难保学生不因此藉口。为此一再陈请，至祈钧长转饬注册组于本星期内将时间、教室确实规定，以重学业而利进行。

又查上年度因有特别军事教育科存在，职科为免除混淆，特称为普通军事教育科。本年度特别军事教育科既经撤销，职科似宜将"普通"二字取消，定名为"军事教育科"，并祈另颁"军事教育科"章一枚，以资应用。理合一并备文呈请，至祈鉴核，指令示遵。谨呈

校长张

代理军事教官主任李亚雄呈
中华民国十九年九月三十日
中央大学档案

西画组毕业生呈请旅日参观恳予拨给团体津贴（1931年3月）

呈为旅日参观资斧艰难，恳予拨给团体津贴，以成厥志仰祈鉴核事。

窃生等在校肄业两载有余，平素承学校之训导、师长之教诲，精研深究所学，因赖以日进。第艺术一科固非受教于室内可以深造者，犹须远涉山川观摩他国艺术之特征，以为之助。此生等所以有旅日参观团筹备，将于今春出发。顾去志虽决而资斧维难，以生等素寒之家庭何法筹措大宗之旅费，且当兹金贵银贱之际，旅行外洋需款尤多。生等每人虽有毕业参观费20元之津贴，个人应用犹感不敷，其关于团体上之车马旅食之资尚茫焉无着。若因经济之竭蹶而即废弛其志，似非学者应有之态度。生等求智心切，于兹万不得已之际，敢冒昧呈请先生俯念下情，赐予资助团体经费，俾成壮志，伏维先生素以教育人才为旨，自可奖励学生出国参观，更可予经济上之补助，以资提倡。生等所请实际出自困难情形，理合具文呈祈核准示

遵,实为德便。谨呈
主任汪

西画组一七级旅日参观筹备委员会谨呈
中华民国二十年三月
中央大学档案

国立中央大学呈复教育部蒙藏班未能如期成立缘由（1931年7月27日）

案奉钧部第1234号训令略开:该校蒙藏班应于去年暑假后成立,嗣因限于经费,未能开班,务于本年秋季,将蒙藏班正式组织成立,以利蒙藏学生,而重边疆教育。此令。等因。查本校对于开办蒙藏班一案,早将预算及学程时间表呈请钧部鉴核,并迭次呈转财政部核发经费,时逾经年,迄未奉发分文,以致应行筹备事项无法进行。缘该蒙藏班经费系另立预算开支,并不在十九年度经费之内。十九年度经费,较十八年度仅增三万余元,而蒙藏班预算核定为四万六千余元,其系另行划开,彰彰甚明。至二十年度所送预算,较十九年度虽略有增加,但为本校原有各院必不可少之开支,纵使全部核准照加,亦属无法腾挪。开办蒙藏班,事关边疆教育,自应照中央决议,早日组织成立。无如经费问题,殊有巧妇难炊之慨。且本校原有房屋已不敷用,秋季开学转瞬即届,凡教室宿舍等项均应早为准备。事关边疆教育,下学年如果必须开班,务祈钧部转咨财政部,将该项开办费5500元及第一个月经常费于八月初旬核发到校,即当遵照着手筹备。所有本校蒙藏班未能如期成立缘由,理合备文呈请鉴核令遵。谨呈
教育部

国立中央大学校长朱家骅
中央大学档案

教育科学生函请校长赞助西北旅行经费（1932年6月17日）

校长大人钧鉴：

敬肃者：生等今组织旅行团拟于秋季作西北之旅行，名曰"中央大学学生二一西北旅行团"。生等因家庭经济之困乏，不能继续读书，而素抱救国之志，早萌赴西北之心，自九一八后行志更坚，生等鉴于东隅之沦亡而知西北之危机，不忍坐视其重蹈东北之覆辙，故今决实行到边疆去，作开发西北之前锋，藉以引起国人对西北之注意。生等拟从事于教育及长期考察其实在情形，以俾介绍内地人源源而往，经筹备数，又得绥远友人相助，乃决于八月自绥远启程西进。生等志已坚固，决不畏难中止，必欲达到目的而后已。维校长大人热心教育，必乐于赞助，故谨此恳请大人准予备案，并赐指南以成就生等之微志，生等不胜迫切待命之至。恭颂

台安

中央大学教育学院体育科学生马瑜、吴锡宏鞠躬

中华民国二十一年六月十七日

中央大学档案

罗家伦：整理学课大纲（1932年9月20日）

一、各院系重新厘定课目，以谋：

（一）授课时数之集中（例如一学年课目，每周授课一小时者，应改为一学期课目，每周授课二小时）；

（二）集中主要课目，删除不必要课目，俾学生得集中时间精力从事专攻为原则。

二、关于课目时间之支配，应注重学生教室外之参考肄习时间。

三、所授课程除必须讲义者外，其余以一概不发讲义为原则，由教授指定参考书籍，按时由学生写具报告，或由教授在教室中考问。

四、每学期学生选课，必须规定至多限度之课目与时间，不得多选；所选课目应由系主任核定之。

五、学生修业年限，至少须满四年，不得赶修，以免除争求速效之弊。

六、学期及学年考试，除有特别规定者外，概以在教室考试为原则，不得以论文

代替。

七、关于应有实习之课程,必须严格考核其亲到实习之时数,否则扣分。缺少实习至规定时间者,其所修学分即为无效。

八、学生除必修课目外,其选修课目,应以先选本系本院课目为原则,应详细规定每系学生在本系或本院应选习课目最低限度之学分,其选习他系或他院课目者,除由所选系之主任核定外,并须经本系之主任核定签字。

中央大学档案

罗家伦函请参谋本部酌加调查经费补助贺兰山地质调查(1933年3月13日)

迳启者:查本校理学院地质学系与北平地质调查所合组之贺兰山地质调查团,业已筹备就绪,定于四月初间出发,并经商得贵部陆地测量局顾问饶美亚先生 Karl Neumaier 同意,随团前往指导一切。惟查该处现当无详细地形图足资应用,而此项地图,于将来开发西北巩固边疆关系至大,确有从事测制之必要。该地远处西北,往返颇为不易,将来倘由陆地测量局单独遣队前往,需费必巨。若乘饶先生此次参加调查团之便,请其兼事测绘,所有测量助手及随身仆役,均可由调查团供给。陆地测量局方面,只须担任饶先生一人费用,约需1500元,即可将该项必要工作早日完成,此举贵部谅必赞同。相应函达,即希查照。准由饶美亚先生代表陆地测量局随同调查团前往贺兰山一带测制详细地形图,并由该局担任饶先生一人往返费用1500元,以资补助,而利进行,至纫公谊。此致
参谋本部

校长罗○○
中央大学档案

化学工程系学生请求补助实习调查费用(1933年3月22日)

呈为呈请准予给以津贴以利实地考察工厂事。

窃维习工程学者若无工厂之实习或考察,仅于书中作原理之研讨,是无异于闭门造车、纸上谈兵,其能应用于实际也几希。缘此,生等有于本月廿九日出发前往

上海、杭州考察各化学工厂之举决定。惟因化学工程范围甚广,所当参观之工厂,自多费时甚长,而所需金钱亦巨。当此全国农村经济破产之秋,生等每年学费之筹措已感极度之困难,若再加以特别之负担,力实有未逮也。爰于月之十日具呈罗校长及生院卢院长,请求资助,乃于十四日奉文书组函示,关于生等之请求,业经钧会议决"按照本大学二十一年十二月五日公布之实习调查补助费规则办理"。惟查按该规则所定补助费之数目,至多不过5元而已。以化学工程范围之广,必须参观工厂之多,勾留时日之长(按生等此次决定之参观程序,计在杭勾留三日,参观飞机场及各缫丝、染织厂;在沪勾留十日,参观工厂共20余家),所需费用每人当在30元以上,区区5元者,虽不无小补,然不敷之数仍非生等之力所能负担。用特呈请钧会俯念生等事实上之需要与困难,准予每人给以30元之津贴,在学校所费有限,而生等受益无穷。伏乞赐予照准,不胜屏营待命之至。敬呈

校务会

国立中央大学化学工程系二二级会
三月廿二日
中央大学档案

校务会议通过各院系修订课程时应注意事项(1933年4月7日)

一、各学院学生在四学年修业期间应至少修满132学分。
二、各学院学生共同必须课目(注:五种,共28学分),计:
(甲)党义,二学分;
(乙)国文,六学分;
(丙)英文,六学分;
(丁)普通体育,八学分;
(戊)军事训练,六学分。
(甲)(丁)(戊)三项不在132学分之内。
三、各学院得设学院必修课目,就各学院性质及需要规定之。
四、本大学应注重发扬民族文化,培养其独立进展之基础。当此国难严重时期,一切课程之设置,尤应特别注重有关民族生存之问题,以养成健全实用之学术人材为主旨。
五、各系科应按照前项宗旨分别规定课程设置之方针。
六、各系科必修课目之数目、学分及学习程序应有确切之规定,经规定后不得

随时变更。

七、各系科所规定之必修课目,凡得逐年递减者,应逐年递减,使学生多得课外研究之机会。

八、各系科选修课目之数目、学分及修习程序亦应有确切之规定。此种选修课目应以各该系科最需要者为限,并须顾及必修课目之程序,以收相辅相成之效。

九、各种必修及选修课目之上课时间应以集中为原则,凡一学期可以讲授完毕者,不宜延长至一年。

十、各种课目内容应力求充实完整,凡可综合讲授者,不必分设课目,以避免重复及分割之弊。

十一、凡基本必修课目,以每周三小时,讲授全年为原则。实验时间至少以二小时作一小时计。

十二、本大学学分计算方法,除各系科有特殊规定者外,以每周上课一小时、自修二小时为一学分;实验、实习及无需课外预备之课目,以二小时或三小时为一学分。

十三、凡各系科所规定应修之课目为他系科所开设者,其学分学时应按照所开该课目之主系所规定者为标准。

十四、凡属选修课目,应就各主系所开者选修之,其无须另行开班者不得另开。

十五、各系科各学年课程表式规定如下:

(甲) 各学年应修课目表

年级	必修选修	课目	年限	学分	每周授课钟点	先修课目	担任教员	备注
第一学年	必修							
	选修							
第二学年	必修							
	选修							
第三学年	必修							
	选修							

(续表)

年级	必修选修	课目	年限	学分	每周授课钟点	先修课目	担任教员	备注
第四学年	必修							
	选修							

(乙)各学年应修学分统计表

年级 \ 修别系别	必修			选修			总计
	本系	他系	共计	本系	他系	共计	
第一学年							
第二学年							
第三学年							
第四学年							
合计							

十六、各系科应分编选课指导书。

十七、各系科课目应附说明,详述该课目之性质、内容及其主要参考书。如须选用教本时,应列教本名称。

十八、本年度所订定之课程拟试行四年。在四年之内,所有各学年必修课目及必修、选修学分之分配不得任意变更。

(注)本校向用学程名称,兹依照新订学则,改称课目。

中央大学档案

教育学系学生请赴无锡、定县等地教育考察(1934年3月17日)

呈为利用春假组织教育考察团,从事实际调查,藉资行政实习,仰祈商请校长核准,援照实习调查补助费规则,给发津贴事。

窃以教育考察,为教师及教育行政人员训练程序中所不可或缺之一部分,因学理知识,必待实际知识之印证与补充,然后始能成为真的活得知识。生级自十九年度入教育系肄业以来,经四年长期之训练,转瞬即将毕业;默念过去所受之薰陶,类多偏于学理,诚恐一旦离校服务,难免与实际有格格不入之嫌。爰利用春假之暇,组织教育考察团,凭已经形成之理想,以为衡度事实之根据,藉以探求实际知识,并发掘现实与理想之是否契合,而作将来服务时之参照。案平民教育及生计教育,近在国内试验推行,比较著有成绩者,在南则为无锡,在北则为定县。学校行教育及教育行政之著有成绩者,在南则为沪杭,在北则为青岛、济南、北平。值此生产教育高唱入云、教育行政日趋科学化之际,上述数处,颇为从事教育事业者所注意。国内外人士,不远千里前往参观考察者,实不在少数。生级此次组织之考察团,亦即以此两路之社会教育、学校教育及教育行政为对象。因各人需要之不同,分组为两团:一名无锡教育考察团;一名定县教育考察团。前者顺道参观沪杭教育,后者顺道参观北平、济南及青岛教育,将来分别提出建议报告,以供各界参考。惟兹事体大,需费甚巨,生级同学经济能力有限,非由学校津贴,断难成为事实,用特拟具整个计划,报请校长核准,援照实习调查补助费规则,给发补助费,无锡团每人至少20元,定县团每人至少40元,使拳拳之心愿,克底于成!则不胜戴德之至!谨呈

院长艾

教育学院教育学系念二级级会干事李日刚等

中华民国二十三年三月十七日

中央大学档案

理学院关于地质系学生开展地质调查致罗家伦函(1934年3月21日)

敬启者:前以地质调查经费事晋谒钧座面陈,蒙示拟与该系主任李宇洁先生商讨紧缩办法,再行取决,未知现已商决否?兹据地质系函称:"本学期地质调查班已定于本月下旬由朱庭祐、王恭睦、袁见齐三先生及四年级学生严坤元、郝颐寿并带技工一人,共计六人,出发至太湖一带(宜兴、长兴等县)考察地质矿产,时间预计一月。至四年级学生徐克勤则单独赴安徽巢县附近调查地质,时间亦为一月。又三年级学生亦定于本月二十九日出发,至山东(津浦路泰安站下车,到济南转入胶济路两旁考察)调查地质矿产,由郑厚怀、李之常两教授率领助教汪国栋、汤克成、孙鼐及学生吴述之、毕庆昌、吴希曾、丁毅,并随带校工一人,共计10人,时间为两星期。此次地质调查共分三组出发,请转陈校长赐予护照三份,并请分函江苏、浙江、安徽、山东四省政府转令所属经过各县予以保护"等情。据此,查该系所定出发日期已迫,为特备函转陈,祗祈察核。应如何办理之处,敬候钧裁。敬上

罗校长

> 庄长恭谨启
> 廿三年三月廿一日
> 中央大学档案

国立中央大学暑期中学算学教员讲习班简章(1934年)

（一）讲习时期　七月九日(星期一)起至八月四日(星期六)止，计四星期。

（二）讲习课程　课目及时数、担任教授，列表如次：

课目	每周授课时数	担任教授	
代数基本观念	3	曾远荣	高级必修
几何基本观念	3	孙光远	高级必修
中学算学教学法	4	艾伟	高初级必修
代数	3	郑尧枻	初级必修
几何	3	胡旭之	初级必修
三角	1	曾远荣	
微积分基本观念	3	胡旭之	
数值计算	3	郑尧枻	
近代算学讲演	1	全体教授	

（三）入学资格　各省公立及已立案之私立中学，均得选派高中及初中算学教员各一人(不论性别)，备文保送。手续完备者，得入学听讲。

（四）学员名额　本讲习班分高初两级，每级各五十人。

（五）报名手续　由学员备原校选派保送文件，函达或亲至本校理学院办公处报名。

（六）报名日期　六月二十日至七月四日，上午八时至十一时。

（七）报到日期　七月五、六两日。

（八）纳费　照教育部规定：学费十元，宿费二元，讲义费二元，膳费自理。

（九）寄宿　各学员于报到缴费后，即搬入本校指定宿舍寄宿。

（十）选课　七月六、七两日上午七时至十一时为选课时间，各学员除必修外，得按其程度及兴趣就所开之课目选读，惟必须得主任教授之许可，每周连必修课目至多选十八小时。

（十一）考试　讲习完毕后，举行考试，其成绩及格者，由本校给予讲习班成绩证明书。

附：授课时间表

时间 星期	上午七至八	上午八至九	上午九至十
一	几何　几何基本观念	代数　微积基本观念	数值计算
二	代数基本观念	教学法	教学法
三	几何　几何基本观念	代数　微积基本观念	数值计算
四	代数基本观念	中学算学教学法	中学算学教学法
五	几何　几何基本观念	代数　微积基本观念	数值计算
六	代数基本观念	三角	近代算学讲演

中央大学档案

学生选课须知（1934年）

一、学生进行选课时，应首注意选习本人所属系科年级规定之全部必修，及选修学程。

二、学生选课时，应考查过去各学期中有无欠缺共同必修学程，及本系必修学程，并尽先选修补足之。

三、学生选习选修学程时，应尽先选习所属系科之选修学程，不得随意选习与本系毫不相关之学程。

四、学生如有特殊情形，不得不延缓选习必修学程时，必须陈明理由，得选课指导员之书面许可。

五、学生选课时，必首先填写预选表，请选课指导员审定签字后，方可填入正式选课表。

六、学生填写选课表的，不得随意涂改，因选课表上之系科及学号姓名，均经固定，无法补给。

七、学生所选学程学分数及组别，均应按照学程一览填写于选课表内，不可遗漏或误填。

八、学生选习学分，每学期以十七学分为原则，至多不得超过二十学分，至少不得短于十五学分（工学院除外）。

九、学生选习任何学程,均须由担任教员或系科办公室代表签字于选课表上,方为有效。

十、将近毕业之学生,应特别注意已修学分及欠修学分总数,俾得一标准,免致毕业时发生问题。

中央大学档案

土木系四年级学生呈请补助调查华北水利之旅费(1934年3月23日)

呈为调查华北水利恳请筹措车费事。

窃维国家目前最要之建设厥为水利问题,属级全体同学深感于斯,均抱研究之决心。四年来对于理论之探讨,虽已略知端倪,但于实际观察付之缺如,深有学不能致用之虞,兼之平时所读课本皆取材于欧美,对于本国情形反茫然无知或知而不深,则将来对于本国水利工程,焉能因地制宜,采欧美之善法而活用之?至于研究本国水利应当兴革之事,则更非前往调查不可。故生等趁春假期间有赴华北调查水利之举。华北水灾之重者,如黄河、永定河之流域,堵口筑堤等工程现正在进行中,他如天津之船闸、屈家店之清水闸与海河放淤闸、石景山之水力电厂、青岛之海港等,均属我国仅有之水利工程,足资观摩研究者。惟生等抱有调查决心,苦于旅费之难筹,行程数千里,需时三周,余饮食杂费等每人已需三四十元,生等已无力担负。至于车费约计三十元,更难设法。上次呈请教务处会议请求补助,因限于规章,每人津贴十元,相差之数悬殊。生等无法筹措,今因春假迫促,调查计划工院业已拟就,不得已恳求钧长向校外水利机关或其他文化事业等处为生等请求补助,筹足车费,使生等四十六人得以成行,满载纪录而归,各人均有详细报告,对于水利调查当有相当之贡献也。伏维鉴察,实为德便。谨呈
校长罗

工学院土木系四年级全体学生敬呈
三月二十三日
中央大学档案

校务会议议决关于新生改院系一案（1934年10月8日）

迳启者：关于本年度新生有因录取院系与志愿不合，请求愿于明年改院系仍作一年级新生一案，业于本年九月廿八日决议在案。兹拟注册组签呈覆议，应即行修改如次："凡请求转院系者，按照学则第廿五条办理，如所转之系与原系性质相近，所有一年级应修科目多已读过者，应按照廿三年六月十四日校务会议议决案办理。如所转系与原系性质相差过甚，所有一年级课目多未读过者，应将所转入系之一年级应修未修课目重新读起，不得延期修习或超过每学期规定选习学分之限度。至系别性质及转系后修习年限，由所转入原系之院长系主任及教务长、注册组主任审核决定之。既经决定，不得请求更改"等语，记录在案，相应录案函达，即希查照办理为荷。此致

教务处
注册组
各学院
各学系

校长办公室启

中央大学档案

新疆回民学生补习班总报告（1935年7月22日）

案查本院于民国二十一年九月奉命附设之新疆回民学生补习班，迄本学年终了止，已及三年，兹将此三年中经过及学生成绩情形缮具报告如左。

（一）设立之经过

本大学向无本班之设立，曩曾一度设立蒙藏班，以收容边疆学生，然对不通汉语之回民，仍付缺如。民国二十一年，由新疆来京回族学生艾沙、穆维新、萨利汉、艾焕新、苏来曼等，请求教育部设法予以求学机会，教育部即将该新籍回族学生等五人送入本大学，由法学院特为该生等设立补习班，使其深造，于二十一年度第一学期开始授课。

（二）二十一年度课程之分配

该生等虽均届成年，然以生长边疆，程度幼稚，复以种族不同，言语全殊，故

对于简单之汉字，完全不识，因而课程设置，遂不得不从基本上入手。因此乃根据学生之程度及其需要，特别注重国文、国语。规定每日授国语二小时，国文一小时，英文法一小时，英文读本一小时，自习二小时，并于每星期一特授党义一小时。嗣后每日增加习字一小时，盖以汉字非加以特殊练习，不易得心应手也。

（三）二十一年度教材之选择

在未选择教材之前，先对各生之程度加以测验。根据测验之结果，则各生之国语国文，均宜自初级开始教授。故对国语，选用教育部审定之《初级小学基本国语》第二册，国文则选用商务印书馆出版之王璞所著《模范语》。至英文，因各生程度不一，故对于苏来曼、萨利汉、艾焕新三人选授李氏《英语修辞合编》及《莎氏乐府》，穆维新选授那氏文法及《泰西五十轶事》，艾沙选授《新世界英文读本》第一册。党义则均选授英文《三民主义读本》。

（四）二十一年度终了后对各生程度之考查

各生经此一年之讲授与督促，国文程度等于初中一年级。至于英文，尤有显著之进步，其程度略等于高级中学三年级。

（五）二十二年度学生人数之增减

本年度第一学期开学之始，复经回民教育促进会送来回民籍学生路和、杜哈新、雷国新、赖以慕、穆天民等五人，该班人数遂增至十人。未几，学生艾沙奉命赴新，呈请休学。至本年度第二学期，学生穆天民及苏来曼升入普通学校，遂相继休学。惟本学期中，新疆同乡会复保送新疆回民学生裴子良及范东莱二人。截至本学年终了止，共九人。

（六）二十二年度年级之划分

本年度因有新生插入，不得不分级教授，在分级之前对各该生等先举行严密之测验。经测验结果，按各生程度划分为三组，以艾焕新、萨利汉、穆维新、苏来曼等四人为一组，以穆天民及雷国新二人为一组，路和、赖以慕、杜哈新等三人为一组。

（七）二十二年度课程之分配

本年度所授各课，系根据学生程度及需要而规定，所以对二年级各生（即第一组）每日授国文一小时、国语一小时、英文一小时、历史一小时、数学一小时，第二组及第三组每日授国语二小时、国文一小时、英文法一小时、英语读本一小时。每组均有二小时之自习，由教员监视之。

（八）二十二年度各级教材之选择

本年度第一组学生有显著之进步，例如各生国文程度，已与普通中学一年级相等。因欲使其程度进展迅速，故对于国文教材之选择，特别注意下列各种标准：

1. 含有国民应具之普通常识而顺时代潮流者；
2. 能启发学生思想者；
3. 能使学生志气奋发，堪为模范者；
4. 含有振发精神及改造社会之意义者；
5. 合于中国国民党之体制及政策者；
6. 合于现代生活及学生身心发育之程序者；
7. 造句自然、音节和谐、适于讽诵者。

二年级各生英文程度已超过高中三年级，所以关于英文教材，则选用《大学英文选》及《文化英文读本》第四册，历史选用《初中历史读本》，数学则选用《初中代数学》。

该班第一年级第二、三组各生程度虽不相等，但均宜从初开始教授，所以对于国文国语教材之选择，则与二十一年度无异，惟对于第二组功课进行较速耳。至英文教学，因各生程度不等，则将穆天民、雷国新、路和划归第二年第一组听讲，赖以慕及杜哈新二生均自初级小学开始。

（九）二十二年度终了后对各生程度之考查

各生又经此一年之施教与督促，第一组学生艾焕新、萨利汉、穆维新等，国文程度已等于初中三年级，英文程度已及大学一年级，数学则超过初中三年级程度以上，至于历史程度亦与初中三年级相等。第二、三组中之学生雷国新及路和两人之各课程度进步特速，虽只经一年级施教，其国文程度已超过初中二年级，英文、数学则与第一组相等，惟第三组学生赖以慕及杜哈新因本质较差，故各课进行颇迟，其程度略等于初中一年级之开始。至半途插入之新生裴子良及范东莱二人，国文程度则等于初小一年级，惟英文、数学两课，因其已有相当之基础，故进行特速，已可等于初中二年级以上之程度矣。

（十）二十三年度学生人数之增减

二十二年度终了后，对各生程度考查之结果，则学生艾焕新、萨利汉、雷国新、路和、穆维新等均有插入初中三年级之程度，故令该生等于暑期中投考初中三年级。结果艾焕新、萨利汉、雷国新三生，考入本大学实验学校初中三年级，路和则考入北平西北公学高中一年级，穆维新及赖以慕则考入军政部所设之学兵团。因之本年度只留有旧生杜哈新、裴子良、范东莱三人。但于本年度开学之始，又经新疆同乡会，送来新籍学生哈普乐及哈美新二人。及至本年度第一学期中，哈普乐、杜哈新两生，因事请假回籍，迄未返校。至本年度第一学期考入学兵团之学生穆维新，又于第二学期回校补习。截至学年终了止，仅留有学生四人。

(十一）二十三年度年级之划分

本年度开学之始,依照二十二年度终了后对各生程度考查之结果,则划分裴子良、范东莱及杜哈新等三生为第一组,以新生哈普乐及哈美新为第二组。及至第二学期,又以回校补习之旧生穆维新特设一组。

(十二）二十三年度课程之分配

本年度所授各课,亦系根据各生程度及需要而规定,所以对于第一组学生,每日授国文二小时、英文二小时、数学一小时,第二组学生,每日授国文一小时、国语二小时、英文一小时、数学一小时。至回校补习之旧生穆维新,每日授国文二小时、数学二小时、英文二小时,并于每星期一各组增授党义一小时。每日各组均有自习二小时,自习时由教员监视之。

(十三）二十三年度教材之选择

经上年度终了后,对各生英文程度考查之结果,各生等均相差无几。为便利教授起见,则英文选用《大学英文选》及《文化英文读本》第三册,至于数学则选用《初中代数学》,第一组国文教材仍与上年度第一组相同,第二组国文则选用王璞《模范语》,国语则选用《初级小学基本国语》第四册,党义则全体选用英文《三民主义读本》。

(十四）二十三年度终了对各生程度之考查

本年度终了时,详考各生之程度,穆维新应令其投考初中三年级或高中一年级。至学生裴子良、范东莱及哈美新,若再经一年之补习,即可投考初级中学矣。至各生之入校离校时期以及历来各课之总平分数与年岁籍贯,另表呈阅。

(十五）各生等之思想行动与性质

该生等初入学时,行为均极浪漫,性喜游玩,不守规则,其言谈举动常常有一种特殊之粗野性。至于各生之思想,据多次考查与测验,察知均含有极深厚之宗教意识及自私自利之观念。平日自习屡托故不到,且时有斗殴事件之发生。后经恺切训导,晓以利害,并每于授课及自习之暇询其远涉万里来京求学之目的,藉以告知其将来对国家与民族所负之责任及如何始能完成其应负之使命。并于该生等悔悟之余,更进而责其不应不努力用功,以辜负国家、学校及其父母之期望。如是耳提面命,开导多日,各生之不良习惯,遂渐渐革除,其粗野性质亦已大化。

(十六）对各生观念、精神、习惯、能力及态度上之指导

各生既经多日之开导,对于知识言行等虽均有显著之进步,但对于其思想、行动、态度及习惯等,仍不能不随时随地予以切实指导。盖必如是,始能养成其正确之观念,勤劳俭朴、坚毅勇敢、亲爱精诚、热心服务之美德。故定每周与该生等谈话一次,告以如何树立为国为民之观念,如何锻炼勇敢奋发独立自主之精神,如何养成艰苦耐劳勤俭朴实之习惯,如何获得治事判断与观察之能力,如何养成谦虚真挚坦白无私之态度。并详细说明各人非具有上述各种观念、精神、习惯与态度后，即有相当之学识，亦难有益于国家及社会，而完成其作人之使命。并就其平素所表现之种种错误，随时加以切实之纠正。迄至现在，各生等不特将其固有之浪漫行动、野蛮性质完全划除，且有爱国情绪，向上心理，与夫改革社会之观念，及为国家而牺牲之决心。

兹谨就该班三年来经过情形择其主要者，缮具报告，呈备考核。谨呈

罗校长

附各生成绩表一份

法学院呈

廿四年七月廿二日

附：新进留京学生补习班各生姓名、年籍、入学退学年月及历年各课成绩总平均表

姓名	年龄	籍贯	入学年月	退学年月	各课成绩						其他
					国文	国语	英文	算术	历史	操行	
艾沙	二六	新疆英吉沙	二十一年九月	二十二年九月	85	90	74	82		85	因工作退学
穆维新	一九	新疆伊宁	同上	二十三年八月考入学兵团	64	76	74	69	61	62	又于二十四年二月回校补习
萨利汉	二〇	同上	同上	二十三年八月	76	82	84	72	75	75	考入本大学实验学校初中三年级
艾焕新	一七	同上	同上	同上	80	82	83	74	74	68	同上
苏来曼	二〇	同上	同上	二十三年三月	65	78	90	82	66	59	因工作退学
路和	一七	同上	二十二年九月	二十三年八月	76	78	80	60	70	76	考入北平西北公学
杜哈新	二〇	新疆哈密	同上	二十三年十月	62	66	45	40	60	58	请假回籍
雷国新	一五	新疆迪化	同上	二十三年八月	62	79	75	68	71	69	考入本大学实验学校初中三年级
赖以慕	二〇	新疆哈什	同上	二十三年八月	63	67	45	48	60	64	考入军政部所设之学兵团
穆天民	二五	新疆迪化	同上	二十三年三月	70	76	80	70	68	56	因工作退学
裴子良	一九	新疆伊宁	二十三年二月		45	60	70	54	68	64	

(续表)

姓名	年龄	籍贯	入学年月	退学年月	各课成绩						其他
					国文	国语	英文	算术	历史	操行	
范东莱	一九	同上	同上		40	60	70	50	66	58	
哈普乐	二〇	新疆哈什	二十三年九月	二十三年十月							请假回籍
哈美新	一八	新疆伊宁	同上		76	75	87	75		70	

法学院抄呈
二十四年七月二十二日
中央大学档案

中央大学特种教育实施计划（1936年7月）

一、设置学生生活指导委员会

本校本年度上学期即经设置训导委员会，详见该会规程及训导工作方案。兹各检附一份。

二、推行导师制度

本校现采分组训导办法，其意义与导师制度相同，详见训导工作方案。

三、军事管理（组织服装及纪律）

本校自本年度起，对于一年级生实施军事管理，详见军事管理规程。兹检附一份。

四、特别讲演

本校每次纪念周向请校内外专家学者莅会讲演，兹抄附本学期历次纪念周主讲人及讲题表一份。

五、军事训练

1. 加紧平时军训

除一年级生依照军事教育方案切实办理、按程施教外，二、三、四年级学生一律实施增进训练。每星期六下午为受训时间，分为警卫、防毒、防空、战时救护四组，聘请校外专家主持。全体二、三、四年级学生及医学院、牙医专校一年级生及一年级全体女生均分别加入各组受训。此项增进训练，定为必修课目，无故规避者，不得毕业。

2. 充实设备

本校对于军训设备,力求充实,逐年均加以补充。

3. 实地演习

平时军训固属按期举行野外演习,即增进训练各组亦均分别实地演习。余如首都防空演习时,本校学生亦均分别参加。

4. 看护训练

一年级女生照章一律受看护训练,在男生集中训练期间,并着令参加增进训练之战时救护组受训。

5. 军医训练

医学院学生除普通学科外,加授军医学科。

六、普通体育

1. 普及训练

本校对于学生体育向重普及,本年校内运动会规定全体学生一律参加。团体表演不到者以无故缺席三次论。平日各项运动亦力求普及,鼓励各生组织各种运动队,以资提倡。全校学生对于体育兴趣,均甚浓厚。

2. 体育必修

普通体育定为共同必修课目之一,每学期一学分,至少必须修满八学分方得毕业。

3. 考复成绩

体育成绩向以出席时数、上课勤惰、动作优劣为评定标准,严格执行,不及格者不给学分。

4. 设备经费

本校体育设备原有□□□及各种器械甚多,经费向系列入正式预算者为六千元。

七、健康检查与卫生设备

1. 健康检查

本校新生入学后,一律须经严格之健康检查。旧生每年亦须检查一次。平时对于军训与体育之实施,各生如有不适于受训情事发生时,随时施以检查。其确系因病不胜繁剧者,准予免除全部或一部之训练。此项检查,概由本校卫生教育科主办之卫生室办理。遇有特殊情形时,则商请中央医院负责办理。

2. 卫生设备

本校卫生事宜统归卫生室办理,现有自备诊疗所、药房、病室及普通手术设备。举凡学校卫生所必需之设备,均已齐备,足敷应用。

3. 设施经费

卫生设施经费亦须列入正式预算,每年约一万六千元。

八、劳动服务

1. 公益及建设

a. 农学院学生每年协助江宁要塞栽植掩护林。

b. 教育学院学生主办短期义务学校、民众学校。

c. 女生康乐会主办妇女与儿童民众学校。

d. 社会学系举行社会调查。

e. 地质系代江宁县办理地质调查。

f. 最近准新生活运动总会函,举办暑期农村服务团,劝导各生报名加入。

2. 后方勤务

关于防空、防毒、警卫、救护各项,各生均分别参加。

3. 本校劳作

a. 农学院农艺、森林、蚕桑等系学生概须参加实际工作。农艺系自二年级起,须实习两个暑假,每次六星期。森林系每年造林时,蚕桑系每年养蚕时,全体学生均须参加工作。

b. 工学院土木、机械、电机、化工各系学生三年级时暑假由校介绍赴各地工厂实习,自动系学生平时即需在工厂内工作。

4. 服务组织

利用原有院系组织。

5. 服务奖惩

有关实习者,均附入学课成绩,以资考核。

九、特殊教学与研究

类别			计划摘要		
特殊教学与研究	整理现有课程	删除一部分科目	科目名称	所隶科系	说明
					本校为适应非常时期之需要起见,所有各院系开设之科目,历年均有修正,兹特检附各院系最近之选课指导书全份,以备参考
		现有科目增入特种教材	普通化学	化学系	增加教材,特别注重与国防有关之教材及药品等
			有机化学	化学系	
			无线电学	物理系	增加军用无线电之教材
			普通地质	地质系	增加与军事及资源有关之教材

(续表)

类别			计划摘要	
特殊教学与研究	整理现有课程	现有科目增入特种教材	日本政府及政治	法学院	一年授毕
			毕业论文	法学院	各生毕业论文多令其注重于与战时有关者题材,已经完成者计有:《战争与中国的粮食政策》《战时工业之运用》《吾国战时现金问题》《中国战时纸币问题》《征收战时奢侈税刍议》《战时银行问题》《战时捐之研究》《我国战时之米谷管理问题》《中国战时盐务政策之研究》《战时公债论》等
			比较教育	教育系	使学生明了各新兴的或改造的国家如何赖教育上之新设施以增厚国家之力量
			民众教育	教育系	使学生明了组织与训练民众之方法,俾在战时成为政府之有力的后盾
			绘画	艺术科	增选特殊题材作画,如关于战事看护及足以振奋精神、提起爱国心之绘画
			音乐	艺术科	多授激昂慷慨之军歌及其他雄伟之乐歌
			无线电学	电机系	增加无线电收发教材,以便于军事通信
			应用机动学	机械系	增加枪炮构造教材
			高等应用力学	机械系	增加弹道学教材
			内燃机	机械系	注重飞机引擎
			作物学	农艺系	特别注意棉稻麦之育种栽培,以期增加国民衣食及军用炸药之原料,以达自给之目的
			造林学	森林系	增加特种林木造林教材,如油桐胡桃等造林法,一以提倡植桐、开拓军用桐油之资源,一以提倡栽植胡桃以供制造枪柄枪托之材料
			林产制造学	森林系	增加木炭制造及桐油检验教材,以期改进品质,适合军需之用
			农产制造学	农业化学系	增加军秣调制及酒精制造教材
			养马学	畜牧兽医系	增加军马之特殊问题
			肉学	畜牧兽医系	增加肉类之腌熏、风干、罐藏及肉松制造等教材

(续表)

类别			计划摘要			
特殊教学与研究	增置特种教学科目或研究科目	教学科目	科目名称	所隶科系	增置理由	师资及设备情形
			弹道学	算学系	为研究炮术	
			防毒讲演	化学系	预防应付国难	化学系各教授担任
			应用光学	物理系	为研究军用透镜等学	
			殖民地理	地理系	为明了各国对于殖民地之一切情形	
			资源地理	地理系	为谋资源之发展	
			天气预告	地理系	为谋航空等事之安全	
			军事体育	体育科	以明了体育与军事之关系，指示中国军警体育之途径	由体育科教授兼任
			射击	体育科	使体育科学生熟习射击之技术	由体育科教授兼任指导，枪由校向德国购置，系气枪用细铝子射出
			炸药化学	化工系	研究各种爆炸药之分类、制法、性质、试验及其应用	
			毒气化学	化工系	研究各种化学战剂之性质、制造应用及试验各种毒气与防毒面具之制造	
			航空工程	机械特别研究班	工学院于二十四年八月创办机械特别研究班，专习航空工程，注重飞机制造及修理	现建有厂屋三所，设备方面有飞机一架，飞机引擎四座，机身翼及其他机件百余种，风洞全副汽车引擎一座，自制引擎四座
			农业仓库	农艺系	农业仓库之经营管理与贮藏、粮秣品质之保存甚关重要，故于二十五年度下学期增置此项科目	利用食粮研究室原有设备
			野蚕学	园艺系	野蚕丝为飞机翼制造原料，业于二十二年度下学期增置此项科目	利用前蚕桑系原有设备
			园艺品制造	园艺系	罐头、果蔬，及果酱、果汁等亦为军需所必要，已于二十三年度下学期开始增置此项科目	现辟有园艺品制造室，关于罐头制造及果酱、果汁制造用压榨冷藏消毒罐诘(洁)装瓶等应用械器全备

(续表)

类别			计划摘要		
		科目名称	所隶科系	增置理由	师资及设备情形
特殊教学与研究	增置特种教学科目或研究科目	防毒面具	化学系	预防应付国难	化学系教授及助教担任
		专家讲演	法学院	随时聘请专家演讲，已讲题目计有："国民经济建设问题""战时政府的机构""战时航空法之检讨""土地问题与土地村有""国际战争的经济因素""东亚问题""欧战后之国际贸易问题""战时国际法之中心问题"等	
		军官智慧团体测验	心理系	此种研究为增进军事效率之必要条件	
		军官人格品质分析			
	研究科目	中小学生营养研究	卫生教育科	增进我国国民身心健康	利用固有之设备并稍添置
		材料试验	土木系	研究铜之制造及检查	
		专题研究	电机系	（一）研究军用无线电收发报机之制造 （二）研究秘密电话 （三）研究超短波无线电收发	
		专题研究	化工系	（一）棉籽油之研究	与全国经济委员会公路处、实业部工业试验所合作，研究目标拟以棉籽油替代石油
				（二）活性炭之研究 （三）桐油之研究（防芥气用）	
		特种林木造林法之研究	森林系	桐油及胡桃木为军用必需品，特于二十二年开始征集各省油桐胡桃种实，以供试验，并谋改进品种，以利推广	设苗圃于院内林场，为各项小面积分区试验，至于造林试验，则在幕府、乌龙等林场举行
		桐油分析	森林系	各地桐实除由造林研究室试验造林外，同时由森林化学室施行分析工作，比较优劣，以为推广之根据	利用森林化学室各项设备
		要塞造林之设计与实施	森林系	军事要塞应有林木为之掩护，二十一年起即从事此项工作	每年春季于植树节前，例由教授分往南京各要塞区实地设计造林，并供给苗木，指导种植。又，近五年来之供给苗木，达十二万五千余株之多

类别			计划摘要		
特殊教学与研究	增置特种教学科目或研究科目		科目名称	所隶科系	增置理由	师资及设备情形
		研究科目	胚芽米研究	农业化学系	军士营养对于战斗力至关重要,我国普通食米调制,损失养分甚多,拟于二十五年度下学期开始从事胚芽米研究,以期对军粮上有所贡献	胚芽米调制机械正在装置中,即可开始工作
			酒精酵母之研究	农业化学系	酒精可以代替汽油	用各种国产原料及各种国产菌之发酵力强者试制酒精,冀得最经济之酒精制造原料及方法,以利推广
			蓖麻子中油脂分解酵素之精制法及对于国产甘油生成量研究	农业化学系	甘油为制造炸药之原料	第一步研究蓖麻子中油脂分解酵素之精制法,第二步并以试验我国各种油脂之甘油生成量如何,藉可得一甘油制造之新法
			军用粮食之研究	农业化学系	研究军用粮食特别对于军用携带食粮为研究之对象	本研究有二:一为膨胀米类之制造,一为酵母食粮之制造。前者用各种不同品种之稻米制成膨胀米,以观其成分之变化及研究其制法,后者研究酵母食粮之制法。第一步,发酵必须乳酸菌之培养,现已完成
			肉类及肉制品之研究	畜牧兽医系	肉类为军食必需品之一	肉类之新鲜者,不仅不耐久藏,运输亦有不便,急应从事烟薰、罐洁香肠、肉松等研究,以利久藏不坏并便运输
			野蚕饲育之研究	园艺系	野蚕丝为制造飞机翼之材料	此项研究利用前蚕桑系原有设备
			稻米分级研究	农艺系	稻米为吾国重要食粮,然向无科学分级方法,以致大宗采办及屯积均感困难,特于二十二年度开始此项工作	利用食粮研究室原有设备,并自行创造各项稻米分级应用机件
	经费		所有特殊教学与研究之经费,均系在各院系原有之经常费内,撙节开支			
	实习		各科目之需要实习者,均在本校自备之试验室、实习工厂、试验农场及实验学校等处实习			
备注						
核定情形						

说明：
一、特殊教学与研究一栏除填具计划要点外，并须另将详细计划附送。
二、核定情形一栏由本部填注。
三、此表填具同样两份送部，一份由校自存，务须严守秘密。

中央大学档案

国立中央大学呈报开办暑期中学教员讲习班情形（1936年8月1日）

案查本校本届暑期中学教员讲习班，前奉钧部训令筹办，计分为英语、史地、算理化、生物四组，指定由江苏、安徽、陕西三省教育厅及南京市社会局保送中学教员来校听讲。业将筹办情形呈报，并请转令各该省局知照在案。查该班各组学额分配，原定英语组分高级、初级两班，每班各30人，其余各组每组50人，先尽苏、皖、陕三省及南京市保送学员，如有余额，其他省市亦得保送。惟迄至七月十一日报到截止日期止，指定之各省市厅局所保送学员，实到计江苏42人、安徽26人、陕西17人、南京市7人，合共仅95人。其他省市保送6人。当经按数分配，除史地组有50人、算理化组有38人，业于七月十三日正式开课外，其报名参加英语组者仅8人，尚有高级、初级之分。报名参加生物组者，仅一人。实因人数过少，无法开班。其他已到之英语组8人，内中5人自愿改入史地组听讲，其余3人及生物组1人，均听其改入他校听讲。现该班于八月八日即可结束，讲习时间共为四星期。除俟结束再将听讲各员成绩另行呈报外，理合先将遵办经过情形并检同史地、算理化两组课目表各一份，备文呈请鉴核，实为公便！谨呈
教育部部长王
　　计呈科目表二份

国立中央大学校长罗家伦
中央大学档案

中央大学呈请准将本学期二、三年级增进训练暂予缓办（1936年9月3日）

案查首都学生增进训练，上学期遵奉令示，积极办理，将全校二、三、四年级男女生及一年级女生，分隶警卫、防毒、防空及战时救护四组，聘请校外专家，如兵工

署、军械处□下学兵队大队长、军医学校教育长、防空学校校长等会同主持,严格训练。并特准各生减少修习学科三学分,另给增进训练三学分,以资抵补,而示激励。各组均经按照预定程序,如期结束。

近准首都国民军事训练委员会公函,本系专科以上学校二、三年级学生,本学期仍须继续实施增训。查本校上学期原系临时特别办法,办理极为认真,各组应行受训事项,均已训练完毕。三年级生,本学期若再继续受训,则不免重复。二年级生,新受集训不久,一年级课业已受影响,若再照上学期办法,减少应修科目,从事增训,则各生学业所受损失,未免过巨。亦且牵涉本校全部课程编制,尤多困难。又况所请各项专家,均有专职,上学期已属特别帮忙,本学期断难再事相邀。若由普通教官训练,更无意义,徒启学生玩忽之心。再则,全国各地办理增训者,仅首都一地。首都专科以上学校,认真办理者,又只本校一校。本学期倘再继续办理,难免学生有待遇不均之感。为此具文详呈,恳祈咨转训练总监部,并知照首都国民军事训练委员会,准将本学期二、三年级增进训练暂予缓解。是否有当,敬乞鉴核示遵,实为公便。谨呈

教育部部长王

国立中央大学校长罗○○
中央大学档案

1937年暑期中学及师范学校教员讲习班谈话会记录(1937年5月20日)

地点:中央大学

时间:五月廿日四时

到会者:刘国钧、孙光远、汪东、魏学仁、陈纶、柯象峰、陈剑修、熊文敏

主席:陈剑修

记录:熊文敏

决定事项:

一、讲习班每周授课十八小时,连讨论在内,讨论二小时当授课一小时。若每日加授一小时,各科课程五周即可授毕。

二、讲习时期,自七月五日(星期一)起,至八月八日止,共五星期。

三、英语、算学、理化、生物四科,每周各设十二小时基本课目,三小时共同课目,三小时选修课目。

四、若每周所加钟点(每日加一小时,一周共为六小时)亦次照上法分配,则基

本课目为四小时,共同课目与选修课目各为一小时。

五、中大、金大合作办理暑期讲习班,以二校轮流、隔年主办及集中在主办之校讲习为原则。本届由中大主办,讲习亦集中在中央大学。

六、担任讲习之教员由二校共同推举。

七、照部定大纲第八条,各班学员以住宿讲习班所在之大学为原则。关于宿舍、水电、工役等一切消耗,请主办大学就所收讲习班学员宿费开支。如不够之数额不巨,即请主办大学津贴,不另扣除。

八、实验消耗及参观各费,俟有关之院系开列后再行计算。

九、函请江苏省教育厅及南京市社会局照部定经费数额如数筹拨,并请严令所属各中等学校照章派定教员参加讲习。

十、本届开设讲习课目,英语科由汪、刘二院长分别与二校英语系主任,算理化科由孙、魏二院长分别与二校有关各系主任先行接洽,定下星期三会商决定。

剑修

中央大学档案

黄玉珊致罗家伦函(1937年5月24日)

志希校长先生钧鉴:

敬启者:顷奉工学院转来航空委员会批示,敬悉一切。惟其对于生实习一项,该会指定于航校工厂及第一修理工厂各实习一个月。生前在校时曾在各该处实习甚久,似已不必再往。最近中英庚款会聘请南昌机械学校校长钱辛觉先生为生指导一切,钱先生拟定办法如下:

六月二—五日　　　　　　航校工场
六—廿六日　　　　　　　中央飞机制造厂(杭州)
七月五—十七日　　　　　中意制造厂
十九—廿四日　　　　　　机械学校(南昌)

此项办法,航空委员会邢处长来校参观时,亦甚为赞同,允为更动。今生出国之期已迫,务恳迅予函请航空委员会办理,无任盼祷。肃此,敬叩

钧安

生黄玉珊上

五月廿四日

中央大学档案

理学院地质系师生拟赴江西庐山考察地质(1937年6月2日)

校长先生钧鉴：

　　敬启者：属系李承三先生所授构造地质班学生将于暑假期中赴庐山作野外实习，该山地质构造异常复杂，冰川现象尤称显著。曾经中央研究院地质研究所所长李仲揆先生调查研究著有专文，允为学生实习之理想区域。现又蒙李仲揆先生俯允亲往指导，尤为不可多得之良机。惟该山若干部分为军事地带，非经特许不能通行，而地质工作势非遍历诸峰不克窥其全豹。用敢陈请校长向军事委员会接洽，请其特许通行，以利学业为幸。至此次参加人数，计有中央研究院地质研究所所长李仲揆先生，属系教授李承三先生、助教袁见齐生及学生陈秉范、郭令智等共五人，调查时间约自六月十八日起两星期，理合一并陈明，敬祈察核为幸。专此，敬颂

公绥

理学院地质系谨启

六月二日

中央大学档案

教育部电令增收师范学校体育教员训练班自费学员(1937年6月19日)

　　国立中央大学览：查本届全国师范学校体育教员训练班在京一处，前经委托该校长就该校体育系办理有案。兹查各省市师范学校体育教员报名者未足原定额数，决定增收各省市立高级中学体育教员及下学期拟任师范学校体育教员自费学员。该项学员得持高级中学服务证明文件，直接向该班报名，经训练班主任审查合格后准予入班受训。但此项人员连同各省市保送人员，每处不得超过120名（南京得增加20名），并须在六月二十八日以前请求者为限。其受训期满经考试及格者得给予证书，作为下学年免于受训之凭证。除在平、京、粤各地报纸刊登启示外，特电遵照。教育部。皓。印。

中央大学档案

第六部分 教职员

一、教职员聘任

张乃燕致钱基博函（1927年9月17日）

子泉先生台鉴：

敬启者：前蒙俯允主讲国学，曷胜欣幸。现开学期迫，国文学系端赖槃才主持。兹派王君驾吾专诚趋前敦请，务祈即日莅校，协助进行，俾莘莘学子得如期上课，实为盼幸。专此，敬颂

道安

弟张乃燕顿首
中华民国十六年九月十七日

中央大学档案

张乃燕致姚仲实函（1927年9月17日）

仲实先生台鉴：

久仰硕学，弥深钦佩。敝校改组伊始，得承先生主讲国学，尤为欣幸。去年讲学东南，施教有方，夙为学子所钦信。现开学期迫，新都首府，国学宏开，务祈早日来校，藉副诸生仰望之殷。盼甚幸甚。正式聘书尚在缮印，一俟填就，即行送奉。先此函订，敬颂

道祺

弟张乃燕顿首

中华民国十六年九月十七日
中央大学档案

张乃燕致钱基博函（1927年9月19日）

子泉先生台鉴：

　　昨日梅先生交来手示，藉悉台端不克来校之主旨。惟梅先生在沪已与张歆海先生切实磋商，承其谅解，已允先生来宁授课，但形式上须向光大请假一年，藉顾双方之契约。此种不得已之通融办法，务祈体念苦衷，俯如所请。现开课期迫，所有支配功课等事，亟待商酌进行，请即日莅校主持，至为盼荷。专此，敬颂

道祺

　　　　　　　　　　　　　　　　　　　　　　　　弟张乃燕谨启
　　　　　　　　　　　　　　　　　　　　　　　中华民国十六年九月十九日
　　　　　　　　　　　　　　　　　　　　　　　　　　　中央大学档案

柳诒徵致张乃燕函（1927年10月5日）

君谋、毅夫先生道座：

　　陈伯弢先生病疟，不能即来，函请另聘高贤。诒适不在宁，遂由图书馆转寄至镇，函去而诒来，又由镇汇寄至宁，辗转至昨晚始悉。兹以呈览，请示办法。如必须陈先生于本学期来校授课，可否请张君晓峰赴象山面谒陈先生，察其病状。如已康复，坚请来宁。或一时决不能复原，势不可以强迫，则请陈先生就所知之学者确可代替者推荐一人。如此庶免函电转折不能明了之患。未识尊意如何，谨候卓裁。

即请

大安

　　　　　　　　　　　　　　　　　　　　　　　　　　　　柳诒徵启
　　　　　　　　　　　　　　　　　　　　　　　　　　　　　　五号
　　　　　　　　　　　　　　　　　　　　　　　　　　　中央大学档案

张乃燕请孟森为文学院教授（1928年3月19日）

心史先生道座：

　　前者竭诚奉聘，敬缮聘书，满冀文斾早临，畅敷化雨，在校学子，喁望久矣。乃昨撤回聘书，未荷俯允。自愧疏拙，无由礼致名师，怅惘何似。而学生辈以门墙高峻，竟失瞻依，尤深怏怏。本学期原定明清史、中外交涉史、短长言学三种，请先生讲授。近代史关系重要，短长言尤文字枢机，先生绩学有素，著述等身，舍先生更谁能扶发精奥者，英才乐育，人有同怀，后生莘莘，想必不忍恝置。兹特重缮聘书、应聘书各一份，送达左右，伏望闳开讲座，妙吐微言，则本校学生之幸，亦弟所深祷祝者也。谨布区区，惟希惠诺。敬颂

道祺

　　附聘书、应聘书各一份

弟张乃燕敬启
三月十九日
中央大学档案

何鲁致张乃燕函（1928年9月19日）

君谋大兄校长：

　　连谒不遇，甚怅。兹有欲奉商者，特条列于后，请从速决定为荷。

　　（一）熊迪之教授因赴清华大学辞职，其功课由张、段两教授分任，所省之薪金请拨一部分拟作购置图书之用。

　　（二）胡坤升助教随熊教授北上，其所担任功课拟请樊平章代理，条件相同。樊君曾在中公为弟助教，经验学识均好，其履历另纸开陈（聘书可由弟转）。

　　（三）厉德寅君因在党务学校教书，此处改为兼任，月薪五十元，请重绘聘书。其每月所余五十元，拟以三十元津贴周绍濂、陆其芳、彭先荫三生作为服务生，为各教授任笔记及改课（十月计算），用聘函。

　　以上各项，如荷赞同，祈早见复。至感，专颂

勋祺

> 弟何鲁拜
> 九月十九日
> 中央大学档案

张乃燕聘请翁文灏担任地质学教授兼研究院院长（1928年11月16日）

咏霓先生道鉴：

夙钦山斗，辄用神驰。兹者拟聘先生为敝大学地质学教授兼研究院院长，月薪四百元，先电汇二百元，藉作旅费。曾发元电敦请，谅荷察及。查敝大学向只有副教授，教授一职非请○○先生首先担任，不足以资领导。而为促学术进步及本大学毕业生之深造，亟拟创办研究院，有待○○先生之擘画尤多。刻因此间学子伫盼教泽如望云霓，用再专函速驾，务乞即日就道，惠然莅临，不胜翘企。敬颂

撰祺

> 张乃燕谨启
> 十一月十六日

附：翁文灏复张乃燕函（1928年11月4日）

君谋先生大鉴：

十月二十二日来函，□已奉悉。先生提倡学术，注重研究，久深钦仰。复蒙破格重视，以研究院筹备主任及正教授相约，私衷感荷之至。弟个人志愿原极愿从事于教授及研究，惟目前地质调查所事善后未定，继任无人，谊难遽弃。为暂时兼顾计，现已暂就清华教授。惟约定一年，薪受半数，将来如何，可再酌定。尊处见邀之事，目前骤难应命，至为歉怅。俟有机会，当图效力。研究院筹备关系急要，尚希另行物色，俾免延误。专复，谨谢雅意。顺颂

道安

> 弟翁文灏谨启
> 十一月四日
> 中央大学档案

李书华致张乃燕电（1928年11月19日）

中央大学张校长君谋兄鉴：

  北平大学第一师范学院由旧师大改组，院长一席请少涵担任，已去电促其来平。明知少涵为兄所倚重，然师范院关系重要，非少涵莫属，望兄准少涵即行北来为盼。又，中央大学本预科学费每年每人交纳若干，祈电告。李书华。皓。

北平中海怀仁堂国立北平大学办公处

附：张乃燕复李书华电（1928年11月27日）

北平怀仁堂李副校长鉴：

  少涵兄难即行，伊拟请范村兄先北上。敝校本预科生每年纳学费四十元，宿费二十元。特覆。乃燕。沁。

中央大学档案

李书华致张乃燕电（1928年12月22日）

中央大学张校长君谋兄鉴：

  密。此间得少涵暂不能来之讯，北平大学第一师范学院临时院务委员会坚请辞职，院务势将停顿。为公为私，非少涵速来，恐生意外波折。如兄非借重少涵不可，亦请准少涵北来一次，俟稍有布置，再行南归，亦无不可。情势紧迫，务望转告少涵乘来平星期三通车北来为荷。弟李书华。祃。

中央大学档案

张乃燕函请戴季陶担任党义课程（1928年12月24日）

季陶先生大鉴：

承允担任本校党义学程，俾全体学生得受熏陶，有所矜式，欣感奚似。兹遵嘱排定上课时间为每星期三上午七时至八时，附上课程表一纸，届时敬请莅临讲授，不胜盼祷。专此，敬颂

党祺

附课程表一纸

张乃燕敬启

中华民国十七年十二月二十四日

中央大学档案

戴超致张乃燕函（1929年5月11日）

校长道鉴：

迳启者：顷据生物学系主任张景钺先生告及，广州中山大学因延揽生物学教授，曾由朱家骅先生亲与本校蔡作屏先生接洽。当时蔡先生因与本校关系已深，不愿他往，请粤方改聘。兹又接朱先生来书相邀，书中有"仰望文旌，有如望岁，况粤中聘请事，日前曾与贵校张校长屡次商洽，彼为感情所动，已慨然允许。是先生受聘赴粤，于故校方面，更无丝毫问题矣"等语。查蔡先生自本校草创伊始，即聘请担任动物学科。两年以来，对于生物学系，率赖独立主持，不辞劳苦，不计名利，潜心研教。此种良教授，实不多见。今蔡先生本无意他就，不过朱信以曾得张校长同意为词，使蔡先生对于粤方难于作复，而对本校未免有视其去留为无足重轻之感。请驰书朱处，说明本校万不能以蔡先生相让，而于蔡处亦应有所解释，以袪误会等语。弟以蔡先生为本校重要教授，断不能听其他往，当为台端所深知，何致转对朱处有允其赴粤之表示。但朱信说得凿凿，要使人不能无疑。遂经与张景钺先生同向蔡先生处切实解释，竭诚挽留，已承允对于粤方去函辞谢。现拟再用校长名义，恳切致蔡一函，请其决绝不作粤行外，但台端对于朱处，究竟有否表示如朱书所云，应请即赐裁示，以便再用校长名义，致书朱氏，告以蔡先生万不能离去本校各情，以免粤方再生枝节。想尊意定亦为然也。匆此，敬颂

台绥

弟戴超谨启
五月十一日
中央大学档案

张乃燕致吴稚晖、李石曾函（1928年9月6日）

稚晖、石曾先生大鉴：

  接奉手教，敬悉一是。曾有寸缄具复，谅蒙察入。此间农学院学生反对无忌兄甚烈，迭据代表陈述，并全体来校请愿，均以院中靡费太巨，成绩甚鲜，而院长又常不在院为词。燕当即反复开导，晓以办事之困难，院务纵有未惬，自可随时改进，毋得遽起攻讦。而学生仍坚持非去蔡不可，同时又接无忌兄辞职之书。燕当即驰往农学院，拟将辞信面行退还。适值他出未晤，惟见院中遍贴学生反蔡标语，当饬院役撕去，并将辞信交由顾教员转交。乃昨日顾教员仍将辞信交来，谓无忌兄去志甚坚等语。燕当与同人商酌，仍主挽留，并请高等教育处长张绍涵、秘书长刘海萍、秘书朱继庵三君同往蔡寓竭诚劝慰，未知结果究将何如也。此事在学生与蔡君，似有各趋极端之势，而燕为大局计，始终主张维持。用将本日以前经过情形具书详告，尚祈鉴察指示，俾有遵循，曷胜感祷。专此布达，敬请

大安

后学张乃燕敬启
九月六日
中央大学档案

张乃燕致任鸿隽电（1929年2月25日）

北平南长街廿二号任叔永先生鉴：

  季梁先生，本校柱石。研院坚约，勉留半年。今已届期，势难再挽。洪芬先生，本校上期曾一度敦约，嗣知已为贵会所聘。今开学在即，理学院长虚悬，万不获已，特电恳先生俯念理学院于科学教育前途关系甚重，特予宽假，俾洪芬先生在此暂任艰巨，用资搘拄，此间数百学子同深仰望。夙承关爱，谅荷原诺。临电迫切，伫候覆示。

弟张乃燕　有
中央大学档案

方光圻致戴超函（1929年3月16日）

高等教育处处长钧鉴：
　　敬启者：职系自本学期以来，教授中离去者有张少涵、秦景阳、文范村三人。就现存人数分任已去者之职务，似属不可。然为维持职系进行起见，亦非得已。兹有恳者，职系助教、助理人数向较同院其他各系为少，值此次重行分配以后，益感各人责任甚重。所有职系工厂，竟无人过问。兹查有陈光清君者，系前东南大学物理系毕业（详细履历另纸附呈），技学兼优，经圻询问之后，颇为合格。理合呈请钧座转呈校长聘陈君为职系助理，月俸暂定80元。务恳早日批准，俾利职系进行。肃此，敬请
公安

代理物理系主任方光圻谨上
三月十六日
中央大学档案

孙洪芬致戴超函（1929年4月4日）

志骞先生有道：
　　奉教一周，未能早复为歉。弟承左右及君谋诸先生雅爱，私衷感激。因有约在先，不得不北上践诺。此弟前所谓"踱方步"者也。又因私性爽率，雅不愿将中大聘书久握在手，而同时不南来就职任事，以蹈"A dog in the manger"之诮。故将中大聘书邮璧，以清手续。此种情形，当蒙鉴谅。大约如欲取得叔永先生同意而后南下，在事实上不易办到。惟如果中大在未得贤能以前，必欲弟效其绵薄，则此刻方步业已踱完，只要使基金会有准备期间不因弟去而停顿任何事务，想叔永先生亦能谅解也。
　　窃以为院长之职在于计画及行政，而学校最要之点仍在教授之得人，从前弟在东大时代即以此为先务之急。现在规模虽变，原则仍同，且因规模扩大，而人材需要亦比例增加。故自北上以来，虽未受中大之聘，而时时代中大留心人材。查现时最缺乏者，首推物理，次为生物。近得啸仙先生复书，表示可以改在中大任课（此层

请秘密,一漏风声,则金大不肯)。弟意基金会在中大物理教席,自吴正之兄去后,迄未补人。而查先生复为东大时代任此席之教授,假定即以此席属之啸仙兄,并另聘一二得力之人(弟在基金会查得有请奖二三人,成绩极好)为物理系教授,则合之千里、上达诸兄,成一极好之"nuclear"。至于生物方面,拟与秉农山兄商酌,请其勿与中大争人(口头已说过,彼首肯)。而将行将回国之王家楫或孙宗彭(俱彭林之生物学博士)劝入中大,则动物方面可无问题。惟颇闻张景钺兄有他往之讯(或拟出国续学),应请注意,以免临时发生困难。总之,无论做大小事,蓄势须远,以"gather momentum"。学校之物色人材,尤须早早着手。以北平各校如此之穷,尚在极力向外面"拉人",何况中央为全国最高学府,更不得不努力也。

又基金会曾议决补助中大物理系 15 000 元、化学系 10 000 元为添置设备之用,此款迄未来领,转瞬年度过去,期效全失,即归画饼。请通知理、化二系,迅照此数分别造具计画及预算书(愈速愈妙)来会支款。虽数目不过巨,亦有小补也。此颂
教祺

弟孙洪芬拜上
十八年四月四日

君谋先生、海平兄均此布候。

中央大学档案

孙洪芬致戴超函(1929 年 4 月 11 日)

志骞先生:

前函催理、化计画,兹已清出,请不必再寄。款已填申票寄宁,此事可告结束。惟科学教席□支之补助费,据会计员报告,前次查账尚未用去。此事请注意,以免基金会误解为中大款多,不在乎此也。今日得信,粤中山大学下年聘蔡堡担任动物学,此事兄处有所闻否?东大旧生物系学生孙稚荪(宗彭)在 Univ of Penn 得动物学之 Ph.D,现拟继续赴英研究。如真有急需,可电商回国作救兵也。专此,即颂
公祺

弟孙洪芬拜上
十八年四月十一日
中央大学档案

张乃燕致孟宪承函（1929年7月6日）

宪承先生道鉴：

敬启者：本大学教育学院院长一席，自郑晓沧先生离职后，弟即拟请先生继任。嗣因俞庆棠处长拟聘台端为民众学院院长，以故不便启齿。现闻先生对于民众学院院长一职，不愿往就。用特专函肃恳，务请赐予留校，并慨允担任教育学院院长职务，俾便主持，用慰众望，无任盼切，并希迅予惠复。幸甚。顺颂
时祺

张乃燕谨启
七月六日
中央大学档案

孙洪芬致张乃燕函（1929年7月7日）

君谋校长先生道席：

昨奉电后，即遵嘱赴少涵先生处劝驾，磋商至再。彼允日内南下谒教，并承其面告，下年决不在平担任院长职务，又云极愿为左右效劳等情，具见先生诚信远乎，洪芬为中大贺。兼以未得奉令承教，深滋愧疚。今荐贤自赎其衍，私人方面亦窃幸也。尊著《罗马史》，崇论宏议，能见赠一册以扩心胸否？专此，敬颂
政祺

孙洪芬拜上
十八年七月七日
中央大学档案

茅以升致张乃燕函（5月31日）

君谋校长仁兄惠鉴：

顷奉手毕，敬承一切，并审兴居佳胜，慰如所颂。以升猥以菲才，忝长院务，本属力不胜任，而对于延聘教师，尤感困难。良以政府南移，人才重心，亦由北而南，大有冀北群空之感。前在京时，以卢孝侯兄本为敝院毕业同学，曾约其赴母校稍尽义务，固属义不容辞。加以以升与孝兄在河海大学同事有年，交情亦非泛泛，当促

其同行北上,俾资协助,以匡不逮。无如孝兄彼时正担任尊处教席,未便中途而止,是以未克如愿。当经预约于下学期起,务必北来,已得孝兄允许。即以之宣示此间,同学莫不欣然翘望,此时似难变更预约。明知良师难得,尊处遽易他人,亦感不便。然尊处为人文荟萃之区,当不难延揽高贤。较之此间,自易为理。务希鉴原敝院求才之不易,转致孝兄履行前约,勿再迟疑,不胜感盼之至。以升夏间当入都一行,届时当再踵门告罪也。专肃,敬颂

时绥

弟茅以升谨启
五月卅一日

戴、洪两公同此致意。

中央大学档案

张乃燕挽留地理学门三教授（1930年1月7日）

海平、晓峰、焕庸先生钧鉴：

敬启者：日前诸先生因地理门办事困难,有意引退,为日已久,同人及学生咸深盼切。刻下地理门问题业经校务会议解决,曾由元龙先生趋访台端,想邀察入。寒假迫近,诸待结束,务祈诸先生即日返校,照常授课,以资结束,而慰喁望,是所至盼。至关于地理系经费,鄙意此半年内除薪水外,其他设备有5 000元,当亦勉可应用,请就此数内为半年之计画。至十九年度,自当另行办理也。专函奉达,□希察洽为幸。此请

教安

弟张乃燕、戴超同敬启
一月七日
中央大学档案

张乃燕致程佐时函（1930年5月3日）

佐时吾兄大鉴：

前奉手书,敬悉下学年大事已有整理途径,其善。弟在杭亦曾与宪承、铸新、晓沧商改进校务,亦有办法。希望两方讨论之结果,皆不谋而合也。铸新、宪承皆允

下学期回校，铸新仍任商学院院长，宪承对于文学院院长一职，亦无拒绝。意请属韵霄即将两人聘书缮就寄来。铸新仍兼农工银行职务，故月薪为二百元。宪承专任，月薪三百八十元。孙洪芬、洪范五两聘书亦可先发出也。晓沧因夫人身体过弱，时须看护，未能返校，殊为憾事。县长考试将于十日完竣，弟十一日返沪，大约十五日以前当可返校也。下学期大事之应预为筹划者，一为聘人，一为预算，俟弟回校后再行决定可也。大礼堂第一期捐款报告已在上月三十《民国日报》登出，《申报》亦将日内披露。兹剪奉一纸，请在《日刊》发表及《中央日报》登载。有此成绩，总算不坏。近来大礼堂工程如何，便乞示知一二。此复，并颂
大安

弟燕敬启
五月三日

吾兄一日函亦已收到。又及。

中央大学档案

张乃燕致孟宪承函（1930年5月15日）

宪承先生大鉴：

违教日久，渴念无已，惟兴居安适是颂。此间文学院谢院长因赴比辞职，去志甚坚，继任乏人。下年度拟恳先生担任，聘书业托程铸新兄转达，想已蒙收悉矣。先生中西文学，夙为时人所宗仰。中大又为旧游之地，前时桃李，栽植情殷，尚祈惠然肯来，继惠学子，俾弟等亦得时聆指导，裨益校务，公私均感。现距暑假期近，院中延聘教员及一切进行事宜，还祈预为规画。如能在暑假期内屈驾一商，尤所为盼。专布。敬请
著安，并候玉复

弟张乃燕、戴超同敬启
十九年五月十五日
中央大学档案

孙本文复张乃燕函(1930年9月5日)

君谋校长先生大鉴:

上学期末,本文曾向先生辞去社会学系副教授兼系主任职务,未蒙允许。当与教务长叶元龙先生商定,由文维持至暑假终了为止。现在暑假已告终结,第一学期正值开始,社会学系教授既已分别续聘或添聘就绪,正文责任告终之时。所有文前所任社会学系副教授兼系主任一职,请即另聘贤能担任。前承送来聘书、应聘书各一件,今特附还。惟目前选课时期已到,新主任或一时不能到校,文当于选课之一星期内代为负责,以赎迟滞卸责之愆尤。一星期后,即不到校,诸请鉴原是幸。专肃,顺颂

教祺

弟孙本文
九月五日

再者,前曾拟聘应成一先生为专任副教授,包寿眉先生为助教,现应、包两先生均未接受聘书,可即作罢。又,朱亦松先生聘书亦经退回。今将朱、包两先生聘应书各二件附上,应先生聘应书尚未送还,俟收到后,当即缴上,以便注销。又及。

中央大学档案

张乃燕致蒋梦麟函(1930年9月5日)

梦麟先生勋鉴:

敝校社会学系系务,向由孙时哲先生主持,且担任教务。孙先生为社会学专家,才识宏通,士林仰望。来校一年,深荷襄助。举凡罗致师资,进展系务,无不殚精竭力为之。今岁以受命为教部高等教育司司长,一再恳辞本校教职。孙先生为部务专一起见,乃燕何敢重赘一辞。惟是我国社会学专家人才不多,遴聘教员,颇非易易。而敝校社会学系又正经孙先生辛苦经营,甫有端绪,若孙先生果去,不独影响敝校社会学系,抑亦大失研究社会学者之渴望。乃燕除恳切挽留外,用肃寸简缕陈一一,敬恳俯念学系延聘专家教授之不易,特允孙先生兼任敝校教务。不胜翘企待命之至。敬颂

公安,伏维
亮察不赐

张乃燕敬启
十九年九月五日
中央大学档案

国立中央大学借聘秉农山为兼任教授(1934年1月17日)

敬启者:贵会研究教授秉农山先生为国内生物界名宿。曩在本校主讲多年,受业者获益良多。迄今在校学子,钻仰弥殷,均以得沾化雨为幸。秉先生现在生物研究所,与本校相处极近,诚为难得之机会。因思于下学期敦请为兼任教授,请其担任比较形态学一课。此系半年学程,每周仅二小时,想决可无妨于秉先生之潜心研究,而嘉惠后学则至为深远也。贵会素以提倡学术为宗旨,对此有关学术传播之请求,定必同意。除迳商秉先生外,用特专函奉恳,务希惠允见复,无任感盼。此致
中华教育文化基金董事会

国立中央大学
中央大学档案

汪东请聘唐君毅为助教(1934年7月2日)

敬启者:准本院哲学系主任宗白华先生函开:"本系助教许思玄因事辞职,兹恳任命唐君毅为本系助教。唐君于民国二十年在本系毕业后,任四川大学文学院哲学讲师,复兼任四川省立第一师范、成都公学等校教员。兹拟出外继续研究,恳请在母校任助教职务。唐君好学情殷,殊为可喜,但家庭生活担负亦重,拟请给与薪金每月九十元,庶可勉维生计"等由到院。查唐君系本校哲学系毕业,复任四川各校教职。兹充任本校哲学系助教,当能胜任。惟查本校《助教服务章程》,助教最低薪额为六十元,兹拟给与月薪八十元。是否有当,尚祈酌夺为荷。此陈
罗校长

汪东谨启
七月二日
中央大学档案

二、教职员概况

中央大学十八年度秋季教职员统计表（1929年）

现有教职员数统计

各学院						
类别 人数 院别	副教授	讲师	助教	其他人员		
文学院	35	15	15	6	军事教育科大队部队长及分队长7人，教官3人，职员1人	普通军事教育军事教官主任及教官6人，职员1人
理学院	31	3	46	10		
法学院	43	5	2	5		
教育学院	16	11	23	10		
农学院	27	6	33	41		
工学院	29	6	10	13		
商学院	11	19		17		
医学院	16	17	7	24		
合计	570					

各处		
处别	类别	人数
教务处	教务长	1
	处员	2
	注册组主任、组员	9
	出版组主任、组员	16
	图书馆职员	17
	女生指导员	1
事务处	事务长	1
	处员	1
	庶务组主任、组员	19
	会计组主任、组员	11
	医药室职员	4

(续表)

各处		
处别	类别	人数
秘书处	秘书长	1
	秘书	2
	处员	3
	文书组主任、组员	8
	编纂组主任、组员	4
合计		100

《国立中央大学校况简表》,1930年1月印行

国立中央大学二十四年度教职员概况表(1936年6月)

国立中央大学二十四年度教职员概况表

教职员		人数			月俸			资格			专任或兼任			担任课目及时间			
		合计	男	女	合计	最高额	最低额	外国大学毕业	国内大学毕业	中学毕业	专任	教职互兼	兼校外职务者	课目		每周授课时间	
														最多	最少	最多	最少
总数		人	人	人	元	元	元	人	人	人	人	人	人	种	种	种	种
		545	493	52	81 887.5	680	20	187	296	62	442	60	43	6	1	24	1
教员	合计	355	327	28	64 433.5	600	50	176	179		257	55	43	6	1	24	1
	教授	132	129	3	42 288	600	200	119	13		96	36		6		24	3
	兼任教授	44	43	1	3 175	160	60	37	7		8		36	2	1	9	3
	讲师	31	28	3	6 370	200	180	13	18		31			4	3	20	3
	兼任讲师	120	6	1	640	120	60	7					7	3	1	9	1
	助教	120	108	12	10 835	160	50		120		120						
	其他教员	190	13	8	1 125.5	150	13.5		21		10	11					

(续表)

教职员		人数			月俸			资格			专任或兼任			担任课目及时间			
														课目		每周授课时间	
		合计	男	女	合计	最高额	最低额	外国大学毕业	国内大学毕业	中学毕业	专任	教职互兼	兼校外职务者	最多	最少	最多	最少
职员	合计	190	166	24	17 454	680	20	11	116	62	185	5		1	1	5	2
	校长	1	1		680	680		1			1						
	教务长	1	1		460	460		1				1		1		5	
	总务长	1	1		460	460		1				1					
	秘书	1	1		320	320			1			1		1		2	
	主任	9	9		2 610	340	170	7	2		7	2		1		2	
	办事员	101	93	8	7 926	180	23	1	76	24	101						
	技术员	76	60	16	3 998	140	20		38	38	76						

附注：(1) 本表以廿四年度六月份为据；(2) 兼任教授、兼任讲师薪，每年按十个月计算；(3) 其他教员系指军事教官、补习班教员及舞蹈技击教员；(4) 各院院长、系科主任均系该院系科教授兼任，故不另列；(5) 凡各院系助理、助手及卫生室医师看护，统称技术员。

廿五年六月负责填记者

中央大学档案

国立中央大学各学院院长、系科主任、教授、讲师、助教一览（1936年）

国立中央大学各学院院长、系科主任、教授、讲师、助教一览（二十五年度上学期）

院别	系科别	职别	姓名	别号	性别	年龄	籍贯	简明履历	担任课目	通信处 (一)永久 (二)现在
文	中国文学系	专任教授兼院长系主任	汪东	旭初	男	四七	江苏吴县		(1) 群经选读	(一) 苏州娄门北街 (二) 丹凤街一三四号
		专任教授	胡光炜	小石	男	四九	浙江嘉兴	前北京女高师、武昌师大、西北大学、金陵大学国文系主任	(1) 文学史纲要 (2) 书学史 (3) 屈原赋	(一) (二) 将军巷三十一号
		专任教授	王瀣	伯沆	男	六六	江苏溧水	历任南高师范、东南大学、中山大学教授	(1) 论孟举要 (2) 管子 (3) 文学研究法	(一) 门东边营仁厚里 (二) 教习房
		专任教授	吴梅	瞿安	男	五三	江苏吴县	历任东北大学、北京大学、高等师范、东南大学、中山大学教授	(1) 元明戏剧选 甲 (2) 练习作文 (3) 词学通论	(一) 苏州双林巷廿七号 (二) 大石桥十四号
		专任教授	汪国垣	辟疆	男	五〇	江西彭泽	历任江西心远大学文科系主任、江西通志局编纂	(1) 练习作文 乙 (2) 目录学 (3) 诗歌史	(一) 彭泽城内汪亿和号 (二) 晒布场五号
		兼任教授	马宗霍		男	三九	湖南衡阳	曾任国立暨南大学、上海大夏大学教授、中国公学文学院长兼中国文学系主任、国民政府立法院秘书兼立法史编辑主任、第一届高等考试襄试委员	(1) 国学概论 (2) 小学纲要 (3) 各体文选 甲	(一) (二) 本京淮海路汤里中号
		助教	钱堃新	子厚	男	四一	江苏镇江	前南京高等师范文史地部毕业	(1) 各体文选 乙(一) 乙(二) 乙(三)	(一) 扬州院东街十九号 (二) 教习房

(续表)

院别	系科别	职别	姓名	别号	性别	年龄	籍贯	简明履历	担任课目	通信处 (一)永久 (二)现任
文	中国文学系	助教	黄焯	耀先	男	三七	湖北蕲春	国立武昌中山大学国文系毕业，前武昌高级中学教员	(1)各体文选 乙(四) 乙(五) 乙(六)	(一) (二)教习房
		助教	潘崇奎	重规	男	二九	安徽婺源	国立中央大学中国文学系毕业，前安徽省立高级中学专任教员	(1)各体文选 乙(七) 乙(八) 乙(九)	(一)蓝家庄九华村九号 (二)
		助教	殷孟伦		男	二八	四川	国立中央大学文学学士		(一)篆巷三号 (二)
		助教	李和兑	吉行	男	三六	安徽	本校中国文学系毕业，曾任南京安徽中学国文教员		(一)津浦路明光 (二)教职员第五宿舍
	外国文学系	专任教授兼系主任	范存忠	雪桥	男	三三	江苏崇明	哈佛大学博士	(1)英国文学源流 (2)英文作文 B (3)基本英文 1	(一) (二)教习房Ⅲ号
		专任教授	郭斌龢	洽周	男	三六	江苏江阴	香港大学文学士，美国哈佛大学硕士，曾任国立东北大学、青岛大学、清华大学教授	(1)欧洲文学史 上 (2)欧洲文学史 下 (3)基本英文 2	(一) (二)居安里二十号
		专任教授	张沅长		男	三三	江苏上海	复旦大学文学士，霍布金大学硕士，博士，霍布金大学师范学院中国文教员，国立武汉大学教授	任假	(一) (二)本校外国文学系
		专任教授	徐颂年	仲年	男	三四	江苏无锡	法国里昂大学文学博士，前国立劳动大学图书馆主任，出版课主任	(1)近代法文选 B (2)近代法文选 A (3)基本法文 2	(一) (二)教习房二一八号
		专任教授	商承祖	章孙	男	三八	广东番禺	国立北京大学文学士，曾任国立中央大学文学研究所专任编辑员，德国汉堡大学汉文研究所讲师	(1)近代德文选 B (2)近代德文选 A (3)基本德文 2	(一) (二)秣陵路佩里二号

(续表)

院别	系科别	职别	姓名	别号	性别	年龄	籍贯	简明履历	担任课目	（一）永久 （二）现在 通信处
文	外国文学系	专任教授	楼光来	石庵	男	四一	浙江嵊县	清华学校毕业,哈佛大学硕士,南开大学英文系主任,东南大学教授,本校代理文学院院长	(1)莎士比亚 (2)现代英国文学 (3)现代英国散文研究	（一） （二）鼓楼头条巷五号
		专任教授	贝德		男	三四	美国	美国米西干大学学士,硕士,博士,曾任米西干大学英文教员	(1)英文作文C (2)英文会话及演说 (3)十九世纪英国文学 (4)英文阅读及作文(一)	（一） （二）本京双石鼓双石里二号
		兼任教授	汪楊宝	淮南	男	五三	江苏吴县	日本东京大衣艺化学本科毕业,前横滨总领事,现任外交部条约委员会委员	(1)近代日文选 (2)基本日文1,2	（一） （二）本京山西路普陀路十一号
		兼任教授	李昌煕		男	三五	安徽合肥	巴黎统计学院毕业,曾任南京市社会局统计股主任,南京市统计人员养成所教授,中央陆军官学校教官,内政部技正兼统计司司长	(1)基本法文 1	（一） （二）将军巷三十一号
		兼任教授	厉家祥	麟似	男	四一	浙江杭州	日本上智大学德文部选派留德,在Jena大学研究哲学三年,Heidelberg大学政治学二年,国家学及政治学等二年。民九年教育部派赴欧洲考察教育,民十九年应部聘为教育部专员,二十一年教育委员会归国,二十二年应聘为教育部特任考选委员会专门委员		（一）外国文学系 （二）本京考选委员会
		专任讲师	彭先捷	绍青	男	三五	江西南昌	曾任各中学英文教员,助教,讲师九年	(1)补习英文 5	（一） （二）双井巷文安里五号
		专任讲师	阮朴经	肖达	男	三五	江苏仪征	东南大学文学士,前南京女子中学首席英文教员,中国公学教授	(1)基本英文 5,8 (2)补习英文 3	（一） （二）八府塘三十九号

（续表）

院别	系科别	职别	姓名	别号	性别	年龄	籍贯	简明履历	担任课目	通信处 (一)永久 (二)现在
文	外国文学系	专任讲师	吕贤清	天石	男	三五	安徽旌德	国立东南大学文学士	(1) 基本英文 3,6 (2) 补习英文 6	(一) (二) 石婆婆巷廿三号
		主任讲师	华林一		男	三六	浙江绍兴	曾任商务印书馆编辑五年	(1) 基本英文 4,7 (2) 补习英文 1 (3) 医学院第二年英文	(一) (二) 教习房
		专任讲师	黄宗玉		女		安徽	美国欧柏林大学文学士，前任国立中央大学上海商学院英文教员	(1) 英文小说 (2) 英国文学史 (3) 英文阅读及作文(二)	(一) (二) 山西路北平路五十六号
		助教	方修训		男	三〇	安徽祁门	国立中央大学外国文学系毕业	(1) 补习英文 4	(一) 外国文学系 (二) 石婆婆巷十一号
	哲学系	专任教授兼系主任	宗之魁	白华	男		江苏常熟	德国柏林大学研究	(1) 艺术学 (2) 人生之型式	(一) (二) 晒布场北口二号
		专任教授	方东美		男	三七	安徽桐城	历任国立武昌师范大学、东南大学、中央政治学校哲学教授	(1) 知识论 (2) 希腊哲学史 (3) 生命情调与美感	(一) (二) 本京宁海路十六号
		专任教授	何兆清		男	三八	贵州贵定	法国里昂大学文学硕士	(1) 论理学 (2) 科学史 (3) 论理学之派别	(一) (二) 鼓楼傅厚岗十八号
		专任教授	李翊灼	证刚	男	五六	江西临川	东北大学教授、北京大学、纽约大学哲学博士，曾任上海复旦大学、暨南大学教授，清华大学讲师	(1) 印度哲学史 (2) 易学概论 (3) 成唯识论研究	(一) (二) 晒布场四号
		专任教授	孙本文	时哲	男	四四	江苏吴江	美国伊利诺大学硕士，曾任上海复旦大学、暨南大学教授、教育部高等教育司司长	(1) 普通社会学 (2) 社会派别 (3) 中国社会问题	(一) (二) 本京城北蓝家庄甘五号
		助教	唐君毅		男	二八	四川溆州	曾任四川敬业专门、前川大中国文学院哲学讲师、成都高中心理、论理、国文教员	(1) 中国哲学主要问题	(一) (二) 哲学系

（续表）

院别	系科别	职别	姓名	别号	性别	年龄	籍贯	简明履历	担任课目	通信处 (一)永久 (二)现在
文	史学系	专任教授兼系主任	朱希祖	逖先	男	五八	浙江海盐	北京大学国文学及史学系主任，中央研究院专任研究员，中山大学文史研究所主任	(1)魏晋南北朝史 (2)中国史学概论	(一) (二)晒布场二号之二
文	史学系	专任教授	沈刚伯		男	四〇	湖北宜昌	曾任中山大学、武汉大学教授	(1)西洋通史 (2)西洋文化史 (3)西洋上古史	(一) (二)最高法院对过乐业村二号
文	史学系	专任教授	缪凤林	赞虞	男	三八	浙江富阳	曾任东北大学历史教授五年，本校史学系讲师二年，副教授一年	(1)中国通史 (2)中国文化史 (3)日本朝鲜史	(一) (二)严家桥居安里二十一号
文	史学系	专任教授	张贵永	致远	男	三八	浙江鄞县	德国柏林大学历史博士	(1)西洋近世史 (2)德国史 (3)史学方法论	(一) (二)蓝家庄九华村六号
文	史学系	兼任教授	金毓黻	静庵	男	四八	辽宁辽阳	国立北京大学文科毕业，历任国立沈阳高等师范学校教员、东北大学委员、辽宁通志馆总纂	(1)东北史	(一) (二)本京土街口正洪街正洪里三十六号
文	史学系	专任讲师	郭廷以	量宇	男	三三	河南舞阳	曾任清华大学、河南大学、中央政治学校教员、讲师	(1)中国近世史 (2)太平天国史 (3)西域史	(一) (二)吉兆营吉兆里三号
文	史学系	助教	姚公书	琴友	男	三七	江苏兴化	本校毕业		(一)史学系 (二)教职员第一宿舍
理	算学系	专任教授兼院长	孙鏄	光远	男	三八	浙江余杭	本校前身南京高师毕业，美国芝加哥大学数学博士，清华大学教授	(1)微分几何 (2)射影微分几何 (3)几何专题研究 (4)专题研究及论文	(一)算学系 (二)玄武门昆仑路廿号

(续表)

院别	系科别	职别	姓名	别号	性别	年龄	籍贯	简明履历	担任课目	通信处 (一)永久 (二)现任
理	算学系	专任教授兼系主任	胡坤陞	旭之	男	三五	四川	东大学理学士,美国芝加哥大学硕士、博士	(1)实变数 (2)变分法 (3)分析专题研究 (4)专题研究及论文	(一)算学系 (二)周必由巷天安里五号
		专任教授	郑尧祥		男	三六	浙江绍兴	日本东京帝国大学学士、毕业后任日本内阁统计局专攻统计二年	(1)微积分 丁 (2)初等微积分方程 (3)最小二乘法 (4)专题研究及论文	(一) (二)成贤街崇礼巷二号
		专任教授	周炜良	农叔	男	二五	安徽秋浦	美国芝加哥大学学士及硕士,德国莱城大学博士	(1)高等解析几何 (2)近世代数 (3)专题研究及论文	(一) (二)玄武门五十号
		专任讲师	赵广	少铁	男	三六	浙江上虞	东南大学理学士,中国公学及东大数学教员,国府学术会算学术讲席、中央军校数学教官	(1)高等混合算学 甲 乙	(一)算学系 (二)大石桥新安里七号
		专任讲师	周雪鸥		男	三五	安徽滁县	国立东南大学,南京高等师范毕业	(1)微积分 乙 (2)初等方程论	(一) (二)本京邀贵井十四号
		专任讲师	孙增光	叔平	男	三四	浙江绍兴	南京高等师范毕业,曾在本校助教,暨南大学、安徽大学算学教授	(1)微积分 甲 (2)高等微积分	(一) (二)教习房130号
		助教	徐曼英	子蒙	女	二九	江苏江阴	东南大学理学士	(1)微积分 丙	(一)算学系 (二)蓝家庄九华村七号
		助教	闻人乾	季光	男	二九	浙江金华	国立中央大学毕业,清华研究院二年,曾任私立仲南中学教员	担任阅卷	(一) (二)教习房121号
		助教	寿介星	望斗	男	三三	浙江诸暨	国立中央大学第一中学毕业及私立安定中学算学、物理学教员	担任阅卷	(一) (二)本校算学系

（续表）

院别	系科别	职别	姓名	别号	性别	年龄	籍贯	简明履历	担任课目	（一）永久 （二）现在 通信处
理	化学系	专任教授兼系主任	高济宇	恩波	男	三五	河南舞阳	美国伊利诺大学化学博士，曾任伊利诺大学化学研究佐理及国立中央大学教授	(1) 普通化学 甲 (2) 有机化学 丑 (3) 专题研究及论文 (4) 杂志讨论	（一）化学系 （二）教习房
		专任教授	倪则埙		男	三八	安徽望江	美国麻省理工大学化学士	(1) 无机化学 (2) 胶状化学 (3) 普通化学实验 B (4) 专题研究 (5) 杂志讨论	（一）化学系 （二）本京闺阁柯十四号
		专任教授	张江树	雪帆	男	三九	江苏常熟	哈佛大学硕士，武汉大学教授	(1) 理论化学 子、丑 (2) 理论化学实验 C (3) 普通化学实验 (4) 专题研究 (5) 杂志讨论	（一）化学系 （二）大纱帽巷十二号
		专任教授	袁翰青		男	三一	江苏南通	美国意利诺大学化学研究员	(1) 普通化学 乙 (2) 普通化学有机 (3) 专题研究及论文 (4) 杂志讨论	（一）化学系 （二）石婆婆巷廿四号
		专任教授	赵廷炳	丹若	男	四四	浙江嘉善	美国康乃尔大学化学博士，历任国立北京大学讲师，国立北京女子师范大学教授，国立浙江大学教授兼化学系主任，设委员会设计委员	(1) 定性分析 甲、乙 (2) 定量分析 丑 (3) 专题研究及论文 (4) 杂志讨论	（一）化学系 （二）慈悲社豆菜桥豆菜园二号
		助教	徐宗岱		男	三一	江西安义	国立中央大学理学士	担任实验	（一）化学系 （二）汉西门望仙桥北马营二九号

469

(续表)

院别	系科别	职别	姓名	别号	性别	年龄	籍贯	简明履历	担任课目	通信处 (一)永久 (二)现任
理	化学系	助教	周兆丰	雪孙	男	三三	浙江德清	国立中央大学理学士	(1)普通化学 乙 (2)普通化学复习	(一)化学系 (二)本校传达室转
理	化学系	助教	宁钦明	绎如	男	三一	安徽青阳	国立中央大学理学士	(1)普通化学实验 (2)担任实验	(一) (二)化学系转
理	化学系	助教	章涛		男	二七	浙江金华	本校理学院化学系毕业	担任实验	(一) (二)教习房233号
理	化学系	助教	查雅德		男	二六	江西九江	国立中央大学理学士	担任实验	(一) (二)化学系
理	化学系	助教	徐以棠		女	二六	浙江平湖	杭州市立中学数理教员，中大理学士	(1)普通化学复习 (2)担任实验	(一) (二)本校女生宿舍
理	化学系	助教	龚洪钧		男	二四	江苏崇明	国立中央大学化学系毕业	(1)普通化学实验 (2)担任实验	(一) (二)本校化学研究室
理	物理系	专任教授兼系主任	周同庆		男	三〇	江苏昆山	美国普林斯顿大学博士，前任北京大学物理系教授	(1)普通物理子(一) (2)专题研究	(一)物理系 (二)鼓楼四条巷三号
理	物理系	专任教授	丁绪宝		男	四二	安徽阜阳	北京大学物理学学士，芝加哥大学应用光学院学生，东北大学，中华教育文化基金董事会合聘物理学教授六年	(1)普通物理 丑 (2)专题研究	(一)物理系 (二)蓝家庄廿四号
理	物理系	专任教授	施士元		男	二九	江苏崇明	法国巴黎大学科学博士	(1)普通物理 甲 (2)近代物理 (3)专题研究	(一)崇明猛将军镇 (二)石板桥石板新村三十四号
理	物理系	专任教授	倪尚达		男	三八	江苏上海	留美麻省理工大学理学士，哈佛大学理学硕士	(1)普通物理 子(二) (2)电磁学 (3)无线电学 (4)专题研究	(一)物理系 (二)玄武门昆仑路十八号

（续表）

院别	系科别	职别	姓名	别号	性别	年龄	籍贯	简明履历	担任课目	永久（一） 现在（二）通信处
理	物理系	专任教授	张钰哲		男	三四	福建闽侯	美国芝加哥大学博士，叶凯士天文台、威尔逊山天文台助理员，金陵大学教授，中央天文研究所特约研究员	(1) 力学 (2) 天文学 (3) 专题研究	（一）物理系 （二）蓝家庄兰园一号之二
		专任教授	司徒德生		男	三一	英国	英国利物浦大学物理学士（1924年），硕士（1925年），剑桥大学博士（1930年），曾任助教、讲师等职	(1) 数学物理 (2) 张量分析 (3) 专题研究	（一）物理系 （二）木京大椒根九十二号
		助教	陈光清	励冰	男	三三	南京	国立中央大学理学士	担任实验	（一）物理系 （二）木京大春护三十五号
		助教	王佐清	孟溦	男	三〇	浙江鄞县	国立中央大学理学士	担任实验	（一）物理系 （二）宁波公同路四十一号
		助教	汪积恕	叔强	男	二七	南京	中央大学理学士，河南省立第一高中，安徽省立第六女中数理教员	担任实验	（一）物理系 （二）
		助教	江元龙	云清	男	二七	江苏阜宁	本校毕业，现任物理学系助教	担任实验	（一）物理系 （二）长乐路三坊巷十五号
		助教	赵仁寿		男	三二	江苏镇江	中央大学物理学系毕业，现任本大学物理系助教	担任实验	（一）物理系 （二）
		助教	方岘	孝博	男	二九	安徽桐城	国立中央大学物理系毕业	担任实验	（一）物理系 （二）
	地质系	专任教授兼系主任	李学清	字洁	男	四二	江苏吴江	美国米西根大学硕士，北平地质调查所技正，北大、师大教员，两广地质调查所技正，编译股股长，中央大学地质系主任兼理学院院长	(1) 普通岩石学 (2) 光度矿物学 (3) 岩石分析 (4) 专题研究	（一）地质系 （二）唱经楼卫巷二十六号

(续表)

院别	系科别	职别	姓名	别号	性别	年龄	籍贯	简明履历	担任课目	通信处 (一)永久 (二)现在
理	地质系	专任教授	郑厚怀	厚槐	男	三六	安徽青阳	美国哈佛大学地质博士，哈佛博物院矿物采集专员，美国地质调查所技佐	(1)普通矿物学 (2)普通经济地质学 (3)高等经济地质学 (4)专题研究	(一) (二)山西路十二号地质系
		专任教授	贝克		男	三六	匈牙利	德国来甫希施大学地质博士	(1)普通古生物学 甲、乙 (2)历史地质学 (3)区域地理 (4)专题研究	(一) (二)中央路厚载巷五号
		专任教授	李承三	继五	男	三五	河南涉县	河南中山大学理学士，广州中山大学及北洋大学地质系助教，德国柏林大学地质学哲学博士	(1)普通地质学 (2)应用地质学 (3)小构造地质 (4)专题研究	(一)河南武安北阳邑 (二)本校地质系
		兼任教授	马廷英	雪峰	男	三五	辽宁金县		(1)高等古生学 (2)专题研究	(一)地质学系 (二)大悲巷大高里八号
		助教	袁见齐	省衷	男	三〇	江苏奉贤	国立中央大学理学士	担任实验	(一) (二)本校地质系
		助教	汤克成	渊默	男	二四	江苏如皋	国立中央大学地质系毕业	担任实验	(一)地质系 (二)教职员第二宿舍四十号
		助教	孙鼐	调之	男	二七	南京	国立中央大学理学士	担任实验	(一)地质系 (二)本京车儿巷八号
		助教	孙定一	博明	男	二七	江苏江阴	国立中央大学理学士，曾任两广地质调查所技佐	担任实验	(一) (二)教职员第二宿舍

（续表）

院别	系科别	职别	姓名	别号	性别	年龄	籍贯	简明履历	担任课目	（一）永久 （二）现任 通信处
理	生物系	专任教授兼系主任	伍献文		男	四〇	浙江瑞安	法国巴黎大学博士,中央研究院动物技师兼主任	(1)比较解剖学 (2)动物学研究	（一）生物学系 （二）中央研究院博物馆
		专任教授	耿以礼	仲彬	男	三九	江宁	美国乔治·华盛顿大学植物学,哲学博士	(1)植物分类学 (2)植物解剖学 (3)植物学研究	（一）生物系 （二）动植物研究所
		专任教授	罗宗洛		男	三九	浙江	日本北海道帝国大学学士,博士,中山大学生物系主任,暨南大学教授	(1)普通植物学 (2)植物生理学B (3)植物生理学研究	（一）生物系 （二）大悲巷大高里九号
		专任教授	欧阳翥	铁翘	男	三八	湖南长沙	前国立东南大学理学士,德国柏林大学哲学博士,曾任国国立德国威廉大学神经学研究所研究助理	(1)组织学 (2)神经解剖学A,B (3)动物学研究	（一）中国科学社生物研究所 （二）本校生物系
		专任教授	段续川	续川	男	三四	四川华阳	清华大学毕业,美国土丹佛尼亚大学博士,曾任厦门大学植物系主任,山东大学植物系教授,青岛商品检验局技正	(1)植物形态学 (2)细胞学 (3)医科植物学 (4)植物学研究	（一）生物系 （二）文昌桥十六号
		专任教授	陈义	宜丞	男	三六	浙江新登	前本校理学院动物系助教,美国雪文尼亚大学理学博士	(1)普通生物学 (2)无脊椎动物学 (3)医科动物学 (4)动物学研究	（一）本校生物系 （二）本京中国科学社
		兼任教授	秉志	农山	男		河南开封	中国科学社生物研究所所长兼动物学研究教授	(1)普通动物学	（一）生物系 （二）本京生物研究所
		教授	钱崇澍	雨农	男		浙江海宁	中国科学社生物研究所植物研究教授	指导研究	（一） （二）成贤街中国科学社

（续表）

院别	系科别	职别	姓名	别号	性别	年龄	籍贯	简明履历	担任课目	（一）永久通信处 （二）现在通信处
理	生物系	教授	王家楫	仲济	男		江苏奉贤	美国本雪文尼大学哲学博士，耶汝大学动物系研究员，韦斯特生物研究所研究员	指导研究	（一） （二）动植物研究所
		教授	吴定良	骏一	男		江苏金坛	美国哥伦比亚大学硕士，英国伦敦大学哲学博士，东南大学学士，中央研究院历史语言研究所人类学组组长	指导研究	（一） （二）本京中央研究院总办事处
		教授	张宗汉	真衡	男		浙江嵊县	美国支加哥大学哲学博士，曾任国立上海医学院生理学教授，现在兼任生物研究所技师	（1）动物生理学A	（一） （二）本京生物研究所
		助教	吴淑萱		女	三〇	山东郯益	国立中央大学理学士	担任实验	（一） （二）生物馆G302号
		助教	史久庄		女			本校理学院植物系毕业	担任实验	（一） （二）女教职员宿舍
		助教	罗士苇		男	二九	湖南	中山大学理学士，母校及暨南大学生物系助教	担任实验	（一） （二）生物馆G110号
		助教	俞德章		男	二四	浙江诸暨	国立中央大学理学士	担任实验	（一） （二）教职员第五宿舍
		助教	陆秀琴	旌玉	女		江苏常熟	本校理学院生物学系毕业	担任实验	（一） （二）女教职员宿舍
		助教	何景		男	二五	江苏泰兴	本校毕业	担任实验	（一） （二）本校生物系转
		助教	朱启承		男	二八	浙江义乌	本校毕业	担任实验	（一） （二）本校生物馆
		助教	龚建章		男	二五	广东兴宁	本校理学院生物学系毕业	担任实验	（一） （二）本校生物系

（续表）

院别	系科别	职别	姓名	别号	性别	年龄	籍贯	简明履历	担任课目	通信处（一）永久（二）现任
理	地理系	专任教授兼系主任	胡焕庸		男	三六	江苏宜兴	南京高师、东大毕业，巴黎大学肄业，曾任中央研究院气象所研究员兼秘书，苏州中学校长	(1) 自然地理 (2) 人生地理 (3) 地志研究	（一）地理系（二）北京娃娃桥三号
		专任教授	费思孟		男	四一	奥国		(1) 地形学 (2) 欧洲地理	（一）（二）本校地理系
		专任教授	黄厦千		男		江苏南通	加利福尼大学硕士，曾任清华大学讲师，本校等大学教授	在假	（一）（二）本校地理学系
		兼任教授	凌纯声		男	三六	江苏武进	巴黎大学博士，现任中央研究院历史语言研究所研究员	(1) 民族地理	（一）地理学系（二）文昌桥十五号
		兼任教授	吕炯	蕴明	男	三五	江苏无锡	国立中央大学理学士，德国柏林大学及地球物理研究所研究员，口府大学气象及飞机场航空气象部、汉堡海洋观象台及地震台，普鲁士炮兵团军用气象实习，现任北极阁气象研究所研究员	(1) 海洋学	（一）北极阁气象研究所（二）本校文昌桥十六号
		兼任教授	曾广祿		男	三二	广东文昌	国立同济大学工科毕业，德国柏林工科大学测量工科毕业，考得特许测量学位，现任参谋本部陆地测量总局航空测量科技正	(1) 地图绘制	（一）大石桥测量总局（二）
		专任讲师	朱炳海	晓寰	男	二八	江苏江阴	中央大学理学士，曾任中央研究院测候五年，曾兼任气象《科学世界》杂志编辑	(1) 气象学 甲、乙 (2) 气候学	（一）（二）本校地理系
		助教	严德一		男	二七	江苏泰兴	本校理学院地理学系毕业	担任实习	（一）（二）教职员第五宿舍

(续表)

院别	系科别	职别	姓名	别号	性别	年龄	籍贯	简明履历	担任课目	通信处
理	地理系	助教	王维屏		男	二六	江苏无锡	本校地理系毕业,曾任黄河志编纂会编辑员,汇文女中教员	担任实习	(一)永久(二)现在本校地理系
		助教	袁著	明若	男	二五	江苏吴江	曾立省立苏州中学,省立苏州女师地理教员	担任实习	(一)(二)本校地理系
		助教	徐致助	铭燊	男	四〇	江苏崇明	省立水产专门学校毕业,曾任母校理化助教,南京高等师范及东南大学助理前后继十年	担任绘图	(一)(二)教习房
法	政治系	专任教授兼院长	马洗繁		男	四三	河北	哥伦比亚大学政治学研究生,前北京法政大学教授,北京特别市党部委员,河北省政府秘书长,河北省训政学院长,南京市社会局局长,中央政治学校行政系主任	(1)地方政府	(一)法学院(二)本京天山路一三四号
		专任教授兼系主任	钱端升		男		江苏	美国哈佛大学政治学博士,国立清华大学教授	(1)宪法	(一)(二)蓝家庄蓝园九号
		专任教授	张汇文		男	三二	山东青州	清华大学毕业,美国斯日福大学政治学硕士,行政学博士,英国全英行政学会会员	(1)政治学 乙 (2)行政学 (3)地方政府	(一)(二)本京百子亭二十五号
		专任教授	王季高		男	三二	湖南崇德	美国芝加哥大学硕士,哥伦比亚大学博士,南昌行行政设计委员	(1)西洋政治思想史 (2)现代政治学 (3)比较政府	(一)(二)蓝家庄蓝园七号
		专任教授	黄正铭		男	三四	江苏海宁	英国伦敦大学博士	(1)国际公法 (2)西洋外交史	(一)(二)成贤街文昌桥十五号
		兼任教授	江康黎		男	三二	江苏南通	美国西北大学研究院肄业,美国密及根大学硕士暨南大学政治系教授,中央宣传委员会国际科长	(1)市政学	(一)(二)中央党部国际宣传部

· 476 ·

（续表）

院别	系科别	职别	姓名	别号	性别	年龄	籍贯	简明履历	担任课目	（一）永久 （二）现在 通信处
法	政治系	兼任教授	金祖懋		男	三五	浙江义乌	历任浙江法政专门学校、前上海法政大学、南京金陵大学及金陵女子文理学院等校教授	（1）党义 甲、乙、丙	（一）高楼门二十号 （二）中央党部民众运动委员会
		兼任教授	向理润	泽苍	男	三一	四川	美国威士康辛大学政治学博士，现任中央政治学校教授、中央军校高等教育班政治主任教官	（1）政治学 甲	（一） （二）石板桥泰山坊二号
		兼任教授	林云谷	穆仲	男	三一	广东蕉岭	日本留学，上海《民族》杂志编辑、南京《日本评论》特约编辑	（1）日本政府及政治	（一） （二）上乘庵莱安里五号
		助教	冯霞	之远	男	二七	江苏江宁	国立中央大学法学士		（一） （二）集庆路四十号
	法律系	专任教授兼系主任	赵之远		男	四三	浙江绍兴	法学士，法学博士，前任国立北京大学法学院教授	（1）民法总论 （2）民法亲属及继承	（一）法律系 （二）莱巷十一号
		专任教授	何义均		男			美国耶鲁大学法学博士	（1）行政法 （2）劳工法 （3）法理学	（一） （二）百子亭二十五号
		专任教授	章任堪		男	三三	浙江上虞	美国哈佛大学法学博士，曾任东吴大学法学院教授北平、上海、江宁等处地方法院检察官及推事	（1）民法债编 （2）国际私法	（一） （二）陶谷村十九号
		专任教授	林彬	佛性	男	四五	浙江	前任国立北京大学教授、最高法院审判官，国民政府法制编审委员	（1）刑法各论	（一）立法院 （二）将军巷三十一号
		兼任教授	夏勤	敬民	男	四五	江苏泰县	最高法院庭长，前国立北京大学法律系教授、北京朝阳大学教务长、副校长	（1）刑事诉讼法	（一）最高法院 （二）鼓楼南广州路六十九号

· 477 ·

（续表）

院别	系科别	职别	姓名	别号	性别	年龄	籍贯	简明履历	担任课目	通信处 （一）永久 （二）现在
法	法律系	兼任教授	刘克儁	卓吾	男	四三	江西福安	曾任武汉中山大学教授，现任立法委员	(1) 刑法总论	（一）立法院 （二）大悲巷大高里十五号
		兼任教授	陈耀东		男			前东南大学毕业，法国巴黎大学硕士，法国国家法学博士学位，在巴黎各级法院实习一年	(1) 民法概论	（一） （二）碑亭巷二十六号楼上
		兼任教授	张企泰		男	二八	浙江海盐	清华大学文学士，法国巴黎大学法学士及博士，德国波恩及柏林大学研究生，司法行政部编纂	(1) 民法物权	（一）本京司法行政部编纂处 （二）蓝家庄九华村七号
		兼任教授	罗鼎	重民	男	四九	湖南攸县	日本东京帝国大学法科大学学士，曾任国民政府第一、二、三、四届立法委员，前北京大学、法政大学等校教授	(1) 民事诉讼法	（一）立法院 （二）本京玄武门二十六号
		兼任教授	曹凤萧	仲韶	男	四六	江苏高邮	最高法院推事，中央政治学校讲师	(1) 诉讼实习	（一） （二）山西路灵隐路二号
		兼任教授	盛振为		男	三六	江苏上海	美国西北大学法学博士，法学士，立法院委员，东吴法学院教授，《中国法学》杂志主编	(1) 证据法	（一） （二）上海昆山路八四六号
		兼任教授	葛延秋		男	三五	浙江长兴	国立北京大学毕业，日本帝大研究所研究员，曾任国立中山大学教授六年，中央政治学校教授二年	(1) 中国法制史	（一） （二）黄浦路励志社宿舍
		专任讲师	梅仲协		男	三五	浙江	曾任法国巴黎大学研究法律	(1) 公司法 (2) 海商法 (3) 破产法	（一） （二）汉口路十二号
		助教	谢义伟		男	三一	湖南	国立中央大学法学士		（一）法学院 （二）大悲巷十二号之一

478

（续表）

院别	系科别	职别	姓名	别号	性别	年龄	籍贯	简明履历	担任课目	通信处 （一）永久 （二）现在
法	经济系	专任教授兼系主任	吴干	贞庵	男			威斯康辛大学学士，哥伦比亚大学博士	(1) 经济原理 (2) 经济名著	（一） （二）石板桥板新村十号
		专任教授	朱偰	伯商	男		浙江海盐	北京大学法学学士，德国柏林大学经济学博士	(1) 财政学总论 (2) 财政学各论 (3) 民国财政史	（一） （二）本京玄武门二十四号
		专任教授	厉德寅		男	三二	浙江	国立东南大学学士，美国威斯康辛大学硕士、博士，曾任国立中央大学、中央政治学校教员	(1) 应用数学 (2) 货币学 (3) 国际贸易	（一） （二）教习房十一号
		专任教授	刘南溟		男	三五	江西都昌	巴黎大学统计学院毕业、巴黎大学文科博士	(1) 统计学 (2) 经济统计 (3) 统计实务	（一） （二）本京五台村十五号
		专任教授	李寿雍	震东	男	三四	江苏盐城	留学英国牛津大学及伦敦大学	(1) 经济思想史 (2) 中国经济问题 (3) 经济学概论	（一） （二）鼓楼二条巷十五号
		兼任教授	章冠贤		男	四三	察哈尔宣化	中央大学前任法学院院长，审计部次长	(1) 西洋经济史	（一） （二）百子亭后天山路一三号
		秘书兼任教授	傅筑夫		男	三三	河北永年	曾任安徽大学经济系教授	本学期无课	（一）本校秘书室 （二）本京将军巷五号
		兼任教授	张训坚		男	三二	江苏	英国伯明罕大学商学士	(1) 会计学	（一） （二）审计部
		兼任教授	钱相龄		男	三五	江苏宜兴	美国意利诺大学商学学士，复旦大学会计学系主任，粤汉铁路总稽核兵工署统一兵工会计委员会，军政部兵工署会计委员会专门委员	(1) 官厅会计	（一）兵工署会计委员会 （二）本京赤壁路九号

（续表）

院别	系科别	职别	姓名	别号	性别	年龄	籍贯	简明履历	担任课目	通信处 （一）永久 （二）现在
法	经济系	兼任教授	唐文恺	伯原	男	四二	江苏昆山	芝加哥大学硕士，银行学会秘书长	(1) 中国经济问题 (2) 经济政策	（一）上海南阳路四十四号 （二）徐家巷一号彭离收转
		助教	雷震洵	乐民	男	三〇	湖南	国立中央大学法学士		（一）法学院 （二）教习房
教	心理系	专任教授兼院长	艾伟	险舟	男	四五	湖北江陵	东南大学心理学及统计学教授，中央大学心理系主任	(1) 教育统计学 (2) 教育心理学研究	（一）教育学院 （二）傅厚岗九号
		专任教授兼教务长	陈剑修		男	三九	江西	英国伦敦大学硕士，国立北京大学博士，国立武汉大学教育系主任兼教授	(1) 普通心理学	（一） （二）本校教务处
		专任教授兼系主任	萧孝嵘		男	三八	湖南	英国哥伦比亚大学心理学硕士，加里弗尼亚大学博士，加里弗尼亚儿童研究所研究员，德国柏林大学心理学院名誉研究员	(1) 儿童心理学 正常 (2) 实业心理学	（一）心理系 （二）本京山西路天竺路二号
		专任教（授）	潘菽	水叔	男	三八	江苏宜兴	美国芝加哥大学哲学博士	(1) 试验心理学 (2) 心理生理学 (3) 比较心理学	（一） （二）科学馆心理系预备室
		专任教授	王书林		男	三五	浙江永嘉	美国哥伦比亚大学硕士	(1) 心理与教育测量 (2) 智慧论 (3) 教育心理名著选读及翻译	（一） （二）萘巷九号
		兼任教授	吴南轩		男	四一	江苏仪征	美国加尼佛大学文学硕士，教育博士，曾任东南大学及本校助教共五年	(1) 儿童心理卫生问题 (2) 教育心理学 甲	（一）心理系 （二）
		助教	郑大源	渭川	男		安徽歙县	本校教育学士	(1) 教育心理学 乙	（一）安徽歙县西乡竭田 （二）教习房

（续表）

院别	系科别	职别	姓名	别号	性别	年龄	籍贯	简明履历	担任课目	（一）永久 通信处 （二）现在
	心理系	助教	龙勋	叔修	男	二八	湖南	本校毕业	担任实验	（一） （二）教职员第五宿舍
		助教	曹飞	切干	男	二九	江苏松江	本校心理系毕业	担任实验	（一）松江西门外钱泾桥四牌楼十号 （二）
		助教	杨时雨		男	二九	安徽石埭	本校心理系毕业	担任实验	（一）本京成贤街九十八号 （二）心理学系
		助教	朱亚男	幼颜	女	二八	江苏宿迁	本校心理系毕业，中华教育文化基金研究助教	担任实验	（一） （二）成贤街九十八号
		助教	郭祖超		男	二六	江苏青浦	中央大学教学士	担任实验	（一） （二）本校心理系
		助教	孙蕙如		女	二六	江苏江宁	本校教育院毕业	担任实验	（一）女生宿舍 （二）本京磨盘街四十二号
教	教育系	专任教授兼系主任	常道直	导之	男	三九	江苏江宁	历任本校教授，系主任，省立安徽大学教务长及系主任，国立北平师范大学教授	(1) 教育行政 (2) 比较教育	（一）教育学系 （二）本京太平路红花地廿二号
		专任教授	张士一		男	五一	江苏吴县	美国哥伦比亚大学堂教员，交通部上海工专及南洋大学英文教员兼系主任，国立北平中华书局编辑员及英文编辑部长，南京高等师范，东南大学及本大学教授	(1) 教育英文 (2) 实用英语语音学 (3) 中学英语教学法	（一）苏州书院巷查家桥廿号 （二）南仓巷三号
		专任教授兼本校实验学校主任	许本震	格士	男	四一	安徽	德国耶纳大学哲学博士，历任安徽中等学校校长，安徽教育厅秘书科长等职	(1) 中国教育史 (2) 西洋教育史 (3) 中小学行政教学之观察及实习	（一）扬州石牌楼十五号 （二）本京梅园新村三十五号

（续表）

院别	系科别	职别	姓名	别号	性别	年龄	籍贯	简明履历	担任课目	通信处 (一)永久 (二)现在
教	教育系	专任教授	高君珊		女		福建长乐	前北平燕京大学教授	(1)教育通论 乙 (2)教育调查 (3)幼稚教育	(一)教育学系 (二)本京山西路颐和路十七号
		专任教授	赵廷为	铁生	男	三七	浙江嘉善	北平师范大学教育学士，曾任教育部常任编审，安徽大学教授等职	(1)教育通论 甲 (2)训育论 (3)中小学行政教学之观察及实习	(一)教育系 (二)本京将军巷三十八号
		注册主任兼任教授	熊文敏		男		江西新建	历任国立暨南大学及之江大学教授	(1)新兴教育	(一)本校注册组 (二)和平门外晓庄新村九号
		图书馆主任兼任教授	洪有丰	范五	男	四四	安徽	纽约州立大学图书馆学士，前国立东南大学图书部主任兼教授，中央政治学校图书馆主任，国立清华大学图书馆主任	(1)图书馆学	(一)本校图书馆 (二)本京相府宫六号
		兼任教授	赵迺传	述庭	男	四五	浙江杭州	美国哥伦比亚大学教员凭照，前北京师大教授兼教育硕士，教育部参事、出版部主任，教育部次长，立法院立法委员	(1)中学教育	(一)教育学系 (二)城北单牌楼七号
		助教	许澄远	镜涵	男	三三	江苏江宁	本校教育学士，教育系助教		(一)本京糯米巷十一号 (二)教职员第六宿舍
		助教	谢子清		男	二七	福建闽侯	国立中央大学教育学士		(一)福州仓前山宝树园 (二)教育系办公室（或教大宿舍）

· 482 ·

（续表）

院别	系科别	职别	姓名	别号	性别	年龄	籍贯	简明履历	担任课目	（一）永久 现任 （二）通信处
教	体育科	专任教授兼科主任	吴蕴瑞	麟若	男	四五	江苏江阴	东南大学体育科毕业，美国哥伦比亚师范学院教育硕士，曾任中央大学体育科主任三年，东北大学教授一年，师范大学教授二年	(1)应用解剖学 (2)体育建筑及设备 (3)术科	（一）体育科 （二）蓝家庄九华村五号
		专任教授	吴澂	仲欧	男	三九	江苏江阴	东南大学体育科毕业，德国国立体育大学毕业。曾任东南大学体育教员及中央大学体育教员	(1)运动裁判 (2)按摩术 (3)术科	（一）体育科 （二）成贤街五十二号
		专任教授	程登科	健蜀	男	三三	四川巴县	前东南大学体育科毕业，德国国立体育大学毕业	(1)体育行政 (2)体育问题 (3)术科	（一） （二）周必由巷一号
		专任教授	金兆均		男	三九	浙江诸暨	南京高师体育科毕业，美国爱吾大学及福旦福大学体育研究院研究生	(1)体育原理 (2)术科	（一） （二）教习房
		专任教授	高梓	仰乔	女	三三	安徽贵池	曾任北平国立女子大学体育系主任，东北大学及国立山东大学体育系教授	(1)女生术科	（一） （二）蓝家庄廿四号
		兼任教授	赵士法	仲则	男	三三	南京	金陵大学毕业，北平协和医学院卫生教育研究	(1)医学常识 (2)运动生理 (3)公共卫生	（一） （二）本京太平路磨盘街五号
		专任讲师	吴德懋		男	三四	福建莆田	东南大学体育科毕业，曾任福建私立集美学校体育主任	(1)术科	（一）福建莆田城内医院 （二）大石桥十四号
		专任讲师	袁宗泽	仲濂	男	三八	江苏无锡	本校体育科及教育系毕业，江苏省立公共体育场主任，历任本校及前附中教员	(1)童子军 (2)普通体育	（一）体育科 （二）单牌楼四号
		助教	蔡绍连	企迈	男	四三	江苏启东	国立南京高等师范第一届体育科毕业，曾任江苏六中、五中、一中各校体育主任，南京公共体育场指导员	(1)普通体育	（一）启东余口镇 （二）本校农学院

(续表)

院别	系科别	职别	姓名	别号	性别	年龄	籍贯	简明履历	担任课目	（一）永久 （二）现任 通信处
教	体育科	助教	王子鹤		男		江苏武进	曾任江苏省立二中体育主任,东南大学体育科助教	(1) 普通体育	（一） （二）体育科转
		助教	周名璋	君璞	男	三〇		国立中央大学体育科毕业,曾任浙江省立第七中学体育教员及镇江师范体育主任二年	(1) 普通体育	（一）浙江嘉兴南门口井六号 （二）单牌楼四号
		助教	沈瑞箴		女	二七	浙江吴兴	曾任河南省立女中及青岛市立女中体育教员	(1) 女生普通体育	（一） （二）女教职员宿舍五号
		助教	徐政	伯先	男	三一	浙江富阳	曾任浙江省立第十高级中学体育主任一年,浙江省立体育场编译部主任半年,上海私立浦东中学体育部主任二年	(1) 普通体育	（一） （二）文昌桥十二号
		助教	周鹤鸣		男	二四	江苏松江	本校体育科毕业	(1) 普通体育	（一） （二）本校体育科
		助教	于振声	世铎	男	五四	山东济南	民二山东第二师马良技术队队长,民三历任南商,东南至今本校国术教员	(1) 国术	（一） （二）双石鼓八号
		助教	马全标	云甫	男	五七	山东济南	曾任中央国术馆名誉教员,中央军官学校国术教官	(1) 国术	（一） （二）教职员第二宿舍
	艺术科	专任教授兼科主任	徐悲鸿		男	四二	江苏宜兴		(1) 素描油绘及习作 (2) 构图 (3) 临画	（一） （二）傅厚岗六号
		专任教授	唐学咏	伯嚚	男	三七	江西永新	法国里昂国立音乐院毕业,并受法国普乐士院作曲师学位	(1) 普通乐学一年级 (2) 同上二年级 (3) 和声学	（一）音乐组 （二）新住宅区北平路四十号
		专任教授	高仑	剑父	男	五〇	广东番禺	国立中山大学教授,两广高等工业学校教授,佛山市美术学院院长,广东美术会会长	(1) 素描及习作 (2) 中国画 (3) 中国美术史	（一）艺术科 （二）本校大悲巷培裕里三号

（续表）

院别	系科别	职别	姓名	别号	性别	年龄	籍贯	简明履历	担任课目	通信处 (一)永久 (二)现在
教	艺术科	专任教授	史脱拉士		男	二四	奥国	国立北平师范大学讲师，国立北平大学讲师，现任实业部秘书	(1) 音乐史 两班 (2) 合唱 (3) 大学歌咏团 (4) 乐器发达史 (5) 音乐美学 (6) 乐器学 (7) 指挥学和典□学 (8) 音乐教学法	(一) 本校音乐组转 (二) 大方巷四号
		兼任教授	乔曾劬	大壮	男	四四	四川华阳		(1) 书法 (2) 篆刻	(一) 实业部 (二) 本京国府路西箭道大里三号
		专任讲师	史勃曼夫人		女		德国	柏林达拉士登音乐学院毕业，曾历充当地唱歌教师	(1) 钢琴	(一) (二) 本京徐府巷十三号
		专任讲师	卫尔克夫人		女		德国		(1) 声乐	(一) (二) 五台山村永庆巷一号
		专任讲师	张世忠	书旗	男	三七	浙江浦江	上海美专高等师范科毕业，前浙江省立第七中学，第七师范，福建集美学校艺术科图画教员	(1) 素描及习作	(一) 浙江浦江岩头镇礼张村 (二) 和平门外晓庄新村七号
		专任讲师	陈之佛		男	四〇	浙江	日本国立东京美术学校毕业，曾任上海美术专科学校教员，广州市立美术专门学校图案科主任	(1) 透视学 (2) 西洋美术史 (3) 人体解剖学 (4) 图案画(一)(二)	(一) 余姚浒山东门 (二) 石婆婆巷廿二号
		专任讲师	马思聪		男	二五	广东海丰	巴黎国立音乐院毕业	(1) 提琴	(一) 上海法界吕班路巴黎新村十八号 (二) 教习房

（续表）

院别	系科别	职别	姓名	别号	性别	年龄	籍贯	简明履历	担任课目	通信处 (一)永久 (二)现在
教	艺术科	专任讲师	吕斯百		男	三二	江苏江阴	法国里昂国立美专毕业,巴黎国立高等美专毕业	(1)素描油绘及习作 (2)风景静物写生	(一) (二)教习房
		专任讲师	吴作人		男	二九	安徽	比京皇家美术学院第一奖,国立中央大学艺术科专任讲师	(1)素描油绘及习作	(一) (二)本京傅厚岗八号
		助教	顾钟梁	丁然	男	三二	江苏宜兴	本校毕业	(1)素描油绘及习作	(一) (二)教习房
		助教	陈挺生	卓庵	男	三六	江苏宜兴	国立南京高等师范毕业,国立东南大学文学士		(一)艺术科 (二)教习房
	卫生教育科	教授兼科主任	徐苏恩		男	三一	江苏常熟	北平协和医院毕业,美国哈佛大学公共卫生硕士,麻省理工大学及哥伦比亚大学师范学院研究	(1)健康教育 (2)健康教育研究	(一)卫生教育科 (二)西华门三条巷仁义里三号
		专任教授	陈美愉		女	三二	浙江绍兴	南京金陵女子文理学院A.B.,纽约伦比亚卫生教育M.A.,又纽约伦比亚女子营养系院M.S.L.,曾任金陵女子学院卫生教授六年	(1)儿童卫生 (2)健康教育实习 (3)健康教育研究	(一)绍兴福康医院 (二)本校女生宿舍
		兼任教授	许世瑾	诗芹	男	三四	浙江绍兴	美国江霍毕金斯卫生学硕士,卫生署实验处正	(1)社会卫生调查 (2)健康教育研究	(一) (二)本京桃园新村八号
		兼任教授	张维	楚珩	男	三九	湖南浏阳	长沙湘雅医学院毕业,有医学博士,美国哈佛大学公共卫生研究硕士学位,上海医学院教授,卫生署技正等职	(1)公共卫生	(一)卫生教育科 (二)本京卫生署
		兼任讲师	戴天右		男	三二	福建龙溪	北平燕京大学医预科毕业,上海国立上海医学院毕业,卫生署技士	(1)卫生宣传	(一)卫生教育科 (二)本京卫生署

(续表)

院别	系科别	职别	姓名	别号	性别	年龄	籍贯	简明履历	担任课目	通信处 (一)永久 (二)现在
教	卫生教育科	兼任讲师	查良钟		男	三一	浙江海宁	北平协和医学院毕业,曾任北平市卫生局第二科科长,现任全国经济委员会卫生实验处处技正,南京市卫生事务所楼分所主任	(1)公共卫生	(一)卫生教育科 (二)成贤街七十四号之一
		卫生室医师	杨枫	樾亭	男	三一	辽宁	辽宁医学院毕业,曾任汉口协和医院内科医师,现任卫生室医师		(一)卫生室 (二)丹凤街134号
		助教	赵琳	心宇	女	二六	江苏武进	曾任武进县女□附小级任教员三年	(1)军事看护训练	(一)卫生教育科 (二)本校女生宿舍
工	土木系	专任教授兼土木系主任	卢恩绪	孝侯	男	四〇	南京	北洋大学土木工学士,美国康乃尔大学土木工程硕士,曾任本校及北洋大学教授,清华大学土木科主任	(1)铁骨构造	(一)本京泰仓巷三十九号 (二)工学院院长室
		专任教授	张谟实	云青	男	四七	浙江鄞县	美国韦斯康辛大学土木兼电机工程硕士,前河海工科大学教授十年,浙江大学六年,本校二年	(1)应用力学(土、建、化) (2)应用力学(机电)	(一) (二)教职员第一宿舍
		专任教授	戴居正		男	三九	江苏海门	美国爱阿华农工大学工程师,曾任交通大学教授	(1)钢筋混凝土 (2)道路工学 (3)拱桥计画	(一) (二)北平路天竺路四号
		专任教授	陆志鸿	筱海	男	四〇	浙江嘉兴	日本东京帝国大学工学士,采矿工程师,前日本三池煤矿工程师,南京工业专门学校教授	(1)材料试验 (2)工程材料(土木) (3)工程材料(机电)	(一) (二)教习房
		专任教授	原素欣	素欣	男	三三	辽宁	察哈尔建设厅技正,焦作工学院教授	(1)水文学 (2)水力学 (3)渠工学 (4)灌溉工学	(一) (二)本京吉兆营吉兆里三号

(续表)

院别	系科别	职别	姓名	别号	性别	年龄	籍贯	简明履历	担任课目	通信处 (一)永久 (二)现在
工	土木系	专任教授	关富权	衡清	男	三三	浙江杭县	美国康乃尔大学土木工程师,土木工程硕士,前任东北大学教授,北宁铁路工程师	(1)都市给水 (2)水工计画 (3)水力试验	(一)宁海路鼓楼新村九号 (二)教习房
		专任教授	刘树勋	景异	男	三四	辽宁	美国康乃尔大学工程硕士,伊利诺大学研究员,东北大学及河北省立工学院教授	(1)高等结构原理 (2)结构学 (3)钢桥计画	(一) (二)本京大石桥新安里八号
		兼任教授	王景贤	季良	男	四四	河北天津	东北大学教授,锦县交通大学教授,导准委员会技正	(1)海港工学	(一)本京导准委员会 (二)西华门良友里四号
		专任讲师	张树森	挺三	男	三九	浙江平湖	河海工程大学毕业,福建泉州市政工程科长,福建兴泉永路工路总局工程顾问	(1)大地测量 (2)大地测量实习 (3)平面测量	(一) (二)大石桥四十八号
		专任讲师	白季眉		男	四〇	河北	北京新华大学铁路科毕业,曾任天津京科大学编纂员,南京河海水灾善后委员会编纂员,河海工路育员,水利测量学校助教等职	(1)测量学 (2)测量实习	(一)教习房 (二)本京大石桥宁兴里四号
		助教	黄鳯溪		男	三六	浙江嵊县	河海工程大学毕业,杨子建业公司院南水道商埠测量队员,南京江苏省建教育促进会干事,南京东南大学地理系助教	(1)平面测量实习 (2)图解力学	(一) (二)大石桥四十八号
		助教	姜国宝	善钦	男	二九	江苏阜宁	本校土木本科毕业,建设委员会技佐	(1)大地测量实习 (2)水力试验	(一) (二)教职员第七宿舍
		助教	薛鎔	天民	男	二八	江苏武进	本校土木系毕业	(1)测量实习 (2)材料试验	(一) (二)教习房
		助教	戴兖	健葊	男	二五	江苏江阴	国立中央大学工学士,曾任全国经济委员会公路处技正	(1)平面测量实习	(一) (二)教职员第七宿舍

（续表）

院别	系科别	职别	姓名	别号	性别	年龄	籍贯	简明履历	担任课目	（一）永久（二）现在 通信处
工	电机系	专任教授兼代系主任	陈章	俊时	男	三六	江苏吴县	南洋大学电机科学士，美国普渡大学电机科硕士，广州无线电台工程师，浙江大学、交通大学副教授	(1)电工基本原理 (2)直流电机试验 (3)交流电机试验	（一）（二）大悲巷鼎新里二号
		教授	许应期		男	三八	江苏江阴	哈佛大学硕士，交通大学、浙江大学、东北大学教授，上海无线电总台、杭州电台工程师	(1)无线电学	（一）（二）上海高昌庙建设委员会电机制造厂
		专任教授	杨叔艺		男	三六	江苏无锡	交通部南洋大学电机工程科学士，武进电话公司总工程师，美国芝加哥自动电话公司设计工程师，美国纽约省极姆斯城装置工程师	(1)电工学（机三） (2)电报学 (3)自动电话 (4)电话试验	（一）（二）教职员第一宿舍
		专任教授	王启贤		男	二九	浙江余姚	美国卡利基工科大学科学硕士	(1)微分方程乙 (2)直流电机 (3)电气信号 (4)无线电试验	（一）（二）蓝家庄九华村五号
		专任教授	吴大榕		男	二五	江苏吴县	上海交通大学毕业	(1)电工学（土木二） (2)交流电学 (3)电工试验	（一）（二）教职员第一宿舍
		兼任教授	杨简初		男	三六	江苏吴县	美国普度大学电机工程师，美国奇异电机公司练习工程师，军事交通技术学校电机无线电教官，中央陆军军官学校电信教官	(1)交流电机	（一）（二）平仓巷六号
		兼任教授	刘振清		男	四〇	江苏吴江	中央广播事业管理处总工程师兼技术科长	(1)工程演讲	（一）（二）本京江东门中央广播电台
		专任讲师	陈国康		男	二七	广东台山	美国华塞脱工业大学电机学士，美国西屋电机制造厂工程师	(1)电力厂 (2)电机计画	（一）（二）蓝家庄东九华村五号

（续表）

院别	系科别	职别	姓名	别号	性别	年龄	籍贯	简明履历	担任课目	通信处 (一)永久 (二)现在
工	电机系	助教	闵华		男	二五	江苏江宁	国立中央大学电机工程系毕业	(1) 无线电试验	(一) (二) 闵孝营十六号
		助教	胡鸣善		男	二二	江苏无锡	国立中央大学电机工程系毕业	(1) 交流电机试验 (2) 直流电机试验	(一) (二) 教职员第七宿舍
		助教	丘伟	德影	男	二五	广东梅县	本校电机系毕业，国立浙江大学助教	(1) 电话试验	(一) (二) 教职员第五宿舍
		助教	吴培孙		男	二八	南京	中央大学工学士	(1) 电工试验	(一) (二) 教职员第五宿舍
	机械系	专任教授兼主任	张可治	志拯	男	四一	安徽芜湖	美国陝省理工大学机械系硕士，浙江大学机械系主任，中央工业试验所机械处主任，实业部统技正，棉业统制委员会技术专员	(1) 内燃机 (2) 高等应用力学 (3) 工程德文 (4) 应用机械学	(一) 机械系 (二) 本京汉中路小铜银巷一号
		专任教授	杨家瑜	瑾叔	男	三四	江西	美国普度大学工学院机械工程系毕业，国立北平大学工学院机械工程系教授，国立北洋大学机械工程系教授，津浦路机械处浦镇机厂设计主任	(1) 机车工程 (2) 机械设计原理 (3) 机械设计绘图	(一) (二) 兰桥桃源新村十八号
		专任教授	陈大燮		男	三三	浙江海盐	国立浙江大学机械科毕业	(1) 热工学(机四) (2) 热工学(机三) (3) 热工学(电四)	(一) (二) 本京兰桥桃源新村二十六号
		专任教授	陆成文	挨重	男	三六	江苏海门	美国加省大学机械科毕业，奇异电厂工程师，历任中国铁工总经理，实业部中央机器厂顾问等职	(1) 热工学(电三) (2) 热工学(化工三) (3) 热工试验 (4) 汽轮机	(一) (二) 教习房

（续表）

院别	系科别	职别	姓名	别号	性别	年龄	籍贯	简明履历	担任课目	通信处 (一)永久 (二)现在
工	机械系	专任教授	李祥宇	以卜	男	四二	河北宁晋	湖南大学教授，河南省农工器械制造厂厂长，河南省长途汽车营业部主任	(1)热工学(机二) (2)机动学(机二) (3)机动学(电机、化工二)	(二)教习房
		专任讲师	骆锡璇		男	三九	浙江诸暨	本校前高工科毕业，前任本校助教及浙江公立工业专门学校教员	(1)机械画	(一) (二)焦状元巷四号
		助教	李如沅	绍先	男	二九	江西南昌	江西省立工业专门学校机械科专任教员，江西公路处机械工程师兼设计股主任	(1)经验计画 (2)金工	(一) (二)外交部对面新安旅社
		助教	何哲	步青	男	三七	江苏武进	南京工专毕业，曾任上海浦东电气公司主任技术员五年，本校工学院机械工程科助理五年	(1)锻工 (2)金工实习	(一) (二)教习房
		助教	曾璞		男	三三	湖南	南京工业专门学校毕业	(1)金工 (2)木工	(一) (二)成贤街六十七号
		助教	李浦庄		女	二六	江苏南通	本校机械科毕业	襄理阅卷	(一) (二)本校女生宿舍
		助教	薛邦迈		男	二七	江苏无锡	本校工学院机械系毕业，南京华南中学教员，南京首都女子初级中学教员，军政部学兵队教官	(1)热工学 (2)金工 (3)木工	(一) (二)大纱帽巷将军巷七号
	自动工程系	专任教授	罗荣安		男		广东	美国麻省理工机械工程学士，美国麻省理工航空工程硕士	(1)机构学 (2)飞机设计 (3)结构试验 (4)飞机平滑机	(一)自动系 (二)本京励志社宿舍
		专任教授	武荣林		男	二八	广东	美国麻省理工航空工程学士及硕士	(1)飞机试验及研究法 (2)飞机平滑机	(一) (二)板桥新村三十号

（续表）

院别	系科别	职别	姓名	别号	性别	年龄	籍贯	简明履历	担任课目	通信处 (一)永久 (二)现在
工	航空工程系	兼任教授	朱建勋	子猷	男	四六	福建莆田	美国密芝根大学造船及飞机工程学士、麻省理工大学飞机工程特别研究员、北平燕京大学文学士、北京大学、交通大学、北平大学工学院各校教授	(1)军用飞机及设备 (2)飞机平滑机	(一) (二)本京五台山村四号
工	航空工程系	专任讲师	郭力三	力三	男	四○	湖南酃县	航空署技士、北平工学院、北洋工学院教员、北平市政府工程师、中央军校荐任校上校教官、中央航空学校荐任技正、空军中校教官、兵工学校教授	(1)结构试验 (2)军用飞机及设备	(一) (二)本京中山东路五六六号
工	航空工程系	助教	萧连斗		男	三三	广东中山	美国芝加哥工程学院毕业、美国国立自动工程大学工学士、美国联合钢型公司、奇士顿钢铁公司实习、广州航空学校机械教官	襄理实习及阅卷	(一) (二)本京铁管巷端福里四号
工	航空工程系	助教	谢惠森		男	二八	广东南海	本校机械系毕业、上海水泥厂机工管理、曾任上海土敏土厂技佐、广州西村士敏土厂技佐	襄理实习及阅卷	(一) (二)教习房
工	航空工程系	助教	徐铨一	探百	男	二五	浙江嘉兴	国立中央大学工学士	襄助实习及阅卷	(一) (二)教职员第七宿舍
工	建筑系	专任教授兼系主任	虞炳烈	伟成	男	三七	江苏无锡	法国国授建筑师、巴黎大学都市建筑师、一九三一年最优等奖证、一九二六年工程建筑竞赛一等奖牌、法国国授建筑师协会会员、里昂市新医院建筑及巴黎经济住宅经记建筑副建筑师	(1)建筑图案 (2)内部装饰	(一) (二)山西路傅佐园九号
工	建筑系	专任教授	刘福泰		男	四三	广东宝安	美国阿里根省立大学建筑科硕士、上海彦记建筑事务所建筑师	(1)建筑图案 (2)建筑组织	(一)建筑系 (二)石板桥新村廿七号

（续表）

院别	系科别	职别	姓名	别号	性别	年龄	籍贯	简明履历	担任课目	（一）永久 （二）现在 通信处
工	建筑系	专任教授	李祖鸿	毅士	男	五一	湖北蒲圻	英国格兰斯哥美专校毕业，英国格兰斯哥大学理学士，北京大学、北京美专教授，北京高师、女高师，法专等学校讲师，上海美术专校教务长	(1) 建筑表扬术 (2) 水彩画 (3) 美术史 (4) 人体模型素描 (5) 建筑饰物	（一） （二）丹凤街一三四号
		专任教授	鲍鼎	祝遐	男	三八	广东香山	美国伊利诺大学工学士	(1) 建筑史、三年级 (2) 房屋建筑 (3) 营造法 (4) 中国建筑史	（一） （二）教职员第一宿舍
		专任教授	谭垣		男	三二	江苏吴县	美国本薛维尼亚大学硕士	(1) 建筑图案 (2) 建筑初则及建筑画	（一） （二）本校建筑系收转
		兼任教授	陈裕华		男	二八	浙江绍兴	金陵大学文理师，美国伊利诺大学建筑科工程师，美国康乃尔大学土木工程硕士	(1) 施工 (2) 房屋给水及排水	（一） （二）莫愁路陈明记营造厂
		助教	张镛森	志刚	男	三〇	浙江黄岩	本校建筑科毕业	(1) 阴影法 (2) 建筑图案	（一） （二）晒布厂廿二号
		助教	孙青羊		男	二六		新华艺术大学毕业，国立艺术院研究生	(1) 建筑表扬术 (2) 水彩画 (3) 建筑初则及建筑画 (4) 人体模型素描	（一） （二）本京尖营甘五号
		助教	王茉忱		男			曾实习上海李锦沛建筑事务所，并服务南京新中建筑公司，孝康建筑事务所	(1) 建筑图案	（一） （二）晒布扬廿二号

(续表)

院别	系科别	职别	姓名	别号	性别	年龄	籍贯	简明履历	担任课目	通信处 (一) 永久 (二) 现在
工	化工系	专任教授兼系主任	杜长明	镜如	男	三三	四川蒲江	美国麻省理工大学理学博士,美国麻省理工大学研究员	(1) 化学工程原理丑 (2) 化学概论 (3) 专题研究 (4) 燃料及滑油	(一) (二) 本京单牌楼四号
		专任教授	孟心如		男	三四	江苏武进	德国柏林大学哲学博士,浙江大学工学院化工系教授,暨南大学理学院化学系主任	(1) 工业化学子 (2) 科学德文 (3) 染色工业 (4) 专题研究	(一) (二) 宁海路鼓楼新村十五号
		专任教授	宋烦章		男	二九	广东	美国麻省理工大学化学工程硕士,密西根大学化学工程博士	(1) 工业化学计算子 (2) 化工机械实验 (3) 工业化学实验 (4) 专题研究 (5) 燃料及滑油	(一) (二) 本校化学工程系
		兼任教授	朱宝钧	伯高	男	三九	广东潮阳	法国理科硕士、制纸工程师	(1) 制纸工业	(一) (二) 双龙巷十二号之一
		兼任教授	黄致诚		男	三二	江苏宜兴	法国工程师博士	(1) 炸药化学	(一) (二) 文昌桥晒布厂四号
		兼任教授	郭兴	心涵	男	四〇	湖南石门	法国里昂大学工程师,比国鲁凡大学硕士	(1) 制革工业	(一) (二) 碑亭巷一七号
		助教	王祖	德滋	男	三〇	江苏萧县	中央大学工学士,曾任上海阜丰麦粉研究员	(1) 炸药化学实验 (2) 工业化学实验	(一) (二) 教职员第七宿舍
		助教	韦祖泽		男	二九	湖南长沙	国立中央大学化学工程学士	(1) 染色工业实验	(一) (二) 大悲巷培裕里十号

(续表)

院别	系科别	职别	姓名	别号	性别	年龄	籍贯	简明履历	担任课目	通信处 (一)永久 (二)现任
工	化工系	助教	潘福堂		男	二五	浙江嘉兴	中央大学化学工程系学士	(1)制纸及制革实验	(一) (二)教职员第五宿舍
		助教	高嵩		男	二五	江苏靖江	国立中央大学化学工程系毕业,上海天利淡气厂技师	(1)化工机械实验	(一) (二)本校化工系转
农	农艺系	专任教授兼院长	邹树文		男	五三	江苏吴县	前京师大学堂师范科举人,伊利诺爱科学士,美国康乃尔大,东大,北京农专校长,浙江省昆虫局长,江苏省农民银行设计部主任,皖赣农赈处主任		(一)苏州乘马皮巷新洋房 (二)农学院
		专任教授兼系主任	孙醒东		男	四○	江苏江宁	普渡大学农学研究员,得两个奖金,意利诺大学作物育种硕士,威士康辛大学作物育种博士,任河北省立农学院农学系教授兼主任	(1)农场实习 (2)作物育种 (3)农艺讨论 (4)农艺问题研究	(一)本京止马营三十三号 (二)农学院
		专任教授	周承钥		男	三一	江苏宜兴	美国康乃尔农学士,博士	(1)生物统计方法 (2)农艺讨论 (3)农艺问题研究 (4)作物特别问题	(一)上海吕班路大陆坊三号 (二)农学院
		专任教授	金善宝		男	四一	浙江诸暨	国立东南大学农学士,美国康乃尔大学农学硕士,密利苏达大学农学研究员,国立浙江大学农学院副教授	(1)作物学(一) (2)普通作物学 (3)农艺讨论 (4)农艺问题研究	(一)浙江诸暨枫桥恒和米号转 (二)农学院
		专任教授	邹钟琳		男	四○	江苏无锡	美国明理苏达大学科学硕士,苏州农校教员,江苏昆虫局技师,曾任南京科长,江苏省实业厅技正	(1)昆虫形态学 (2)农艺讨论 (3)农艺问题研究	(一)江苏无锡后宅 (二)农学院

（续表）

院别	系科别	职别	姓名	别号	性别	年龄	籍贯	简明履历	担任课目	通信处（一）永久（二）现在
农	农艺系	兼任教授	周拾禄	任中	男	三九	浙江义乌	日本东京帝国大学研究	(1) 农场管理学 (2) 农艺讨论 (3) 农艺问题研究 (4) 研究论文	（一）浙江义乌佛堂镇 （二）孝陵卫全国稻麦改进所
		兼任教授	赵连芳	兰屏	男	三八	河南罗山	北平清华大学毕业，美国爱阿哇农科大学农学学士，美国威斯康辛大学理学硕士、遗传学博士，金陵大学副教授，广西农务局农艺部主任兼技师	(1) 农业问题研究	（一）河南罗山县子路河邮局转赵家岗 （二）农学院
		兼任教授	冯泽芳	馥堂	男	三七	浙江义乌	美国康乃尔大学硕士、博士，农业实验所技正	(1) 农艺问题研究	（一）浙江义乌赤岸镇 （二）孝陵卫中央棉产改进所
		专任讲师	石桦	坚白	男	三九	江苏上海	国立中央大学农学士，日本东京帝国大学农学院研究员	(1) 农场管理学 (2) 农业合作学	（一）上海王满润衖二十八号 （二）农学院
		助教	黄其林	莘存	男	三一	江苏江宁	国立中央大学农学士，曾任江苏省昆虫局技师	(1) 昆虫分类学	（一）本京车儿巷三号 （二）农学院
		助教	欧世璜		男	三三	浙江象山	国立中央大学农学士	(1) 普通植物病理学	（一）浙江象山檣头 （二）中央研究院动植物研究所
		助教	徐冠仁		男	二四	江苏南通	国立中央大学农学士	担任实习	（一）南通严家巷五号 （二）农学院
		助教	俞启葆		男	二六	江苏昆山	国立中央大学农学士	担任实习	（一）昆山西街 （二）农学院

(续表)

院别	系科别	职别	姓名	别号	性别	年龄	籍贯	简明履历	担任课目	通信处 (一)永久 (二)现在
农	农艺系	助教	蔡旭		男	二六	江苏武进	国立中央大学农学士	担任实习	(一)常州三育里 (二)农学院
		助教	李源柱	劲夫	男	三四	湖南衡山	国立中央大学农学士	担任实习	(一)湖南衡山白果李凤溪祖祠转小平泉 (二)农学院
		助教	王元乾	健北	男	二五	江苏泰县	国立中央大学农学士	担任实习	(一)泰县胡家集王家楼 (二)农学院
		助教	吴麟禧		男	二六	江苏阜宁	国立中央大学农学士	担任实习	(一)阜宁东坎 (二)农学院
		助教	俞履圻		男	二五	浙江平湖	国立中央大学农学士	担任实习	(一)浙江平湖林家埭 (二)农学院
		助教	郑建楠		男	二七	江苏盐城	国立中央大学农学士	担任实习	(一)秦州湖垛梁垛 (二)农学院
		助教	周泰初	汗生	男	二七	江苏淮阴	国立中央大学农学士	担任实习	(一)淮阴南门大街 (二)农学院
	森林系	专任教授兼系主任	李寅恭	鳃丞	男		安徽合肥	英国亚伯汀大学农林系毕业,剑桥大学农学院技师,安徽第一甲种农校林科主任,芜湖二农校长《实业》《安徽》杂志编辑所长	(1)森林立地学 (2)森林保护学 (3)森林问题研究	(一)安庆道署衙二号 (二)农学院
		专任教授	张福延	海秋	男	四一	云南剑川	日本东京农科大学林科毕业,江苏省立第一农校教员,北京农专教授,江西省立林科主任兼教员,江西政务委员会建设讨论专员	(1)森林计算学 (2)造林学 (3)森林问题研究	(一)云南剑川县西门内张宅 (二)农学院

(续表)

院别	系科别	职别	姓名	别号	性别	年龄	籍贯	简明履历	担任课目	通信处 (一)永久 (二)现在
农	森林系	专任教授	梁希	叔五	男	五二	浙江吴兴	日本东京农科大学林学士,德国萨克逊林科大学研究森林化学,前北京农业大学林科主任,浙江大学农学院森林系主任	(1)木材性质及利用 (2)林产制造学 (3)森林问题研究	(一)南京鼓楼双龙巷中华农学会 (二)农学院
农	森林系	兼任教授	裴鉴	季衡	男	三五	四川成都	美国加省师日佛大学植物学博士,中国科学社生物研究所研究员,中央研究院动植物研究所专门研究员	(1)树木学	(一) (二)中国科学社生物研究所
农	森林系	助教	苏甲薰		男	三一	广西藤县	国立中央大学农学士	担任实习	(一)广西藤县苏敦素堂 (二)农学院
农	森林系	助教	姚开元	子乾	男	二七	江苏溧阳	国立中央大学农学士,江西省第八行政督察专员公署技士,江苏省林业试验场技佐	担任实习	(一)溧阳古读里 (二)农学院
农	森林系	助教	杨衔晋		男	二三	浙江嘉兴	国立中央大学农学士	担任实习	(一)浙江嘉兴椿树弄二号 (二)农学院
农	森林系	助教	王相骥	骐友	男	三〇	浙江仙居	浙江大学农学士,曾任浙大森林系助教及技术员	担任实习	(一)浙江仙居城内学校 (二)农学院
农	森林系	助教	陶永明		男	二三	浙江嘉兴	国立中央大学农学士	担任实习	(一)嘉兴忆邢帮十六号 (二)农学院
农	园艺系	专任教授兼系主任	毛宗良		男	四〇	浙江黄岩	东南大学农学士,法国巴黎农学院肄业,法国凡尔赛园艺专门学校毕业,曾任上海劳动大学及浙江大学农学院副教授	(1)庭园学	(一)浙江黄岩毛家巷 (二)农学院
农	园艺系	专任教授	周土礼		男	三六	江苏上海	法国耶鲁大学农学士,法国巴黎大学科学博士	(1)露地花卉学	(一) (二)

（续表）

院别	系科别	职别	姓名	别号	性别	年龄	籍贯	简明履历	担任课目	（一）永久 （二）现任 通信处
农	园艺系	专任教授	曾勉	勉之	男		浙江瑞安	东南大学农学士，法国蒙德利大学科学博士	（1）普通园艺学 （2）果树园艺学	（一）浙江瑞安异明里 （二）农学院
		专任兼蚕桑教授	蒋师琦		男	三四	江苏涟水	日本鹿儿岛高等农林学校养蚕科毕业，曾任江苏省立第二农校教员，浙江省立高级蚕桑科职业学校教员，教务主任，浙江大学院蚕桑科教员，西湖蚕种制造场总技师兼种部主任，湖南高级农校蚕科主任等职	（1）蚕桑学	（一）清江浦石桥头仁源庄转恰春堂 （二）农学院
		助教	管永贞		女	三○	江苏如皋	国立中央大学农学士	担任实习	（一）南通马塘 （二）农学院
		助教	熊同和	彤龢	男	三○	安徽凤阳	国立中央大学农学士	担任实习	（一）凤阳城内府西街 （二）农学院
		助教	任韵诚		女	二六	湖南湘阴	国立中央大学农学士	担任实习	（一）长沙上营盘街十三号 （二）农学院
		助教	钱立宪		男	三一	江苏吴县	国立中央大学农学士	担任实习	（一）苏州装驾桥巷十四号 （二）农学院
		助教	郑文林		男	三六	江苏淮阴	国立中央大学农学士	担任实习	（一）淮阴五里庄 （二）农学院
	畜牧兽医系	专任教授兼系主任	陈之长	本仁	男	三六	四川简阳	美国爱屋塞瓦塔大学兽医学博士，明列宗塔大学农科合作学校毕业，曾任国民革命军第二集团军上校兽医，广西建设厅农务局畜牧兽医部主任	（1）家畜解剖学	（一）成都黄瓦街三十七号 （二）农学院
		专任教授兼本系畜牧兽医专修科主任	汪息章	启思	男	四三	江苏吴县	美国伊利诺大学农科学士，畜牧硕士，曾任国立东南大学农科畜牧系主任兼教授	（1）家畜鉴别学 （2）家畜育种学 （3）牧场劳作（专）	（一）苏州十全街三四号 （二）农学院

(续表)

院别	系科别	职别	姓名	别号	性别	年龄	籍贯	简明履历	担任课目	通信处 (一)永久 (二)现任
农	畜牧兽医科	专任教授	罗清生		男	三六	广东	美国 Kansas State Collage 兽医学士, D.V.M., 曾任中山大学农学院教授,中大农学院教授,广东建设厅技正	(1) 家畜诊断学 (2) 药物学 (3) 家畜诊断学(专) (4) 药物学(专)	(一)苏州葑门望星桥十六号王宅转 (二)农学院
		专任教授	林世泽		男	三〇	福建	美国爱屋瓦省立农工大学硕士,前东北大学,河南大学教授	(1) 养鸡学 (2) 家禽学(专)	(一)上海小西门大奥街锡昌里廿六号 (二)农学院
		专任教授	徐振英		男	三〇	山东济南	清华学校毕业,美国威士康辛大学畜牧硕士,河北省保定河北省立农学院畜牧教授,河南大学农学院畜牧系主任	(1) 养猪学	(一)济南小口四路廿七号 (二)农学院
		专任教授	吴文安	文安	男	四一	广东中山	金陵大学农学士,法国里昂兽医毕业,法国热带兽医院研究生,前卫生部畜牧兽医学校长,中山大学农学院讲师,广东陆军兽医学校上校教官	(1) 解剖生理(专) (2) 传染病及防疫学(兽)	(一)上海盐务督核所吴志为转 (二)农学院
		专任讲师	王宗祐	守训	男	四〇	浙江上虞	国立东南大学农学士,曾任东南大学助教及牧场技术员	(1) 家畜鉴别学(专) (2) 普通疾病学(兽)	(一)浙江上虞松镇王秦来木行 (二)农学院
		助教	彭文和		男		湖南长沙	南通学院农科毕业	担任实习	(一)长沙中山西路民范女校周方转 (二)农学院
		助教	熊德邻		男		江苏阜宁	国立中央大学农学士	担任实习	(一)阜宁喻口 (二)农学院
		助教	梁达新		男	二七	广东南海	国立中央大学农学士	担任实习	(一)南京成贤街文昌桥十五号裴宅转 (二)农学院

(续表)

院别	系科别	职别	姓名	别号	性别	年龄	籍贯	简明履历	担任课目	(一)永久 (二)现在 通信处
农	农业化学系	专任教授兼系主任兼教务组主任	陈方济	禹成	男		浙江海宁	日本鹿儿岛高等农校农艺化学科毕业,农学得业士,曾任同校研究员二年,江苏安徽农事试验场教务主任及教员,浙江地方农事试验场农艺化学科主任,中华农学会研究所研究员,金大教员,浙江农业改良场场长,农矿部设计委员等职	(1) 肥料学 (2) 土壤化学 (3) 农业化学讨论 (4) 农业化学问题研究	(一)沪杭路硖石部家巷三号 (二)农学院
		兼任教授	张宗汉		男	二九	浙江嵊县	美国芝加哥大学博士,上海医科大学教授,中国科学社生物研究所研究员	(1) 生物化学总论 (2) 生物化学特论 (3) 农业化学讨论 (4) 农业化学问题研究	(一)嵊县蓬蓬堂转沙地村 (二)中国科学社
		专任教授	沈学源		男	三〇	浙江杭县	日本九州帝国大学毕业,大学院研究,曾任日本帝大大学院助教,江西农业院农业化学组技师,军政部粮秣厂技正	(1) 农产制造学(上) (2) 农产制造学(下) (3) 农业化学讨论 (4) 农业化学问题研究	(一)杭州下池塘三十四号 (二)农学院
		兼任讲师	金培松	寅民	男	三〇	浙江	国立劳动大学农学士	(1) 农业微生物学	(一)浙江东阳后岑山 (二)本京下浮桥工业试验所
		助教	许荣圻		女	二四	江苏无锡	国立中央大学农学士	担任实习	(一)无锡中市桥 (二)农学院
		助教	樊正藻		男	二四	浙江镇海	国立中央大学农学士	担任实习	(一)浙江镇海本简前 (二)农学院
		助教	李珏清		男	二四	江苏盐城	国立中央大学农学士	担任实习	(一)盐城冈门裔家大场 (二)农学院
		助教	吴春生	尧信	男	二五	上海	国立中央大学农学士	担任实习	(一)上海环龙路五一号 (二)农学院

(续表)

院别	系科别	职别	姓名	别号	性别	年龄	籍贯	简明履历	担任课目	通信处 (一)永久 (二)现在
医		教授兼院长	戚寿南	东海	男	四四	浙江宁波	金陵大学文学士,美国霍京大学医学博士,曾任北平协和医学院内科教授,南京中央医院内科主任		(一)医学院 (二)傅厚岗八号
		专任教授	蔡翘	卓夫	男	四〇	广东揭阳	美国印的安那大学科学士,芝加哥大学哲学博士,曾任复旦大学生理学教授兼生物学科主任,国立上海医学院生理学主任,雷氏德医学研究院研究员	(1)生理学	(一) (二)医学院
		专任教授	张查理		男	四二	山东蓬莱	辽宁医学院毕业,北平协和医学院,南京中央研究院,英国尼丁堡,利物浦大学研究院人类学,外科学,外科解剖学兼解剖学教授,军事委员会军医署军医训练班教授,军医署军医学校外科教育长	(1)大体结构学 (2)战时救护训练	(一)医学院 (二)大石桥宁安里十七号
		专任教授	郑集	礼宾	男	三三	四川	美国均爱均大学生理化学博士,美国印的安那大学生理化学系助教,德国那鲁大学生理化学系研究员,曾任中国科学社生理化学研究室教授兼主任	(1)生化学	(一)四川南溪中正街 (二)本京单牌楼四号
		专任教授	程玉麐		男	三一	江苏吴县	北平协和医学科博士,曾任北平协和医学院脑系科主任及助教,德国博精神病疗养院研究员,美国波斯顿精神疗养院医士,北平协和医学院脑系科副教授	(1)神经系结构学	(一)医学院 (二)本京中央医院
		专任讲师	郭绍周	廉泉	男	三四	福建海澄	澳洲墨尔本大学农学士,香港大学内外科医学士	(1)内科学	(一)医学院 (二)成贤街长康里
		助教	吴襄	成之	男	二六	浙江温州	中央大学心理学系毕业,曾在中国科学社生理学研究所专研生理学	担任实验	(一)温州平阳线库 (二)成贤街文昌桥十五号

（续表）

院别	系科别	职别	姓名	别号	性别	年龄	籍贯	简明履历	担任课目	通信处 （一）永久 （二）现任
牙医专科学校		专任教授兼科主任	黄子濂		男	三九	广东台山	美国尼苏达大学牙医学院毕业，授牙医学博士，英美国立牙医学会会员，曾任北平协和医科大学牙医专科教授	(1) 牙体学	（一）牙医专校 （二）本京石板桥板桥新村四十二号
		专任教授	郭乃全		男	三五	广东中山	美国华盛顿大学齿科医学博士，曾任美国圣路易市班氏医院口腔病院医生	(1) 牙体学 (2) 口腔外科手术学 (3) 牙体绘图 (4) 牙科手术学	（一）牙科专校 （二）本京西简道滋大里十三号
		专任讲师	盘国恩	耀汉	男	二九	广东台山	牧拿大都朗度大学牙科博士	(1) 牙科手术学 (2) 牙体绘图	（一）牙医专校 （二）本京励志社三七号
		专任讲师	林飞卿		女	三二	浙江镇海	北平燕京大学理学士，北平协和医科博士，北平协和医校细菌科助教	(1) 细菌学	（一）牙医专校 （二）本京石板桥板桥新村二十六号
		专任讲师	席应忠	正之	男	三〇	四川安县	四川华西大学牙科毕业，历任华西大学医院牙科医师	(1) 牙体学 (2) 牙体绘图	（一）牙医专校 （二）中山东路四条巷良友里甘六号
		专任讲师	李佩琳		男	三五	辽宁海城	奉天省辽宁医学院医学士，曾任北平协和医学院研究病理二年，充助教一年，辽宁医学院讲师二年，湘雅医学院副教授三年	(1) 病理学	（一）牙医专校 （二）西华门四条巷南园九号
		专任讲师	黄端芳		女	三二	四川资中	四川成都华西医学院毕业	(1) 牙体学 (2) 牙体绘图	（一）牙医专校 （二）单牌楼来复会堂
		助教	陆振山		男	二七	辽宁沈阳	辽宁医学院毕业，曾任辽宁医学院解剖学助教	担任实验	（一）医学院 （二）丹凤街一百三十四号

（续表）

院别	系科别	职别	姓名	别号	性别	年龄	籍贯	简明履历	担任课目	通信处 （一）永久 （二）现在
	牙医专科学校	助教	龚少青		男	三六	辽宁盖平	辽宁文会书院理科毕业,曾任辽宁医学院解剖学助教	担任实验	（一）医学 （二）本京卫巷八号
		助教	顾景宣		女	三〇	江苏吴江	中央大学化学系毕业,曾任中央大学农学院,化学系助教	担任实验	（一）吴江八坼 （二）本校第六宿舍
军事教育科		军事教官主任	何纪常		男	三〇	贵州龙里	曾任排连长,区队长,大队长,教官主任,教育专任委员等职	军训	（一） （二）本校军教科
		军事教官	毛振鹏	伯潘	男	三一	湖南	曾任排连长,参谋等职	军训	（一）湖南岳州南正街毛华盛转 （二）军事教育科
		军事教官	陈荫湘	灵川	男	三一	福建	曾任排连长,营附,营长等职	军训	（一）福建南门外阳岐乡 （二）军事教育科
		军事教官	李炳昌		男	二八	云南	历充少中上尉,少校及上海中国公学大学部军事教官,金陵大学农业专修科军事教官等职	军训	（一） （二）本京上海路一七六号

中央大学档案

三、教职员待遇

全校教员茶话会纪盛（1927年10月19日）

十月十九日午后三时,张校长为招待全校教员,特在科学馆三层楼开茶话会。计到教员一百余人,济济一堂,极一时之盛。为便于彼此认识起见,个人均自书姓名,悬置胸前。首由张校致词,略谓:"本校成立伊始,未及与诸先生一一接谈,今幸诸事就绪,故邀请各位到会,藉伸倾慕。从前教育厅时代,所与处者多属行的一方面人,今日所集者,则咸属于知的一方面者。且名宿硕学,共萃一堂,乃燕实不胜荣幸。本大学规模甚大,条理万端,举创之始,自不能一切完备,尚希诸先生本其所学,群策群力,发挥光大,为首都学府造成全国模范,深所期盼!今日所备茶点甚菲,请略尝期于尽欢,不必多拘形迹"云云。

继由萧秘书叔䌹报告:"将于本星期五日开教授会成立大会。惟教授会章程,尚未起草,应请各教授会趁今日集会之便,推出起草委员五人,速将教授会章程草案拟定,以便于星期五日通过。又,校务会主持全校行政立法诸事务,责权綦重,亟应成立。照本大学组织大纲,校务会内除当然会员外,应由各院依正副教授、讲师人数之比例,选出代表。其比例方式,由校长酌定云云。兹由校长酌定,各院在专任教授、讲师中选出一人。其专任教授、讲师在十五人以上,得加选一人,在廿五人以上者,得再加选一人,均由各院学院会中推举。此外,在教授大会中不分院推选十人。前项分院推举之教授代表,均请于星期五日前选出。"当由会中推定竺可桢、张士一、张景钺、高君珊、张天才五人为教授会章程起草委员。

适大学院杨杏佛先生带领英人怀德爵士到校参观,乃由张校长介绍怀德爵士演说,略谓:"今日得见国民政府之最大学府,并与一群最高学识之学者聚首,实深荣幸!且益觉中国国民革命事业之正大。欧洲人士对于中国之革命,多不甚了解,鄙人极以为此乃中国国民应有要求,敬当竭力以谋英国与国民政府之合作。此来亦即为此目的。尚希在座诸先生,力为辅助,以增进中英之了解而巩固两国之邦交。不胜厚望。"张校长起致答辞,怀德等遂去。诸教授当有种种余兴,诙谐并出,尽欢方散。

《第四中山大学教育行政周刊》1927年第15期

酌量增减钟点办法三条(1927年11月24日)

敬启者:本大学为提倡学术与办事平均待遇起见,拟请各院长概兼教课。专任教员及系主任或科主任原任教课钟点,遇必要时得酌量增减。兹列办法三条,定于下学期起实行。先此附及,统希察洽。

(一)各院院长概须兼任教课,其钟点数由校长、高等教育部长视院务之繁简酌定之,但不得少于每周三小时。若有特别需要,得加授教课,由校长、高等教育部长照钟点数酌加薪俸,但所加授之钟点数不得逾每周四小时。

(二)专任教员教课钟点,遇有必要时,得由院长及系主任或科主任商承校长、高等教育部长照原定规则酌量减少,但不得少于每周九小时。

(三)系主任或科主任待遇与专任教员同,其教课钟点以每周八小时至十一小时为标准,得由院长视系或科事务之繁简,商承校长、高等教育部长酌定之。

张乃燕附志
十六年十一月二十四日
中央大学档案

张乃燕为楼光来兼课事致黄膺白函(1928年2月27日)

膺白部长先生政阁:

昨由家妹传命,知大部欲延揽楼先生光来充任秘书,足征纡(纡)尊罗致、为事择人,至深钦佩。惟查楼先生现在敝校担任教课,且兼代文学院院长,职务繁重,甚鲜暇晷。第重以台命,刻与楼先生磋商,已得同意。但每日到部办事,约至多以两小时为限。附奉此间教职员服务规程一纸,尚希察酌办理。幸甚。专肃,祗颂

勋祉

附教职员服务规程一纸

张乃燕谨启
二月廿七日
中央大学档案

胡竹铭致张乃燕函请补发欠薪(1928年8月12日)

君谋校长大鉴：

　　月余不见，殊劳怀想。乃者铭以困于京尘，曾应中山先生葬事筹备处之招，为测量中山陵园全图，每日居深山之中。□草长林，邱墟鹿豕，作息尚自得。而一月以来，测经钟山全部五分之四，得平面图二千余万平方公尺，私心差堪自慰。刻闻大学前学期之事业已结束，而下学期之教职员亦已聘定，足为大学前途庆。而铭之七月份薪金尚付缺如，未知何故。在铭个人，固不在乎此，而大学办事未免稍有缺憾，故不安于默。盖自本年一月一日起至七月底止，校中聘铭为出版部主任者，系先生署名盖章。六月八日，校中调任铭为文书组员，照原有月薪加十元者，亦先生署名盖章。十二日晨，先生乘汽车来寓枉顾，铭提出辞职，而先生又面允给假。事实俱存，言犹在耳，此铭之大惑不解者。计铭入校组织出版部以来，任劳任怨，自以为无负于校。适值党费及校名风潮起，学生中议论纷纭，恣意笑骂。铭本隐恶扬善之义，暨家丑不出外扬之旨，未免得罪于少数学生。于是彼辈假公济私，致学校有调任之举。在学校之苦衷，铭所深谅，而办事之缺憾，须有待于探询。或者左右公务匆忙，未暇检欤？特尘清听，立候复音（通信处：成贤街文德里二号）。此请

公安

后学胡竹铭谨上
八月十二日
中央大学档案

艾伟致高等教育处处长函(1928年8月25日)

　　迳启者：教育学院教育学系师资科助理汤君鸿蕭自去冬本校接受中华教育文化基金董事会所赠讲座后，即调至教育心理讲座充统计助理员。十一个月以来，其月薪均由董事会补助费项下拨付。至教育学院教育学系师资科助理一席，则由前东南大学助理郑君大源担任。郑君去岁服务于南京特别市教育局，至夏间七月始与该局脱离关系。自今年八月起回任教育学院助理事，其月薪定为通用银币捌拾元。郑君在教育局时每月薪金一百元。此次回校，每月止得八十元，实已减少。汤

君鸿翥去年月薪本为七十元,惟汤君年来办事成绩甚优,当兹米珠薪桂之时,似宜酌加,以酬其劳。请即改为八十元,俾与郑君受同等待遇。以上情形,除另函教育学院外,相应函述,并请酌核办理,不胜翘企之至。此颂
高等教育处执事先生大安

教育心理讲座艾伟
八月二十五日
中央大学档案

张乃燕致孟宪承函(1929年6月22日)

宪承先生大鉴:

高践四先生坚辞民众教育院院长及劳农教学院院长,不获挽留。顷由俞庆棠处长面告,承先生慨允继任,使该两院院务得以维持,热诚襄赞,感何可言。兹请先生于七月份在民众教育院支公费一百元,月薪照旧在本部支领。自本年八月起至十九年七月底止,在民众教育院月支院长薪三百元,在本部月支兼任本校副教授薪一百元。其往返宁锡川资,请在民众教育院照支可也。敬此奉达,即请台照,并颂
公安

张乃燕敬启
十八年六月二十二日
中央大学档案

方光圻为加薪事致学校函(1929年7月22日)

艾舲前辈先生道鉴:

日昨离京,返校得中大本部寄来聘书,展阅之余,殊觉令人难受。二十元虽属微数,然理学院各系主任咸有增加,惟圻独□。忆自张少涵兄长高等教育处兼物理系主任,圻实主持系务。继张去,圻实授并同时教三门课程,纯粹以牺牲精神为校中服务,原不期有所优待也。但此次结果,厚彼薄此,是直蔑视圻一人。圻为中大物理系计,应引咎辞退。兹将聘书、应聘书退还尊处,所有下月招考事宜,圻概不负责。特此奉闻,顺颂
暑安

后学方光圻谨上

七月廿二日

志骞先生处恕不另笺。

中央大学档案

农学院助教会请求改善助教待遇(1929年11月1日)

君谋校长钧鉴：

吾校两年以来，由我校长惨淡经营，始成为国内较完善之最高学府，故于一切设施靡不谋整个之发展，以期与欧美各著名大学比驾而齐驱。同人等供职母校，亦莫不抱此宏愿，努力学术之研究，以求内部之充实。但迩来渐觉生活之不安全、待遇之不平等，实影响同人等学业匪浅，而于学校前途尤为切要。因是不得不将症结所在，一一缕陈，以求吾校长之采取而补救之。

一、增加农学院预算。本年度农学院预算虽略增加，然因时代社会之需要，科目不得不增加。科目加多，则事业扩大，费用浩繁。杯水车薪，尚无济于事。应请我校长俯察农院地位之重要，于预算一项予以增加。

二、改助理一律为助教。查教部明令，规定各大学本无助理之名目。吾校因沿旧例，尚存未改。现劳农班或专修班毕业生服务农院者充助理，而同人等亦称助理，且与同人等同资格、同职守，而服务他院者均系助教。即吾院之助教所担任工作与助理亦莫有差异，而乃歧轻歧重，名目两殊，深不可解。应请即时予以更正，以归划一。

三、改善待遇。吾院待遇比他院特为低落。以现在首都之生活而论，其程度日见增高，区区薪额实难维持现象。且教部规定助教最低薪款数在百元，吾校经费既经增加，而各部薪额亦同增高，而农院同人独尔向隅。即由工作方面而论，农院独劳，虽假日星期，向无闲暇，而报酬反少，殊欠公允。应请校长顾虑首都生活程度，改订助教待遇，规定每月最低薪额为一百廿元，以维生活。

四、提高助教地位。吾校以毕业生而充助教者，原期予以研究深造之时机，以期渐跻于讲师或教授之地位。将来之地位既属重要，则此时之地位亦应提高。如学校或各院重要会议，宜予以同人等以参议之权，而于进退黜陟，尤不可不有特种之规定，以资保障。

五、颁布服务规程及奖励办法。学校发达，全视学术之阐明及研究之成绩以为归宿。欲达此目的，必须明订服务规程，以期循序渐进，否则支离破碎，殊难进展。至于尽心职务、努力学术者，学校尤应特订褒奖办法，以资鼓励。

以上所陈，类皆同人等最低限度之请求。我校长素抱宏愿，力谋学校之发展，对于同人等之提议，倘能予以同情采纳而施行之，则学校幸甚。专此，敬颂

教安

国立中央大学农学院助教会谨上
十一月一日
中央大学档案

吴澂致戴超函（1929年11月6日）

志骞校长先生钧鉴：

敬肃者：澂留学事，承先生鼎力玉成，铭感五中。并承金诺，出去后对于津贴一层，总有办法，澂始敢不顾一切冒险前来，已于九月三日安抵柏林，在柏林大学补习德文两月矣。第一级已经结束，幸未留班。此后当继续努力，明春适可入学。德国国立体育大学三年毕业，入学时尚须考试，故宜勤加预备，期无困难。柏林生活程度不雅美国，澂来时集资两千余元，治装、路费及数月生活费之外，所余无几。以故津贴一层，迫不及缓。前接麟若先生函，谓已由先生将澂名登入津贴簿中，并已函教厅自十月份起按期汇来，不胜感激，但不知何时始能汇到也。若教厅将此事搁下不急办理，可否再恳先生函催，促其照办。省费生张君述祖、张君大煜、王君焘及毕业同学贡君沛成、谢君沚成、崔女士之兰均于上月先后抵德，母校毕业同学之留德者，此为首批。澂等拟在德组织一毕业同学分会，以与母校互通声息，但不知毕业同学总会中有否何项章程可得遵循也。屡劳清神，容后图报。肃此鸣谢，敬请

崇安

体育科助教吴澂敬上
十一月六日寄自柏林
中央大学档案

郑大源为提高待遇事致艾伟函（1930年1月22日）

敬启者：窃思校中订定《助教条例》，所以谋待遇上之平允也。条例中规定俸给按年递进，所以重经验也。源自民国十年下学期起即在东大教育科服务，担任统计

工作，后改任心理系试验心理实验指导及测验与儿童心理阅卷事。至十五年下学期，教育科添聘王素贞女士担任儿童研究职务，是其职务性质与源所任者相同。故二人之待遇无有差异，《国立东南大学教职员一览》（十五年十一月）及会计处薪额根据可稽。十六年上学期间，因时局关系，学校停顿，同事纷纷他往避难，源独任保管心理仪器与杂志之责（心理系预备室在学生第一宿舍第五斋），校中虽几经驻兵，而价值万元以上之仪器与杂志秋毫无损，而校中月仅发廿元生活费。至五月下旬刘藻彬先生等莅校接收，遂得明白点交而卸仔肩。为维持生活计，六月即就南京市教育局内职务。十七年暑期，将教育局职务竭力辞去，而任本校教育心理组研究与阅卷工作。十八年仍之。王女士则自十六年秋季以迄于今，均任心理系心理实验指导与阅卷职务。是源与王先生在校先后之工作，性质完全相同。试据待遇，则先后大有差异（王先生月薪百廿元）。又如体育科吴德懋先生系东大体专毕业，资格、经验均逊于王先生，且目前仍补修学分，而月薪百四十元。又化工科童致诚先生，原薪八十元（在化工科），自上年十一月起增为百元，且即在本校艺术科兼任指导，月支四十元，合计月薪百四十元。拟之"专任教职员不得兼职"规定与《助教条例》，吴、童二先生均属例外。至于前高师或东大毕业而任本校讲师或副教授者，尤属特别。源现任校中助教，固属例外，而历史上及现在之事实，则与王先生如出一辙。待遇一层既不如吴先生，且与王先生亦不符合。故特具呈恳请艾主任转向学校申请提高待遇，以求平允，而资激励。谨上

教育心理系艾主任

教育心理系助教郑大源谨启
一月廿二日
中央大学档案

郑大源致程其保函（1931年12月12日）

谨启者：源于民九蒙前高师教育科录取为特别生入学，当时全国提倡勤工俭学，以奖勉有志寒士，于是本校亦有职员于服务之余，每学期得修若干学分之规定。是以次年源任东大教育科助理后，即照规定选习学分，半工半读。至民十五，以心理系所开学程均经修读，益以工作成绩学校当局认为优良，遂改任助教职务，指导高等试验心理实验，并阅报告，兼管图书。民十六上学期，校务中途停顿，继复军队驻校，心理系与教育科均为驻军之所。同仁等多就吉避凶，早赋归欤！源以系中图书仪器价值巨金，与科中图书文件之重要，且以职责所在，不得不妥为保管。故事

前即与图书馆商妥,得将图书、仪器等件封存该馆地层暗室之内。所以学校经过长时间之驻军,各系仪器图书损失不赀,而教育科与心理系办移交时独能原封交卸,职是故耳。是年六月至十七年七月,任南京市教育局科员,掌理全局统计,编纂《教育月刊》,并编造市校预算、审查决算、支配经费等事宜,休学一年。八月返校任教院教育心理组助理,并补学分。十八年下学期改任教育心理系助教。因校中所修订助教之工作标准为授课、研究、阅卷三事,而源上年所任工作即已与标准符合也。公余补修学分若干,以遂完成大学教育之初愿。查至本学期止,教育学系规定必修与选修学程及毕业学分数,均经照章修满。爰举后列理由,请求学校免除入学试验手续,准予毕业,实为德便。谨举请求理由四端于左:

一、按《大学教员资格条例》规定,助教为教员之一,其资格为国内外大学毕业,得有学士学位而有相当成绩者,或于国学有研究者。现源已任本院助教二年有半,在任助教之初,曾经校务会议考虑认为已有大学毕业之资格,故始发表。

二、本校施行大学区制时,举办苏省留学考试,曾有任大学助教满二年而应试者,得免通试之规定。任大学助教满二年且能免除留学考试之通试,今源具有此种资格,请求免除大学入学试验而予毕业,似无不当之处。

三、鼓励好学,奖许劳绩,古今各出一辙。源服务本校近十年,其间并经过一度冒险留校保管图书仪器,及由助理升任助教,均可表示服务之成绩。而从事职务之余,复积十年之辛勤修满毕业学分,亦可为困学之结果。兹就奖学与慰劳之义,请求学校准予所请,以示激劝。

四、本校每年均有转学考试,收录各校学生。查考试所以考验其程度是否合格也。源肄业本校十年于兹,经过大小试验不下百数十次,修满毕业学分而均及格,即程度完全合格之明证。程度既全符合,则毕业待遇自应与正式生一致。

据上列各种理由,并熟审过去事实,可云是一种绝少之特殊情形。为行政方面计,绝对可以防免日后他人之援例,且足予源以十载辛勤精神上之慰藉。为特恳切陈请,倘邀允准,则幸甚矣。谨上
教育学院程院长

教育心理系助教郑大源谨启
二十年十二月十二日
中央大学档案

中大教授六月六日总请假宣言（1932年6月9日）

去岁以还，本校因经费来源艰窘，薪水积欠三月。沪难既起，前本校校长现任教育部长朱骝先先生忽借口去职，命前会计组主任现教部总务司长张修枌先生挪移学校各种专款数万元，发校长及总办公处职员自去年十一月至今年一月全额薪金，会计组有册可稽者，计朱前校长领二千零二十五元；前法学院长现代理校务刘光华先生及前秘书长现教部高等教育司长郭心崧先生各领一千二百元，共二千四百元；前校长秘书二人及文书、注册、会计、庶务、出版五组主任五人各领八百四十元，共五千八百八十元。又五组职员合领万数千元，总计几达三万元。其挪移之专款，自教职员之存薪（即学校已发而教职员尚未支取者）与学生之讲义费、实验费外，尚有为同人等所不忍言而又不得不言者，则为同人等之水灾捐款。去岁同人等领九、十月薪时，各扣水灾捐款十分之一，合计约达万元。据会计组宣布，当时因款项不足，捐款皆系虚扣。然救灾急于救火，续有款项，自应尽先缴送国府收款机关，乃朱前校长以下职员薪金，已领至今岁一月，而同人等去岁九、十月所扣捐款，至今犹未缴送，其为朱前校长等领三月全薪时挪用，不言而明。灾民之因此款被挪用而死于沟壑者，更不知有若干人。而同人等及全校助教各院系及图书馆职员于沪战初起声中，仅各得十一月份之二十元而已。同人等既痛灾民之无告，复感自身之艰困，徒以国难当前，隐忍而不敢向社会宣布。数月以来，沪事渐平，学校正式上课，政府自二月份起亦按月发维持费三成五成，校中维持费之支配，皆取决于校务会议与教授会各院代表。而出席校务会议者，自校长外，又皆属教授会同人。然同人等除主张全发薪水，较低职员或加发成数，并预留全校事业费外，对于自身仍只领三成五成，月仅得数十元及百数十元。虽因首都生活价之昂贵，同人等仰事俯畜，时虞不给。然国家财政，既支绌万状，同人等内则力维低薪职员生计，外则除向政府吁请十足发放外，迄不敢有怨言。其维持教育之苦衷，当为邦人君子所共谅。惟对于朱前校长、刘代校务等已领而同人等未发之欠薪，理应请朱、刘两先生负责筹措。曾集会数四，推代表先后向两先生接洽，两先生惟设辞延宕，迄未有诚意之表示。比以暑假转瞬将至，遂于五月十六日开十四次教授会议，议决请学校在本月十日前发清一月份以前积欠，并分别函达朱、刘两先生。朱前校长置之不理，刘代校务复函以期限太促，不能照办。同人等重违其意，复于五月三十一日开十五次会，自动展期至七月五日，在本月五日前先发半月，并在最短期间补发去年水灾捐款正式收据，当分推代表面达朱、刘两先生。结果则朱前校长对于同人等依约法组织之团体,不认为有法的根据,仅允对各代表作私人之谈话,于发欠日期则概不承认。刘代校务则面允于五日前布告发半月欠薪,惟实发须在七日,已议定矣。而迟至六日,刘代校务迄未布告发欠日期,甘心食言而不恤。一面朱前校长更广播流言,以解散中大相恫吓。同人等忍无可忍,计惟有在校现许可范围内一致请假,表示抗议,以引起政府之注意,以促朱、刘两先生之觉悟。此所以有今日总请假之事也。惟顾全学生为学业,今日下午十六次会仍议决于七日起,忍痛复课。并将本校发薪经过及同人等请假原委宣布,以待政府及邦人君子之评判。同人等愿更申述其要求曰:(一) 请朱前校长与刘代校务在三日将挪用之同人去岁九、十月水灾捐款送至收赈机关;(二) 请朱前校长与刘代校务在七月五日前分期发清彼等在四个月前已领之一月份以前之欠薪。至办学者是否可以优先领薪、是否可以挪用水灾捐款、挪用水灾捐款者是否可以常司国家之教育,政府自有权衡,非同人之所欲议也。谨此宣言,伏维政府当局与邦人君子进而教之。

《申报》1932 年 6 月 9 日

卢恩绪函陈对已故教授沈祖伟优予抚恤(1932 年 11 月 4 日)

校长钧鉴:

工院土木系已故教授沈祖伟先生,前曾任河海校长,河海并入工院土木科后,曾请沈君担任教职,并兼土木科主任有年,办理科务卓著,成绩为教授学生之所共钦仰。本学期沈君因事忙,弗克兼顾科务,改请为兼任教授,意谓老成硕望可资,时承访问。不料沈君于十月中染病,医治罔效,遽谢人世。遂使学生失可尊敬之师表,同人失可亲近之蔼范,良堪伤悼。沈君频年任职,囊无私蓄,以致身后甚感萧条。而家中生口繁多,孤孀生计维持不易,故知交等有敛金资助之举。窃意沈君与本校既有多年之历史,在本校亦属有休戚相关之人,现渠家中处境如斯,本校为顾全义举,宁肯后人,况在校前有抚恤之通例,则斯举倘非在情理之外。又沈君所担任功课现由林启庸先生慨允分功担任,不另支薪,用特函陈情形,尚祈钧长察核,悯予优恤,以示笃念故旧,并资救济。如蒙俯准施行,非特受者感激,同人等亦深同感焉。专此,敬颂

钧安

工学院院长卢恩绪谨启
廿一年十一月四日
中央大学档案

呈请教育部核发凌梦痕恤金(1933年11月10日)

案奉钧部第11441号指令内开:"呈一件:呈为本校哲学系教授兼注册组主任凌梦痕因公染病身故恳请核给恤金由。呈一件均悉,云云,此令。"等因。奉此,窃查钧部本年三月印行之《教育部法令汇编通则》,第126页解释学校教职员养老金及恤金条例第七条第四、五两款中之"因公"二字,原文末节有云:"……或如学校发生时疫,教职员以职务上之关系,不能遽离学校,因而染病之类,方合'因公'二字意义"等语。查该主任凌梦痕体本羸弱,原曾请求于暑假期内离校休养,盖校内职员照章有例假一月,凡属职员,均可轮流休假。乃该主任以赶办招生事宜之故,不特不能离校休养,反而溽暑从公,昼夜不息,以虚弱之身,当繁巨之任,卒因操劳过度,遂致积劳成疾,待新生揭晓之时,即该主任成病之日。是其"以职务上关系不能遽离学校,因而染病"其属显然。该主任染病之后,曾书面请假,赴沪疗养,斯时若能稍得休闲,从容就医,或仍可恢复健康。适又值本校开学期迫,新旧各生千余人注册选课事宜,乏人主持。本校迫不得已,曾于九月五日至九月六日速电三次,促其返校。该主任因责任心切,遂即扶病回校,力疾从公。卒因带病任事,辛劳过度,病势加剧,致成不治,是其复因职务上关系,不能离校就医,因而致死,亦属显然。该主任所染之病,虽非时疫,而确系于盛暑凌人之际,因日夜奉公而致病,复因力疾从公而致死,与钧部印行之《法令汇编》所载《学校教职员养老金》及《恤金条例》第七条第四、五两项之规定,似无不合。窃查该主任生前刻苦向学,任职勤奋,致力革命,不辞艰险,死后亲老子幼,身后萧条。此次因公致疾,复因公致死,牺牲壮烈,至堪哀悼!奉令前因,合再缮陈前情,并抄呈本校致该主任电稿三件,备文呈请鉴核,准予照转,颁发恤金7200元,以抚遗孤,实属公德两便!谨呈
教育部部长

国立中央大学校长罗家伦
中央大学档案

国立中央大学教员待遇章程(1934年12月)

第一条　凡大学聘请之教授、讲师,均适用本章程之规定。
第二条　专任教授或专任讲师每周讲授钟点至多十二小时,至少九小时,实验

钟点照讲授钟点加倍计算。

第三条　教授、讲师授课不及前项规定者,为兼任教授或兼任讲师。

第四条　各学院院长及各科系主任必须由专任教授兼任之。

第五条　专任教授或专任讲师兼本校职务者,得酌量减少授课时间。

第六条　凡以专任教授或专任讲师受聘,而在校外有专任职务未能辞去者,概作兼任教授或兼任讲师,按照兼任薪额致送薪金。

第七条　专任教授如有特殊情形,必须在他校兼任教课者,每周至多不得过六小时,但须得本校同意。未得同意者,概作兼任教授。

第八条　专任讲师如兼任校外职务而未能辞去者,得随时解聘。

第九条　本大学专任教授薪额依照下表规定:

第一级	第二级	第三级	第四级	第五级	第六级
400	380	360	340	320	300

凡初任教授者,自第六级至第四级支薪。担任教授著有成绩者,每二年得进一级,至第一级为止。

第十条　本大学专任讲师薪额依照下表规定:

第一级	第二级	第三级	第四级	第五级	第六级
280	260	240	220	200	180

凡担任专任讲师著有成绩者,每二年得进一级,至第一级为止。

第十一条　兼任教授及兼任讲师之薪额暂定如下:

(一)兼任教授　讲授钟点每周二小时者,六十元;三小时者,八十元;四小时者,一百元。按此比例类推,每学年以十个月计算。

(二)兼任讲师　讲授钟点每周二小时者,四十元;三小时者,六十元;四小时者,八十元。按此比例类推,每学年以十个月计算。

第十二条　凡教授、讲师因特种原因,本校认为事实上不便继续任职者,本校于解聘时除致送解聘之月薪金外,加送一月薪金。

第十三条　教授、讲师须负考查学生品性行为及学业成绩之责。

第十四条　教授、讲师于授课时须负检查学生出席、缺席之责,并按周通知注册组。其办法另定之。

第十五条　考查成绩分平时试验及学期试验两种。平时试验由各教员于授课时期内酌量行之,但至少每学期须举行二次。学期试验由注册组按照学历规定时间公布举行之。

第十六条　平时试验及学期试验,除有规定者外,概以在教室试验为原则,教员负监试及阅卷之责。

第十七条　教授、讲师如遇疾病或事故,不得已必须缺课时,应先行通知注册组与本系或本科主任,以便布告。如缺席过一星期以上者,应先与本院院长接洽。如缺课在两星期以上者,应请人代替。其代替人应取得本系或本科主任及院长之同意,薪资由教员自理。请假在一月以上者,得由本校斟酌情形,另聘教员担任之。

第十八条　教授、讲师于寒暑假内遇学校有事(如招生、监试等),须请其襄助时,应负到校襄助之责。其由他处来京者,得由校酌量津贴旅费。

第十九条　本章由校长核定施行。

中央大学档案

陈谋先生追悼会记(1935年6月3日)

前日下午二时,陈先生追悼会在生物馆举行,到五十余人,行礼如仪。由罗校长报告:"今日乃哀痛之日,陈先生之死,在座诸位,谅皆已明悉,是为学问而死,是为探险而死,是为启发边疆而死。陈先生对学校服务,十分忠诚,对学问研究,十分恳挚。此次赴滇,本有两重意义:一是为国家。边疆状况不明,有许多关于边疆之知识,须经实地考查,加以审察。一是为学术。那边有不少物产,未经开发,经实地考查一番,对学术自有绝大之贡献。陈先生去后寄回标本有两千种之多。经专家鉴定,有许多为新种。地理系韦司曼先生在云南曾遇陈先生,韦先生对陈先生力疾从公之精神,表示十分钦佩。近代科学本是积许多伟大人物壮烈牺牲而成。以兵工论,据朋友说,五年之中在中国炸死在实验室内者,已有九人。不单兵工,不单中国,世界上若没有这许多牺牲者,决无今日之人类文明。同人对此次陈先生之因公致死,非常哀悼。陈先生若不死,用此种深入蛮荒不计利害之精神继续干去,将来成就何可限量!陈先生之死,在中国可谓开新纪元,于中国学术前途一定有绝大影响。对陈先生家属,同人一定努力设法安慰,现在除照本大学例抚恤外,另请教育部准依因公殉难最高恤金抚恤。陈先生三个幼女,都可在本校实验学校免费读书。兄弟希望陈先生寄回标本中之新种,请专家定名时,即引用陈先生大名,以为永久纪念。本人今日虽有病感之于陈先生之壮烈精神,不敢不到会略为报告,以示一个人惋悼之忱。"

词毕,全体向陈先生遗像致敬,继由罗校长献花,张楚宝读祭文。

次由教务长演说,略谓:"本大学是学术机关,同人在学术机关做事,遇到此种为学术而死之壮烈牺牲,更觉悲痛。兄弟代表本大学同人,对陈先生表示十二分哀悼。最近几十年中,乃中国民族极危险之时期,为社会为民族牺牲之先烈,真不知有多少。所谓立德、立功、立言三不朽,陈先生此次牺牲,虽与在政治方面牺牲者不同,而其为立德、立功、立言则一。我们常常听人说牺牲,而牺牲一人惟一之生命,则实属不易。陈先生此次赴滇,不但寄回标本,在造林学上有绝大价值,即其牺牲之精神,亦足为后死者效法,影响今后学术界,其价值尤大。"

复次由邹院长演说,略谓:"今日追悼陈先生,是极悲痛之事,同时在学术上是极光荣之事。从来关于边疆之地质、地理、生物,总是靠外国记载。近几年来,才渐渐独立。如在云南,地质调查所及本校地理系、森林系皆有人派去调查。陈先生来本校后,森林系树木标本室始确立基础。此次赴滇,尤备尝辛苦,终至牺牲生命。我们虽是悲痛,同时亦认为无上光荣。陈先生已做开路之先导,还望研究此道之同志,效法陈先生壮烈精神,继其遗志,加倍努力,方不负今日追悼之意义。"

更次由韦司曼先生演说,略谓:"我们有两次遇到陈先生,第一次遇到的时候,知道他日夜在山中步行采集,用钱节省非常,虽在烈日下,亦不休息一刻。第二次在思茅,那时陈先生尚未病倒,见他气色很坏,我们曾劝他休息休息,因为思茅一带气候最坏,思茅人口因此减少许多。但陈先生满面希望之色,回答我们说,不要紧,尚有许多工作未完。后来我们同陈先生分别,就向缅甸边界去,陈先生则向墨江进发。不料不久就接到噩耗,实是十分不幸之事。陈先生之死,是英雄的死,我们愿陈先生这种精神,在中国永远继续下去。"

末由李寅恭、张海秋先生演说,语极沉痛。演说既毕,陈先生夫人致答词,略谓:"承诸位先生厚意,追悼尊三,心中十分感激。"语未毕,泣不成声,仅向到会者频频鞠躬,众亦起立答礼。于此惨淡空气中,宣告礼成。

中央大学档案

国立中央大学为黄侃因病身故呈请抚恤(1935 年 11 月 13 日)

案查本校文学院中国文学系教授黄侃,于民国十七年来校任课,服务迄今,已届七年,平时教学,深得学生敬仰。讵以本年入秋以来,时令不正,突患咳血重疾,未及二日,终以年老体衰,医药罔效,遂于十月八日病故。

窃以该教授学识渊邃,性情高洁,早岁奔走革命,嗣后专心教育,全国学子,莫不崇仰。此次染疾,而致不治,实为学术界之重大损失。不仅本校同人深为悲悼,即国内学界,亦罔不哀思。查该教授于民国三年八月至八年七月,任国立北京大学文科教授；八年八月至十五年七月，任国立武昌高等师范学校国文教授；十五年八月至十六年七月，任北京师范大学教授；十六年八月至十七年一月，任东北大学国文经学教授；十七年二月至同年七月，任江苏大学国文教授；十七年八月迄今，则任本校国文教授。综计连续担任各校教职，迄今已达二十二年，与国民政府颁布之《学校教职员养老金及恤金条例》第七条第三项之规定，适相符合。理合缕陈前情，代为请恤。又查其生前在校月薪系 380 元，年俸合共 4 560 元，按照同条例第八条第一项末段规定，照最后年俸之倍数领恤，共应领恤金 9 120 元。兹谨开具请恤事实表壹纸，连同证件清单一纸，服务证件十二份，随文呈请鉴核，准予呈请行政院转呈国民政府备案，咨请财政部核发该项恤金，并颁发恤金证书，俾便转给该承领恤金合法人黄念田收执承领，实为公便！谨呈

教育部部长王

国立中央大学校长罗○○

中央大学档案

教育部关于行政院褒奖黄侃的训令（1935 年 11 月 20 日）

教育部训令　第 16114 号

令国立中央大学

案奉行政院第 5863 号训令开：案准国民政府文官处二十四年十一月五日第 5735 号公函开："迳启者：奉国民政府二十四年十一月四日令开：'国立中央大学教授黄侃学识渊邃，性行高洁，早岁奔走崎岖，参加革命。近年专心教育，阐扬文化，于党于国，厥功昭著。兹闻溘逝，悼惜殊深。应即特予褒扬，并交湖北省政府妥为安葬，用示政府轸念贤劳之至意。此令。'等因。除由府公布外，相应录令函达查照，即希转行湖北省政府遵照办理。"等由。准此，除令饬湖北省政府遵照办理外，合行令仰该部知照。等因。奉此，令仰该校知照。此令。

部长王世杰

中华民国二十四年十一月二十日

中央大学档案

经济学系助教雷震洵请求补助留学经费(1937年6月21日)

校长先生钧鉴：

敬启者：震洵自十九年度上学期毕业于经济学系后，即于该年度下学期留校服务，担任助教，批阅统计学、经济统计、高等统计、应用数学等课卷，前后已有六年半。在此数年中，深知中国统计会计技术人才之缺乏，供不应求，借材外国，至今仍不能免。今后国家统一，地方秩序恢复，全国均致力于公私经济之建设，此种人才，需要更为迫切。为此，震洵早有赴美专攻会计统计之志。无如家境寒素，心余力缺，迁延困顿，以至于今。虽经数年之节衣缩食，储款约二千余金，然为数甚微。幸蒙各师长亲友嘉此素志，乐予成全，共同筹助三千金。然合计仍不过五千余金，照震洵赴美三年计划核算，除往返川资外，仅敷一年之用，所差甚属悬殊。窃查国内大学如清华、北平、武汉等校，对于助教待遇任职五年者，得支原薪一年，并津贴旅费资助留学深造，盖所以培植继起人才也。即以本校而论，教员留学支原薪者，以前有陈育凤同学，现在有吴德懋同学。先例具在，用是不揣浅陋，函恳校长赐予栽培，照前例给假一年，支原薪并酌给旅费接济，俾克成行，获遂初愿，则厚谊隆情，感无既极。伏念校长向以扶植人才，诱掖后进为职志，在前有清华、政校之人才辈出，此后中大人才蔚起，又在意中。区区之意，当蒙俯允。至赴美后母校如有委托事件，自当努力遵办，以副培植之至意。专此，敬请
钧安

经济学系助教雷震洵敬上

六月廿一日

中央大学档案

四、教职员请辞

中大高教处长胡刚复辞职函(1928年6月10日)

君谋校长台鉴：

刚复对于大学教育，素主教授治校、经济公开、崇尚学术、砥砺士习。本校改组，刚复奉命接收筹备，即本此精神，参与计划，于组织教授会、校务会议、稽核委员会，均深致意，原以学术机关置身其间者皆海内学者，道德学问，足资准绳，自应崇尚法治，俾有独立自动之机能，庶不致有人存政举、人亡政息之弊。大学区制为国民政府教育改革新猷，尤为江苏全省教育中枢。去岁孙逆南犯，京都震动，学校几至无人负责，校舍又为兵驻，经费亦未确定。刚复为教育前途计，勉力撑持，会合同事确定经费，草拟学制，整理校舍。赖诸同事之努力奋勉，虽因战事之阻滞，仍得于匝月之间，如期开课。全省各级学校亦踵起开学，私心欣慰。当时即欲引退，专心教学。乃值王抚五先生辞职，高等教育处职位久悬，执事猥以处长相属，刚复固辞不获。受任以来，事无巨细，集于一身，不敢稍存诿卸。荏苒经年，学校组织，粗臻完备，各院规则，均具基础，预算分配，亦已就绪。循是轨迹，庶几可收教授治校之效。惟团体精神，仍极散漫，整个学风，亦未成熟。刚复黾勉从公，心力交瘁，苟能有济于事，劳怨原所不计。但自审受事迄今，对于全校裨益实鲜，对于一己损害甚多，今幸暑假将届，诸事可告一结束，刚复正宜奉位避贤，仍治所学，务恳准予辞去高等教育处处长及自然科学院院长二职，即日遴贤接替，则公私幸甚！

《申报》1928年6月10日

孟宪承致张乃燕函(1928年9月1日)

君谋校长大鉴：

再奉赐书，同时汪典存先生回苏，备述尊意，弥增感悚。明知此时程先生亟待交卸，不克为左右稍分忧劳，歉疚无似。但宪承拘虚之士，决不胜行政之繁。前函固已详陈先生，亦夙加曲谅。在中央学术之林，宁有才难之感。务乞收回成命，另简贤能，免旷时日，而增咎戾。不胜感祷之至。聘书附缴。敬颂
政祺

孟宪承谨上
九月一日
中央大学档案

吴有训致张少涵函（1928年11月7日）

少涵学长兄大鉴：

弟自返国后，荒疏已极。在中大一年，终日为杂务所扰，绝少自修机会。至今思之，殊觉毫无意义。此次北来，得将近二年发表论文稍加阅看，私心欣慰无任。清华现况，企孙一人实不能维持。中大同事较多，弟在与不在绝无关系。下年弟决意不返，系中事务请吾兄商同文、戴、熊、方诸先生努力进行为盼。关于文化教育基金董事会方面，弟已去函辞职，请另推一同事继任。专此，即请

大安

弟有训叩
十一月七日

熊、文、方、戴诸先生恕未另。

附：张少涵复吴有训函（1928年11月23日）

正之学长兄大鉴：

昨奉惠翰，备悉种切。校中自兄告假北行以来，物理系方面，如失重心，同事与同学群深向往，弥切遐思。亟盼台从早日南旋，迅予销假，俾所授学程，得以赓续进行。中华教育文化基金董事会对于吾兄辞去讲座一节，曾来函询问。当以恳切挽留，难予同意复之，但亦未便久悬。将该会原函抄录附上，统希亮察是幸。专此布复，顺颂

撰祺

附抄中华教育文化基金董事会函一件

弟张贻惠启
十一月廿三日
中央大学档案

吴有训致张少涵函（1928年11月30日）

少涵学长兄大鉴：

顷奉廿三日快函，敬悉一切。承盛情相促，感激良多。弟北来隐情，为吾兄所深察，不待赘述。为学校及个人便利起见，弟惟辞职，决不反顾。近闻吾兄亦将北返，此志愈决。生性率直，在中大实人地不宜，不敢复入迷途，一无所得。对于吾兄厚谊，惟冀异日图报。区区苦心，诸盼亮察为幸。物理学会诸同学曾有信来，亦已婉谢并道歉忱。现正在此间进行器具之设置，决不敢再有他想。中华文化基金会教员请早日推荐，免误校事。专复，即请

教安

弟有训叩
十一月三十日
中央大学档案

陈汉章致张乃燕函（1928年12月24日）

君谋先生大鉴：

秋月肃上芜笺，谅登钧览。伏念汉章少壮，犹不如人，六十老癃，奚能为役？前以下采菲，电函交驰，只得罄炳烛之光，效涓埃之用。一星已转，众齿皆摇，两耳渐聋，两目渐眊，精神疲苶，手足游移，诚忧蒲柳之衰，况迫桑榆之暮。迩来上讲席时，屡苦气喘喉干，声嘶力竭。日月相续，不敢请假以偷闲。春秋已残，何可攘尤而恋栈。谨避贤路，恳辞职名，明春开学之期，请免课程之责。下情悚迫，语出由衷。敬请铎安，维希荃察。

弟陈汉章鞠躬
十七年十二月二十四日
中央大学档案

陈汉章致张乃燕函（1929年3月5日）

君谋先生大鉴：

　　此期史学系学程于中西两方面较前完备，稍契先生乐育英材之意，汉章亦费尽苦心。去年鉴于章君厥生之玩弛教务，代为考试，至今未毕。各处延揽人材，不料林君公铎中途翻变，助理孟君心平至今又不肯上课，只得并请叶来青先生兼任。本约薪金260元，今少60，责汉章食言。又以讲师名目，不肯任课。经高君克鼎与汉章苦口劝驾，始有允意。每周十钟，已较他系副教授为多矣。讲师陈君训慈请为给予聘书。助理何君东保熟悉沿革地理，学有专长，在本校绘中西地图已有六年之久，其履历久在荃鉴中。此次劝任地理课每周四钟，祈加给薪金，并非汉章有私于何君，实缘何君前止每月60元，即加20元，亦不过与不任教务之助理，如姚君琴友、孟君心平薪金相等耳。一用心一不用心，如平均计之，理应优待上课之助理。前闻先生以助理要求上课为虑，恐助理无专长之学者，必不敢出受学生之攻击，且各系主任亦不敢冒昧荐达也。总之，汉章人微言轻，兼以老悖，屡次辞职，未蒙允许，勉强维持此一学期。暑假前务求别请高材为此系主任，庶几学程完备，有以对学生，义务与权利平均，有以对同事矣。（汉章薪金不妨减与讲师一律，以免多费之愆。）敬请

道安

弟陈汉章鞠躬
三月五日
中央大学档案

孙洪芬致戴超函（1929年3月17日）

志骞先生有道：

　　在宁晤教，快慰生平。别后于十三日抵平，一路风沙，目迷神眩，以视江南之山明水秀，真有天渊之别矣。弟抵此即与叔永先生商议中大理学院问题。彼以基金会人手过少，不愿弟到此即行。弟以公谊私交，亦不欲悻然遽去。故已于本月备函将聘书邮还张校长，请其另觅贤材，以免要职久悬，影响校务。便中恳向张校长婉达为幸。此颂

教安

弟孙洪芬拜上
十八年三月十七日
中央大学档案

张其昀致张乃燕函（1929 年 7 月 2 日）

君谋校长先生伟鉴：

迳启者：其昀讲学中大，已历两年。自问学力，无甚进步。今后拟隐居著述，潜心学业。古人云：学然后知不足，教然后知困。昀诚自视缺然，安得不退而修养，以待高贤之光临。两年以来，承先生之宠召，俾得在大学中散布地理学之种子。一旦告别，固不能恝然于心。然现在之情形，大学教授非留学生不能胜任，教授方为一校之中坚人物，若讲师以下之去留，又何关于轻重哉！昨蒙发下续约，敬此璧退。此事本于自觉，出于诚意，闻先生亦欲退隐著作者，想必怀有同情也。专此，顺颂

公安

张其昀敬上
七月二日
中央大学档案

周鲠生致戴超函（1929 年 7 月 7 日）

志骞先生大鉴：

两次赴行政处奉访，不晤为怅。承两次惠书，坚嘱继续担任政治系主任，具稔先生维持校务之苦心及热忱，无任感佩。惟政治系前途困难殊多，依年来经验，自问无力办好。且素性厌烦，过去担任系主任事务，本属十分勉强。去年底辞职，已具决心。今当学年结束之时，正好解除职务。现已离宁，日内即将北上，不再负系主任责任矣。敬布，复颂

道祺

周览
十八年七月七日

钱、张两先生聘书当各持致。览又及。

中央大学档案

孟宪承致张乃燕函（1929年7月10日）

君谋校长赐鉴：

　　日前俞处长莅苏，转达钧命，并再交下民众、劳农两院院长聘书各件。经宪承于八日亲自到锡面向俞处长、高院长陈述对于该院院长问题之意见，各方悉已共谅，高院长亦已允复职，深堪庆幸。所有聘书等件，敬再璧还，即祈察核为幸。又奉六日大函，以教育学院院长一席见委，曷胜惭感。自维驽下，敢辱高位，仍乞俯鉴愚忱，准予专任教育系副教授，俾得安于讲席，潜心学问。曲荷裁成，拜赐无既。专此，敬颂

政祺

孟宪承谨启
十八年七月十日
中央大学档案

周鲠生致戴超函（1929年7月19日）

志骞先生：

　　日前由社会科学研究所转来尊函，仍殷殷以政治学系事相属。自维力薄，尸位日久，负疚愈深。主任职务，下学年决不再担任。有违雅意，至深歉仄。兹将聘书退还，并将教授一并辞去，以便尊处及早聘任适当替人。专此布复。顺颂

道祺

周览
十八年七月十九日

　　再者，高一涵先生前曾由校长致电敦请。览到沪后，亦当面商请担任中大教课。据云，中国公学已聘定，现时不能应中大之聘。即一半时间在中公，一半时期来中大，亦办不到。除由高先生正式函复外，特为转达。览又及。

　　附聘书一件

中央大学档案

周鲠生致戴超函（1929年7月29日）

志骞、毅夫两先生大鉴：

日前寄毅夫先生入学试题四种，想已收到。敬电及尊函均诵悉，迭荷挽留，甚感厚意，未能从命，抱歉良深。览之辞职已成事实，再无打消之可能，至希早定替人，以免贻误下学年课业，无任盼祷。兹有恳者，七月份经费现已想届发出之期，览之薪金可否请通知会计科由上海银行汇寄上海敝寓。因须出外旅行，八月中恐不能来南京领取也。不情之请，乞谅之。领款收据盖印寄上，乞交会计科。专此，即颂

道祺

周览
十八年七月二十九日
中央大学档案

翁文灏致张乃燕函（1929年7月31日）

君谋先生左右：

迳启者：前承雅意，招致至中央大学担任教课，至深荣幸，当拟于夏季考虑决定。兹因地质调查所事务尚难脱离，复因中华教育文化基金会被举执行委员，亦以在平照料为便，因此种种关系，仍不能南行教授。有辜雅意，至为歉仄。遇有机会，容当另图贡献。专此奉达。顺颂

道安

弟翁文灏谨启
十八年七月卅一日
中央大学档案

学生胡镕成请挽留周鲠生（1929年8月14日）

校长钧鉴：

顷接陈育凤先生来电，谓政治系主任周鲠生先生又向学校辞职，闻之不胜惶悚。周主任学问道德，久著士林，两年来整顿学科，不遗余力。同学之信仰，学校之名誉，均蒸蒸日上，安可听其高蹈。矧吾校为全国最高学府，关于法学一院，势不可不建立全国之重心。年来周主任之努力，即在于此。万乞钧座致电主任，恳切挽留，否则政治系之名教授皆将随之而去，暑后同学到校，或有因继任者之不满引起风波之可能也。生性质直，平日对于学校发展上知无不言，言无不尽，尚祈谅察为祷。专肃，谨请

道安

学生胡镕成谨启
八月十四日下午
中央大学档案

张乃燕致钱端升函（1930年1月15日）

端升先生有道：

敬启者：晨间接奉手教，藉悉先生拟辞去此间教务。此事弟万难如命，务乞鉴原。至学生无状，已公布告诫，请即勿再介意。矧先生多士推崇，同人等亦咸深钦佩，万恳顾念学生求教之殷，照常任事，不胜感祷之至。除已请戴副校长、戴院长趋前面致鄙忱外，特再函达，敬祈惠照。并颂

教安

弟张乃燕敬启
一月十五日
中央大学档案

郑厚怀致张乃燕函(1930年2月24日)

君谋、志骞先生钧鉴：

地理独立成系经过，幸邀洞鉴。关于房屋迁让问题，教务处及理学院办公室姚、沈二先生知之颇详。先生一经垂询，即可得其底蕴，无待赘述。今晨忽得读该系学生来函，兹特另纸录呈。其攻击怀个人各点之毫无事实之根据处，容后面陈。系主任一职，得不偿失，怀久思辞去。惟念旧地学系时值多事之秋，姑愿勉为其难，继续任之。且曩者在美曾兼习陆军有年，日与军官为伍，颇具不折不挠之精神，不欲徒以办事棘手，遽行引退。今者既以妄遭诬陷，岂容再缓。兹特函恳辞去主任兼职，敬祈勿作照例挽留之举，盖怀决不愿以个人名誉续作无谓之牺牲也。再者，怀经此刺激，精神欠宁，拟请假二星期，以资摄养。所缺之课，后当一律补足。伏祈照准是幸。

郑厚怀敬启
二月廿四日

附照录地理系学生来函一件。倾闻该件现已张贴于科学馆门外，希注意及之。怀又及。

附：地理系学生致郑厚怀函(1930年2月24日)

厚怀先生大鉴：

地理门之扩充成系，乃学术发达所必趋之途。径日凡关心国内学术之进步者，莫不赞同。惟先生因身为地质门教授，虽兼全系主任，而极力反对。后见潮流所趋，知阻止之不可能，乃提出院属问题以为阻梗。夫地理系之属于理科，国家早有规定，中外均有先例，可成何问题哉？先生为谋地质门占有地学系全部经费之计，而独倡地理应属于文学院之说。且曰："如地理系果属于理学院者，予与蔡院长及理学院全体教授必一致辞职，理学院全体同学亦将不承认者也。"不知先生于何等地位，竟能代表院长及全院教授与学生，与地理系作此无理之争执。相持之下，历时一期，本同学旷课甚久。厥后本系师生为求系之早日独立，避免意气之争，表示让步，允暂隶属于文学院，惟教室、预备室仍在原址不动。此则校长及教务长所亲口允准者也。此次学校当局将地理系隶属于文学院等情呈报教部，教部因地理系属于文学院不合《大学组织条例》，违反学术潮流，不予通过，而先生竟唆使贵系助教及少数学生冒理学院代表团之名请愿批准。此等卑劣行为，若出于市侩小人，本不足怪，先生乃首都最高学府之主任教授，而轻举妄行，贻羞士林，此同人所深为惋惜者也。本期开学，课业已一周，先生竟将尚未划分之图书设备擅加封锁后，出条布告，称地理系即将迁出，致本系无形停课。先生为损人计则得矣，其如不利己何？即使图书设备之划分须待蔡院长到校后方得实行，然决不能因未划分即不可开放阅览也。至如本系教室问题，校长、教务长早已允准在先，而地理系之置于科学馆，复有历史上之关系，万不容有所迁移。即本系教授同意迁移，同人亦决不承认也。用特函达先生，请将图书室及教室等立即启封，俾本系得早日行课，免酿事端。抑尤有进者，大学教育首重人格上之感昭，前此之恶行，希不再演于□后，则匪特先生之善，亦本校之幸也。专此奉达，敬候明裁。

地理系全体学生同上
二月廿四日
中央大学档案

张乃燕致钱端升函（1930 年 3 月 3 日）

端升先生有道：

违教多日，驰念为劳。本校政治系承先生不弃，殷殷教诲，于兹有年。凡属同人学生，无不佩硕博而感盛意。去岁之夏，文郛本决定北上，因弟一言，竟获返驾。每思顾念学校之诚，益深钦慕感谢之私。比者少数学生，不循正规，无理取闹，先生遂决然舍去。挽留不获，弟与同人等不胜怅惘。而回念先生到校以来所以施教于学生者之恳切诚挚，与为本校而牺牲自身利益之重大，实令人感铭不能去诸怀。兹谨奉二月份全薪，聊以将意，维祈哂纳是幸。专此布达，敬请台安。诸维朗照不备。

弟张乃燕敬启
十九年三月三日
中央大学档案

蔡堡致张乃燕、戴超函（1930 年 3 月 15 日）

君谋、志骞校长先生钧鉴：

自承不弃，嘱暂代理学院事以来，全仗德庇，幸免陨越。既在负责，自当设法维持，此份内事，无足多述。但当时约定，系属暂时维持性质。况弟德薄能鲜，资望尤浅。今恋栈至若是之久，已觉惭愧。是以日前有请求先生速聘正式院长，俾早卸仔肩事。今理学院学生会复作同样之要求,益证鄙见之不谬。怅怀奚如!弟以为在此绝妙时期中,再不摆脱,实属恋栈而无疑。此不得不急于求去者一。况复求团体之善良,今尚非其时,除苦恼、牺牲、堕落外,一无所得。此更不得不急于求去者二。况复既有人代理,则向外求人更难。此尤不得不急于求去者三。是以决定自下星期一(三月十七日)起,即不到院办公。至琐细事,自有办事员沈望君料理。弟之薪金,此后仍照原薪发给,望通知会计组为要。代理院长聘函已遗失,恕不奉还。肃此,敬请

尊绥

小弟蔡堡谨启
三月十五日
中央大学档案

孙本文致叶元龙函（1930年9月5日）

元龙我兄先生大鉴:

前谈甚快。弟对于中大职务,决请全部辞去,其理由如下:

一、近来身体甚不健全,教部职务甚繁,实际已不能兼顾他事。

二、勉强兼顾两事,结果必至一事也办不好。弟愿专办一事。

三、社会学系教员难聘。应成一先生既已允许,今复因上海方面不令脱离,不能践约来京。办事困难,不得不辞。

在上学期末,弟曾面允兄暂为维持至暑假终了为止。现在正责任告终之时,弟已专函张校长,请兄转告,决勿挽留。

又,兄曾云拟向蒋部长函商一节,请勿实现。因弟现在已具决心不再兼职,乞兄勿再挽弟为幸。惟目前选课时期已到,深恐新主任一时不能到校,在选课之一星期内当由弟代为负责,以赎弟迟滞卸责之愆尤。一星期后,即不到校。专此,顺颂

教祺

弟孙本文
九月五日
中央大学档案

孙洪芬致张乃燕函（1930年9月21日）

君谋先生史席：

前奉电召，曾经电复，度先呈览。旬日以还，久思函陈悃臆，而琐冗相乘，不获静坐握管，深为歉仄。洪芬自十八年春间承聘任理学院院务，虽因事实困难，未获拜命，然感于左右之盛德谦光，与理学院学生之努力向学，颇存得当执鞭之愿。今夏在宁晋谒，渥蒙礼遇，尤深国士知己之感。惟细查中大财政支绌与环境复杂，洪芬自知德不能孚众望，才不足理棼丝。与其冒昧而致覆悚，致累从者知人之明，何如逊谢而咏弓旌，勉为他年涓埃之报？比值道躬不豫，淹滞沪渎，洪芬因董事会议决各案亟待执行，仓促北还，曾托元龙先生代达鄙忱。到平后敬将聘约寄转，想已一一荷蒙察及。洪芬窃思化学系主任刘楚青博士学问渊深，经验宏博，如请其主持理院，则院务发展必较洪芬当路速逾倍蓰。特作刍献，敬候卓裁。本月十八日平津各报满载电通专电，谓中大教授三百人辞职，政府拟请戴天仇长校，桂崇基副之，不知确否？专此，敬颂

铎安

弟孙洪芬拜启
十九年九月二十一日
中央大学档案

艾伟致张乃燕函（1930年9月25日）

君谋先生大鉴：

日昨黄教务长转来大示，嘱代理教育学院院长一职，并承黄先生面述尊意及各方面相望之殷，至为详尽，又承黄先生许以教务长资格赞助一切。祗聆之下，感荷无极。惟窃以为科学之研究与行政之参与，其势不能两立，双方不能兼顾。十年以来，伟于科学之研究颇饶兴趣，亦既终身许之矣，万无中途失节之理。尚祈校长体谅伟之苦衷，成全伟之素志，无以教育学院代理院长一职相委，则幸甚矣。方命之愆，尚希原宥为祷。专此，敬颂

大安

艾伟谨上
九月二十五日
中央大学档案

许元龙致张乃燕函(1930年10月8日)

君谋先生大鉴：

骧此次辞去植物系主任及教授职，意坚志决，而先生及黄、刘诸先生以学生课业不应久令荒疏以责骧，旨深意重，故当时即允以私人名义在寓教授课业。而诸先生复殷殷以地点及设备为词，请于学校内教授。骧以此无关个人之意志，谨以应令。矧骧之慊慊于心者，一为本学期学生之选课，系由骧亲自签字，人格上理应负责；一为辞职在开课之后，学校一时不易另聘。基此二者，骧对于学生亦应负有教授课程之责。故决以私人名义维持本学期课业，所有学校及文化基金教授名义及薪金，决不收受。区区之意，尚祈原宥。此致，即颂
教安

许骧启
十月八日
中央大学档案

童冠贤致朱家骅函(1931年9月3日)

骝先先生钧鉴：

在京晤教，甚感知遇。以先生之刚果明达，追随后尘，襄助教务，实贤个人之荣幸也。顾自别后，曾数次致书安大恳辞，而率不见宥。何鲁校长曾两度到沪相挽，学生亦涕泣陈辞，以是意虽甚坚，情实难却，故不得已暂允帮忙半年，于日前来校。在此以前，所以未曾奉答先生者，盖无时不图摆脱之计耳。现虽勉强来皖，而心实苦痛。又念先生诚恳见邀，而至友又多来函相劝，益觉愧对知己也。惟盼得机早离此地，再随先生效力。此刻惟请谅其苦衷，并望随时见教焉。临笔神往，言不尽意。
　　即祝
钧安

弟童冠贤谨上
九月三日
中央大学档案

陈训慈致朱家骅函（1931年9月8日）

骝先校长先生赐鉴：

接奉九月二日大函，既辱存问，复以续任讲席相责，闻命之余，感怍交深。慈驽质浅学，久疚滥竽，今益以病弱，益憬误人，故前者专函陈辞，实怀至诚。为公为私，殊不敢妄自承乏。纵不自绝于学，追随请益，亦惟期以来兹耳。史学系关系文化宣扬之重，必荷注视。慈之缺席，更可特简长才，以挽前憾。自转恳孟海兄代陈下怀，并请家兄晤时便为说明外，特再函达，原约附璧，敬希俯准，并求鉴谅。即颂
公安

晚陈训慈谨启

九月八日

中央大学档案

胡焕庸致朱家骅函（1931年10月9日）

骝先校长钧鉴：

敬陈者：焕自上月底回京，一日起即开始在校授课。此间职务早经申请辞卸，原希一走了之，不再发生关系。不幸日舰抵沪，各地震惊。我校既曾一度罢课，而此间及教厅遂亦函电分驰，并数次遣人至京要求回校。焕于此时，既体时局之严重，复恐学生有意外，迟疑再四，狼狈而来。明知作茧自缚，烦恼重寻。然事已至此，尚复何言。用特快函，奉恳万乞鉴其苦衷，宥我困难，本校教职最好能任焕暂为脱离。否则在外籍教授来到以前，勉兼课务。至于校中薪酬，决计谢绝。区区之意，务希鉴察。公余有暇，祈赐覆音。临颖惶愧，不尽欲言。专此奉陈，顺颂
道安

胡焕庸谨上

十月九日

郭、蔡、杨诸位先生均此。

中央大学档案

沈思玙致罗家伦函（1936年8月13日）

志希校长先生大鉴：

谨启者：玙前应竺藕舫先生之召，来杭代理浙大事务。本拟利用暑假，八月中旬可以返京。刻因情势所拘，亟难摆脱。而中大开学将届，深恐有碍课程，拟请假一年后再行返校。所有功课、职务另请气象研究所朱炳海君完全代理，薪俸由朱君领取。玙因历史关系，不愿长期离开母校也。不情之请，尚祈俯允，至为纫感。

敬颂

教祺

后学沈思玙敬上

二十五年八月十三日

中央大学档案

第七部分 经费

呈为东大欠款清查完竣亟应设法筹还事（1928年5月2日）

呈为东大欠款清查完竣，债权者日事催索，亟应设法筹还造册呈请核示事。

窃职校自上年奉令接收前东南大学全部校务，改组为国立第四中山大学（现后遵改今名），当移交接收时，除校舍、仪器、书籍、文卷、器具外，对于经费一属，非特无分文交出，且负宿逋甚巨。查其逋负原因，实由前江苏财政厅短发经费所致，遂经呈奉国民政府批定，此项欠款应俟账目清查后再行核办。一面并予延聘徐广德会计师从事审查在案。现据徐会计师审查完竣，已造具报告书正本，呈送钧院察核，并另送副本到校。计书内开列未付各商号账款银为五万二千二百四十八元三角八分二厘，此外尚有蒋、郭两前校长任内积欠教职员薪俸及其他杂项各账为十万零一千一百零二元九角六分三厘，又附属中学积欠教职员薪俸等为五千三百零七元八角四分四厘，统共负欠款项达十五万八千六百五十九元一角八分九厘之巨。伏思职校经费，当改组时，初次概算原约月支十五万元，嗣因教育经费管理处未能如数照拨，实际每月领到者平均不过十万三四千元，以之分配各院馆开支，尚属左支右绌，竭蹶异常，安有腾挪代偿债务余地？而各该旧欠债权人纷纷前来催索，接续不已。其中有关系国际信用各款，尤不便久事宕延。现在职校应付已穷，势又不能置之不理。筹维至再，计惟有根据前江苏财政厅短发经费原案，请求江苏省政府转饬财厅从速拨款摊还之一法。查东大旧卷，前财厅短发经费计达五十余万元，为数不为不巨。当时省长公署及财厅方面，原认将来归入通案筹还。刻下时局平定，官制虽有不同，然对于以前一切经济历程，自不能不继续负责。拟请由钧院呈明国民政府核定，准予令饬先行筹拨五万元，俾得按照欠数平均分成摊还。其余不足之数，并予规定分期拨款偿还办法，藉维信用而资结束。是否有当，理合开具欠款清册，备文呈请，仰祈钧院鉴核令遵，实为公便。谨呈

中华民国大学院院长蔡

  计呈清册二份

国立中央大学校长张乃燕
中华民国十七年五月二日

谨将前国立东南大学欠款项下户名欠款开呈鉴核。

计开：

户名	欠款数目	备注
中央仪器公司	银 5 877.88 元	
格特那公司	银 2 420.003 元	
马克斯果尔公司	银 1 812.42 元	
贝克公司	银 549.29 元	
科发药房	银 6 211.57 元	
兴华公司	银 2 145.75 元	
英国真比勒公司	银 748.83 元	
美国司脱尔丁公司	银 1 112.52 元	
多马斯公司	银 3 684.81 元	
哇德公司	银 2 542.92 元	
斯特克公司	银 9 693.03 元	
大生纸号	银 6.25 元	
上海商务印书馆印刷所	银 1 068.92 元	
南京商务分馆	银 26.713 元	
共和书局	银 170.967 元	
同顺泰煤号	银 2 230.06 元	
南京西门子洋行	银 512.5 元	
上海农业用具公司	银 50.44 元	
成章号	银 70.814 元	
科学仪器馆	银 117.58 元	
实业通艺馆	银 382.011 元	
孙宗义木作	银 185.28 元	
中美图书公司	银 235.99 元	
美国图书协会	银 78.15 元	
德泰昌	银 116.77 元	
祝家高水木作	银 1 203.88 元	
模范监狱	银 271.8 元	
南京大药房	银 99 元	

(续表)

户名	欠款数目	备注
教育图书馆	银 63.74 元	
刘复兴	银 86.2 元	
盛泰永	银 48.439 元	
大丰公司	银 17.2 元	
朱锦堂	银 152.5 元	
公孚印刷所	银 121.935 元	
科学社	银 906.875 元	
英国那门斯	银 49.02 元	
地质调查所	银 26.8 元	
荣克	银 91.96 元	
崔克	银 772.29 元	
老晋隆	银 141.92 元	
礼和	银 117.56 元	
商科大学	银 13.06 元	
Hissehwaldsehe Baehhandlring	银 15.45 元	
哥尔特拍克	银 47.01 元	
国际卡片公司	银 21.03 元	
老豫昌	银 504.3 元	
时事新报馆	银 7 元正	
美国议院图书馆	银 666.08 元	
泰和	银 44.525 元	
时评洋行	银 54.6 元	
科学学会	银 9.9 元	
威尔逊公司	银 139.15 元	
上海商务书馆发行所	银 3 904.773 元	
上海制革厂	银 98.96 元	
成记	银 9 元	
中华书局	银 3 元	
美国心理学报馆	银 261.34 元	
协和书局	银 210.97 元	
慎昌洋行	银 15.08 元	

(续表)

户名	欠款数目	备注
以上共计银 52 248.382 元		
西门子电机厂	银 282.5 元	
美国转运公司	银 5.1 元	
学生保证金	银 7 854 元	
电话局	银 270 元	结算至五月份止
蒋任内教职员欠薪总数	银 54 284 元	凭欠薪账
郭任内教职员欠薪总数	银 33 218 元	凭欠薪账
杂户	银 5 189.363 元	凭暂收款项账
以上共计银 101 102.963 元		
附中教职员欠薪总数	银 3 242.78 元	以下均附属中学欠账
商店账	银 496.346 元	
学膳费	银 986.55 元	
损失费	银 390.962 元	
教职员俱乐部	银 31.114 元	
自治会	银 14.092 元	
同学会	银 92 元	
印刷地图	银 54 元	
以上共计银 5 307.844 元		
统共欠款银 158 659.189 元		

中央大学档案

程振基致张乃燕函(1928年6月11日)

君谋校长先生大鉴：

基以菲材，谬蒙函聘，兼任中央大学会计组组长。当曾面陈商学院责任重大，不遑兼顾，嗣荷先生以基粗晓会计，勉为大学宣劳，冀达经济公开之宏愿。基因此旨与夙愿相符，遂于五月十二日赴宁就职，十五日办理移交，所有前主任经手账目，概于移交清册中注明负责人员，俟接收清楚后，再行解除其责任。惟基点收现金时，有六万七千八百余元巨款，未经交出存折及支票，当即询问原由。据前代主任洪公弗君声称，此款系划作兴办自来水之用，支票向由高等教育处处长胡刚复先生保存，支取款项亦由胡先生代办。基聆悉之下，深为骇异，当责成洪君将此项存折及支票一并交出。嗣与胡先生相商，凡大学收支款项，应由会计组负责办理，以专责成，胡先生深表同意。但请其将自来水款六万余元提出，以便更换会计组印鉴。但胡先生屡次不允，谓支票由彼签字，有两层便利。第一，暑假时在沪购办机器，如能成交，则可直接付款，免多周折。第二，会计员项燕北君每月向各县提到款项，往往解到上海，如此则胡夫人可以代存银行，便利之至。基接事伊始，对于向日解款手续如何，尚不明了，但今后该员提款，应于提得之日汇至大学本部会计组收存，否则振基碍难负责。至于公款之支付，亦应由会计组办理，庶事权可以统一，而功罪亦有所攸归。兹自来水款项无须会计组印鉴可以支付，公款收入又有不直接解交会计组者，此项破坏会计系统之办法，不知是否校长所特许？究应如何纠正之处，务恳迅予裁夺覆示祗遵。

商学院院长、会计组组长程振基
六月一日
《申报》1928 年 6 月 11 日

胡刚复致蔡子民、吴稚晖书（1928 年 6 月 11 日）

子民院长、稚晖校长先生均鉴：

刚复日前在宁辞职，即因事来沪，惟闻校内自校长更动消息传出后，谣言蜂起，甚至有人捏造事实，牵涉刚复个人名誉，以经手款项不清为辞。窃查中央大学本部一切出纳，均由会计负责办理，刚复个人仅居赞助校长监督用途之地位。至于一年来个人经手款项，仅有准备大学本部水电煤气设备之专款，存上海银行沪行，户名"第四中山大学水记"。因购办机器订立合同，例由刚复以主持大学本部行政资格代表学校签字，故支用支票，亦由刚复签发。对于该款指定用途，有历次会议纪录及呈报大学院概算预算为根据。款项来源及汇划经过，亦俱有江苏教育经费管理处通知书、校长向各县提款训令及各钱庄银行汇款凭单为据。各款存入支出俱有上海银行存据及票根为凭。可知所有一切款项，均有案卷存校可查。近因校用支绌，曾由该款内拨借学校会计处洋二万元，原拟日后拨还，以清界限，支票簿已于月前交大学本部新任会计程振基收存。惟银行方面更换印鉴事，只俟高等教育处实行接替，即可双方会同办理。总之，刚复个人经手款项仅此一端，而其内容已如上述。现在中央另简校长，所有张校长及刚复任内各帐，统应请中央遴派专员审查公布，如对于刚复个人经手款项发见弊窦，刚复愿受党国最严厉之处分，否则造谣诬

蔑者亦应受法律上之惩戒。事关学校经济及个人名誉,不得不郑重沥陈,以明真相。专肃,袛颂

政祺

胡刚复谨启
六月十日
《申报》1928年6月11日

呈国民政府、中央政治会议、大学院请拨款补助中央大学经费由
（1928年8月11日）

呈为呈请拨款补助中央大学经费,垂为定案,以符名义,而资匀配事。

窃照本党政纲规定:增高教育经费,并保障其独立。职校自行大学区制以来,有综理全区教育事业之责,区内财力不但供给本校,尤须顾及全区。现查十七年度全区岁出预算,共需五百四十九万有奇:内计高等教育一百九十三万有零,系合大学本部及留学费等在内;普通教育二百三十六万有零;扩充教育五十七万;其他各机关补助经费暨息金预备费等六十二万有零。而收入方面,则除苏省原有教育专款三百五十万元外,并无增加,即此三百五十万元,亦恐收不足额。其田赋项下抵补卷烟特税之百八十万元,去年度收数,仅敷十成之六,财政部迄未负责抵补。职是之故,中小学教育界大起恐慌。一般论者,多谓职校以国立为名,应由中央担负经费,乃完全取诸大学区之教育经费,以致影响所及,全区中小学校及社会教育、民众教育等事业不克发展云云。

按苏省教育专款,向分国税、省税。国税为屠宰税、牙税,系供国立大学之用;省税为漕粮附税、卷烟特税,系供省立各校之用。自去年七月间,财政部公布《划分国家收入地方收入暂行标准案》,以屠宰税、牙税列为地方收入,卷烟特税列为国家收入,而于苏省田赋项下,抵补原有之卷烟特税。是则循流溯源,本不易强为分割。推原论者之意,或欲减职校本部之经费,以匀配于其他部份。但本部经费十六年度册列一百七十五万元,折扣发放,每月实收不足十万。沪宁两处,分设九学院,实已异常竭蹶。十七年度,只照十六年度预算原数编列,并未稍有增加。况首都学府,万国具瞻,自不宜因陋就简,故步自封。再四思维,非赖中央另筹□款补助,实难周转。

伏查国立广州中山大学,每月由国库补助十二万元,行之已久,职校事同一律。又按财政部公布《划分国家支出地方支出暂行标准案》"国家支出"第十项规定,国

立专门以上学校之费为中央教育费等语。又田赋抵补卷烟特税,如收不足额,前财政部古部长曾有负责拨足之约。惟处兹内外财政同一竭蹶之际,不敢多所请求,拟请中央按月筹拨的款五万元,作为补助国立中央大学经费,全年共计六十万元,垂为定案,永远施行,俾职校本部事业,稍有基础,渐图增进。一面即可于向由大学区教育经费项下支用之大学本部经费,按月如数匀出五万元,分配于全区区立中小学校及社会教育、民众教育等事业。庶符本党政纲之精神,而慰全区人士之渴望。俟蒙允许,当再由职校会同江苏省政府、财政厅、江苏教育经费管理处,秉承中央意旨,确定拨款机关及领款手续,以便遵行,而垂永久。除呈中央政治会议、中华民国大学院外(除呈国民政府、中华民国大学院外,除呈中央政治会议、国民政府外),所有拟请拨款补助中央大学经费缘由,理合备文呈明。仰祈钧府、会、院迅赐俯准,指令施行,实为公便。谨呈

国民政府

中国国民党中央执行委员会政治会议

中华民国大学院

中华民国十七年八月十一日
国立中央大学校长张乃燕
《国立中央大学教育行政周刊》1928 年第 54 期

中央大学全体教授上国府书(1928 年 12 月)

敬陈者:窃维培养人才,振兴教育,为救国根本之计,即施政者所宜先。年来国家多故,措置纷纭,教育事业,颇受影响。今统一之绩,幸而告成,政治之途,率循常轨,生聚教训,势宜并重。方谓政府规画必有发展教育之谋,何图所闻遽与相反。本年十一月二十八日江苏省政府预算会议议决,"中央大学经费应由中央担负之,所有中央大学原支之一百七十五万元应剔除"等语,率尔通过,将见施行。夫以国款办国学,省款办省学,骤聆其言,岂不甚美。然国之与省本相系联,头目手足,宁不互相维护?假令中央果能指定的款,足资抵补,划分界限,本无争持;否则以省政措施之便宜,而坐视国家事业之破坏,揆诸事理,已有不可。况中央大学经费,应由江苏省款支出,并无丝毫不合之处,请陈其说以备省览。

查大学区制既经实施,则凡在某区各级学校,即同隶属于一学区范围之内,更无国校、省校之分。今中央大学徒因国府所在,冠以殊名,其实所领即江苏大学区也。以本区中小学校经费皆由省拨,而于其缩毂全区之大学,乃独推而外

之,曰"省不过问",本末倒置,有是理乎?大学区内分高等教育、普通教育、扩充教育三处,大学本部与国外留学生之派遣及学术团体之补助,同属高等教育处职掌。如谓高等教育非省办事业,则留学费、补助费等何以不闻与大学八院经费同议剔除?如谓大学八院既戴"中央"之名,因名便当废实,则各中小学校及扩充教育机关又何尝不加"中央大学区"字,而一废一存,抑将何辞以解?夫大学区制之精神,本在合高深学术与普通教育为一途,使得互相维系,协同发展。今无端剖割支离,歧而为二,遂使江苏大学区制虽存若亡。此预算会议议决案破坏法制不可行者一也。

让一步言,假定大学纯系国立性质者,即不应支用省款,然中央大学八院本系收并前东南大学、河海工科暨省立法医农工商等专门学校合组而成,上列各校在十五年度预算即有九十万元。现在本部实支之数,视此所增极为有限。是本校所承受之责任,泰半原与省立学校有关,而一部分经费即由此移转而来。此时江苏并未另办大学,本校为全省最高学府,亦本省中学生惟一升学之阶。纵令对于其他理由一切抹杀,岂能并原有省办事业及其经费亦复置之不顾,遂使江苏一省几无高等教育可言。此预算会议决议案昧于事实不可行者二也。

道路传闻,或谓大学经费侧重,致碍普通教育。不知中央大学区经费独立以来,划定教育专款,年计约三百五十万元,其中大学预算虽称一百七十五万元,但以税收短少,分配为难。所有全区中小学经费悉照预算十足发放,而大学则照预算七五折发放,已减至一百三十一万元。上年度实收又只一百十余万元。全校分设八院,学生达二千人,教室斋舍诸感不敷,图书仪器尤形缺乏。历由前大学院及今教育部呈请中央每月补助五万元,尚未核准。是知悠悠之论,本不足凭,而政府于本校困难情形,当□深悉。何意一旦并原定预算额悉取而推翻之,致令大学经费根本动摇,此诚百思不得其解者也。同人等为讲学而来,进退之间,绰有余裕,即令学款虚悬,黉舍空闭,是执政之忧,非同人之责也。所可虑者,万一使二千学子骤然辍业,则学术上所受之损失殆犹甚于兵力所燔。摧残教育之名,政府诸公,孰执其咎?同人等心所谓危,不敢不告。惟祈迅示办法,用释群疑。教育前途,实受其赐。
谨上
国民政府

中央大学档案

中央大学造送 1929 年度预算呈教育部文（1929 年）

呈为造送十八年度国立中央大学详细预算，请予鉴核并请确定江苏屠牙两税为职校专款，其不足之数另由国库补充以维持首都学府事。

窃以中央大学区制即将取消，奉中央执委会常会议决，先由大部及财政部省政府会商职校经费拨付方法，仰见中央维持首都学府之盛心。全校教职员闻讯之下，为百年根本计，曾经各学院必需经费约计总共 306 万元具呈大部请予主持。嗣据尊嘱，将详细预算开列。校长就各学院所约计之数复加审核，以为增高教育经费原为本党政纲所规定，首都学府尤宜名实相符。各学院所拟具 306 万元之数，为充实内容、期臻发达起见，揆之事实，洵属需要。比照前次曾经编送省政府之十八年度大学本部预算草案 1 945 000 元之数，颇有增加，举其原因，约有三端。一、近来各处学生纷纷投考，为数众多，为适应社会要求起见，应多开班次。又，自十八年度起，各学院不用学分制，改用学年制。学级既有增加，必须增请教员及充实内容。二、大学教员待遇应从优厚，为大部最近之通令。职校教员向支最低俸给。十八年度旧有者既须逐渐提高，新聘者亦宜厚廪饩，以便延揽专门学者，俾克久于其职。三、图书、仪器、工场、校具、试验费等种种设备，均需加添，庶中央学府渐能名副其实。基上三端，预算自难从简。前次之所以勉事节缩者，原为整个的大学区制，为顾全大局，为大学区固有教育专案所限制，不能多所希求。今既专案协商，自当着眼于大学一方面之永久计划，以固校基而图发展。附呈详细预算，敬祈鉴核。此应请大部鼎力主持者一也。

职校成立，系由前国立东南大学及江苏省立专门以上各校改并而来。国立东南大学经费向由江苏教育经费内之屠牙两税支拨。屠牙两税向属国税，今财政部所订国、地两税标准，虽有屠宰税列入地方之议，但苏省屠牙两税因同在大学区制之下，同为大学区教育专款统收统支，从未划分。如江苏教育经费管理处内部组织，向分国税、省税两科，国税科主管屠牙两税，迄今无改，此为明证。屠牙税既向为国税，又向系拨充国立东南大学经费，而在施行大学区制期内，又从未划分。今既提议分拨，自当追溯从前。则依照职校历史及苏省成案，屠牙两税之应为治校专款，自无疑义。否则继承东南大学之事业并加推广，而反不得继承东南大学之固有经费拨之，情理岂得谓平？况京沪两特别市屡欲接收市区内之屠牙两税，经校长以此系大学区固有专款，迭次抗争，笔秃唇焦，勉维现状。若大学区制施行取消，难保京沪两市不以省市权限为藉词，续行接收。彼时中学方面，恐将无从抗争。诚不如定为职校专款,庶免杜省市之争,保持原状。若犹以目前屠牙两税系属地方税为反对之口实,则依目前国、地两税之标准而言,卷烟特税实为国税。苏省教育经费向有卷烟特税年额 180 万元,前年秋间财政部将此项特税列为国家收入,而以苏省之田赋抵充。曾由校长与前财政部古部长及中央吴、蔡、李、张诸委员订明专约成案,声请财政部查照固有性质切实分割,仍以国税内所收入之江苏卷烟特税,按国税办国校、省税办省校之说,应请中央按照固有性质及历史重行划分。之后中央大学应得之款,当尚不止目前屠牙税 120 万元之数。惟校长忝荷中央简任,兼综地方教育,雅不欲多所纷更,致中央地方胥受其弊。故谨请依照东南大学成案,以屠牙两税拨为职校专款。其卷烟特税一层,暂行保留。此中委屈维护之苦心,当蒙鉴谅。爰请确定以江苏教育经费内之屠牙两税年额 120 万元永远作为治校基金,其不足之数,仍由财政部指定专款,按月拨付。或由江苏财政厅按月在应解中央款项内划拨,以期简捷,俾职校经费得有增高之机会及充分之保障。全校师生安心课业,拜惠良多。此应请大部订立主持者又一也。

所有造送十八年度详细预算及请确定屠牙两税为职校经费,其不足之数另由财政部补充各缘由,理合具呈声明,统祈察核提议通过施行,实为公便。此呈
教育部

国立中央大学校长张乃燕
中央大学档案

中央大学全体学生代表呈请教育部维护学校经费(1929 年 6 月)

呈为恳请确定生校经费以维教育而护学业事。

窃生校以历史关系,一切经费向由江苏教育经费管理处支付,惟际兹军政终了、训政开始之时,大学、中学、小学以及民众社会各种教育皆因时势之需求,各有不得不加扩充之趋向。而所有中央大学区之经费,自改组以来,未能增加。事业则与年俱增,经费则只有此数。求过于供,其何能济?故每届编制预算,高等、普通、扩充三教育处迭生争议。去年十二月间,江苏省政府曾因编制全省总预算,将生校经费剔除,致起纠纷,幸蒙钧府俯从生校师生之请,令饬江苏省政府撤销原议,仍旧拨付生校经费,一场风波得以终止。

顾中央对于生校经费迄未筹定的款。前次钧府核准每月津贴生校五万元,迭经当局之请,财政部亦未照发。而江苏省教育经费,因历史上种种关系,国款省款不易划分,以致在此编制十八年度预算之时,复生前项争议,久未能定。查中央大

学区教育专款，全年不过三百五十万，而中校长强争二百八十万。此外尚有临时费，为数又属不少。而扩充教育经费须占全部预算百分之十五至二十，因之亦有至少五十万之要求。如此支配，即全大学区教育专款尽供中学校及扩充教育之用，已有不敷，生校经费竟至一钱不名。自二中全会决议定期停止大学区制试行后，中学校长遽有"呈请中央从十八年度起将现有江苏教育经费全部恢复为省教育经费"之决议（见上月十九日《中央日报》教育消息栏），生校经费益将无着。

窃生校计有八院，师生数达二千。每年虽有一百七十五万之预算，而七五折领取，仅有一百三十余万之实支，以致宿舍教室不能添建。每逢开学之始，后到者则赁居陋巷且有不得。上课稍迟，则鹄立户外，翘首以听者。至于图书仪器，简陋更甚。师生虽有研究之心，而设备不全，终苦无门。首都学府，名实未符。同学有见于地小人多、形大实虚之虞，迭向当局求其减招新生。但规模既大，缩短不能。且全国大学无多，青年出路有限，即不为国家文化计，而时势所迫，亦有勉应众意之必需，故终不得其请也。至于教授之月俸，至多不过三百元，较之北平、清华诸大学为数甚少，故良好教授苟不为维持生计者，辄去此而就他校之聘。钧院、教育部虽有优待教授之命令，而经费支绌若是，主校政者谁能作无米之炊？今者因预算不能制定，教授聘约不能按期颁发，清贫学者为谋事蓄计，安能不图他就？若再延时日，将见优良教授尽离此地矣。生等赖父兄之血汗，竭筹资斧，千里来斯，若失良师之指导，致耗光阴，非特有负父兄，亦将误己而误国家也。万一生校因经费无着而停闭，则二千同学更有辍学之忧。为此，沥陈肝胆，恳请钧部府迅予转呈中央，确定生校经费，以立百年树人之大计。在未筹定的款以前，仍照钧府行政院第八次会议决议，令饬江苏省政府拨付生校经费一百七十五万元，并饬财政部速照中央议决案按月拨付津贴生校五万元，以维现状，则中央大学赖以维持，而生等学业亦蒙庇护矣。是否有当，伏祈迅予批示施行，实为公便。谨呈
国民政府教育部

国立中央大学全体学生代表
十八年六月
中央大学档案

致学校建议书（1929年8月）

校长先生钧鉴：

窃自中央明令废止大学区制，中小学校复坚持省款办省校之主张，以致本校经

费根本动摇,校务废弛,人心浮动。本会有见于首都学府之将坠,同学失学之堪虞,遂由本会第六次会议提出增加预算三百万元并保障其独立之要求,据向教财各部力争。数月以来,奔走呼号,不遗余力,焚炎燠暑,在所不顾。其间几经挫拆(折),频历险阻,几使在校同学闻而灰心。学校行政无人负责,本会代表坚持正当之要求,迭向各方呼吁,卒得转危为安。兹得教部蒋部长亲函答复,本校经费永久由江苏省教育经费管理处每年拨付一百三十二万元,又在三百万预算未通过以前,业由财政部确切允拨每月五万元。据此,则三百万元之预算虽尚未通过,然实支数目已较十七年度增加六十万元。全体同学从此稍可安心读书矣。

本会此次力争经费之运动,既非为挟嫌攻讦、藉端诬蔑之心理所驱使,更非封建意识所支配,妄欲摧残大学教育以自肥者所可比拟。不过本良心之要求,图造成优良之读书环境,使二千同学有藏修之所在,国内学生有升学之机会,然后党纲所载不致成为具文,文化建设方可按步发展。其动机既甚纯洁,其目的亦极正大。是以本会对于经费既依此目的而力争,对于教务亦不得不望钧长依此目的而改革。过去本校校务因限于大学区制不克发展,因陋就简,缺陷实多。兹者大学区制明令取消,经费数目已有增加,若不再求节省,力加整顿,使所有经费用于有益,则不独无以副同学纯洁之热望,抑且有失本会力争经费之意义。本会为此用特略陈所见,建议如下,幸望钧长垂察焉。

一、添设讲座并提高专任教授待遇。窃国府明令大学教授不得兼任他职,最近教部复有提高教授待遇之通令,良以大学教授非徒上课讲授,且须精探深讨,阐发微妙,自应提高其待遇,方能使其专心学术,有所贡献。年来国内如北京、中山、武汉等大学教授俸给皆有增加,而中山大学最高俸给且定为五百元。本校教授俸给至多不过每月三百元,以故各院教授多系兼职,其不兼职者又多滥竽充数,除上课外,绝不踏入图书馆或研究室。教授既无研究之精神,同学自寡读书之兴趣,洵致学校变为市场,讲义化为商品。现状如此,言之痛心。本会以为此后本校教授应不准在外兼职,其专任教授研究确有成绩且深乎众望者,每月俸给应增至四百元。此外,更须聘请中外专家,支以最高俸给,设为讲座,使其潜心研究。如此,方能树首都学府之尊严,而负发展中国文化之使命。

二、裁汰冗员以极力节省行政经费。行政费用应占学校预算之最小比例已为通例。国内各著名大学,其行政费无不力求节省,使有用之金钱不致变为无益之消耗,而各部教务方能尽量发展也。查本校十七年度预算表,其中教授俸给不过七十六万八千元,建设费四十七万零七百七十七元。而行政费则为五十一万零二百二十四元,几占全部预算百分之卅。其中办公费及杂费两项将及二十五万元,职员薪水共为十八万元。窃本校年来因经费困难,以致图书仪器无法添设,优良教授不得聘请，同学因家境贫困请求免费者皆不可得，而行政费用竟每年消去五十余万元，教育效率因而减少。揆厥原因，全由冗员过多，职员薪水太高之故。窃国立大学非如行政机关，其事务至为简单，以故即世界著名之巴黎大学，其注册各组亦不过寥寥数员而已。本校办公各处，冗员充斥，按月支薪，无所事事。近闻大学区制取消，学校方面复有扩充本校行政组织，以位置前行政院去职职员之音。此种消息，本会深信其不确。盖果如是，则不独学校化为官场，教育等于儿戏，而本会数月以来冒暑奔走所得之经费，大部以供冗员薪水与办公消耗之不足，将与同学目的大相违背，办学宗旨大相悖谬。本会以为大学区制既经取消，本校行政组织自应根本改组，然尤当缩小规模，力求节省。现有各处冗员亟应尽力裁汰，务使办公费及杂费缩至最小限度，以后行政费用至多不得超过全部支出百分之廿，方为合理。

三、减轻同学负担。本校同学来自国内各地，年来战争频仍，加以"共匪"骚乱，同学因经济困难请求休学者日见增加，而学费负担又较国内各大学为独多。年来首都生活费用日高，个人消耗日大，穷苦同学几无读书之机会，勉强支持者亦备受经济之压迫，无心弦诵。以故民国十六年春全体同学曾根据总理政纲要求学校免收学费，只以当时限于大学区制，故谓须全区筹划，不得单独施行，遂尔中止。在学校方面，似亦甚悉同学之痛苦，曾规定贷金办法。然以基金未筹，徒有具文，迄未实现。十七年度又有免费学额之设，然名额过少，且纯以成绩为标准，经济富裕者得教授证明即可全部免费，而家境清贫确为好学者反有向隅之叹。窃国内各国立大学对于学生负担无不极力减轻，穷苦子尤加优待。诚以党化教育之实施，应使全国青年皆有读书之机会，非如欧美各国贵族式的教育所可同语也。本校位置首都，四方青年群来相聚，过去困于大学区制之下，负担繁重，无法解脱。今者大学区制既已废止，本校为提倡学术发展文化计，应仿各国立大学先例，减轻学生负担，使二千同学不再有失学之虞，且中学毕业者皆容易有受大学教育之机会。本会爰将现在最迫切而最可行之办法建议如左：

（1）每人每期学费减轻十元；

（2）除讲义费外，体育、医药等费一律免收；

（3）扩充免费学额免费标准，应以家境清贫为原则。

以上三项办法全部实现，所费不赀，若将学校行政费用稍为节省，即可弥补，固无不可办到之理也。

以上所举各项办法不过其荦荦大者，其余校内公共建设事项，如浴室及厨房之建筑，医药室之整理，宿舍之增加，皆为急不容缓之图。伏望钧长本一贯之精神，顾同学之公意，将以上各点一一见诸实行，不良事项一一加以改革，励行整顿，尽力发

展,使首都学府不复虚有其名,民族文化得以发扬广大,则本校前途幸甚。专此,敬颂

教安

各学院学生会代表会谨上
中央大学档案

张乃燕复各学院学生会代表会函(1929年9月2日)

本校各学院学生会代表会赵、范、刘诸君并转诸同学均览:

接阅来牍,具悉壹是。此次本校经费,诸同学冒暑抗争,与各学院师长取同一态度,为本校长之后盾,热心毅力,深用嘉慰。兹复以改进校务陈述意见,爱校爱国,至为欣许。所陈各节,大体均可采纳,惟间有与事实未符及办法尚需从长计议者,兹特分项详答于次。

一、添设讲座并提高专任教授待遇。此层为办学主要精神所在,本校长久抱此志,扼于经费,未克实现,刻正在计画之中。重以公意,自当益加注意,并按照事实上之可能,次第实行。

二、裁汰冗员以极力节省行政经费。此层亦极关重要,本校长向主此意,凡所延请,力避冗滥。十七年度职员薪给支出实数九万三千二百四十一元有零,在全部实支数一百三十二万元中仅占百分之六强。本年度复从新整理,酌量汰留。现有职员皆适应事实上之需要,各具专长,各有职司。其俸给支出视十七年度略有增加,总数当尚不到百分之六。至此外办公费及杂费,所包至广,其中如购置器具、实验材料等,均为积极之行政费,而与事业有连带关系,且所实支之数亦未达预算总数。来文根据预算立论,故与事实不符。此项预算迄未通过,兹特依照决算加以说明,以免事实上有所隔膜。至来文宗旨,本校长固深表同情也。

三、减轻同学负担。在此十八年度预算尚未通过之时,本校经费仍感困难,本未便一律减轻。惟首都生活高贵异常,食宿之需已大不易。本校长为体恤同学计,勉从众意,参酌事实,分别如下:

(1)每人每学期学费减轻十元,从本学期起照办。

(2)除讲义费外,体育、医药费本用诸同学之自身,碍难一律免收。惟原订办法尚有未妥,现拟重行厘定。在新订办法未妥定公布以前,此项体育费、医药费暂从缓收。

(3)免费学额可以扩充。惟免费标准殊难十分完善,俟详细商酌后再行确定

办法。

  以上各节,大体均与诸同学意见相同,惟事实上之问题不得不加以审慎之考虑耳。此后尚望安心向学,益自奋厉,以发扬校誉,增进国光。本校长愿与诸同学共勉焉。专复,即颂
学祺

张乃燕手启
十八年九月二日
中央大学档案

维护学校经费运动之经过述略（1929年9月10日）

  溯此次本校经费之运动,开始于二中全会限期取消大学区制之决议。此次运动工作之紧张,则自中央第二十二次常务会议决议"交国民政府于两星期内召集教育部、财政部、江苏省政府商定中央大学经费拨付办法后,即行停止试行大学区制"公布之第二日。查此项决议案发表于七月十二日京沪各报,当时我留校同学见此消息,莫不群相惶骇,以为本校经费将有根本动摇之虞。爰于即日下午二时由教育学院、文学院、法学院三院代表召集各院学生会代表会第六次会议,讨论应付方针。各代表咸以本校厄于大学区制,经费不得增加,内容简陋不堪。际此将有制度改弦更张之时,本校经费不仅应保持固定的款,尚须根据国民党政纲与学校实情要求增加经费为每年三百万元,指定其来源,并设立管理处以保障其独立。此乃吾人数旬以来不辞困苦、不畏诬蔑所力求实现之目的。其中奋斗经过,难以罄述,更非身当其冲者所能尽忆。内而屡濒于危,令人再三绝望;外而横遭訾议,使人几度心灰。幸我全体同学,一致团结,同舟共济,卒能转危为安。兹谨缕述要端,为我同学告焉。

  当第六次会议毕后,各代表分工合作,执行决议,四出请愿,面递呈文,函电各方,散发宣言,张贴标语,新京气象,为之一变。奔走十有余日,前途几无希望,代表每一相聚,辄对嘘叹。至二十三日始悉教育部于二十五日召集财政部、江苏省政府会商本校经费拨付办法。即日下午召集第七次会议,决议:一面再向各方请愿,一面函请主事机关,予以正当之解决,并敦促学校当局暨各学院长速起协争。讵意财长及苏省出席代表皆避而不见,教部当局徒事敷衍。大势如此,良用惶悚,遂于二十四晚常务代表开紧急会议,决议:二十五晨召集全体同学齐赴教部请愿,并要求列席会议。翌晨所到同学仅五十余人,整队前往教部,面谒部长,陈述来意,比蒙答

复,准如所请。不料待至下午一时,会议已毕,各方代表已去,群情愤慨,争相责问。适苏省代表叶楚伧先生莅临,乃推举代表痛陈此次维护学校经费之苦心及本校经费问题与党国前途之关系。蒋、叶两先生为之动容,乃声明此次会商非最后之决定,故密不宣布,本校经费以后定有圆满之解决。而二十六日京沪各报竟全案披露,且公然有谓此为最后之决议。按此次会商之内容,非惟本校预算未能增加,即原有屠牙两税的款亦被剔除。本会代表闻悉之下,愤于教部之毫无诚意,遂齐赴教部质问,由蒋部长声明各报消息不确,并负责答复四点。当经本会代表即时记录,并由双方亲笔签字,共同负责,以昭信守。

自十二日紧张工作以来,冒暑呼号,迭遭挫阻。外而反动分子之攻击,舆论界之淡视;内而以暑假期间教授同学多已离校,难以为援。当此之时,幸赖留校同学,持之以毅力,行之以决心,卒克迭渡危机,而无陨越。惟教、财、省三方第一次会商之后,各学院长深知事不可忽,乃急起直追,同谋协争。代表等复努力于外方之疏通接洽,遂博得各界谅解,舆论为之一变,气势因而益壮。

八月七日复得确讯,谓教育部于九日召集财政部江苏省政府第二次会议。只以时机已熟,水到渠成,不必作甚大之准备,亦毋庸烦扰留校之同学,仅代表等于八日往教、财、省三方接洽,九日上午赴教部要求列席会议。蒋部长答以各方俱有先见,无须与会,乃坐待午后。会议结果,事竟又出意外。此次决议五条,本校经费为数虽增一百八十万元,然皆镜花水月。教育部声明三则,虽可补充,然无法的根据。各代表见此即严重抗议,否认此次决议。蒋部长当允誓以诚意维护本校经费,且以教部声明三则为此案之先决条件。代表等复奔走各方否认此次会商,并表示以后所持之积极行动,而全体同学亦正式发表三次宣言,表明态度。宣言甫出,江苏教育界亦群起反对。是此次议案,无形为我推翻,同学稍慰其心。

中央鉴于开学期迩,本校经费问题急待解决,会江苏教育界亦迫于教育厅早日成立之要求,八月十四日中央政治会议议决,本校经费问题交教育部迳自妥议办法。蒋部长乃于八月二十日国府行政会议,提议本校经费拨付方法二则:一为中央大学经费应按十七年度实支数一百三十二万元,永久由江苏教育经费管理处支给;二为该校十八年度预算通过后,其不足之数,由财政部支给。只以预算虽未通过,经费势须增加,财政部宋部长当席确切允拨每月五万元。比经决议,蒋部长复亲函同学,遂召集第十次会议,讨论对于此事之意见。各代表佥以江苏教育经费管理处原有的款即行拨还,且于预算未通过之前,业增六十万元,而预算已交财政委员会讨论,吾人为谋合法之解决,理应静待。况当此国家多难之秋,正发奋求学之会,且开学在即,似宜暂为接受,遂发四次宣言,表明态度。

吾人两阅月来,在焚炎燠暑中奔走奋斗,不辞劳瘁。其间代表董德鉴君受暑成疾,曾咏春君竟以病身死。今日回忆过去,不胜感系。现在吾人最终目的虽尚未完全达到,然实支数目已增至一百九十二万元,其用途亦应善为支配,庶几不失维护经费之意义,而过去之牺牲方有价值。

此次运动,为时数旬,费力无数。稍得如此结果,固吾全体同学之戮(勠)力,各界人士之援助,然如京沪各报所载,中央政治会议及国府行政院会议时,吴委员稚晖、邵委员力子、易部长培基、蒋部长梦麟,皆于本校经费问题之解决良有助力。吾人为国家学术计,为民族文化计,自当掬诚感谢。

民国十八年九月十日

范云龙记

中央大学档案

国立中央大学十八年度经费分配表(1929年)

本大学十八年度经费分配表

机关名称或科目	应得经费数	应得补助数	分摊公款数	全年实支数
总建设费				155 000
总办公处	176 000		12 421	163 579
理学院	248 000	40 000	28 119	259 881
文学院	152 000	40 000	28 119	163 881
法学院	152 000		28 119	123 881
教育学院	152 000	5 000	31 690	125 310
农学院	240 000		19 046	220 954
工学院	240 000		28 118	211 882
医学院	128 000	5 000	1 428	131 572
商学院	112 000		1 428	110 572
实验学校				40 000
图书馆				32 000
军事教育				24 000
医药室				10 020
普通体育费				16 000
运动费				3 600

(续表)

机关名称或科目	应得经费数	应得补助数	分摊公款数	全年实支数
警饷				13 440
服装				2 100
日刊				4 212
半月刊				3 680
工资、消耗、修缮、租息、宿舍设备、保险费				54 436
合计				1 870 000

附表（一）

本大学十八年度收入预算，计江苏教育经费管理处132万元、财政部55万元，两共187万元。除开支总建设费及总预备费27万元外（总建设费155 000元、总预备费115 000元），余160万元，按照比例分配如左：

  总办公处 11% 176 000
  理学院   15.5% 248 000
  文学院   9.5% 152 000
  法学院   9.5% 152 000
  教育学院 9.5% 152 000
  农学院   15% 240 000
  工学院   15% 240 000
  医学院   8% 128 000
  商学院   7% 112 000
  合计   100% 1 600 000

附表（二）

总预备费11万，除拨给实验学校25 000元外，余9万元经校务会议指定，补助理、文、教、医四学院，各得数目如左：

  理学院 40 000元
  文学院 40 000元
  教育学院 5 000元
  医学院 5 000元

附表(三)

公共机关及公用款项由总办公处与八学院分摊如左：

(一)实验学院十八年度经费40 000元,除由总预备费项下拨给25 000元外,余15 000元,由教育学院担任5 000元,其他七院分担10 000元,计理、文、法、农四院各担1 429元,工、医、商三院各担1 428元。

(二)图书馆32 000元、军事教育24 000元、医药室10 020元、普通体育费16 000元、运动费3 600元,共计85 620元,由理、文、法、教、农、工六学院各担14 270元。

(三)校工、机匠工资29 436元、消耗22 800元、修缮9 600元、租息18 000元、宿舍设备6 000元、保险费3 600元,共计89 436元。除房租、宿费收入35 000元抵充外,余54 436元,由总办公处担任9 071元,理、文、法、教、工五学院各担9 073元。

(四)警饷13 440元、服装2 100元、日刊4 212元、半月刊3 680元,共计23 432元。由总办公处担任3 350元,理、文、法、教、农、工六学院各担3 347元。

由上四条分摊数目列表如左：

院别	(一)应摊数	(二)应摊数	(三)应摊数	(四)应摊数	总计
总办公处			9 071	3 350	12 421
理学院	1 429	14 270	9 073	3 347	28 119
文学院	1 429	14 270	9 073	3 347	28 119
法学院	1 429	14 270	9 073	3 347	28 119
教育学院	5 000	14 270	9 073	3 347	31 690
农学院	1 429	14 270		3 347	19 046
工学院	1 428	14 270	9 073	3 347	28 118
医学院	1 428				1 428
商学院	1 428				1 428
合计	15 000	85 620	54 436	23 432	178 488

中央大学档案

国立中央大学二十年度预算会议记录(1931年3月17日)

日期:二十年三月十七日下午四时

地址:会议室

出席者:张修枡、杨公达、朱家骅、孟宪承(程其保代)、郭心崧、梁希(孙本忠代)、顾毓琇、刘树杞、颜福庆、程振基、汪东、俞颂华(列席)

主席:朱校长

开会如仪

主席报告:今日所应讨论者二十年度预算,因日期甚迫,须如期送出。现中央对于预算,六月底以前非送到核定。本校之所以至今日提出者,因前任清册尚未交出,又因本人到任后适逢放假,故进行时日较迟。二十年度预算照旧预算编制,在实行新预算时可临时更正,教员待遇或可增加,确定教员人数等项能办到。本校预算数总数不算不多,但以分开而言,则为数甚微。不明内容者,则多有微词。上次通知各院在整理方面设想,若再向外要求,则实属难事。校内可节省之处甚多,不过希望其增加若干,则易于办到。有不得已之设备,亦应增加者也。现各院送来者,比增有九十三万余元。江苏教费管理处决无增加可能,财政部亦更无希望。且苏费时有动摇之势,惟大部分则多系国税,增加经费,实在是不易之事。所有增加之数九十三万,非重行缩减,不能送出。纵使送出,亦决难照准也。

顾院长:报告前次出席江苏教费委员会情形。苏费二十年度增加六十万元(请财政部补助),本校与中学应平均分配,请校长定一增加数目,再行分配讨论。

主席:本校只能向财政部进行,苏费方面决无办法。

刘院长:先定一增加必不可少之数,再行支配。关于理学院增加者三千九百余元,完全是设备所用。

顾院长:说明添造房屋及实验室之急迫需要。

颜院长:医学院方面添造医院等不在内。

孙主任:农学院有几种扩充计划,有许多房屋将要倒倾,每年修理费亦需三四千元。故不如造屋,免去修理费。病虫害科、农政科虽停办,则教授仍须请的。又□□补助二十年度短少二万余元,又加洛夫教授七千余元。

主席:我们开以要增加若干,至少要若干,定一原则的数目。

刘:先定总数,每月增三万元(加五分之一)。

杨:将各院建筑费另列。

颜:赞成杨说。建筑费另列。医院加十三万元,建筑不在内,是系极少之数。学生五班均收齐,而预算历年毫未增加。拟将医预科归医院自办,故其中有增加四万元亦在内。如本校增加若干,则对外亦易于设法。

程:对于刘先生所说甚赞同,但预算分对内对外两种,照需要增加。

主席:以增加之数,再由各院分配。送出以后,再来详细分配。对财部要求增八万元。

郭:建筑费列入临时费,每年均要添造。如所加三十六万,提一部份列入建筑费,以十九年度为标准,各院全部要更正。法学院以实际数目来编,添聘六位专任教员。图书费亦稍予增加。

主席:旧预算不动,理、医、农、工为特别需要,法、商亦要增加,医有特别情形,的确太少,本人承认均属需要。本校教员待遇甚薄,而或者因人数不经济,职员虽尚可裁去数人,亦属有限。图书费既由各院分任者,则亦应减少。以一万元计算,应加八千,照比例加二万元图书费。

颜:说明教员增加每人每月二十元是不[得]已之情形。医预科亦是,事实上不得归本科办理,如仍归理学院办,则可减四万余元。

主席:赞成医预科归医学院办,与其他各院一致。如所加之数不足三十六万,则以比例为分配(即下列之数)。实验学校添设高中,为外面所要求,分三年办成完全高中部,另列建筑费。

讨论结果:

(一)照十九年度原预算一百九十二万元外,要求中央于二十年度增加三十六万元。此是实际上必不可再少之数。

(二)三十六万元之分配数目如下:

文	20 000
理	33 000
法	40 000
教	30 000
农	40 000
工	50 000
商	15 000
医	85 000
图	20 000
律法专科	15 000

地理	12 000
总计	360 000

中央大学档案

农学院函请增加二十年度预算经费(1931年3月27日)

敬启者：属院二十年度预算册前经院务会议就实际需要分别科处议定，其总数为502 828元，由院缮陈鉴核在案。二十六日开院务会议，得读悉大函并发回原册，嘱为就本校实际需要假定增加经费为36万元，照预算会议支配办法，农学院增加4万元，按十九年度预算数目加新增之数重行编造报送等因。当经同人等会议，佥谓如根据十九年度预算及新增之数编造，按之实际，农学院万难维持。

窃以中大农业教育与其他教育有别，因有教授、研究、推广三方面，责任綦重。不从研究着力，则教材难以切实；不从推广发展，则农业教育功用不显。此需要增加经费之理由一也。

中国各大学设有农学院者寥寥无几，故农学前途已属黑暗。本院既位居中央，应处领导地位，为国内唯一最高之农业学府。苟设备方面因陋就简，未有规模，瞠乎人后，何可树之风声。此需要增加经费之理由二也。

中大农院自东大时起，就教授、研究、推广三种分途发展，历来得外间补助费，各种事业已具基础，现在更应发扬光大，以应社会之需求。今校费既未能加多，外间补助费亦仅有15 000元，维持发展不得不求诸校内予以相当之数目。此需要增加经费之理由三也。

然上列三条系就属院之性质、地位与历史言之耳，请将目前实际上之困难情形为我校长陈之。查属院十八年度预算，照校务会议议决经费支配之标准，占校费百分之十五，应得24万元，益以收入及补助，其实支预算数为354 991元。王前院长复以困难诸多，预请停办病虫害科及农政科，节留经费，藉资调剂。不意本年度开始，值院长更换之际，本部未加谅察，仓促将两科经费一并裁去不留，又复扣款还欠王前院长任内之亏空，故支配预算仅占校费百分之十，应得187 632元而已。加以院内因经费减少、生产费不足，而收入锐减。文化基金补助费照章又年年减少一万元。至病虫害及农政二科之课程为各科共同必修者，仍不得不开，教授、设备仍然不能减省。重以合聘洛夫教授，不在预算之内，其薪金颇巨，亦归院担任。困难百端，事业多行停滞。技术人员亦未加薪，以故辞职改就者无术挽留，而试验研究事业多受影响。此外，仪器运到者复因无款退回，赔偿运费。工资之欠缺不发，房屋之朽坏不修,皆窘于经费故耳。此十九年度预算特别减缩之情形,室碍太甚,削足适履,忍痛进行,立待请求宽松,决不能作为二十年度预算之张本。

同人等详加讨论,一致议决,二十年度预算至少须照十八年度支配,占校费百分之十五。按本部经费及假定应增之数共 228 万元计算,农学院应得实支预算数 342 000 元方可维持。即照此数重造预算册,送请汇编。同人等忝属农学份子,负属院教授研究之责,既体党国先进所宣布之农工政策,复遵校长屡次声明教授治校之精神。除将属院本年度经济减少之前因后果与来年之需要大略用此书面陈述外,并当场全体公推代理院务孙恩麐及校务会议出席代表赵连芳两先生晋谒校长面述理由,尚祈赐洽容纳为荷。如果不能达到此数,则同人等虽欲竭尽棉薄以报学校,而无如经费困难,研究与事业皆不克进行,尸位素餐,反增咎戾,惟有敬谢不敏而已。侧闻校长以农、工、理、医为重,当必有以维持发展之也。
专肃,敬请
朱校长大鉴

国立中央大学农学院院务会议谨咨
廿年三月廿七日
中央大学档案

孟宪承报告江苏省教育经费委员会稽核员开会情形(1931 年 5 月 26 日)

校长钧鉴:

关于本校经费问题,曾由宪承草拟向江苏教费委员会提案一件奉呈,想邀垂察。昨日稽核员会仍由宪承前往出席,省立各中学校长以发清四月份经费为要挟,否则六月一日提前放假。开会时,有上海、苏州等校校长临时赶到,要求列席旁听。会议时,嚣争特甚,均主将本校经费暂缓发放,以救中校眉急。宪承据理力争,结果本校二月份下半月通知书已补行盖章,三月份上半月拨县通知早经送达本校。其三月份下半月通知书本校亦与其他各中小学校一律盖章。惟中校坚索四月份经费,相持不散,最终以得苏省府拨发库券十万元,并管理处设法挪借约八万元。约略计算,四月份各中校可发一半现款,一半拨县之通知书。而对于大学,众意仍坚持只发上半个月拨县通知书。以上四月份通知书定于二十八日一律盖章。本校从二月下至四月上,虽已得两个月经费,而比较中校,仍属延缓半月。所有昨日开会情形,敬特提出报告,以备鉴核。至宪承承江苏教育经费委员会推举为稽核员,因京杭兼职,每不能如期出席,难免贻误。对于本校经费,亦愧未能多所尽力,深用疚心。现已向江苏教费委员会辞去稽核员一席。如钧长出席该委员会时,并请提出公正人士继任,以维教费。余托顾毓琇先生面陈,诸维钧裁为幸。肃颂

勋绥

孟宪承敬上
二十年五月二十六日
中央大学档案

国立中央大学呈送二十三年度概算并说明增加经费理由（1933年12月25日）

案奉钧部齐代电开:"二十三年度一级概算因已逾限,至仰即遵办"等因。奉此,遵即按照实施需要,核实编制本校二十三年度概算,理合备文呈请鉴核汇转。惟查本校二十二年度预算,全年总数共为172万元,此次所编二十三年度概算,全年总数共为184万元,全年共增12万元。其不得不增加之理由,谨为钧部详陈之。考此次概算中所增加之经费,全系设备费及教师薪俸,此均为发展本校所必不可少者。

一、添置学术设备。本校范围较大,院系较多,所有图书仪器及其他学术设备,虽有相当规模,但按院系分配后,则距完备适用之境尚远。教师中从事切实研究者甚多,必须于研究设备方面予以充分之便利,方能期其有相当成绩,而为学生表率。故为改善学风、提倡研究计,对于一切必需之设备,不得不积极添置,以应目前之急需。此不得不增加经费者一。

二、教师年功加俸。本校教师待遇较其他国立大学如清华、北京、武汉诸校均为低薄,而首都生活程度则较北平、武昌均高,故欲罗致人才,极感困难。即原有教授,亦难维系。为补救计,对于新聘教师,待遇不得不略予提高;原有教师,则于教职员服务规程,明定年功加俸条款。此项提高待遇年功加俸之薪额,为数颇巨。此不得不增加经费者二。

三、添聘良好教授。本校院系较他校为多,原有教师固均一时之选,但自各院各系而言,师资仍感不充。下年度必须广为罗致,加以补充。尤以理、工、农三院,国内人才不敷分配,更须延聘外国专门学者来校担任讲席,指导研究,以副国家提倡理工实用科学之本旨。外籍教授薪给必须较优,此不得不增加经费者三。

总之,此次所增加者,全在积极建设方面。至于行政费、消耗费等,则无不力求撙节,尽量核减,并未增加,此应特别申请鉴察者也。再查本校二十二年度之预算,

名义上虽为172万元,但实际收入并不足此数。盖本校由钧部支领者,实仅161万元,其余11万元则以本校收入坐支抵解。此11万元之数系按商医两院未分出之前收入总数开列者,自两院分出后,本校收入实际已减少三分之一。益以本年度学生应缴之体育、医药两费已经校务会议决议免缴,宿费后奉部令减收五分之二,致全年收入实际仅有79 000余元。即此数中,尚有农学院之收入,因年岁丰欠关系,不能完全作准。故本年度自开学迄今,四五月来,预算数视实际开支,月有亏短。所资以挹注者,全赖二十一年度之盈余。该年度所以能有盈余者,一方面由于力事樽节,一方面亦有其特殊原因在。盖自二十一年六月间学潮发生后,校务即归停顿,直至十月一日始行开学。匆促之间,教授无法补充,故薪金一项,敷余独多,而其他一切开支亦因之无形缩减。惟此系一时变态,本年度一切已入正轨,自绝无余款足资弥补下年度之短欠者矣。此系本校经济之实在情形。而为维持本校之正常发展计,下年度之支出方面又不能不稍事增加。际兹国家财政万分支绌之时,苟非万不得已,曷敢妄请增加经费,致增国家负担。理合将本校下年度必须增加经费之实情,详为陈明,敬乞鉴核准予如数编入第二级概算。并将详细理由一并汇转主计处,俾便核定预算,而利校务发展,实为公便。谨呈
教育部部长王

国立中央大学校长罗○○
中华民国廿二年十二月廿五日
中央大学档案

国立中央大学呈请教育部准予追加经费(1934年4月18日)

案查本校二十一年度因事改组,开学较迟,又未招收新生。家伦到职后,复竭力整顿,削除一切靡费。故该年度经常费项下,收支相抵,计结余244 456.62元正。当将此款挪移为建设之用,计:加建图书馆一座,共支洋133 218.46元正;添建农学院种子温室一所,共支洋22 376.35元;添建音乐教室一所,共支洋10 479元正;添建实验学校新教室一所,共支洋23 100元正;又图书馆装置钢书架,共支洋62 617.19元正;种子温室装设暖汽水管工程,共支洋4 159元正。总共支出256 000元正。除去本校二十一年度结余,计共超出11 573.38元正。

此项建筑经费,前经列入本校二十一年度经常费内一并报销。嗣准审计部第7882号审核通知书开,此系临时费性质,应须补具法案,列入临时费报销等由。理合遵照办理,补具临时费预算书□份,连同办理坐支抵解缴款书、领款书各一份,一

并呈请鉴核,分别存转,以符法令,而资清结。

又,本校本年度一切均复常态,正应积极扩充,以谋发展。而本年度预算总额,仅172万元,较之二十一年度反减少27 604元。所有临时费项下超出之11 000余元,自难完全由本年度经常费预算内设法弥补。拟恳准予追加临时费预算10 000元,其余不足之1 543.38元,当由本校于本年度经常费内设法撙节,以资挹注。

所有挪用结余,从事建设,补具法案并请追加预算10 000元各缘由,理合备文呈明,敬乞鉴核俯准,实为公便。谨呈
教育部部长王
  计附呈(略)

国立中央大学校长罗○○
中央大学档案

国立中央大学历年积欠外商各款清单(1934年)

表中所载各款,均以外商曾经函索及送发票者为根据。

一、美国

(一)哈佛仪器公司 The Harvard Apparatus Co.

此款均为本校购置仪器及试验材料用品积欠,原额美金99.41元,已付美金40元,净欠美金59.41元。本校现存该行发票一纸及附函一纸。

(二)科发药房

本校欠货款7 307.33元,另有利息洋837.1元(自二十一年至二十二年十月)。以上共计国币8 144.43元。

(三)科发药房

前东南大学积欠国币10 157.17元,内有货款9 160.53元,又利息洋996.64元。

(四)麦克米兰公司

本校图书馆欠书款计美金374.73元,图书馆经手。

(五)弗桑公司

本校图书馆积欠书款计美金194.17元,图书馆经手。

以上五笔,共欠美金628.33元,又国币18 301.6元。

二、英国

(一)马尔康公司

此款总额共为 1 000 两,民国二十年一月二十六日已付 500 两,净欠 500 两。现存函一件,账单一纸。

(二)公和洋行

本校建筑国民会议大礼堂结欠该行打样费、旅费及杂费等国币 4 200 元。现存函一件,工程委员会议决案件全份。

(三)朗门格林公司

本校积欠书款计英金 45 镑 10 先令 4 便士,除已付 36 镑 5 先令 7 便士外,净欠 9 镑 4 先令 9 便士。现存账单一纸及附函一件。

(四)海佛公司

欠书款计英金 68 镑 8 先令 11 便士,图书馆经手。

(五)倍克公司

前东南大学物理系购置仪器欠款 91 镑 5 先令 7 便士。除前已付 10 镑外,净欠 81 镑 5 先令 7 便士。此项货品系为前东南大学物理系经手。现存发票 6 份,账单一份,索款函一份。

以上五笔,共欠银 500 两,国币 4 200 元正,又英金 158 镑 18 先令 6 便士。

三、德国

(一)劳恩斯公司

欠书款 123.7 马克。庶务组经手购置,心理系用。本校现存发票一纸,函二件。

(二)麦斯维克公司

图书馆经手,欠书款计德币 1 350.7 马克。

(三)瑞克大学图书馆

图书馆经手,欠书款计 368 马克。

(四)麦斯高罗公司

欠货款 70 镑。本校现存该行函一件及德国公使馆代催函二件。

(五)费得尔洋行

理学院化学系欠仪器货款计美金 632.8 元。本校现存该公司发票一份,函一件。

以上五笔,共欠 1 842.4 马克,又美金 632.8 元,又英金 70 镑。

四、法国

(一)高支维利公司

本校积欠书款 3 464.4 法郎。现存函一件及发票一纸。

中央大学档案

国立中央大学二十三年度岁入概算书(1935年)

收入经常门	二十三年七月一日起至二十四年六月三十日止(单位:元)		
科目	前年度决算数	本年度概算数	上年度预算数
第一款 本大学收入	111 219.97	797	797
第一项 财产收入	28 646.34	115	115
第一目 租息	28 646.34	115	115
第一节 宿费	21 242.53	55	55
第二节 其他房地租息	7 403.81	60	60
第二项 事业收入	66 238.28	630	630
第一目 学费	24 560.39	200	200
第一节 学费	24 560.39	200	200
第二目 农场收入	41 677.89	430	430
第一节 畜产	15 597.57	160	160
第二节 森林	1 878.55	20	20
第三节 农产	20 852.74	220	220
第四节 园艺	3 349.03	30	30
第三项 杂项收入	16 335.35	52	52
第一目 印刷费	4 360.58	32	32
第一节 讲义费	4 045.4	30	30
第二节 出版物	315.18	2	2
第二目 学生杂费	6 190.79		
第一节 学生杂费	6 190.79		
第三目 其他	5 783.98	20	20
第一节 利息	3 583.98	20	20
第二节 补助费	2 200		

中央大学档案

国立中央大学二十三年度岁出概算书(1935年)

收入经常门	二十三年七月一日起至二十四年六月三十日止(单位:元)			
科目	前年度决算数	本年度概算数	上年度预算数	增减数
第一款 本大学经费	1 737 243.92	1 840 000	1 720 000	120 000
第一项 俸给费	945 781.25	1 168 400	1 127 000	41 400
第一目 俸薪	842 542.63	1 061 060	1 024 486	36 574
第一节 职员俸	179 366.97	231 060	223 518	7 542
第二节 教员俸	658 028.93	822 600	793 768	28 832
第三节 雇员俸	5 146.73	7 400	7 200	200
第二目 工饷	103 238.62	107 340	102 514	4 826
第一节 机匠工资	17 686.25	20 862	20 214	648
第二节 校役工资	45 776.11	47 804	45 892	1 912
第三节 农夫工资	26 958.64	22 280	21 600	680
第四节 校警饷	12 817.62	16 394	14 808	1 586
第二项 办公费	232 772.95	184 000	172 140	11 860
第一目 文具	24 358.92	19 533	18 900	633
第一节 纸张	14 700.02	12 884	12 155	729
第二节 笔墨	2 507.38	1 574	1 768	−194
第三节 簿籍	3 757.6	3 131	2 954	177
第四节 杂品	3 393.92	1 944	2 023	−79
第二目 邮电	8 063	5 383	5 524	−141
第一节 邮费	1 657.39	1 427	1 346	81
第二节 电报	1 320.48	1 076	1 298	−222
第三节 电话	5 085.13	2 880	2 880	0
第三目 印刷	15 342.86	16 350	16 367	−17
第一节 刊物	7 230.72	9 007	8 498	509
第二节 杂件	8 112.14	7 343	7 869	−526
第四目 消耗	54 891.87	47 878	48 926	−1 048
第一节 茶水	173.68	4 666	3 403	1 263

(续表)

收入经常门	二十三年七月一日起至二十四年六月三十日止(单位:元)			
科目	前年度决算数	本年度概算数	上年度预算数	增减数
第二节 灯火	25 715.92	25 397	26 459	−1 062
第三节 薪炭	15 909.27	10 486	11 596	−1 110
第四节 油脂	13 093	7 329	7 468	−139
第五目 租赋	23 057.16	20 920	20 920	0
第一节 房租	20 926.36	18 842	18 842	0
第二节 地租	188	78	78	0
第三节 场圃	1 942.8	2 000	2 000	0
第六目 修缮	73 293.42	52 933	39 383	13 550
第一节 房屋修缮	57 868.74	41 697	29 450	12 247
第二节 舟车修缮	2 489.63	1 752	1 896	−144
第三节 器械修缮	9 176	6 287	5 485	802
第四节 场圃修缮	3 759.05	3 197	2 552	645
第七目 旅运费	8 258.4	6 886	6 138	748
第一节 旅费	3 649.46	2 088	2 453	−365
第二节 运输费	4 608.94	4 798	3 685	1 113
第八目 杂志	25 507.32	14 117	15 982	−1 865
第一节 招待	1 225.86	680	880	−200
第二节 广告	554.83	600	600	0
第三节 报纸	1 609.57	1 843	1 638	205
第四节 杂费	22 117.06	10 994	12 864	−1 870
第三项 购置费	219 221.07	248 400	184 740	63 660
第一目 器具	145 366.11	147 126	115 340	31 786
第一节 家具	68 268.88	7 096	6 135	961
第二节 器具	6 763.4	5 845	4 165	1 680
第三节 器皿	1 514.69	600	400	200
第四节 机械	20 013.44	4 353	4 611	−258
第五节 仪器	48 420.07	117 309	94 865	22 444
第六节 标本模型	385.63	11 923	5 164	6 759
第二目 服装械弹	2 868.28	2 200	2 400	−200
第一节 服装	2 188.78	2 200	2 400	−200

(续表)

收入经常门	二十三年七月一日起至二十四年六月三十日止(单位:元)			
科目	前年度决算数	本年度概算数	上年度预算数	增减数
第二节　械弹	679.5			0
第三目　舟车牲畜	3 213.88	2 066	300	1 766
第一节　车辆	736	200	300	－100
第二节　船只				0
第三节　牲畜	2 477.88	1 866		1 866
第四目　图书	57 854.34	94 888	64 400	30 488
第一节　图书	57 854.34	94 888	64 400	30 488
第五目　杂项	9 918.46	2 120	2 300	－180
第一节　杂项	9 918.46	2 120	2 300	－180
第四项　营造费	165 790.61	92 000	97 860	－5 860
第一目　房屋费	162 389.04	82 800	85 150	－2 350
第一节　房屋费	162 389.04	82 800	85 150	－2 350
第二目　场圃费	3 401.57	9 200	12 710	－3 510
第一节　场圃费	3 401.57	9 200	12 710	－3 510
第五项　特别费	86 508.54	64 400	63 648	752
第一目　特别办公费	5 466.67	6 000	6 000	0
第一节　特别办公费	5 466.67	6 000	6 000	0
第二目　汇兑	44.53	400	300	100
第一节　汇水	3.8	400	300	100
第二节　亏耗	40.73			0
第三目　医药费	4 430.53	4 800	5 000	－200
第一节　医药费	4 430.53	4 800	5 000	－200
第四目　其他	76 566.81	53 200	52 348	852
第一节　保险费	0	4 000	4 000	0
第二节　利息	120	120	120	0
第三节　旅费	6 119.49	6 200	6 000	200
第四节　实习费	40 962.14	21 280	20 628	652
第五节　体育费	6 332.48	6 600	6 600	0
第六节　医药费	0			0
第七节　抚恤费	2 144			0

(续表)

收入经常门	二十三年七月一日起至二十四年六月三十日止(单位:元)			
科目	前年度决算数	本年度概算数	上年度预算数	增减数
第八节 补助费	20 888.7	15 000	15 000	0
第六项 预备费及附属机关费用	87 169.5	82 800	74 612	8 188
第一目 预备费	0	27 600	19 412	8 188
第一节 预备费		27 600	19 412	8 188
第二目 附属实验学校经费	87 169.5	55 200	55 200	0
第一节 附属实验学校经费	50 000	55 200	55 200	0
第二节 商学院经费(七月)	8 821			0
第三节 医学院经费(七月)	12 712.5			0
第四节 农学院经费(七月)	15 636			0

中央大学档案

国立中央大学呈请教育部另拨专款十万元(1935年3月6日)

案奉钧部第612号秘令,转奉国防委员会函饬:本校于下年度在工学院内添设航空工程系。又奉钧长面示:由农学院筹办畜牧兽医人材训练所各等因。奉此,遵即积极筹备,拟具方案,切实进行。惟本校经常费岁额有限,下年度预算因奉令办理算学、农艺两研究部,及为遵令筹设水利工程系而添设之水工实验室等项必需之额外开支,业已另文呈请准予每月增加经常费一万元,以资补助在案。但航空工程系及畜牧兽医人材训练所之开办费用,因为数较多,并未列入。查航空工程系虽蒙国防委员会特拨补助专款,惟当初曾经该会规定,必需本校能自筹五万元为开办费,方允补助。诚以此项学系在国内尚属创举,一切设备师资,均非重金罗致难以获得,仅国防委员会之补助,尚不敷用。且此系当初约定之成案,势亦非筹足不可也。至于畜牧兽医人材训练所,照本校切实核计,所需人才设备均尽量利用本校所固有者,以资节省。所有新添各项全属万不可少之最低限度,计需临时费五万元、经常费（除本校畜牧兽医系原有之经费外）两万三千余元。现定经常费之两万三千余元，仍由本校设法自筹，其临时费之五万元，拟请准予连同航空工程系之开办费五万元，两共十万元，一并转呈行政院核准，予本校经常费预算之外，另拨专款，以利进行。是否有当，理合备文呈明，并附具训练各级畜牧兽医人材计画书一份，仰祈鉴核俯准，实为公便。谨呈

教育部部长王

国立中央大学校长罗○○

中央大学档案

国立中央大学呈送二十四年度经常费概算（1935年3月6日）

案奉钧部文代电开：查二十四年度第一级概算云云，至以便汇转等因。奉此，遵即按照事实需要核实编制本校二十四年度概算，理合备文呈请鉴核汇转。惟查本校近两年来，一切已入正轨，亟待力谋发展。前于编造二十三年度概算书时，曾详陈理由，请予每月增加经费壹万元，以资补助，未能邀准。兹经预计二十四年度应行添办科系以及各项设备，在在需款，若照前订预算数额，断不敷用。故此次新编二十四年度概算，每月仍请增加壹万元，全年经常费总数共一百八十四万元。谨将不得不增加之理由为钧部陈之。

一、添筑水工实验室。查本校工学院，近年来办理虽渐臻完善，然就原有各项设备而论，对于学术上之研究及实验，仍时感不敷应用。尤以前经奉令筹设专系之水利工程方面，其设备最感缺乏。为成立专系准备及研究实验便利起见，下学年拟添办水工实验室一座，连仪器设备约计四万余元。此不得不增加经费者一。

二、算学、农艺两研究所之部分设备。查前奉令饬筹办算学、农艺两研究所，遵经拟具章程呈核在案。此项经费固由钧部允于庚款项下援给，惟因此而连带之设备以利教学者，当不在少。此不得不增加经费者二。

三、教职员年功加俸。本校教职员待遇，较其他国立大学，如清华、北京、武汉诸校，均为低薄。而首都生活程度则视北平、武昌等地较高，欲罗致人材，颇为困难。即原有教授，亦难维系。故对于新聘教师，待遇不得不略予提高。原有教师则于教职员服务规程中明定年功加俸条款，以资补救。此项提高待遇年功加俸之薪额，为数颇巨，约需三万余元。此不得不增加经费者三。

四、修理学生第三宿舍。查本校学生第三宿舍为前南京高师时代所建筑之

回字房,久逾保险时期,倾圮堪虞。近年虽经随时修补,终以年久料薄,非彻底拆修,难期坚实而保安全。业经精密估价,修理费约须一万七千余元。本应早日兴工,因限于预算,未能进行。下年度势难再缓,致生意外。此不得不增加经费者四。

总之,此次所请准予增加之数,全在积极建设方面,均为发展本校之所必不可少者。至于行政费、消耗费等,无不力求撙节,尽量核减。理合将本校二十四年度必须增加经费之实情再为详陈,敬乞鉴核准予如数编入第二级概算,并将上述理由一并汇转主计处,俾便核定预算而利校务发展,实为公便!谨呈
教育部部长王
　　计呈送二十四年度概算书三本

国立中央大学校长罗○○
中央大学档案

国立中央大学呈请核发航空班兽医系临时费(1935年8月8日)

案奉钧部二十四年发总柒1第7828号训令饬知:本校二十四年度核定经常费一百七十二万元,临时费航空班开办费十万元,畜牧兽医系特别费四万元等因。奉此,现航空班新生入学试验已于上月办理完毕,定于本月十九日起正式上课。所有开办必需之各项设施,均已分别置办,以备届时应用。刻下建筑已告完工,订货亦已陆续运到,工价货款,亟待筹付。畜牧兽医系现正就改良牧种、防止兽疫及造就人材各方面积极进行,以应国家迫切之需要。一切设施,在在需款。且业与卫生署详细商洽,密切合作,□□正在接洽延聘外籍教授。为此理合具呈,恳祈鉴核准予转咨财政部,将核定之临时费计航空班十万元、畜牧兽医系四万元,合共十四万元,即予一次拨发,以利进行,实为公便。谨呈
教育部部长王

国立中央大学校长罗○○
中央大学档案

农学院呈送廿四年度预算总表（1935年10月25日）

敬启者：本院根据核减后所发经费218 000元（原额228 000元）、农场收入90 000元（按上年度实收91 000元）、畜牧兽医系临时费25 000元、农艺研究部筹备经费5 000元，四共收入项下338 000元，分别交由系、场、所、组、股、处依照上年度支出数目略为增减挹注。拟订二十四年度院办公处暨所属教务组、场务组、推广组、图书室、事务股、会计股等共40 978元，农艺系暨所属八农场79 891.2元，森林系暨所属四林场34 242.6元，园艺系暨所属四园艺场36 269元，畜牧兽医系暨所属两牧场60 000.7元，蚕桑系暨所属蚕桑场19 078元，农业化学系暨所属制造所29 000元，全院总预备费8 540.5。总共经常支出308 000元。畜牧兽医系临时费25 000元，农艺研究部筹备费5 000元。总共临时支出30 000元。经常、临时总共338 000元。于昨日本院院务会议讨论决议，送请校长核定施行。更有进者，本届编订预算，极力注重各项设备之添置，其经、临两项预算内，图书仪器及其他设备共有64 096元，约占全预算五分之一，加以全院总预备费8 000余元，多数可以作为添置设备之用。本院全体教员、助教、技术员、职员薪俸总共全年135 000余元，仅占全预算十分之四。衡以寻常标准百分数，只见其低。唯因研究、试验日渐增多，场事业费不得不相随增加，本年度预算已达90 000以上，种种实施，恒有用度不足、捉襟见肘之感。此则农学院特别情形，不得不上烦荩虑者也。谨检同本院二十四年度预算总表一张、各部份分表七张、畜牧兽医系临时支出预算表一张，二十四年度各项设备分类预算表一张暨二十三年度收入总表一张，送请核定示遵。

此上
罗校长
　　附表十一张

农学院院长邹树文
廿四年十月廿五日
中央大学档案

国立中央大学二十五年度经费分配表(1936年)

二十五年度经费分配表

部份	数额	百分比	备注
公共开支	253 415 元	14.7	
行政部份	205 000 元	11.9	俸薪 151 100 元,其他一切开支 53 900 元
文学院	147 980 元	8.6	俸薪 126 980 元,其他一切开支 21 000 元
理学院	233 640 元	13.6	俸薪 178 640 元,其他一切开支 55 000 元
法学院	98 480 元	5.7	俸薪 77 480 元,其他一切开支 21 000 元
教育学院	147 220 元	8.6	俸薪 134 220 元,其他一切开支 13 000 元
农学院	288 000 元	16.7	包括俸薪及其他全部一切开支(本预算计由经费项下拨发 208 000 元,收入坐支 80 000 元)
农艺研究所	10 020 元	0.6	
工学院	186 750 元	10.8	俸薪 151 750 元,其他一切开支 35 000 元
医学院	80 000 元	4.7	包括俸薪及其他全部一切开支
实验学校	69 515 元	4.1	包括俸薪及其他全部一切开支
总计	1 720 000 元	100	部发 1 640 300 元,收入坐支 79 700 元,合计如左数

中央大学档案

中央大学呈报教育部与洛氏基金会合作改进我国畜牧兽医事业

(1936 年 3 月 17 日)

案查本校近与美国洛氏基金会接洽合作,改进我国畜牧兽医事业,特由该会补助本校畜牧兽医系外籍著名兽医专家一人、国籍专家一人,共合国币 34 600 元正。当时约定,须由本校筹设一规模较大、设备完全之兽医院一所,并添购各□牲畜以供试验实习之用。查首都现尚无专门兽医院,该系既有兽医专家多人,自应尽量公开服务社会。故兽医院之设立,自社会需要言,亦属必要。且事关国际合作,既承该会慨予补助,则本校方面,应尽之义务,必须如约履行,以昭信守。再,本校为继续合作起见,又已向该会申请继续补助。据该会负责人称,继续补助,须本校履行上开义务。将来续拨款项,亦须以补助一半、自筹一半为原则。是本校不能不积极设置及预为洛氏基金继续补助之准备者也。兹经切实估计,此项设备及牲畜至少需费国币 40 000 元。为此,理合缮具本校畜牧兽医系二十五年度临时费概算书三份,专文呈请鉴核,务祈俯准并案汇转,俾得核定预算,藉维国际信誉,而促兽医发展,实为公便。谨呈
教育部长王

国立中央大学校长罗
中央大学档案

国立中央大学呈请教育部补助医学院建设(1936 年 3 月 17 日)

　　案查本校奉令添办医学院,业于本年度遵限成立。开办伊始,仅有一年级生,所修课目均系普通必修,一切尚可尽量利用本校公共建筑及其他院系原有设备。下半年度二年级生即须修习医学院特殊课目,自非有特种之建筑与设备不可。按照钧部颁发之大学医学院设备标准,此项建筑设备经费规定为 74 万元,开办费至少须 20 万至 30 万元。查本年度就本校原定经常费项下,各方节省以供该院开支,可勉资应付。下年度各院系各年级招齐,开支既需增加,而该院因加开特殊课目,如解剖学、组织学、神经系解剖学、生物化学、细菌学等,更须添聘教师。医学教师各有专长,多须个别延聘,甚少可以互兼者;再则,三年级课程有因特殊关系,其教师与设备必须在二年级预为准备者。因此下年度本校经常费之支配,困难已达极点,断无余力可供医学院开办设备之用。若非特拨专款,实属无法进行。当此财政困难之时,若必照规定设备费额数一次拨发,自属不易。爰特分别先后缓急,拟定分年设施计划。下年度第一期设备,兹经按照最低限度估计,至少需 15 万元,然后教学研究始可按程进行。理合缮具本校医学院第一期建筑设备临时费概算书三份,专文呈请鉴核,俯准并案汇转,俾预算成立,以利进行,实为公便!谨呈
教育部部长王

国立中央大学校长罗○○
中央大学档案

国立中央大学呈送二十五年度预算并说明必须增加开支实情

（1936年3月17日）

案查本校二十五年度概算，前奉钧部训令，限期造送。兹经根据事实需要，核实编制，理合缮具概算书三份，备文呈请鉴核汇转。

查本校二十一年度未招新生，故近四年来每年只有三个年级。学生课程既均较少，教师设备自亦比例照减。本年度并经将可停可并之课目尽量停开或合并，但自下年度起，各年级招齐，至少需添开课程七八十种，教师亦即不能不加补充。姑以添聘十人计，全年薪额即须加增约三万余元。此下年度开支势须增加者一。

本年度添办医学院，招收一年级生，所授课程多系普通必修，教师设备尚可借助于其他院系。下年度二年级生必需修习医学院特殊课目，如解剖学、组织学、神经系解剖学、生物化学、细菌学等，均须另聘教授。医学人才最难物色，待遇必须较优。担任课目，各有专长，难以互兼，人数又不能并减。再者三年级课程有因特殊关系，其教师与设备必须在二年级预为准备者。此项薪额，预计亦须三万余元。此下年度开支势须增加者二。

本校教职员待遇，以首都生活费用继涨增高情形而论，较之国内其他同等学校，已属低薄。本年度因添办院系，扩充设备，致年功加俸一节，因经费限制暂停一年。诸同人虽能谅解于一时，下年度则必须照章办理，不容再缓。此项开支至少亦须五六万元。此下年度开支势须增加者三。

下年度农艺与算学两研究所必须完全成立，所需之图书仪器以及实验设备，自亦必须分别添置。此项购置费至少须四万元。此下年度开支势须增加者四。

凡此，均系事实上万不可省而必须增加之开支，总计在十万元以上。当此国难严重、财政紧缩之时，曷敢全部仰赖政府接济？自当竭力撙节，自谋把注，惟经费之数额有限，支出之用途日繁；各项开支自当撙节，惟事业日增，节流终有限度□。减至无可再减之余，尚不敷十二万元。故下年度概算系按全年总数一百八十四万元编列，每月增加一万元。合并呈明，务祈鉴核，准予如数编入第二级概算，并将上述增加开支实情一并汇转，俾便核定预算，而利校务进行，实为公便。谨呈

教育部部长王

国立中央大学校长罗○○
中央大学档案

国立中央大学二十四年度岁出经常门决算报告书（1936年）

决算报告书（中华民国二十四年度岁出经常门）

1935年7月1日起至1936年6月30日止（单位:元）

科目	本年度决算数	本年度预算数	比较增减数
第一款　本大学经费	1 721 468.97	1 720 000	1 468.97
第一项　俸给费	1 019 125.8	1 025 667	6 541.2
第一目　俸薪	903 224.31	900 567	2 657.31
第一节　职员俸	197 997.07	195 822	2 175.07
第二节　教员俸	699 465.33	697 931.04	1 534.29
第三节　雇员俸	5 761.91	6 813.96	1 052.05
第二目　工饷	115 901.49	125 100	9 198.51
第一节　机匠工资	25 369.42	27 500.04	2 130.62
第二节　校役工资	40 263.47	46 662.96	6 399.49
第三节　农夫工资	38 604.03	38 775.96	171.93
第四节　校警饷	11 664.57	12 161.04	496.47
第二项　办公费	169 409.31	174 960	5 550.69
第一目　文具	13 122.82	14 611.08	1 488.26
第一节　纸张	8 245.17	9 419.16	1 173.99
第二节　笔墨	1 795.96	1 806.96	11
第三节　簿籍	842.91	1 001.04	158.13
第四节　杂品	2 238.78	2 383.92	145.14
第二目　邮电	6 448.01	6 812.04	364.03
第一节　邮费	2 032.44	2 043	10.56
第二节　电报	1 117.52	1 252.08	134.56
第三节　电话	3 298.05	3 516.96	218.91
第三目　印刷	18 557.34	20 554.8	1 997.46
第一节　刊物	13 352.88	13 701.84	348.96
第二节　杂件	5 204.46	6 852.96	1 648.5
第四目　清耗	62 860.61	65 319.96	2 459.35
第一节　茶水	7 466.5	7 960.08	493.58

(续表)

科目	本年度决算数	本年度预算数	比较增减数
第二节 灯火	24 482.91	28 141.92	3 659.01
第三节 薪炭	16 945.98	16 758.96	187.02
第四节 油脂	13 965.22	12 459	1 506.22
第五目 租赁	9 032.54	11 583	2 550.46
第一节 房租	7 278.7	8 703	1 424.3
第二节 地租			
第三节 场圃租	1 753.84	2 880	1 126.16
第六目 修缮	28 652.81	27 539.04	1 113.77
第一节 房屋修缮	9 231.27	15 499.08	6 267.81
第二节 舟车修缮	3 350.57	2 167.92	1 182.65
第三节 器械修缮	11 192.34	6 642	4 550.34
第四节 场圃修缮	4 878.63	3 230.04	1 648.59
第七目 旅运费	4 569.73	5 800.08	1 230.35
第一节 旅费	2 676.18	3 350.04	673.86
第二节 运输费	1 893.55	2 450.04	556.49
第八目 杂支	26 165.45	22 740	3 425.45
第一节 招待	1 076.62	1 284.96	208.34
第二节 广告	209.42	654.96	445.54
第三节 报纸	1 743.23	2 000.04	256.81
第四节 杂费	23 136.18	18 800.04	4 336.14
第三项 购置费	272 060.06	271 200	860.06
第一目 器具	15 024.56	18 860.04	3 835.48
第一节 家具	3 348.19	7 575.96	4 227.77
第二节 器具	4 970.76	5 773.08	802.32
第三节 器皿	701.41	937.08	235.67
第四节 机件	6 004.2	4 573.92	1 430.28
第二目 仪器标本	146 127.77	164 710.08	18 582.31
第一节 仪器	145 777.77	156 039	10 261.23
第二节 标本模型	350	8 671.08	8 321.08
第三目 图书	103 629.03	76 400.04	27 228.99
第一节 图书	103 629.03	76 400.04	27 228.99

(续表)

科目	本年度决算数	本年度预算数	比较增减数
第四目　服装械弹	2 369.44	2 055.96	313.48
第一节　服装	2 369.44	1 028.04	1 341.4
第二节　械弹		1 027.92	1 027.92
第五目　舟车牲畜	546.7	3 519.96	2 973.26
第一节　车辆	546.7	1 320	773.3
第二节　船只		99.96	99.96
第三节　牲畜		2 100	2 100
第六目　杂项	4 362.56	5 653.92	1 291.36
第一节　杂项	4 362.56	5 653.92	1 291.36
第四项　营造费	46 329.67	46 399.8	70.13
第一目　房屋费	45 129.67	42 399.84	2 729.83
第一节　房屋费	45 129.67	42 399.84	2 729.83
第二目　场圃费	1 200	3 999.96	2 799.96
第一节　场圃费	1 200	3 999.96	2 799.96
第五项　特别费	150 041.95	137 573.2	12 468.75
第一目　特别办公费	16 700	16 800	100
第一节　特别办公费	16 700	16 800	100
第二目　汇兑		500.04	500.04
第一节　汇水		200.04	200.04
第二节　亏耗		300	300
第三目　医药费	2 008.17	3 200	1 231.83
第一节　医药费	2 008.17	3 200	1 231.83
第四目　其他	131 333.78	117 033.16	14 300.62
第一节　保险费	2 399.5	3 999.96	1 600.46
第二节　利息	80	80.04	0.04
第三节　旅费	6 166.33	3 954	2 212.33
第四节　实习费	76 847.37	73 757.2	3 090.17
第五节　体育费	2 917.16	3 482.04	564.88
第六节　奖学金	6 500	6 039.96	460.04
第七节　医药费		120	120
第八节　抚恤费	2 912.27	4 599.96	1 687.69

(续表)

科目	本年度决算数	本年度预算数	比较增减数
第九节 补助费	33 511.15	21 000	12 511.15
附属实验学校经费	64 502.18	64 200	302.18

中央大学档案

二十五年度理学院各系经费分配比例(1936年9月15日)

迳启者:本院廿五年度图书仪器费(包括其他一切经常用费),前经校务会议决议,规定预算为65 000元。至本院各系之廿五年度预算数目,业经分配如左:

算学系	4 000元
物理系	11 000元
化学系	20 000元
地质系	5 000元
地理系	5 000元
生物系	15 000元
院办公处	2 000元
煤气厂	3 000元
以上共计	65 000元

本年度起,由会计组分系立户,各系支付之款分别登账,勿使混乱。每月由会计组将各系支付数目结算通知,俾各明了实支状况而免超出预算。若有已达上列某部分预算数之最高额时,照校务会议决议,不得再签发购单工单。各系工程单及购置单上须经系及系主任并院及院长签名盖章(院办公处及煤气厂仅院及院长签名盖章),方为有效。若手续不完全而误办者,不能在本院预算内支付。以上各节,除函请会计组照办外,特此函达,祇希查照为荷。此致
学系

理学院办公处启
廿五年九月十五日
中央大学档案

新校址建筑经费收支概况(1936年11月2日)

新校址建筑经费收支概况(二十四年七月起,二十五年十月止)

收入之部:

一、收部发经费	840 000元
二、收银行结存利息	14 167.72元
三、收建筑商人缴投标图样费	60元
以上共收	854 227.72元

支出之部:

一、支建委员会预支购地费	131 756.91元
二、支建委员会预支建猪房款	2 000元
三、支畜牧系建工人平房一所	1 610.76元
四、支农学院预支农场开办费	2 000元
五、支征求新校舍图样奖金	4 000元
六、支办事人员薪金,九月终止	10 230.22元
七、支徐敬直工程师八至十月份业务酬金及交通费用	2 100元
八、支杂支及设备	11 664.02元
以上共支	165 361.91元
除支实存	688 865.81元

会计组
廿五年十一月二日
中央大学档案

呈报教育部二十六年度经常费概算(1936年12月28日)

案奉钧部令饬限期编造本校二十六年度概算,以凭汇编第二级概算等因。奉此,兹经根据事实需要,核实编就,理合缮具经常费概算书三份,备文呈请鉴核。

查二十六年度本校经常费共编列1 864 000元,较之二十五年度核定经费,全年共增 144 000 元,每月增加 12 000 元。其不得不增加之理由,谨为钧部详呈之。

本校自二十一年改组后,常年经费即核定为 172 万元。四五年来,事业逐年扩充,经费从未增加,胥赖在开支方面设法撙节,以资挹注。但节流终有限极,二十五年度经费未能增加,现即感受莫大困难,多种计划无法实施。不独妨碍特殊发展,甚至影响正常进行。二十六年度支出方面,事实上且将更形增加。

第一,学生人数增多。明年暑假预计可以毕业者,仅约 160 人。招收新生,姑以 600 人计,则学生人数即将增多 440 人。种种开支自须随之增加。

第二,医学院添一班三年级,并须预为准备四年级课程。所有教授、助教、技术人员均须添聘。医学人材待遇又须较厚,故仅薪给一项,即有巨额增加。

第三,教职员中未加薪者,至明年暑假多数已达三年。按照本校年功加俸规定,逾期已久,势难再延。此又必须增加支出者也。

第四,农艺、算学两研究部,本年度已正式成立。现因开办之初,学生甚少,尚可节省开支。明年录取学生必将增多,举凡师资、设备以及学生津贴各项,均须增加开支。

第五,自动工程系原由航空委员会拨款补助,但本校每年负担之 50 000 元,仍须由本校经费内筹拨,并未减轻。

根据以上种种事实,本校二十六年度经费,实不能不酌量增加,以应必需,而利发展。合并呈明,务祈鉴核,准予如数编入第二级概算,并将不得不增加之实情一并汇转,俾得核定预算,实为公便。谨呈
教育部部长王
计呈二十六年度本校经常费概算书三份

国立中央大学校长罗○○
中央大学档案

呈请教育部增加医农学院经费(1936 年 12 月 28 日)

查本校医学院创办伊始,各项设备亟待购置,以利教学研究。二十五年度因加开二年级课程,需要特种设备,曾经专文呈请核发第一期设备临时费 15 万元,未能邀准。二十六年度该院又加一班三年级,专门课目更多,特种设备之需要益迫。计需要补充设备者,有解剖学、组织学、胚胎学、神经系解剖学及生物化学五科;从新设备者,有生理学、病理学、细菌学、药理学及寄生虫学五科。按照钧部

颁发之医学院设备标准,建筑费20万元,设备费20万元。该院建筑已由本校设法筹建部分,但各科设备陆续添置之后,已不敷用,尚须再行扩充。上开各科已有之相当设备,亦系本校就经常费项下尽量设法腾挪,随时添购,以应急需者。但经常费所能撙节者,究属有限。若非另有专款,必不能及时齐备,影响教学至巨。是以该院第一期设备临时费15万元,务祈鉴核,准予在二十六年度预算案内成立,以利进行。

又农学院畜牧兽医系,因与美国洛氏基金会合作改进我国畜牧兽医事业,承该会慨允,二十四年度补助本校34 600元,二十五年度补助35 000元。但当时说定,本校必须自筹同等数额,该会始允照付。二十五年度曾经专文呈明,请予核发临时费40 000元,亦未邀准。事关国际信誉,断不能不践约言。但本校经费拮据万分,虽经尽力张罗,终未能全数措齐。本年度起又添办畜牧兽医专修科,二年毕业,该科第二年经费亦须预为筹划。预计两者,除本校设法自筹者外,至少尚差3万元。务乞钧部一并准予核定,以资接济。

以上农医两院临时费均属事实需要,迫不容缓,而又断非本校所能负担者。理合陈明缘由,分别缮具概算书各三份,专文呈请鉴核,准予一并汇转,俾得核定预算,实为公便。谨呈

教育部部长王

　　计附呈医、农两学院临时费概算书各三份

国立中央大学校长罗○○
中央大学档案

管理中英庚款董事会函复补助中央大学情形(1937年7月14日)

　　管理中英庚款董事会公函　字第2496号

　　案准贵校第1030号公函内开:"本校历承贵会慨予补助,无任感荷。近因医学院之种种设备,切需大宗接济,复蒙贵会热心维护,特予变通办理,尤深感激。所有二十六年度继续补助本校算学系之一万元、机械系二万元自当一并放弃,以便贵会移作补助医学院一部分经费之用。至于该两系之原定计划,自当赓续进行,不足之款由本校另行筹措,相应具函声明,敬希察照,并请将补助本校医学院之全数查案函示。再,关于物理讲座继续设置一节,亦乞一并见示,俾便计划进行,实纫公谊"等由。

　　准此,查本会二十六年度教育文化事业补助费,业经教育委员会详加审查,建

议第 46 次董事会议决通过。贵校前请补助：一、工学院化学工程系特种应用化学研究设备费 93 000 元，二、医学院建筑设备费 215 000 余元，三、物理学讲座费 30 000 元，及四、教育学院请补助教育试验所从事"高中数理化教学问题"暨"工程能力诊断问题"研究经费 55 000 余元各案，均经汇提讨论。此外，贵校本年三月间来函，为理学院化学系拟自廿六年度起添办特种化学研究室，请补助开办设备费及特种药品暨仪器费 58 000 一案，亦经一并提出参考。讨论之时，金对所请各案，极表同情。但本届支配，高等教育事业请款案件，与过去各届情形相同，较其他各类为数特多。统计请款数额约在 1 000 万元以上，而息金收入按规定比例可供该项分配者，除留起应拨继续补助费以外，仅余 83 万元。相差过巨，挹注至艰。故于讨论之先，曾决定原则，凡正在继续补助中之各机关，本届概不另予补助。本会上年议决补助贵校理学院算学系图书设备费及工学院机械部分设备费 6 万元，在廿六年度内尚有 3 万元须继续拨付。所以在前项原则之下，对于新请各案，实难另再设法。顾贵校罗校长亦深恐本会或有此种情形，曾于事前先向本会说明，谓医学院需款至切，物理学讲座亦有设置必要。如上年理工两院补助费足以影响新请两案，愿将理工两院廿六年度可领补助费 3 万元一并放弃，移充补助医学院一部分经费之用。所有理工两院原定计划，由校另行筹款，赓续进行。此项声明之意，已于会议时提出报告，金以放弃旧案，虽在本会尚无先例，但贵校既能另筹款项，继续原定计划，则于本会补助理工两院初旨，尚无变更。故讨论结果，认为可予同意。随经决定补助国币 14 万元，指定 11 万元为医学院设备费，以 3 万元为物理学讲座费，自二十六年度起分三年拨给。医学院设备费第一年拨 3 万元，第二、三两年各拨 4 万元。其第一年应拨之 3 万元，即以前定补助理学院算学系及工学院机械系之 3 万元移转充用。物理学讲座费分三年平均拨给，每年拨 1 万元。第一年 1 万元由本会自办事业项下所列外籍讲座费内支付。本会在廿三年分配第一届息金时，曾议决赠送贵校讲座一席，每年经费 1 万元，以三年为期，合共 3 万元。嗣后贵校即以此项讲座聘英国司徒德生教授讲授物理，依前定期限，本年六月底已经届满。但第一年因教授未经及期聘定，经商得本会同意，将讲座费遽移半年，所以在二十六年度上半年度尚有五千元可以续拨。此次补助之物理学讲座，性质上原系继续前案，故所定 3 万元之数应包括前赠讲座费项下遽移半年之五千元，一并计算。

以上为本会决定补助之详细情形。准函前由，相应备函奉复，并检同领受补助费应请注意事项及处理请款规则暨补助费会计通则各乙份，随文附送，敬希查照，迅将医学院拟购设备，就补助费范围以内编造分期购置细目及估价单等送会审定，俾凭拨款。至工学院化学工程系及理学院化学系暨教育学院三案，本会审查之余，甚有同情。然以息金收数不敷支配,未能给予补助,深觉歉疚。尚祈贵校能将本会支配困难情形,分别转知,惠予亮察,无任盼祷。此致
国立中央大学
  计附应请注意事项,处理请款规则及会计通则各乙份

                董事长朱家骅
              中华民国廿六年七月十四日
                 中央大学档案

第八部分　图书、建筑与校产

请确定校内各栋建筑名称案(1927年11月)

查现在校内各房屋均沿前次东大旧称,如中一院、中二院等,甚且有高师时期习用之名,如高师宿舍等。如依照因袭,则至不相类;如废去不用,则扞格不通。亦有一处数名,莫可究诘:如校内斋舍,或称高师宿舍,或称平房垒舍;又女生宿舍,或称新安宿舍者。固均有其历史上之原因,然实无历史上之价值,似宜废去旧称,确立新名。至孟芳图书馆命名原为捐款人之纪念,然表面为齐氏个人宦余之私囊,实际莫非苏、赣两省搜括之脂膏。首都秀山公园亦经市政府改称第一市立公园,以齐视李,宁有异同?似亦应请取消"孟芳"二字。是否有当,敬候公决。

中央大学档案

国立第四中山大学图书馆报告书(1927年11月)

一、行政

本馆馆长皮皓白先生升任大学院图书股主任,本馆职务无暇兼顾,于上月杪辞职,新馆长尚未聘定,在此过渡期间,一切馆务暂由华村兼代。

本馆各项章程及预算书等急宜早日成立,不能因新馆长未到而搁置之。是以暂由华村拟订,送交教务会议请求议决,并函请该会组织图书馆委员会以解决本馆各项重要问题。

本月二十一日起,参考、杂志两室晚间七时至九时已照常开放。但除参考室外,电灯均不甚明亮,于阅览上颇多妨碍。现正与事务处商酌,设法修理或改装,务期光线充足,便于阅览。

法大运来书籍悉置于楼上教员研究室内,堆置桌上,因缺乏书架无从整理,现已会同事务处将法大书架拆来、改造、装置，一俟油漆光毕，即行着手整理改编。

二、编目室

甲、中文编目室

前馆长皮先生因本馆中西文书籍各自分类，编目方法不能统一，以致同一书籍原本与译本异号。为统一编目起见，决意加以修正，不论中西书籍，悉用杜威氏分类法编目。惟中国古籍在该法中实无法位置，削足适履，事实上殊觉不便，拟仍用四库分类法编置（制）。斯法未能实行，而皮先生已辞职。华村兼代后，即博采图书专家及学术家之意见，并搜集各图书馆编目方法细细研究，觉此种改革仍未彻底，拟另求妥善之法。但新到书籍亦未便搁置，是以新书暂照皮先生所定方法（即杜威氏分类法）编目进行。惟古籍只可暂缓编目，俟方法确定后再为处置。

中文书目卡片安置方法悉依《康熙字典》部首排列，检查极为不便。是以同学借阅图书全凭以前印成之书本目录，用卡片者甚少。但此二册书目为三年前所排印，其后续到新书甚多，均未列入。现已改用分类安置法，检查较为便利，并利用西首目录栏安置卡片，以后续编之书悉照新法安置。本月份因讨论分类问题以致编目亦停顿多日，后即从事赶编，已编新书二百余册，又补写书架目录片一千余张。

乙、西文编目室

本月份西文编目事项可分下列二项言之：

（一）清理事项

1. 对于书架目录片，继续依照登录簿检点添补，共计卡片1 614张。现已添补完竣，占全数九分之二（全数共7 154片）。

2. 依照登录簿检查，已遗失之书籍共计68册，前任教职员及学生所借出而未归还之书籍共计913册。其书架目录片一律抽出另行排列，以免混杂。

3. 依照已清理后之书架目录片，检点目录柜内之目录片所缺甚多。凡前书架目录片所缺者1 600余张，目录柜内亦一律缺少。依详细编目方法，每种应备卡片平均以四张计，须补卡片6 400余种张，现正从事赶补。又，卡片如有冲突或雷同者以及排列法有不照图书馆管理法原则者，亦正从事更正。

4. 清理前任所遗下而未有之目录片，凡可用者悉数录用，以省填补之劳。

（二）编目事项

本月份因清理事项手续繁重，几于忙不胜忙。而各院送来参考新书又急于应用，乃随时抽暇编制，共计新编书籍65册。

三、出纳股

商务书馆所承印之各项卡片至今尚未交来，故现在所用者仍是临时借书证。但本学期已过大半，调换正式借书证手续又极繁重，遂决定催促商务书馆赶将各项卡片寄来，以便提前准备妥当，俟下学期开始时调换正式借书证。

农学院向本馆提供农学书籍，第一批计493种。又关于农学杂志一大箱，已经取去。第二批提取之数较第一批尤多，均须造具清册，逐本点交，并另备清册副本以备存查。

四、杂志室

曾庆蟠先生因病辞职，现由许肖鲁先生担任。因整理各项旧杂志手续繁重，一人之力难于兼顾，暂请同学龚昌、陆垚两君帮同清查缺卷、缺号及重复本之号数，以备寄发各预约学校及各图书馆交换配补。

下学期所定新杂志已由各院指定，计英、美、德、法、日各项杂志约二百数十种，现已造具清册送交高等教育部，一俟核准，即行邮汇订购。

杂志室内杂志之陈列悉照杜威氏分类法：第一桌为哲学类，第二桌为宗教类（社会科学一部分附），第三桌为社会科学类，第四桌为语言学类，第五桌为自然科学类，第六桌为应用艺术类，第七桌为美术类，第八桌为文学类，第九桌为史地类，第十桌为总类。桌上装就铜架，放置各项目标片以醒眉目。

日报、各校出版物、宣传文字及各项不登录之期报等，现暂置本馆入口处，但冀下学期植物标本室迁让，可另开一日报阅览室，则较之入口处适当多矣。

五、参考室

本月初发生签假名、借书不还之事两次，待注册室检查，又无其人，遂改订规则，凡借书者，须检验借书证始能借阅。

六、装订室

本馆各项杂志向由商务书馆装订，往返转运不但手续繁重，即时间上、经济上均多所耗费，现已函询该馆，清结以前手续。此后装订，由金大图书馆、中国科学社及本馆会同与本城下关美丰祥订立合同，承揽装订。刻正磋商条件，一俟有成议，即可积极进行。

中央大学档案

大学院关于孟芳图书馆更名的训令（1928年7月10日）

中华民国大学院训令　第499号

令国立中央大学校长张乃燕

为令饬事。准中国国民党江苏省党务指导委员会函，以孟芳图书馆应改名中央图书馆等因。查"孟芳"二字，系齐燮元之父名，当该馆建筑时，在事者迎合齐氏，故以其父之名名之。现在中央大学为首都最高学府，讵能容该项名称之存留？合将原函抄发，令仰该校长即便改定名称，克日呈报，以凭转复。再，原函所拟"中央图书馆"字样，与本院所筹设之中央图书馆名称相同，该校长应斟酌改拟，仰并遵照。此令。

计发抄函一件

院长蔡元培
中华民国十七年七月十日

附：抄函

迳启者：中央大学为最高学府，一切设施应如何表现其革命化、党化、三民主义化之精神，乃我革命军克复江浙以来，一载有奇。国府奠都南京，中外人士荟萃首都，观瞻所系，关系綦重。昔时军阀遗迹，教育界秽史，岂尚有一刻容其存在之可能？查孟芳图书馆之由来，系教育界著名反动份子郭秉文仰北洋军阀齐燮元之鼻息得来之金钱所造成。"孟芳"系齐逆父名，因以命名该馆，所以显扬功德。齐逆之金钱，无一非自榨取吾苏民众之脂膏而来，民众方欲得齐逆而甘心，而青天白日之下首都所在地之中央大学，乃能留此孟芳图书馆巍然存在，其予民众之反感为何？若不涤污，寔贻党化教育莫大之羞，且亦为首都建设之污点。兹经敝会第二十二次常会议决，函请贵院及苏省政府严令中央大学即日将该校孟芳图书馆改为中央图书馆，以昭久远。除函江苏省政府外，相应函达，至希查照为荷。此致

大学院

叶楚伧
常务委员　倪　弼
汪宝瑄

附:中央大学复大学院函(1928年7月11日)

呈为遵改图书馆名称报请核准事。

本月十一日奉钧院第499号训令内开:准中国国民党江苏省党务指导委员会函,以孟芳图书馆应改名中央图书馆等因,云云。此令。等因。计发抄函一件下校。奉此,查职校所属之孟芳图书馆,其"孟芳"二字,既为齐逆燮元父名,自应遵令更改。业已于七月一日将"孟芳"二字摘去,迳名"图书馆"。奉令前因,理合备文呈复,仰祈钧院鉴核转知,实为公便。谨呈

中华民国大学院院长蔡

国立中央大学校长张○○
中华民国十七年七月十一日
中央大学档案

中央大学学生为校务兴革致戴超函(1929年3月6日)

志骞处长钧鉴:

自先生来长图书馆以后,添设大炉,装置电灯,惨淡经营,一切渐见完备。近又代理高等教育处长,生等闻之,不胜欢忭。从此校中应兴应革诸事,不得不惟先生是赖矣。兹特不揣冒昧,爰举当今急务一二,为先生陈之,愿垂察焉。

(一)校中树木稀少,一片荒芜。现值总理周年纪念,各地皆筹备植树,本校行政院业已通令各中等学校及各教育局一致举行。大学本部似宜首为之倡,多购树苗,届时种植。他日全部房屋建筑完成,而树木已蔚然成林矣。此应转知事务部即日筹备者一也。

(二)浴室年久失修,窗门破坏。浴身其中,不特裸体相向,有碍观瞻;且房顶泥灰时坠,栗栗堪虞。此应转知事务部即日督工修理者二也。

(三)校中前尝有校景委员会之组织,除订一二路名外,其他毫无建树。现马路草地日见腐败,有目共睹。吾校每年费于事务上者何止巨万,事务人员饱食终日,无所用心。不特使已建之校景点缀尽量牺牲,抑且有碍于首都学府之尊严。此应请校景委员会查明,更应严责事务人员整顿者三也。

(四)图书馆内去冬装置火炉,出气管衔接不密,致有水气下滴,桌椅为湿,至今斑痕点点,见者感喟。可见该馆校工懒惰性□,洒扫久荒,痰盂不洁;馆外冬青树旁,则堆积垃圾,污水日积成塘。此应转知图书馆人员每日当指挥校工切实注意者四也。

（五）第一宿舍厨房规模宏大，食者众多。自厨夫张良臣包饭以后，七元饭菜恶劣，不能下咽。为人亦复凶悍异常，同学多去而之他。出外吃饭，雨天又感不便。查原包饭者为吴姓厨房，后吴不复承包，张良臣私自接替，并未重订合同。饭菜不佳，尤应革除。此应转知事务部会同第一宿舍学生会即日整理者五也。

凡上所陈，皆生等一得之愚，想先生虚怀若谷，定能采择施行以慰生等之望。临款不胜翘企待命之至。专此，谨颂

钧安

学生季长龄、胡镕成、雷震洵、刘世超、汪楚宝、林群等同启
三月六日
中央大学档案

学生谭正义为校园建设致戴超函（1929年4月12日）

志骞处长先生钧鉴：

处长自莅任以来，建树宏多，生等在下欣颂不置。本校前途，实所赖之。惟本校规模宏大，事务浩繁，处长一人精力有限，兹有数事，诚恐致未周虑。故特谨搁于后，万乞处长速督促该各负责人员从速办理为幸。

一、本校校景，布置稍欠精致。如图书馆前后左右以及第四宿舍门口等处，小丘起伏，树木狼藉，殊不雅观。据生之意，与其乱杂无章，不如一齐砍伐，有条不紊，而重新插种之。

二、本校马路，宜连盘筹划，修筑支、干两种。各路宜涂以"四门土"或柏油，以免灰尘冲天，致碍行走者之不便。至路之两旁，宜植以杨柳或洋柏而壮雅观。

以上两点，工程颇小，费时不多，务请饬令积极办理，以备安葬总理时国内外名人来此参观也。（查本校名义，既曰国立中央大学，则外人考察吾国教育，亦当以本校为中心。如各种设备，未能臻善，匪特本校名誉不振，即吾国教育亦且宜受影响矣。）

此外，本校大礼堂之建筑，前此既有斯议，则请处长与校长酌商，务早动工为宜。因一来本校既处此地位，势不能不有此建筑物。二来因同学中常有人云："在昔东大时，每年经费只五六万元一月，尚能建筑科学、图书、体育三大洋房。现在每年经费有壹百七十余万，还不如前。我们对学校当局不能不生怀疑云。"据此，刻下本校物质建设，实不可稍缓，方能慰问多数同学之心也。

再,本校各学院饭桶教员,实在应有尽有,处长亦宜设法整顿,以符全国最高学府之名也。肃此,敬请

晚安

学生谭正义谨上
四月十二日
中央大学档案

关于重订门禁办法的通告(1929 年 4 月 13 日)

通 告

本大学为慎重门禁起见,特制就教职员学生及校工徽章,业已分别发给在案。兹将门禁办法重行订定,通告如下:

(一) 无徽章者不得自由入门。

(二) 凡有物品携带出校者,须向事务组领取出门证,交由门警验收。

(三) 来校会客者,须先至传达处(南首两大门旁)填写会客单,由传达导入。若所会之人不在室内,即随时引出,不得在校内逗留。

(四) 凡来校会客者,均由南首两大门出入。

(五) 如携带物品出校,虽领有出门证而认为形迹可疑者,门警亦得随时检查。

国立中央大学
中央大学档案

国立中央大学十八年度图书统计(1929 年)

图书统计

本国文		西文		
类别	册数	类别	部数	册数
总类	17 535	总类	152	502
目录与图学	1 040	哲学	1 210	2 204
经类	4 118	宗教	241	341

(续表)

本国文		西文		
类别	册数	类别	部数	册数
历史地理	10 303	社会学	410	796
哲学宗教	2 448	政治学	870	1 580
社会经济	582	经济学	670	1 100
政治法律	5 445	教育学	1 032	1 912
文学语言	8 951	语言学	175	302
教育	825	自然科学	102	210
自然科学	503	数学	495	870
应用科学	315	物理	297	547
医学	285	化学	408	1 204
艺术	820	地质学	190	370
革命文库	564	生物学	496	1 040
善本书	5 400	应用科学	1 050	1 983
		美术	302	750
		文学	1 140	2 160
		史地	820	1 480
合计	59 134	合计	10 060	19 351

《国立中央大学校况简表》,1930年1月印行

张乃燕:中央大学之大礼堂(1930年)

中央大学为首都最高学府,精神、物质关系中国与世界之文化,至重且巨。经近三年来之经营,成立文、理、法、教育、农、工、商、医八学院,落成新教室、新宿舍、研究室、生物馆、发电所、煤气厂、自来水井等建筑,教授所发表之撰著,与年俱增,毕业生之应各种考试,每多优胜。是则循名责实,中大之规模,已渐臻完备矣。

顾规模虽如是,与理想之大学,相去尚远。是以中大师生,日夜孜孜,使中大精神上、物质上种种建设,次第实现。中大全体师生,都二千五百余人,平日集会,以无大礼堂故,常在体育馆举行,既不适用,又乖名义。故建设大礼堂一事,实为目前

切要之图。然欲建筑一能容二千五百人以上之大礼堂,其工程之大,费用之巨,概可想见。于是筹备二载,迄今方有开工之期。

大礼堂建于大中路之正中,与大门相对,以科学馆居其左,将来拟建之工业馆居其右。科学馆之前为生物馆,工业馆之前为图书馆。此五种建筑并立,而大礼堂居于中央,成众星拱辰之势。大礼堂之前,甬道环成圆形,中间拟建立总理铜像,表现庄严伟大气象,示国人以矜式焉。

大礼堂为一八角式形,结构仿剧场式。其前为前廊,后为讲台,左右两旁为办公室。自其外观言之,前廊有伊沃尼式列柱及三角顶,大礼堂有欧洲文艺复兴时代式之圆顶,皆与周围各建筑相调匀。大礼堂全部面积二万五千七百方呎,自地面至顶尖高百零四呎,则又为各建筑中之主要者矣。

大礼堂全部,共分上中下三层。下层有前廊,横四十七呎,纵二十一呎。两旁有楼梯、衣帽室、盥洗室。大礼堂直径九十一呎,高五十四呎,共有坐位千三百三十座。讲台横七十呎,纵二十四呎,取剧台形式;两旁有室八间,可为化装用;前面下层辟室,备音乐队之需。中层有楼厢及客厅,楼厢共有坐位七百十四座,客厅面积一千零三十四方呎。上层有楼厢、会议室及射影室,楼厢共有坐位六百五十六座,会议室面积五百二十方呎,射影室面积二百六十方呎。合三层坐位,共有二千七百座。举大礼堂前部面积及坐位数目而言,实为中国今日最大之大礼堂,亦即中国今日最大之剧场。

顾中大何以欲建一剧场式之大礼堂,厥有由焉。大礼堂之用途,其主要部分在师生集会、讲演学术,以及每星期一之总理纪念周、每学年终了之毕业典礼暨其他纪念式之举行。然每届学期终了之时,学生往往有演剧之举,以抒其余兴。此不仅中大然,国内外各大学亦有然,在教育上固自有其价值也。中大师生对于文艺素有研究,今为建筑一剧场式之大礼堂,俾为练习表演之地,职是故耳。抑尤有进者,中国今日戏剧,无论其为新剧,为旧剧,精神、形式两俱缺憾。中大愿负研究改进之责任而为国剧之创作,则剧场式大礼堂之建筑,既示提倡,亦资利用。而大学中有剧场式之大礼堂,于国外既不多觏,于国内实为独创。揆之古人设教之意,道艺兼资,礼乐并重,亦中央学府所宜垂范者也。

综上所言,大礼堂之建筑,不仅为中大多一规模宏大之集会场所,抑亦藉以为学术之发扬也。是堂请建筑工程师戴勃脱与包罗二君本余意而绘具图说,经大礼堂建筑委员会通过之后,取投标手续,由新金记康号得标承造云。

《国立中央大学半月刊》1930年第1卷第9期

大礼堂奠基典礼志盛(1930年10月10日)

本校大礼堂,经张校长经营擘画,并向各方募捐,始克于本年三月动工,十月十日下午三时举行奠基典礼。兹将典礼情形,略志如下:

是日参与典礼者,计有教职员、学生、校友及来宾五百余人,由张校长主席,并领导行礼。主席报告:"今日是国庆日,本校举行两处奠基典礼,一为大礼堂,一为商学院院舍,足见本校物质上之进步。兹因商学院院舍建在上海江湾,而大礼堂为全校之大礼堂,故本人特在此间参见典礼。今日见同事、同学兴致勃然,至为快慰。本人现有三点意思,报告各位。

第一,本校现在何以欲建筑大礼堂。本校为中央最高学府,即领导全国文化之出发点,亦即吾国吸收世界文化之中心点,故精神、物质均应同时充实。本校每星期一举行之总理纪念周、暑假时之毕业典礼,以及平日各种学术讲演,皆假体育馆行之。此种权宜办法,殊感不便。本校各种新建筑,经近三年来之经营,皆已次第落成,而大礼堂尚付阙如,自不能不尽先筹建,所以为物质上之实用,亦精神上之表现也。

第二,本校欲建何种形式之大礼堂。本校对于纯粹科学及应用科学,向极注重,故在设备方面力求完善。而文学、哲学与艺术,亦应同时提倡。查戏剧一端,启导民智,关系至巨。其包含学术极广,而以文学、哲学、艺术为最。中国戏剧种类颇多,而有价值者甚尠。本校既为中央最高学府,自应负改良戏剧之使命。故大礼堂之形式为一剧场,盖藉以为表演之地,不仅为集会场所,真一举而两得也。

第三,本校欲建何种结构之大礼堂。中国建筑多用木料,故古代建筑罕有存者。近代模仿西法,多用砖石,然往往不求坚固,故其寿命不至百年者。即如一字房而论,其建筑之年为光绪二十八年,近据工程师言,五年之内将倾倒矣。现在所建之大礼堂,除用砖石外,以极坚固之钢铁为骨架,落成之后,除非地质变迁,颇有永久性也。是堂高一百零四尺,面积二万五千七百方尺,座位二千七百座,允为现在中国最宏敞最坚固之大礼堂。本人筹划其事,复经大礼堂建筑委员会诸专家之协助,戴脖脱、包罗、高烈德诸工程师之设计与监工,乐为诸君告也。"

主席报告毕,大礼堂建筑委员会代表卢树森君、教职员代表黄曝寰君、毕业同学会代表胡焕庸君、学生代表张振宇君相继演说(词从略)。礼毕,摄影而散。

《国立中央大学半月刊》1930年第2卷第5期

农学院梁希为购地筑路建筑大门致朱家骅函(1931年1月24日)

敬启者：属院前为请将便门改为大门，征收民地二亩有余，筑路直达中山大道以利交通而壮观瞻一案，业经备函并具图说送请大学本部办理。复查十八年十一月二十一日大学本部来函："业奉教育部第1811号训令，准内政部咨复，依法核准公告，仰遵照办理"等因，转行到院，嘱为查照依法办理。当经邀请土地所有权人直接协议，大略商定价目，预备收买。旋因经费未拨，迁延至今。

兹查属院旧门为军民人等东西进出孔道，内而管理不能严密，外而交通亦复不便。通常出入必经国府警卫旅门首。每值戒严时期，不许车辆通过。近闻警卫旅扩充营房，原来出入之路，虽非戒严之期，亦复加以限制。而拟辟新门通中山大道之地，并有划入该旅营房之说。故将来出入交通实属重大问题，似宜急速进行收地筑路，移建大门，解除困难。趁此原案办理，庶免日久地价飞涨之虞。通算二亩余地，每亩约六百余元，连同拆让民房一小部分以及筑路费用，约三千元至五千余元便能竣事。为特专函陈请察核，派员办理或拨款交院遵办，均请酌夺见复，至纫公谊。此请

朱校长大鉴

　　附筑路计划图二纸、图说一份

农学院院长梁希
二十年一月二十四日
中央大学档案

国立中央大学呈请中央特别补助提前完成大礼堂建设费用(1931年1月24日)

呈为拟提前完成属校大礼堂建筑工程，备国民大会开会之用，请求转呈国府特别拨款补助事。

查属校为首都最高学府，全校学生数逾二千，惟无一规模宏大之礼堂以为集会之所，形式、精神均欠整齐。张前校长任内，爰有建筑大礼堂之举，计划进行，规模甚大。全部材料均以钢骨水泥构筑，计面积为二万五千七百方呎，可容二千七百余座，实为国内完善伟大之建筑物。最初预算为国币十五万元，后复限制不得过三十

五万元。至经费来源,则多恃各方捐助。庀材鸠工,已逾数月。嗣以工程扩大,原有预算,既不敷十余万元,而各方捐款,仅收到江苏省政府一万元,浙江省政府五千元,私人捐款三万七千九百余元。其余广东省政府认捐之毫洋二万元,江苏省政府尚欠捐款一万元,浙江省政府尚欠捐款五千元,均未收到。此外,悉由前中央大学行政院及本校垫付。重以本校经费积欠数月,前送预算又经核减,现在经常开支尚不敷用,以致无款可付,几于停顿。

[朱]校长于上月终到校以后,审查实际情形,知全部工程仅将及半,已付之款仅十七万余元,相差三十一万之巨,垫付经费已属不赀。而张前校长任内亏欠图书仪器其他建筑等费为数不少。是项工程,停顿既不可能,进行又无善策。伏思中央此次召集国民会议,原为树训政之初基,谋全民之福利,关系中外观瞻,良非浅鲜,自应有一规模宏大之会场,以昭慎重。但纵观首都,尚无一可供五六百人会议场所。且为期迫促,从新建筑,势不可能。属校为首都国立中央大学,既有此巨大建筑之大礼堂因款绌停顿,若蒙国府特别补助,拨付建筑经费,使之早日完成,供国民会议开会之用,不惟形式庄严,而且事半功倍。校长曾以此意禀明主座,荷承面允,先行补助国币二十万元。虽综合全数尚有不敷,然于最短期间得此巨额补助,工程进行自属便利不少。经校长召集工程人员会商提前完工办法,并与承揽公司订定期限,定于四月十五日以前大致完成,准可供开会之用。斯五月五日会期以前,可由大会筹备人员从容布置。惟公司方面,以前尚有欠款,虑日后垫付为难,要求银行担保分期付款,并经议定分为一月卅一日、二月廿八日、三月卅一日、四月十五日四期,每期付款五万元,按期拨付交通银行。并除原定工价以外,加赶造津贴洋五千元。现已日夜加工,以求迅速。用敢呈恳钧部转呈行政院,准由财政部在国库内如数拨给补助,以应急需。俾此项建筑可以早观厥成,国民会议议场不虞无着。所有请求拨款特别补助各缘由,理合备文陈请鉴赐转呈核准,实为公便。谨呈
教育部

国立中央大学校长朱家骅
中央大学档案

农学院为幕府山及乌龙山划归事商请江苏省政府(1931年4月29日)

敬启者:本院森林科以学校面积狭小,不敷应用授课而外,对于实习试验,仅租用民地为苗圃而缺少适当之演习林,以故研究与事业进行困难。征诸东西各国大学

林科,莫不有大面积之演习林(即如日本东京帝大农学部林科演习林,面积有二百四十六万亩之多,另有大规模之森林),实地演习,方能求切合实用之林学。本院林科二十年度事业计划,拟请领官山开办演习林场,欲求距京近便之地,最便经营研究及学生实习者,惟幕府山与乌龙山。闻此二山将由苏省府划入市府范围,窃以为在市府管理,似无若何之必需,若划归本院经营试验研究,对于全国森林学术可期有重大之贡献。集合林学专家之心思才力,就该两山形势及土宜,逐渐造成最适当之各种森林,如风景林、学术研究林、经济林等。则不惟本院得一适当之演习林,而于市政上亦可增优美之林壑,且在万目所瞻仰之新都,减少童秃之荒山,蔚为葱茏之胜,想市府、省府皆乐为赞成也。兹将本院林科经营幕府山及乌龙山为林场最有利益之点开列如下:

(一)关于学术前途。吾国树种之多为世界各国冠,而其性质效用尚多未发明。若以专门人才搜集种植多数试验材料于新都,更足以供中外人士之研究,关于学术前途甚非浅尟。此幕府山及乌龙山应宜归本院作为学术研究之用者一。

(二)关于林业前途。吾国森林甚形荒废,亟待振兴。本校为全国最高学府,负笈来学者大抵各省皆有。若将该山等与本院员生为试验实习之用,将来毕业生分散各地,提倡或振兴林业便于切实进行。此该两山宜归本院试验研究者二。

(三)关于风景方面。沿山十二洞、燕子矶等为近都名胜之地,应集思广益造成最适当之风景林,以供中外人士之观瞻。此该两山宜归本院经营者三。

(四)关于天然产物培植方面。东西文明各国对于天然产物极力培植以表示其国土天然产物之丰富、文化之发达,但非经多数专门家之办理不为功。此该两山宜归本院经营者四。

(五)便于经营管理。关于造林保护、经理各种技术人才,本校悉已具备,着着进行,较任何机关甚为容易,无须再特设机关管理之。此该两山宜归本院办理者五。

(六)便于征集材料。造成森林及试验研究或观赏之种苗等材料,多在交通未便之处,难于征集。本校大抵为全国多数人士所荟萃,故征集各地所特有之种类自易办到。此该两山宜归本院办理者六。

以上六点,就其概略言之。为特函请台察,分别商请江苏省政府、江苏省农矿厅暨南京市政府,于省市划界未决定之前,将幕府山及乌龙山特别提出划归本校农学院作为演习林场,以利学术。敬祈核夺施行为荷。此请
朱校长大鉴

农学院院长刘运筹
二十年四月二十九日
中央大学档案

学生盛彤笙致朱家骅函(1931年5月4日)

校长先生夫子大人钧鉴：

国议开幕，全市欢腾。本校恭逢其盛，供作议场，为党国尽天责，不独校长足引以为荣，即学生忝居微末，亦觉不胜厚幸之极。唯是议事繁复，贵客缤纷，车水马龙，珠履杂还。校舍本非宽旷，何禁大集佳宾。而又四设网栏，严加禁卫，致使交通阻梗，行路维艰。咫尺之遥，望而不及，耗时绕道，跋涉为劳。况乃车轮栉比，电掣风驰，驭者愚顽，辙无定轨，校道湫隘，倾轧堪虞。时间已不经济，行动复少安全。又值春雨纷纷，路途泞滑，载道污泥，深可没踵。摩托过处，水溅四方，教员同学，交相称苦。尤有甚者，教室议场，都相邻比，呜呜之鸣，终朝不绝。每当教师演讲，后座殆不闻声。而新教室楼下警士蝟集，口令吆喝，尤为聒耳。行见最高学府，转为市廛，肃穆之风，荡然无有。师生处如此之烦嚣中，更何能专心弦诵？坐视课业荒弛，言之至可痛惜。念会议才两天，情形便尔如此，再延旬日，将何以堪！以上所陈，盖恐校长公务纷忙，会议劳瘁，不暇察及。用敢冒昧详陈，敬恳设法补救，务求保障学生行路之安全，维持学府静谧之环境。素仰校长爱护学生学业，无微不至，即如查堂点名，亦已严厉执行。对此重大问题，当更有以善处也。临书不胜迫切待命之至！肃此，敬请

钧安

学生盛彤笙谨上
五月四日

附：学校复盛彤笙函(1931年5月7日)

迳复者：来函具悉。此次国民会议借用本校开会，系奉中央命令办理，虽教室略有变更，但上课仍然继续。至警卫森严，原为慎密起见。过道往还，偶有不便，然为国事而少有牺牲，亦国民应尽之职责。行道出入，全市皆同，本校似未便独持异议。至新教室楼下警士喧哗，扰及课务，昨已函请警卫处严行制止矣。此复

盛彤笙君

朱家骅
中央大学档案

朱家骅为催还图书馆图书致教育学院函（1931年6月20日）

迳启者：本大学图书馆所藏书籍，因教职员学生历年借取，未见归还，经该馆统计，已不下五千册，内或绝版已久购求匪易，或裒然巨帙间缺一册。久假不归，使他人来馆无由阅读，馆员整理亦难措手。公共图籍，未便任令散佚。前经第27次校务会议议决，限本月二十日以前一律收回，以资整理。并已分函知照各在案。兹查日内如期归还者，固属不少，而尚未缴回者，仍居多数。查公私立各图书馆规则中均有借书逾期酌罚银钱之规定，本大学图书馆借阅图书规则，亦有此条，订定已久，自应照章办理。现学年更始，一切事务均告段落。图书整理，尤为切要。用特重行函达诸同事同学，借去书籍尽暑假（本月二十三日）以前迅即归还，其延不归还者，学校方面出于不得已，惟有通知注册、文书、会计各组，分别照章执行。书价较重或册数较多者，并由会计组就薪金项下按照暑假赔偿损失。本届毕业同学则停发毕业证书，转学生停发成绩证明书。其余各生，下学年不准注册。事关整理公物，未便再事姑息，相应函达，即希查照转知为荷。此致
教育学院

校长朱家骅
六月二十日
中央大学档案

中央大学1933年春季图书统计（1933年2月17日）

本校图书馆所藏图书，种类甚多，最近增加者亦为数不少，现得其统计如次：

中日文		西文		
类别	册数	类别	部数	册数
总类	14 157	总类	544	892
经类	5 457	哲学	2 780	4 329
史地类	14 188	宗教	436	685
哲学宗教类	3 595	社会科学	6 270	9 792

(续表)

中日文		西文		
类别	册数	类别	部数	册数
文学类	10 958	语言学	309	483
社会科学类	10 090	自然科学	4 791	7 583
自然科学类	1 225	应用科学	2 554	3 475
应用科学类	1 040	美术	529	800
艺术类	1 419	文学	2 711	4 259
革命文库	627	史地	1 077	3 250
善本书	5 400	未编书		1 500
未编书	3 280			
合计	71 436	合计		37 048

《国立中央大学日刊》1933 年 2 月 17 日

赵连芳请从速建筑温室及种子储藏室(1933 年 3 月 20 日)

树文先生台鉴：

迳启者：稻作改良为本院作物研究之最大问题。芳担任此项研究事宜已四年矣。对于设备方面所感之困难，不一而足。然其中最主要者，厥为（一）温室与（二）种子储藏室，去秋已详为先生言之矣。其用途与重要，想先生已了然于胸，无待赘述。前曾请朱葆初建筑师制定温室图样并印蓝图一份，请先生设法建筑，未知进行如何。兹复请金大齐兆昌建筑师制定种子储藏室图样送上。此二项建筑不但对于稻作研究为不可少，即对于其他作物研究亦所必需。务祈从速设法建筑为荷。专此，即颂

公绥

弟赵连芳上
三月廿日
中央大学档案

江苏省政府公函请派员接收幕府、乌龙两山林场（1933年5月20日）

　　江苏省政府咨　建字第一九四号
　　为咨复事。案准贵校函请，将南京幕府、乌龙两林场及邻近官荒拨交该校农学院经营，作为发展农林事业之用。又准南京市政府函，以准中央大学函嘱，将该两山已植林地范围及堪资指拨该大学兴办农林地址绘图见复，并请将此案在省市划界未将事权交割清楚以前，先行移交以便转拨各等由。准经提交本府委员会第五七六次会议议决，准予照拨等语纪录在卷。准函前由，除咨复南京市政府，并令饬镇江县政府转饬兼办本省林务事宜之该县农场遵照办理外，相应咨请查照，迅即派员接收，并希转函南京市政府派员会同交割为荷。此致
国立中央大学

主席顾祝同
廿二年五月二十日
中央大学档案

奉令接收幕府、乌龙二山经过情形（1933年5月30日）

　　敬启者：前奉派接收幕府、乌龙二山林场事宜，旋准本月二十九日江苏省幕府、乌龙二山林场管理员杨思泮函开：迳启者：准五月二十八日贵院大函，以奉校长函准江苏省政府建字第一九四号咨，南京幕府、乌龙二山林场及其邻近官荒，经江苏省政府委员会第五七六次会议议决，拨归中央大学农学院管理经营，请迅即派员接收一案，兹派森林系助教马大浦前来接收，希按照场地及一应财产点交该员接收等因。准此，查前奉镇江县农业改良场第十号训令，亦同前因，准以幕府、乌龙二山林场移交中央大学农学院在案，自应遵照办理。兹将幕场房屋、器具、林具、仪器、机器、牲畜、图书、标本、地产、苗木、林木、文卷、夫警以及山地四址，即东至观音门，西至上元门，北至山北大路，南至山南大路及阴家岗、夏家梁一带，包括幕府山、长山、老爷山、萝卜山、鱼山、猪头山、严山、伍家山、虎头山、牌坊山、石子山、鱼牙斧山、阴家岗、夏家梁等山地，合计面积九千七百四十一亩一分，又将乌龙山林场、器具及其地产、林木、租屋、林警以及山地四址，即东至乌龙山炮台，西至笆斗山西南之老山，南至太平山，北至山北大路，包括红土山、丁家

山、官山、官塘山、窑山、窑口山、刀口山、刀坡山、马蹄岗、坡步岗、紫鸣山、凤凰山、蔡家山、外江山、乌龙山、老山、王家山、庙尔岗、李家岗、陈家岗、谢家岗、长山、徐家岗、齐家冲、西岗头等山地,合计面积一万二千四百十三亩零三厘,一并造册移交送请查照,逐一点收见复,俾便转报为荷等由,并附移交清册一份。准此,比即于即日赴幕府、乌龙二山林场与该场管理员杨君接洽,当经该员按册逐一移交,均经接收无误,理合呈报鉴核。敬呈

罗校长

国立中央大学农学院森林系助教马大浦谨启
五月三十日
中央大学档案

关于幕府、乌龙二山事宜节略(1933年)

(一)本校所接收之幕府、乌龙二山系江苏省之拨赠,得有原经办机关镇江县农业改良场来函催促后,始往接收,手续正当,何得谓为强占?市府来文云云,殊有霸夺之意。

查本校接苏省府建字第一九四号咨,以幕府、乌龙二山林场及邻近官荒已经该省府委员会第五七六次会议议决,拨交本大学农学院管理经营,嘱即派员接收。嗣后由移交人镇江县农业改良场运来移交册十份,嘱本校派员即往点收。本校当派农学院森林系助教马大浦前赴该幕府、乌龙二山林场接收,由该场管理员杨思泮逐一点交,当经接收无误。本校因苏省府及镇江县农业改良场之催促,方始接收。省府来文并无先交市府再交本校之议,此种情形,原卷具在,可以覆按。故本校接收手续甚属正当,何得谓为强占?市府来文云云,实有霸夺之意。

(二)遵照国府通令,本校应有数万亩以上之林场。

查国民政府二十年八月二十五日通令(见《大公报》),明令国内各专科学校之设有林科者,应设一万亩以上之林场。本校为国立大学,自应有更大之林场,藉为实习研究之用。再遵照二十一年十一月二十七日蒋委员长通令(见《申报》),教育与实业机关应力谋合作,规定各农林场应归并附近专科学校,俾收事功。故苏省之拨赠幕府、乌龙二山与本校,于法于情均此允当。本校森林系无演习林地,市府亦应帮助。南京市政府倘早知有此项法令,则对于苏省府所拨赠者当不致起掠夺之意矣。

（三）按东亚各国通例，大学林科之林场多在数十万亩以上。按日本帝大林场总览所载，日本东京帝大有演习林二百余万亩，京都帝大有演习林一百六十余万亩，九州帝大有演习林七十余万亩，北海道帝大有演习林一百九十余万亩，均由官有林拨给者。本校为国之最高学府，今所得不过二万余亩之演习林，已有小巫见大巫之慨。市府尚欲掠夺，而以自动提议划拨五百亩至千亩为本校造林之用，以表其情。千亩与二百余万亩之悬殊，中国与日本之比较，可胜浩叹！

（四）据总理陵园造林实例及本年本校代要塞造林情形，幕府、乌龙二山只须数年之经营即无余地。查总理陵园占地数万亩，不及六七年，造林工作已将完竣。本校本年受军政部之托，代办要塞造林，因时间紧促，苗木、金钱两感不敷。在幕府、乌龙二山植树面积已近两千亩，故该二山若经本校三四年之经营，即无余地，可断言也。

（五）为掩护要塞、巩固国防计，幕府、乌龙二山必须由本校经营造林事宜。查幕府、乌龙二山邻近首都，而所在后有乌龙、幕府二炮台，亟应建设森林一所以增加首都风致，藉壮观瞻，更所以掩护炮台，巩固国防。本校前受军政部之托，对于江宁要塞建设国防林已拟有整个计划。除本年春已进行初步之建设外，此后经营目的除为学术上之研究外，即以增加风致与掩护要塞为目的。此种森林性质属于保安，非经济林所能获利者可比。市府拟用之为教育林，藉图获利，衡诸法理人情，均有未合。

（六）省市划界自有省界委员会办理，本校接收幕府、乌龙二山与划界无干，所云苏省府延未交割云云，本校未便干涉。

（七）乌龙、幕府二山林场究应属省抑属市，本校未便干与。惟该二山林场由江苏省政府管辖，应属苏省财产，纵划入市区，亦应归省有。例为南京中学、江苏银行南京分行等，虽设在南京市内，京市岂能掠夺？

（八）本校除在现有之幕府、乌龙二山计划造林犹感不敷外，尚须另觅较为平坦之地数千亩为种畜场及果木园之用。市府若能添拨该两山场外邻近官荒，俾种畜场及果木园场均得实现，庶可不让江苏省政府专美于前。

本校经营幕、乌二山计划非关本文，故不详。市府如有参考必要，得另文奉告。

中央大学档案

中央大学校景委员会章程(1933年12月9日)

第一条　本大学设校景委员会,计划及审查本校校景之一切设施事宜。

第二条　本委员会设委员七人至十一人,由校长聘任之,主席一人,由委员互选之,其任期均为一年。

第三条　本委员会之职务如左:

(一)本校一切有关校景之设计;

(二)本校建筑物、道路及园景等新设施之审定;

(三)本校建筑物、道路及园景等之改良与整理。

第四条　本委员会关于校景之计划及审查,以美观便利及适合卫生为标准。

第五条　本委员会之一切设计及审定方案,经校长核准后施行。

第六条　本委员会每月开常会一次,遇必要时,得由主席召集临时会议。

第七条　本章程于校务会议通过后公布施行。

《国立中央大学日刊》1933年12月9日

中央大学呈送教育部迁移新校址建筑计划(1933年12月25日)

案查本校前以校址狭隘,不敷建设完备学府,又以地处闹市,难以养成良好学风,曾经专文详陈理由,恳准指拨总理陵园地亩建筑本校新校舍在案。兹再申述理由,仰祈鉴核。

查本校现在地址,占地仅九十余亩,四周均属官道民房,将来亦实难扩充。所有建筑,仅大礼堂、图书馆、科学馆尚可应用外,其余均系前南高、东大之旧校舍。房屋狭隘,设备简陋,固不适于完善大学之用。且均岁月久远,圮败已甚。家伦到职以来,虽曾设法分别拆修,然而本质已坏,断难持久。逐年补苴,所费亦巨。而本校规模又大,院系较多,现在文、理、法、工、教育五学院近三十系,局促于此地址狭隘、屋宇简陋之校舍中,断难望其充分发展,仪器设备至有无处可以安置之情形。农学院远处十余里外之三牌楼,校舍亦极简陋,且与校本部隔离太远,教学、行政两方面,举不能取得密切联络,尤感困难。而因校址不敷之故,致教师、学生均散处校外。师生之间接触极少,因于课外之人格陶冶、问难析疑方面甚感欠缺。而学生日常生活于繁华闹市之中,耳濡目染,管理尤为困难。基上种种理由,本校若欲完成首都学府之使命,而为国家树立永久学术基础,造就朴实有用人材,非另辟地点新建校舍不可。

查总理陵园地处郊外,山陵起伏,林木葱茏,实为研究学术、培养人才之理想环境。按照首都建设计划,举凡国家图书馆、博物院等学术机关,亦均拟定设在此地,足征此地实为天然之学术区域。本校若能迁移前往,最为相宜。当时并曾说明迁移步骤,拟分两期。第一期先将理、工、农三学院迁往,盖此三院彼此有密切关系,必须设于一处,则可以相济相成。若现在本校农学院独设校外,殊非善策也。现由家伦邀集本校各院教授广征意见,博采众长,拟定第一期迁移理、工、农三院建筑具体计划,并详为核定建筑经费,拟定预算,总期以最少之经费,建设耐久适用而全备之新校舍。不事华丽,务求质朴,使国币不至浪费,而学术得以发展。照家伦所拟计划,第一期共须 240 万元,即可将上述鹄的完全实现。计学术研究用之建筑,共约 156 万元,教职员学生宿舍,约须 62 万元,而其他各项之公共设备,约需 22 万元。此项经费,为数似巨,但为国家基本学术事业,并不算多。因此系国家永久建设,须树立长期之规模也。惟国家财政实情,亦不能不顾及。故此 240 万元,现拟于二年之内按月分批筹拨,计每年共拨 120 万元,每月计 10 万元。筹措之方法,自当恳请钧部与国库商定。至于第二期计画概算,因文、法、教育三院在科学仪器方面设备较少,故经费总数亦自较第一期为省。俟第一期工程兴工一年以后,再行详细拟定,呈请核示。为此理合先将所拟第一期建筑计划及经费数目造具临时概算附呈,敬祈鉴核,与前呈并案办理,转呈行政院核示。务期建设首都国立大学之计画得以实现,国家教育前途幸甚。谨呈

教育部部长王

国立中央大学校长罗家伦

中央大学档案

中央大学呈报本校迁移校址实施方案步骤及经费概算(1934 年 10 月 13 日)

案奉钧部教字第 11412 号训令,准财政部咨:以本校迁移郊外建筑费每月八万元一案,既经中央政治会议决议,于本年度实行,自应遵办。惟该项建筑专款,既未列二十三年度国家普通总概算,历时又需三十个月方始完成,系属继续费性质,应由本校详拟实施方案及递年经费概算,呈由钧部转请核定后,再由财政部拨发等由,令饬遵照等因。奉此,查本校迁移计划,原定于三十个月内分两期完成。第一

期迁移理、工、农三学院。除征收及整理基址外,即以建造各该学院教学、研究、实验用之建筑为主,兼及必需之初步公用建筑及设备。预计以144万元、18个月完成之。第二期迁移文、法、教三学院。除该两学院之学术建筑外,大部分为公用建筑及设备。预计以96万元、12个月完成之。总共建筑费为240万元,按30个月均摊,每月8万元正。

  本校迁移计划,亟待实施,理由俱详前呈。现既经中央政治会议决议,于本年度实行,现经积极筹备款项,领到即可开始,则第一期可于二十五年一月以前,第二期可于二十六年一月以前先后完成。除由本校积极进行、筹划实施外,所需建筑经费240万元,拟即请财政部自本年度起按月拨发8万元,由本校具领备用,以利进行。奉令前因,用将本校迁移郊外之实施步骤,略陈梗概,并遵令拟具经费概算,随文附呈,敬祈鉴核转请核定,以便财政部早日拨款,迁移计划如期实现。国家教育前途幸甚!谨呈

教育部部长王

国立中央大学校长罗家伦
中央大学档案

中央大学呈报本校新校址地形图及新校舍计划草图(1935年2月1日)

  案查本校迁移校址一案,业经中央政治会议决议,自本年度起施行,每月由财政部拨发建筑费八万元。本校并经遵令拟具迁移实施步骤、全部经费概算及第一期第一年继续经费概算,呈请鉴核分别呈转,早日按月发给建筑经费各在案。而本校自迁移校址案确定之后,即经派定专员亲赴近郊各地调查。家伦与校务会议诸同人,亦均亲往勘察,最后择定中山门外马群镇五棵松附近京汤国道以南、实业部农业试验所以东之山地农田一区。该处地势宏阔,交通便利,与现有及计划中之国立各学术研究机关亦相临近。作为本校新校址,甚为适宜。兹经派员前往实地测量,暂拟圈定地域约共5400余亩,以为建筑校舍及开办农场之用。将来倘农场发达不敷应用时,当再向近邻扩充,另行征收。所有各项建筑物之种类及其位置,亦经斟酌目前需要以及将来计划,大体拟定。将来实施时,自当更为审慎研究,详细设计,以求尽善尽美也。兹谨绘具新校址地形图(校址四至,除北面以京汤国道为界外,东、南、西三面均以图边为界)及新校舍计划草图各三份,备文呈请鉴核,转呈行政院备案。并请转咨内政部发征地布告,以利进行。

  再,校址一经确定,征地即待进行。而征收土地之需巨款,所有历□中央通过

每月拨发之建筑费八万元,并乞转咨,即予拨发。俾得即日办理征地手续,实为公便。谨呈
教育部部长王

国立中央大学校长罗家伦
中央大学档案

教育部关于中央大学核发新校址征地公告的训令(1935年7月2日)

教育部训令　第9025号
令国立中央大学

案查前据该大学呈请转催核发新校址征地公告,当经转催在案。兹准内政部土十五Ｉ廿四年六月廿七日发一〇二四八号咨开:案查国立中央大学迁移校址征用民地一案,前准贵部二十四年六月八日发高国壹4第七六三五号咨,请迅予核办等由。当经本部以九三二三号咨复查照在案,兹准南京市政府二十四年六月二十四日第二八九三号咨开:案准贵部土十五Ｉ二十四年四月十九日发六三二六号咨,以准本府咨复中央大学迁移校址,拟征收马群镇土地一案,征收面积至五千四百余亩之广,其间共有村庄若干、人口若干,是否全部为农田,抑包有荒地若干,是否包有公有土地,其成数如何。至征收以后,对于农民生计,有无适宜善后办法。以上各节,亟待明了。再检原计划书图,嘱为查明见复,以凭核办等由。准此,当经本府转饬财政局会同该管区长详细查明具复,旋准贵部土十五Ｉ二十四年五月三十日发八五三三号咨催,又经转饬该财政局迅速查复去后,兹据该局本年六月二十日签呈称:遵经派员前往孝陵卫区公所接洽调查,再按照征收地形图,驰赴马群镇一带实地查看,又向该镇镇长陈世鉴详细查询。查得中央大学拟征收之马群镇附近土地界内划入村庄,计马王村、牛王庙、府军卫、吴家堆、上石坝、下石坝、刘家管、枣园村、万家楼等九处,共有一百四十三户、一千三百四十七人,田地面积约有四千五百亩,荒山面积约有四百亩,全属民有住宅、水塘面积约有五百亩。其中官河面积,亦在水塘亩数以内。又该校拟征地界外,有嵇家庄、马家街、陶家营、五棵松、余粮庄等五处村镇,虽不在拟征范围以内,但其居民田地,都在界内。该五处村镇,约有居民一百十户,人口约共六百余人。现京沪路尧化门车站至中央车站路线,将由百水桥直贯枣园村、吴家堆、石坝等村。该校拟征之地,适被冲划为二。如果征收,恐亦不无问题。至该地被征收以后,对于农民生计,以调查所得情形观察,殊少适宜善后办法。盖征收面积,既如此之多,其田地已被包罗无余。而划入之九处村庄房

屋,又必完全拆让。所有界内居民之食住,已根本失其凭依。即嵇家庄等五处村镇,居民住宅虽在界外,不必迁让,但田地既被划入,亦必无法谋生。而况划入土地区域,北为陵园及军政部通讯队地址,西为农业试验所地址,东南两面村庄栉比,人民与土地有求过于供之势。故被征收土地人民,在附近数里以内,实无处可以容身。且此等居民,概以务农为业,一旦土地及住宅俱被征收,既不能改营他业,又无处可以迁让,善后办法,实难为谋。奉令前因,理合检同原计划书图,呈祈鉴赐核转等情前来。除指令外,相应检同原计划书图,据情咨复,即希查照核办等由。准此,查中央大学拟征收土地既系京沪路尧化门车站至中央车站路线所经,自应预为避让。且原拟地址以内全属农田,数千农民生计所关,似亦应加顾虑。再查该校征地,竟达五千余亩,为数似属太多。相应咨请贵部转饬,另就损害较少地方,觅定校址,并尽量缩小征收范围。另送计划书图,以凭核办,等由过部。合行令仰遵照。此令。

中华民国廿四年七月二日
部长王世杰
中央大学档案

中央大学呈报在中华门外石子岗附近建设新校址(1935年9月11日)

案查本校迁移校址一案,前经呈奉钧部核定,在中山门外马群镇五棵松附近征地建筑在案。嗣因京沪、京芜两路接轨,其既定线路适中穿本校预定之校址,将其中分为二,乃不得不另觅适当地址。旋经勘得中华门外京建路上石子岗附近山地农田一区,其地四围小山环抱,形势极佳,坡势低平,复便建筑。原有树木甚多,风景亦好。离城又不过远,且在京建道傍,交通尚属便利。即将来接通水电,亦复易举。前经钧长亲往勘察,业蒙核定,嗣与本京军事机关负责人前往观察,亦认为系属安全地带,宜于兴建学校。此次蒋委员长莅京,复经面呈一切,亦蒙核准。近复商请马市长同往勘察,得知该地人口甚少,山地颇多,将来进行征地,亦可较易解决。与其□□计划有益无损,综合各方意见,以该地为本校新校址,佥认为甚属相宜。

现本校工农两学院急需积极扩充。新开之自动工程系及机械特别研究班各项设施复亟待永久建筑地点确定后,始能进行。医学院及牙医专校亦须于最近期内另建新校舍。为此理合备文呈请鉴核,转呈行政院备案,并函军事委员会说明蒋委员长核定情形及前后经过,钧请查照。并转咨内政部即予核发征地公告,停止征收区内土地买卖,以便进行征地,实为公便。

再,此次征地范围,业经切实估计,尽量缩减,占地仅有二千五百亩至二千七百亩,较之前在马群镇预定征收之地,仅及半数。且被征土地,以山地居多,农田为数仅数百亩。于该地民众利益,本校自必切实顾及,现已交由农学院方面妥为筹划,以期免其流离失所,俾国家建设与人民生计兼筹并顾,得以并行不背(悖)也。附呈征地范围图五份、征地计划书二份,敬乞鉴核分别存转。谨呈
教育部部长王

国立中央大学校长罗家伦
中央大学档案

教育部关于中央大学派员征收新校址土地的密令(1935年11月6日)

教育部训令　第15373号
令国立中央大学

案准内政部第一五八五三号密咨开:案准贵部二十四年九月十四日秘字第八六六号及十月十六日总八三号一四〇〇号密咨:以国立中央大学另行勘得中华门外京建路上石子岗、唐家凹附近山地农田一区为新校址之用,特依照《土地征收法》第八条之规定,检同计画书图,嘱查照核办见复等由。当以被征地区系属南京市管辖范围,经即检同原件,咨请南京市政府查明见复。兹准该市政府十月二十六日第六四七八号密咨开:案准贵部廿四年九月十九日发一三五九五号密咨:以准教育部咨,据中央大学呈,为另行勘得中华门外京建路旁山地农田建筑校舍请依法征收一案,与农民生计及施政计画有无妨碍,请从速查明见复等由。并附送原计画书、图各一份。准此,当经转饬本市土地、工务两局会核具复去后,咨据该两局廿四年十月十七日会签呈称:遵经本土地局会同社会局派员前往实地查得,中央大学所拟征用本市中华门外京建路东石子岗、唐家凹附近山地农田,面积共约占二千七百余亩,属山地者坟墓甚多,其中间有因城内拆让路线迁葬之墓,设再令其迁移,事实上或不无困难。其他农田部份,则因该处距离水口甚远,须得巨量雨水,方有收获。但近年来因天时每旱,所种五谷,颗粒无收,农民生计,已感困苦万分,故类多辟地改植花木,以维生活。若该项农田再被征收,于该处农民生计,似难免不更受影响。至征用之地,对于本市已定建设计画,经本工务局查核,尚无妨碍等情。据此,经本府察核无异,除指令外,相应检同原计画书、图咨复,即希查照核办等由。准此,查此案征用之地,既与该市已定建设计画尚无妨碍,复核与《土地征收法》第二条第七

款上半段之规定相符,除由本部依法核准,并咨请南京市政府查照外,相应检同公告一张,咨复查照,转发该大学派员持赴征收地点张贴,仍请转饬依法审慎办理。至该征收地区内农民生计,并希转饬特别注意,妥为筹画安置为荷等由。并附公共纸一张过部。查此案前据该大学先后呈请,均经转饬在案。准咨前由,合行令仰遵照审慎办理,并妥为该被征地区内农民筹画安置。此令。

  计发公告一张

中华民国廿四年十一月六日
部长王世杰
中央大学档案

教育部关于中央大学迁移郊外建筑新校舍的训令(1935年8月19日)

  教育部训令　秘字第843号
  令国立中央大学

  关于该大学迁移郊外建筑新校舍一案,现奉行政院第四三五九号训令密开:案奉国民政府二十四年八月九日密字第六零号训令内开:为令饬事。案准中央政治会议二十四年八月一日密函开:案准蒋委员中正、居委员正、叶委员楚伧提议称,查中央大学迁移郊外建筑费经费概算一案,前经四中全会及本会议先后议决,令行政院依照于二十三年度实行,惟未及列入预算。兹据中央大学校长罗家伦称,此项计划亟待实行,拟请于本年度内每月先拨发六万元,俾应急需,在国家第二预备费内开支等由。经提出四六八次会议讨论,当经决议,查该案系四中全会决定交行政院执行之旧案,应予通过。其设备及地点,由中央大学与主管机关及军事委员会商定进行,相应录案函达,请烦查照分别密饬遵办等由。准此,自应照办。除函复并分行外,合行令仰该院转饬财政部、教育部遵照。此令。等因。奉此,除分行外,合行令仰该部遵照等因。合行令仰知照。此令。

中华民国二十四年八月十九日
部长王世杰
中央大学档案

罗家伦致张仲鲁函（1936年7月24日）

仲鲁吾兄道鉴：

校中事多承费心，至感。大局已成，伤寒症根本难治，但每日热度略有进退，亦不足为忧喜也。二十日中午在蒋先生处午餐（是日下午三时，彼即动身），承问及新校舍事，嘱从速进行。彼之哲学为"建国在作战之时，若是日本一入寇，则我们诸事停顿。一停止又再行动，于建国事业根本不能完成"。此种态度，极可佩服。城外事请加紧进行，务请立即督同毅人诸兄将农工两院地上及路上汉回等坟先行迁开，俾能动工，不然无以对政府。必须先做到这步，其他设计方有办法，不然我们大学均无颜面也。此意望即转告诸同人，并将近况见告为盼。专此，即请

暑祺

弟家伦敬启
七月廿四日
中央大学档案

中央大学关于整理大学门禁的决议（1936年12月18日）

迳启者：关于本大学门禁应如何整顿一案，兹经校务会议决议：

（一）本校教职员学生校工等须一律佩戴徽章，否则门警得阻其通行。

（二）本校大门于夜十二时关锁，便门自夜十时半起停止通行，大门非有特别事故经卫队许可者，夜十二时后不得开启。

（三）本校西便门因该门外之前女生宿舍、前女教职员宿舍及前第三、第七、第九教职员宿舍均已取消，事实上已无重大需要，应即予以关锁，派一校工看守。凡遇佩有本校徽章之教职员通行时，得随时启闭，此外一律不得通行。

（四）本校大门口之通讯室，应即改为传达室，所有来宾应在传达室登记。

（五）闲杂人等嗣后一律不准入校，否则一经查出，门警应负其责。

（六）本校南便门照本决议第三项办理。

等语记录在案，兹定于十二月二十三日起实行，相应录案函达，即希查照办理为荷。此致

总务处

校长办公室启
廿五年十二月十八日
中央大学档案

罗家伦致陈布雷函

布雷先生勋鉴：

　　关于中大征收新校址，少数回民藉端滋事一节，业经专电奉达，想荷垂察。本校自迁移郊外案经四届四中决议通过后，即在京市四郊勘觅新址。原定在中山门外马群镇五棵松附近，嗣因京沪、京芜两路接轨，其既定路线适中贯本校拟定新址，乃另在中华门外京建路上石子岗、唐家凹附近勘得山地农田一区，颇合兴建学校之用。当向京市军民负责当局征询意见，举认为适宜。并经面呈委座，仰邀俯准，遂即依法呈请公告征收。进行不久，即有中华回教公会南京分会以该地回坟众多，具呈当局，请求改定地址。本校不忍重伤回胞感情，乃挽请回教领袖马良先生来京，约同南京分会负责人员三方协议，实地复勘，最后商定将原定征收范围内东部夏家凹、杨家桥、尹家巷、景家庄一带回坟集中之区约六百余亩，全部划出，予以保留。此外仅有少数回坟分散各处，其地系本校建筑之中心所在，事实上断无法避让者，则必需一律迁移，以利工事进行。此项协议办法，经双方同意，由本校呈部备案，并另行申请扩充征地范围，以资抵补各在案。现在征收手续行将完结，即待兴工之际，忽有少数回民出面召集京市回胞开会，声称誓死保墓，并拟发表宣言，分呈当局，吁请援救。据本校确实调查，此次发动者，仅改复初、金宏义、穆华轩、买国民等三五人，其余均系盲从附和。良以实际必须迁移之回坟为数甚少，且多数回胞均属深明大义之士，不欲以个人关系，阻碍教育事业之进行也。本校现正设法分别开导，以冀和平了结。惟恐为首滋事之少数分子，仍将虚构事实诳报真情，妄呈干渎。谨将本校办理征地、力避争执之经过与苦心，详函奉达，附奉征地范围图一份，敬祈明察。倘有回民文电递呈委座时，务乞惠予主持，将事实真相代为呈明，以免奸计得逞，而利教育建设。是为至祷。专肃，顺颂
勋绥

中央大学档案

国立中央大学二十五年度图书统计(1937年)

国立中央大学图书概况(二十五年度)

	类别	总类	哲学	宗教	社会科学	语言	自然科学	应用科学	美术	文学	史地	合计
图书册数	中文	35 237	11 432	4 974	19 123	1 279	3 954	2 959	2 981	17 908	17 999	117 846
	日文	146	155	51	1 175	24	545	1 064	166	143	467	3 936
	英文	5 602	3 655	544	14 450	589	7 180	8 798	812	4 790	4 449	50 869
	法文	534	1 282	66	1 375	118	1 663	457	188	541	601	6 825
	德文	1 520	886	59	1 194	84	1 963	480	141	376	264	6 967
	其他	12	16		34		95	6	1	9	1	174
	小计	43 051	17 426	5 694	37 351	2 094	15 400	13 764	4 289	23 767	23 781	186 617
	本年度购置	12 454	215	107	2 372	134	719	1 536	716	1 015	1 107	20 375
杂志册数	中文 册数	14 275	177	1 079	51 897	449	1 101	12 640	393	2 504	2 153	86 668
	中文 种数	1 564	26	68	1 656	17	115	726	44	208	150	4 574
	日文 册数	217		178	1 781	41	104	1 712		6	813	4 852
	日文 种数	25		6	27	2	7	69		3	20	159
	英文 册数	10 918	4 252	294	15 026	343	24 187	45 887	330	3 911	2 258	107 406
	英文 种数	253	64	4	208	15	266	731	9	40	44	1 634
	法文 册数	135	185		549		2 416	826	50	538	198	4 897
	法文 种数	15	6		23		48	27	6	4	7	136
	德文 册数	317	1 048		326		9 839	2 239		304	882	14 955
	德文 种数	17	20		12		58	34		5	8	164
	其他 册数	31			143		476	211		31	916	1 808
	其他 种数	10			7		10	10		2	7	46
	计 册数	25 893	5 662	1 551	69 722	833	38 123	63 515	773	7 294	7 220	220 586
	计 种数	1 884	116	78	1 943	34	504	1 597	59	262	236	6 713
	本年度内添置数 册数	2 457	385	261	5 161	81	2 796	5 713	179	707	352	18 092
	本年度内添置数 种数	80	2	6	81	7	12	72	6	19		285

(续表)

类别		总类	哲学	宗教	社会科学	语言	自然科学	应用科学	美术	文学	史地	合计
册数合计	本国文	49 512	11 609	6 053	71 020	1 728	5 055	15 599	3 374	20 412	20 152	204 514
	外国文	19 432	11 479	1 192	36 053	1 199	48 468	61 680	1 688	10 649	10 849	202 689
	计	68 944	23 088	7 245	107 073	2 927	53 523	77 279	5 062	31 061	31 001	407 203
	本年度购置	14 911	600	368	7 533	215	3 515	7 249	895	1 722	1 459	38 467
重要及珍贵图籍说明	中文 《皇明经世文编》五〇八卷　明陈子龙等编　明平露堂刊本　本书禁毁书目著录　九六册 《弇州山人四部稿》　明王世贞撰　明世经堂刊本　六四册　有"曾在李鹿山处""汉鹿斋藏书""韩氏家藏图书"等图记 《新安文献志》一百卷　明程敏政撰　明刊本　六四册											

中央大学档案

农学院为迁让丁家桥园艺场致罗家伦函（1937年4月15日）

敬启者：案奉转示教育部廿六年国叁壹4第五三八四号训令敬悉,关于迁让丁家桥马家街园艺场,已将地上所有树苗万株,不计损失,迁让完毕。又园艺场北首桑园,在药校所附第一图范围内者,除将少数幼苗迁出,余则无法搬动,只有听凭该校尽应用之处砍伐应用。其不用者,仍归本院收取桑叶,以减损失。似此,本院奉令惟谨,该校原呈仍多不满。一则曰往返若干次始经允拨,再则曰认为可用之地均难让给。及选定丁家桥马家街地点,则曰地仅宽若干丈,且有大小水塘三个等语。然药校认为可用之清石桥地段,计有大小水塘十个,而地在农艺场中心,四面无路,不但将本院农艺场毁损无余,而各项开路费用,药校亦多支出。不若现所择定之丁家桥园艺场,全长悉有现成马路,无造路之费用也。药校认为可用之成贤场,本院现有建筑约值四万元,近来牛乳发达,每年约可收入四万余元。如有所取偿,亦不妨让给。现在所指定之丁家桥园艺场,地形正长方。按照药校所谓仅宽二十五丈、长八十丈者,两数相乘,应得二千方丈;每亩六十方,应得三十三亩有零。院长最初奉令划给二十亩,嗣后黄司长定为三十亩。按照本院记载,园艺场共为三十八亩。因其地形正长方,不便零割,所以全部划拨。业经多给,不知药校所谓"仅"者究何所指？药校孟校长复商将园艺场毗连北部之桑园地一块一并划给药校,认为八亩一分,实在不止此数。以上乃药校所附第一图之范围也。至所附第二图,从未商洽,不知药校所需求有何止境?本院经费支绌,较之金陵大学农学院,仅及其半数,较之中央农业实验所,尚不及其五分之一,而犹以中央最高学府自居,支撑实甚困难。满拟新校址地亩早日全数购妥,其一经平整,即可迁移者先行迁移;其必需栽植三四年后始可用如桑园等者,立即栽植;其需作栽培试验数年,然后应用如农艺试验者,亦得立即着手,俾于两三年后逐渐迁出。城内地亩悉数变价,以增加设备,勉期与中央农业实验所、金陵大学农学院相追随。院长曾将此意陈明雷司长,颇蒙鉴纳。药校第一图所包,约计五十余亩,以现在市价,每亩至少三千元,共合十五万元。本院无偿让给,损失实为不赀,是以未经商洽之第二图,断难置议矣。为此,将经过情形缕陈钧听,敬乞转呈教育部按照药校所陈第一图所包园艺场及其毗连北部桑园派员监同点交,并将本院所损失之地价十五万元予以备案。俟将来经费充裕,补助此数,以作本院增加设备之用。至于药校第二图,拟请毋庸置议。此上
罗校长

农学院院长邹树文
廿六年四月十五日

附:教育部关于中央大学迁让药专校址的训令(1937 年 3 月 30 日)
令国立中央大学
案据国立药学专科学校校长孟目的呈称:"查两月前职奉黄司长面谕,与中央大学当局会商本校新校址事宜。职奉命后,随即面晤中大罗校长。讨论结果,罗校长认为该校农学院属地较多,因嘱职与农学院邹院长接洽。往返若干次,始经允拨三牌楼察哈尔路苗圃厂地三十亩。后因该地段为要塞区,禁止建筑楼房而作罢。复经邹院长让给福建路及光华门外农场,均因军事关系未能接受。其他职认为可用之地,如清石桥农事试验场及成贤街畜牧场等,因校务及研究关系,农学院暂难让给。最后由邹院长决定让给丁家桥马家街该院园艺场地段,位于中央党部东北,交辅学校之东。但地仅宽二十五丈,长八十丈,且有大小水塘三个,可用之地不过十三亩,将来且有宽十八米达之马路三条共穿其间,不敷本校应用。因再商邹院长,将该地段北部之桑园亦让给于本校。经一度停顿后,农学院允先给让桑园之一部份,商洽方告段落。综合以上商洽之结果,中央大学农学院议决,俟奉到钧部命令后,即将丁家桥马家街该院园艺场陆地十三亩五分、水地十五亩九分及桑园之一部份约陆地八亩一分(见第一图)让给本校。此外桑园所余之地,计陆地十一亩一分、水地七亩一分(见第二图),俟该学院迁移后,其望划归本校。查本校新校舍急应兴建,理合备闻,检同丁家桥马家街中大农学院园艺场及桑园地图共三份,仰祈钧部早日命令中央大学农学院照商洽之结果将地拨发,以利本校校舍进行,实为公

便"等情。据此,合行检发原送地图各两份,令饬该大学转知农学院,即照前与该校商洽结果将地拨让,以便兴建。此令。

附发地图两种共四纸

廿六年三月三十日
部长王世杰
中央大学档案

教育部准许中央大学先行进入新校址地区施工建设的训令（1937年5月13日）

教育部训令　第8759号
令国立中央大学

查前据该大学呈以中华门外新校址建筑中心地带,尚有俞长贵等三十四户土地延未成交。现农工两学院建筑即待兴工,开呈详表,请转呈准予先行进入实施工作等情。当经转呈在案。兹奉行政院第一九一五号指令开:呈件均悉。案经饬据内政部核复,据称该中央大学所请尚无不合,自应即予特许,准其先行进入该被征地区内实施工作,除饬知内政部外,仰即转行知照等因。合令知照,此令。

部长王世杰
中华民国廿六年五月十三日

附:中央大学呈教育部文（1937年4月8日）

案查本校中华门外新校舍征用土地,大部分征收手续均已办竣。惟查尚有征地范围内之俞长贵等三十四户土地,适在本校决定建筑之中心地带。迭经催促前来认图立契,照章领取补偿地价。该业主等故意延宕,历时年余,先后数次公告,迄未遵办。查《土地法》第三百六十五条规定:需用土地人,应俟补偿地价及其他补偿费额发给完竣,方得进入征收土地内实施工作。但因特殊情形,经国民政府行政院或省政府特许者,不在此限。现在本校农工两院建筑,业已招商承建,不日即将兴工,自难任其久延,致碍工事进行。理合开具详表一份,备文呈请鉴核,转呈行政院,准予先行进入该地实施工作,以利建筑进行,实为公便。谨呈
教育部部长王

国立中央大学校长罗家伦
中央大学档案

南京市政府致中央大学函（1937年7月）

志希校长吾兄惠鉴：

　　前奉大函，嘱对于贵校新校址范围内之回坟令饬建筑回教公墓设计委员会，即日将回坟登记表审查盖章，发给迁坟费，依限将全部回坟迁移，以利工事等由。事关国家文化建设，自应照办。惟此案纠纷日久，情形复杂，弟等所派人员会同办理此案以来，关于人事上之调处开导及取消保墓会，分化中坚分子团结力，减轻严重性，与定期办理回坟登记等各项工作，幸均告一段落。现在各回坟家属因贵校前允代为建筑之回教公墓迄未动工，若即将坟内骸骨掘出，将以何地埋葬，故一致表示不迁。嗣经弟等分别令饬所派人员再四向回教代表及各回坟家属予以劝导，始允让步。但回教代表最后提出请求，须由贵校在无主回坟应得迁葬费外，另拨一万元以作建筑回教公墓之用。该设计委员会当于本月十三日提经第五次常委会议决："（一）由中大拨出五千元，交由本会妥存中央银行，专作建筑回教公墓祭堂牌坊之用，以后如无主回坟过多，迁葬费剩余甚巨（标准详会议纪录），仍酌量退还中大，以重公帑。（二）公墓建筑问题，由市府转饬工务局指派干员，即日会同中大建筑委员会办事处测绘公墓土地，拟具设计图及工事预算，交由本会核定后，即行动工。（三）关于公墓土方工程费及编列号码与开辟公墓走道等各项费用，先在中大所拨补助费五千元内提出二千元应用，以后在无主回坟应得迁葬费剩余款项下拨还"等语。该项会议记录，业经党、政、宪、警四机关联合办事处抄送贵校出席代表查照在案。目下回教代表及各回坟家属因贵校尚未将该项补助费五千元送交到会，反对继续审查回坟登记表，意图延迁。弟等为求此案早日解决，用特联合函请台端查照，速将该款拨出，以免回教代表及各回坟家属藉口不迁，致碍工事进行，是所至盼。专此，顺颂

教安

刘百闵　　　
周　复　　　
袁野秋　同启
谷正伦　　　
王固磐　　　
马超俊　　　
七月

中央大学档案

第九部分　学术研究

一、研究资助

任鸿隽致张乃燕函（1927 年 7 月 18 日）

君谋我兄先生大鉴：

久违雅教，想望为劳。迩闻第四中山大学组织就绪，规模宏远，遂听远风，莫名忻忭。兹有启者，教育文化基金董事会前曾议定有促进科学办法，就国内各师范区域设置科学教席，增加设备，以促科学教育之改进。详细办法，去年在粤曾经面谈，想在忆中。前者南京东南大学原为设置是项教席学校之一，现该校虽经改组为第四中山大学，而科学师资之训练，揆以广州中山大学之前例，谅仍为当局诸公所赞同。本年经执行委员会议决，贵处所设教席，应为物理、化学、动物学、植物学、教育心理学五座，每座各附带设备补助费 2 000 元，又附属学校之理科补助费 2 000 元（如无附属学校，此款即不发给）。目下距下学期开学时间已甚迫近，如贵校对于科学教育办法，认为仍可继续进行，所有教员人选，亟须早为商定，以便由会延聘。唯因南北睽隔，接洽匪易，特由弟先为函商，如承同意，再当由会正式函达也。弟定于八月二十日科学社开会时南来赴会，藉与诸公面谈一切。专此布达。敬颂

公安，并候回玉不尽

弟任鸿隽敬启
七月十八日
中央大学档案

胡刚复致任鸿隽函（1927年9月29日）

叔永先生大鉴：

敬启者：八月间接读执事致张校长函，藉□热忱关爱，将前东南大学在中华文化基金委员会科学讲座津贴转移于第四中山大学，弥深感佩。敝校业已开课，所有讲座人选亦经拟定。物理吴君正之，化学曾君昭抡，动物陈君桢，植物陈君焕镛，心理何君运暄。惟心理学现属自然科学院办理，讲座津贴自应全归该院承受。现拟提出何君运暄为教授，同时艾君险舟仍在教育学院担任教职。如委员会方面认为艾君有继续之必要，自然科学院亦可同意。但是项津贴，仍须归自然科学院承受，以□系统。动物学仍请陈君桢担任，但本学期中因伴 Dr. Needham 赴北京，此间功课已由蔡君作屏代理，陈君讲席可否亦暂以蔡君代之？以上情形，务请先生与委员会诸公先行商洽，一俟示复，再当正式函请，诸希亮察是荷。

再，实验中学已经议决归本大学直接节制，现虽尚未开学，亦正在着手筹备。可否亦以本大学名义代领津贴，并为保存，以为添购之准备。大学方面，决不动用分文。是否有当，亦希示知。专此，敬颂

著祺

弟胡○○谨启
中华民国十六年九月二十九日
中央大学档案

任鸿隽致胡刚复函（1927年10月19日）

刚复我兄大鉴：

月前在沪匆匆一晤，未获畅谈，至以为歉。顷于十七日奉九月二十日来教，敬悉一一。承示拟推荐物理、化学、动物、植物、心理各教授人选，当与敝会干事长商洽，以各教授皆属绩学知名之士，如由贵校长正式推荐到会，时敝处执行委员会当能审核通过，以副雅意。唯关于教育心理学一席，查敝会设立此项教席之用意，系以改进科学教育为目的，故在东南大学时代即以教育科中之教育心理学教授充任。目下贵自然科学院虽设有心理学科，但此当系纯粹心理学，与教育学院中之教育心理学一科当然有别。敝会为维持原案，并继续去年研究起见，教育心理一科教席仍

拟请艾显洲先生担任。至是科补助费二千元,亦应归教育心理学教授支配,以利工作。想自然科学院与教育学院同隶一大学行政之下,必能联络进行,以达到改进科学教育之目的也。

再,动物学教授陈席山先生已由敝会聘来北京担任师范大学部动物学教授,贵处动物学教授似应另行推荐一人充任,庶能各安其职,于教育学术皆有裨益。

以上两端如能照办,其余各科皆无问题。将来正式函到时,弟力所能及,自当勉为赞助,俾早日成为事实也。又实验学校之补助费俟各科学教授聘定,并得有该校用款计划后即行照发。专此奉复,统祈亮察为幸。此请

铎安

弟任鸿隽敬启
十月十九日
中央大学档案

第四中山大学复中华教育文化基金董事会函(1927年11月8日)

国立第四中山大学公函　第六十七号

迳启者:敝校于六月间奉令将原有国立东南大学及江苏省立各大学、专门学校改组成立,就其性质之区别分设自然科学、社会科学、教育学、哲学、文学、农学、工学、商学、医学九院,院中再设科系,正式上课已将两月。查贵会对于国内科学,热忱提倡,在前东南大学设有科学讲座,予以津贴,藉资鼓励,殊堪钦敬。敝校自成立以来,各种设施情形与前东南大学大致相同,而范围尤加扩大,自应赓续前案,请领讲座津贴。迭经函托任叔永先生转陈大概,谅荷察及。兹特拟定讲座五位:物理吴正之,化学曾昭抡,植物陈焕镛,动物蔡作屏(原定陈君桢担任,因伴 Dr. Needham 赴北京在北师大任教授,故改推蔡君),教育心理艾险舟,敬祈照准备案是荷。

又查前东南大学农科棉稻麦补助费每年洋三万五千元,既经贵会经过调查,想已报告有案,仍请依照原案分期补助,以利进行。惟前项讲座津贴及农事补助费等,本应自本年度起支。但查前东南大学本年夏季应领之费,并未照领。现在东大既由敝校接收,而各种学程亦均相衔接,与此次讲座有关之教员,如教育心理之艾君、植物之陈君及动物之陈君,原系东大旧教授。虽于时局紧急、校务诸多停顿之际,仍能继续工作,悉心研究,未尝或辍。农场方面,夏秋两季亦照常工作,自应将东大名下所列未领各费,由敝校照数补领,以副贵会提倡学术发展事业之盛意。至其讲座人选,前后不同者可否亦由敝校商得各前任讲座之同意,酌量移赠本校,作

为添置设备之需。学术本无限制,研究尤贵有完全之设备,多培一分元气,将来即多收一分效果,想亦贵会之所赞同也。除通知各讲座外,相应函达,统希查照见复。此致
中华教育文化基金董事会

校长张○○
中华民国十六年十一月八日
中央大学档案

胡刚复致任鸿隽函(1927年11月8日)

叔永先生大鉴:

接奉惠书,敬悉一一。中大科学讲座津贴,诸承关爱,允予照东大原案办理,曷胜感荷。查心理一门,与教育心理沿革上向为同一系统,学术上亦属一体,由教育学系陆志韦先生管理。前经中大教育行政委员会(现改大学院)议决,心理系改归中大自然科学院,一切试验及设备等项,均由该院继续维持办理。但因经费及教课联络关系,在教育学院方面虽亦列有教育心理,然研究及设备仍属于自然科学院心理系之下。加以此项教席薪金,自然科学院未列预算,按月须转向教育学院支给,既感不变,尤形竭蹶。此次蒙贵会给予讲座津贴,无任欣幸。中大因尊重委员会意见,仍推艾先生担任,藉谋前后之衔接。第艾先生现所研究者,偏重统计方面,所费不多。而心理研究设备种种,共同进行,刻不容缓。此次委员会核准中大讲座时,无论正式或非正式,似不必于文中另行提出"指定该费应归某教授支配"之专条,以免引起校内各立门户之见。该项津贴,尽可由心理同人商酌用途,以求共同进展。明达如先生,又能洞察东大及中大之组织情形,自当俯察愚忱,予以容纳。此间状况,渐臻就绪,惟经费殊觉竭蹶耳。专复,敬颂
著祺

弟胡○○敬启
中华民国十六年十一月八日
中央大学档案

中华教育文化基金董事会致中央大学函(1928年1月10日)

迳启者:查敝会订聘艾伟、曾昭抡、吴正之、蔡堡、陈焕镛五君担任贵校科学教授,除陈君焕镛尚未到校外,其余艾、曾、吴、蔡四教授薪金应自十六年十一月起算。前经专函奉达在案。兹截至本月份止,共应发俸每人三个月薪金。除本月份薪金业已分函汇寄艾、曾、吴、蔡四教授外,所有十六年十一、十二两月份薪金计艾、曾、吴三教授每人每月三百元,蔡教授每月280元,共计2 360元整,即由敝会迳寄贵校察收。如该两月份薪金业由贵会按月发讫,此款应即作为腾出教授薪金,按照原定办法并入补助费内充购置仪器书籍之用。如该两月薪金尚未照发,即请按数分别转付。除分函各校教授外,相应填具支票一纸计2 360元整随函奉上,即希察收,并将附上收据由负责人员签名加盖校章寄交敝会存查为荷。此致
第四中山大学

中华教育文化基金董事会启
十七年一月十日
中央大学档案

任鸿隽致胡刚复函(1928年5月1日)

刚复我兄大鉴:

奉四月二十日来示,敬悉一一。化学、物理等系补助费八千元,已于日前寄奉,想荷察入。关于科学教员暑期研究会,前已将上届各科之报告寄呈,谅入记室。此会之组织,基金会仅居于辅助地位,一切办法,悉由开办之校自行筹备。来示所云"准请贵会从速计划",似未明了基金会与此事之关系者,兹就弟个人所知历年办理此事之次序,略举如下,以供参考。

一、学校须派定一人充当主任,筹划一切开办事宜。

二、学校方面若认为有请学术团体(如科学社)参加之必要,可请其列名加入或另组织董事会。

三、由主任人员接洽指导员,编定功课,并决定开会日期后即发布通告,征求会员。

此项组织情形,现有南开本年开办暑期研究会通告,并附去两张以供参考。再

有一层,拟请台端注意者,此会开办以来,第一困难即在无人来会。研究去、前两年开会未成,皆以此故。盖国人性质本不好学,即已任中学教员,即觉无再事研究之必要。欲矫此病,唯有一方面由会中与以津贴(如南开所定),一方面由大学或大学院令行各中学校规定各校科学教员至少每年必有一人来暑期研究会补习。如三年不补习者,即取消其教员资格。反之,如能继续补习,三年得有优良成绩者,可增进其薪俸若干,以示鼓励。如此威迫利诱,或可希望中学科学教员之逐渐改善。此在教育行政具有统系之下,不难施行,不知尊意以为如何。目下夏期已迫,如承同意,即请从速进行,至为企盼。专复,即颂

教祺

弟任鸿隽敬启
十七年五月一日

附:胡刚复致任鸿隽电(1928年6月6日)

北京南长街廿二号任叔永君:本校科学馆暑期中赶装水电煤气,本届科学讲习会不能兼顾。经校议决,俟明年担任举办。祈鉴谅。刚。麻。

中央大学档案

中华教育文化基金董事会致中央大学函(1928年11月9日)

迳启者:顷接贵校物理学教授吴有训君十一月六日自清华大学来函,称"训前因事离宁,曾向贵会请假。现训下期是否返中大教授,尚未决定,恐与贵会设立科学教授本意太不符合,特自请辞职,恳准许为幸"。等因。查敝会科学教授聘约第六条载称:"教授如有不得已之事故,于任期未满时自行辞职,应先商得所在学校校长之同意,并觅定继任之人。如所遗任期在一学期以上者,应由学校与本会商定另聘"等因。相应函达,即希台洽。如吴君辞职已经贵校长同意,请即将继任教授(请附履历)推荐前来,以凭审核致聘,而利科学教学。统祈查照见复为荷。此致
中央大学

中华教育文化基金董事会启
十七年十一月九日
中央大学档案

理学院为洛氏基金补助科学设备费致高等教育处函（1928年11月23日）

敬启者：洛氏基金部允补助本校科学设备费25 000元，以本校出同等之款作为购置仪器为条件。本校既得此种机会，自应努力进展。且此约如不即履行，则洛氏如一旦废约，殊为可惜。而本校对外信用，影响尤大。兹经本院系主任会议议决，请贵处分期募款。本学期先筹15 000元，明年再筹一万，以应洛氏基金之约，而谋本校科学之发展。无任盼幸。此请
高等教育处张处长台鉴

国立中央大学理学院启
十七年十一月廿三日
中央大学档案

何鲁请补助算学系添购仪器模型（1929年4月）

敬陈者：敝系自大学成立以来，力事扩充，现开课至二十余门，本科学生七十余人，预科学生二百余人，其先后毕业服务社会者甚多。同人等不敢以此自满，力图于图书仪器等设备完全，以利学子。惟本校经济有限，未能即照预定计划进行，甚以为憾。伏念算学为科学教育之基础，而贵会职责所在辅助科学教育之发展，对于理化生物等已有相当补助，而对于算学一科，尚未前闻。同人认此为当务之急，而敝系更有相当成绩，如荷加以扶助，必可收举轻之效也。敝系现拟购置算学仪器及模型等，所费约二千元，拟请贵会照数拨给，以资添购，俾学生于研究抽象科学时得具体观念，为益实多，且符贵会提倡科学教育之盛意。所有请拨二千元以为敝系添购仪器模型等之用，是否有当，伏希公决示复。此上
中华教育文化基金董事委员会

国立中央大学算学系系主任何鲁敬启
中央大学档案

中央大学报告所领中基会补助费收支情形（1929年5月24日）

迳启者：准四月十九日、五月一日两次来函，备悉。查敝校在贵会所得各项补助费，十六年度底结存洋9 900余元。自十七年度开始，计先后领到化学一次补助费半数5 000元，物理系补助费半数7 500元，五讲座常年补助费一、二两期5 000元，又讲座腾出之薪金13 800余元。截止（至）本月六日正，连同十六年度结存，共计41 200余元。其中因化学设备购置折光器及建造生物研究所等，共支用洋26 900余元。此项余款，均存放南京交通银行。所有应备之中西文报告节略及十七年度详细收支报告，现正在编造。一俟完竣（约六月间），即当分别送请贵会备查。除附小补助费800元，由实验小学另行造报外，特将收支概数及存放情形，先行函复，统希察照为荷。此致
中华教育文化基金董事会

国立中央大学启
五月廿四日
中央大学档案

中华教育文化基金董事会致中央大学函（1930年7月30日）

迳启者：准六月三日大函称：十九年度敝会在贵校设立之科学教席并无变动等因。敝会自当照聘，用将艾、查、曾、蔡、许五教授聘约各二份随函附奉，即祈转致，并请俟签字后以一份寄还敝会，以备存查。

再者，敝会本届年会议决，凡科学教授任职已满三年者，各增教俸百分之十。现查化学教授曾昭抡（抢）、动物学教授蔡堡、教育心理学教授艾伟俱已任满三年，应即依照议决案，每月增加教薪30元。其余查、许二教授仍旧每月300元。

再，查各教席附支设备费，前经规定为每席总额10 000元，分六年支给。又附属学校之理科设备补助费，经本届年会议决定为总额10 000元，亦分六年支给。并经规定，凡在过去四年中已付8 000元者，此后二年每年各支1 000元。今查贵校物理、化学、动物三系已各支设备补助费7 000元，本年应各支1 500元。教育心理学系已支7 500元，本年应支1 250元。其余植物学系及附属学校本年仍各支2 000元。应请查照迅将各系及附校设备预算函送过会，以凭审核发款为荷。此致

中央大学

中华教育文化基金董事会启
十九年七月三十日
中央大学档案

孙洪芬致程其保函（1932年4月4日）

稚秋吾兄道席：

顷奉三月卅一日大教，拜悉一一。中大教育学院请款书，查已收到列案。顷来尊函，弟已送请叔永兄核阅。关于尊函事，任兄与弟自愿效力。惟本年敝会入款受国外经济及国内政府公债减息影响，较上年减去三四成。而退回庚款，颇闻政府有缓付一年计划（极可靠方面报告）。质之财部，并不否认。是以敝会下年度预算，恐趋向紧缩一路，以作赔款停付之准备。今夏敝董事讨论补助款项，必以收入如何为大关键也。此间财政绝对公开，亦另邮奉第六次报告一册，请查阅编末投资详表，便知世界经济凋敝对于敝会极为不利也。专此，即请
大安

弟孙洪芬拜上
廿一年四月四日

闻陈百年有长中大之说，宁想已闻之。

中央大学档案

中华教育文化基金董事会在中央大学设置化学研究教席（1933年9月12日）

迳启者：敝会为促进科学研究起见，曾经议决在国内设备充足、工作便利之机关设立研究教席，聘请中外学者施行研究，并经在实业部地质调查所、国立中央研究院、中国科学社生物研究所分别设置研究教席在案。兹经敝会第九次年会议决，自二十二年度起在贵校设置化学研究教授席一座，并拟聘庄长恭博士担任是项教席。相应抄录敝会设置研究教席办法及庄博士资历，专函奉达，如承惠予接受，并希迅赐函复，以便聘请庄博士早日到校，俾研究工作得以迅速进行，不胜盼荷。此致

国立中央大学

中华教育文化基金董事会启
二十二年九月十二日

附件：设置科学研究教授席办法

庄长恭教授资历

庄长恭，丕可，芝加哥大学哲学博士（以化学为主修科），曾任东北大学中基会科学教授五年半，最近一年半由中基会资送德国明兴及苟廷根大学研究高等有机化学。

中央大学档案

孙洪芬致罗家伦函（1933年9月13日）

志希先生台鉴：

在京聆教，兼荷隆施慰谢之忱，交萦五内。弟前夕返平，日昨已将关于庄先生各事向叔永先生细作商量，兹将讨论结果另纸录奉，至祈台洽。查其中条文，除第四条系代庄先生于假期内增加支薪保障及第六条因与敝会章程有关外，均与九月九日在尊处谈话结论相同，当不致令中大方面发生困难也。敝会向中大通告设立教席公函，系与此函同时发出，弟意尊处于接受教席复函内可将附件内第二、三条列入。敝处续作复函，则将第四、五、七条列入。至于第六条，或彼此俱暂不提出亦佳。兹将此项附件送呈两份，请留一份参考，另一份则请便中转送庄先生存查，并恳将本案经过向彼说明为感。弟俟积件处理完毕，亦当作详函与之也。专此奉达，祇颂

公祺

弟孙洪芬拜上
廿二年九月十三日

附件二份

一、中基会正式通知中大，在该校设立化学研究教席，聘庄长恭博士担任。

二、中大接受前项教席后，如来函代庄教授请假，中基会可予同意。但请假期限，至多一年。

三、中大得随时向中基会商洽准庄教授销假，专任研究教席职务。

四、在庄教授请假期内,其应支月薪国币五百元,应由中大按月如数开具支票,于二十五日以前,函送中基会转交,或预拨款交中基会按月支付。

五、研究教授需用讲座特殊设备费,每年约计国币四千元,在中基会赠送教席期内,请中大按年如数筹支应用。

六、教席附支研究费每年二千元,由中基会于庄教授专事研究之日起支付。

七、庄教授聘约,拟于二十二年八月起,暂定三年。

中央大学档案

中基会关于聘请庄长恭担任化学研究教席复中央大学函（1933年10月2日）

敬复者:接准九月二十七日邮发第2385及2386号公函,藉悉敝会在贵校设置化学研究教授一座,并拟聘庄长恭博士担任是项教席,业荷惠予接受,至为欣慰。关于贵校借聘庄博士一年,请其兼任理学院院长,惟因院务并不殷繁,庄博士人可以过半时间从事研究,并商请敝会将研究教授附支之研究费2 000元仍予照拨一节,事关贵校理学院前途发展及庄教授研究便利,敝会自可勉予同意。惟敝会设置研究教席,系以促进学术为鹄的,仍盼贵校极力物色贤材,俾庄教授得以早日销假,专任研究职务,斯为至幸。查敝会对于庄教授聘约,拟于本年度八月份起暂订三年,月送薪金500元。现在庄教授既由贵校借聘担任理学院院长,在其请假期内,应支月薪自应由贵校担任。查敝会致送各教授月薪,例于每月二十日以前发出,所有庄教授假期内应领薪金,拟请贵校按月如数开具支票,于二十日以前寄送到会,以凭转发,抑或贵校能预拨氶款存储敝会支付,尤为便利。再研究教授除贵校供给一切便利外,每年需用特殊设备约计国币4 000元,在敝会赠送教席期内,并盼贵校按年如数筹支应用,以利研究工作之进行。上述各端,统盼查照,迅予惠复,俾得早日照章送聘为荷。此致
国立中央大学

中华教育文化基金董事会启
二十二年十月二日

中央大学档案

艾伟致任鸿隽函(1934年)

叔永干事长先生大鉴：

前奉一月八日贵董事会大函，敬悉关于英语教学调查预算一案，业蒙提请贵会执行委员会追加，并已于第八十次会议议决照准，曷胜感谢。承嘱将本年度进行调查计划连同费用预算详细开呈一节，本宜早日办就寄上，奈士一先生现丁母难，除在校授课及指导所请助理从事英语教学之研究工作外，每于星期末返苏料理丧事。据士一先生面谈，现在一切进行，仍照从前计划。本年春夏之交，将偕助理赴平、津、济、青一带考察。详细情形，将由士一先生直接函达。至伟之工作，去年承贵执行秘书孙先生指示赴闽粤考察，自应遵照办理。关于整个考察计划，拟分四路进行。第一路赴两广，第二路江浙，第三路赴厦门，第四路赴两湖。四路考察工作同时进行。惟以工作人员不敷分配，第三、第四两路止得托就近之心理专家代为进行。至两广、江浙两处各派四五人前往。伟拟自行领导第一路人员，定四月十五日前后出发，来往三星期。而江浙一路之考察，亦需三星期。此种计划，仍超出从前范围之外。照从前预算，关于测验旅费一项，止江浙、平津各一组，每组至少四人，为期各一个月，合国币二千元正。两年前赴华北考察，所至之处如青岛、济南、天津、北平、保定、太原、开封、徐州，所经路线较预算所定扩大，故所支亦超过预算百元，现在费用约为一千二百元，所余旅费不过七百元。而最近计划中之两广一路，至少需一千元；江浙一路，至少亦需六百元。故旅费一项，实已超过从前预算约九百元。至因此印刷费及统计费连带增加，亦意中事。此种计划是否必须缩小，以适合从前之预算，尚祈大会核夺，以定行止。

再，伟在中大现不得已又暂负维持教育学院之责。表面上事虽较多，然伟对于研究工作，则仍不稍懈。其实院长师生半年来均相安无事，伟离校之星期，绝对不成问题。现在替人已经觅得，敬祈代函敝校罗校长准伟届期出发，以便早日完成此研究工作。

再，伟前对于国文读法心理，在十五年前即已开始研究，嗣担任教育心理讲座，更努力进行，六七年来未尝间断。现在赶著此书，本年七月可以脱稿，成二十万言，可作大学教本或高级师范参考书之用。此种重要著作，本应送交书局付印，抽取版税。奈何伟现时费用拮据，拟将全稿出售。闻贵会设有编审委员会，接受此种科学教本，为此敬请加以考虑。无任企祷。（下缺）

中央大学档案

中华教育文化基金董事会复中央大学函(1934年7月12日)

敬启者:敝会第十次董事年会经于六月二十九日在北平举行。贵校请求补助教育学院教育试验所设备经常等费两年共 13 000 元,试验学校生产训练试验费三年共 16 000 余元,算学研究所、农艺研究所及水工试验所初步开办及充实设备等费三年共 30 万元各案,均经提出讨论。惟以敝会年来因美币低落,收入锐减,财政极感困难。自办、合办各事业已有不易维持之势。故此次年会议决,对于请求补助之机关,仅就上年度曾受补助者,酌量继续数处。其他新提出之声请,一概暂从缓议。尊处请求各件,未能兼顾,心余力绌,良用歉仄。特此函达,敬祈见谅为幸。此致
国立中央大学

中华教育文化基金董事会启
二十三年七月十二日
中央大学档案

管理中英庚款董事会函告 1936 年度补助中央大学经费情况(1936 年 7 月 14 日)

管理中英庚款董事会公函　字第 1917 号

案准贵校第 839 号公函开:送各学院请款书,计农艺研究所、水工试验所、发电厂等设备费 12 万元,解剖、生理及生物化学等实验室设备费 8 万元,教育实验所进行"中等会考方法的科学研究"研究费 66 000 元,行政研究室研究费两年 48 000 元,嘱提出讨论,予以同情考虑等由。准此,经交教育委员会于本届息金支配案内汇提审查,建议第 39 次董事会议议决,补助国币 60 000 元。自廿五年度起,分两年平均拨给。指定以 20 000 元充理学院算学系图书设备费,40 000 元充工学院机械部分设备费。

此次本会支配息金总额 280 万元,各高等教育及研究机关请款,按支配标准系属乙类。乙类照规定比例百分之卅五,可得 98 万元。除根据前年第廿四次董事会议议决原案,以 365 000 元尽先支配应行继续补助之各事业外,其净余可供新请款案之支配者为 615 000 元。但乙类请款案件,较其他各类为数特巨,统计数额多至 500 万元,且目前边远及内地省份,教育经费大抵支绌异常,为协助发展起见,又不

能不特予注意。虽审查之时，已缩小范围，就支配标准规定应行特别注重之农、工、医、理四科，尽先考虑。然卒以请款之多，挹注困难，对各处所请，多未能如数给予。上述补助贵校之数，较原请数额，虽相差尚远，但本会就支配情形而言，实已竭尽棉薄，勉力办理。区区此意，当荷鉴察。兹将领受补助金应请注意事项及本会处理请款规则各一份，随函检附，即请查照。迅将算学系及机械部分拟购各项，开具分年购置计划及计细估计等，送会审查，以凭拨款，是所至盼。此致
国立中央大学

　　计附注意事项及请教规则各一份。

董事长朱家骅
中华民国廿五年七月十四日
中央大学档案

国立中央大学医学院申请补助经费（1937年1月28日）

　　敬启者：我国新医人才，需要至迫。而国立医学教育机关，为数甚少。政府有鉴于此，特令本校筹设医学院于首都，以应高等医学教育研究之需。二十四年秋，本校医学院遵令成立。创办伊始，设备方面，多不完备。该院现需按期开设之学科，均属医先修科课目，如解剖学、组织学、神经解剖学、胚胎学、生理学、生物化学、病理学、药理学、细菌学等。为谋学生实习、教师研究便利起见，充分之新式设备，万不可少。但本校因财力所限，虽经多方设法，终未能按照预定之计划，将必需之种种设备措办齐全。其最要者，略如左列：

　　一、动物房。饲养哺乳类及两栖类之动物房，在生理学、生物化学及药理学等科之教学研究上，实为不可缺少之设备。此项建筑及内部用具，约需国币2万元。建筑设计另详附图。

　　二、显微镜。细菌学、胚胎学、组织学、神经解剖学等科之教学研究，莫不需用显微镜。该院现所用者，系暂借自牙医专科学校。但数目有限，且不久该校即需自用，必须归还，势非自备不可。每班以三十人计，四科共需显微镜120架。每架按322元计，总数约共国币4万元。本年亟待使用者，至少30架，约1万元。余则分期陆续添置可也。

　　三、X光设备。现代解剖学之教授法，除解剖室内尸体解剖外，对于活体解剖，更需注意。故X光之设备在解剖学之教学上，必不可少。此外生理学、生物化学以及他种学科，亦有时需用此项设备。据估计，全副设备约需国币8 000元。

四、仪器制造室。实验生理学以及药理学、生物化学等科,教学研究用之仪器,颇多可以自制者。为节省开支,并自制临时特别设计之仪器起见,此项仪器制造室,实不可少。据最低之估计,一小规模之制造室,连其中之设备附件马达等一应在内,约共需国币 1 万元。

五、医学图书馆。首都迄今尚无一可供医学上研究参考之医学图书馆。本校医学院教师逐年增加,研究工作自亦随之俱进。若无相当之图书馆,则任何研究工作俱难进行。至少需有 5 万元专供订购医学报章杂志专篇之用,始可得一较为完善之医学图书馆。此项图书馆完成后,不独本校师生参考便利,即于首都各医事机关,亦有相当裨益也。

六、摄影室。为教学研究以及出版便利计,一设备齐全之摄影室,实不可少。需计约需国币 6 315 元。

七、各科应用之仪器设备。除教学外,各科教师均需从事研究工作。因此精确而贵重之仪器设备,必需随时添置,以利工作进行。除病理学、寄生虫学及药理学各科设备,决由本校自行设法购备外,尚有解剖学约需国币 25 000 元、生理学 26 000 元、生物化学 22 328 元、细菌学 7 400 元,合共 80 728 元。

以上各项,总共需款 215 043 元。本校经费支绌,预算又不能增加,实系无力负担。贵会对于学术事业,扶植不遗余力。医学教育与研究,在今日需要最为迫切,用敢遵章申请补助。并为贵会筹拨经费便利起见,特按各项设备需要之缓急,拟具分期设置办法,另单开附。务祈察核,慨予补助,俾首都唯一之医学教育事业,得以顺利进行,完成其应负之使命。无任感祷。此致
管理中英庚款董事会

请款者:国立中央大学校长罗家伦
国立中央大学医学院院长戚寿南
中央大学档案

中华教育文化基金董事会补助中央大学医学院经费(1937 年 5 月 7 日)

迳启者:查本届贵校向敝会声请补助医学院购置医学杂志暨教授津贴,并补助教育学院高级中学理科程度测验费等一案,经提请第十三次董事年会讨论,以敝会为财力所限,对于请求各款未能全数通过。"当经决议,补助贵校医学院国币 15 000 元,用以增购医学图书,藉利教学而便研究。自二十六年七月起至二十七年

六月止,期限一年"等因,相应函达,并检附空白预算书两份寄上,即希查收。按照通过补助数额编制预算,于七月一日以前寄送到会,以凭审核拨款。其未能通过之声请事项,并祈转知贵校医学院及教育学院为荷。此致
国立中央大学

中华教育文化基金董事会启
二十六年五月七日
中央大学档案

资源委员会为合作研究致中央大学密函(1937年6月7日)

国民政府军事委员会资源委员会公函(二六) 密字第4377号

查本会前以联络各大学合作研究,及培植人材等事项,曾派由恽专门委员震、杜专门委员殿英前往贵校考察,并承召集有关各院长、教授,详加研讨,至为感纫。兹经该员等返会报告,复经商定二十六年度,拟与贵校合作研究电机、机械两科,其题材为无线电、绝缘油漆、蒸汽机,预定全年经费,计电机科三万元、机械科四万元,由本会与贵校各半担任。除电机科进行计划,业蒙拟交外,所有关于教授及其他研究人才之如何罗致,设备之如何配置,以及经费之如何分配,课程之如何充实等项,拟请商由各主持人员,将目前状况、将来计划,合并参酌,订定详细方案;于本月二十日以前,携带来会,共商进行办法,藉作最后之决定。至电机科进行事项,仍待主持人员面洽,并请期前来会,是所至盼。本年度瞬将终了,进行尤期迅速。相应函达,即希查照办理见覆为荷。此致
中央大学

中华民国二十六年六月七日
中央大学档案

中央大学函请全国经济委员会补助黄土区速率研究(1937年6月15日)

敬启者:本校工学院对于水力工程向极注重。因鉴于我国多数河流皆系经过黄土区域,其临界速率,因土质特异,与他种河流不同,世界各国尚无同样材料可供引用,必须自行测定,以为设计治水之张本。乃拨款特建实验室一所,内装各种试验设备,亦有相当规模。一切进行,颇为顺利。惟本校经费有限,所有继续研究必

需之设备,因无力购置,致研究工作进行受其影响。因思此项试验,对于黄土区域内之治河工作,关系至巨,贵会对于治河之计划与实施,历年主持,最负称誉,□□□□□□,实为荣幸,用特将本校对于此项研究之已有设施、试验计划以及补充设备继续研究之经费概算,以最翔实之数字另行开附,敬希察核。惠予补助经费15 000元,俾克继续进行,获得最后结果,以供贵会采择,实纫公谊。此致
全国经济委员会

校长罗家伦
中央大学档案

资源委员会为该年度研究计划致中央大学密函(1937年7月12日)

国民政府军事委员会资源委员会公函(二六) 密字第4877号

查本会与贵校合作研究专题、培植专才一案,迭经双方派员会商,并确定本年度研究题材为:电机科之无线电秘密通讯、绝缘油、机械科之齿轮制造。全年经费每科各四万元,双方各半担任等项在案。兹汇集会商决定各点,订定研究专题、培植专才合作办法十三条,除将此项办法一份加盖本会关防,函送贵校存查,并将商定之电机科合作研究计划书、拟购研究设备单、机械科实施方案、拟购设备单各一份抄送备核外,相应检送该办法同式一份,即请加盖校印,送还过会,以资存考。即希查照办理见复为荷。此致
中央大学

中华民国二十六年七月十二日
中央大学档案

资源委员会、中央大学研究专题培植专才合作办法(1937年7月)

第一条 资源委员会与中央大学为合作研究专题及培植人才,特订定本办法。

第二条 研究经费以会、校两方各半担任为原则,会方所任经费每学期开始时拨发一半,交由校方连同校方所任经费合并支用,并由校方设立特别会计,所有全额之收支不得与校方其他之收支相混淆。

第三条 年度终了时,校方应将研究经费之全额收支状况,根据其特别会计所用之账册,编造现金结存表及支出计算书四份送会方审核。

第四条　专任教授之人选及薪金、助教及研究生之名额及薪金或津贴等项,于每年度开始前经会、校双方会同决定后,由校方办理之。

第五条　一切应办之设备及图书,于每年度开始前由校方开具清单,详列名目用途及所需经费等项,经双方会核决定后,由校方购置之。

第六条　专题研究之计划及课程之调整与补充,经校、会双方商定后,由校方施行之。

第七条　依第四、第五、第六各条所决定之事项,中途如应加变更时,仍须双方同意。

第八条　计划之实施应于每年度开始三个月前,由会、校双方依照本办法之规定会商,订定该年度实施方案,其内容包括下列各点：

（甲）科目及题材

（乙）进行计划

（丙）课程调整与补充

（丁）研究人员

（戊）经费概算及说明

（己）其他有关该年度实施事项

第九条　会方所办事业容纳学生实习时,校方有优先派遣权利。校方所训练之人才,会方有优先选用权利。

第十条　主持研究之人员每三个月应将研究及办理情形书面报告会、校双方。

第十一条　关于研究事项之进行状况及经费情形,会方得随时派员视察。

第十二条　关于专题研究之一切资料概不发表,如一方须供给第三者时,应先征得他方之同意。

第十三条　本办法自会、校双方换文之日起生效,如有未尽事宜,得由双方随时会商修正之。

中央大学档案

资源委员会与中央大学电机系合作研究计划(1937年)

中央大学电机系草拟

近年以来,我国经济建设突飞猛进,而电气事业亦随之发展,每年发电容量之增加为数甚大。顾电气事业日益发展,而发电、输电、配电与用电之千百种器械之自给自制问题,亦因之日益严重。设计国防者,不得不加以密切注意。近年我国政府与商人虽已逐渐注意及此,而关于产量及品质离去理想之境尚远。资源委员会有鉴于此,特以国家资本创设大规模之电工器材厂,其目的无非在使我国电工界可以有自制自给之发电、输电、配电与用电之器械材料,不致如今日漏卮万千,且有一旦被封锁断绝供给之虞。顾电器制造,千头万绪,于若干方面,固可以与外国厂商共同合作。而于其他若干方面,仍需要吾人自己解决与改进。如本国原料之采用,局部状况之适应以及其他制造程序中临时发生之技术问题,其解决改进有待于专门人才之合作。资源委员会因有利用成绩卓著之国内大学之电机系合作研究之计划,以期学术与事业打成一片,一面协助其电工器材厂之发展,另一面更求有惠于全国一般电工界之业务。中央大学电机系即为资源委员会拟与合作之一。兹先述中央大学电机系之现状及合作之具体办法。惟关于下述之具体办法,系敝系聆取资源委员会意见后私加拟定,其是否允当,仍有待于资源委员会与中央大学两方面当局之修正与核准也。

一、中央大学电机系之现状

中央大学电机系之现状可分两项说明:(一)人员;(二)设备。人员方面,现有专任教授五位、兼任教授二位、助教五位、技工五人、学徒一人。除担任行政事务之系主任担任教课较少外,每一专任教授所任教课均在十学分以上、十二学分以下,上课时间均在十五小时以上、十八小时以下。各教授对于电力电讯方面之分配大约相等。各教授除教学外,对于研究工作大都感有兴趣,惟因限于时间之不足与设备及经费之不充分,在在发生困难。且国内制造厂家之实际情形,多不详悉,对于研究题材之选定、研究器械与人员之合作等等感觉甚大障碍。此外,助教五位均忙于阅卷及协助日常试验,技工学徒大都只能应付日常工作,实施研究之时则现有人员实有不敷之虞也。设备方面,中大电机系系承南京工专及东大工学院之后,对于电力设备,尚有相当根基。经近年增添,略见齐备,尚可应付日常试验。(中略)全系每年添置设备费,计二十三年度为国币一万三千元,二十四年度国币一万八千元,二十五年度尚未完毕,已支部分约为国币一万余元。以上所述,系中央大学电机系现在人员设备方面之大概情形。

二、合作研究之具体办法

合作研究之具体办法,可以分下列数项说明:

一、研究题材

合作研究办法之主干,首在研究题材之决定。在第一年度除临时发生之较小

较狭之专门题目外,中央大学电机系愿在资源委员会所命之题材中选择下列三题:

1. 无线电秘密通讯问题;
2. 绝缘材料之自给自制问题;
3. 二百千瓦以上之电机设计问题。

上列各题内第一题由电机系电信试验室主持;第二题由电机系电力试验室与中央大学化工系共同主持,先行着手变压器、绝缘油之制造问题;第三题由电机系主持。

二、研究经费

(甲)无线电秘密通讯问题

(子)人员

教授一人,王启贤先生,月薪 340 元,每年 4 080 元;

研究生一人,闵华先生,月薪 110 元,每年 1 320 元;

技工一人,月薪 40 元,每年 480 元;

艺徒二人,月薪每人 8 元,共 16 元,每年共 192 元;

每年共计 6 072 元。

注一:内研究生一人闵华先生,有无线电服务经验三年,故支薪为上数。

(丑)增加设备

精密之电表电阻电感器电容器等等,共计 8 000 元。

(寅)试造材料

共计 6 000 元。

以上(子)(丑)(寅)三项共计 20 072 元。

(乙)绝缘材料自给自制问题——变压器绝缘油

(子)人员

研究生二人,李国桢、许锦初先生,月薪 70 元,共 140 元,每年 1 680 元;

技工一人,月薪 30 元,每年 360 元;

每年共计 2 040 元。

(丑)研究设备

真空抽气机,2 000 元;

真空蒸馏柱,5 000 元;

高压蒸汽锅炉一座(三百磅压力),1 200 元;

人造变压器油研究设备:

1. 常温塔,800 元;
2. 水煤气发生炉,400 元;

3. 储气筒两个,300 元;

4. 反应管及零件,500 元。

共计每年 10 200 元。

(寅) 材料

石油(一百桶),1 200 元;

化学药品及燃料 900 元;

共计 2 100 元。

(卯) 参考书籍杂志及专利文章

300 元。

以上(子)(丑)(寅)(卯)四项共计每年 14 640 元。

注二：本题研究制造方面由化工系教授宋焕章先生主持,测验方面由电机系教授陈章先生主持,不另支薪。

以上两年研究费用,共计每年 34 712 元。

(丙) 二百千瓦发电机设计问题

本问题为纯系设计,则仅属书面工作,无须额外经费。但电机设计不付诸制造,犹之纸上谈兵,无补实际。我国近年各制造厂商对于电机之制造努力迈进,成绩昭著,而发电机量最大约为一百千瓦左右,功量较大之机器,尚无人敢加以问津,其故约有二点：第一,凡定购发电机者,以发电机关系整个发电事业,虽有爱用国货之志,因对于国内厂商技术尚未十分信任,辄未敢加以冒险。第二在制造厂商方面,因营业上无确定主顾,技术上更无绝对把握,其不敢贸然尝试于巨量电机之制造,亦固其宜。但若长此以往,我国之发电机永无达到自给之一日,岂不可虑！敝系之意,资源委员会可就其所办水力发电处所定购一低速度之发电机,或五百或二三百千瓦,为数约数千元。向制造厂商定购,而于设计及制造方面,由中央大学电机系与厂商合作咨询进行。厂商对于所售电机以成本作价,不加利益,将来制成后由资源委员会购买装置在预定地点。如依此计划,第一机制成后,结果或未能如预定规范之佳,而制造与设计者均可就其经验于下次加以改进。制造厂商对于其制造试验可以不必费分文而得之。在学校方面,可以得到若干实际知识。学术与工业方能沟通,而资源委员会辅助国内电机工程界之筹谋硕划亦得以实现。今姑以制造一具低速水力三百千瓦之发电机,约须 6 000 元,设计工作由敝系教授陈国康先生担任,不另支薪,厂商须待接洽而定。

以上(甲)(乙)两项研究经费 34 712 元,(丙)项制造经费 6 000 元,三项共计每年 40 712 元正。按以上预算共约四万余元。惟有须声明者:(一)此项预算确数系指第一年度自廿六年九月至廿七年八月止,极有伸缩余地。例如炼油一问题,规模可大可小,费用亦可省可费,将来开支以不超过此数为度,如有余额,滚入下年度计算。(二)以上预算四万余元之筹措如何分配,由资源委员会及中央大学各任其半,由两方面当局妥加商洽办理。

三、拟购研究设备

一、绝缘体材料自给自制问题——变压器绝缘油

(子) 研究设备

真空抽气机,2 000元;

真空蒸馏柱,5 000元;

高压蒸汽锅炉一座(三百磅压力),1 200元;

人造变压器油研究设备:

1. 常温塔,800元;

2. 水煤气发生炉,400元;

3. 储气筒两个,300元;

4. 反应管及另件,500元。

以上共计2 000元。

总计10 200元。

(丑) 材料

石油(一百桶),1 200元;

化学药品及燃料900元;

总计2 100元。

(寅) 参考书籍杂志及专利文章

300元。

以上(子)(丑)(寅)三项共计每年12 600元。

二、无线电秘密通讯问题研究设备

1. 五十周震动测电表,175金元;

2. 电阻,35金元;

3. 电阻,25金元;

4. 交流测量表,10金元;

以上四项可打九折,合计379.50金元。

5. 标准信号发电机,600金元;

6. 兆欧表,165金元;

7. 电力供给单位,35金元;

以上三项合计800金元。

以上七项总计1 179.50金元。

注一：上列价目系约计，实价值视定购时公司开价而定。

注二：上项设备系第一批，以后视研究进展情形，逐步添购。

中央大学档案

二、研究所建设

文学院学生郑德璧呈请筹设国学研究院（1928年12月10日）

具呈人本校文学院中国文学系学生郑德璧，为呈请筹设国学研究院，以集大成而资深造事。

窃大学教育精神，仍系注重普通学问、一般常识，恐未能造就特殊之人才，以应社会之需要。为学生者，大学卒业后，势必再求深造，以期有成。学生一介庸愚，从事攻读，凡旨趣之所在，必竭虑而殚精。兹有不情之请，上渎清听，骨鲠在喉，一吐为快，敢为我校长陈之。

窃尝默察本校情形，对于国学研究院之筹设，实为急不容缓之图，爰列举理由四端如次：

一、为最高学府计，亟需筹设也。最高学府，本校著称，教育精神，义无多让。若无专院之名，似不符最高之实。

二、为民族精神计，亟需筹设也。民族精神，及时恢复，总理明训，自可实行，至国学为固有知识，更无待言。

三、为无从留学计，亟需筹设也。自然法政，攻错他山，国学中文，道外无道，苟浅尝而辄止，殊非求学之本心。

四、为东方文化计，亟需筹设也。欧化东行，一日千里，固有文化，堕落堪虞，竭力保存，责无旁贷。

凡此四端，特其荦荦大者。近年北方大学，如清华、燕京诸校，国学研究院均先后成立。本校立于首都，观瞻所系，东南文化，于此集中，人才颇易访求，经济不难筹措。鄙意以为斯院之设，当可不日告成。素仰我校长右文敷教，学界斗山，倘蒙俯从所请，并恕其谬妄之罪，则感恩戴德，岂唯一人。冒昧陈词，不胜翘盼之至。是

否有当,伏乞批示祗遵。谨呈
国立中央大学校长张

具呈人:郑德璧
中华民国十七年十二月十日
中央大学档案

蔡堡、曾昭抡、吴有训等科学教席函请建筑研究室(1929年9月19日)

处长先生台鉴:

迳启者:按本校物理、化学、生物三系,例有中华教育文化基金董事会补助费一项收入,专为辅助本校该三系设备所不及之用。兹闻去年此项补助费,业已领到,惟尚未动用。兹为大学前途发展起见,特建议请先生将去年此笔款项拨下,为三系建筑研究室之用。以后此项收入按月提出,专为购办研究方面应须之仪器、药品、材料及其他设备,不得移作他用,亦不得与各系本应购买之普通设备账目相混。兹将建议之理由分条列下:

一、此项补助金,按照中华教育文化基金董事会之规定,系备购办本校普通设备之外较为良好之设备而本校财力一时不能兼顾者之用,并非作购办普通课程应有之设备之用。如本校不按照该会规定支用,恐该会啧有烦言,于本校名誉大有妨碍。

二、本校领受此项补助金,业已数年,成绩何在,路人皆知。而该董事会补助中国科学社之生物研究所,亦不过每年万元(较补助本校者为少)。然而生物研究所成绩斐然,誉闻中外,较之本校之研究工作,大有天渊之别。当仁不让,我校何独后于人?如长此不设法,恐不仅本校当局及领受补助之科学教授自觉汗颜,将来该董事会恐亦不免对本校根本怀疑。

三、研究工作,本为大学中最重要工作之一。各国著名大学,莫不竭力提倡。如美国各大学理科学生,大学最后一年均须作论文,即国内教会学校亦多有研究室之设。本校名曰中央,位在首都,而于此项设备独付阙如,不仅观瞻所在,未免贻笑大方。即本校门口大张奖进专门学术之标语,而毫无实际,亦未免大言欺人。

四、本校经费,即大学本部年有百余万之多,较之国外各大学,自形支绌。然较之国内普通一般大学,多至数倍以上。如必持文化基金会之补助金以购置普通设备,未免不近情理。不必将此款提开,指作研究之用,一般社会对此亦可易于了解。

五、去年之此项补助金,三系合计共有15 000元左右。如以之造一研究室,仅有余裕。设即将此款赶造研究室,今年领到之补助金即可购置设备,明秋研究工作即可进行,本校前途大可乐观。

六、国内大学现除协和医学校外,尚无有建筑物专为研究用者。如本校创设,此例大可引起社会对本校之好感。

七、在本校今日科学方面,欲言研究,实属万不可能。不仅设备不固,且房屋非常拥挤,教授而无一实验台可作事者不乏其人。长此以往,好教授且将灰心,或且远引他去。如另筑一房,地方既宽,亦复清净。须要所在,似不容缓。

以上各情,诸希鉴察,改日再当趋谒面陈一切。此颂
公安!并希示复

中华文化教育基金董事会科学教授
蔡堡、曾昭抡、吴有训、许骧谨上
九月十九日
中央大学档案

国立中央大学筹办算学研究所、农艺研究所、水工试验所申请书
(1934年6月)

敬启者:本校近奉部令,依照所有经费、师资及设备情形,陆续筹设研究所,定期成立研究院,以利研究高深学术,改进国计民生。本校现拟自二十三年度起,先行创办左列三研究试验所:

一、算学研究所。算学为一切科学之基础,其重要自不待言。本校算学系近两年来,在师资及设备方面,均有显著之进展。该系现有专任教授五位,人选均甚优越。专门之图书杂志,除原有者外,去年一年即添购16 000余元。

二、农艺研究所。本校农学院具有多年历史。其中农艺系教授人选甚佳。研究问题亦迫切实,具有相当设备;两年以来,进步甚速,顿改旧观,如种子室、温室之造成,尤予以重大之鼓励,而关系国民生计亦最切。值兹励行复兴农村之际,是项学科,需要尤殷。

三、水工试验所。水利之整理、水力之应用,乃发展实业、复兴农村工作中之急务。本校前奉部令添办水利工程系,现正积极筹备。况本校工学院之前身即为河海工程大学。设备方面,除较完善之水工实验室外,其余尚有相当之基础。

以上三研究所,均系国家社会需要最切,而本校在师资及设备方面,认为已有相当根基,可望充分发展者。惟是经费一层,本校岁入有定,院系较多,欲筹大宗款

项,为初步开办充实设备之用,则财力实有不逮。素仰贵会对于科学研究事业,奖掖扶持,不遗余力。用特拟具三年实施计划,向贵会申请补助计共三十万元,分三年拨付,每年十万元;算学研究所每年补助整数三万元,农艺研究所每年四万元,水工试验所每年约三万元。

办理步骤,算学、农艺两研究所,均以第一年为预备期,全部经费,悉充购置图书仪器设备之用。自第二年起,始正式开办,招收研究生,并继续补充设备。预计第三年终了时,基础可以确立。此后本校即可自行维持,继续发展。水工试验所之设备,系整个计划;但本校亦已拟定分期完成之妥善办法,逐年就试验需要完成整个计划之一部,而此一部之自身,亦自有其整个性,不因分期举办,而受影响。此项设备完成之后,本校即可充分利用,从事研究。

兹将上开三研究所之大体计划及预算概略,附列于后,敬祈明察,惠予补助。本校幸甚,学术研究事业前途幸甚!此致
中华文化教育基金董事会

国立中央大学校长罗家伦
中央大学档案

教育部令饬中央大学筹备研究所(1934年7月27日)

教育部训令　字第9174号
令国立中央大学
　　查《大学研究院暂行组织规程》,前经令发在案。该校应即筹设研究所一所或二所,每所本年酌设一部或至多设立二部。其设备等经费,暂就该校预算内撙节开支,将来如需增加,当再量予设法扩充预算,或商由庚款机关补助。本年如能酌收少数研究生,俟将计划呈经核定后,可即照章考录。合行令仰遵办。此令。

中华民国廿三年七月廿七日
部长王世杰
中央大学档案

中央大学呈报奉令筹设研究所情形(1934年11月9日)

案奉钧部第 9174 号训令内开：查《大学研究院暂行组织规程》云云，等因。奉此，自应遵办。惟嗣经提出由各院院长商议，均以本校究竟筹设何种学科研究所，颇难拟断。盖以研究所之设立，在国内各大学，均属草创，而我国人才物资，又极有限。倘能于创办之始，一方面考察各科学术需要之先后，一方面顾及各校人才、设备之多寡，统筹全局，因地制宜，由钧部斟酌指定，藉收分工合作之效，而免偏颇重复之弊，似较由各校自定者，为有系统有组织也。且钧部派员视察方毕，对于属校各部分均有详密之调查，倘蒙指示，必有根据。为此备文，贡献所见，是否有当，敬祈鉴核。并乞指定本校应先筹设之研究所及研究所内之何部，俾便遵办，实为公便！谨呈
教育部部长王

国立中央大学校长罗〇〇
中央大学档案

教育部关于中央大学设立研究所的指令(1934年11月15日)

教育部指令　教字第 13848 号
令国立中央大学
呈一件：呈为奉令筹设研究所，颇难拟断，敬具所见，仰祈鉴核指定，俾便遵办由

呈悉。该校应先设置理科研究所算学部暨农科研究所农艺部，嗣后得斟酌经费与师资情形，呈准本部，再行添设。仰即拟具章程，报部备核。此令。

中华民国廿三年十一月十五日
部长王世杰
中央大学档案

中央大学函请管理中英庚款董事会补助研究所建设经费(1935年1月31日)

敬启者:本校近奉部令,自下年度起办理理科研究所算学部及农科研究所农艺部,并同时注意发展工科各系,为将来陆续筹设研究所之准备,以利研究高深学术,改进国计民生。本校现除自下年度起创办理农两科研究所外,并同时于水力及自动工程方面充实设备,以确立发展基础。兹将各方面现在情形,略陈于左:

一、算学研究部。算学为一切科学之基础,其重要自不待言。本校算学系近两年来,在师资设备方面,均有显著之进展。该系现有教师人选,均甚优越。专门之图书杂志,近年来陆续采购,亦尚完备。

二、农艺研究部。本校农学院具有多年历史,其中农艺系教师人选甚佳,研究问题切实,且有相当设备,近年来进步甚速。而种子室、温室之建造,在研究方面尤予以重大之鼓励。其关系于国计民生者至切。最近全国棉作讨论会,全国十四省代表一致议决采用本校该系之棉作纯系育种程序,即系事实上之一例。值兹厉行复兴农村之际,是项学科需要最殷。

三、水工试验所。水利之整理、水力之应用乃发展实业、复兴农村工作中之急务。本校前奉部令添办水利工程系,现正积极筹备。况本校工学院之前身,即为河海工科大学,设备方面,除较完善之水工试验室外,其余设备,均已有相当之基础。

四、发电厂。现代工业,已进至电力阶段。而本校机械、电机两系,在其他设备方面,均尚充实,独于根本之动力试验方面,仅有一四千kW之蒸汽发电机,及一一百kW之柴油发电机,且均已使用多年。消耗既巨,而足供试验之范围又狭,亟待添置一新式发电机,以利研究。

以上四者,均系国家社会与夫学术方面需要最切,而本校在师资或设备方面,已有相当根基,可望充分发展者。就中算学研究部,师资设备,本校均已粗备,尚可独立办理。其余三者,本校财力有限,欲自筹大宗款项,同时举办,实有不逮。素仰贵会对于科学研究事业,奖掖扶持,不遗余力,用特拟具实施计划及预算概略,向贵会申请补助,计共12万元。计农艺研究部设备费25 000元,水工试验所设备费55 000元,发电机40 000元。至于水工试验所及发电厂之建筑本身,当由本校自行设法,如期筹建。务使贵会惠予之补助费,得以充分利用,于各该学科之研究方面,而不至有负贵会之盛意。兹将农艺研究部、水力试验所及发电厂之设备计划及概算,附列于后,敬祈明察,惠允补助。本校幸甚,学术研究事业前途幸甚。此致

管理中英庚款董事会

国立中央大学校长罗〇〇

中央大学档案

国立中央大学研究所章程(1935年2月)

第一条　本大学遵照教育部《大学组织法》第八条及《大学研究院暂行组织规程》设研究所。

第二条　本大学遵照教育部"教字第一三八四八号指令",先行设置理科研究所算学部及农科研究所农艺部。

第三条　研究所每部设主任一人,由校长聘任之。

第四条　研究生资格以国立、省立及立案之私立大学与独立学院毕业或外国大学本科毕业生经公开考试合格者为限。

第五条　研究生入学考试科目,应依据前条规定之程度由各部分别拟具,经校务会议核定公布之。

第六条　研究生报名投考时,须呈缴毕业证书及其在原校所习课目及学分成绩证明书。

第七条　在《学位法》未颁布以前,研究生修业期限暂定为二年,遇必要时得延长之。期满考试成绩及格后,由本大学发给研究期满考试及格证书。

第八条　研究生在本大学肄业一年以上成绩及格、中途自请退学者,得给予修业证书。

第九条　研究生学期成绩优异者,得给予奖学金,其名额及金额另定之。

第十条　研究生不得兼任校内或校外职务。

第十一条　研究生除选习规定学分外,须认定专题研究,由教授负责指导之。

第十二条　各部研究生应选学分种类及数目,由各部分别拟具,经校务会议核定之。

第十三条　研究生至迟须于第一学年终受第二外国语(德文或法文)阅书能力考试。

第十四条　研究生须于第二学年下学期提出毕业论文,经指导教授及部主任审查合格后,方得参与毕业考试。

第十五条　研究所毕业试验规则另定之。

第十六条　研究生在学期试验或研究无成绩者,均得令其退学。

第十七条　研究生应遵守本大学一切规章。

第十八条　本章程经呈请教育部核准后公布日施行。

中央大学档案

函复中山大学本校研究院英文名称（1935年12月5日）

迳启者：接准大函，以拟定一外国文名称，为求与国内各研究院名称统一起见，嘱将研究院外国名称函复以便参照等由，备悉。本校对于研究院外国名称，拟用 Graduate College. The National Central University。用特函复，即希查照为荷。此致

国立中山大学研究院

国立中央大学启

中央大学档案

国立中央大学研究所招生简章（1936年度）

一、所别名额及修业年限

（一）本大学遵照教育部指令，招收理科研究所算学部及农科研究所农艺部一年级生。

（二）理科研究所算学部暂定名额五名，农科研究所农艺部暂定名额十五名。

（三）修业年限

至少二年修毕，考试及格后得按照学位授予法授予硕士学位。

二、投考资格

凡国立、省立及立案私立大学与独立学院毕业生，或国外大学本科毕业生，均得应考。

三、报名手续

（一）凡报名者须随缴左列各件：

甲、报考履历志愿书及其他各项应填表格；

乙、毕业证书；

丙、原校历年修习课目及学分成绩证明书；

丁、最近四寸半身软片照相三张（背后须注明姓名及履历）；

戊、报名费一元（应试与否概不发还）。

（二）报名日期

自七月廿五日至七月卅一日止。

（三）试验日期

自八月五日起至八月七日止。

（四）报名及试验地点

南京本校。

四、体格检查及试验

（一）凡报名后经审查合格者，应于八月三日按照指定地点受体格检查及口试。

（二）凡体格检查及口试不及格者，不得参与入学试验。

（三）凡报名手续完备、体格检查及格者，应按照规定试验时间及地点入场应试。

（四）应试者须遵守试场一切规则，违者一经查出，即行扣考，其试场规则另定之。

五、试验课目

（一）普通课目

党义、国文、英文、第二外国文（德法任择一种）（农艺部免受第二外国文试验）。

（二）专门课目

甲、理科研究所算学部：高级微积分、高级解析几何、近世代数、力学；

乙、农科研究所农艺部：作物学、经济昆虫学、遗传学、作物育种学、植物生理学。

六、录取揭晓及入学注册

（一）试验结果于八月二十日揭晓，并自揭晓之日起连登南京《中央日报》、上海《申报》两天。

（二）录取各生应于二十五年度第一学期开学时准期入学报到，照章办理入学选课注册手续，逾期不到校者，即取消入学资格。

七、纳费及奖学金

（一）学费

每学期 10 元。

（二）宿费

每学期 6 元。

（三）讲义费

每学期 5 元，有余发还，不足照补。

（四）损失费

凡有实习及实验之课目，每课目缴费 2 元，有余发还，不足照补。

（五）奖学金

研究生对于以上规定各费，均须照缴。其学期成绩优异并经本大学审查合格者，得给予奖学金，每学期定额 180 元。

八、附则

（一）凡询问有关于本大学招考入学事件者，自七月十日起，迳向本大学招生事务所接洽。

（二）凡索取招考简章者，须附邮票一分。如有询问事项请求答复者，京内附邮票二分，京外五分。

中央大学档案

国立中央大学 1936 年度研究生名册（1936 年 9 月）

姓名	性别	年龄	籍贯	学历	入校年月	科别	部别
曹隆	男	26	江苏江阴	二十一年一月在本校理学院算学系毕业	二十五年九月	理科	算学部
蔡介福	男	32	江苏无锡	二十一年七月在本校理学院算学系毕业	二十五年九月	理科	算学部
周振钧	男	29	湖南湘潭	二十一年七月在本校农学院农艺系毕业	二十五年九月	农科	算学部

中央大学档案

国立中央大学理科研究所算学部概况（1936年度）

一、略史

中央大学算学系为谋发展我国算学起见，于二十二年度起，即行改善课程，增加设备。二十三年，得教育部准许筹设研究部。二十四年暑假招生，因只录取一名，未能开班。二十五年暑假再录取一名，始正式成立。

二、现状

本部现有学生二名，本年度所开课程如左：

实变数函数论、变分法	胡旭之教授
射影微分几何	孙光远教授
分析专题研究	胡旭之教授
几何专题研究	孙光远教授

本所教授均由中大算学系教授兼任，人数尚感不敷，预计下年度起当可再行充实。

三、设备

本部设备均与算学系共有。参考书籍不下 2 000 余部。常年订阅杂志约 40 种，旧杂志之成全套者如左，现有 24 种（详另单）。

中央大学档案

中央大学呈请补助添办特种化学研究室（1937年3月24日）

敬启者：本校理学院化学系，具有多年历史。一应设备，尚称完备。师资人选，亦颇齐全。历年发表研究论文甚多，最近袁翰青教授，且曾因此获得荷兰范霍夫科学研究奖金。在国际学术界，该系已有相当地位。年来国内励行建设，政府机关及制造工厂对于化学研究，需要颇切，请托该系代为化验研究者日多。该系为协助建设促进研究起见，凡设备与时力之所及，无不乐于接受。惟应用化验与专题研究，所需之仪器、药品、书籍、杂志与普通教学应用者，多有不同，必须补充添置。该系现拟自下年度起，添办一特种化学研究实验室，以应社会需要。惟本校经费有限，实无余力足供此项设施之用。素仰贵会热心提倡研究,奖掖建设,特由该系拟具工作大纲及预算,备就中英文请款书各二十份,随函附奉,即希察核,准予补助,以利进行,至纫公谊。此致
管理中英庚款董事会

校长罗○○
中央大学档案

三、研究概况

发起第四中大社会科学研究会的旨趣(1927年12月)

社会科学在现时的中国总算是很发达、很时髦的了。然而,我们仔细观察一下,真不免要失望:国内对于社会科学的著述,以量计,不过那么几本书;以质计,更难找到几部名著。国内关于社会科学的专家,更是凤毛麟角;并且在革命时代,各方面又需要他们去干,也无暇专心治学。至于国外的社会科学书籍,虽然很多,试问我们读外国文的能力又怎样?

上面的情形似乎使着我们悲观了,不想干了。其实不然,决不然! 青年人开创者对于他们的前途总是乐观的,他们只有干,只有前进。我们知道一切事业总是"头难",社会科学当然不是个例外。我们更认得清楚,社会科学的萌芽已产生出来了,我们对于社会科学的兴趣是很浓厚了。可宝贵的萌芽,我们要使他开花;很浓厚的兴趣,我们要使他盛旺。一切高深的成功由于浅薄的尝试,这就是我们不揣浅陋敢于组织社会科学研究会的意思。

本会的范围,不限于某院某系,凡我同学,只要对于社会科学发生探求的兴味,而肯切实做以下工作的,愿意加入本会,都很欢迎!

我们的工作大致分几项:

(一)阅读——请校内外专家做的导师,指导我们阅读中外的社会科学书报,是培养求学能力最基本的工作。

(二)讲演

甲、专家讲演——指示治学的途径,解析社会上、学术上重大的问题,引起群众研究社会科学的兴趣。

乙、会员讲演——陈述一种学说,报告我们的心得。

（三）翻译——忠实地介绍国外学说。

（四）著述——把我们的心得用文字发表出来。

我们希望校中早日设置社会科学图书室,并且希望能聚几个钱办一种刊物,使我们的工作格外顺利。

社会科学在中国的田园是未开辟的一块肥土,现在他的种子已下了,萌芽也长了,只要我们肯用心去培植,使我们心悦神怡的丽花不久就会开放了。社会科学田园中的收获一定是很丰满的。朋友们,大家起来努力耕种呀！

发起者：谢承平、罗刚、许延俊、谢汝昌、黄汝鉴、王鲜□、季可宗、高宗禹、蒋兆庆、李蔚唐、浦应筠、子锡来、熊肇藩、周一夔、潘震球、张文浩、罗静、徐宝赉、殷镗、钱乾、蒋嘉祥

中央大学档案

南京市第八区党部请整理《国立中央大学日刊》致张乃燕函（1928年10月8日）

迳启者：案据南京特别市党务指导委员会训令暨本会第五次常会决议,关于本区内一切宣传,统由本会担负指导及监督之责。查《国立中央大学日刊》,实为本区内影响最大之唯一报纸。此项刊物过去在内容及编辑方面皆确有未能尽合党义之处。如登载国家主义论文之类,已属屡见。本会兹为执行职务、宣传党义及取缔反动起见,嗣后对于本区内一切刊物将予以实际之审查及监督。□□□次常会提出讨论,决定对《国立中央大学日刊》亟须整理之办法如次：

（一）大学日刊在言论上应多为国民革命之宣传及三民主义之阐发,使学生思想得所指归,而收默化潜移之效。

（二）大学日刊在编辑上最妥洽之办法为以编辑之全权付诸本会妥慎办理,以应民众及本党同志之要求。

第（一）项办法为必须商请执行之事件。第（二）项办法在目前是否完全可以实施,应请贵校长加以考量。专此录案送达,即希查照见覆为荷。此致
国立中央大学校长张

第八区执行委员会启
十月八日
中央大学档案

张乃燕:《国立中央大学半月刊》序(1929年10月15日)

学校之有刊物,所以探讨学术、贡献心得、求友艺林、商兑意见者也。欧美著名各大学刊物,固已风行全球,不胫而走。吾校定期刊物,向只日刊一种;虽亦有专门杂志之类,按期发行,而散而不聚,未足以表示全校之精神。乃燕为崇奖学术、增进文化计,特自本学期起,推广出版物,而先以半月刊导其端。同事、同学欣然赞同,次第规画。举平日师生讲习所及、研究所得,珠零锦碎,辄汇志于半月刊中。其有长篇著述,则让之于月刊、丛书等。至原有专门杂志,概仍其旧,相摩相淬,效果益彰。《诗》云:"风雨如晦,鸡鸣不已。"《语》云:"正朝夕,视北辰。"吾校位于鸡鸣埭前、北极阁下,凡所以发扬学术之曙光,使昒爽阇昧得耀乎光明,而因以效探险之壮游,示众星以斗极者,皆将于斯编乎是赖。"士别三日,当刮目相见。"况五积其三日乎?自今以往,将藉斯一编,以与海内外士流修一月两度之相见礼。顾名思义,吾校同人,诚宜共勉!而尤愿方闻君子,念其事属始基,意存喤引,相与扶掖而督教之,则幸甚!

中华民国十八年十月十五日
张乃燕
《国立中央大学半月刊》1929年10月16日

中央大学组织丛书委员会(1929年10月22日)

迳启者:本大学应出版丛书,在一年前已经教授中提议。诚以纂辑丛书,关系本校精神及声誉,至为重大,现拟组织"国立中央大学丛书委员会",请教务长为主席委员,各院长为当然委员,另就各学院教授中由校长每院遴聘一人为委员,即日由教务长召集会议,以利进行。除分函聘请外,兹请台端为本大学丛书委员会主席委员,即日召集会议。用特函达,即请查照担任为荷。此致
叶元龙先生

张乃燕敬启
十月二十二日
中央大学档案

中央大学致函各省政府请通令各机关搜采地质标本(1930年5月20日)

迳启者：据敝大学理学院地质学系陈称："本系一切标本设备向未完全，国外标本尚可，购置国内标本，既无制琢之所，则欲购无从。屡欲派员迳往各处采集，奈限于经济，不克如愿，殊为憾事。际兹地质科学方兴之秋，矿藏待发之时，而所亟需研究之中国标本，竟付缺如，诚非所宜。兹请致函各省政府、各教育厅、农矿厅、建设厅，请予通令所属各机关，将各当地矿物、岩石、化石等标本寄送本系，以资研究，深为企盼。至所需寄运等费可由本系负担。附印就表格三千张，请分发每省各一百张，以作各处采集人填载关于所采标本记录式样"等语。据此，查该系所陈各节系为研究各处岩石矿物等起见，则从事征求搜采标本，藉供考镜，自不容缓。据陈前情，除分函征采外，相应检同表格，函请贵　查照，惠予通令所属各机关搜采见寄，无任感盼。此致。

校长
中央大学档案

中央大学社会科学研究会请求学校援助(1930年12月24日)

敬签呈者：窃属会为本校学生在教授指导之下所组织之纯粹学术团体，以发扬总理遗教、剖析中国社会、介绍最新思想、赶上世界潮流为职志。成立以来，业经弥岁。此一岁中，各会员无不专致力于学术之研究，而遵循学校之规章。在出版方面，亦有相当成绩。除每十日出版旬刊一期外，且于最近印行季刊问世。虽幼稚与肤浅之处仍然难免，但自信尚可不致妨损本校之名。惟是数十青年学子能力单微，虽对于精研学理、发扬校誉之工作具有诚心，而事实上常不免有所阻碍，滞其进行。为特备文呈请钧长本发扬文化之至意及提倡出版之决心，对属会予以有力之援助，俾使属会刊物之出版不致因经济之窘绌而终辍，学生等孜勤好学之热诚不致因受事实之阻碍而消沉，实为学便。谨呈
校长朱

中央大学社会科学研究会
总务干事胡祥麟
季刊编辑汪新民
中央大学档案

国立中央大学出版委员会简章(1932年12月)

第一条 本委员会,计划及主持本大学重要出版事宜。
第二条 本委员会,设委员七人,由教务长,及各学院院长,组织之,开会时,出版组主任得列席参加。
第三条 本委员会之职权如左:
(1)本大学重要学术刊物之规划及其发行。
(2)学生团体刊物之指导及审查。
第四条 本委员会,每月开例会二次,遇必要时,得召集临时会议。
第五条 本委员会,设审查委员若干人,由本委员会,推定后,由校长聘请之。
第六条 本委员会,关于出版事宜,由本校出版组,负责办理。
第七条 凡未经本委员会审查认可之刊物,不得用本大学名义,或冠以本大学名称发行。
第八条 本委员会,办事细则,另定之。
第九条 本简章,于校务会议通过,由校长公布后施行。

校长罗家伦
中华民国二十一年十二月 日
中央大学档案

中央大学出版委员会通告(1933年11月18日)

本会于十五日开第三次出版委员会,议决:
(一)通过丛刊编辑委员会简章。
(二)理学院研究报告应即恢复,为本大学专篇之一种。其专门研究著作,如需用英文发表者,除用英文发表外,同时并须译为中文,在自然科学丛刊发表。
(三)通过专篇简章。
(四)编辑凌梦痕先生遗著,由出版组负责办理。

《国立中央大学日刊》1933年11月18日

中央大学丛刊编辑委员会简章(1933年11月18日)

一、各学院丛刊得设置编辑委员会,由各学院教授于每学年开始时,互选编辑委员会若干人,由校长聘任组织之。各学院院长为各该学院丛刊编辑委员会当然委员。

二、各学院丛刊编辑委员会,设编辑主任一人,由编辑委员会委员互选之。

三、丛刊编辑委员会,有征集及编审稿件之责。

四、丛刊编辑委员会开会,由编辑主任召集之,并以编辑主任为主席。

五、丛刊编辑委员会设干事一人至二人,由各该学院选定事务员或助教担任之。

六、本简章经出版委员会通过后实行。

《国立中央大学日刊》1933年11月18日

国立中央大学专篇简章(1933年11月18日)

第一条 凡专门研究确有贡献而自成卷帙之著作,得列为本大学专篇。理学院研究报告,为专篇之一种。

第二条 凡前项著作,经审查合格,由出版委员会通过刊行。

第三条 专篇之审查及编辑办法,由各学院另定之,并得另行设置专篇编辑委员会。

第四条 专篇文字,以未在他处发表者为限,其著作权得由原著者保留,但未经本大学同意后,不得在他处重印。

第五条 专篇出版后,送与著作人三十本,遇著作人必需时,至多得加赠二十本。

第六条 本简章经出版委员会通过后实行。

《国立中央大学日刊》1933年11月18日

中央大学心理系最近之研究工作（1934年5月2日）

教育学院心理学系，于研究方面素极努力。兹将研究进行之最近情况，探志于下：

一、分析中小学各科教本。教本对于教育效率，具有极大影响。而坊间所出者，于编辑选字等，每多缺点。心理班同学有鉴于斯，乃特将现有各种教本，加以分析研究，已进行者计有中学之国文、英文，小学之国语、算术、自然、常识、党义等十余种。此种工作甚为繁重，各书之总字数、生字数、每字发现之次数等，均需逐一统计。惟此研究完成后，于今后教科书之编纂，确有重要之贡献也。

二、编造中学英文测验。中学校英文测验，由教院院长艾险舟先生主持订制，去岁既已着手编造。兹为增加测验之信度起见，决赴各地采取样本（sampling）。闻分二组，一组赴粤，由艾院长亲率；另一组赴锡、镇、扬、通等地，由郑大源、杨时雨二先生主持。

三、测验本校技工。该系自于本学期开设实业心理一学程后，选修同学于萧孝嵘先生之指导下，悉心研究各种实际问题。近应本校庶务组之请，测验本校技工于南高院，受测验者共十人。所用之测验有角度估计、精细关节测量、阔大关节测量、专注与持久交替测验等十种，共历四小时之久。结果闻极完满。

四、测验学龄前儿童。萧先生主持之墨跋测验修订工作，自去秋开始后，进行殊为顺利，被测之幼稚生已近千人。兹为获得四岁前幼儿之成绩起见，特向家庭接洽，俾能确定未入学儿童之作业标准。此种计划传布后，极多家庭自动请求合作。故已开始至各家庭测验矣。

《国立中央大学日刊》1934年5月2日

国立中央大学地理考察团报告（1934年12月8日）

校长先生钧鉴：

敬启者：虞电计达，十月自昆明发陷电，又十一月三日续发一快信，想均邀尊鉴。离昆明前又函致胡主任，托代呈行程。在省住留计半月，准备就绪，迄十六日始得就道南行。当日汽车历经呈贡、晋宁、昆阳，止于玉溪县城。现滇省迤南公路，仅能通车达该县。十七日留一日，雇备牲马十五匹，华杠三辆，并就便赴近郊考察。

翌晨启行,夜宿峨山县城,未停留,继续前行。四日抵元江县城,迤南山势最为险峻,马路崎岖,每日仅能赶一栈。近栈日行五十里,远栈日行九十里,恒须破晓就道,深暮到栈。元江县停留三日,特往东西山顶各摄照相测量片一套,并调查夷户十村。二十六日复前进,三栈至墨江县城。墨江夷民,最称复杂,有十余种之多,且觉年来吏治得人,县政建设,至有进步。惟因赶程心切,仅停留两日,调查概况。本月一日更前进,五栈抵磨黑井。滇南出产以茶盐为大宗,故特绕道数里,来磨黑参观岩盐外,并特绳井探察外苗及一切制盐方法。六日来普洱城,滇省第二殖边督办驻此。杨督办益谦本年五月新自车里、澜沧一带巡边归来,计决停留三日,藉资探询边防近况,并接洽赴边一切保护向导事项。普洱为滇南政治中心,"坝子"亦大,就便亦登山摄制照相测量片一套,并已托建设局择定近郊一大"寨",作详细之土地利用调查测绘。思茅素称瘴疠,因接洽提款,过路仅拟作一日留。由思茅至车里,尚有十日程。自入滇后,河口起始,车马所经,路旁景色,目力所及,均略绘速记,更助以摄影。自此以后,深入边区,沿路绘志,将更不求速进。耳目所及,真况实情,益谋精详。边地路线现已择定:普洱 思茅—普文—车里—佛海—打洛—澜沧—六顺—思茅—普洱—江城—李仙江—迤萨—临安—个旧—蒙自—再返昆明,携提寄存行李,及沿途邮寄一切标本照片。边地考察决分队择区,精密详求,实因时间限制,地域辽阔,乃作此举隅概观之工作。出发以来,为时两月,虽如迤南千里道路阻塞,晨昏无时,食宿难定,同行五人,均觉精神饱满,行远识广,足慰厪注。益以时届冬令,思、普一带之瘴疠,不如所传之甚。地方治安,未遇虫蛇之惊,尤非始料所及,工作益便勤谨求详也。肃此,敬请
钧安

国立中央大学地理考察团谨启
十二月八日自普洱城

此函敬请饬送地理系胡主任一阅。

中央大学档案

农学院函请允准代为化验新运河线区土样(1935年11月21日)

敬启者:顷接江苏省政府公函秘字第887号,以据江苏省垦殖设计委员会呈称,为呈报商请中央大学农学院代为化验新运河线区土样情形,并恳致函烦为义务化验而便进行等情,相应函请查照代为化验,实纫公谊等由到院。查此案前经江苏省垦殖设计委员会主任委员积薪来院商定,土样由该会采集,化验由本院担任,当

以代为化验垦区土壤,对于仪器药品不无消耗与损失,唯以农化系现有之人力设备尚可应付。至代为化验之结果将来用作农事之参考,足以增加垦民之生产,亦为本院农业推广之一有效工作,于农化系并可得到若干研究之材料,亦有相当之裨益。允代化验,实为两便之举。准函前由,相应将江苏省垦殖设计委员会商请本院代为化验垦殖区土样经过情形,检同江苏省政府公函原件,送请察核。拟请校长致函江苏省政府允为化验,以昭郑重,无任盼祷。此上
罗校长

农学院院长邹树文
廿四年十一月廿一日
中央大学档案

工学院函请允准为棉籽油研究委员会代购机器(1936年2月8日)

校长钧鉴:兹因经济委员会棉籽油研究委员会来函称,因研究改造植物油代替柴油问题,已奉经济委员会公路处函准购置迟然式柴油试验机乙套。该机据华沙(美国)盖公司开价,约需美金2 430元,此项机件购到之后,将来拟假本校装置试验。为简捷起见,拟请本校代向该公司订购等语,并派委员杜长明先生前来面洽。此外,并据杜长明先生函述,所有购置该机款项美金2 430元,业已由公路处拨交棉籽油研究委员会,现存于中国银行南京总行,拟请本校代为购置等语。查棉籽油研究委员会前系由本校及全国经济委员会公路处、中央工业试验所、江南汽车公司四机关各派一人至二人组织之,本院杜长明先生即系委员之一,前经校中办理有案。现据棉籽研究会函托代购柴油机,并杜先生函述一切,拟请本校允予代为订购,藉便装置试验,一面并请函复棉籽研究会。兹特将棉籽油研究委员会来函乙件并购货价单一纸、杜长明先生来函两件汇呈,尚希钧长察核,赐准施行,毋任企祷。
耑颂
钧安

工学院院长卢恩绪谨启
廿五年二月八日
中央大学档案

农学院陈报允代为兵工署分析研究土壤(1937年3月8日)

敬启者：接军政部兵工署造(二六)丁字第1299号公函开："本署前托金陵大学森林系朱教授会芳前往湘赣等地调查土质气候是否宜植核桃，现经事毕回京，携有各地土壤，亟待研究。因闻贵校农学院设备完善，对于该项土壤确能代为分析试验，仍嘱朱教授前来商洽，请贵校于四月底以前试验完毕，至感公便。需费若干，示知当即照付。相应函达，即希查照"等由。当以事关研究，而湘赣各地土样亦为本院所需研究之材料，业已函复应允，交本院土壤研究室办理，理合陈报。此上
罗校长

农学院院长邹树文
廿六年三月八日
中央大学档案

第十部分　学术交流

郭秉文致张乃燕函(1927年7月14日)

乃燕先生惠鉴：

近悉先生出掌苏省教育，刷新气象，从事建设，深为吾苏教育前途贺。兹启者，克拉克大学(Clark University)政治科主任字来士利博士(Dr. Y. H. Blakeslee)在美颇负时望，今夏出席檀香山太平洋国交讨论会后，将至澳洲、中国、日本游历。按其行程定十月十日至十二月一日在华，拟到粤、沪、宁、京、奉等处考察，并愿在国内各大学演讲世界政治大势及国际问题。除由邀请机关担任其个人一部分在中国旅费及就地招待外，无需报酬。不知苏省是否有意邀请，希尊处定夺示复，以便接洽。专此，顺颂

公绥

郭秉文
十六年七月十四日
中央大学档案

中央大学欢迎全国教育会议代表详情(1928年5月)

本校于五月二十一日正午设宴欢迎全国教育会议代表，及中央各机关党国要人作陪，赴宴者百余人。适值是日开春季运动会，席散后，在梅园摄影，由高等教育处胡刚复处长偕至各工厂、工场实习室等处参观，并由各科系招待委员加以说明，代表等甚为满意。当设宴时，张校长起立致欢迎词："今天敝校略备粗肴，欢迎全国教育会议各省区市代表各位专家，承各位莅临赐教，并且承党国先进屈驾作陪，觉得很荣幸的，很感激的。记得两年以前，在差不多这个时候，国民政府教育行政委员会大学院的前身，曾在广州召集全国教育会议。那时候或者因交通不便，或者因

别种阻碍,所以到会的只有广东、广西、湖南三省代表。现在大学院召集第二次全国教育会议,参加的有十几省区市的代表,还有许多专家,这是国民政府统治下规模最大的一个教育会议。全国民众对于这个会议的期望,当然是很殷切的。我国自从办新的教育以来,已经几十年了,改进的地方固然很多,然而统盘的计算起来,还是不得要领。所以希望在这个会议之中,教育上一切重要问题,都要完全解决。同时还要希望政府诸公对于将来教育上的一切设施多多加以帮助。同时很凑巧的敝校今日开运动会,不但希望诸位参观指教,还要希望诸位加入运动,以身作则,为学校提倡,为社会提倡,为国家提倡。今天招待很不周到,一切很简慢的,然而意思很诚恳的,乃燕代表敝校敬各位一杯,祝各位的健康!"旋由胡适之先生起立答词,其大意谓:适等承张校长之宠召,与此盛会,曷胜荣幸。犹忆在昔北大与东大为全国教育中心,人才辈出,两方各展所长,并无歧视之处。惟年来北大在军阀专政之下,经费竭蹶,优良教师,纷纷他往,自无成绩之可言。现中央大学为首都学府,气象一新,经费充裕,且逾北大三倍,今敢代表同人,希望中央大学当局广揽优良教授,积极设备,力图扩充,为模范之大学,实所深盼而深幸者也。

柳翼谋先生报告国学图书馆设备情形,且希望诸位代表莅临指教。

龚贤明先生报告我校反日救国运动会工作情形,对于经济绝交及提倡国货诸问题,请各代表在大会另列条目讨论,以持永久而普及。旋王云五先生答词:对于龚先生所述,今日大会中已议决;各学校教职员学生制服一律用国货;至于从事提倡,谅同人一致赞同者也。二时半散席,并参观运动会云。

《国立中央大学教育行政周刊》1928年第43期

张景钺致戴超函请西里门博士来校演讲(1929年4月25日)

迳启者:顷得前东南大学毕业生刘咸君由英来函,谓"伦敦大学人类学教授西里门博士(C. G. Seligman, F. R. S.)将于本年八月间作远东之游。先至日本,后过吾国,有所考察。北平、南京、广州为其必经之地。西教授为第一流学者,曾于1903—1905年两任英国皇家人类学会会长,于澳洲及南洋群岛各民族特别有研究,于东亚史前文化颇有所窥测,著作甚丰,专著亦有数种。闻吾国驻英使馆探悉西教授行将来华,曾函教育部及中央研究院预为延揽。本校致力科学,宜利用机会,延请西教授作短演讲,或可见许。酬金似可不必,但须先期具函奉约"云云。查介绍国外名流于青年学子,素为本校所提倡。今西教授便道过宁,自当延请讲演,并事招待。本校是否联合其他学术机关会衔预约,或单独进行,望商诸校长先生核办,并希赐复。以便函复刘君,以慰其关怀母校之忱。专此奉达。谨致

志骞处长,顺颂

台绥

张景钺谨启

四月二十五日

中央大学档案

中央大学请补助东方文化研究团赴日本参观(1930 年 5 月 14 日)

国立中央大学公函　第 573 号

迳启者:敝大学现拟组织东方文化研究团,推举团员汤用彤等十人,预定七月十五日出发,前赴贵国参观,藉资研究。惟是往返旅费不赀,拟请贵领事馆准予代向中日文化基金委员会商拨相当津贴,俾便如期启行,藉作参观之补助。用特开附团员名单,备函希达,即希查照核办见复,至弥盼切。此致

驻宁日本领事馆

附东方文化研究团团员名单一份

校长张乃燕

中华民国十九年五月十四日

中央大学档案

附:东方文化研究团团员名单

汤用彤　中央大学哲学系教授,美国哈佛大学硕士,历任东南大学、南开大学教授,专研究印度哲学。

汪东　中央大学国文系主任兼副教授,专研究文字学、声韵学、史学。

黄侃　中央大学国文教授,历任北京大学、武昌大学、东北大学教授,专研究文字学、声韵学、目录学、考古学、史学。

宗之櫆　中央大学哲学系主任兼教授,柏林大学毕业,前东南大学主任,专哲学、美学、东方艺术。

冯文潜　中央大学哲学教授,美国葛林乃尔大学文学士,德国柏林大学研究院,专哲学、美学及西方艺术。

曾觉之　中央大学文学教授,法国里昂大学毕业,巴黎大学研究院,专文学史、

美术史。

　　楼光来　中央大学外国文学系主任,美国哈佛大学文学硕士,东南大学、南开大学英文系主任,专西洋文学、批评学。

　　胡远濬　中央大学哲学教授,专中国哲学。

　　何兆清　中央大学哲学教授,法国里昂大学硕士,专哲学科学史、社会思想。

　　夏承枫　中央大学教育学系讲师,东南大学教育学士,专教育行政。

张乃燕致戴季陶函请合聘麦克乐(1930年5月30日)

季陶先生大鉴：

　　昨走访,未晤为怅。燕以体育问题至关重要,近顷观于国外竞争之剧烈,益感国内提倡之宜殷。而提倡之道,尤贵指导得人。兹闻有美国人麦克乐先生,夙在东大及其他各处任教,已历十余年,想先生亦耳其名。其人对于体育,夙算专家,学识技能均臻上乘,使其指导青年,必能裨益甚大。惟聘一外国教授,非月致千元不可。以目前学校经费而论,断难出此巨款。因思此事于中枢党政均有关系,拟请中央训练部与教育部及敝校三方合聘。教部已允出二百元,敝校出四百元,因此数实为现在教员最高之俸。尚有四百元,则请中央训练部担任。想先生主持民训,必蒙赞同斯意也。专此奉达,是否,并祈赐复为盼。顺颂

党祺

张乃燕敬启
五月三十日

　　附：戴季陶复张乃燕函(1930年6月24日)

君谋先生大鉴：

　　接诵大札,祗悉一是。关于合聘体育专家麦克乐先生指导青年体育一节,本部乐助其成,即希进行接洽,早日实现。惟与麦先生订约时,除教育部及贵校所希望之条件外,盼加(一)协助第二届全国运动大会之进行,(二)指导中央政治学校之体育,(三)指导中央党部工作通知体育等三项为荷。复颂

教祺

戴传贤谨启
六月廿四日
中央大学档案

中央大学函请中国驻德公使馆聘德国体育教员（1930年8月29日）

国立中央大学公函　第716号

迳启者：敝大学前为聘请德国体育教员，曾函托驻京德使代办，转为代聘。并曾寄与空白聘书、应聘书各一纸，其中声明所聘者为敝大学教育学院体育科专任副教授，每月俸资致送六百马克，每周教授时数至多二十四小时，至少十六小时，并兼课外指导事宜。惟不得在校外兼课，来往旅费致送一次（不论教授若干年，以一次为限）。聘约任期一年，以后续约于一月前知照，各等语。今接驻京德国公使代办毕德氏函复，谓："奉北平本国公使馆电开：关于中大聘请体育教员事，已电柏林照办。惟交付川资手续及通知中国驻德使馆一节，尚未举行。嘱即迅与中国驻德使馆接洽，该员川资亦请由柏林中国使馆付给"等由。查此项代聘体育教员究竟是何姓名，未据叙及。兹汇去该教员来华一次川资808马克，用特函恳贵使察收，转向柏林大学接洽询明，并代致送川资。其他如办理来华护照及应予照料各事，并祈按照手续代为照办。一面并希将代办各节暨该教员何日启程来华见复。至纫公谊。此致
中国驻德公使馆
　　计附808马克上海商业储蓄银行汇票一纸

校长张○○
中央大学档案

邹秉文致叶元龙函请合聘洛夫教授（1930年9月13日）

迳启者：接本月十日大函，兹转送江苏省政府2066号公函，并附件一纸，希即察酌见复，并将原件掷还等因。细阅苏省政府来函，系苏浙合聘美国洛夫教授兼两省农作物改良总技师，期约三年。此事关系国内农业前途至巨。查洛夫为世界著名专家之一，专攻作物育种，任康南耳大学教授多年，曾来华两次，对于中国农作物状况至稔。前在金陵大学计划改良麦作，极有成效，在华门弟子极多。苟能延请指导，实为苏浙农界之福音。原案苏省分担俸给半数，每月美金250元及旅费，议请本校每月分任半数之半。此种要求似可应允。将来洛夫教授来华，须请到本校担任工作，机不可失。拟请察核，转陈校长从速决定，先行函复应允，待合同送到，再请签订是幸。专复，此致

叶教务处长
　　附还江苏省政府原函及附件各一纸

邹秉文
十九年九月十三日
中央大学档案

中央大学授予樊迪文、林百克名誉博士学位的布告（1930年10月7日）

国立中央大学布告　　第49号
　　本校以比国人樊迪文先生暨美国人林百克先生相继来京，两先生均学术湛深，著述宏富，于世界文化贡献殊多。对于我国取消不平等条约及本党三民主义，尤热心赞助，尽力宣扬。爰援世界各大学先例，赠予樊迪文先生名誉文学博士学位，林百克先生名誉法学博士学位，业经本校长提出，于第二十次校务会议一致通过。定于本月九日下午五时在本校体育馆举行赠予证书典礼，并请两先生演讲。届时凡本校学生，务须一体到场，遵照秩序参加仪式。所有服装容止，应加意检点整饬庄敬，以崇体统，是为至要。切切。此布。

校长张乃燕
中华民国十九年十月七日
中央大学档案

朱家骅呈请教育部转咨国际联盟派教授来校担任讲座（1931年2月18日）

　　呈为呈请事。
　　窃查大学教育，实有沟通世界文化之必要。吾国旧有学术，固应发扬光大；而对于国外文化，亦应尽量接收，以为他山之助。
　　属校为首都所在地之最高学府，不惟作育人材，为应尽之职责。且因近在首都，关系中外观瞻，及党国荣誉，亦至为重大。年来因经费竭蹶，发展未遑，以致罗致人才，亦感困难。此家骅受命以来，所朝夕焦虑者也。
　　日前国际联盟卫生部长拉西曼博士来华，家骅曾与商榷沟通东西文化办法。据拉氏意见，拟由属校选派中国有名学者，如文学家、哲学家、历史家、考古家等，赴日乃瓦及其他欧美各大学讲演。一面由国际联盟选派欧美著名大学教授，如医学家、自然科学家、法学家、政治家、工业家等,来属校讲演。此种学术界互助办法,实为促进世界文化之利器。家骅对于此议,极表赞同。

惟属校派员出洋讲学,因事实困难,一时不易办到。或须稍后时日,再行选派一二人前往。至外国学者,如能来属校担任讲座,则极为欢迎。查属校现需英国文学教授一人,必须英人。又地理学教授一人,须以地文为专门,而注重野外工作者。又地质学教授一人,须专门普通地质学与构造学,能特别野外工作者。此二人以德、奥、瑞士、瑞典、丹麦等国籍,并能熟操英语者,方为合格。以上三人,如能由国际联盟先行选派来华,担任属校教授工作,则收效必巨。

惟目前因金潮影响,汇兑低落,生活程度,又复悬殊。报酬过昂,尤恐引起本国教授之不快。故姑拟照中国教授普通薪额,每人每月送薪水国币320元,其不敷之数,及往来川资等费,则由国际联盟担任。上项意见,拉氏亦以为然,允即代为进行。但拉氏之意,请将接洽情形,呈报钧部,转咨国际联盟办理,以期慎重。家骅以此事关系沟通世界文化,为目下切要之图。不惟属校课程,可望逐渐提高,对于国内学术界,亦将有相当之贡献,似应积极进行,以期早日实现。

谨将接洽经过情形,备文呈请钧部鉴核,迅予转咨国际联盟查照办理,实为学便。谨呈

教育部

国立中央大学校长朱○○

中央大学档案

中央大学聘德国航空专家魏科波斯基氏来校讲演的布告(1931年3月3日)

为布告事。查各国航空事业,日有发展。是项学术,自应积极研究。本校因经费关系,对于是项学术,尚少研究。兹特聘德国航空专家魏科波斯基氏,自三月七日起,每星期六日下午四时至六时,在本校科学馆致知堂讲演航空学,定为自由课程。凡本校教职员及全体学生,均得参加听讲。查魏科波斯基先生,为德国航空专家、航空军支队司令,对于航空学术,研究精审,学问渊博。此次来校演讲,对于学术界,当有特殊贡献。特此布告周知,仰各同学踊跃参加听讲。此布。

校长朱○○

中央大学档案

体育科教员葛乐汉聘约（1931年6月）

国立中央大学聘葛乐汉先生为体育科体育教员，双方同意订立聘约如下：

（一）中央大学每月致送葛乐汉先生薪水600马克，自到校之日起薪。

（二）中央大学于学校内供给葛乐汉先生住所。

（三）葛乐汉先生除已向中央大学领到来华川旅费1 308马克外，任满回国之日，中央大学再送葛乐汉先生回国川旅费美金400元。如在合同未满以前请假或解职回国，中央大学不致送回国川旅费。

（四）葛乐汉先生在中央大学授课每周至多二十四小时，至少十六小时，并须担任课外指导。

（五）葛乐汉先生不得兼任中央大学以外职务。

（六）所有假期照中央大学学历办理。但遇必要时，假期内仍须工作。

（七）本聘约定期三年。

（八）本聘约以中文及德译缮写。如遇有疑问时，以中文为准。

校长朱家骅

中华民国二十年六月　日

中央大学档案

国联秘书长为选聘赴中央大学交换教授致教育部函（1931年8月10日）

敬启者：本年三月六日奉台端函示，促进贵国与国联其他会员国间之智育及科学范围以内之各项合作建议，其一，南京中央大学需要国联帮助聘请英国文学、地质学及地理学教授各一人一节，其教授之国籍及中大仅能给以最高俸额墨币三百二十元之数，均经尊函明白指示，并承示以符合该校之愿望起见，贵国政府欢迎外界之帮助。

鄙人前于四月二十三日又七月十一日之两函内陈复关于中大之建议各点，国联之相当机关已愿合作。国联理事会且已委托文化事业合作机关依据台端函示各节，选聘教授人选三人。又国联秘书长征得理事会之许可，亦将经济方面之事项准备完毕，俾中大得到其需要外界物质赞助之愿望。

在前次会议时，文化合作委员会委员等通过委员长葛尔勃缪莱氏之提议，教授

人选三人,并决定将当选之教授名单送贵国政府转知中央大学聘任之。其名单如后:

一、英国文学 Mr. H. N. Davy 特维(英籍),1899 年生,未婚,英国剑桥大学硕士,前英国诺丁亨姆大学英文学科高级讲师。

二、地理学 Dr. Credner 克雷特纳(德籍),前任广东中山大学地理学教授。(此座人选系国联接奉贵国当局之建议而决定,其事实经过度为台端所审知。)

三、地质学 Mr. Edaward Parejas 巴内甲斯(瑞士籍),1890 年生,已婚,有子女二,瑞士日内瓦大学科学博士,现在日内瓦大学地质学教授。

兹将各教授之履历及所授课程随函附奉。同人希望贵国政府对于此项人选认为适当,并祈转告中央大学作必要之准备,俾教授等到华后可得到工作之便利。

复为贵国政府及中央大学明了国联于所担负教授经费一方面之义务及其详细情形,鄙人现将国联致各教授函钞送一份寄阅。于是项义务之性质、方式及期限,函中均已解释详尽。惟鄙人有须询明者,则以国联与中大关于合聘教授所认为应有之责任及义务部分者,其间谅无相背之处。就以前来往之函件观之,已蒙台端之同意。因此鄙人不惮烦琐,特将重要之四点分陈于后,祈赐转询中大之意如何。

一、国联秘书长于本年八月三日接中大朱校长来电,称聘请教授希望定期三年。查国联担任教授经费之一部分责任,定期多则二年,请阅国联致教授函即知。以故中大给与教授之聘约,最好依照国联所已约定之期限为要。

二、中央大学于决定聘请教授时应请设法避免采取停止协约之任何条款,以致与国联所认负之责任与义务部分者发生冲突。鄙人尚有须促台端注意之一事,盖如教授遵照前项之规定服务两年期满后,或中途因遇非常事由不克继续完期,所有教授本人及其家属之返国旅费可由国联拨给也。

三、教授等在华之地位,因所信托之职务系属特殊之性质,同人深信贵国政府于可能范围以内定能予以种种之便利。如国联拨予教授之薪俸部分,应认为教授所得之国际薪俸。所有贵国各种捐税,概请免予征收。

四、兹因南京缺乏适宜之住所,拟请贵国适当机关或中央大学代为诸教授觅定住宅,至纫公谊。

教授一行三人于本年九月之初须即启程赴华,希冀能照朱校长电示之行程到达学校。是以鄙人此函所陈各点,如无困难之点,即祈电复同意。俾教授三人皆知其自身所处之地位,一方面对于贵国政府应认之责任为何,另一方面对于国联所负之使命又若何。区区之意,度荷台端之同情也。

综上而论,国联与贵国间文化事业合作之初步工作至此可告成功,鄙人殊感愉快。计教授等到达学校之期,当在国联所派遣赴华教育专家考察团之前后也。国

联与国际文化事业合作机关以公正无私之精神热诚帮助贵国沟通中西学术一层，即此可得明证。右上

陈次长

国联秘书长艾文诺谨启
二十年八月十日

教授巴内甲斯略历：

瑞士人，1890年生，1918年日内瓦大学理科硕士，1922年大学理科博士，同年得塞夫耶研究院克夫氏奖金。1925年日内瓦大学讲师，同年得特维氏奖金。1927年特种地质学专科主任，同年管理亚尔卜山地质考察事项，代理教授一学期半。1928年华盛顿国家地质构造研究委员会委员。1929年哈佛大学聘往加拿大考察洛克山地质学会团员。自1925年至1931年在日内瓦大学教授地质学。

担任课目：普通地质学及古生物学、水成岩石类、有机地质、地质构造、惠纳氏陆地与海洋之起源学说、古微生物与腹足类动物、引用地质探察矿苗。

教授特维氏略历：

1890年生，1923年剑桥大学学士，1926年剑桥大学硕士，1930年应英国皇家学院医师及外科医师之首试录取，1931年应解剖学及生理学第二试录取，曾在约翰汤姆斯医科学院研究，并在伦敦杜海姆及密迪伦各大学及学院研究。

担任课目：1926年至1929年英国诺丁亨姆大学英文学科高级讲师，讲演文学、诗词学、戏剧学。监督及管理成年生学课之导师。

中央大学档案

艺术科主任唐学咏请聘奥国音乐教授(1932年10月17日)

迳启者：本科音乐系拟聘奥国爱兴凯先生为提琴教授，康德莱先生为钢琴教授，司特拉士先生为声乐教授。除授课时间及普通待遇照本校教授原例办理外，另商订条件如下：

（一）三教授薪修每人月支金马克五百，自到校之月份起计算，按月发给。

（二）三教授宿舍由本校代每人租定洋式房二间，租金由本校担负。但欲于二间宿舍外添租房舍时，其租金应由该教授自付。

（三）三教授来校或聘约期满归国时，每人得向本校各领旅费美金三百九

十元。

（四）三教授聘约期间暂定三年。

以上条件，是否可行，敬请核夺见示，俾有所遵。此致

校长朱

艺术科主任唐学咏敬启
十月十七日
中央大学档案

中央大学关于聘请洛夫教授的说明（1932年12月31日）

查江浙两省合聘洛夫教授一案，其缘起，系浙江建设厅咨商江苏农矿厅合聘美国洛夫教授兼两省农作物改良总技师，其薪给、旅费由两省分担。关于江苏方面者，经省政府议决，与中大各半担任。经张前校长及农学院邹前院长赞同，当以农业教育，关系至重，洛夫教授为世界专家之一，得其来校指导，学生必多获益等语，函复省政府在案。旋接江苏省政府函送江浙农作物改良委员会组织规则，及经费预算书等到校，当经朱前校长交农学院核复前来，当以本校经费困难，未能负担，并以本校无该教授担任课程及其他研究工作之必要，请省府完全担任。函复去后，旋又接来函，请维持原案，并送催拨代垫旅费及薪给共15 750元。后经刘代校长以省部两方积欠本校经费甚巨，应俟积欠发清后，始可担任。函复去后，又接复函谓：已令江苏教育经费管理处在积欠经费内扣拨。同时又来函，请付该会经费1 500元，本校当以该款即系洛夫教授薪给，已由贵政府在积欠经费内扣去，无须再付。旋接复称：此款系在洛夫教授薪给之外者，迭函催请如数补交。本校迭经否认，最近并以此案虽经张前校长一度赞同，但贵政府送该会预算到校时，迭经朱前校长函请贵政府完全担任在案。是该会预算，本校始终并未承认，有案可稽，且查江苏积欠本校经费甚巨，而本校预算又未将此项经费列入，实属无力负担，函请完全担任去后，今接来函，仍嘱查案照拨等语。查洛夫教授旅费及薪给15 750元，既由省府强行扣去，该会经费1 500元应否拨给，应请核示！

王孝炽签注
十二月卅一日
中央大学档案

中央大学与奥地利斯特那些博士聘约(1933年)

根据中国南京中央大学致奥国维也纳教育部公函,成立中央大学与音乐博士阿洛亚·斯特那些间之聘约,其条文如左:

(一)中央大学聘任斯特那些博士为该校音乐教授,聘期由一九三三年一月六日起计算,共以三年为限。

(二)斯特那些教授每月薪金规定为伍佰金马克,因马克市价起落无常,用特规定每月发薪皆凭上一月十五日之马克市价以作标准。

(三)在聘约期内,中央大学应供给斯特那些教授以家具齐备之住房两间以及附属用之小间。

(四)关于斯特那些教授由维也纳至南京之川资为美金三佰伍十元,亦系由中央大学担任,业已在维也纳付讫。

(五)此聘约期满以后,中央大学亦应担任斯特那些教授由南京返维也纳之川资。

(六)在三年以内聘约有效期间,必须经双方同意,始得解除聘约。惟若因疾病或特殊之家务关系,斯特那些教授迫不得已必须中途解约返国时,则中央大学对此不可抗之事故亦应给予斯特那些教授返国川资美金。

(七)如斯特那些教授不幸于聘约未满期间中途在华物故,则中央大学亦须给予该教授之妻室意达·斯特那些返国川资美金。

斯特那些教授应尽其学术与艺术之能力,竭诚奉公,以服务于中央大学校为该教授天然之义务。益之以奥政府教育部长一番介绍之保证,则其忠于所事,惟力是视,自不待言。惟其个人之学术与艺术上事业,只要不妨碍中央大学正式工作外,得以在社会上自由活动,不受任何限制。此外,斯特那些教授每星期授课不得超过十五小时。

(八)中央大学如因特别事故致须较长时间停课,或在休假期间,其对于斯特那些教授之薪金应根据聘约仍旧按月支付,不得缺少拖欠。

(九)在休假期内,斯特那些教授得以随意离开南京,无须请假。此外,平时在无妨碍学校正式工作范围内,该教授为学术与艺术上之研究作用,得以随时请假。在此种假期之内,亦不得扣除其薪金。

为发达教育及增进求学兴趣计,斯特那些教授得以随时提倡采办适用教育物品、音乐器具、乐谱、书籍等件,而学校当局亦宜视财力之可能,酌量容纳之。

(十) 斯特那些教授如奉学校使命作研究学术或考察之旅行,其舟车住宿之供给应受最优等之待遇,由学校支付。此外,每日之杂支费用亦须有相当津贴以资挹注。再者,斯特那些教授若系因公须作长期旅行,则根据聘约,亦得携带夫人同行。

此聘约系用德、华两国文字各缮一份,法律上应有同等效力。

中央大学档案

中央大学请转致国联商请继续合聘达卫等三教授(1933年4月8日)

敬启者:案查本校前于民国二十年呈由教育部商得国联同意,与本校合作津贴本校聘请英国文学教授达卫(H. D. Davy)、地理学教授奥人费师孟(Hermann Von Wissmann)及地质学教授瑞士人巴里贾(Edouard Parejas)等三人来校担任讲座。言明任期二年,每人月薪瑞币2 500法郎,由本校担任一般教授最高薪额,计每月每人国币340元(原定320元,现改为340元),其余由国联补足,并由国联供给其往来旅费各在案。国联此种协助吾国发展教育之精神,至堪令人感念。该三位教授学问渊博,讲授诚恳,受业学生得其奖掖诱导,均能悉心钻研,获益良多。三位教授复本诲人不倦之精神,正课而外,更与学生时相过从,尤有学术影响。故彼等在校二年,不独对于本校有所协助,即于国际谅解之增进,亦有不可忽视之成就也。

惟查当初与国联合作之协定,原以两年为期,今秋即届期满。该三位教授于本校发展关系甚大,一旦离去,诸感不便。且彼等均各定有若干研究计划,并均已分别见诸实施,但非短时期所可完成。若使半途而废,尤为憾事。为此,除迳函国联文化合作委员会,并呈由教育部转商国联,请其仍本初衷,与本校继续合作,一切悉照国联代理秘书长艾文诺一九三一年八月十日致教育部陈前次长函内所开各节办理,将达卫等三位教授聘期延展二年,以竟全功外,特再函请贵部转致国联,设法促成,无任公感。令抄附国联秘书长函及本校近致国联文化合作委员会函稿各一件,并请台察为荷。此致
外交部部长罗

中央大学档案

国联办事处关于中央大学续聘国联三教授事呈复与国联接洽情形(1933年7月24日)

　　为呈复事。奉四月十四日国字11336号钧部训令内开：准国立中央大学函开，本校前由教育部商得国联同意，与本校合作聘请教授三人担任讲座，以二年为期，今秋即将届满。该三教授学问渊博，学生获益良多，一旦离去，诸感不便。现拟将该教授等聘期延展二年，以竟全功，请贵部转致国联设法促成等语。仰遵照就近与国联秘书长商洽见复等因，并抄件前来。当由本处遵照与国联秘书厅接洽。据该厅非正式答称，关于英国文学教授英人达卫，系英国文学，不属于国联工作范围，未便令其继续留华担任讲座。关于地理学教授奥人费师孟，则因其本人身体不健，不能留华。关于地质学教授瑞士人巴里贾，本人甚愿留华，惟不欲继续充当教授，意欲在中央财政委员会服务，并称国联此次未能接受中央大学请求一层，已迳函罗校长矣。等语。理将遵令向国联接洽情形，具文呈复钧部，敬祈鉴察。谨呈
外交部

处长胡世泽
中华民国廿二年七月廿四日
中央大学档案

外交部关于中央大学向国联商请续聘达卫等三教授的复函(1933年9月2日)

　　外交部公函　国字第15015号
　　前准贵校第1626号函以贵校拟继续聘请国联三教授担任讲座，嘱本部转达国联设法促成等因；业经令饬国联代表处遵照，与国联秘书厅接洽去后，兹据该代表处呈称："国联秘书厅昨正式答称：关于英国文学教授英人达卫(H. Davy)所担任者，既系英国文学，不属于国联工作范围，未便令其继续留华担任讲座。关于地理学教授奥人费师孟(Hermann Von Wissmann)，则因其本人身体不健，不能留华。关于地质学教授瑞士人巴里贾(Edouard Parejas)，本人甚愿留华，惟不欲继续充当教授，意欲在中央财政委员会服务，并称国联此次未能接受中央大学请求一层已迳函罗校长矣。"等语。相应函请查照。此致

中央大学

中华民国二十二年九月二日

中央大学档案

中央大学函请资助金树章于科学教席期满后休假一年出国研究
(1934年1月12日)

敬启者:贵会在敝校设立之科学教席植物学教授金树章先生在校任教多年,担任贵会科学教席亦有数载。此项教席至本学年终了时期满六年,即将结束。照贵会定章,教授任职期满者得休假一年。其出洋研究者,除支原薪外,并由贵会加给来回路费及国外学费与生活费。金教授鉴于科学进步日新月异,拟于期满休假期内出国研究,以广见闻而增新知。金教授潜心研究,勤于教诲,敝校受惠良多。除由金教授自行陈情外,用特代进一言,务祈贵会本提倡科学研究之旨,准金教授于下学年内休假一年,并照章资助其出国研究,无任盼祷。此致
中华教育文化基金董事会

校长罗

附:中华文化教育基金董事会复函

迳启者:接准贵校本月十二日第44号公函,以敝会在贵校设置之植物学教席至本学年终届满六年,照章即将结束,拟请准予金树章教授休假出洋等因,具悉。金教授热心研究,笃学不倦,至为钦佩。唯查敝会《结束科学教席及科学教授休假办法》第五条规定:于学科结束时,在职之教授如任本会教席四年以上,……得向本会请求休假出洋。兹查金教授至本学年终止,仅任敝会教席三年,与上项规定不符。是项办法早经实行有年,对于金教授未便独异。除俟金教授陈请函到另作答外,特此函复,并希谅察为荷。此致
国立中央大学

中华教育文化基金董事会启
二十三年一月十八日

中央大学档案

中央大学请拨聘请霍康教授来华讲学经费上行政院呈(1934年)

院长钧鉴：

前奉教育部王部长面告，谓关于聘请美国哈佛大学政治系教授兼主任霍康来华讲学事，业经钧座面允由政府拨款八千元，余由教育部及中央大学筹措，无任感激。查霍康博士为美国著名教授，素来同情中国，曾来华一次，归著《中国革命》与《中国革命之精神》两书，对总理主义及国民政府均颇赞扬。今年适逢其七年一度之休假，业经托人接洽，允为来华讲学，但其来华利益，决不只讲学而已，实可藉此得国际宣传上重大之利益，较之津贴国内新闻记者，收效良多。且其专门知识，亦可备政府之咨询。

计霍康教授来华约八个月，共需美金四千元，除钧座允拨国币八千元外，其余不足之数约五千元，自当由中央大学商承教育部筹措，不使缺乏。现聘请之电，业已发出，将来付款，因非月薪名义，只得一次或二次付清。为此，仰恳钧座于十二月内先行拨下四千元，以备汇出。其余四千元，乞于霍康博士到华之时，即明年一月底赐予拨下，以便顾全国际信用，而增友邦人士之好感，以利宣传，实深感激。附呈霍康博士履历一份，敬乞钧察。

中央大学档案

宗白华为选送哲学书籍参展致罗家伦函(1934年5月8日)

志希我兄惠鉴：

日昨奉转下教育部训令搜集哲学书报送国际哲学会以资展览一节，嘱弟办理。查本校哲学系教授著作出版及讲义可付装订送去者有以下十余种。

（一）本校讲义股所存讲义，可令各拣一份付布装装订者。

李证刚先生：《易经概论》（一份）、《周易虞氏易笺注》（一份）、《佛教哲学研究》（一份）

黄建中先生：《伦理学》（一份）（不久改正交来）

（二）请校中采购以下数书籍送出。

胡远濬先生：《庄子诠诂》（商务书馆出版，中央大学丛书，价二元五角）、《老子述义》（钟山书局，价七角）

熊十力先生:《新唯识论》(钟山书局代售)

景幼南先生:《哲学新论》(南京书局出版)、《道德哲学新论》(钟山书局出版)、《哲学论文集》(中华书局出版)

何兆清先生:《论理学大纲》(钟山书局)

(三)本校文艺丛刊所载哲学论文四篇皆有单行本,可每种送二本。

即(1)胡渊如《易述》;(2)方东美《生命情调与美感》;(3)何兆清《柏格森道德哲学》;(4)景昌极《宗教詹言》。

(四)至于弟编《歌德之认识》一本(因彼之来信云关于歌德之哲学研究亦征求,故附上),则由弟送来校长室转去。

以上各书,恳兄即饬购置及装订,俾早日转送教育部为荷。此外,弟尚有一意见。查此次征求书籍,限于各大学哲学系范围,未免太狭。现各大书局如商务、中华、世界书局新出版哲学书颇多,亦不妨请教育部采送陈列。不知兄以为何如?专此,即颂

日安

弟宗白华启
五月八日
中央大学档案

美国经济考察团来校参观(1935年4月22日)

迳启者:顷准外交部总务司来函,以美国经济考察团连同各机关招待员四十余人,定于四月廿四日(星期三)下午三时至五时来本校参观,请为招待等由。本校届时准在图书馆举行茶会招待。惟照外部所定招待计划,款待时须尽量多用国货,如中国茶等(系考察团方面所表示)。再对于全校,届时须特加整洁,以壮观瞻。至茶会人数,连同本校所请陪宾,共约七十人左右。除函复外交部外,用特函达,敬希查照办理为荷。此致

庶务组

校长办公室启
中央大学档案

日本庆应义塾大学请允来校参观演讲拳术及表演(1935年9月25日)

迳启者:敬维贵校声誉日隆,前途发展无量,为颂! 兹有请者:敝校拳术部选手十二人,定于今年十一月上旬赴沪考察拳术,并拟往京参观贵校。敝部选手极愿贵国青年了解日本固有文化之拳术,故乘此参观之便,拟借贵校演讲拳术教育二十分钟,表演拳术二十分钟。务希允诺,是为盼祷!

中日青年,为互相了解彼此之文化,每遇接近机会,均能竭诚合作,此于中日亲善,颇有裨益,素所共信,不待多论。敝国对于拳术,极为注意,现已普及全国,习者业有百万,中等学校列为主要科目,与物理、数学各科同样重要。因此,凡不知敝国现在锻炼青年之过程,一睹敝国对于青年富有感化力之拳术,实属有益。

依次,不含政治意味,可使中日更为永久亲睦协和,此为敝部同人此次旅行,所抱之希望。

敝部一切费用,均系自备,附此声明。专此奉恳,敬希惠允,并请赐复为荷。

此致
中央大学罗校长

庆应义塾大学拳术部代表古田武太郎
中央大学档案

艾温思教授在本校演讲日期及讲题(1936年9月29日)

迳启者:接奉大函,敬悉壹是。查英国艾温思教授在本校讲演日期为十月五日及十二日,讲题经选定第二组第四题(Why the English Like, G. B. Shaw)及第三组第一题(Modern English)。至两次讲演时间,均拟定在下午四时至五时,现正函请中央文化协会征求同意。特先函复,即希查照为荷。此致
金陵大学编辑部

国立中央大学启
中央大学档案

印度加尔各答大学历史及考古学教授将来校参观(1936年12月30日)

迳启者:现有印度加尔各答大学历史及考古学教授 Dr. Kalidas Nag 往美国各地大学讲学,道经吾国,拟留数日考察我国文化事业。查 Nag 君前曾随从太戈尔来华有年,对我国文化学术有相当认识。此次因往美之便,顺到我国,除函请教育部予以介绍参观我国各学校及文化学术团体外,相应函达贵校,于 Nag 君到时,予以指导,俾其对我国现时新旧文化进展情形有所明了,则将来中印文化联络,当有大助也。此致
国立中央大学

驻加尔各答总领事陈长乐
中华民国二十五年十二月三十
中央大学档案

国立中央大学布告举行美术讲演(1937年3月30日)

为布告事。

顷准教育部第二次全国美术展览会筹备委员会来函,以拟在展览期内聘请徐中舒、邓以蛰、余绍宋、梁思永等四位先生假本校大礼堂作美术演讲四次,请转知各生届时前往听讲等由。准此,查此次全国美术展览会规模宏大,搜罗精富,主讲各位先生又均为国内著名学者,实为难得机会。务望全校学生届时前往听讲,藉聆宏论而增新知。合行布告,并将讲演日程附录于后,仰各知照。此布。

校长罗○○

附:本会美术讲演日程

讲题	讲演者姓名	讲演日期及时间
关于铜器艺术	徐中舒	四月二日下午五时
关于书画	邓以蛰	四月八日下午五时
关于书画	余绍宋	四月十四日下午五时
关于殷墟发掘品	梁思永	四月二十日下午五时

中央大学档案

中央大学函请续聘司徒德生博士担任本校物理讲座(1937年4月3日)

迳启者：前承贵会商准管理中央庚款董事会，赠与本校物理学讲座一席，聘由司徒德生博士担任，订期三年。司徒教授在校任教，成绩甚佳；贵会盛谊，至深感纫。惟查聘约系自二十四年二月一日起，预计至二十七年一月底即届期满。为本校物理系前途计，拟恳贵会再为商请管理中英庚款董事会，将该项讲座，仍照原定办法，继续三年。担任人选，暂时自可仍请司徒教授担任，将来如有需要或适当机缘，或其他英国物理学者交替来校讲学，本校亦听赞同。荷承贵会扶助在先，用特专函奉商，敬祈台察，惠予转商允见复，至纫公谊。此致
中英文化协会管理中英庚款董事会

校长罗○○
中央大学档案

中央大学关于本校与德国大学交换学生的通知(1937年4月3日)

迳启者：关于本校与德国大学交换学生应如何选送一案，兹经校务会议决议：
一、选送交换学生限于本大学助教及技术人员。
二、选送资格为：
1. 在校服务二年以上者；
2. 曾发表有价值之学术著作者；
3. 经试验合格认为有德文听讲程度者；
4. 经体格检查合格者。
三、任何一院不得有两个名额。
四、关于选送事宜由本校组织委员会办理之。

等语记录在案。除分函外，相应录案函达，即希查照为荷。此致
各学院
教务处

校长办公室启
中央大学档案

教育部关于喜饶嘉错来中央大学讲学的训令(1937年4月6日)

教育部训令　第5893号
令国立中央大学
案查敦聘西藏哲邦寺格西喜饶嘉错担任各校西藏文化讲座一案,曾经本部上年九月八日第13883号令知在案。现在该讲师业于三月中旬抵京,将于四月一日起,先在中央大学开讲。其余各校轮讲时期,俟商定后再行令知。所有各校分担之俸银,自本年三月份起,每三个月总汇一次。该校应付第一期之六百元,即速汇部,以便转发。除分令外,合令知照。此令。

中华民国廿六年四月六日
部长王世杰
中央大学档案

中央大学与中央研究院合聘费思孟教授(1937年7月3日)

迳启者:关于贵院与本校合聘费思孟教授(Dr. Hermann Von Wissmann)一节,前经商定:

(一)聘期定为三年,自二十六年八月一日起。

(二)薪金连房租津贴在内,每月国币760元;贵院担任360元,本校担任400元。

(三)贵院每年供给费教授调查研究设备费3 000元(此款实报实销,不归费教授支领)。

(四)费教授出外调查考察时,本校所派参加员生,其费用由本校负担。

兹特根据前议,并参照以往本校与费教授签订之合同,拟具合同草案一份,随函奉达,敬希察核示复,俾便预备正本签字分存,至纫公谊。此致
国立中央研究院

校长罗○○
中央大学档案

第十一部分　学生组织与爱国运动

江苏大学生罢课请愿情形(1928年2月29日)

中央社云:四中大(已改江苏大学)学生,因同学三人被捕,由全体会议决,昨(二十七日)罢课一日,并向中央大学院、国府总司令部请愿释放一节,已志本社通信。兹将昨日各种情形,分述如下:

一、罢课情形

四中大学生昨日遵照全体大会决议案罢课一天,以示对被捕各同学援助之意。闻教授仍有到校预备上课者,校工仍照常吹上课号,但学生无人到课堂。

二、请愿结果

该校全体同学,所举出之代表等,二十七日依据决议案,分头向中央党部、大学院请愿,又派代表向国民政府、军事委员会、总司令部面递呈文。中央党部由组织部廖维藩秘书接见,谓中央各委员对学生诸君,多表同情,并允将各情转达。大学院由杨杏佛副院长接见。(1)对被捕同学,如果系因免费运动,而无其他关系,则可设法保释,但须俟本院致函各机关,询问明白,然后再定办法。(2)对校长辞职事,谓本院已将辞职书当面退还,并将即电张校长,速即返京,维持校务。(3)对驱胡运动,谓胡氏个人也有很多好处,诸君反对他,尽可切切实实地将各种事实说出来,至撤换与否,可由校长解决,本院实不愿便干涉。再,蔡院长明晨(按即昨日)即返京,我可将各情转达云。

又各代表向国府递呈文时,由副官李杰群接见。总司令部由参议陈光祖接见,均允将各情转达云。

三、被捕学生现状

被捕之徐、李、陶三生,现仍在宪兵团政治指导员办公处小屋中,饮食居处尚好,书籍、报纸,亦能自由阅读,只行动不自由耳。

四、校长态度

据闻事出之后,学生即派代表面询张校长,三生被捕原因及营救办法。张谓:

"宪兵团来信于我,请彼等谈话,我即照办,不知原由。现在我已辞职,不能过问。"代表谓:"此事出于先生辞职之前,且系先生招致三人而被捕,先生现虽辞职,与三人实有师生关系,设法营救,义不容辞。"张氏无言,允即尽力设法。不意张氏已于二十五日晚赴沪上矣。

五、学生宣言

(上略)此次本校免费运动,理由正大,态度光明,不但得大多数国民同情,即中央诸委员,亦认为合法,已提出中央政治会议议决,准予转令大学院,酌情减免矣。同人等立即服从中央议决案,全体上课,毫无捣乱行为。而学校当局,谓为"共党暴动",纯系诬陷,此应声明者一也。徐、李、陶三同学,在校研究自然科学,为人沉默寡言,专心向学,平时主张不出风头主义,对于政治方面,亦毫无活动。此次免费运动之起,确因学校收费太重,学生无力担负,迫而出此,情非得已。而徐、李、陶之任委员,实因同学竭诚推举,义不容辞。可见免费运动,决非徐、李、陶等所鼓动,此应声明者二也。徐、李、陶等,均为国民党忠实信徒,平时言语文字之间,对三民主义极多阐明……此应声明者三也。此次免费驱胡,全体一致,而学校当局,谓为少数,实属欺人之谈。大学生并非蒙童可比,岂能任少数操纵,默不一言?盖免费驱胡,人同此心,心同此理。试观此次运动,自始至终,无一人起而反对,足证并非少数,此应声明者四也。此次免费运动,目标简单,理由纯正,并无别种作用。乃外间谣言四起,有谓受郭秉文之指挥者,有谓以现代评论社为后盾者,有谓含有其他政治作用者,追风捕影,淆乱听闻。夫郭氏仰军阀之鼻息,固为万人所共弃。至所谓现代评论社也,政治作用也,均与同人等风马牛不相及。其为学校当局所捏造,固不待言,此应声明者五也。年来士气嚣张,纲纪荡然,此为同人等所痛恨。然此次运动,纯用和平方法,哀怜态度,向学校当局,陈明苦衷,于国法党纪,两无抵触。即在军阀压迫之下,亦不忍妄加摧残。不意在首都学府,竟被胡刚复开除我代表、拘捕我委员,此而不争,人格何在?同人等一息尚存,誓与奋斗到底。此非士气嚣张、不守法纪者所可同日而语,此应声明者六也。(下略)

《申报》1928 年 2 月 29 日

中大学生反日出兵大会(1928 年 5 月 8 日)

中央大学学生六日上午八时,在该校体育馆开反日出兵大会,到会千余人,由周绍濂主席。议决案如下:(甲)组织。一、组织部;二、宣传部;三、纠察部;四、交际部;五、调查部;六、总务部。(乙)办法。一、罢课三天。二、游行,决定改日再联合南京各校共同举行。三、请求学校改普通教育为军事教育。四、联合各界组织日货清理委员会。五、向同学及教授募捐。六、上书外长黄郛,勉励努力对日。七、组织救国学生军,人人皆须参加。八、请中央恢复民众运动。九、请国府预备对日宣战。十、请国府决不可与日本妥协,并推定林群、李达、王运明、徐谷生、周绍濂、李星枢、刘振书、张肇融等六十人为执行委员。

《中央日报》1928 年 5 月 8 日

中央大学教职员为济南事件电告日本国民(1928 年 5 月 9 日)

东京《朝日新闻》转日本全国民众公鉴:

此次贵国政府乘我革命军北伐进展之际,藉口护侨,悍然出兵山东,漠视公法,侵我主权,阻我军事。日本军队,顷更在济南无故挑衅!本月三、四两日,枪杀中国人民,炮击住民区域,甚至侵入山东交涉公署,惨杀交涉员蔡公时及署内十余人,搜焚外交部长办公室,轰毁电台报机,中国人民因此死亡者达千余人。此等暴行,实为古今所罕见,不意竟出诸号称文明国家正式军队之所为!敝国国民,闻此恶耗,同深发指。窃思贵国与我中华,同属东亚民族,理宜扶助亲善,何忍效此生番之行,失人类之同情!贵国国民尊重理性,谅不后人,对于政府残暴无理之举动,必不愿代负责以蒙羞,且对于因此引起国交上之恶果,亦不必不愿被牵连而受祸。我国人当此横逆之来,惟有合力一心,同赴国难。贵国国民,允宜尊重公理,顾虑后患,纠政府之失而助止其暴行,庶几可维两国国民之交谊,而保国际的和平。否则,愤怨所钟,辗转报复,不至玉石俱焚不止。贵国虽自负强悍,断难以悖理而得最后之胜利也,是岂贵国国民之所企望哉!谨布腹心,惟图利之。

中华民国国立中央大学教职员全体谨白

《中央日报》1928 年 5 月 9 日

国民党中央执行委员会训练部函令停止中大学生会活动(1929 年 6 月 9 日)

中国国民党中央执行委员会训练部公函

迳启者:顷据贵校学生郭剑魂等 388 人呈称:为蒋还等非法组织学生会请予取缔事。窃中大同学久欲组织学生会,顾以学校范围广大,生员众多,同学意见未趋一致,故历时三载,犹未能实现,足征组织学生会事体之重大。乃有蒋还等少数份子,乘总理奉安期内全校同学忙于祭奠致哀之时,以二日之久,秘密组成学生会。该会职员既非由同学产生,筹备情形及组织经过同学亦茫然不知,是以群情激昂,愤慨异常。当经剑魂等四百余人先后宣言否认,而蒋还等悍然不顾,且擅自派定代表出席本京市学联会。其弁髦法理、违反公意之处,笔不胜书。兹将宣言两纸附陈,仰祈钧察,并乞迅赐将该非法学生会严加取缔,至为党便,等情前来。查该学生会成立未经过全校学生大会合法手续,致起纠纷。现中央正派人澈查处理。在未解决以前,该学生会应停止一切活动。除批示该郭剑魂等知照外,相应函达,即希转饬遵照为荷。此致
中央大学校长张

部长戴传贤
副部长何应钦
民国十八年六月九日
中央大学档案

教育部令中央大学密查国家主义派宣言传单(1929 年 11 月 27 日)

教育部密令　字第 43 号
令国立中央大学校长
现奉国民政府第 1128 号密令开:奉中央执行委员会函开,查国立中央大学每遇集会,辄有反动宣言传单发见,尤以国家主义派之传单为最多。本月十二日晚,该校举行游艺大会,迨开映电影电灯熄灭之际,即有国家主义派份子乘隙暗中发散传单数千余份,类多诋毁本党,倡言反动;应由政府转饬教育部,严令该校校长严密侦查,切实取缔,以肃反动而遏乱萌。特此函达,即希查照办理,等因。奉此,自应遵办。除函复外,合亟密令该部遵照,即便转饬严密侦查,切实取缔,是为切要。此令。等因。奉此,合行密仰该校长即便遵照严密侦查,取缔具报,是为至要!此令。
中华民国十八年十一月二十七日
部长蒋梦麟
中央大学档案

中央大学呈复教育部游艺会中发现反动传单情形（1929年12月7日）

呈为呈复事。

案奉大部密令第43号内开：现奉国民政府第1128号密令开，奉中央执行委员会函开，查国立中央大学每遇集会，辄有反动宣言传单发见，尤以国家主义派之传单为最多云云，切实取缔，至为切要。此令。等因。奉此，合行密仰该校长即便遵照严密侦查取缔具报，是为至要。此令。等因。奉此，遵查上月十二日，职校学生因学生会成立，适值总理诞辰，特于是日之晚开游艺大会，以资纪念。是项集会，系公开性质，虽系凭券入场，而来观者不限于本校之人。人数众多，难免品类不齐，致有发现国家主义派传单之事。此项传单系极狭极薄之纸条，叠成数卷，自左边楼上散分而下。当时秩序突然一乱，初尚不知为何种传单。弟为维持秩序起见，即经职校职员、校警暨首都警察厅在场警察会同齐集查察。瞬息之间，察悉传单上语句，更加注意缉拿。卒以人多势杂，往来纷沓，无从拘侦。而时值电光未放，灯影熄灭，万头攒动，齐向房上候放电影，未遑注意他事。究系何种人所散发，亦无从究悉。事后询诸学生，亦莫能明其来历。此十一月十二日会场中发现反动传单之经过情形也。

至平日职校训教，悉本本党主义为依归。学生亦大都能明了党义，恪守范围。惟每遇公开集会之时，外来之人或藉此故意捣乱，以图淆惑观瞻，而破坏职校固有之秩序，殊堪痛恨。校长嗣后自当格外注意，严加取缔。除随时严密侦查外，遇有游艺大会等事项，尤当多派职员督同校警潜心侦查。倘有类似前项情事发生，自应报告警察，即时拘捕，送请该处长官讯办，以肃反动而遏乱萌。奉令前因，理合备文具报，仰祈察核，俯赐转呈，实为公便。此呈

教育部

国立中央大学校长张○○

中央大学档案

国民党南京第八区党部致张乃燕函（1930年5月8日）

迳启者：兹据贵校法学院法律系同学会呈称：呈为呈请取缔非法机关而申法纪事。窃以学生自治会组织大纲暨组织原则，早经中央明令颁行各校，限自本学期起遵照改组有案。按之该项组织原则暨组织大纲规定，学生自治会之组织系统，并无监察委员会之存在，则凡学生团体中之监察委员会皆应自行解散，以符法制，至为明显。讵近查有钧部范围内国立中央大学学生会之监察委员会既未自行解散，尤复活动异常，其非法令所许，彰彰明甚。伏思此种非法机关，不自解散已干法纪，复于钧部范围内公然活动，其应取缔似不容缓。心所谓危，理合呈请钧部迅将该监察委员会立即停止活动，并勒令解散，以申法纪，实为党便，等情，到部。据此，本会自应呈请市党部依法解决。在市党部未予解决以前，该监察委员会应暂停止一切职权。相应函达，即希查照转饬遵照为盼。此致
国立中央大学校长张乃燕同志

中国国民党南京特别市第八区党部常委胡利锋
中华民国十九年五月八日
中央大学档案

潘廷干函请准许无名剧社公演戏剧（1930年5月30日）

敬肃者：本校法、文二院学生陈鉴等，因感觉生活之枯燥，而有"无名剧社"之组织。意在调剂精神生活，并提创舞台艺术，其用意甚善。故本教授允彼辈之请，担任导演之责。今公演在迩，忽被人向市党部诬控为有"左倾"政治色彩之组织，以至市党部有令饬军警机关阻止公演之举。如果不请学校当局设法证明，既无法公演，信用亦势必随之扫地。该团社既承先生物质援助于前，还望设法向市党部解释于后。是否有当，敬乞察核。肃此，敬请
张校长公鉴

政治系副教授潘廷干谨肃
五月三十日

附：中央大学致南京特别市党部函(1930年5月30日)

国立中央大学公函　第608号

迳启者：据敝大学法学院政治系副教授潘廷干函称：本校法、文二院学生陈鉴等因感觉生活之枯燥，而有"无名剧社"之组织云云，还望设法向市党部解释于后等语。查敝大学学生陈鉴等日前发起组织无名剧社，确系为调剂枯燥生活，并表演艺术教育起见，宗旨纯正，别无其他用意。曾商得师友同情，并请潘教授廷干为之担任导演，业经筹备就绪开幕在即。若此时遽被禁阻，对付社会信用前途，实至有关系。用特据情函达，应请贵党部查照，准予转咨南京特别市政府令饬军警机关一体惠加保护，无任公感。此致

南京特别市党部

校长张乃燕
中华民国十九年五月卅日

中央大学档案

中央大学布告不得任意张贴印刷品(1930年10月16日)

近日本校发现印刷品一种，名曰《为改进校务致全体教职员暨同学书》，嗣后接到同样呈文。察阅内容，固有可取之处，然攻讦个人，摘拾传闻，语多失实，损人名誉，殊为不合。查本校长任职已逾三载，无日不以改进校务为职志，近更积极整理。正拟于即日召集校务会议，提出改进大纲，共同讨论。诸生如有意见，尽可直接向本校长陈述，苟有嘉谟，无不采纳。乃将前项印刷品任意张贴，派人分送，广事宣传，此类举动，殊非诸生所应有。兹特恺切诰诫，自斯以后，务各潜心学业，勿再干预校政。切切。此布！

中央大学档案

中央大学查复农学院院长邹秉文等被控一案呈教育部文(1930年12月27日)

案奉钧部第1384号训令开："叠准行政院秘书处函交奉谕彻查中央大学农学院院长邹秉文等言论行动等因到部。该院长等言论行动究竟有无迹近反动之处，抄发原件，令仰彻查具复以凭转陈。此令。"等因。计发抄件四件下校。奉查抄件

内计有上海、南京两特别市党部原呈各一件。大致上海市党部则称："中央大学农学院院长邹秉文、理学院院长孙洪芬、附中主任及教育学院教授廖茂如、图书馆主任洪范五、农学院教授孙恩麐等五人，为前国立东南大学时代反革命势力之干部人物，对于本党莫不设计破坏。苟再任其重蹈中大最高学府，将来贻患党国非浅。"南京特别市党部则称："邹秉文等五人，均为反动学阀，或国家主义派之巨子，认为事实具在，请将该邹秉文等撤职查办，以杜乱源。"各等语。家骅查该农学院院长邹秉文及理学院院长孙洪芬，业已于张前校长乃燕任内先后离职，邹秉文并曾表明志在农业，于政治问题，从未有何主张，业于中大前次发生风潮时，致函张前校长声明。此函曾载本年十月二十四日本校日刊。且邹秉文原任前工商部商品检验局局长，为孔部长所借重。孙洪芬原任中华教育文化基金董事会秘书长，党国先进蔡孑民、李石曾诸先生皆为该会董事，对于孙先生皆弥资倚畀。附中主任及教育学院教授廖茂如，则曾任光华大学副学长，当前为该校校长张寿镛次长所信任，业于本年暑假后，已将本校附属实验学校主任兼职离去，仅任教育学院教育社会学系主任兼中等教育副教授。图书馆主任洪范五，则原任国立清华大学图书馆馆长，并为该校校长罗家伦同志所推崇，对于本校图书馆主任一职，系于本年暑假后，经张前校长聘其担任。农学院副教授孙恩麐，则原系江苏省农矿厅科长，其为该厅厅长何玉书同志所信任可知。是邹秉文等五人，在职校未曾聘用以前，均在国民政府之下，担任一部分工作。按诸本年九月九日本校日刊所载张前校长于纪念周时报告各节，言之甚详。并称学校延揽教职员，纯以学术人才为标准，其言自属可信。至奉发京市党部原呈内，并有"本京各报纷纷揭载，绝未见关系人，及中大当局，有何更正，自属情需默认"一节。查张前校长曾于本年九月六日致函《中央日报》社声请更正，一面并将函稿登载本校九月八日日刊，尚可复检。奉令前因，合将彻查情形，并检同张前校长任内同本校日刊三纸（九月八日、九日、十月二十四日）备文呈复，仰祈钧部鉴核转陈，实为公便。谨呈

教育部

  计附本校日刊三纸

国立中央大学校长朱○○

中华民国十九年十二月廿七日

中央大学档案

学生自治会呈请免收或减收费用(1931年2月14日)

呈为重申前请恳祈核准见覆事。

窃生会于钧座膺任伊始,曾具文条陈多项,当蒙函覆。虽未一一具答,然形诸事实者,实繁有徒,惟免费一项未得要领。嗣经生会数度面陈,以钧座公繁,未遑细答,爰再缕陈一二如左:

一、数年来,我国天灾人祸纷至沓来,极目时艰,良用忧恫。本校同学大多家境清寒,即在岁丰时靖之年,似此巨量教育经费,犹觉筹措为艰。今处此国民经济几濒破产之状态下,举费之难,当更有甚于前此者。以言废读,则功败垂成;以言竟读,则陆于经济。徘徊左道,进退维艰。晚近青年处此矛盾现象之下者,比比皆是。素维钧座爱护青年学子,情不后人,则对于同学之艰辛窘状,当更在洞察俯念之中。此据同学本身实际之困难,应请将学宿、讲义等费免收或减收者一也。

一、革命基础在高深学问,总理之昭示吾人者,意至深远也。丁兹海内教平,建设伊始,国家之需要专门人才至为迫切。然以我国国民经济之低落,教育之畸残,于百分之二十识字人中,受高等教育者万不获一。今欲培养人材,鼓励学术,发扬文化,新我国光,非使大学教育平民化不为功。况我校每年经费百九十余万元,同学年纳费总额不过数万元。二者相较,直杯水之于东海,尘沙之于泰山耳。即便学宿、讲义等费全数免除,在学校方面,若大树折一枝,无关痛痒;在同学方面,若得西江之水,受惠实多。此种于人有益、于己无损之事,钧座固乐为之。此就国家造就专门人材、提倡研究高深学术计,证之以本校经济实况,应请将学宿、讲义各费免收或减收者二也。

一、考国内各大学有宿费、讲义费全免者(如武大、北大),有较本校缴纳为轻者。自国府建都南京后,物价飞涨,生活费用日益加高,较诸其他国立大学所在地,前后相去不知几许。以故昔日经济状况之可以勉强维持,而今则窘状备见矣。吾人既不能使首都生活程度降低,以顺吾人经济情况,则惟敦请钧座免收或酌减各费,藉稍补救,此其三也。

至讲义费五元,于前校长任内已蒙口头允准免缴,合并恳请维持原案,饬知会计组免收,已缴者着令退还,以符钧座爱护同学、情不后人之至意。

综上诸端,或为同学实际之苦衷,或为事实之需要,或为环境之因应,或本公意之要求,绝非藉辞请求,破坏校则。生会谨代表全体同学,丁兹学期开始缴费、注册之候,理合缕述下情,重申前请,伏乞曲为体谅,核准见覆,至为德便。谨呈

国立中央大学校校长朱

学生自治会干事会叩
中华民国二十年二月十四日
中央大学档案

学生自治会干事会面陈朱家骅改进校务事宜(1931年6月27日)

骝先校长先生钧鉴：

本月二十五日生会干事晋谒钧座，面恳数事，当蒙一一答复。唯当时并未具备文件，恐事项太多，易滋遗漏。兹特将该日面陈之事，逐一补达，敬希酌量分别施行为祷。此上，并颂

崇安

国立中央大学学生自治会干事会谨上

附：所请事项

（1）请学校取消本年度招生章程所规定征收之医药费及体育费。

（2）请学校减轻宿费——由15元者减至10元，10元者减至6元。

（3）请学校重行规订请长假条例——由超过两学期即予取消学籍延长至四学期以上。

（4）请学校会计组代学生自治会严厉征收会费。

（5）请学校在暑期切实整顿各宿舍——尤偏重于卫生方面。

（6）请学校发给被开除学籍之同学谢锡年、朱永康、徐履宽等三人转学证书。

（7）请学校从速聘定各院院长及教授，免人才远蹈。

（8）校长在离京时校务应请人负责代理，以便接洽。

中央大学档案

学生自治会转呈第四届代表大会议决案(1931年7月10日)

呈为转呈生会第四届代表大会议决案，并恳斟酌缓急设法进行事。

窃生会第四届代表大会前于四月二十六日举行，当场议决要案多件。兹谨将请求学校施行各案，胪陈于后，恳请钧座斟酌缓急分别施行，以慰同学之望。谨呈

校长朱

国立中央大学学生自治会

附：生会第四届代表大会议决案

一、请求学校设立新生指导委员会案。

二、请求学校增建宿舍案。

三、请求学校对于图书馆加以改革案。

1. 扩充图书馆阅览室及参考室。

2. 恢复文学院与法学院研究室原状。

3. 延长开放时间。

四、请求学校从速建筑文哲馆案。

五、请求学校增置娱乐设备案。

六、请求学校通令全体同学穿着部定大学生制服案。

七、旧校徽散佚甚多，应请学校制定新校徽案。

八、请求学校下学期切实挽留原有优良教授，并广为罗致国内外名流学者来校担任讲授案。

九、请求学校继续出版半月刊及其他定期刊物案。

十、请求学校制定办法限制教授无故缺席请假，以免同学荒废学业案。

十一、请求学校对于下学期各院学系合并改组事，应斟酌实际需要审慎办理案。

十二、请求学校恢复工读生案。

十三、请求学校下学期核减宿费、讲义费案。

十四、请求学校当局规定接见同学时间案。

十五、请求学校收买中山路旁地皮另筑农学院新大门案。

十六、请求学校另置新汽车供来往本部农院之同学乘坐案。

中央大学档案

中央大学组反日救国会（1931年9月23日）

自日本武力占领沈阳等地，乃至延占南北满后，惨案发生，有加靡已。而东省以外，日人更派遣军舰，示威各处，国家存亡，瞬在俄顷。消息传来，全国民众，悲愤奔走，纷纷举行反日救国运动。中央大学，于昨日下午三时，在该校大礼堂，举行全体学生大会,到会人数,极为踊跃,约千五百余人,首由袁其炯报告开会宗旨,继推举杨德翘、杨治全、袁其炯为临时主席团,讨论议案三十五件。一时全场空气,万分紧张。后通过组织中央大学反日救国会,执行全校对日之工作,并举杨德翘、马存坤、江元鼎、袁其炯、吴子我、陶静、陈克诚、林时懋、李树荣、戴元志、张楚宝、霍志澂、杨治全、李絜非、吴同福为委员,末由到会全体学生,游行鼓楼、新街口、国民政府等处,枵腹亟呼,热烈异常,九时始行返校云。

又该校反日救国会,于当夜九时半,举行第一次执委会,讨论该会组织大纲及职务分配,与本日参加市民大会办法云。

(又讯)中央大学全体教职员,于二十一日上午十时,在该校科学馆格知堂开会,讨论反日工作进行事项,到数百人,公推刘运筹为临时主席,群情汹涌,激昂慷慨,金主团结国民实力,督促政府,一致抵御外侮,结果议决通电全世界,说明事实真相,并通电全国,唤醒民众。当推举郭心崧、汪东、叶元龙、杨公达、张歆海、汤承祐、何浩若等七人,为审查电稿委员,并负责筹备扩大反日运动,直到十二钟后始行散会云。

《中央日报》1931年9月23日

中央大学举行征集义勇军大会并发行特刊(1931年9月27日)

中央大学反日救国会,遵照二十二日全体同学大会议决,自二十五日起印行数日特刊,由宣传部负责编辑,内容分短评、紧要消息、言论、铁与血(文艺及其他)、会务报告等栏,系不定期刊性质,唯三日内至少须出版一次云。

又该会军事训练部,于昨日(念六日)下午二时,在该校大礼堂举行反日救国义勇队第一次征集大会,讨论义勇军之组织办法,并敦请该校教授军事专家何浩若君演讲《对日宣战与义勇军》云。

《中央日报》1931年9月27日

中央大学商学院报告抗日救国运动情形(1931年9月27日)

迳启者:近因日本侵掠我东北各省,蹂躏肆虐,风云变色,全国震动。沪地教育界现时奔走呼吁,尤为愤激。本院学生以爱国之热忱,闻风兴起,于月之二十三日根据上海市党部颁布条例组织抗日救国会,讨论对付方法。最近两日,每日上午由本院各教授在大礼堂召集全体学生讲演对日种种问题,加以指导。下午学生分队出外宣传,依时回校,秩序尚佳,并无轨外行动,差堪告幸。日昨教育部通令各校学生,对于救国运动,仍须努力学问,不得罢课等语。查本院各教职员暨学生等原不主张停课,既奉明令,自当遵照。兹拟于下星期一照常上课,同时对于救国运动,亦由教职员学生共同参加,积极进行。兹特将校中近状据实陈报,藉慰廑注。惟是强邻压迫,国难方殷,教育前途隐忧未已。本院在沪,一方面须适应当地环境,同时尚望大学本部随时指示机宜,俾与本部一切行动同趋一致。如有本部已经议决关于救国运动之各项规章及印刷物件,并乞赐寄一分(份),藉资参考。无任企祷。此致
中央大学本部

商学院敬启
二十年九月廿七日
中央大学档案

中央大学抗日救国会召集教职员学生联席委员会(1931年9月28日)

  国立中央大学抗日救国会,近以日本侵略我国东北领土,大肆屠杀,蔑视公理,政府既无积极表示,外交当局,又软弱无能,异常愤慨!特于昨晨在该校南高院三楼,召集教职员学生联席委员会,议决由该校全体教职员学生,于今日(二十八日)上午八时出发举行示威运动,并将赴中央党部、国民政府请愿。闻请愿要点约为:(一)即刻促成和平统一;(二)对日下最后通牒,积极备战;(三)撤换王正廷;(四)明令恢复民众运动;(五)切实执行军事训练;(六)从速选任胜任外交官,充各国缺额公使,以利外交;(七)责成边疆长官,切实负守土之责;(八)请政府厉行国民外交官云云。又闻该会昨晨会议,业将该会组织大纲修正通过,推定何浩若为主席,郭心崧、叶元龙、杨公达、袁其炯、李絜非、杨治全等为常务委员,并通过重议案甚多云云。

《中央日报》1931年9月28日

中央大学反日救国义勇军组织纲要(1931年9月28日)

  一、国立中央大学学生,愤日本之横暴,痛国亡之无日,为求实现革命先烈求中国自由平等之遗志起见,特遵照中央意旨,组织反日救国义勇军,同赴国难,共御

外侮。

二、凡中央大学学生,确具为国捐躯、百折不挠之决心者,均得自由参加,但加入后,即须继续奋斗,不得半途懈志,中道退出。

三、凡志愿加入义勇军者,需先组织反日救国十人团,以十人名义,共同加入。加入后,此十人团即编为一班,休戚相关,荣辱与共。对义勇军之管理训练及工作等项,此十人均负连带责任。

四、义勇军为志愿兵,其统率之干部,均由学生充任之,但官兵须有绝对之阶级服从,如有不服从军纪者,需受严惩之处分。

五、义勇军干部之产生法如下:以十人团之什长为班长,以十人团合组百人团。以百人之佰长为连长,以百人团合组千人团。以千人体(团)之仟长为团长,其营长、排长,则由训练主任于什长、仟长中选任之。

六、义勇军设训练主任一人,教官若干,以训练主任负管理训练之全责,综理全军一切事宜,各级官长均得由训练主任考核成绩、升降任免之。

七、反日救国十人团组织法另定之。

八、义勇军之编制及教育计划另定之。

《中央日报》1931年9月28日

中央大学教职员学生抗日示威游行(1931年9月29日)

中央大学教职员及全体学生,以外侮日亟,特于昨(廿八)日上午七时,即齐集大礼堂,举行全体紧急会议,到会千余人。当场决定,全体赴中央党部、国民政府请愿。至八时即全体整队出发,先赴中央党部请愿,计分十五队,每队俱有指挥纠察员,秩序甚佳。由该校出发,经成贤街、十庙口、高楼门,沿途高呼促成和平统一、撤换外交当局、实施军事训练、准备对日宣战等口号。激昂慷慨,悲壮热烈。至中央党部时,已近九时。全体进入中央党部内第二门首,当推代表入见,陈述请愿意见:(一)请中央促成和平统一;(二)请中央对日下最后通牒,积极备战;(三)请中央撤换外长王正廷;(四)请中央明令恢复民众运动;(五)切实施行军事训练;(六)请中央改委胜任外交官;(七)请中央责成边疆大吏,负守土之责;(八)请中央厉行革命外交。当由中央常务委员丁惟汾出见,一一予以答复,并谓撤换外交当局一项,当查明办理,实施军事训练,中央现已积极进行。时大雨倾盆,丁氏暨教职员学生,鹄立雨中一小时余,衣履尽湿。丁氏答覆后,群众认为满意,始相率退出,赴外交部。(请愿经过见后。)旋经中山路、保泰街、成贤街、石板桥,赴国民政府请愿。

至则已十时半矣。当时上海复旦大学及金陵大学学生,已先在国府门首集合,三校学生,共约三千余人,秩序整齐,立于风雨之中,愈显爱国精神。当由于院长出而接见,三校各推代表,将请愿各条,向于委员朗诵一过。于答以恳挚的态度、热烈的情感,嘉慰各生爱国之诚。次即对请愿各条,逐一作圆满的答覆。

....

于委员答覆完毕,全体高呼口号,并要求蒋主席亲出接见。于乃偕邵力子、贺耀组等,再出讲话。学生等当向之行敬礼,仍要求蒋主席出见,并各派代表入内面请。蒋主席乃出见全体学生于国府二门前,随登临时安置之讲台上,向全体训话,并劝各生各回原校,时时准备着为国牺牲。蒋训话毕,全体齐呼口号,旋乃整队出府回校。

《中央日报》1931 年 9 月 29 日

中央大学义勇军什人团已成立四十余团(1931 年 10 月 1 日)

中央大学,以教部训令,凡高中以上各校学生,应一律就军事训练,特于日前召集全体学生,征求意见,组织义勇军什人团,另组军事训练部,专理其事。截止(至)昨日止,自愿报名加入者,已有四百余人,拟编四十余团,尚有女生三十余人,拟编为救护团。待注册完竣后,即实行军事训练。兹悉,该校昨又发出紧急通告云:(一)高中以上各校学生,应一律受军事训练,教部明文规定;(二)本校征集什人团,意在使同学觅得最妥适之伙伴,或最密之组合;(三)能联络十人者,盼急开单送来;(四)不能联合十人者,盼将已联络之同学,尽数开单送来;(五)未报名之同学,将来听候本部编制。

《中央日报》1931 年 10 月 1 日

中央大学布告请学生照常上课(1931 年 10 月 8 日)

查东北事变发生以来,本校学生激于义愤,对于抗日救国工作积极进行,良深嘉慰。惟御侮先须自立,救国不废读书。我全体学生应体念国步艰难,需材孔亟,仍应照常上课,刻苦求学,储材备用,幸勿轻信谣传,自相攀援。至本校义勇军现已正式组织,校方已商聘一位负责人员,到校后即规定时间切实训练,并限令全体学生一致加入。庶几课余之暇兼习军事,不可再有自动罢课种种举动。救国之责,匪异人任。愿与全体同学共勉之。此布。

中央大学档案

中央大学抗日救国会呈请于军事训练期间停止普通体育（1931年10月29日）

呈为呈请明令公布于军事训练期间停止普通体育事。

窃生会自组织义勇军以来，精神亦称严肃，操演亦颇勤劳。金鸡破晓，即束装而起，每晨操演一时半，每周共占九小时。惟学校所设之普通体育（包括早操、武术在内），意在锻炼体魄，衡诸现状，其意义已寓于军事训练之内。生等一方面受严格之军事训练，一方面作高深学问之探讨，治本治标，不容偏废。且普通体育与军事训练，其功效殊途而同归，加之时间既不敷分配，而精神实难支持。因此，同学纷纷陈述意见到会。经生会郑重考虑，深觉在此特殊状态下，普通体育似无骈立之必要，俾全体同学多获得读书之机会。此与爱国不忘求学之质不悖，而与通经达权之义朒合，即于部令亦不相违背。用敢沥述前情，伏乞钧裁示可。谨呈
校长朱

中央大学抗日救国会
中华民国二十年十月　日
中央大学档案

暨南大学学生抗日救国会致中央大学学生抗日救国会函（1931年11月26日）

迳启者：顷据敝校赴京请愿团代表刘成鹏君面称："本月廿四日本校赴京代表抵京时，业蒙贵会允予招待，并指定贵校体育馆为沪上各大学住宿场所。当时曾将上海各大学赴京请愿团总指挥部旗帜及敝校青年义勇军赴京请愿团总司令部旗帜插于贵校体育馆门前，以资标识。不料贵校长乘人不备之际，竟令庶务将该旗帜毁灭，并将体育馆封锁，拒绝进内。几经交涉，始允借住一晚。如此行为，显系故意侮辱爱国行动"等语。据此，当经本会第37次执委会议决，佥认为此种行动，不但直接侮辱我赴京请愿同学，间接亦即为我学生界之奇耻大辱。除与贵校长直接交涉外，拟请贵会本抗日救国之精神，力予援助各在案。查此次上海各大学学生赴京请

愿,原为纯粹之爱国行动,其旗帜所至,何等隆重。贵会既允予招待以前,贵校当局何得任意侮辱以后。苟非丧心病狂,或别有用意,决不出此。同人等认为形势严重,除一面通电全国,请求教部惩办朱家骅外,复请贵会鼎力援助,实纫公谊。此致
中央大学学生抗日救国会

暨南大学学生抗日救国会
廿年十一月廿六日

附:朱家骅复暨南大学学生抗日救国会函(1931年11月30日)

迳复者:顷接贵会来函,略称此次请愿团抵京时,曾由敝校当局允为招待,并指定体育馆为住宿场所。嗣忽令庶务员将体育馆封闭,并将请愿团旗帜毁灭,是何居心等语。阅悉之余,骇异万状。查此次上海各大学学生来京请愿团,因中央党部已正式准备招待,且事先并未接到任何商借住宿函件。贵会请愿团于二十五日突然到校,据代表面称,只要进体育馆休息片刻,即行他去。因此敝校未曾预备一切,并非如惠函所谓事先允为招待,忽令庶务员封闭体育馆等情事。至于毁灭旗帜,此全非事实。是晚,有不识字之校工误将白布携入,当即送还。次晨并经敝校长一再详细说明,当场贵会全体请愿同学均甚了解,所有携取白布之校工亦即严予惩斥。事后蒙贵会请愿团派秘书向敝校长当面道歉,并代工人说情,请予恢复工作,亦非如惠函所谓毁灭旗帜也。敝校长对于青年爱国,素所嘉重。自东北事件发生以来,外埠请愿学生借住敝校者,此去彼来,不啻数十校,从未闻有轻待薄遇之处。即此次贵会请愿团来后,亦曾出与晤谈,面致慰劳。乃不蒙见谅,函电纷驰,来相责难,至以为憾。相应函复,请贵会代向贵校未来京同学剀切说明,俾释群疑,无任公感。此致
国立暨南大学学生抗日救国会

国立中央大学校长朱家骅
中央大学档案

中央大学学生游行示威(1931年12月6日)

中央大学方面,昨晨忽有学生十余人,具名发出通告,为外交问题,改组中大抗日救国会事,召集全体大会,向朱校长要求停课,朱校长未许。至十一时许,北大示威团出外示威,前队过成贤街,近浮桥,发生殴打军警情事。经警察将一部分送往孝陵卫,其后队一部份退入中大第二宿舍,旋又退回中大,警察跟随在后。其时正

中大散课,学生趋前围观,以致发生冲突。因即回校鸣钟,召集大会。一时许,在校开会决定:(一)援助北大;(二)反对政府压迫民众运动;(三)总罢课。其时有金陵大学学生到会,报告向外部请愿情形,并请援助。学生中遂有人至校长室,领取校旗,准备集合出发。适遇秘书长郭心崧氏,见面后未数语,即上前攒殴。郭被殴伤,头部出血(现在鼓楼医院)。于是生群至庶务处,写"中大示威团"旗帜,集合数百人出发游行。路上所喊口号,与北大示威团大致相同,过国府前,亦大呼口号。更前进至太平路等处游行,最后群拥至卫戍司令部,向卫戍司令部要求四点:(一)释放在孝陵卫之北大示威团学生;(二)向中大学生道歉;(三)赔偿学生损失;(四)释放杨德翘(按杨德翘以"共党"有□,于十月九日被捕)。其时卫戍司令谷正伦不在部内,由秘书长出而解释。学生坚持非答覆圆满不退,并质问系奉何人命令。卫戍司令部方面答称,维持治安,系当然之职责。最后学生并蜂拥冲入卫戍部大门,直至晚十时始行退散云。

《中央日报》1931年12月6日

中央大学学生改组抗日救国会(1931年12月7日)

(中央社)中央大学学生,前(五)日为北大示威团事,曾召集大会讨论一切。昨(六)日下午一时,该校学生又在体育馆召集会议,到会学生九百八十余人。当推定蒋绵孙、汪楚宝、李石锋等三人为大会主席团。讨论事项之重要者为:(一)决定改组中大抗日救国会,推选陈琮、常纶、杨晋豪、骆继常、秦万元、汪楚宝、华允嘉、蒋绵孙、蒋百幻、王若兰、李石锋、向望树、张楚宝、王枫、韩德信、余纪忠、何达吾、陈德谟、屈伯传等十九人为该会新干事。(二)决定继续罢课期间之工作。一、加紧军事训练(造成军队化);二、加紧爱国运动工作(唤醒民众对外抗日心理);三、研究军事科学(组织各军科学委员会)。讨论至下午四时半,始行散会。散会后,新选干事举行第一次干事会议,决定内部工作分配问题。计干事会内分组织委员会、宣传委员会、总务部,部下分文书、交际、纠察、会计、庶务、通讯、军需等七股,至七时许始散会云。

《中央日报》1931年12月7日

朱家骅通告中央大学学生家长电（1931年12月9日）

《申报》转国立中央大学学生家长公鉴：

自东省事变发生以来，本校学生，时有旷弃学业奔走呼号之举。家骅以其志在爱国，诚属可嘉，惟谆谆以救国之方，尤重治本。在学青年，当此国难方殷，益宜卧薪尝胆、刻苦砥厉，以充实救国之基本力量。迭次恳切告诫，舌疲唇焦，迩来对于学校之劝告，均置不理。形势更属紧张，竟为少数人所操纵，罢课集会，游行示威，转而攻击政府，时多越轨举动。并四出运动各校罢课，力图张大。其在校内，竟侮辱师长，甚至捣毁门窗，殴打教授兼秘书长郭先生，伤重流血。嗣后集会，又时有学生遭受殴打，或加以拘留，俨然讯鞫，如对囚犯。校纪败坏，一至于此，实堪痛心。家骅身为校长，德薄能鲜，既未能循诱善导于先，又未能匡饬补救于后，管理乖方，咎无可辞。前日已具呈教育部转请国府辞去职务，听候惩办。顷者事已扩大，移对外而为对内。对内之不足，又以之对学校。学生心绪不安至此，举动均失常态，既已自动无期罢课，学校教导之责任，无从担负。家骅爱护学生，无殊子弟，时至今日，已觉爱莫能助，诚恐继此以往，更将不堪收拾。为各生安全计，为免使家长悬念计，特电奉达，惟希贵家长暂时召回，改换环境，裨益滋多，诸祈鉴宥是幸。

朱家骅叩　阳
《申报》1931年12月9日

中央大学特捐航空救国捐二千元（1933年4月15日）

国立中央大学公函

迳启者：本大学抗日御侮，素具决心。前曾由全校合捐子弹十万发，以为前阵杀敌之用。兹特再捐航空救国捐国币二千元，以昭敌忾，而切同仇。谨此奉达，即希查照，并希赐予接洽为荷。此致
南京市党部
首都各界抗日救国会

校长罗○○
中央大学档案

中央大学为所购日货种子发芽炉事呈教育部文(1933年5月1日)

呈为本校农学院森林系订购试验用之种子发芽炉引起首都各界抗日救国会误会，经解释了结，谨将办理详情呈请鉴核示遵事。

案查本校农学院森林系前以日本森林种子学家、东京林业试验场技师小山光男氏发明之种子发芽炉，构造甚精，功用甚巨，有五种优点：（一）此炉能自动调节温度，使炉内水保同一之温度；（二）此炉内外壁共有数重，绝对不受外界温度升降之影响；（三）此炉温度系用电力供给，故能随意增减，以资试验；（四）此炉发芽盘之构造，适于各种大小种子发芽之用；（五）此炉能使一切种子，不论种壳厚薄、种粒大小、壳质坚柔，其发芽日期无甚参差。实为教学研究及实施造林者，必不可少之试验器具，他国出品，均莫能及。曾向彼邦高木谦商店定造一具，本年二月间，制造完毕，赶运来华。当时接据该系函请呈领免税护照前来，即以国难方殷、举国厉行抵货之际，不应再购日货，拟予停购。嗣据复称：此系定货，无法退回。若不接受，徒遭经济损失。且以我国近正努力提倡造林，以裕国用，而利民生，本校更受江宁区要塞司令部之托，代在郊区植林，以固国防，此项发芽炉在实用上，确属必需。观于春初本校在郊区植林四十二万株时，因无此项发芽炉以供试验，对于种苗选择，即深感困难，益加证明此项发芽炉之需要甚切，乃决定忍痛接受。因于二月二十四日呈请钧部，颁发免税护照，旋奉钧部二九○五号训令，转发财政部核发之教字二四三三号护照到校。当即凭照于三月二十四日由农学院将该货提出，发交森林系领用。讵于次日，即由首都各界抗日救国会派员至农学院声称，查所购发芽炉，系属日货，奉令前来提取等语。经该院向之解释无效，卒被提去，计发芽炉及附件共四箱。

查此项发芽炉乃系供学术试验、林业改进及巩固国防用之科学器具，绝非普通日货可比。实则为学术、民生、国防计，我国似应特许购买，而彼邦转应禁止出售者也。本校当时所以忍痛采购者，实即具此苦心。仰测钧部之所以核转护照，未予驳斥者，想亦明见及此。抗日会对于此项发芽炉之功用，及本校采购之本意未能明了，乃因基于爱国热忱，致起误会。本校当时本应呈请钧部，调示办理，继思该会，此次举措，容谦太过，但迹其用心，固极纯正，同系热心谋国，岂可因误会而起纠纷，致使抗日力量因此分化。为维护抗日组织起见，本校乃于事后，迳函该会，详细说明。同时请市党部，转向该会解释。现该会对于本校购买此项发芽炉之苦衷，已完全谅解，并将提去各件全部发还，一切误会，涣然冰释。总之，本校抗日，素切同仇。

前日全校自动合捐抗日子弹十万发,即其明证。至于农学院师生,接受江宁区要塞司令部之托,尽力代造掩护林,以资拱卫首都,尤足证明该院森林系此次采购种子发芽炉,特具用心,有非外人所能了解者矣。现事已了结,理合将本案原委、办理经过备文具报,尚祈鉴核示遵,实为公便。谨呈
教育部

中央大学档案

中大学生招待新闻界并发电慰问平市学生(1935年12月23日)

　　国立中央大学学生于昨(二十二)日下午二时在该校图书馆东楼下,举行茶会,招待本京新闻界。到各报社记者三十余人。由该会主席报告,首述此次中大学生声援北平学生之经过,继表示对京市舆论界日来之评论,深致感谢之意,并愿竭诚接受,希望今后对学生爱国表示,多多指导。至五时始散。

　　中央大学全体学生顷发表慰问北平爱国运动学生电文如次。北平清华大学学生自治会鉴,并转北平各大学中小学爱国学生公鉴:国事如斯,神人公愤。诸君身处危城,犹不惜一切牺牲,努力奋斗,大义凛然,实深钦佩。国立中央大学全体学生叩。

《中央日报》1935年12月23日

中央大学全体教授发表告同学书(1935年12月24日)

　　国立中央大学全体教授于昨(廿三)晨该校纪念周散会后,特发表告全体同学书,原文如次:冀东叛逆变作,平津复有伪造民意之所谓自治运动发生,北平各大学诸教授,主张正义,全国响应。嗣后学生爱国运动勃起,当地军警措施失当,致发生不幸事件,群情愤慨。同人等先后通电声援,并宣言抗议,原文具在,可以覆按。爱国之忱,自问不后于诸同学也。本校同学暨在京各校诸生,游行请愿,同人等亦唯予以合理之指导,未尝抑阻,良以动机纯洁,深寄同情。款款之诚,谅所共察。兹闻诸同学代表决议,复以四条要求政府,期三日答覆,否则以罢课游行为最后挟持之具。此而属实,是同人等所大惑也。要知爱国与救国,本非一词。爱国可以空谈表示,救国则必须有切实方针。殚精毕力,共趣一途,庶可有济。诸同学之意,如以罢课为爱国之表示耶,则前此各地游行,霆举飙驰,影响已著,不必再多此举,转为蛇

足。如以为救国之方针耶,试问废时失学,于人何损,于我何利? 及今淬励精神,共求实学,犹恐时不我逮,而并此可惜之光阴,玩忽弃置,犹授寇以兵,使之贼我,非唯无益,其害且昭然矣。同人等爱护同学,始终一致,心存救国,尤与同学不殊。集议金同以最忠实恳切之词,告我同学:自今以往,虽强敌凌迫,至于最后一课,犹必尽职指授,毋敢懈怠。此外,在不旷课、不违校纪、不逾轨范之条件下,凡有救国应为之事,必与同学共赴之。倘以此为逆耳之言,逞其客气,其结果实有同人所不忍言者。审思慎行,是所切望也。

《中央日报》1935年12月24日

中央大学布告劝导学生正常上课(1935年12月26日)

为布告事。

政府所颁戒严令,已于昨日起实施。在戒严期内,不得有集会游行等举动。诸生当所共晓。本日上午学生集会礼堂,原为宣示公令,乃诸生藉此讨论问题,几将引起制裁。本大学苦心维护,幸未发生重大事端。惟事变之来无尽,维护之力已穷。为特重申告诫,以明责任。自此次布告后,切不可再有前次集会游行等举动。务希恪守纪律,体师长爱惜之真诚,为尊重国家之表示。此布。

中央大学档案